CATALOGUE DES LIVRES

COMPOSANT

LES BIBLIOTHÈQUES

DU MINISTÈRE DES FINANCES.

CATALOGUE DES LIVRES

COMPOSANT

LES BIBLIOTHÈQUES

DU MINISTÈRE DES FINANCES,

RÉDIGÉ

PAR LES SOINS DU SECRÉTARIAT GÉNÉRAL

DES FINANCES.

PARIS.

IMPRIMERIE IMPÉRIALE.

M DCCC LVI.

TABLE DES DIVISIONS
ET SUBDIVISIONS.

JURISPRUDENCE.

	Articles.
I. Introduction	1 à 7
II. Droit de la nature et des gens	8 à 21
III. Droit politique et constitutionnel	22 à 60
IV. Droit civil et criminel.	
1. Généralités	61 à 71
2. Droit romain	72 à 84
3. Ancien droit français.	
§ 1. Lois anciennes : ordonnances	85 à 130
§ 2. Traités divers	131 à 183
§ 3. Coutumes	184 à 224
§ 4. Fiefs	225 à 249
§ 5. Répertoires de jurisprudence	250 à 268
§ 6. Œuvres de jurisconsultes	269 à 282
4. Droit nouveau.	
§ 1. Généralités. Histoire	283 à 293
§ 2. Organisation judiciaire. Offices ministériels. Notariat	294 à 314
§ 3. Codes. Collections de lois	315 à 361
§ 4. Répertoires de jurisprudence. Dictionnaires. Commentaires généraux.	362 à 402
§ 5. Code Napoléon. Traités spéciaux	403 à 483
§ 6. Code de procédure	484 à 504
§ 7. Code de commerce	505 à 542
§ 8. Code pénal. Instruction criminelle	543 à 555
§ 9. Droit maritime et colonial	556 à 581
§ 10. Droit étranger	582 à 606
§ 11. Droit administratif.	
A. Traités généraux. Cours. Commentaires	607 à 640
B. Conseil d'État	641 à 649
C. Expropriation. Communes. Voirie rurale et urbaine	650 à 696
D. Finances. Postes. Monnaies	697 à 725
E. Contributions directes	726 à 743
F. Enregistrement et domaines	744 à 767
G. Douanes et contributions indirectes	768 à 815
H. Forêts	816 à 852
J. Guerre. Intérieur. Travaux publics	853 à 876
K. Matières diverses	877 à 890
V. Droit canonique	891 à 904

TABLE DES DIVISIONS

SCIENCES ET ARTS.

	Articles.
I. Sciences morales et politiques.	
1. Économie politique.	
§ 1. Introduction. Histoire	905 à 930
§ 2. Traités. Principes généraux	931 à 1029
§ 3. Cours publics. Collections. Dictionnaires	1030 à 1051
§ 4. Matières diverses (Population, richesse, paupérisme, mendicité, bienfaisance publique, système pénitentiaire, esclavage)	1052 à 1153
§ 5. Statistique	1154 à 1261
2. Administration.	
§ 1. Généralités. Ouvrages divers	1262 à 1294
§ 2. Finances.	
A. Généralités	1295 à 1339
B. Histoire	1340 à 1405
C. Budgets: documents officiels	1406 à 1432
D. Impôts. Contributions directes et indirectes	1433 à 1463
E. Rentes. Conversion. Emprunts. Amortissement Pensions	1464 à 1484
F. Crédit public et foncier	1485 à 1502
G. Bourses et banques	1503 à 1541
H. Postes	1542 à 1551
J. Monnaies	1552 à 1620
K. Finances étrangères	1621 à 1718
§ 3. Guerre	1719 à 1729
§ 4. Marine et colonies	1730 à 1755
§ 5. Travaux publics.	
A. Généralités	1756 à 1778
B. Routes et canaux	1779 à 1840
C. Chemins de fer	1841 à 1861
3. Commerce et industrie.	
§ 1. Généralités. Histoire	1862 à 1910
§ 2. Commerce français et étranger	1911 à 2004
§ 3. Douanes. Entrepôts	2005 à 2040
§ 4. Industrie et mélanges	2041 à 2064
II. Sciences mathématiques et naturelles : Arts divers.	
1. Traités généraux : Recueils	2065 à 2076
2. Sciences mathématiques	2077 à 2142
3. Sciences physiques	2143 à 2162
4. Sciences naturelles.	
§ 1. Géologie. Minéralogie. Métallurgie	2163 à 2186
§ 2. Agriculture	2187 à 2223
§ 3. Sylviculture	2224 à 2261
§ 4. Arts et métiers : Traités divers	2262 à 2307

ET SUBDIVISIONS.

BELLES-LETTRES.

	Articles.
I. Linguistique	2308 à 2344
II. Littérature	2345 à 2375
III. Polygraphes	2376 à 2390
IV. Moralistes	2391 à 2402

HISTOIRE.

I. Géographie et voyages.	
1. Géographie	2403 à 2449
2. Cartes	2450 à 2527
3. Hydrographie	2528 à 2556
4. Plans	2557 à 2571
5. Voyages	2572 à 2649
II. Histoire ancienne et moderne.	
1. Généralités	2650 à 2659
2. Histoire ancienne	2660 à 2674
3. Histoire moderne.	
§ 1. Généralités	2675 à 2686
§ 2. Histoire de France.	
A. Depuis les temps les plus reculés jusqu'au règne de Louis XVI	2687 à 2836
B. Depuis le règne de Louis XVI jusqu'à nos jours	2837 à 2965
C. Histoire des anciennes provinces	2966 à 2982
D. Corse, Algérie et colonies	2983 à 3049
E. Ouvrages divers relatifs à l'histoire	3050 à 3111
§ 3. Histoire des pays étrangers	3112 à 3189
4. Biographie	3190 à 3216
5. Bibliographie	3217 à 3250
6. Revues	3251 à 3268

	Pages.
Traduction des titres des ouvrages écrits en langues étrangères	453 à 470
Table alphabétique des noms des auteurs, avec l'indication de leurs ouvrages	471 à 515
Table alphabétique des ouvrages sans noms d'auteurs	517 à 538
Supplément	539 à 564

Les chiffres placés dans la colonne à gauche des articles indiquent les numéros d'ordre.

Les lettres ou les numéros placés dans la première colonne à droite indiquent les sections où se trouvent les ouvrages, et les numéros de la seconde colonne à droite sont ceux des inventaires de ces sections.

EXPLICATION DES LETTRES OU DES NUMÉROS QUI DÉSIGNENT LES SECTIONS.

A. Archives.
B. Bibliothèque centrale.
C. Cabinet du ministre.
5. Personnel et inspection.
6. Secrétariat général.
7. Contributions directes.
8. Mouvement général des fonds.
9. Dette inscrite.
10. Comptabilité générale.
11. Contentieux.
12 et 13. Caisse centrale.
14. Contrôle.
15. Enregistrement et domaines.
16. Forêts.
17, 18 et 19. Douanes et contributions indirectes.

CATALOGUE DES LIVRES

COMPOSANT

LES BIBLIOTHÈQUES

DU MINISTÈRE DES FINANCES.

JURISPRUDENCE.

I. INTRODUCTION.

1	LERMINIER (E.). — Introduction générale à l'histoire du droit. Paris, 1829; 1 vol. in-8° rel.	B.	1
2	COMTE (Ch.). — Traité de législation, ou Exposition des lois générales suivant lesquelles les peuples prospèrent, dépérissent ou restent stationnaires. Paris, 1826; 4 vol. in-8° rel.	B.	2
3	MONTESQUIEU (DE). — De l'Esprit des lois, précédé de l'analyse de cet ouvrage par d'Alembert. Paris, 1832; 3 vol. in-8° rel.	B.	3
4	REGNAULT (Théodore). — Tableaux analytiques de l'Esprit des lois de Montesquieu, suivis de la comparaison de plusieurs principes et passages de Montesquieu et de Blackstone. Paris, 1824; 1 vol. in-fol. rel.	B.	4
5	*DESTUTT DE TRACY.* — Commentaire sur l'Esprit des lois de Montesquieu, suivi d'observations inédites de Condorcet sur le XXIXe livre du même ouvrage. Paris, 1819; 1 vol. in-8° rel.	B.	5

6	Dupin aîné. — Profession d'avocat. Recueil de pièces concernant l'exercice de cette profession et suivi d'une bibliographie des livres de droit les plus utiles. 5ᵉ édit. Paris, 1832; 2 vol. in-8° rel.	B.	6
7	Filangieri (G.). — Ses Œuvres traduites de l'italien; nouvelle édition accompagnée d'un Commentaire par M. B. Constant et de l'Éloge de Filangieri par M. Salfi. Paris, 1822; 6 vol. in-8° rel. (Le 6ᵉ vol. se compose du Commentaire de B. Constant.)	B.	7

II. DROIT DE LA NATURE ET DES GENS.

8	Burlamaqui (J. J.). — Principes du droit de la nature et des gens. Édition augmentée d'une table par M. Dupin et revue par de Félice. Paris, 1820-1821; 5 vol. in-8° rel.	B.	8
9	Vattel (E. de). — Le Droit des gens, ou Principes de la loi naturelle appliqués à la conduite et aux affaires des nations et des souverains. Londres, 1758; 2 vol. in-4° rel.	B.	9
10	Vattel (E. de). — Le Droit des gens, ou Principes de la loi naturelle appliqués à la conduite des nations et des souverains. Paris, 1820; nouvelle édition; 2 vol. in-8° rel.	B.	10
11	Rayneval (Gérard de). — Institutions du droit de la nature et des gens. Paris, 1832; 2 vol. in-8° rel.	B.	11
12	Wolf (Christian L. B. de). — Institutions du droit de la nature et des gens, traduites du latin par M. M*** et annotées par Élie Luzac. Leyde, 1772; 1 vol. in-4° rel.	B.	12
13	Grotius (Hugues). — Le Droit de la guerre et de la paix, traduit du latin par Barbeyrac. Basle, 1768; 2 vol. in-4° rel.	B.	13
14	Martens (Georges-Frédéric de). — Précis du droit des gens moderne de l'Europe fondé sur les traités et l'usage. Gottingue, 1821; 1 vol. in-8° rel.	B.	14

15	SCHMALZ (Comte DE). — Le Droit des gens européen, traduit de l'allemand par le comte Léopold de Bohm. Paris, 1823; 1 vol. in-8° rel.	B.	15
16	RAYNEVAL (Gérard DE). — De la Liberté des mers. Paris, 1811; 2 vol. in-8° rel.	B.	16
17	GARDEN (Comte DE). — Histoire générale des traités de paix et autres transactions principales entre toutes les puissances de l'Europe depuis la paix de Westphalie; comprenant les travaux de Koch et Schœll, refondus et continués jusqu'à ce jour. Paris, in-8° rel. (En cours de publication.)	B.	17
18	MARTENS (DE). — Recueil des principaux traités d'alliance, de paix, de trêve, de neutralité, de commerce, de limites, d'échange, conclus par les puissances de l'Europe tant entre elles qu'avec les autres parties du monde depuis 1761 jusqu'en 1808. Gottingue, 1791-1808; 11 vol. in-8° rel.	B.	18
19	Traités de paix, manifestes et autres documents historiques antérieurs à 1789. 1 vol. in-4° rel.	B.	19
20	KOCH (DE) et SCHOELL (F.). — Histoire abrégée des traités de paix entre les puissances de l'Europe depuis la paix de Westphalie jusqu'au congrès de Vienne et au traité de Paris en 1815. Paris, 1817-1818; 15 vol. in-8°.	B.	20
21	HAUTERIVE (Comte D') et CUSSY (DE). — Recueil des traités de commerce et de navigation de la France avec les puissances étrangères; suivi du Recueil des principaux traités de même nature conclus par les puissances étrangères entre elles depuis la même époque. Paris, 1834 à 1844; 10 vol. in-8° rel.	B.	21

III. DROIT POLITIQUE ET CONSTITUTIONNEL.

22	Pailliet (J. B. J.). — Droit public français, ou Histoire des institutions politiques des Gaulois avant et sous les Romains, et des Français depuis leur établissement dans les Gaules jusqu'en 1822. Paris, 1822; 1 vol. in-8° rel......	B.	22
23	Montlosier (Comte de). — De la monarchie française depuis son établissement jusqu'à nos jours, ou Recherches sur les anciennes institutions françaises, avec un supplément sur le gouvernement de Buonaparte et sur le retour des Bourbons. Paris, 1814; 4 vol. in-8° rel..................	B.	23
24	Henrion de Pansey. — Des assemblées nationales en France depuis l'établissement de la monarchie jusqu'en 1614. Paris, 1829, 2ᵉ édition; 2 tomes in-8° rel. en 1 vol......	B.	24
25	Fritot (Albert). — Esprit du droit et ses applications à la politique et à l'organisation de la monarchie constitutionnelle. Paris, 1824; 1 vol. in-8° rel..................	B.	25
26	Albitte (Gustave). — Cours de législation gouvernementale et études scientifiques sur les Gouvernements de la France, de 1789 à nos jours. 2ᵉ édit. Paris, 1835; 1 vol. in-8° rel.	B.	26
27	Macarel (L.-A.). — Éléments de droit politique. Paris, 1833; 1 vol. in-12 rel..............................	B.	27
28	Marra (Constantin del la). — Manuel politique pour les Français, ou Principes du droit politique de la République française. Paris, 1797; 1 vol. in-8° rel...............	B.	28
29	Constitutions de l'Empire, sénatus-consultes et autres actes du Sénat. Paris, an xiii; 4 tomes en 2 vol. in-18 rel....	B.	29
30	Jourdain (Yves-Claude). — Code de la compétence des autorités constituées de l'Empire français, ou Collection des dispositions constitutionnelles, législatives, administratives et judiciaires, en ce qui concerne l'Empereur et les fonctionnaires de l'Empire. Paris, 1811; 3 vol. in-8° rel.....	15	109

31	D'Auréville et Gautier (du Var). — Annales historiques des sessions du Corps législatif, de l'année 1814 à l'année 1822. 10 vol. in-8° rel.	B.	30
32	Chateaubriand (De). — De la monarchie selon la Charte. Paris, 1816; 1 vol. in-8° rel.	B.	31
33	Lanjuinais (Comte de). — Constitution de la nation française, avec un essai de traité historique et politique sur la Charte et un recueil de pièces corrélatives. Paris, 1819; 2 vol. in-8° rel.	B.	32
34	Charte constitutionnelle. Paris, 1830; 1 vol. in-4° rel.	B.	33
35	Mahul (A.). — Tableau de la Constitution politique de la monarchie française selon la Charte, ou Résumé du droit public des Français. Paris, 1830; 1 vol. rel.	B.	34
36	Denis-Lagarde et Cerclet. — Annuaire parlementaire. Recueil de documents relatifs aux deux Chambres. Paris, 1836; 1 vol. in-12 rel.	B.	35
37	Dupin aîné. — Constitution de la République française, accompagnée de notes sommaires explicatives du texte, et suivie de diverses pièces. Paris, 1849; 1 vol. in-18 rel.	B.	36
38	Locke. — Traité du gouvernement civil, traduit de l'anglais. Paris, 1802; 1 vol. in-8° rel.	B.	37
39	Battur (G. B.). — Traité de droit politique et de diplomatie appliqué à l'état actuel de la France et de l'Europe. Paris, 1822; 2 vol. in-8° rel.	B.	38
40	Statuts, décrets impériaux relatifs à l'établissement des titres héréditaires; arrêtés et avis du conseil du sceau des titres, depuis le 1er mars 1808. (Recueil uniquement destiné à l'usage des membres du conseil.) 1810; 1 vol. in-8° rel.	B.	39
41	Dupin aîné. — Traité des apanages, avec les lois sur la liste civile et la dotation de la couronne. Paris, 1835; 1 vol. in-18 rel.	B.	40
42	Poirel. — Les Lois organiques du gouvernement et de l'administration de la France, ou Manuel du citoyen, com-		

	prenant l'ensemble de la législation en vigueur sur chacun des principaux services publics. Paris, 1845; 1 vol. in-8° rel.	B.	41
43	ISAMBERT (François-André). — Code électoral et municipal, ou Code des droits civiques. 2ᵉ édit. Paris, 1831; 3 vol. in-8° rel.	B.	42
44	FAVARD DE LANGLADE. — Législation électorale avec l'analyse des principes et de la jurisprudence sur cette matière. Paris, 1830; 1 vol. in-8° rel.	B.	43
45	Recueil de discours et brochures concernant les élections, 1817-1831; Paris, 1 vol in-8° rel.	B.	44
	Opinion de M. de Bonald, député, sur les élections. 1817;		
	Opinion du maréchal duc de Tarente sur le projet de loi relatif à l'organisation des collèges électoraux. Janvier 1817;		
	Opinion du baron Favard de Langlade, député, sur l'amendement de M. Boin, relatif à la loi des élections. 8 juin 1820;		
	De la septennalité, par M. le comte de Montlivault. 1824;		
	Exposé des motifs et projet de loi sur les élections, présenté par le ministre de l'intérieur, M. de Montalivet. Décembre 1830;		
	Évaluation comparative du nombre d'électeurs qui ressortirait des chiffres du cens électoral proposés par la chambre des députés et la chambre des pairs, par Armand Séguin, de l'Institut. Avril 1831;		
	Discours de M. Augustin Périer, député, sur les élections. 1831;		
	Discours de M. V. de Tracy, député, sur les élections. 1831;		
	Opinion du général Delort sur le cens d'éligibilité. 1831;		
	Discours de M. J. Cordier, député, sur les élections. 1831;		
	Société constitutionnelle centrale de Paris; mémoire présenté aux députés. 1830;		
	Quelques idées sur un mode de système électoral, par Charles Lewal. 1830;		
	Lettre du docteur Deserin à un député de ses amis sur le projet de loi électorale. 1831;		
	A MM. les députés. Pétition de M. Cronier sur des questions d'incompatibilité. 1831;		
	Examen de la loi électorale, par le baron Blein. 1831;		
	Du projet de loi sur les élections. (Extrait de la *Revue de Paris*).		
46	Recueil de brochures concernant les élections; 2 vol. in-8°.	B.	45
	TOME I.		
	Entretien d'un électeur avec lui-même. 1817;		

La vérité sur les sessions, années 1815 et 1816, et Aperçu sur les élections de 1817, par *** et Gautier (du Var). Paris, 1817;

Questions sur la loi des élections du 5 février 1817 :
1° Y a-t-il nécessité de révoquer cette loi? (Oui),
2° Peut-on la révoquer aujourd'hui? (Non),
3° Si on ne le peut pas, que faut-il faire? (Lisez),
par M. C. P. Ducancel. 1819;

Résumé de tous les arguments proposés contre le projet de loi sur les élections, par Devaux, député du Cher. 1820;

Seconde lettre aux électeurs du département de l'Isère, par Grégoire, ancien évêque de Blois. 1820;

Observations sur la loi des élections, par un ancien avocat au parlement de Rouen;

Questions électorales accompagnées de réponses et d'explications. Grenoble, 1820;

Questions à résoudre sur le nouveau projet de loi relatif aux élections, par Moizen, député du Lot. 1819;

Sur les élections, par M. de Bonald, député;

Questions à l'ordre du jour : seule modification convenable à la loi des élections, par Delamathe. 1820;

Un premier mot sur le projet de loi relatif aux élections. Paris, 1820;

Le véritable exposé des motifs du projet de loi sur les élections. 1820.

Tome II.

La vérité aux électeurs de 1820, par Gautier (du Var);

Des élections royales, par Vernay. Lyon, 1820;

Considérations graves sur les élections prochaines des Deux-Sèvres, par un électeur. Paris, 1824;

Lettre d'un électeur du département de la Charente à un compatriote sur les élections de ce département, par J***. Paris, 1828;

Du droit d'élection établi par la Charte : examen politique et philosophique, etc., par le chevalier de Fonvielle (de Toulouse). Paris, 1829;

Pensées d'un électeur, par Larochefoucauld. 1829;

Quelques vues pour une nouvelle législation électorale. Paris, 1831;

Que faire? Refaire la loi électorale, par Teissèdre. 1832;

Du vrai sens de la loi représentative. Paris, 1834;

Ce qui serait une réforme électorale. Utopie. Avril 1839;

Opinion sur la proposition de la réforme électorale, par Th. de Sanegon. Paris, 1839;

La vérité à tous sur la réforme électorale, par le vicomte de Larochefoucauld. Paris, 1839.

47	Commission d'enquête électorale. — Procès-verbaux des délibérations, dépositions orales, pièces et documents divers, avec le rapport fait au nom de la commission de la Chambre des députés. Paris, 1843; 1 vol. in-4° rel.	B.	46
48	Recueil de décrets, règlements et instructions concernant l'ordre impérial de la Légion d'honneur, la médaille militaire et les ordres étrangers. Paris, 1853; 1 vol. in-8° rel.	B.	47
49	Bourbon (E.). — Loi de la garde nationale, annotée et interprétée par la jurisprudence administrative et judiciaire, etc. Paris, 1836; 1 vol. in-8° rel.	B.	48
50	Gillon (J. H.) et Stourm. — Loi de la garde nationale, avec son commentaire. Paris, 1836; 1 vol. in-12 rel.	B.	49
51	Code des émigrés, condamnés et déportés, ou Recueil de décrets les concernant, avec la loi du 27 avril 1825 relative à l'indemnité à accorder. Paris; 1 vol. in-4° rel.	B.	50
52	Naylies. — Nouveau Code des émigrés, ou Manuel pour l'exécution de la loi sur l'indemnité à accorder pour les ventes des biens fonds aux anciens propriétaires. Paris, 1820; 1 vol. in-18 rel.	B.	51
53	Teste-Lebeau (Justinien). — Code des émigrés, déportés et condamnés révolutionnairement, ou Collection des lois, arrêtés, etc., concernant l'indemnité, avec des notes. Paris, 1825; 2 vol. in-8° rel.	B.	52
54	Supplément au Code des émigrés, ou Recueil d'actes du Gouvernement concernant les émigrés, du mois de septembre 1792 au mois de thermidor an XII. 1 vol. in-4° rel.	B.	53
55	Allier et Cerclet. — Manuel de l'émigré, contenant les lois, décrets, ordonnances, etc., de l'émigration, avec une table chronologique et complète de tous les décrets, lois, arrêtés rendus sur l'émigration de 1791 à 1825. 2e édit. augmentée de la loi sur l'indemnité. Paris, 1 vol. in-8° rel.	B.	54
56	Guichard (Aug. Ch.). — Dictionnaire de l'indemnité, ou Résumé alphabétique et raisonné des nombreuses décisions		

	relatives à l'indemnité des émigrés, des déportés et condamnés. Paris, 1827; 1 vol. in-8° rel.	15	166
57	ROCHELLE (J. H. F. DE), BÉGUIN et VERNEUR. — Annales administratives et judiciaires de l'émigration, ou Recueil général des lois sur la matière. Paris, 1825; 2 vol. in-8° rel.	B.	55
58	NAYLIÈS. — Jurisprudence administrative et judiciaire concernant la loi sur l'indemnité à accorder aux anciens propriétaires des biens fonds confisqués et vendus au profit de l'État, faisant suite au nouveau Code des émigrés. Paris, 1827; 4 vol. in-18 rel.	B.	56
59	CARRÉ (N.) et VANUFEL (C.). — Loi de l'indemnité expliquée par les motifs et la discussion. Paris, 1825; 1 vol. in-8° rel.	B.	57
60	BARATIER (Perrin) et CHARRIER (L. L.). — Esprit de la loi de l'indemnité, tiré de la discussion de cette loi dans les deux Chambres. Paris, 1825; in-8° rel.	B.	58

IV. DROIT CIVIL ET CRIMINEL.

1. GÉNÉRALITÉS.

61	COMTE (Charles). — Traité de la propriété. Paris, 1834; 2 vol. in-8° rel.	B.	59
62	VALETTE (J. B. Ph.) et BENAT SAINT-MARSY. — Traité de la confection des lois. Paris, 1839; 2 vol. in-12 rel.	B.	60
63	MAILHER DE CHASSAT (A.). — Traité de l'interprétation des lois. Paris, 1822; 1 vol. in-8° rel.	B.	61
64	BENTHAM (Jérémie). — Traités de législation civile et pénale, précédés de principes généraux de législation et d'une vue d'un corps complet de droit, terminés par un essai sur l'influence des temps et des lieux relativement aux lois; tra-		

	duit de l'anglais par Étienne Dumont. Paris, 1802; 3 vol. in-8° rel.	B.	62
65	MEYER (J. D.). — Esprit, origine et progrès des institutions judiciaires des principaux pays de l'Europe. Paris, 1829; 2e édit., 5 vol. in-8° rel.	B.	63
66	ORTOLAN (Elzéar). — Cours de législation pénale comparée. — Introduction philosophique et introduction historique. Paris, 1839 et 1841; 2 vol. in-8° rel.	B.	64
67	BECCARIA. — Des Délits et des peines, traduit et publié par Collin de Plancy. Paris, 1823; 1 vol. in-18 rel.	B.	65
68	BECCARIA. — Dei Delitti e delle pene con note, commenti ed osservazioni di Filangieri, Montesquieu, Voltaire, Diderot, Mirabeau, Bentham ed altri insigni autori. Parigi, 1829; 1 vol. in-8° rel.	B.	66
69	THORILLON (A. J.). — Idées sur les lois criminelles. Paris, 1788; 2 vol. in-8° rel.	B.	67
70	BENTHAM (Jérémie). — Théorie des peines et des récompenses, traduit par Dumont. 2e édit. Paris, 1818; 2 vol. in-8° rel.	B.	68
71	COURDEMANCHE (A. DE). — Code général progressif par ordre alphabétique et de matières, et suivant la méthode de Pothier dans ses pandectes. Paris, 1828; 2 vol. in-8°.	B.	69

2. DROIT ROMAIN.

72	Essai sur la politique et la législation des Romains, traduit de l'italien par Quétant. Paris, an III; 1 vol. in-12 rel.	B.	70
73	GRAVINA (Jean-Vincent). — Esprit des lois romaines, traduit du latin par Requier. Amsterdam, 1766; 3 vol. in-12 rel.	B.	71
74	LABOULAYE (Édouard). — Essai sur les lois criminelles des		

	Romains, concernant la responsabilité des magistrats. Paris, 1845; 1 vol. in-8° rel.	B.	72
75	Guérard (A.). — Essai sur l'histoire du droit privé des Romains. Paris, 1841; 1 vol. in-8° rel.	B.	73
76	Berriat Saint-Prix. — Histoire du droit romain, suivie de l'histoire de Cujas. Paris, 1821; 1 vol. in-8° rel.	B.	74
77	Hugo (Gustave). — Histoire du droit romain, traduite de l'allemand, sur la 7e édition, par Jourdain, revue par Poncelet. Paris, 1825; 2 vol. in-8° rel.	B.	75
78	Terrasson (A.). — Histoire de la jurisprudence romaine, contenant son origine et ses progrès depuis la fondation de Rome jusqu'à présent. Paris, 1750; 1 vol. in-fol. rel.	B.	76
79	Justinien. — Pandectes mises dans un nouvel ordre par Pothier, avec les lois du code et les novelles qui confirment, expliquent ou abrogent le droit des pandectes, traduites par Bréard de Neuville (texte en regard). Paris, Dondey-Dupré, 1818 à 1823; 24 vol. in-8° rel.	B.	77
80	Ortolan (E.). — Explication historique des Instituts de l'empereur Justinien, avec le texte, et précédée d'une généralisation du droit romain. 5e édit. Paris, 1851; 2 vol. in-8° rel.	B.	78
81	Du Caurroy (A. M.). — Institutes de l'empereur Justinien, traduites sur le texte de Cujas. Paris, 1837; 1 vol. in-8° rel	B.	79
82	Du Caurroy (A. M.). — Institutes de Justinien nouvellement expliquées. 6e édit. Paris, 1841; 2 vol. in-8° rel.	B.	80
83	Pellat (C. A.). — Traduction du livre VII des Pandectes, accompagnée d'un commentaire, précédée d'un exposé des principes généraux du droit de propriété et de ses principaux démembrements, particulièrement de l'usufruit. Paris, 1837; 1 vol. in-8° rel.	B.	81
84	Theodosianus codex cum perpetuis commentariis Jacobi Gothofredi. Lugduni, 1665; 6 tomes en 4 vol. in-fol. rel.	15	406

3. ANCIEN DROIT FRANÇAIS.

§ 1. LOIS ANCIENNES. — ORDONNANCES.

85	Table manuscrite et chronologique des ordonnances, décisions et lois de la monarchie française, depuis le IXe siècle jusqu'à 1823; 44 vol. in-4° et in-fol. rel.	A.	764
86	Ordonnances des rois de France de la 3e race, depuis Hugues Capet jusqu'à Charles VIII (1497), avec une table jusqu'à 1400, rassemblées et publiées par Delaurière, Secousse de Villevrault, Bréquigny et le marquis de Pastoret. (Collection non encore achevée.) Paris, Imprimerie royale, 1723 à 1840; 20 vol. in-fol. et 1 vol. in-4° rel.	A.	85
87	Blanchard (Guillaume). — Compilation chronologique contenant un recueil en abrégé des ordonnances, édits, déclarations et lettres patentes des rois de France, en ce qui concerne la justice, la police et les finances. Paris, 1715; 2 tomes en 1 vol. in-fol. rel.	15	65
88	Fontanon (Antoine). — Recueil d'édits et ordonnances des rois de France, depuis Louis VI jusqu'en 1611, revu et augmenté par Gabriel-Michel Angevin. Paris, 1611; 3 vol. in-fol. rel.	A.	78
89	Collection d'édits, ordonnances, arrêts, etc., du XIIe siècle à la fin du XVIIIe, sans date précise avant 1460, avec une table comprenant de 1767 à 1789. 200 vol. in-4° rel.	A.	75
90	Tables manuscrites, alphabétiques et analytiques des édits, ordonnances, arrêts, etc., depuis le XIIe siècle jusqu'à la fin du XVIIIe. 69 vol. in-4° rel. (Les édits antérieurs à 1260 sont sans date précise.)	A.	76
91	Édits, déclarations, lettres patentes, etc., en partie manuscrits, sur les monnaies, depuis 1211 jusqu'au 20 janvier 1788. 8 vol. in-4° rel.	A.	74

92	NÉRON (Pierre) et GIRARD (Étienne). — Recueil d'édits et ordonnances royaux sur le fait de la justice et autres matières les plus importantes, contenant les ordonnances des rois Philippe VI, Jean Iᵉʳ, Charles V, Charles VI, Charles VII, Charles VIII, Louis XII, François Iᵉʳ, Henri II, François II, Charles IX, Henri III, Henri IV, Louis XIII, Louis XIV et Louis XV. Paris, 1720; 2 vol. in-fol. rel.	15	63
93	Collection d'arrêts, édits, ordonnances, déclarations, etc., de l'année 1488 à 1789, avec une table de 1767 à 1789. Paris, Imp. roy.; 77 vol. in-4° rel.	A.	795
94	SAINCT-YON (DE). — Les Edicts et ordonnances des roys, coutumes des provinces, reglemens, arrests et jugemens notables des eaues et forêts, recueillis et divisez en trois liures, avec observations de plusieurs choses dignes de remarque. Paris, 1610; 1 vol. in-fol. rel.	B.	82
95	CARONDAS LE CARON (Louis). — Recueil des édits et ordonnances du roy concernant les domaines et droits de la Couronne, avec deux tables, l'une chronologique, l'autre par sujets et matières. Nouvelle édition, augmentée jusqu'en 1694, contenant les règlements depuis 1291. Paris, 1735; 3 vol. in-4° rel.	15	22
96	Les Édits et ordonnances de feu de bonne mémoire François, très-chrétien roy de France, 2ᵉ de ce nom, depuis son avénement à la couronne jusques au jour de son décès, etc. Paris, 1567; 1 vol. in-8° rel.	15	58
97	BRISSON (Barnabé). — Le Code du roi Henri III, roi de France et de Pologne, augmenté des édits des rois Henri IV et Louis XIII, des conciles de l'Église, des lois romaines, etc.; les additions sont de L. Carondas le Caron, Jean Tournet et Gabriel-Michel de Rochemaillet. Paris, 1622; 5ᵉ édit.; 1 vol. in-fol. rel.	B.	83
98	DECRUSY, ISAMBERT et JOURDAN. — Recueil général des anciennes lois françaises depuis l'an 420 jusqu'à 1789, avec notes de concordance, table chronologique et table générale des matières. Paris, 1825-1829; 29 vol. in-8° rel.	B.	84

99	PARDESSUS (J. M.). — Loi salique, ou Recueil contenant les anciennes rédactions de cette loi et le texte connu sous le nom de *Lex emendata*, avec des notes et des dissertations. Paris, 1843; Imp. roy.; 1 vol. in-4° rel..............	B.	85
100	PEYRÉ (J. F. A.). — Lois des Francs, contenant la loi salique et la loi ripuaire, traduction en regard, précédées d'une préface par M. Isambert. Paris, 1828; 1 vol. in-8° rel. ..	B.	86
101	KOENIGSWARTER (J.). — Sources et monuments du droit français antérieurs au XVe siècle, ou Bibliothèque de l'histoire du droit français depuis ses premières origines. Paris, 1853; 1 vol. in-12 rel..................................	B.	87
102	HOUARD (David). — Anciennes lois des Français, conservées dans les coutumes anglaises recueillies par Littleton. Rouen, 1766; 2 v. in-4° rel..............................	B.	88
103	DUPUY. — Traitez touchant les droits du roy tres chrestien sur plusieurs estats et seigneuries possédés par divers princes voisins, et usurpations faites sur les trois évêchés, Metz, Toul et Verdun. Rouen, 1670; 1 vol. in-fol. rel.	15	47
104	JOUSSE. — Nouveau commentaire sur l'ordonnance civile du mois d'avril 1667; nouvelle édition, augmentée de l'idée de la justice civile. Paris, 1767; 2 vol. in-12 rel.	15	55
105	*JOUSSE*. — Commentaire sur l'ordonnance des eaux et forêts, du mois d'août 1669. Paris, 1772; 1 vol. in-12 rel......	15	56
106	*JOUSSE*. — Nouveau commentaire sur l'ordonnance criminelle du mois d'août 1670, avec un abrégé de la justice criminelle; nouvelle édition. Paris, 1763; 1 vol. in-12 rel.....	15	54
107	FROIDOUR (DE). — Instruction pour la vente des bois du Roi, avec des notes tirées des meilleurs auteurs sur la matière des eaux et forêts et des ordonnances de 1667, 1669 et 1670, par Berrier. Paris, 1759; 1 vol. in-4° rel.........	15	17
108	Ordonnances de Louis XIV sur le fait des gabelles et des aides, données à Saint-Germain-en-Laye, aux mois de mai et juin		

	1680. Registré en la cour des aydes, les 11 mai et 21 juin même année. Paris, 1680; 1 vol. in-4° rel.	B.	89
109	Ordonnance de Louis XIV sur le fait des gabelles, donnée à Saint-Germain-en-Laye au mois de mai 1680, annotée et suivie du Recueil des édits, déclarations, ordonnances, arrêts et règlements à l'appui des commentaires sur ladite ordonnance. Rouen, 1764; 2 vol. in-8° rel.	B.	90
110	Compilation de l'ordonnance de Louis XIV donnée au mois de mai 1680, sur le fait des gabelles. Rouen, 1727; 1 vol. in-12 rel.	B.	91
111	Ordonnances de Louis XIV sur le fait des gabelles et des aydes, données à Saint-Germain-en-Laye aux mois de mai et juin 1680. Paris, 1681; 1 vol. in-4° rel.	B.	92
112	Recueil des édits, déclarations et arrêts rendus pour assurer les fonds nécessaires au renfermement des mendiants. Paris, 1726; 1 vol. in-4° rel.	B.	93
113	Édits, ordonnances, arrêts et règlemens sur le faict des mines et minières de France, avec les déclarations du droict de dixième deu au Roy, sur l'or, l'argent, etc. — Addition au recueil des priviléges sur le fait des mines et minières de France. Paris, 1728-1731; 1 vol. in-12 rel.	B.	94
114	Recueil des ordonnances, déclarations, lettres patentes, arrêts et règlements rendus depuis 1613 jusqu'en 1724, concernant la foi qui doit être ajoutée aux procès-verbaux des commis des aydes. Paris, 1729; 1 vol. in-4° rel.	B.	95
115	Recueil des ordonnances, édits, déclarations et arrêts de Sa Majesté, sur le fait des aides de Normandie. 3ᵉ édit. Rouen, 1733; 3 vol. petit in-12 rel.	B.	96
116	Sallé. — L'Esprit des ordonnances de Louis XIV, ouvrage où l'on a réuni la théorie et la pratique des ordonnnances, contenant l'ordonnance de 1667, celle de 1669 et l'édit de 1669 servant de règlement pour les épices et vacations, ensemble les formules des actes de procédures y relatives. Paris, 1758, t. I; 1 vol. in-4° rel.	15	67

117	Ordonnance de S. A. R. pour l'administration de la justice, donnée à Lunéville au mois de novembre 1707. (Code du duché de Lorraine.) Nouvelle édition. Nancy, 1770; 1 vol. in-8° rel.	15	282
118	Recueil des principaux édits, déclarations, ordonnances, arrêts, sentences et règlements concernant la justice, police et finances, du 29 septembre 1722 au 30 octobre 1740. (Code de Louis XV.) Paris, 1758; 12 vol. in-12 rel.	15	60
119	Sallé. — L'Esprit des deux ordonnances de Louis XV sur les donations et sur les testaments, développé par la conférence de leur texte avec celui des anciennes ordonnances, la jurisprudence des différents parlements et les sentiments des jurisconsultes. Paris, 1752; 1 vol. in-12 rel.	15	12
120	Sallé (J.-A.). — L'Esprit des ordonnances et des principaux édits et déclarations de Louis XV, en matière civile, criminelle et bénéficiale. Paris, 1771; 1 vol. in-4° rel.	B.	97
121	Suite du Recueil des édits, ordonnances, déclarations, lettres patentes, arrêts et règlements concernant les domaines du Roy, et droits domaniaux, seigneuriaux, etc. Paris, 1744; 6 vol. in-4° rel.	15	24
122	*Galon*. — Conférence de l'ordonnance de Louis XIV, du mois d'août 1669, sur le fait des eaux et forêts, avec les édits, déclarations, etc., de l'an 1115 à ce jour. Nouvelle édition, avec les observations de Mrs Simon et Segauld. Paris, 1752; 2 vol. in-4° rel.	B.	98
123	Bornier (Philippe). — Conférences de nouvelles ordonnances de Louis XIV, avec celles des rois prédécesseurs de S. M., le droit écrit et les arrêts; enrichies d'annotations et de décisions. Paris, 1694; 2 vol. in-4° rel.	B.	99
124	Bornier (Philippe). — Conférences des ordonnances de Louis XIV, roy de France et de Navarre, avec les anciennes ordonnances du royaume, le droit écrit et les arrêts; enrichies d'annotations et de décisions importantes. Paris, 1755; 2 vol. in-4° rel.	15	53

125	JACQUIN (Jacques). — Conférences de l'ordonnance de Louis XIV sur le fait des entrées, des aydes et autres droits pour le ressort de la cour des aydes de Paris, avec celles des rois prédécesseurs de S. M. Paris, 1703; 1 vol. in-4° rel.	B.	100
126	Code des commensaux, ou Recueil des édicts, déclarations, ordonnances, lettres patentes, etc., portant établissement et confirmation des priviléges, libertés, etc., des officiers domestiques et commensaux de la maison du roy, avec le supplément. Paris, 1720 et 1764; 2 vol. in-8° rel.	15	57
127	FURGOLE (J. B.). — Ordonnance de Louis XV pour fixer la jurisprudence en matière de donations, et questions remarquables sur cette matière. Toulouse, 1761; 2 vol. in-4° rel.	15	36
128	FURGOLE. — Commentaire de l'ordonnance de Louis XV, du mois d'août 1747, sur les substitutions. Paris, 1767; 1 vol. in-4° rel.	B.	101
129	JANNIN. — Recueil général des édits, arrêts et déclarations du roy, de 1773 à 1786, concernant les économats et les fonctions des économes. Paris, 1 vol. in-4° rel.	A.	800
130	Recueil des édits, ordonnances, déclarations, traités et concordats du règne de Léopold Ier, de glorieuse mémoire, duc de Lorraine et de Bar, avec différents arrêts de règlemens. Nancy, 1733; 6 vol. in-4° rel.	15	283

§ 2. TRAITÉS DIVERS.

131	Thittres de la ferme de la Mirauderie copiés exactement sur les originaux qu'en a donnés Béraud. Manuscrit sans date. 1 vol. in-fol. rel.	15	155
132	DUNOD (M. F.). — Observations sur les titres des droits de justice, des fiefs, des cens, des gens mariés et des successions, de la coutume du comté de Bourgogne, avec les		

	traités à l'usage de la même province. Besançon, 1756; 1 vol. in-4° rel.	15	360
133	Mey. — Maximes du droit public français, tirées des capitulaires, des ordonnances du royaume et des autres monuments de l'histoire de France. 2e édit. Amsterdam, 1775; 6 vol. in-12 rel.	B.	102
134	Renusson (Philippe de). — Traité de la communauté de biens entre l'homme et la femme conjoints par mariage, et de la continuation de communauté après le décès de l'un des conjoints, etc. Nouvelle édition. Paris, 1723; 1 vol. in-4° rel.	15	19
135	Le Brun (Denis). — Traité de la communauté entre mari et femme, avec un traité des communautés ou sociétés tacites. Paris, 1754; 1 vol. in-fol. rel.	15	49
136	Boucher d'Argis (Antoine-Gaspard). — Traité des gains nuptiaux et de survie qui sont en usage dans les pays de droit écrit, tant du ressort du parlement de Paris que des autres parlemens, etc. Lyon, 1738; 1 vol. in-4° rel.	15	39
137	Champagne (Guillaume de la). — Traitez de la légitime, de la représentation et des secondes noces. Paris, 1720; 1 vol. in-12 rel.	15	10
138	Renusson (Philippe de). — Traités du douaire et de la garde noble et bourgeoise, qu'on appelle bail en plusieurs coutumes. Paris, 1743; 1 vol. in-4° rel.	15	35
139	Richer (François). — Traité de la mort civile, tant celle qui résulte des condamnations pour cause de crime que pour celle qui résulte des vœux en religion. Paris, 1755; 1 vol. in-4° rel.	15	38
140	*Meslé* (Jean). — Traité des minoritez, des tutelles et des curatelles, et des droits des enfants mineurs et majeurs. Paris, 1713; 1 vol. in-12 rel.	15	8
141	Ricard (Jean-Marie). — Deux traictez, l'un du don mutuel fait par testament ou par contract, et l'autre des disposi-		

	tions conditionnelles, onéreuses, rémunératoires, etc. Paris, 1661; 1 vol. in-4° rel.	15	20
142	Breyé. — Dissertation sur le titre X des coutumes générales anciennes et nouvelles du duché de Lorraine, des donations entre-vifs, simples, mutuelles et à cause de noces. Nancy, 1725; 1 vol. in-12 rel.	15	13
143	Ricard (Jean-Marie). — Traité des donations entre-vifs et testamentaires, avec la coutume d'Amiens commentée, et Traité de la révocation des donations, avec notes de Duchemin. Paris, 1754; 2 vol. in-fol. rel.	15	42
144	Traité de l'accroissement, tant en succession légitime que testamentaire. Paris, 1756; 1 vol. in-12 rel.	15	7
145	Dunod. — Traité des prescriptions, de l'aliénation des biens d'Église et des dixmes, suivant les droits civil et canon, la jurisprudence du royaume et les usages du comté de Bourgogne. Dijon, 1730; 1 vol. in-4° rel.	15	359
146	Le Boullenger (Jacques-Joseph). — Dictionnaire raisonné des domaines et droits domaniaux, des droits d'échange et de ceux de contrôle des actes des notaires et sous signatures privées, etc. Rouen, 1762; 3 vol. in-4° rel.	15	25
147	Choppin (René). — Traité du domaine de la couronne de France, divisé en trois livres, avec une table alphabétique des matières et des choses plus remarquables y contenues. Paris, 1662; 2 vol. in-fol. rel.	15	44
148	*La Garde* (François-de-Paule *de*). — Traité historique des droits du souverain en France, et principalement des droits utiles et domaniaux, depuis le commencement de la monarchie. Paris, 1767; 2 vol. in-4° rel.	B.	103
149	Poullain du Parc. — Principes du droit français suivant les maximes de Bretagne. Rennes, 1767; 12 vol. in-12 rel.	15	6
150	Recueil des priviléges, franchises et libertés de la province de Bretagne, etc. Tome IV. (Le complément de cet ouvrage manque.) Nantes, 1722; 1 vol. in-fol. rel.	B.	104

151	Recueil des édits et ordonnances du roy concernant les domaines et droits de la couronne, avec les commentaires de Louis Carondas le Caron et deux tables. Nouvelle édition augmentée jusqu'en 1736. Paris, 1735; 9 vol. in-4° rel.. (Ce recueil embrasse l'époque de 1291 à 1736.)	15	415
152	LAGARDE. — Traité historique des droits du souverain en France, et principalement des droits utiles et domaniaux, à commencer à l'établissement de la monarchie. Paris, 1767; 2 vol. in-4° rel.	15	206
153	BAUDOIN DE MAISON-BLANCHE. — Institutions convenantières, ou Traité raisonné des domaines congéables en général, et spécialement à l'usement de Tréguier et Goëlo. Saint-Brieux, 1776; 2 vol. in-12 rel.	15	14
154	Domaines aliénez (supplément); divers édits y relatifs. Manuscrit sans titre ni nom d'auteur. 1 vol. in-fol. rel.	15	50
155	LEFÈVRE DE LA PLANCHE. — Mémoires sur les matières domaniales, ou Traité du domaine. (Ouvrage posthume.) Paris, 1765; 3 vol. in-4° rel.	15	28
156	Réflexions et observations préliminaires sur les forêts, bois et domaines de S. M. en l'étendue du ressort de la maîtrise de Sézanne. — Forêt de la Traconne. Manuscrit sans nom d'auteur. 1 vol. in-fol. rel.	15	51
157	BERTHELOT DU FERRIER. — Traité de la connoissance des droits et des domaines du roy et de ceux des seigneurs particuliers qui relèvent médiatement ou immédiatement de Sa Majesté. Paris, 1725; 1 vol. in-4° rel.	15	436
158	Recueil d'édits et arrêts sur le domaine, de 1510 à 1781, contenant un grand nombre de pièces manuscrites. 5 vol. in-4° rel.	15	597
159	Recueil des règlemens, tarifs et instructions concernant les droits réservés. Paris, 1723; 2 vol. in-4° rel.	15	416
160	BOUDET (A. G. G.). — Traité sur les domaines engagés. Paris; 1 vol. in-8° rel.	B.	105

161	Recueil d'édits, ordonnances et déclarations concernant l'épargne, le trésor royal et les parties casuelles. Paris, 1732; 1 vol. in-4° rel.	15	413
162	*La Poix de Fréminville* (Edme *de*). — Traité historique de l'origine et nature des dixmes et des biens possédés par les ecclésiastiques en franche aumône, et de leurs charges. Paris, 1762; 1 vol. in-12 rel.	15	9
163	Recueil des édits et déclarations du roi sur les greffes et droits réservés, de 1574 à 1781, contenant un grand nombre de pièces manuscrites. 2 vol. in-4° rel.	15	602
164	Recueil des édits, déclarations, tarifs et règlements concernant la perception des droits de petit scel des actes judiciaires, de 1696 à 1781. 2 vol. in-4° rel.	15	603
165	Commentaire sur les tarifs du contrôle des actes et de l'insinuation du 29 septembre 1722, et sur les droits du centième denier. Avignon, 1746; 1 vol. in-8° rel.	15	598
166	Recueil des règlements et tarifs rendus jusqu'à présent, concernant les droits du contrôle des actes des notaires. Paris, 1724; 8 vol. in-4° rel.	15	601
167	Recueil des règlements et tarifs rendus jusqu'à présent concernant les droits de contrôle des actes des notaires et sous signatures privées, insinuations larges, etc. Paris, 1724; 5 vol. in-4°.	15	600
168	Contramont (De). — Des Tarifs du contrôle des actes et de l'insinuation, suivant la jurisprudence du conseil, dans laquelle on traite également ce qui est relatif au droit de centième denier, etc. Paris, 1780; 1 vol. in-8° rel.	15	15
169	Contrôle, insinuation, centième denier et petit scel. Manuscrit. 1 vol. in-fol. rel.	15	236
170	Arrests du conseil royal des finances. Réunion de plusieurs arrests, édits et circulaires sur les droits, et lettres patentes sur icelui. Sans date. 1 vol. in-4° rel.	15	357

171	*Vaucel* (Louis-François *du*). — Essai sur les apanages, ou Mémoires historiques de leur établissement, divisé en cinq chapitres. 2 vol. in-4° rel.	15	86
172	Gilles de la Roque. — Traité de la noblesse, de ses différentes espèces, de son origine, du gentilhomme de nom et d'armes, des bannerets, des bacheliers, des écuyers et de leurs différences, du gentilhomme de quatre lignes, etc. Rouen, 1710; 1 vol in-4° rel.	15	358
173	Recueil d'édits et lettres concernant les priviléges, exemptions et droits dont jouissent les officiers de la chambre des comptes de Paris. Paris, 1728; 1 vol. in-4° rel.	B.	106
174	Ordonnances, édits, déclarations, arrests et lettres patentes concernant l'autorité et la jurisdiction de la chambre des comptes de Paris, et règlemens pour les finances et les officiers comptables. Paris, 1726; 5 vol. in-4° rel.	A.	796
175	Mémoires sur les priviléges et fonctions des trésoriers généraux de France, avec une table générale et chronologique des ordonnances, édits, déclarations du roi sur les priviléges, etc. Orléans, 1745; 1 vol. in-4° rel.	15	37
176	De la Juridiction de la chambre des comptes de Paris et de la comptabilité. Manuscrit du milieu du XVIIIe siècle.	A.	539
177	Chambre des comptes, ou différens traités sur sa jurisdiction et autres matières qui y ont rapport, principalement l'examen et le jugement des comptes. Manuscrit. 1 vol. in-4° rel.	A.	797
178	Jousse. — Traité de la jurisdiction des trésoriers de France, tant en matière de domaine et de voirie que de finances. Paris, 1777; 2 vol. in-12 rel.	B.	107
179	Domat. — Les Lois civiles dans leur ordre naturel, le droit public et *Legum delectus*. Nouvelle édition, revue par M. de Héricourt, augmentée des notes de M. de Bouchevret et de celles de MM. Berroyer et Chevallier. Paris, 1767; 2 tomes en 1 vol. in-fol. rel.	15	45

180	Domat. — Les Lois civiles dans leur ordre naturel. Paris, 1777; 2 tomes en 1 vol. in-fol. rel.	15	392
181	Duchemin (Michel). — Mémorial alphabétique des choses concernant la justice, la police et les finances de France sur le fait des tailles, etc. 5e édit. Paris, 1742; 1 vol. in-4° rel.	B.	108
182	Cassan (J. de). — La Recherche des droits du roy et de la couronne de France sur les royaumes, duchez, comtez, villes et pays occupés par les princes étrangers, etc., etc. Paris, 1634; 1 vol. in-4° rel.	B.	109
183	La Poix de Fréminville (Edme de). — Traité général du gouvernement des biens et affaires des communautés, d'habitans des villes, bourgs, villages et paroisses de France. Paris, 1760; 1 vol. in-4° rel.	B.	110

§ 3. COUTUMES.

184	Texte des coutumes de la prevosté et vicomté de Paris, avec les sommaires des articles, etc. Paris, 1668; 1 vol. in-24 rel.	B.	111
185	Pithou. — Observation analytique sur les coutumes de la prevosté et vicomté de Paris. Paris, 1680; 1 vol. in-32 rel.	15	453
186	Bourjon (François). — Le Droit commun de la France et de la coutume de Paris réduit en principes. Paris, 1770; 2 vol. in-fol. rel.	B.	112
187	Ferrière (Claude de). — Corps et compilation de tous les commentateurs anciens et modernes sur les coutumes de Paris. 2e édition, revue, corrigée et augmentée par l'auteur, et enrichie des observations de M. Le Camus. Paris, 1714; 4 vol. in-fol. rel.	15	66
188	Masson (Alexandre). — Coutume de Paris, avec des notes et conférences. Paris, 1703; 1 vol. in-12 rel.	15	451

189	LANGLOIX. — Principes généraux de la coutume de Paris. Paris, 1746; 1 vol. in-32 rel.	15	452
190	BOUCHEUL (Joseph). — Coutumier général, ou Corps et compilation de tous les commentateurs sur la coutume du comté et pays de Poitou, avec les notes de Ch. Dumoulin, Poitiers, 1727; 2 vol. in-fol. rel.	15	75
191	SOUCHET (Étienne). — Coutume d'Angoumois, commentée et conférée avec le droit commun du royaume de France. Paris, 1783; 2 vol. in-4° rel.	15	404
192	LELET (Jean). — Observations sur la coutume de Poitou, corrigées par maîtres Filleau, Thévenot et Riffault; recueillies, rédigées et augmentées sous eux par Mathieu Braud. Poitiers, 1710; 1 vol. in-4° rel.	B.	113
193	BOUDOT DE RICHEBOURG (Ch. A.) — Nouveau coutumier général, ou Corps des coutumes générales et particulières de France et des provinces connues sous le nom de Gaules, etc. Paris, 1724; 4 vol. in-fol. rel.	B.	114
194	VALIN (René-Josué). — Nouveau commentaire sur la coutume de la Rochelle et du pays d'Aunis. La Rochelle, 1756; 3 vol. in-4° rel.	B.	115
195	FERRIÈRE (Claude DE). — Nouveau commentaire sur la coutume de la prévôté et vicomté de Paris. Nouvelle édition revue par Sauvan d'Aramon. Paris, 1770; 2 vol. in-12 rel.	B.	116
196	Le Coutumier de Vermandois, contenant les commentaires de Buridan et de Lafons sur les coutumes du Vermandois; les commentaires de Godet et Billecart sur Châlons; les commentaires de Buridan sur Rheims; ceux de Vrevin sur Chaulny, et ceux de d'Héricourt sur ces coutumes. Paris, 1728; 2 vol. in-fol. rel.	15	74
197	Le Coutumier de Picardie, contenant les commentaires de Heu, de Dufresne, de Richard, de Gosset, de Lecaron, de Lavilette, de Dubours et de Leroy de Lozembrun, sur		

	les coutumes des principales villes de cette province. Paris, 1726; 2 vol. in-fol. rel.	15	76
198	ANTONIN (Bernard). — Commentaires sur les coutumes générales de la ville de Bordeaux et pays bourdelois, avec le Recueil des arrêts notables, mis en abrégé par Antoine Boe, revus, corrigés et augmentés par P. Dupin. Bordeaux, 1728; 1 vol. in-fol. rel.	15	410
199	POTHIER. — Coutumes des duché, bailliage et prévôté d'Orléans, et ressort d'iceux; avec introduction et notes. Paris, 1772; 1 vol. in-4° rel.	15	432
200	Coutume d'Orléans, commentée par Delalande, avec une conférence sur toutes les coutumes de France, par Perreaux (Ph. Aug.). Orléans, 1704; 2 vol. in-fol. rel.	15	77
201	FABERT (Abraham). — Remarques sur les coutumes générales du duché de Lorraine, ès bailliages de Nancy, Vosges et Allemagne. Metz, 1657; 1 vol. in-fol. rel.	15	81
202	Coutumes générales de la ville de Metz et pays Messin, corrigées ensuite des résolutions des trois états de ladite ville, ès années 1616, 1617 et 1618, enrichies d'un commentaire sur les principaux articles. 2e édit. Metz, 1732; 1 vol. in-12 rel.	15	71
203	THOMAS père et fils. — Coutumes générales du bailliage du Bassigny, rédigées par les trois états d'icelui, convoqués à cet effet par le prince Charles, duc de Calabre, Lorraine, etc., et homologuées au mois de novembre 1580, avec le stile contenu au cayer suivant. Nancy, 1761; 1 vol. in-8° rel.	15	72
204	DURIVAL. — Mémoire sur la Lorraine et le Barrois, suivi de la table alphabétique et topographique des lieux. Nancy, 1752; 1 vol. in-4° rel.	15	21
205	MATHURIN (Louis). — Remarques et notes sommaires sur la coutume du Maine, avec un recueil des jugemens et sentences rendues au siége présidial et sénéchaussée du Mans. Le Mans, 1657; 1 vol. in-fol. rel.	15	80

206	Bodreau (Julien). — Les Coustumes du païs et comté du Maine, avec commentaires. Paris, 1675; 1 vol. in-fol. rel.	15	443
207	Coutume générale des pays et duché de Bourgogne, avec les commentaires de M. Taisaud; coutume expliquée par le droit romain. Dijon, 1698; 1 vol. in-fol. rel.	15	79
208	Bouhier. — Les Coutumes du duché de Bourgogne, avec les anciennes coutumes, tant générales que locales de la même province, non encore imprimées. Dijon, 1742; 2 vol. in-fol. rel.	15	78
209	D'Argentré (Carolus). — Commentarii in patrias Britonum leges seu consuetudines generales antiquissimi ducatûs Britanniæ. Editio tertia emendatissima, aucta ex auctoris αὐτογράφῳ. Parisiis, 1621.	15	82
210	Sauvageau (Michel). — Coutumes de Bretagne, avec commentaires et observations. Rennes, 1742; 1 vol. in-18 rel.	15	447
211	La Bigotière (René de). — Institution au droit français, par rapport à la coutume de Bretagne, avec une dissertation sur le devoir des juges. Rennes, 1693; 1 vol. in-4° rel....	15	448
212	Poullain du Parc (M. A. M.). — Coutumes générales du pays et duché de Bretagne, et usements locaux de la même province, et les procès-verbaux des deux réformations, avec les notes de Pierre Hervin, l'aitiologie de Bertrand d'Argentré, la traduction de Poullain de Belair et les notes de Charles Du Moulin. Rennes, 1745; 3 vol. in-4° rel...	15	70
213	La Coustume réformée du pays et duché de Normandie, anciens ressorts et enclaves d'icelui, avec un commentaire par Josias Bérault. Rouen, 1640; 1 vol. in-fol. rel.	15	411
214	Basnage (Henry). — Commentaires sur la coutume de Normandie, et Traité des hypothèques. Rouen, 1778; 2 vol. in-fol. rel.	15	431
215	Coustumes générales des pays et duché de Berry, annotées par Gabriel Labbé. Bovrges, 1579; 1 vol. in-12 rel.	15	445

216	De la Thaumassière (Gaspard-Thaumas). — Nouveaux commentaires sur les coutumes générales des pays et duché de Berri. Bourges, 1750; 1 vol. in-fol. rel.	15	446
217	Auroux (Mathieu). — Coutumes générales et locales du pays et duché de Bourbonnois, avec le commentaire et notes de Charles Dumoulin. 2e édit. Riom, 1780; 1 vol. in-fol. rel.	15	402
218	Texte des coutumes générales d'Artois homologuées le 3 mars 1544, et de l'édit perpétuel du 12 juillet 1611. Paris, 1702; 1 vol. in-32 rel.	15	458
219	Le Caron (Claude). — Commentaire sur les coustumes du gouvernement de Péronne, Montdidier et Roye. Paris et Amiens, 1660; in-12 rel.	15	455
220	Delegorgue. — Coutumes générales de la sénéchaussée de Ponthieu et celles locales d'Abbeville, avec les notes de M. Duchesne. Amiens, 1766; 2 vol. in-12 rel.	15	456
221	Pinault et Des Jaunaux. — Coutumes générales de la ville et duché de Cambray, pays et comté de Cambrésis, avec commentaire. Douai, 1691; 1 vol. in-4° rel.	15	459
222	Los Fors et Costumas de Bearn. Pau, 1715; 1 vol. in-4° rel.	A.	780
223	Houard (David). — Traité sur les coutumes anglo-normandes publiées en Angleterre depuis le xie jusqu'au xive siècle, etc. Paris, 1776; 4 vol. in-4° rel.	B.	117
224	Loysel (Antoine). — Institutes coutumières, ou Manuel de plusieurs et diverses règles, sentences et proverbes tant anciens que modernes du droit coutumier et plus ordinaire de la France, avec les notes d'Eusèbe de Laurière. Nouvelle édition donnée par MM. Dupin et Édouard Laboulaye. Paris, 1846; 2 vol. in-12 rel.	B.	118

§ 4. FIEFS.

225	WESENBECIUS (Matthæus). — De Feudis tractatus novus brevis et utilis. Coloniæ Agrippinæ, 1583; 1 vol. in-12 rel.....	B.	119
226	GUYOT (Germain-Antoine). — Traité des fiefs, tant pour le pays coutumier que pour le pays de droit écrit. Paris, 1751; 7 vol. in-4° rel...........................	15	32
227	POQUET DE LIVONIÈRE (Claude). — Traité des fiefs. 4e édit. Paris, 1756; 1 vol. in-4° rel......................	15	34
228	HARCHER (Jean-Baptiste-Louis). — Traité des fiefs. Sur la coutume de Poitou, avec des remarques sur les dispositions et les usages des autres coutumes, par M***. Poitiers, 1762; 2 tomes en 1 vol. in-4° rel..................	15	33
229	Recueil des règlemens concernant les droits d'amortissemens, francs-fiefs, nouveaux acquests et usages, à partir de l'an 1275 jusqu'en 1740. Paris, 1729 à 1740; 5 tomes en 6 vol. in-4° rel.............................	15	434
230	DUBOST. — Jurisprudence du conseil ancienne, moderne et actuelle, sur la matière des amortissements, francs-fiefs, nouvel acquest et indemnité. Paris, 1759; 3 vol. in-4° rel...	15	414
231	GALLAUD (Auguste). — Du franc aleu, et origine des droicts seigneuriaux. Paris, 1637; 1 vol. in-8° rel.............	B.	120
232	Le franc alleu de la province de Languedoc establi et défendu, suivi d'un Traité de l'origine de l'antiquité des états généraux de ladite province, et d'un recueil de ses chartes et priviléges. Tolose, 1645; 1 vol. in-fol. rel.....	15	403
233	SALVAING (Denis DE). — Traité du plait seigneurial et de son usage en Dauphiné. Grenoble, 1652; 1 vol. in-12 rel....	B.	121
234	*LAVAL, duc DE LUYNES (Le Sr DE).* — Des Devoirs des seigneurs dans leurs terres, suivant les ordonnances de France. Paris, 1668; 1 vol. in-18 rel......................	B.	122

235	SALVAING (Denis DE). — De l'usage des fiefs et autres droits seigneuriaux en Dauphiné. Grenoble, 1664; 1 vol. in-12 rel	15	457
236	SALVAING (Denis DE). — De l'usage des fiefs et autres droits seigneuriaux. Grenoble, 1668; 1 vol. in-fol. rel.	B.	123
237	BRUSSEL. — Nouvel examen de l'usage général des fiefs en France pendant les XIe, XIIe, XIIIe et XIVe siècles, pour servir à l'intelligence des plus anciens titres du domaine de la couronne. Paris, 1727; 2 vol. in-4° rel.	15	31
238	HEVIN (Pierre). — Questions et observations concernant les matières féodales, par rapport à la coutume de Bretagne. Rennes, 1736; 1 vol. in-4° rel.	15	449
239	GOETSMANN. — Traité du droit commun des fiefs, terminé par un dictionnaire féodal. Paris, 1768; 2 vol. in-12 rel.	B.	124
240	DUMOULIN. — Traité des fiefs, analysé et conféré avec les autres feudistes, par Henrion de Pansey. Paris, 1773; 1 vol. in-4° rel.	B.	125
241	LA POIX DE FRÉMINVILLE (Edme DE). — La pratique universelle pour la rénovation des terriers et des droits seigneuriaux, contenant les questions les plus importantes sur cette matière. 2e édition pour le Ier vol. (1762) et le IIe (1759). Paris, 1753 à 1762; 5 vol. in-4° rel.	B.	126
242	BRUNET. — Abrégé chronologique des grands fiefs de la couronne de France, avec la chronologie des princes et seigneurs qui les ont possédés jusqu'à leur réunion à la couronne. Paris, 1759; 1 vol. in-12 rel.	B.	127
243	BLONDEAU DE CHARNAGE. — Dictionnaire de titres originaux pour les fiefs, le domaine du roi, l'histoire, la généalogie, et généralement tous les objets qui concernent le gouvernement de l'État. Paris, 1764; 4 tomes en 1 vol. in-12 rel.	B.	128
244	GRAPPIN (Dom). — Dissertation sur l'origine de la mainmorte		

	dans les provinces qui ont composé le premier royaume de Bourgogne. Besançon, 1779; 1 vol. in-8° rel.	B.	129
245	Henriquez (Jean). — Code des seigneurs hauts-justiciers et féodaux, ou Maximes concernant les fiefs et droits féodaux. Paris, 1780; 1 vol. in-12 rel.	B.	130
246	Code féodal, ou Recueil chronologique de tous les décrets concernant les droits féodaux, rendus par l'Assemblée nationale constituante (1789, 1790, 1791). Paris, 1791; 1 vol. in-8° rel.	B.	131
247	Barginet (A.) — Histoire du gouvernement féodal. Paris, 1825; 1 vol. in-12 rel.	B.	132
248	Couchot. — Le Praticien universel, ou le Droit français et la pratique de toutes les juridictions du royaume. 9e édit. Paris, 1747; 2 vol. in-4° rel.	B.	133
249	Irminon (L'abbé). — Polyptique, ou Dénombrement des manses, des serfs et des revenus de l'abbaye de Saint-Germain-des-Prés sous le règne de Charlemagne, etc., avec les Prolégomènes de B. Guérard. Paris, Imprimerie royale, 1844; 3 vol. in-4° rel.	B.	134

§ 5. RÉPERTOIRES DE JURISPRUDENCE.

250	Guy Durousseaud de la Combe. — Recueil de jurisprudence civile du pays de droit écrit et coutumier, par ordre alphabétique. 3e édit. Paris, 1753; 1 vol. in-4° rel.	B.	135
251	Guyot. — Répertoire universel et raisonné de jurisprudence civile, criminelle, canonique et bénéficiale. Paris, 1784-1785; 17 vol. in-4°.	15	435
252	Denisart (J. B.). — Collection de décisions nouvelles et de notions relatives à la jurisprudence actuelle. 7e édit. Paris, 1771; 4 vol. in-4° rel.	B.	136

253	Denisart. — Collection de décisions nouvelles et de notions relatives à la jurisprudence. Paris, 1783; 9 vol. in-4° rel..	15	400
254	Serres (Claude). — Les Institutions du droit français suivant l'ordre de celles de Justinien accommodées à la jurisprudence moderne et aux nouvelles ordonnances, enrichies d'un grand nombre d'arrêts du parlement de Toulouse. Paris, 1753; 1 vol. in-4° rel.	15	40
255	Anciens et nouveaux règlemens de la cour du parlement de Guienne concernant l'instruction pour l'exercice de la justice. Bordeaux, 1743; 1 vol. in-4° rel.	15	412
256	Blondeau (Claude) et Gurret (Gabriel). — Journal du Palais, ou Recueil des principales décisions de tous les parlemens et cours souveraines de France, contenant les arrêts depuis l'année 1660 jusqu'en 1700. Paris, 1755; 2 vol. in-fol. rel.	15	96
257	Delaville (Claude). — Ordre alphabétique, ou Dictionnaire contenant les principales maximes et décisions du Palais, confirmées par les arrêts du parlement de Paris et des autres parlements de France. Paris, 1642; 1 vol. in-fol. rel....	A.	82
258	Brillon (Pierre-Jacques). — Dictionnaire des arrêtés, ou Jurisprudence universelle des parlements de France et autres tribunaux. Paris, 1727; 6 vol. in-fol. rel.	A.	83
259	Louet (Georges). — Recueil alphabétique de plusieurs arrêts notables du parlement de Paris pris sur les Mémoires de Georges Louet, revu et augmenté par Guy du Rousseaud de la Combe. 1742; 2 vol. in-fol. rel.	15	98
260	Bardet (Pierre). — Recueil d'arrêts du parlement de Paris, de 1617 à 1643, pris de ses Mémoires, avec les notes et dissertations de Claude Berroyer. Avignon, 1773; 1 vol. in-fol. rel.	A.	84
261	Dufresne (Jean). — Journal des principales audiences du parlement, avec les arrêts qui y ont été rendus et plusieurs questions et règlements placés selon l'ordre des temps,		

	depuis l'année 1622 jusqu'en 1722. Paris, 1757; 7 vol. in-fol. rel.	15	97
262	Augeard (Mathieu). — Arrêts notables des différents tribunaux du royaume. Paris, 1756; 2 vol. in-fol. rel.	15	99
263	Collection des procès-verbaux des séances de l'assemblée provinciale de Haute-Guienne, tenues à Villefranche ès années 1780, 1782, 1784 et 1786, avec la permission du roi. Paris, 1787; 2 vol. in-4° rel.	A.	798
264	Arrêts du conseil, de 1673 à 1789 inclus. 42 vol. petit in-4° rel. (L'année 1774 manque.)	17	112
265	Grouvel. — Répertoire alphabétique et chronologique de lois concernant le commerce, les arts et les manufactures de France, imprimées et manuscrites, depuis 1040 jusques et compris 1815. Paris, 1816; 1 vol. in-8° rel.	A.	107
266	Argou et Boucher d'Argis. — Institution au droit français. 10e édit. Paris, 1771; 2 vol. in-12 rel.	B.	137
267	Gilbert des Voisins. — Mémoires sur les moyens de donner aux protestants un état civil en France. Paris, 1787; 1 vol. in-8° rel.	B.	138
268	Dupin et Laboulaye (Ed.). — Glossaire de l'ancien droit français, donnant l'explication des mots vieillis ou hors d'usage de l'ancienne jurisprudence. Paris, 1846; 1 vol. in-12 rel.	B.	139

§ 6. ŒUVRES DE JURISCONSULTES.

269	L'Hospital (Le chancelier Michel de). — Œuvres complètes et inédites, suivies d'un tableau de la législation française au xvie siècle, et accompagnées de notes historiques, par Dufey, avocat. Paris, 1825; 5 vol. in-8° rel. et 1 vol. de gravures.	B.	140

270	CUJACIUS (Jac.). — Opera omnia ex editione Annib. Fabroti. Lutetiæ-Parisiorum, 1658; 10 vol. in-fol.	15	399
271	POTHIER (Robert-Joseph). — Ses Œuvres complètes. Nouvelle édition. Paris, 1821-1824; 26 vol. in-8° rel.	B.	141
272	DOMAT (J.). — Ses Œuvres. Édition de Carré. Paris, 1822-1825; 9 vol. in-8° rel.	B.	142
273	LOYSEAU (Charles). — Ses Œuvres, contenant les cinq livres du droit des offices; traité des seigneuries, des ordres et simples dignités; du déguerpissement et délaissement par hypothèque; de la garantie des rentes; des abus de justice de village. Lyon, 1701; 1 vol. in-fol. rel.	15	48
274	CHOPPIN (René). — Ses Œuvres, divisées en 3 tomes. Paris, 1635; 3 vol. in-fol. rel.	15	386
275	AGUESSEAU (Le chancelier D'). — Ses Œuvres complètes, publiées par M. Pardessus, et suivies de 2 volumes de lettres et pièces inédites recueillies par D. B. Rives. Paris, 1819-1823; 18 vol. in-8° rel.	B.	143
276	COCHIN (Henri). — Ses Œuvres complètes, publiées avec un discours préliminaire par M. Cochin. Paris, 1821-1822; 8 vol. in-8° rel., avec portrait.	B.	144
277	HENRY (Claude). — Ses Œuvres, contenant: recueil d'arrêts; plaidoyers et harangues; vingt questions posthumes; avec les changements de jurisprudence survenus depuis sa mort, et conférence de la jurisprudence des pays de droit écrit. Paris, 1708; 2 vol. in-fol. rel.	15	100
278	BACQUET (Jean). — Ses Œuvres, augmentées de plusieurs décisions et arrêts des cours souveraines de France, avec notes de Claude Ferrière. Lyon, 1744; 2 vol. in-fol. rel.	15	84
279	ESPEISSES (Ant. D'). — Ses Œuvres, où toutes les plus importantes matières du droit romain sont méthodiquement expliquées et accommodées au droit français; annotées par Guy du Rousseaud de La Combe. Lyon, 1750; 3 vol. in-fol. rel.	15	85

280	Duplessis. — Ses Œuvres. Traités sur la coutume de Paris, annotés par Berroyer et de Laurière. Paris, 1754; 2 vol. in-fol. rel.	15	64
281	Le Bret (C.) — Ses Œuvres, revues et augmentées par lui. Paris, 1642; 1 vol. in-fol. rel.	15	43
282	Dupaty. — Ses Mémoires et ses Plaidoyers. Paris, 1786; 2 vol. in-4° rel.	B.	145

4. DROIT NOUVEAU.

§ 1. GÉNÉRALITÉS. — HISTOIRE.

283	Laferrière. — Histoire du droit français. Paris, 1838; 2 vol. in-8° rel.	B.	146
284	Laferrière (M. F.). — Histoire du droit français, précédée d'une introduction sur le droit civil de Rome. Paris, 1852-1853; 4 vol. in-8° rel.	B.	147
285	Raynouard (F. J. M.). — Histoire du droit municipal en France sous la domination romaine et sous les trois dynasties. Paris, 1829; 2 vol. in-8° rel.	B.	148
286	Bernardi. — De l'origine et des progrès de la législation française, ou Histoire du droit public et privé de la France depuis la fondation de la monarchie jusqu'à la Révolution. Paris, 1810; 1 vol. in-8° rel.	B.	149
287	Le Graverend (J. M.). — Des lacunes et des besoins de la législation française en matière politique et en matière criminelle. Paris-Rouen, 1824; 2 tomes en 1 vol. in-8° rel.	B.	150
288	Kleinrath (Henri). — Essai sur l'étude historique du droit et son utilité pour l'interprétation du Code civil. Strasbourg, 1833; in-8° rel.	B.	151
289	Michelet. — Origine du droit français cherchée dans les		

	symboles et formules du droit universel. Paris, 1837; 1 vol. in-8° rel.	B.	152
290	LABOULAYE (Ed.). — De l'Enseignement du droit en France, et des réformes dont il a besoin. Paris, 1839; in-8° rel.	B.	153
291	TROPLONG. — Du Pouvoir de l'État sur l'enseignement, d'après l'ancien droit public français. Paris, 1844; 1 vol. in-8° rel.	B.	154
292	BAYLE-MOUILLARD (J. B.). — De l'Emprisonnement pour dettes. Considérations sur son origine, ses rapports avec la morale publique, etc. Paris, 1836; 1 vol. in-8° rel.	B.	155
293	LEGAT (B. J.). — Code des étrangers, ou Traité de la législation française concernant les étrangers. Paris, 1832; 1 vol. in-8° rel.	B.	156

§ 2. ORGANISATION JUDICIAIRE. — OFFICES MINISTÉRIELS. — NOTARIAT.

294	DUPIN aîné. — Lois concernant l'organisation judiciaire, extraites de la collection in-4° dite du Louvre et du Bulletin des lois. Paris, 1819; 2 vol. in-8° rel.	B.	157
295	CARRÉ (G. L. J.). — Traité des lois de l'organisation judiciaire et de la compétence des juridictions civiles expliquées par les principes de la théorie, les doctrines des publicistes et les décisions des cours souveraines; annoté par Victor Foucher. Nouvelle édition. Paris, 1839; 8 vol. in-8° rel.	B.	158
296	DALLOZ. — Traité de l'organisation judiciaire, ou des juges de paix, du ministère public, des greffiers officiers ministériels, et de la police judiciaire. (Extrait de la Jurisprudence générale, du même.) Paris, 1832; 1 vol. in-4° rel.	B.	159
297	PARDESSUS. (J. M.). — Essai historique sur l'organisation judiciaire et l'administration de la justice depuis Hugues Capet jusqu'à Louis XII. Paris, 1851; 1 vol in-8° rel.	B.	160

298	Henrion de Pansey. — De l'Autorité judiciaire en France. 3ᵉ édit. Paris, 1827; 2 vol. in-8° rel.	B.	161
299	Analyse des observations de la Cour de cassation et des cours royales sur le projet de loi relatif à l'organisation judiciaire. Paris, 1836; 1 vol. in-8° rel.	B.	162
300	Tarbé (A. P.). — Lois et règlements à l'usage de la cour de cassation. Paris, 1840; 1 vol. in-8° rel.	B.	163
301	Dupin aîné. — Lois sur la compétence des fonctionnaires publics de toutes les hiérarchies. Paris, 1825; 4 vol. in-8° rel.	B.	164
302	Henrion de Pansey. — Du Pouvoir municipal et de la police intérieure des communes. Paris, 1824; 1 vol. in-8° rel.	B.	165
303	Henrion de Pansey. — De la compétence des juges de paix. 7ᵉ édit. Paris, 1825; 1 vol. in-8° rel.	B.	166
304	Dard (Le chevalier). — Traité des officiers désignés dans l'article 91 de la loi du 28 avril 1816. Paris, 1838; 1 vol. in-8° rel.	B.	167
305	Dard (Le chevalier). — Du Droit des officiers ministériels de présenter leurs successeurs à l'agrément de Sa Majesté. Paris, 1836; 1 vol. in-8° rel.	B.	168
306	Bataillard (Ch.). — Du Droit de propriété et de transmission des offices ministériels; de ses précédents historiques, de son principe actuel et de ses conséquences. Paris, 1840; 1 vol. in-8° rel.	B.	169
307	Gagneraux (L.). — Commentaire sur la loi du 25 ventôse an XI (16 mars 1803) sur l'organisation du notariat. Paris, 1834; 2 vol. in-8° rel.	15	599
308	Massé (A. J.) et L'Herbette (A. J.). — Jurisprudence et style du notaire, contenant la jurisprudence des arrêts, les dispositions législatives et réglementaires, le style ou formulaire. 1823-1826; 8 vol. in-8° rel.	B.	170

309	GARNIER-DESCHÊNES (E. H.). — Traité élémentaire du notariat. Paris, 1807; 1 vol. in-4° cart.	B.	171
310	Dictionnaire du notariat, précédé d'un recueil des édits et lois utiles aux notaires, avec le supplément. 3e édit. Paris, 1832-1838; 8 vol. rel.	B.	172
311	ROY (C.). — Dictionnaire des contraventions sur le notariat. Paris, 1834; 4 vol. in-8° rel.	15	391
312	Journal des notaires et des avocats, publié par une société de jurisconsultes et de notaires, sous les auspices de MM. Tripier, Duchâtel et Mestadier, à partir du 1er janvier 1835, et suite. Paris; in-8° rel.	15	203
313	MASSÉ (A. J.).—Le Parfait notaire. 6e édit. Paris, 1828; 3 vol. in-4° rel.	15	123
314	SERIEYS (J. J. S.). — Nouveau répertoire de la jurisprudence et de la science du notariat depuis son organisation jusqu'à présent. Paris, 1828; 1 vol. in-8° rel.	B.	173

§ 3. CODES. — COLLECTIONS DE LOIS.

315	Lois et actes du Gouvernement, du mois d'août 1789 à prairial an II. Paris, Imprimerie impériale, 1806-1807; 8 vol. in-8° rel.	B.	174
316	Collection chronologique des lois et autres actes de l'autorité publique, de décembre 1788 à décembre 1792, dite des Lois du Louvre; 25 vol. in-4° rel.	B.	175
317	Table analytique manuscrite des ordonnances du Louvre. 2 vol. in-fol. rel.	A.	793
318	Bulletin des lois, à partir du 22 prairial an II et suite, avec toutes les tables, les numéros *bis* et la partie supplémentaire. Imprimerie impériale; in-8° rel.	B.	180

319	Bulletin des lois, français et italien, commençant à la réunion des États-Romains à l'Empire français (17 mai 1809), et finissant en 1814. Roma, 1809 et suiv.; 16 vol. in-8° rel.	15	159
320	Collection générale des lois, etc., dite Collection de Baudouin, depuis les États généraux jusqu'à floréal an IV. Paris, 65 vol. in-8° rel.	A.	98
321	Collection générale des décrets rendus par l'Assemblée nationale depuis le mois de mai 1789 jusqu'au mois de ventôse an VI. Paris; 85 vol. in-8° rel.	15	197
322	TRIPIER (L.).—Les Codes français, collationnés sur les éditions officielles, contenant la conférence des articles entre eux, les lois les plus usuelles, et des tables chronologique et alphabétique. 4ᵉ édit. Paris, 1852; 1 vol. in-8° rel.	B.	181
323	BACQUA (Napoléon).—Codes Napoléon. Législation française, contenant, outre la Constitution et les codes ordinaires, des codes spéciaux sur chacune des autres matières du droit. 7ᵉ édit. Paris, 1852; 1 vol. grand in-8° rel.	B.	182
324	BACQUA (Napoléon).—Codes de la législation française; ouvrage contenant, outre le code politique et les codes ordinaires, des codes spéciaux sur chacune des autres matières du droit, et la corrélation complète des articles des codes. Paris, 1854; 1 vol. grand in-8°.	B.	183
325	TEULET (A. F.). — Les Codes de l'Empire français, contenant la Constitution du 14 janvier-25 décembre 1852, les lois et décrets récents, la corrélation des articles des codes, les lois usuelles, table des matières, et un dictionnaire des termes de droit. Paris, 1853; 1 vol. in 8° rel.	B.	184
326	BOURGUIGNON (C.) et ROYER-COLLARD (P.).—Les Codes français, conformes aux textes officiels, avec la conférence des articles entre eux. Nouvelle édit. Paris, 1848; 1 vol. in-8° rel.	B.	185
327	CARETTE (A. A.) et DEVILLENEUVE. — Lois annotées, ou Lois, décrets, ordonnances, avis du conseil d'État, avec notes		

	historiques, de concordance et de jurisprudence; de 1789 à février 1848. Paris, 1843-1848; 3 vol. in-4° rel......	B.	186
328	Procès-verbaux de l'Assemblée constituante, de 1789 à 1791, avec les tables de ces procès-verbaux. 80 vol. in-8° rel....	A.	86
329	Procès-verbaux de l'Assemblée législative, du 1er octobre 1791 au 22 septembre 1792, avec les tables. 18 vol. in-8° rel.	A.	87
330	Procès-verbaux de la Convention, du 20 septembre 1792 au 20 brumaire an IV. 72 vol. in-8° rel.	A.	88
331	Procès-verbaux du Conseil des Anciens, de brumaire an IV à brumaire an VIII, avec les tables. 48 vol. in-8° rel.......	A.	90
332	Procès-verbaux du Conseil des Cinq-Cents, de brumaire an IV à brumaire an VIII, avec les tables. 55 vol. in-8° rel.....	A.	89
333	Messages, arrêtés et proclamations du Directoire exécutif, de floréal an IV à fructidor an VII. Paris; 7 vol. in-8° rel.....	A.	91
334	Procès-verbaux du Tribunat, de nivôse an VIII à nivôse an XIV (janvier 1806). 21 vol. in-8° rel....................	A.	92
335	Procès-verbaux du Corps législatif, de nivôse an VIII à la session 1811, avec les tables. 28 vol. in-8° rel...........	A.	93
336	Procès-verbaux du Conseil d'État, contenant la discussion du projet de Code civil, de l'an IX à l'an XII, avec la table. 6 vol. in-4° rel................................	A.	128
337	Recueil des proclamations et arrêtés émanés des représentants du peuple et de l'administration centrale supérieure de la Belgique. 2e édit. Bruxelles, 4e année républicaine; 8 tomes en 4 vol. in-4° rel................................	15	207
338	Recueil des règlements et arrêtés émanés du commissaire du Gouvernement dans les quatre nouveaux départements de la rive gauche du Rhin, de l'an VII à l'an X; texte français et allemand en regard. Strasbourg; 20 vol. in-8° rel.....	15	157
339	BEAULAC (Guillaume). — Répertoire des lois et des arrêtés du		

	Gouvernement, de 1789 à l'an XI (1802). 2ᵉ édit. Paris, 1804; 1 vol. in-8° rel.	A.	108
340	Collection des décrets de l'Assemblée nationale, jusqu'au 10 août 1792, par ordre de matière. Paris; 21 vol. in-4° rel.	B.	176
341	Collection générale des décrets rendus par l'Assemblée nationale législative, du mois de mars 1791 au mois de septembre 1792; avec la mention des sanctions et des mandats d'exécution donnés par le roi. 16 vol. in-8° rel.	B.	177
342	Collection des décrets de la Convention, du 1er septembre 1792 au 22 prairial an II. (Collection du Louvre.) 15 vol. in-4° rel.	B.	178
343	Feuilleton des décrets de la Convention nationale, du 20 septembre 1792 au 4 brumaire an IV. 18 vol. in-8° rel.	B.	179
344	Table alphabétique chronologique (manuscrite) des lois, décrets et ordonnances, depuis l'année 1789 et suivantes. in-4° rel. (Ces tables, tenues annuellement à jour, forment actuellement 237 vol.)	A.	772
345	Rondonneau. — Répertoire alphabétique des sénatus-consultes, lois, décrets, etc., de vendémiaire an XI à janvier 1810, formant supplément au Répertoire des lois et des arrêtés du Gouvernement, de 1789 à l'an XI, publié en l'an XII par Beaulac. Paris, 1810; 1 vol. in-8° rel.	A.	109
346	Rondonneau. — Répertoire général de la législation française, depuis 1789 jusqu'au 1er janvier 1812. Paris, 1812 et 1813; 2 vol. in-8° rel.	A.	110
347	Répertoire national, ou Mémorial chronologique de tous les actes authentiques relatifs à la Révolution, depuis l'assemblée des notables, tenue à Versailles le 22 février 1787, jusqu'en 1791. Versailles, 45 tomes en 42 vol. in-4° rel.	15	161
348	Répertoire national, ou Mémorial chronologique de tous les actes authentiques relatifs à la Révolution, de 1788 jus-		

	qu'au 4 brumaire an IV. Paris, 1792 et suiv. 2 vol. in-4° rel.	A.	799
349	RONDONNEAU. — Table générale des lois, décrets, arrêtés et ordonnances du roi, publiés dans les Ve, VIe et VIIe séries du Bulletin, du 1er avril 1814 au 1er janvier 1819. Paris, 1820; 1 vol. in-8° rel.	A.	111
350	Procès-verbaux et impressions des séances de la Chambre des Pairs, à partir de la session de 1814 et suite. Paris; in-8° rel.	A.	95
351	Procès-verbaux et impressions des séances de la Chambre des Députés, à partir de la session de 1814 et suite. Paris; in-8° rel.	A.	94
352	LALOUETTE. — Classification des lois administratives, depuis 1789 jusqu'au 1er avril 1814, précédée d'un essai sur les principes et les règles de l'administration pratique. Paris, 1817; 1 vol. in-4° rel.	A.	106
353	Collection des lois de finances à partir de 1814 et suite. In-8° rel.	B.	187
354	Code forestier, avec l'exposé des motifs, la discussion des deux Chambres, etc. 1828; 2e édit., 1 vol. in-8° rel.	B.	188
355	TARDIF. — Lois du timbre et de l'enregistrement extraites du Bulletin des lois. Paris, 1826; 2 vol. in-8° rel.	B.	189
356	DUPIN. — Lois des communes, extraites de la collection du Louvre et du Bulletin des lois. Paris, 1823; 2 vol. in-8° rel. (Recueil annoté contenant la conférence des lois entre elles, une table générale des matières, les arrêts de cassation et du conseil, et les décisions particulières relatives aux communes.)	B.	190
357	Code universitaire, ou lois, statuts et règlements de l'université royale de France. Paris, 1835; 1 vol. in-8° rel.	B.	191
358	Recueil de lois et règlemens concernant l'instruction publique depuis Henri IV, en 1598, jusqu'en 1814. Paris, 1814; 4 vol. in-8° demi-rel.	B.	192

359	Compte rendu des séances de l'Assemblée nationale constituante, du 4 mai 1848 au 27 mai 1849, et de l'Assemblée législative, du 28 mai 1849 au 1er décembre 1851, avec les tables. (Extrait du *Moniteur.*) Paris, 1848 et suiv.; 29 vol. in-4° rel.	A.	930
360	Lois de l'Algérie, du 5 juillet 1830 (occupation d'Alger) au 1er janvier 1843, avec une table alphabétique des matières. Paris, 1844; 2 vol. in-8° rel.	B.	193
361	Actes officiels et Bulletin de l'Algérie, à partir de 1830, et suite. Paris et Alger, 1835-1843; in-8° rel.	A.	938

§ 4. RÉPERTOIRES DE JURISPRUDENCE. — DICTIONNAIRES. — COMMENTAIRES GÉNÉRAUX.

362	FERRIÈRE (Claude-Joseph). — Dictionnaire de droit et de pratique, contenant l'explication des termes de droit, d'ordonnances, de coutumes et de pratique. 3e édit. Paris, 1749; 2 vol. in-4° rel.	B.	194
363	TOLLUIRE et BOULET. — Ferrière moderne, ou nouveau Dictionnaire de termes de droit et de pratique. Paris, 1826; 2 tomes en 1 vol. in-8° rel.	B.	195
364	*BOSQUET.* — Dictionnaire raisonné des domaines et droits domaniaux, des droits d'échange et de ceux de contrôle des actes des notaires. Rouen, 1762; 2 vol. in-4° rel.	B.	196
365	DALLOZ jeune et DALLOZ aîné. — Dictionnaire général et raisonné de législation, de doctrine et de jurisprudence en matière civile, commerciale, criminelle, administrative et de droit public, avec un supplément servant de table au recueil alphabétique et périodique. Paris, 1835-1836-1842; 5 vol. in-4° rel.	B.	197
366	Dictionnaire de législation, ou Table alphabétique des lois rendues depuis l'an 1789 jusqu'à l'an VI. Paris, Baudouin et Rondonneau, an VIII; 3 vol. in 8° rel.	B.	198
367	CHABROL-CHAMÉANE (E. DE). — Dictionnaire de législation		

	usuelle, contenant les notions du droit civil, commercial, criminel et administratif, avec deux bulletins supplémentaires des lois parues en 1837 et 1838. 2e édit. Paris, 1836, 1837, 1839; 2 tomes en 1 vol. in-4° rel.	B.	199
368	LONGCHAMPT (E.). — Dictionnaire des justices de paix. Paris, 1832; 1 vol. in-8° rel.	B.	200
369	BIOCHE. — Dictionnaire des juges de paix et de police, ou Manuel théorique et pratique en matière civile, criminelle et administrative, contenant la jurisprudence, l'opinion des auteurs, etc., suivi d'un code de la justice de paix. Paris, 1851-52; 2 vol. in-8° rel.	B.	201
370	MERLIN. — Répertoire universel et raisonné de jurisprudence, compris les observations de droit, et augmenté, 1° des changements apportés aux lois anciennes par les lois nouvelles, tant avant que depuis 1814; 2° de dissertations, de plaidoyers et de réquisitoires sur les unes et les autres. Paris, 1830; 18 vol. in-4° rel.	B.	202
371	MERLIN. — Recueil alphabétique des questions de droit qui se présentent le plus fréquemment dans les tribunaux. 4e édit. Paris, 1827-1830; 8 vol. in-4° rel.	B.	203
372	FAVARD DE LANGLADE. — Répertoire de la nouvelle législation civile, commerciale et administrative, ou Analyse raisonnée des principes consacrés par les Codes civil, de commerce et de procédure civile. Paris, 1823-1824; 5 vol. in-4° rel.	B.	204
373	DALLOZ. — Jurisprudence générale du royaume, ou Répertoire méthodique et alphabétique de la législation et de la jurisprudence modernes en matière civile, commerciale, criminelle et de droit public. Paris, 1827-1830; 12 vol. in-4° rel.	B.	205
374	DALLOZ aîné (D.) et DALLOZ (Armand). — Jurisprudence générale. Répertoire méthodique et alphabétique de législation, de doctrine et de jurisprudence en matière de droit civil, commercial, criminel, administratif, de droit des gens et de droit public. (Nouvelle édition en cours de publication.) Paris, 1846 et suiv.; in-4° rel.	B.	206

375	Dalloz (D.), Dalloz (A.) et Dalloz (E.). — Jurisprudence générale du royaume en matière civile, commerciale, criminelle et administrative; recueil annuel contenant : 1° les arrêts de la Cour de cassation; 2° les arrêts des cours royales; 3° les décisions du Conseil d'État; 4° les lois et décrets réglementaires; 5° les décisions d'un ordre secondaire rapportées dans des tables méthodiques; à partir de 1825, et suite. Paris, 1825 et suiv.; in-4° rel.	B.	207
376	Sirey, Devilleneuve et Carette. — Recueil général des lois et arrêts en matière civile, criminelle, commerciale et de droit public, depuis 1800, et suite, avec la table triennale de 1800 à 1830 et une table décennale de 1831 à 1840. Paris, 1830 et suiv.; in-4° rel. . . . . (M. Devilleneuve est resté seul rédacteur de ce recueil à partir de 1831 jusqu'en 1837, qu'il s'est adjoint M. Carette.)	B.	208
377	Devilleneuve et Carette. — Recueil général des lois et des arrêts, avec notes et commentaires, présentant sur chaque question le résumé de la jurisprudence et la doctrine des auteurs, rédigé sur l'ancien recueil de Sirey, revu et augmenté. 1re série, de 1791 à 1830. Paris, 1843 à 1851; 9 vol. in-4° rel.	B.	209
378	Devilleneuve (L. M.) et Gilbert (P.). — Jurisprudence du xixe siècle, ou Table générale, alphabétique et chronologique du recueil général des lois et arrêts (1791 à 1850), présentant, sur toutes les matières du droit, des résumés de la législation et un parallèle de la jurisprudence et de la doctrine des auteurs. Paris, 1851 à 1853; 4 vol. in-4° rel.	B.	210
379	Dalloz. — Traité sur les lois, décrets, ordonnances, règlements, traités, usages, coutumes, etc. (Extrait de la jurisprudence générale, du même.) Paris, 1831; 1 vol. in-4° rel.	B.	211
380	Gazette des tribunaux, avec les tables à partir de 1825 (novembre), et suite. Paris, in-fol. rel.	A.	233
381	Bulletin des arrêts de la Cour de cassation rendus en matière		

	civile, du 1er vendémiaire an VII et suite, avec tables. Paris, Imp. roy.; in-8° rel.	A.	121
382	Bulletin des arrêts de la Cour de cassation rendus en matière criminelle, du 1er vendémiaire an VII et suite, avec tables. Paris, Imp. roy.; in-8° rel.	A.	122
383	DENEVERS (G. T.) et DALLOZ. — Journal des audiences de la Cour de cassation, suivi de la Jurisprudence générale du royaume, à partir de 1806. (Collection à jour.) Paris, 1806 et suiv.; in-4° rel.	15	90
384	LOCRÉ (Baron). — La législation civile, commerciale et criminelle de la France, ou Commentaires et compléments des Codes français. Paris, 1827-1832; 31 vol. in-8° rel..	B.	212
385	TESTE-LEBEAU. — Dictionnaire analytique des arrêts de la Cour de cassation rendus depuis son origine jusqu'à ce jour en matière d'enregistrement, amendes, domaines, etc. Paris, 1833; 1 vol. in-8° rel.	B.	213
386	MÉNERVILLE (P. DE). — Dictionnaire de la législation algérienne, Manuel raisonné des lois, ordonnances, décrets, décisions et arrêtés, etc., du 5 juillet 1830 au 31 décembre 1852, ainsi que des principaux décrets du 1er janvier au 31 août 1853. Alger-Paris, 1853; 1 vol. in-8°...	B.	214
387	LEDRU-ROLLIN. — Journal du Palais. Répertoire général contenant la jurisprudence de 1791 à 1850, l'histoire du droit, la législation et la doctrine des auteurs. Paris, 1845-1850; 12 vol. in-8° rel. (A partir du tome IX, le nom de M. Ledru-Rollin ne figure plus sur le titre.)	B.	215
388	LEDRU-ROLLIN. — Journal du Palais, à partir de l'an IX, et suite, renfermant la jurisprudence judiciaire et administrative, les lois et ordonnances d'intérêt général annotées, et un bulletin des décisions en matière d'enregistrement et de timbre. Paris, ans IX et suiv.; in-8° rel. (Les noms de MM. Ledru-Rollin et Lévesque, son collaborateur, ne figurent plus sur le titre depuis 1848. Les directeurs actuels de ce journal sont MM. Step-Cuenot, Th. Gelle et A. Fabre.)	B.	216

389	Duvergier. — Collection complète des lois, décrets, ordonnances, règlements et avis du Conseil d'État, à partir du 5 juillet 1788, et suite, avec les tables, de 1788 à 1830. Paris, 1834 et suiv.; in-8° rel.	B.	217
390	Macarel et Lebon. — Recueil général des arrêts du Conseil d'État, à partir de l'an VIII (1800), et suite. Paris, 1821 et suiv.; in-8° rel. (Les deux premiers volumes de cette collection sont de l'édition donnée en 1839 par MM. Germain Roche et Félix Lebon, et comprennent de l'an VIII à 1820, M. Macarel n'ayant fait commencer son recueil qu'à l'année 1821. Il en a abandonné la rédaction en 1831, et, depuis cette époque, elle a passé successivement entre les mains de MM. Deloche, Beaucousin et Félix Lebon, qui seul dirige aujourd'hui (1854) cette publication annuelle.)	B.	218
391	Bulletin du Conseil d'État et de la Cour de cassation, contenant les décisions contentieuses et les arrêts en matière départementale et communale, à partir de 1840, et suite. (Annexe de l'École des communes.) Paris, 1841 et suiv.; in-8° rel.	B.	219
392	Sirey (A.). — Jurisprudence du Conseil d'État, ou Recueil des décisions, arrêts et actes du Conseil d'État sur le contentieux administratif, les conflits, de 1806 à 1823. Paris, 1818-1823; 5 vol. in-4° rel.	B.	220
393	Revue judiciaire, civile et criminelle. Recueil périodique commencé au mois de janvier 1831. 1 vol. in-8° rel. (Ce volume ne contient que les trois premiers mois du recueil, qui a cessé de paraître dès la première année.)	B.	221
394	Clair, Clapier et Aylies. — Barreau français, ou Collection des chefs-d'œuvre de l'éloquence judiciaire en France. Paris, 1821-1827; 18 vol. in-8° rel.	B.	222
395	Joye et F. C. — Annuaire général de la magistrature française, du notariat et des officiers ministériels. Paris, 1834; 1 vol. in-8°.	B.	223
396	Mélanges de législation et de jurisprudence. 1 vol. rel. Réflexions de M. le marquis de Condorcet sur l'usufruit des bénéficiers.	B.	224

Projet d'instruction sur les droits ci-devant seigneuriaux déclarés rachetables par le décret du 15 mars 1790, présenté par M. Merlin, député du Nord.

Décret de l'Assemblée nationale concernant l'abolition des droits seigneuriaux, du 13 avril 1791.

Décret de l'Assemblée nationale sur les droits ci-devant seigneuriaux, du 15 juin 1791.

Projet de décret concernant les droits supprimés sans indemnité, présenté par Pison-du-Galland.

Projet de décret sur le cumul de la dîme avec le champart, présenté par les comités.

Rapport fait au nom des comités sur les domaines congéables, par André-Remi Arnoult.

Projet de décret sur le service des postes aux lettres. 1791.

Premier rapport à l'Assemblée nationale par le comité de judicature, sur le remboursement des offices supprimés par les décrets des 4 et 11 août 1789. Paris, 1791.

Discussion politique sur l'usure et le prêt sur gages, adressée aux consuls de la République par J. T. Bruguière. Paris, an X.

Réflexions sur le projet de loi relatif aux lais et relais de mer. Paris, 1835.

Du divorce. Paris, 1834.

Réflexions sur la proposition de M. Bavoux, tendant au rétablissement du divorce, par le baron du Coëtlosquet. Metz, 1833.

Considérations morales et politiques sur les successions et substitutions, en réponse aux adversaires du projet de loi du 10 février 1826, par Guichard (Alp. Ch. Fr.). Paris, 1829.

De la loi sur l'usure, de ses fâcheuses conséquences et de la nécessité de son abrogation, par C. Grimbert. Paris, 1835.

Des saisies-arrêts ou oppositions, par le chevalier Dard. Paris, 1836.

Réflexions adressées aux deux Chambres relativement à la contrainte par corps dont sont passibles les étrangers, suivies de considérations politiques à ce sujet, par H[e] Lubbert. Paris, 1829.

Lettre à M. de Rancé sur l'organisation légale de cours publics de notariat, par H. Cellier. Paris, 1835.

Projet sur les hypothèques, propre à concilier le bien général et le bien particulier. Paris, an VI.

Observations importantes sur l'organisation du nouveau système hypothécaire ayant pour base le nantissement ou l'hypothèque spéciale. Paris, an VI.

Quelques réflexions sur la loi du 11 brumaire an IX concernant le régime hypothécaire, par Josserand. Rouen.

	A Messieurs les membres des conseils généraux de département, sur la réforme hypothécaire, par Hébert. Rouen, 1841. Projet de décret sur les hypothèques, présenté par Prugnon. 1791. Observations adressées par le conseil des délégués, présidé par Ch. Dupin, à la commission de la Chambre des députés chargée de l'examen du projet de loi sur les priviléges et hypothèques et sur l'expropriation forcée dans les colonies d'Amérique. Paris, 1842. De l'expropriation forcée dans les colonies de la Martinique, de la Guadeloupe et de la Guyane, par Jollivet. Paris, 1842. Rapport fait au nom du comité de judicature sur le remboursement des offices d'avocats aux conseils, par Régnier. Paris. Examen du projet de loi sur les faillites et banqueroutes, par Lainné. Paris, 1835. Opinion du Spectateur français sur la proposition de supprimer la peine de mort dans notre législation criminelle, par Delacroix. Lois sur les mines, par le vicomte d'Andelarre. Paris, 1825. Quelques observations sur les droits de parcours et de vaine pâture.		
397	Fœlix, Duvergier et Valette. — Revue de droit français et étranger. Paris, 1844-1849; 6 vol. in-8°.	15	685
398	Rogron (J. A.). — Codes français expliqués (avec supplément). Paris, 1836; 1 vol. in-4° rel.	B.	225
399	Teulet, d'Auvilliers et Sulpicy. — Les Codes français annotés, offrant sous chaque article l'état complet de la doctrine, de la jurisprudence et de la législation. Paris, 1843; 2 vol. in-4° rel.	B.	226
400	Pailliet (J. B. J.). — Manuel du droit français. 8e édit. Paris, 1832; 1 vol. in-4° rel.	B.	227
401	Pailliet (J. B. J.). — Le Droit français présentant, avec concordance et annotation, les dispositions constitutionnelles, législatives, etc., depuis 1453 jusqu'à ce jour, et notamment les Codes, la Constitution de 1852, les usages locaux, la pêche fluviale et maritime, l'organisation judiciaire, etc. Paris, 1852; 1 vol. gr. in-8° rel.	B.	228
402	Pailliet (J.-B.). — Manuel complémentaire des Codes fran-		

	çais et de toutes les collections de lois, contenant les dispositions textuelles des ordonnances, édits, déclarations, arrêts du conseil, antérieurs à 1789 et restés en vigueur. Paris, 1846; 1 vol. in-8° rel.	B.	229

§ 5. CODE NAPOLÉON. — TRAITÉS SPÉCIAUX.

403	PONCELET (F. F.) — Précis de l'histoire du droit civil en France. Paris, 1838; in-8° rel.	B.	230
404	LOCRÉ (Baron). — Esprit du Code Napoléon, tiré de la discussion. Paris, 1805-1814; 7 vol. in-8° rel.	B.	231
405	FENET (P. A.). — Recueil complet des travaux préparatoires du Code civil, avec l'exposé des motifs. Paris, 1827; 15 vol. in-8° rel.	B.	232
406	Conférence des observations des tribunaux d'appel sur le projet de Code civil. Paris, ans IX et X; 5 tomes en 3 vol. in-4° rel.	A.	101
407	Observations du tribunal de cassation sur le projet de Code civil. Paris, Rondonneau, an X; 1 vol. in-4° rel.	A.	102
408	FAVARD DE LANGLADE. — Conférence du Code civil avec la discussion particulière du Conseil d'État et du Tribunat. Paris, an XIII; 8 vol. in-8° rel.	B.	233
409	PORTALIS (Jean-Marie-Étienne) et PORTALIS (Frédéric). — Discours, rapports et travaux inédits sur le Code civil. Paris, 1844; 1 vol. in-8° rel.	B.	234
410	TOULLIER (B. M.) et DUVERGIER. — Le Droit civil français, suivant l'ordre du Code; ouvrage dans lequel on a tâché de réunir la théorie à la pratique. Nouvelle édition donnée par M. Duvergier, qui a continué l'œuvre de Toullier à partir du tome XVI, avec une table des 14 premiers volumes rédigée par M. Jouault. Paris; 21 vol. in-8° rel.	B.	235

411	Delvincourt. — Cours de Code civil. Paris, 1824; 3 vol. in-4° rel.	B.	236
412	Duranton. — Cours de droit français suivant le Code civil. 2e édit. Paris, 1828-1831; 21 vol. in-8° rel.	B.	237
413	Marcadé (V.). — Explication théorique et pratique du Code Napoléon, contenant l'analyse critique des auteurs et de la jurisprudence, et un traité résumé après le commentaire de chaque titre. Paris, 1852 et suiv.; in-8° rel.	B.	238
414	Demolombe (C.). — Cours de Code Napoléon. Paris, 1846 et suiv.; in-8° rel.	B.	239
	(Ces deux derniers ouvrages sont en cours de publication.)		
415	Delisle. — Principes de l'interprétation des lois, des actes, des conventions entre les parties, et spécialement des législations française et étrangères concernant l'étranger en France, avec l'examen critique de la jurisprudence moderne. Paris, 1852; 2 vol. in-8° rel.	B.	240
416	Proudhon et Valette. — Traité sur l'état des personnes et sur le titre préliminaire du Code civil. 3e édit. considérablement augmentée. Paris, 1848; 2 vol. in-8° rel.	B.	241
417	Berriat Saint-Prix. — Recherches sur la législation et la tenue des actes de l'état civil. Paris, 1842; in-8° rel.	B.	242
418	Hutteau d'Origny. — De l'État civil et des améliorations dont il est susceptible. Paris, 1823; 1 vol. in-8° rel.	B.	243
419	Dalloz. — Traité de la filiation légitime et naturelle. (Extrait de la Jurisprudence générale, du même.) Paris, 1831; 1 vol. in-4° rel.	B.	244
420	Dalloz. — Traité de la tutelle, de la minorité et de l'émancipation. (Extrait de la Jurisprudence générale, du même.) Paris, 1832; 1 vol. in-4° rel.	B.	245
421	Robernier (Félix de). — De la Preuve du droit de propriété en fait d'immeubles, ou Nécessité et moyens d'organiser selon le même principe l'abornement invariable et le ter-		

	rier perpétuel des possessions foncières. Alais et Paris, 1844; 2 vol. in-8° rel.	B.	246
422	COURDEMANCHE (DE). — Projet de loi sur la mobilisation des propriétés foncières. in-4° rel.	B.	247
423	SALVIAT (DE). — Traité de l'usufruit, de l'usage et de l'habitation. Limoges, 1816; 2 tomes en 1 vol. in-8° rel.	B.	248
424	PROUDHON. — Traité des droits d'usufruit, d'usage, d'habitation et de superficie, avec une table générale. Dijon, 1824; 9 vol. in-8° rel.	B.	249
425	DALLOZ aîné. — Précis et jurisprudence de l'usufruit, de l'usage et habitation, de l'usure. (Extrait de la Jurisprudence générale, du même.) Paris, 1832; 1 vol. in-4° rel.	B.	250
426	PARDESSUS (J. M.). — Traité des servitudes ou services fonciers. 7e édit. Paris, 1829; 1 vol. in-8° rel.	B.	251
427	PARDESSUS (J. M.). — Traité des servitudes ou services fonciers. 8e édition, augmentée en ce qui concerne les actions possessoires, les chemins, les cours d'eau, les usages et le voisinage. Paris, 1838; 2 vol. in-8° rel.	B.	252
428	LEPAGE (P.). — Lois des bâtiments, ou le nouveau Desgodets, contenant la théorie et la pratique des servitudes, des réparations. Paris, 1828; 2 vol. in-8° rel.	B.	253
429	FOURNEL. — Traité du voisinage, considéré dans l'ordre judiciaire et administratif et dans ses rapports avec le Code civil. 4e édition, revue et augmentée par Tardif. Paris, 1827; 2 vol. in-8° rel.	B.	254
430	CHABOT (de l'Allier). — Commentaire sur la loi des successions formant le titre 1er du livre III du Code civil. 6e édit. Paris, 1832; 3 vol. in-8° rel.	B.	255
431	DALLOZ. — Traité des successions et partages. (Extrait de la Jurisprudence générale, du même.) Paris, 1832; 1 vol. in-4° rel.	B.	256

432	GRENIER. — Traité des donations, des testaments et de toutes autres dispositions gratuites, suivant les principes du Code Napoléon, avec le supplément. Paris, 1812-1827; 2 vol. in-4° rel.	B.	257
433	DALLOZ. — Traité des substitutions et des majorats. (Extrait de la Jurisprudence générale, du même.) Paris, 1832; 1 vol. in-4° rel.	B.	258
434	BOUSQUET. — Dictionnaire des contrats et obligations en matière civile et commerciale. Paris, 1840; 2 vol. in-8° rel.	B.	259
435	DALLOZ. — Traité des obligations. (Extrait de la Jurisprudence générale, du même.) Paris, 1831; 1 vol. in-4° rel.	B.	260
436	DALLOZ. — Traité du mariage et du contrat de mariage. (Extrait de la Jurisprudence générale, du même.) Paris, 1831; 1 vol. in-4° rel.	B.	261
437	RODIÈRE (A.) et PONT (P.). — Traité du contrat de mariage et des droits respectifs des époux relativement à leurs biens, avec l'examen du droit d'enregistrement dans ses rapports avec les conventions matrimoniales. Paris, 1847; 2 vol. in-8° rel.	B.	262
438	TROPLONG. — Le Droit civil expliqué suivant les articles du Code. — Du Contrat de mariage et des droits respectifs des époux. — Commentaire du titre V, livre III. 2ᵉ édit. Paris, 1851; 4 vol. in-8° rel.	B.	263
439	MARCEL (P. L.). — Du Régime dotal et de la nécessité d'une réforme dans cette partie de notre législation. Paris, 1842; 1 vol. in-8° rel.	B.	264
440	TROPLONG. — Le Droit civil expliqué suivant l'ordre des articles du Code. — De la Vente. — Commentaire du titre VI, livre III. 3ᵉ édit. Paris, 1837; 2 vol. in-8° rel.	B.	265
441	HUZARD (J. B.). — De la Garantie et des vices rédhibitoires dans le commerce des animaux domestiques. 3ᵉ édit. Paris, 1833; 1 vol. in-12 rel.	B.	266

442	TROPLONG.—Le Droit civil expliqué suivant l'ordre des articles du Code. — De l'Échange et du louage. — Commentaire des titres VII et VIII, livre III. Paris, 1852; nouv. édit.; 2 vol. in-8° rel.	B.	267
443	Traité des devis et marchés selon les Codes Napoléon et de commerce. Paris, 1809; 1 vol. rel.	B.	268
444	LATERRADE (A.).—Code pratique des propriétaires, fermiers, locataires, chepteliers, entrepreneurs, hôteliers et logeurs, ou Commentaire sur les lois et la jurisprudence qui régissent le contrat de louage. 1 vol. in-8° rel.	B.	269
445	AGNEL (E.). — La Charte des propriétaires et des locataires de maisons. Nouveau code contenant leurs obligations et leurs droits respectifs d'après la jurisprudence et les usages locaux. 2ᵉ édit. Paris, 1842; in-18 rel.	B.	270
446	TROPLONG.—Le Droit civil expliqué suivant l'ordre des articles du Code. — Du Contrat de société civile et commerciale. —Commentaire du titre IX, livre III. Paris, 1843; 2 vol. in-8° rel.	B.	271
447	TROPLONG.—Le Droit civil expliqué suivant l'ordre des articles du Code.—Du Prêt.—Commentaire du titre X, livre III. Paris, 1845; 1 vol. in-8° rel.	B.	272
448	FOELIX et HENRION. — Traité des rentes foncières suivant l'ordre de Pothier et d'après les principes de la législation nouvelle. 2ᵉ édit. Paris, 1828; 1 vol. in-8° rel.	B.	273
449	CAPMAS. — Théorie de l'intérêt de l'argent, démontrée nécessaire par les principes du droit naturel, de la théologie et de la politique. Paris, 1782; 1 vol. in-12 rel.	B.	274
450	SALMASIUS (Claudius). — De Modo usurarum liber. Lugd. Batavor., ex officina Elseviriorum 1639. 1 vol. in-12 rel.	B.	275
451	MASTROFINI (Marco). — Le Usure, libri tre. Roma, 1831; 1 vol. in-8° rel.	B.	276
452	TROPLONG.—Le Droit civil expliqué suivant l'ordre des articles		

	du Code.—Du Dépôt et du séquestre, et des contrats aléatoires.—Commentaire des titres XI et XII, livre III. Paris, 1845; 1 vol. in-8° rel.	B.	277
453	Troplong.—Le Droit civil expliqué suivant l'ordre des articles du Code. — Du Mandat. — Commentaire du titre XIII, livre III. Paris, 1846; 1 vol. in-8° rel.	B.	278
454	Troplong.—Le Droit civil expliqué suivant l'ordre des articles du Code.—Du Cautionnement et des transactions.—Commentaire des titres XIV et XV, livre III. Paris, 1846; 1 vol. in-8° rel.	B.	279
455	Maugeret (A.). — Traité de la contrainte par corps en matière civile, criminelle, correctionnelle et de simple police. Paris, 1808; 1 vol. in-8° rel.	B.	280
456	Troplong.—Le Code civil expliqué suivant l'ordre des articles du Code. — De la Contrainte par corps en matière civile et de commerce. — Commentaire du titre XVI, livre III. Paris, 1847; 1 vol. in-8° rel.	B.	281
457	Foelix et Crivelli. — Commentaire sur la loi du 17 avril 1832, relative à la contrainte par corps, précédé de considérations sur la contrainte par corps. Paris, 1832; 1 vol. in-8° rel.	B.	282
458	Troplong.—Le Droit civil expliqué suivant l'ordre des articles du Code. — Du Nantissement, du gage et de l'antichrèse. — Commentaire du titre XVII, livre III. Paris, 1847; 1 vol. in-8° rel.	B.	283
459	Despréaux.—Dictionnaire général des hypothèques, manuel complet des propriétaires, acquéreurs, vendeurs ou prêteurs. Paris, 1841; 1 vol. in-8° rel.	B.	284
460	Documents relatifs au régime hypothécaire et aux réformes qui ont été proposées. Paris, Imp. roy., 1844; 3 vol. in-8° rel.	B.	285
461	Guichard (A. C.). — Législation hypothécaire, ou Recueil méthodique et complet des lois, décrets, avis du conseil		

	d'État et instructions, etc., avec des notes de concordance. Paris, 1810; 3 vol. in-8° rel.	B.	286
462	TROPLONG.—Le Droit civil expliqué suivant l'ordre des articles du Code. —Des Priviléges et hypothèques.—Commentaire du titre XVIII, livre III. Paris, 1833; 4 vol. in-8° rel.	B.	287
463	TROPLONG.—Le Droit civil expliqué suivant l'ordre des articles du Code.—Des Priviléges et hypothèques.—Commentaire du titre XVIII, livre III. 2e édit. Paris, 1835; 4 vol. in-8° rel.	B.	288
464	BATTUR. — Traité des priviléges et hypothèques. 2e édit. Paris, 1824; 4 vol. in-8° rel.	B.	289
465	FAVARD DE LANGLADE. — Traité des priviléges et hypothèques. Paris, 1812; 1 vol. in-8° rel.	B.	290
466	DALLOZ. — Traité des hypothèques et priviléges. (Extrait de la Jurisprudence générale, du même.) Paris, 1831; 1 vol. in-4° rel.	B.	291
467	BAUDOT (J. F.). — Traité des formalités hypothécaires et de leur accomplissement. Paris, 1835; 2 vol. in-8° rel.	B.	292
468	BAUDOT.—Traité des formalités hypothécaires. 3e édit. Paris, 1845; 2 vol. in-8° rel.	B.	293
469	GRENIER (Baron). — Traité des hypothèques. 3e édit. Paris, 1829; 2 vol. in-4° rel.	B.	294
470	PANNIER (Victor). — Traité des hypothèques. Caen, 1824; 1 vol. in-8° rel.	B.	295
471	PERSIL (J. C.). — Régime hypothécaire, ou Commentaire sur le XVIIIe titre du livre III du Code civil, etc. 3e édit. Paris, 1820; 2 vol. in-8° rel.	B.	296
472	PERSIL (J. C.). —Questions sur les priviléges et hypothèques, saisies immobilières et ordres. 2e édit. Paris, 1820; 2 vol. in-8° rel.	B.	297
473	COURDEMANCHE (A. DE). — Du Danger de prêter sur hypo-		

	thèques et d'acquérir des immeubles, ou Vues d'amélioration du régime hypothécaire et du cadastre combinés entre eux. 3e édit. Paris, 1830; 1 vol. in-8° rel.	B.	298
474	ALBAN D'HAUTHEUILLE. — De la Révision du régime hypothécaire. Paris, 1843; 1 vol. in-8° rel.	B.	299
475	POUGEARD (F.). — De l'Amélioration du régime hypothécaire en France. Bordeaux, 1842; in-8°. — Du Régime hypothécaire considéré comme institution politique et sociale. Bordeaux, 1843; in-8°. 1 vol. in-8° cart.	B.	300
476	HÉBERT. — De quelques modifications importantes à introduire dans le régime hypothécaire, et considérations sur l'utilité d'un système propre à justifier de la capacité civile de chaque contractant. Paris-Rouen, 1841; 1 vol. in-8°.	B.	301
477	ODIER (Pierre). — Des Systèmes hypothécaires. Genève, 1840; 1 vol. in-8° rel.	15	352
478	FOELIX et HENRION. — Traité des rentes foncières suivant l'ordre de Pothier et d'après les principes de la législation nouvelle. 2e édit. Paris, 1828; 1 vol. in-8° rel.	B.	302
479	LACHAISE (Gabriel). — Traité de la vente des immeubles par expropriation forcée. Paris, 1829; 2 vol. in-8° rel.	B.	303
480	BOUSQUET (J.). — Dictionnaire des prescriptions en matière civile, commerciale et criminelle. Paris, 1838; 1 vol. in-8° rel.	B.	304
481	TROPLONG. — Le Droit civil expliqué suivant l'ordre des articles du Code. — De la Prescription, ou Commentaire du titre XX du livre III. 2e édit. Paris, 1835; 2 vol. in-8° rel.	B.	305
482	VAZEILLE (F. A.). — Traité des prescriptions suivant les nouveaux codes français. Paris, 1832; 2 vol. in-8° rel.	B.	306
483	LAPORTE (M. J. B. DE). — Le nouveau Dunod, ou Traité des prescriptions de ce célèbre auteur, mis en concordance avec la législation actuelle. Paris, 1810; 1 vol. in-8° rel.	B.	307

§ 6. CODE DE PROCÉDURE.

484	CARRÉ (G. L. J.) — Les Lois de la procédure civile. 2ᵉ édit. Paris, 1829; 3 vol. in-4° rel.	B.	308
485	CARRÉ (G. L. J.) et CHAUVEAU (Adolphe). — Les Lois de la procédure civile, suivies d'un Dictionnaire résumé de procédure civile et des lois de la procédure administrative. 3ᵉ édit. Paris, 1849-1853 ; 9 parties en 8 vol. in-8° rel...	B.	309
486	Instruction générale sur les frais de justice en matière criminelle, correctionnelle et de simple police, publiée par le ministère de la justice. Paris, 1826, Imp. roy.; 1 vol. in-4° rel.	B.	310
487	BIOCHE et GOUGET. — Dictionnaire de procédure civile et commerciale, etc., avec le supplément. Paris, 1834; 4 vol. in-8° rel.	B.	311
488	BIOCHE. — Dictionnaire de procédure civile et commerciale, contenant la jurisprudence, l'opinion des auteurs, les usages du Palais, le timbre et l'enregistrement des actes, etc. Paris, 1850; 6 vol. in-8° rel.	B.	312
489	SOUQUET (J. B.). — Dictionnaire des temps légaux de droit et de procédure, ou Répertoire de législation, de doctrine et de jurisprudence relatives aux prescriptions, péremptions, déchéances, délais, dates, durées, âges requis, etc. Paris, 1844; 2 vol. in-4° rel.	B.	313
490	BONNIER (Ed.). — Traité théorique et pratique des preuves en droit civil et en droit criminel. 2ᵉ édit. Paris, 1852; 1 vol. in-8° rel.	B.	314
491	CARDON (J. B. H.) et PÉCHART (A. P.). — Formulaire général, ou Modèle d'actes rédigés sur chaque article du Code de procédure civile comparé au tarif. 3ᵉ édit. Paris, 1823; 2 vol. in-8° rel.	B.	315

492	CHAUVEAU (Adolphe). — Formulaire général et complet, ou Traité pratique de procédure civile et commerciale, annoté des opinions émises dans les Lois de la procédure civile et dans le Journal des avoués. Édition revue par Glandaz. Paris, 1852; 2 vol. in-8° rel.	B.	316
493	BOUCHER D'ARGIS. — Nouveau Dictionnaire raisonné de la taxe en matière civile, suivi du texte des tarifs et des ordonnances qui s'y rattachent. Paris, 1844; 1 vol. in-8° rel.	B.	317
494	CARRÉ (M.-N.). — La Taxe en matière civile, contenant les tableaux de chaque procédure, les lois, décrets et ordonnances sur les frais. Paris, 1839; 1 vol. in-8° rel.	B.	318
495	CARRÉ (N.) et TRIPIER (L.). — La Taxe en matière civile, contenant : 1° les tableaux de chaque procédure, avec l'indication des déboursés et émoluments; 2° les lois, décrets et ordonnances sur les frais et dépens, avec un supplément. Paris, 1851; 1 vol. grand in-8° rel.	B.	319
496	BERRIAT SAINT-PRIX. — Cours de procédure civile fait à la Faculté de Paris. 6e édit. Paris, 1835; 2 vol. in-8° rel.	B.	320
497	PIGEAU (E. N.). — La Procédure civile des tribunaux de France, démontrée par principes et mise en action par des formules. 5e édit. augmentée de notes par J. L. Crivelli. Paris, 1833; 2 vol. in-4° rel.	B.	321
498	CHAUVEAU (Adolphe). — Commentaire du tarif en matière civile, dans l'ordre des articles du Code de procédure civile. Paris, 1832; 2 vol. in-8° rel.	B.	322
499	PERRIN (J. B.). — Essai sur le travail des greffes, avec le supplément. Lons-le-Saunier, 1823 et 1838; 1 vol. in-4° rel.	B.	323
500	SOLON (V. H.). — Théorie sur la nullité des actes et des conventions de tout genre en matière civile. Paris, 1840; 2 vol. in-8° rel.	B.	324
501	MILLET. — Traité du bornage et de la compétence des actions qui en dérivent. 2e édit. Paris, 1846; 1 vol. in-8° rel.	B.	325

502	Curasson. — Traité des actions possessoires, du bornage et autres droits de voisinage relatifs aux plantations, aux constructions, à l'élagage des arbres et des haies, et au curage des fossés et canaux. Dijon et Paris; 1 vol in-8° rel.......	B.	326
503	Guichard (Aug. Ch.). — Questions possessoires, ou Explications méthodiques des lois et de la jurisprudence concernant les actions possessoires. Paris, 1827; 1 vol. in-8° rel.	B.	327
504	Aulanier (A.). — Traité des actions possessoires. Nantes, 1829; 1 vol. in-8° rel........................	B.	328

§ 7. CODE DE COMMERCE.

505	Locré (Le baron). — Esprit du Code de commerce, ou Commentaire de chacun des articles du Code, et même des dispositions de chaque article, d'après les procès-verbaux officiels et inédits du Conseil d'État, etc. Paris, 1829; 4 vol. in-8° rel..................................	B.	329
506	Gorneau, Legras et Vital-Roux. — Projet de Code de commerce présenté par la commission gouvernementale en l'an IX, avec la révision de ce projet, précédée des observations du tribunal de cassation et autres tribunaux, et suivie d'une table méthodique. Paris, Imp. de la Répub., ans IX et XI; 1 vol. in-4° rel..........................	B.	330
507	Favard de Langlade. — Code de commerce, avec l'exposé des motifs. 5ᵉ édit. Paris, 1808; 1 vol. in-8° rel........	B.	331
508	Rogron (J. A.). — Code de commerce expliqué par ses motifs, par des exemples et par la jurisprudence. 5ᵉ édit. Paris, 1836; 1 vol. in-12 rel........................	B.	332
509	Goujet et Merger. — Dictionnaire de droit commercial, contenant la législation jusqu'en 1852, la jurisprudence, l'opinion des auteurs, les usages du commerce, les droits de timbre et d'enregistrement des actes, etc. Paris, 1852; 4 vol. in-8° rel..............................	B.	333

510	DAUBANTON (A. G.). — Dictionnaire du Code de commerce, ou le Code de commerce avec tous les articles des Codes Napoléon et de procédure qui y ont rapport, etc. Paris, 1808; in-4° rel.	B.	334
511	DEVILLENEUVE (L. M.) et MASSÉ (G.). — Dictionnaire du contentieux commercial, ou Résumé de législation, de doctrine et de jurisprudence en matière de commerce, etc. Paris, 1839; 1 vol. in-8° rel.	B.	335
512	Le Praticien des juges et consuls, ou Traité du commerce de terre et de mer, à l'usage des marchands, etc. Paris, 1742; 1 vol. in-4° rel.	B.	336
513	Ordonnances de Louis XIV, roi de France et de Navarre, concernant la juridiction des prévôts des marchands et échevins de la ville de Paris. Paris, 1753; 1 vol. in-16 rel.	B.	337
514	JOUSSE (Daniel). — Commentaire sur l'ordonnance du commerce du mois de mars 1673, avec des notes par V. Bécane, avocat, suivi du Traité du contrat de change, par Dupuy de la Serra. Paris, 1828; 1 vol. in-8° rel.	B.	338
515	MONGALVI (S. C. T.) et GERMAIN. — Analyse raisonnée du Code de commerce. Paris, 1824; 2 vol. in-4° demi-rel.	B.	339
516	BRAVARD-VEYRIÈRES (P.) — Manuel de droit commercial, contenant un traité sur chaque titre du Code de commerce, les ordonnances de 1673 et 1681. Paris, 1838; 1 vol. in-8° rel.	B.	340
517	PARDESSUS (J. M.). — Cours de droit commercial. 4e édit. Paris, 1831; 5 vol. in-8° rel.	B.	341
518	LONCHAMPT. — Explication du Code de commerce, et Formulaire général d'actes sous seing privé et d'écritures commerciales. Paris, 1847; 1 vol. in-12.	B.	342
519	VINCENS (Émile). — Exposition raisonnée de la législation commerciale, et examen critique du Code de commerce. Paris, 1821; 3 vol. in-8° rel.	B.	343

520	Frémery (A.). — Études de droit commercial, ou du droit fondé par la coutume universelle des commerçants. Paris, 1833; 1 vol. in-8° rel.	B.	344
521	Delangle. — Des Sociétés commerciales. Commentaire du titre III, livre Ier du Code de commerce. Paris, 1843; 2 vol. in-8° rel.	B.	345
522	Dalloz. — Traité des faillites et banqueroutes, déconfitures et revendications. (Extrait de la Jurisprudence générale, du même.) Paris, 1831; 1 vol. in-4° rel.	B.	346
523	Dalloz. — Traité des effets de commerce et des effets publics. (Extrait de la Jurisprudence générale, du même.) Paris, 1831; 1 vol. in-4° rel.	B.	347
524	Pardessus aîné. — Traité du contrat et des lettres de change, des billets à ordre et autres effets de commerce, suivant les principes des nouveaux Codes. Paris, 1809; 2 tomes en 1 vol. in-8° rel.	B.	348
525	Boulay-Paty (P. S.). — Des Faillites et banqueroutes, suivi du Titre de la revendication en matière commerciale, etc. Paris, 1828; 2 vol. in-8° rel.	B.	349
526	Renouard (Aug. Ch.). — Traité des faillites et banqueroutes. Paris, 1842; 2 vol. in-8° rel.	B.	350
527	Lainné (A. F.) — Commentaire analytique de la loi du 8 juin 1838 sur les faillites et banqueroutes. Paris, 1839; 1 v. in-8°.	B.	351
528	Esnault (J.). — Traité des faillites et banqueroutes, d'après la loi des 28 mai-8 juin 1838, mise en rapport avec les législations précédentes. Paris, 1846; 3 vol. in-8° rel.	B.	352
529	Commentaire sur les ventes publiques de marchandises neuves, d'après la loi du 25 juin 1841, publié par M. L. Jay. Paris, 1842; 1 vol. in-8° rel.	B.	353
530	Delamarre et Le Poitvin. — Traité du contrat de commission, ou des obligations conventionnelles en matière de commerce. Paris, 1840-1841-1844; 3 vol. in-8°.	15	477

531	RENOUARD (Aug. Ch.). — Traité des droits d'auteur dans la littérature, les sciences et les beaux-arts. Paris, 1838; 2 vol. in-8° rel.	B.	354
532	QUENAULT (H. A.). — Traité des assurances terrestres, suivi de deux traités traduits de l'anglais: le premier, de l'assurance contre l'incendie, et le second, de l'assurance sur la vie des hommes. Paris, 1828; 1 vol. in-8° rel.	B.	355
533	ALAUSET (Isidore). — Traité général des assurances : assurances maritimes, terrestres, mutuelles et sur la vie. Paris, 1844; 2 vol. in-8°.	7	273
534	LEMONNIER (Ch.). — Commentaire sur les principales polices d'assurance maritime usitées en France. Bordeaux, 1843; 2 vol. in-8° rel.	15	546
535	DUTROCA. — Revue des assurances, ou Recueil des questions théoriques et pratiques des lois, ordonnances, jugements, arrêts et règlements en matière d'assurances. Paris, 1844-1850; 7 vol. in-8°.	7	271
536	BARONNAT (L'abbé). — Histoire impartiale et critique du rigorisme moderne en matière de prêt de commerce, suivie de la réfutation des erreurs de M. l'abbé Combalot sur l'autorité du pape. Paris, 1842; 1 vol. in-8° rel.	B.	356
537	Rapport sur les jurandes et maîtrises, et sur un projet de statuts et de règlements pour MM. les marchands de vin de Paris. Paris, 1805; 1 vol. in-8° rel.	B.	357
538	SOUFFLOT DE MÉREY. — Considérations sur le rétablissement des jurandes et maîtrises, précédées d'observations sur un rapport concernant cette importante question. Paris, 1805; 1 vol. in-8° rel.	B.	358
539	GAUTIER (A. G. J.). — Études de jurisprudence commerciale, avec une notice de Dupin aîné sur la vie de l'auteur. Paris, 1829; 1 vol. in-8° rel.	B.	359
540	MOLLOT. — Bourses de commerce, agents de change et cour-		

	tiers, ou Législation les concernant. Paris, 1831; 1 vol. in-8° rel.	B.	360
541	Boucher (P. B.). — Traité complet théorique et pratique de tous les papiers de crédit de commerce. Paris, 1808; 2 vol. in-8° rel.	B.	361
542	Anthoine de Saint-Joseph. — Concordance entre les Codes de commerce étrangers et le Code de commerce français. Paris, 1844; 1 vol. in-4° rel.	B.	362

§ 8. CODE PÉNAL. — INSTRUCTION CRIMINELLE.

543	Chabrol-Chaméane (E. de). — Dictionnaire général des lois pénales, disciplinaires et de police. Paris, 1843; 2 vol. in-8° rel.	B.	363
544	Morin (Achille). — Répertoire général et raisonné du droit criminel, où sont méthodiquement exposées la législation, la doctrine et la jurisprudence sur tout ce qui constitue le grand et le petit criminel en toutes matières et dans toutes les juridictions. Paris, 1851; 2 vol. gr. in-8° rel.	B.	364
545	Le Graverend (J. M. E.). — Traité de la législation criminelle en France. 3e édit., revue par J. B. Duvergier. Paris, 1830; 2 vol. in-4° rel.	B.	365
546	Chauveau (Adolphe) et Hélie (Faustin). — Théorie du Code pénal, mise en rapport avec la législation et la jurisprudence. 3e édit. Paris, 1852; 6 vol. in-8° rel.	B.	366
547	Berriat Saint-Prix. — Cours de droit criminel fait à la faculté de droit de Paris. 4e édit. Paris, 1836; 1 vol. in-8° rel.	B.	367
548	Mangin. — Traité de l'action publique et de l'action civile en matière criminelle. 2e édit. Paris, 1844; 2 vol. in-8° rel.	B.	368
549	Carnot. — De l'Instruction criminelle considérée dans ses rapports généraux et particuliers avec les lois nouvelles et la jurisprudence de la Cour de cassation. 2e édit. Paris, 1830; 3 vol. in-4° rel.	B.	369

550	Hélie (Faustin). — Traité de l'instruction criminelle, ou Théorie du Code d'instruction criminelle. Paris, 1845 à 1851; vol. in-8° rel.	B.	370
551	Le Sellyer (Achille-François). — Traité du droit criminel appliqué aux actions publique et privée qui naissent des contraventions, des délits et des crimes. Paris, 1844; 6 vol. in-8° rel.	B.	371
552	Mangin. — De l'Instruction écrite et du règlement de la compétence en matière criminelle, augmenté de la jurisprudence belge; édition annotée par Faustin Hélie. Paris, 1847; 2 vol. in-8° rel.	B.	372
553	Berriat Saint-Prix (Ch.). — Manuel de police judiciaire à l'usage des juges de paix, officiers de gendarmerie, commissaires de police, et surtout des maires et adjoints. 2e édit. Paris, 1841; 1 vol. in-12 rel.	B.	373
554	Mangin et Hélie (Faustin). — Traité des procès-verbaux en matière de délits et de contraventions, précédé d'une introduction. Paris, 1839; 1 vol. in-8° rel.	B.	374
555	Dalmas (A. de). — Des Frais de justice en matière criminelle, correctionnelle et de police, ou Commentaire du règlement du 18 juin 1811, etc. Paris, 1834; 1 vol. in-8° rel.	B.	375

§ 9. DROIT MARITIME ET COLONIAL.

556	Ordonnance de Louis XIV touchant la marine des côtes de la province de Bretagne. 1re édit. Vannes, 1691; 1 vol. in-32 rel.	B.	376
557	Boucher (P. B.). — Institution au droit maritime, contenant la législation maritime basée sur l'ordonnance de 1681, des jugements, des formules d'actes, etc. Paris, an XII-1803; 1 vol. in-4° rel.	B.	377
558	Consulat de la mer, ou Pandectes du droit commercial et maritime, faisant loi en Espagne, en Italie, à Marseille et		

	en Angleterre; traduit de l'espagnol par P. B. Boucher. Paris, 1808; 2 vol. in-8° rel.	B.	378
559	AZUNI (Dom. Albert). — Système universel de principes de droit maritime de l'Europe; traduit de l'italien par J. M. Digeon. Paris, an VI; 2 vol. in-8° rel.	B.	379
560	VALIN (René-Josué) et BÉCANE (V.). — Commentaire sur l'ordonnance de la marine du mois d'août 1681. 2° édit. Paris, 1837; 2 vol. in-8° rel.	B.	380
561	Bulletin officiel de la marine, à partir de 1848 et suite. Paris, 1848 et suiv.; in-8° rel.	A.	939
562	Collection des Bulletins officiels publiés dans les colonies françaises. In-8° rel. Bulletin de la Guadeloupe, ——— de la Martinique, ——— de la Guyane française, ——— du Sénégal, ——— de l'île Bourbon, ——— des établissements dans l'Inde.	B.	381
563	PARDESSUS (J. M.). — Tableau du commerce antérieurement à la découverte de l'Amérique, servant d'introduction à la collection des lois maritimes. Paris, 1834; in-4°. (Cette introduction est placée en trois parties distinctes à la tête des tomes I, II et III de la collection des lois maritimes du même auteur.)	B.	382
564	PARDESSUS (J. M.). — Collection des lois maritimes antérieures au XVIII° siècle. (Les tomes I et II.) Paris, 1831; 2 vol. in-4° rel.	B.	383
565	BLANCHARD. — Répertoire général des lois, décrets, ordonnances, règlements et instructions sur la marine. Paris, 1849-1852, Imp. nat.; 2 vol. in-8° rel.	B.	384
566	LUCCHESI PALLI (F.). — Principes du droit public maritime et histoire de plusieurs traités qui s'y rapportent; traduit de l'italien par J. A. de Galiani. Paris, 1842; 1 vol. in-8° rel.	B.	385
567	BOULAY PATY (E. S.). — Cours de droit commercial maritime		

	d'après les principes et suivant l'ordre du Code de commerce. Rennes et Paris, 1821-1823; 4 vol. in-8° rel....	B.	386
568	Lampredi.—Du Commerce des neutres en temps de guerre; traduit de l'italien par J. Peuchet. Paris, 1802; 1 vol. in-8° rel....................................	B.	387
569	Lebeau. — Nouveau code des prises, ou Recueil des édits, arrêts, lois, arrêtés, messages, etc., sur la course et l'administration des prises, depuis l'année 1400 jusqu'au 3 prairial an VIII. Paris, Imp. de la Rép., ans VII, VIII et IX; 3 vol. in-4° rel..............................	B.	388
570	Guichard (A. C.). — Code des prises maritimes et des armemens en course, contenant les lois anciennes et nouvelles, règlemens, etc. Paris, an VIII; 2 vol. in-12 rel........	B.	389
571	Dufriche-Foulaines (F. N.). — Code des prises et du commerce de terre et de mer, contenant les édits, déclarations, etc., sur la course, depuis 1400 jusqu'à ce jour, le texte des lois sur le commerce de terre et de mer et sur les douanes, etc. Paris, an XIII-1804; 2 vol. in-4° rel.......	B.	390
572	Lebeau (S.). — Code des bris, naufrages et échouements, ou Résumé des lois et règlements concernant cette matière. Paris, 1844; 1 vol. in-8° rel..........................	B.	391
573	Hautefeuille (L. B.).—Code de la pêche maritime, ou Commentaire sur les lois et ordonnances qui régissent la pêche maritime. Paris, 1844; 1 vol. in-8°.................	B.	392
574	De Clercq (Alex.) et de Vallat (C.). — Guide pratique des consulats. Paris, 1851; 1 vol. in-8° rel..............	B.	393
575	De Clercq (Alex.). — Formulaire des chancelleries diplomatiques et consulaires, suivi du Tarif des chancelleries et du texte des principales lois, ordonnances, circulaires et instructions ministérielles relatives aux consulats; publié sous les auspices du ministère des affaires étrangères. Paris, 1853; 2 vol. in-8° rel.........................	B.	394
576	Miltitz (A. de). — Manuel des consuls, précédé du tableau		

	des institutions judiciaires et administratives créées pour l'utilité du commerce. Londres et Berlin, 1837-39-44; 5 vol. in-8° rel.	B.	395
577	LEMONNIER (Ch.). — Commentaire sur les principales polices d'assurance maritime usitées en France. Paris, 1843; 2 vol. in-8° rel.	B.	396
578	MOREAU DE SAINT-MÉRY. — Lois et constitutions des colonies françaises de l'Amérique sous le vent, de 1550 à 1785. Paris, 1784-1785; 6 vol. in-4° rel.	B.	397
579	VANUFEL (A. C.) et CHAMPION DE VILLENEUVE. — Code des colons de Saint-Domingue, présentant l'histoire et la législation de l'ex-colonie, la loi de l'indemnité, les ordonnances royales, etc. Paris, 1826; 1 vol. in-8° rel.	B.	398
580	Le Code noir concernant le gouvernement des colonies françaises, ou Recueil des règlemens rendus jusqu'à présent (1767). Paris, 1767; 1 vol. in-18 rel.	B.	399
581	DELABARRE DE NANTEUIL. — Législation de l'île Bourbon, répertoire raisonné des lois, ordonnances royales, ordonnances locales, décrets coloniaux, etc., en vigueur dans cette colonie. Paris, 1844; 3 vol. in-8° rel.	B.	400

§ 10. DROIT ÉTRANGER.

582	DUFAU, DUVERGIER (J. B.) et GUADET (J.). — Collection des constitutions, chartes et lois fondamentales des peuples de l'Europe et des deux Amériques. Paris, 1830; 6 vol. in-8° rel.	B.	401
583	LAYA (Alex.). — Droit anglais, ou Résumé de la législation anglaise sous la forme de codes, 1° politique et administratif, 2° civil, 3° de procédure civile et d'instruction criminelle, 4° pénal. Paris, 1845; 2 vol. in-8° rel.	B.	402
584	REY (Jos.). — Des Institutions judiciaires de l'Angleterre, comparées avec celles de la France et de quelques autres		

	États, anciens et modernes. Paris, 1828; 2 tomes en 1 vol. in-8° rel.	B.	403
585	Blackstone (William). — Commentaries on the laws of England, continued to the present time by Ri. Burn. 9th ed. London, 1783; 4 vol. in-8° rel.	B.	404
586	Blackstone (William). — Commentaries on the laws of England, with notes by John Taylor Coleridge. 16th ed. London, 1825; 4 vol. in-8° rel.	B.	405
587	Blackstone (W.). — Commentaires sur les lois anglaises, traduits de l'anglais sur la 15e édition par Chompré, et annotés par Christian. Paris, 1823; 6 vol. in-8° rel.	B.	406
588	The Cabinet lawyer or popular digest of the laws of England. Sixth edition. London, 1830; 1 vol. in-18 rel.	B.	407
589	Okey (Ch. H.). — A concise digest of the law, usage and custom affecting the commercial and civil intercourse of the subjects of Great Britain and France. Third edition. Paris, 1831; 1 vol. in-8° rel.	B.	408
590	Blackstone (W.). — Des Lois de police et criminelles de l'Angleterre; traduit de l'anglais par Ludot. Paris, an IX (1801); 1 vol. in-8° rel.	B.	409
591	Blackstone (W.). — Commentaire sur le Code criminel d'Angleterre; traduit de l'anglais par l'abbé Goyer. Paris, 1776; 2 tomes en 1 vol. rel.	B.	410
592	Carpmael (W.). — La Législation des patentes ou brevets d'invention de la Grande-Bretagne. Paris, 1840; 1 vol. in-8° rel.	B.	411
593	De l'Administration de la justice en Angleterre. Paris, Imp. roy., 1818; 1 vol. in-4° rel.	B.	412
594	Cottu. — De l'Administration de la justice criminelle en Angleterre et de l'esprit du gouvernement anglais. Paris, 1820; 1 vol. in-8° rel.	B.	413

595	Barreau anglais, ou Choix de plaidoyers des avocats anglais; traduit par Clair et Clapier. Paris, 1824; 3 vol. in-8° rel.	B.	414
596	Okey (Ch. H.). — Droits, priviléges et obligations des étrangers dans la Grande-Bretagne. 2° édit. revue par Thévenin. Paris, 1831; 1 vol. in-12 rel.	B.	415
597	Recueil des lois, arrêtés et décisions concernant les contributions directes, douanes et accises. Royaume des Pays-Bas. De 1823 à 1830. Bruxelles, 1834; 9 tomes en 5 vol. in-8° rel.	B.	416
598	Recueil administratif des lois, arrêtés, décisions concernant les contributions directes, la douane, les accises, etc., de la Belgique. Tables de 1823 à 1834. Bruxelles, 1835; 1 vol. in-8° rel.	B.	417
599	Recueil administratif des lois, arrêtés et décisions concernant les contributions directes, la douane, etc., de 1830 à 1845. (Publication du gouvernement belge.) Bruxelles, 1834-1845; 15 vol. in-8°. (Le tome III manque.)	B.	418
600	Novisima recopilacion de las leyes de España, dividida en XII libros; en que se incorporan las pragmaticas, cedulas, decretos, ordenes, etc., hasta en año de 1804, con un supplemento hasta de 1806. Nueva edicion. Paris, 1831; 4 vol. in-4° rel.	B.	419
601	Prontuario de las leyes y decretos del rey nuestro señor don Jose Napoleon I, desde el año de 1808. Madrid, 1810; 1 vol. in-8° rel. (Tome I seulement.)	B.	420
602	Code de commerce espagnol, décrété le 30 mai 1829; traduit sur l'édition originale de Madrid. Paris, 1830; in-8° rel.	B.	421
603	Marchetti (Giovanni). — Del danaro straniero che viene a Roma, e che ne va per cause ecclesiastiche. 1800; 1 vol. in-8° rel.	B.	422

604	The Constitutions of the several independent states of north America, published by order of congress. London and Dublin, 1783; 1 vol. in-8° rel.	B.	423
605	Manual for the use of the Legislature of the state of New-York. For the year 1841. Albany, 1841	B.	424
606	Gordon (Th.). — A digest of the treaties and statutes of the United States, relating to commerce, navigation and revenue. Philadelphie, 1830; 1 vol. in-8° rel.	B.	425

§ 11. DROIT ADMINISTRATIF.

A. TRAITÉS GÉNÉRAUX. — COURS. — COMMENTAIRES.

607	Blanchet. — Code administratif, ou Recueil méthodique des lois et ordonnances actuellement en vigueur sur l'administration et le contentieux. Paris, 1839; 1 vol. in-8° rel.	B.	426
608	Solon (V.-H.). — Code administratif annoté. Paris, 1848; 1 vol. in-4° rel.	B.	427
609	Fleurigeon. — Code administratif. Recueil par ordre alphabétique de matières de toutes les lois nouvelles et anciennes relatives aux fonctions administratives, jusqu'au 1er avril 1809. Paris, 1809; 6 vol. in-8° rel.	B.	428
610	Le Rat de Magnitot (Albin) et Huard de Lamarre. — Dictionnaire de droit public et administratif. 2e édit. augmentée. Paris, 1841; 2 vol. gr. in-8° rel.	B.	429
611	Dufour (Julien-Michel). — Répertoire raisonné, ou Dictionnaire administratif, contenant les instructions générales relatives aux fonctions et attributions des préfets, sous-préfets, maires, juges de paix, etc. Paris, 1811; 1 vol. in-8° rel.	B.	430
612	Chevalier (Th.). — Jurisprudence administrative, ou Recueil complet et méthodique, par ordre alphabétique, des arrêts		

	du Conseil d'État en matière contentieuse, avec la législation qu'ils appliquent. Paris, 1836; 2 vol. in-8° rel......	B.	431
613	Lemarquière (C. A.). — Droit, procédure et jurisprudence en matière administrative. Paris, 1843; 1 vol. in-8° rel...	B.	432
614	Fleurigeon. — Manuel administratif, ou Recueil, par ordre de matières, de toutes les dispositions des lois nouvelles et anciennes encore en vigueur jusqu'en germinal an ix, relatives aux fonctions administratives et de police des préfets, sous-préfets, maires et adjoints. Paris, an ix; 3 vol. in-8° rel..................................	B.	433
615	Portiez (Louis) (de l'Oise). — Cours de législation administrative. Paris, 1808; 2 tomes en 1 vol. in-8° rel......	B.	434
616	Vivien. — Études administratives. 2ᵉ édit. Paris, Guillaumin, 1852; 2 vol. in-12 rel........................	B.	435
617	Macarel (L.). — Éléments de jurisprudence administrative, extraits des décisions rendues par le Conseil d'État en matière contentieuse. Paris, 1818; 2 vol. in-8° rel........	B.	436
618	Macarel. — Cours d'administration et de droit administratif professé à la faculté de droit de Paris. 2ᵉ édit. Paris, 1852; 4 vol. in-8° rel................................	B.	437
619	Macarel (L. A.). — Des Tribunaux administratifs, ou Introduction à l'étude de la jurisprudence administrative. Paris, 1828; 1 vol. in-8° rel.........................	B.	438
620	Macarel (L. A.) et Boulatignier (J.). — De la Fortune publique en France et de son administration. Paris, 1838; 3 vol. in-8° rel..............................	B.	439
621	Gandillot (R.) et Boilleux (J. M.). — Manuel de droit administratif, contenant les matières de l'examen. Paris, 1839; 1 vol. in-8° rel...............................	B.	440
622	Gérando (Baron de). — Institutes du droit administratif français, ou Éléments du code administratif. Paris, 1830; 4 vol. in-8° rel...............................	B.	441

623	GÉRANDO (Baron DE). — Institutes du droit administratif français, ou Éléments du code administratif, réunis et mis en ordre, contenant l'exposé des principes fondamentaux de la matière, les textes des lois et ordonnances, et les dispositions pénales qui s'y rattachent. 2ᵉ édit. Paris, 1846; 5 vol. in-8° rel.	B.	442
624	BOUCHENÉ-LEFER. — Droit public et administratif français. Paris, 1831; 5 vol. in-8° rel.	B.	443
625	COTELLE. — Cours de droit administratif appliqué aux travaux publics, ou Traité théorique et pratique de législation et de jurisprudence, concernant les travaux publics et l'expropriation. Paris, 1835; 2 vol. in-8° rel.	B.	444
626	COTELLE. — Cours de droit administratif appliqué aux travaux publics, ou Traité théorique et pratique de législation et de jurisprudence, concernant les travaux publics et l'expropriation. 2ᵉ édit. Paris, 1839; 3 vol. in-8° rel.	B.	445
627	FOUCART (E. V.). — Éléments de droit public et administratif, contenant le texte des principales lois de droit public. Paris, 1835; 2 vol. in-8° rel.	B.	446
628	FOUCART (E. V.). — Éléments de droit public et administratif, ou Exposition méthodique des principes de droit public positif, avec l'indication des lois à l'appui, suivi d'un appendice contenant la Constitution de 1848. Paris, 1843 et 1850; 4 vol. in-8° rel.	B.	447
629	CORMENIN (DE). — Questions de droit administratif. Paris, 1826; 2 vol. in-8° rel.	B.	448
630	CORMENIN (DE). — Questions de droit administratif. 4ᵉ édit. Paris, 1837; 3 vol. in-8° rel.	B.	449
631	CORMENIN (DE). — Droit administratif. Paris, 1840; 2 vol. in-8° rel.	B.	450
632	LAFERRIÈRE (M. F.). — Cours de droit public et administratif. 2ᵉ édit. Paris, 1841; 1 vol. in-8° rel.	B.	451

633	LAFERRIÈRE (M. F.). — Cours théorique et pratique de droit public et administratif, mis en rapport avec la Constitution de 1848. Paris, 1850; 2 vol. in-8° rel.	B.	452
634	DUFOUR (G.). — Traité général de droit administratif appliqué, ou Exposé de la doctrine et de la jurisprudence concernant l'autorité du roi, des ministres, des préfets, etc. Paris, 1843 et 1845; 4 vol. in-8° rel.	B.	453
635	TROLLEY (A.). — Cours de droit administratif. Première partie. Hiérarchie administrative, ou de l'Organisation et de la compétence des diverses autorités administratives. Paris, 1847; 5 vol. in-8° rel.	B.	454
636	PRADIER-FODÉRÉ (P.). — Précis de droit administratif. Paris, 1853; 1 vol. in-12 rel.	B.	455
637	PROUDHON. — Traité du domaine public, ou de la Distinction des biens considérés principalement par rapport au domaine public. Dijon, 1834; 5 vol. in-8° rel.	B.	456
638	CHAUVEAU (Adolphe). — Principes de compétence et de juridiction administratives. Paris, 1841 à 1844; 3 vol. in-8° rel.	B.	457
639	DUMESNIL (M. J.). — De l'Organisation et des attributions des conseils généraux de département et des conseils d'arrondissement. 3e édit. Paris, 1843; 2 vol. in-8° rel.	B.	458
640	SERRIGNY. — Traité de l'organisation de la compétence et de la procédure en matière contentieuse administrative dans leurs rapports avec le droit civil. Paris, 1851; 2 vol. in-8° rel.	B.	459

B. CONSEIL D'ÉTAT.

641	Législation relative au Conseil d'État, ou Recueil textuel des dispositions législatives et réglementaires en vigueur sur la		

	juridiction du conseil et son organisation. Paris, Imp. roy., 1832; in-4° rel. . . . . (Cette publication (3ᵉ épreuve) était destinée à servir de Manuel aux membres de la commission de révision des lois et règlements, instituée par ordonnance du 20 août 1824.)	B.	460
642	Petit-Desrochettes (Ed.). — Esprit de la jurisprudence inédite du Conseil d'État sous le Consulat et l'Empire, en matière d'émigration, de déportation, de remboursement, de domaines nationaux. Paris, 1827; 2 tomes en 1 vol. in-8° rel.	B.	461
643	Sirey (J. B.). — Du Conseil d'État selon la Charte constitutionnelle, ou Notions sur la justice d'ordre politique et administratif. Paris, 1818; in-4° rel.	B.	462
644	De la nécessité d'une loi sur le Conseil d'État; réfutation de la Légomanie par Timon. Paris, 1845; 1 vol. in-12 rel. .	B.	463
645	Recueil de pièces relatives au Conseil d'État. 1831; 1 vol. in-8° rel. . . . . Discours du marquis G. de la Rochefoucauld, député du Cher, dans la discussion de la proposition de M. de Cormenin relative au Conseil d'État, prononcé le 22 mars 1831. Du Conseil d'État considéré dans son organisation actuelle et dans les améliorations qu'il serait possible d'y introduire, par un auditeur. 1829.	B.	464
646	Locré (Baron). — Quelques vues sur le Conseil d'État, considéré dans ses rapports avec le système de notre régime constitutionnel. Paris, 1831; 1 vol. in-8° rel.	B.	465
647	Taillandier (A. H.). — Commentaire sur l'ordonnance des conflits du 1ᵉʳ juin 1828. Paris, 1829; 1 vol. in-8° rel. . . .	B.	466
648	Bavoux (F. N.). — Des Conflits ou empiètements de l'autorité administrative sur le pouvoir judiciaire. Paris, 1828; 2 tom. en 1 vol. in-4° rel.	B.	467
640	Duvergier de Hauranne. — De l'Ordre légal en France et des abus d'autorité. Paris, 1826; 1 vol. in-8° rel.	B.	468

C. EXPROPRIATION. — COMMUNES. — VOIRIE RURALE ET URBAINE.

650	LOCRÉ (J. G.) — Législation sur les mines et sur les expropriations pour cause d'utilité publique, ou Lois des 21 avril et 8 mars 1810 expliquées, etc. Paris, 1828; 1 vol. in-8° rel.	B.	469
651	CAUDAVEINE et THÉRY. — Traité de l'expropriation pour cause d'utilité publique. Paris, 1839; in-8° rel.	B.	470
652	DELALLEAU (Ch.). — Traité de l'expropriation pour cause d'utilité publique. Paris, 1828; 2 vol. in-8° rel.	B.	471
653	DELALLEAU (Ch.). — Traité de l'expropriation pour cause d'utilité publique. (Lois des 30 mars 1831 et 7 juillet 1833.) 2e édit. Paris, 1836; 1 vol. in-8° rel.	B.	472
654	DELALLEAU (Ch.). — Traité de l'expropriation pour cause d'utilité publique. Nouvelle édition comprenant un commentaire des lois des 3 mai 1841 et 24 mai 1842. Paris, 1842; 1 vol. in-8° rel.	B.	473
655	DELALLEAU. — Traité de l'expropriation pour cause d'utilité publique. 4e édition revue d'après la loi du 3 mai 1841. Paris, 1845; 2 vol. in-8° rel.	B.	474
656	HERSON (M. A.). — De l'Expropriation pour cause d'utilité publique, ou Commentaire de la loi du 3 mai 1841, des ordonnances qui en règlent l'exécution, etc. Paris, 1843; 1 vol. in-8° rel.	B.	475
657	GILLON et STOURM. — Loi sur l'expropriation pour cause d'utilité publique, du 7 juillet 1833, avec des commentaires. Paris, 1836; 1 vol. in-12	15	336
658	GAND. — Traité général de l'expropriation pour cause d'utilité publique en France, d'après la loi du 3 mai 1841 et la législation actuelle, avec toutes ses applications aux routes, canaux, etc. Paris, 1842; 1 vol. in-8° rel.	B.	476

659	Homberg (Th.). — Guide des expropriations pour cause d'utilité publique, contenant la loi du 3 mai 1841. Paris, 1841; 1 vol. in-8°	B.	477
660	Demilly (Ad.). — Analyse par article des exposés des motifs et de la discussion aux Chambres, en 1833, 1840 et 1841, de la loi du 3 mai 1841, sur l'expropriation pour cause d'utilité publique. Paris, 1842; 1 vol. in-8° rel.	B.	478
661	Leber (C.) — Histoire critique du pouvoir municipal, de la condition des cités, des villes et des bourgs, etc., depuis l'origine de la monarchie jusqu'à nos jours. Paris, 1828; 1 vol. in-8° rel.	B.	479
662	Deverneilh. — Observations des commissions consultatives sur le projet de Code rural, avec un plan de révision du même projet. Paris, Imp. imp., 1810; 4 vol. in-4° rel.	B.	480
663	Ardant. — Projet de code rural et de code forestier. Paris, 1819; 1 vol. in-8° rel.	B.	481
664	Cormenin (De). — Tableaux-lois, ou Code usuel des campagnes. Paris, 1843; 13 tableaux imprimés sur papier-carton	B.	482
665	Fournel (M.). — Recueil des lois, ordonnances, règlements, arrêts et décisions cités dans les lois rurales. Paris, 1820; 1 vol. in-8° rel.	B.	483
666	Fournel. — Les Lois rurales de la France rangées dans leur ordre naturel. 4e édit., revue et augmentée par Rondonneau. Paris, 1822; 2 vol. in-12 rel.	B.	484
667	Dujardin (L. H. V.). — Guide des maires, des adjoints et des conseillers municipaux, dédié à MM. les électeurs communaux de la France. Paris, 1834; 1 vol. in-8° rel.	B.	485
668	Reverchon (E.). — Des autorisations de plaider nécessaires aux communes et aux établissements publics. Paris, 1841; 1 vol. in-8° rel.	15	425

669	Guichard (A. C.). — Jurisprudence communale et municipale, ou Exposition raisonnée des lois et de la jurisprudence concernant les biens, les dettes et les procès des communes. Paris, 1820; 1 vol. in-8° rel.	B.	486
670	Guichard (A. C.). — Cours de droit rural, ou Conférences villageoises, dans lesquelles sont expliqués les lois, règlements, décisions et usages qui régissent les biens ruraux. Paris, 1826; 1 vol. in-8° rel.	B.	487
671	Péchart (P. C.) — Répertoire de l'administration municipale des communes. Paris, 1830; 2 vol. in-8° rel.	B.	488
672	Boyard. — Nouveau Manuel municipal, ou Répertoire des maires, adjoints, conseillers municipaux, juges de paix et commissaires de police. Paris, 1831; 2 vol. in-8° rel.	B.	489
673	Durieu (J. M.). — Législation des conseils municipaux : recueil des lois, décrets, ordonnances, règlements, concernant les attributions de ces conseils. Paris, 1826; 1 vol. in-8° rel.	B.	490
674	Valserres (J. de). — Manuel de droit rural et d'économie agricole : aperçu historique, législation, jurisprudence, vues économiques, statistique et formulaire, avec un appendice contenant le texte des lois rurales. Paris, 1848; 1 vol. in-8° rel.	B.	491
675	Neveu-Derotrie (E. J. A.). — Commentaire sur les lois rurales françaises expliquées par la jurisprudence et la doctrine des auteurs, suivi d'un essai sur les usages locaux. Paris, 1845; 1 vol. in-8° rel.	B.	492
676	Bourguignat (A.). — Traité complet de droit rural appliqué, ou Guide théorique et pratique des propriétaires, fermiers, juges de paix, maires, etc., contenant le dernier état de la législation, de la doctrine et de la jurisprudence sur les droits et obligations des propriétaires de fonds ruraux. Paris, 1852; 1 vol. in-8° rel.	B.	493
677	Proudhon. — Traité des droits d'usage, servitudes réelles, du		

	droit de superficie et de la jouissance des biens communaux et des établissements publics. 3e édition, annotée par Curasson. Paris, 1848; 2 vol. in-8° rel.	B.	494
678	LATRUFFE-MONTMEYLIAN. — Des Droits des communes sur les biens communaux, ou Examen historique et critique des usages, réserves, triages et cantonnements. Paris, 1825; 2 vol. in-8° rel.	B.	495
679	DUPIN (Baron). — Précis historique de l'administration et de la comptabilité des revenus communaux. Paris, 1820; 1 vol. in-8° rel.	B.	496
680	DAVENNE (H. J. B.). — Régime administratif et financier des communes, ou Résumé pratique de la législation et de la jurisprudence en matière d'administration communale. Paris, 1840; 1 vol. in-8° rel.	B.	497
681	HENRION DE PANSEY. — Des Biens communaux et de la police rurale et forestière. Paris, 1825; 1 vol. in-8° rel.	B.	498
682	MIGNERET. — Traité de l'affouage dans les bois communaux. Paris, 1844; 1 vol. in-8° rel.	B.	499
683	PERROT (A. P.). — Dictionnaire de voirie. 1782; 1 vol. in-4° rel.	B.	500
684	DAUBANTON (L. J. M.). — Code de la voirie des villes, y compris la ville de Paris, des bourgs et des villages. Paris, 1836; 1 vol. in-8° rel.	B.	501
685	DAVENNE (H. J. B.). — Recueil méthodique et raisonné des lois et règlements sur la voirie, les alignements et la police des constructions, avec la jurisprudence du ministère de l'intérieur et du Conseil d'État sur cette matière. Paris, 1824; 1 vol. in-8° rel.	B.	502
686	ISAMBERT (M.). — Traité de la voirie. Paris, 1832; 3 vol. in-12.	B.	503
687	HUSSON (Armand). — Traité de la législation des travaux publics et de la voirie en France. Paris, 1841; 2 vol. in-8° rel.	B.	504

688	DALLOZ. — Traité de la voirie et des voitures publiques. (Extrait de la Jurisprudence générale, du même.) Paris, 1832; 1 vol. in-4° rel.	B.	505
689	JOURDAN. — Code des chemins vicinaux, contenant : 1° la loi du 28 juillet 1824; 2° les instructions ministérielles de septembre et octobre 1824. Paris, 1829; 1 vol. in-8° rel.	B.	506
690	O'DONNEL (Le comte). — Code vicinal, comprenant la législation ancienne sur les chemins vicinaux, la loi du 21 mai 1836, l'instruction du 24 juin 1836, etc., annoté par Vatout. Paris, 1836; 1 vol. grand in-18 rel.	B.	507
691	DUMAY (Victor). — Commentaire de la loi du 21 mai 1836 sur les chemins vicinaux, avec le recueil complet des dispositions législatives antérieures. Dijon, 1836; in-8° rel.	B.	508
692	Instruction pour l'exécution de la loi du 21 mai 1836 sur les chemins vicinaux. Paris, 1841; 1 vol. in-18 rel.	B.	509
693	GARNIER (F. X. P.). — Traité des chemins de toute espèce, comprenant les grandes routes, chemins de halage, arbres qui les bordent, rues, places, etc., et diverses instructions ministérielles et ordonnances. 4e édit. Paris, 1834; 1 vol. in-8° rel.	B.	510
694	GARNIER (F. X. P.). — Supplément au traité des chemins, comprenant le commentaire de la loi du 21 mai 1836 sur les chemins vicinaux. 3e édit. Paris, 1842; in-8° rel.	B.	511
695	GUICHARD. — Dissertation sur la propriété des arbres des grandes routes et des chemins vicinaux, sur les nouvelles plantations, sur les droits respectifs des riverains, etc. Paris, 1834; 1 vol. in-8° rel.	B.	512
696	LANOË (A.). — Nouveau Code des maîtres de poste, des entrepreneurs de diligence et de roulage, et des voituriers en général, par terre et par eau. Paris, 1839; 1 vol. in-8°.	B.	513

D. FINANCES. — POSTES. — MONNAIES.

697	Lois, décrets, arrêtés, concernant l'établissement des comptabilités publiques en France, de l'année 1790 à l'année 1807. 1 vol. in-4° rel.	B.	514
698	Ordonnance du roi du 31 mai 1838, portant règlement général sur la comptabilité publique, publiée par le ministre des finances. Paris, Imp. roy., 1838; 1 vol. in-8°.	B.	515
699	Instruction générale sur le service et la comptabilité des receveurs généraux et particuliers des finances, des percepteurs des contributions directes et des receveurs des communes et des établissements de bienfaisance (avec supplém. et table), ministère des finances. Imp. roy., juin 1840; 4 vol. in-fol. rel.	B.	516
700	Collection des circulaires émanées des divers services du ministère des finances, à partir du 7 avril 1814, et suite. 16 vol. in-fol. rel.	10	9
701	Collection des circulaires émanées de la comptabilité générale, du 1er novembre 1807, et suite. 11 vol. in-fol. rel.	10	6
702	Collection des règlements émanés de tous les ministères pour servir à l'exécution de l'ordonnance royale du 31 mai 1838, portant règlement sur la comptabilité publique. Paris, Imp. roy.; 10 vol. in-fol.	B.	517
703	Recueil de dispositions législatives et réglementaires concernant les budgets et comptes des dépenses publiques, publié par le ministère des finances. Paris, Imp. roy., 1837; 1 vol. in-8° rel.	B.	518
704	Recueil des décrets et actes financiers du Gouvernement provisoire, publié par le ministère des finances. Paris, Imp. nat., 1848; 1 vol. in-8° rel.	B.	519
705	Fasquel. — Code manuel des payeurs, ou Recueil analytique des lois et règlements concernant le payement des dépenses publiques. Paris et Vannes, 1850; 1 vol. in-8° rel.	B.	520

706	DUMESNIL (J.). — Traité de la législation spéciale du trésor public en matière contentieuse. Paris, 1846; 1 vol. in-8° rel.	B.	521
707	DUMESNIL (J.). — Lois et règlements de la caisse des dépôts et consignations, dans ses rapports avec les particuliers, les officiers ministériels et les administrations publiques. Paris, 1839; 1 vol. in-8° rel.	B.	522
708	Recueil des actes législatifs, ou Règlements concernant la caisse d'amortissement et la caisse des dépôts et consignations, créée en 1816. Imp. roy.; 1 vol. in-4° rel.	A.	234
709	Circulaires et instructions émanant de la direction générale de la caisse des dépôts et consignations. 1 vol. in-fol. rel.	B.	523
710	CAMBON. — Loi du 23 floréal an II, sur les rentes viagères déclarées dettes nationales, avec les tables pour déterminer le capital de ces rentes et le rapport. 1 vol. in-fol. rel.	B.	524
711	DEBEAUMONT. — Jurisprudence des rentes, ou Code des rentiers, par ordre alphabétique. Paris, 1784; 1 vol. in-12 rel.	B.	525
712	Les Principes des rentes constituées. Nîmes, 1758; 1 vol. in-12 rel.	B.	526
713	Manuel des pensions de l'armée de terre, ou Collection des lois, règlements, modèles, etc., réglant la matière. Imp. roy., 1831; 1 vol. in-4° rel.	B.	527
714	DUMESNIL (J.). — Manuel des pensionnaires de l'État, contenant les lois, décrets, règlements et jurisprudence du conseil d'État sur les pensions. Paris, 1841; 1 vol. in-12.	B.	528
715	Règlements sur les contrôles des deniers publics. Paris, Imp. roy., 1832; 1 vol. in-4° rel.	B.	529
716	Code de l'administration et de l'aliénation des biens nationaux, rédigé par ordre de l'Assemblée nationale. Imp. nat., 1791; 2 vol. in-8° rel.	A.	146

717	DUPIN aîné. — Harangue du chancelier Michel de l'Hospital sur un budget du XVIe siècle, dans l'assemblée des États-généraux, précédée d'une notice par M. Dupin aîné. Paris, 1829; 1 vol. in-8° port. .... (Cette harangue est une fiction formée de passages divers extraits des discours du chancelier et réunis en chapitres par M. Dupin.)	B.	530
718	LA ROQUE (Louis DE). — Code des pensions civiles, à l'usage de tous les fonctionnaires publics; histoire, législation, jurisprudence, 1790-1853. Paris, 1854; 1 vol. in-12 rel.	B.	531
719	DARESTE (R.). — Code des pensions civiles, contenant la loi du 9 juin 1853, le décret du 9 novembre suivant et tous les règlements antérieurs, avec commentaire. Paris, 1854; 1 vol. in-12 rel.	B.	532
720	Instruction générale sur le service des postes. 1808; 1 vol. in-4° rel.	B.	533
721	Règlement concernant la constatation du produit des taxes de lettres, journaux et imprimés, admis dans la comptabilité des préposés des postes, sans l'intervention d'un contrôle extérieur. Imp. roy., 1835; 1 vol. in-fol. rel.......	A.	582
722	Circulaires et instructions de l'Administration des postes, à partir de 1808 et suite. Imp. roy.; in-fol. et in-4° rel....	A.	171
723	Décret de la Convention nationale sur l'organisation de l'Administration des monnaies. 1 vol. in-4° rel.	B.	534
724	Recueil des lois, arrêtés, règlements et circulaires de l'Administration générale des monnaies, sur la surveillance, le maintien du titre et la perception du droit de garantie des ouvrages et matières d'or et d'argent. Paris, Imp. roy., 1818; 1 vol. in-4° rel.	B.	535
725	Recueil de lois et instructions sur la garantie. Imp. roy., 1818; 1 vol. in-4° rel	A.	578

E. CONTRIBUTIONS DIRECTES.

726	BELMONDI. — Code des contributions directes, ou Recueil méthodique des lois, ordonnances et règlements y relatifs. 2e édit. Paris, 1818-1825; 3 vol. in-8° rel.	B.	536
727	SAURIMONT (A.). — Code des contributions directes, ou Recueil contenant, avec des annotations, les dispositions des lois, ordonnances, décisions, etc., qui régissent cette matière. Paris, 1837; 1 vol. in-8° rel.	B.	537
728	SAURIMONT (A.). — Code des contributions directes, ou Recueil contenant, avec des annotations, les dispositions des lois, ordonnances, arrêtés, etc., qui régissent cette matière. 2e édit. augmentée. Paris, 1847; 1 vol. in-8° rel.	B.	538
729	Nouveau code des patentes, contenant la loi du 25 avril 1844. annotée article par article, les instructions pour son exécution, le tarif général des droits de patentes, etc. Paris, 1844; 1 vol. in-8° rel.	B.	539
730	LAINNÉ (A. F.). — Manuel des patentés, ou Commentaire sur la loi des patentes des 25 avril et 7 mai 1844, avec des instructions pratiques. Paris, 1845; 1 vol. in-8° rel.	B.	540
731	Tarif général des droits de patentes, dressé par les soins de l'Administration des contributions directes et approuvé par le ministre secrétaire d'État des finances, avec les décisions rendues et explications données pour l'exécution de la loi des patentes. Publié par le ministère des finances. Paris, 1844; 1 vol. in-4° rel.	B.	541
732	GERVAISE (P. C.). — Recueil administratif des contributions. Ouvrage périodique, à partir du 24 novembre 1790 jusqu'au 6 messidor an VII. Paris; 4 tomes en 2 vol. in-8° rel.	B.	542
733	GERVAISE. — Traité des contributions directes en France. Paris, 1822; 2 tomes en 1 vol. in-8° rel.	B.	543
734	Recueil méthodique des lois, instructions et décisions sur le		

	cadastre de la France. Paris, 1811; 1 vol. in-4° pour le texte, 1 vol. in-fol. pour les modèles, rel.	B.	544
735	Recueil des lois et instructions sur les contributions directes, contribution foncière et cadastre. Paris, 1836; 1 vol. in-8° rel. (Ce recueil est extrait du Bulletin des contributions directes et du cadastre.)	B.	545
736	DURIEU (J. M.). — Manuel des percepteurs et des receveurs municipaux des communes. Paris, 1822; 1 vol. in-12 rel.	B.	546
737	DURIEU (J. M.). — Manuel des percepteurs et des receveurs municipaux des communes. 3ᵉ édit. 1823; 1 vol. in-12 rel.	B.	547
738	DURIEU (E.). — Formulaire de la comptabilité des percepteurs et des receveurs des communes, des hospices et des bureaux de bienfaisance. Paris, 1842; in-8° rel.	B.	548
739	DURIEU (E.). — Poursuites en matière de contributions directes. Commentaires sur le règlement du 26 août 1824. Paris, 1838; 2 vol. in-8° rel.	B.	549
740	DULAURENS (J. G.). — Manuel des contribuables, ou Recueil contenant les lois fondamentales, les ordonnances du roi et les instructions ministérielles sur les contributions directes. Paris, 1821; 1 vol. in-8° rel.	B.	550
741	DELONCLE (J. A.). — Manuel des contributions directes, etc. Paris, 1828; 1 vol. in-18 rel.	B.	551
742	DURIEU (J. M.). — Mémorial des percepteurs et des receveurs des communes, hospices, bureaux de bienfaisance et autres établissements publics, à partir de 1824 et suite. Recueil périodique. In-8° rel.	B.	552
743	Bulletin des contributions directes et du cadastre, à partir de 1832, et suite, et comprenant : dans la première partie, les circulaires, lois et ordonnances; et dans la seconde, les codes concernant les contributions directes de toute espèce. Paris, P. Dupont, 1832 et suiv.; in-8° rel.	B.	553

F. ENREGISTREMENT ET DOMAINES.

744	Piet et Rogron. — Législation ancienne et nouvelle et jurisprudence tant judiciaire qu'administrative sur les domaines engagés, suivies de l'examen des nombreuses questions que présente la matière, et notamment de la loi du 11 ventôse an VII. Paris, 1829; 2 vol. in-8° rel. . . . . (Un seul volume a paru.)	B.	554
745	Analyse des lois anciennes et modernes sur les domaines engagés, précédée de la copie textuelle des nouvelles lois rendues depuis 1790, contenant instruction pour l'exécution de celle du 14 ventôse an VII. Paris; 1 vol. in-8° rel.	15	361
746	Roland, Trouillet, Fessard et Cuënot. — Recueil alphabétique des lois, ordonnances, arrêts, décisions et instructions sur l'enregistrement et les domaines, à partir de 1821, et suite. Paris, 1821 et suiv.; in-4° rel.	B.	555
747	Dictionnaire des droits d'enregistrement, de timbre, de greffe et d'hypothèques, par les rédacteurs du Journal de l'enregistrement. Paris, 1823-29; 2 vol. in-4° rel.	B.	556
748	Roland et Trouillet. — Dictionnaire des droits d'enregistrement, d'hypothèques et des domaines. Paris, 1835; 1 vol. in-4° rel.	B.	557
749	Fessard (H.). — Dictionnaire de l'enregistrement et des domaines. 1re partie : enregistrement, timbre, notariat et contraventions; 2e partie : domaines, hypothèques, manutention et comptabilité. Paris, 1844; 2 vol. in-4° rel.	B.	558
750	Code de l'enregistrement et des domaines, publié sous les auspices de MM. Vialla, Fix et Derbigny, directeurs des domaines. Bouchain; 1 vol. in-8° rel.	15	338
751	Le Contrôleur de l'enregistrement, à partir de 1825 et suite. (Collection à jour.) Paris, 1825 et suiv.; in-8° rel.	15	132

752	Instructions décadaires, ou Journal de l'enregistrement, rédigé par une société d'employés supérieurs de l'enregistrement. Recueil périodique commençant le 1er frimaire an VII, et suite. Paris; in-8° rel.	15	131
753	Tarif synoptique des droits d'enregistrement. 2e édit. Paris, 1844; 1 feuille collée sur toile.	B.	559
754	CHAMPIONNIÈRE, RIGAUD et PONT (P.).—Traité des droits d'enregistrement, de timbre, d'hypothèque et des contraventions aux lois du notariat, avec la table méthodique en forme de dictionnaire, etc. Paris, 1835 à 1851; 6 vol. in-8° rel.	B.	560
755	DENIZET.—Recueil des règlemens faits pour l'usage du papier et parchemin timbrés. Paris, 1715; 1 vol. in-12 rel.	B.	561
756	Circulaires de la régie, du 29 décembre 1790 au 17 vendémiaire an X, 9 vol. in-8°, suivies des instructions générales sur l'enregistrement et les domaines, à partir de 1802, et suite. Paris; in-8° rel.	B.	562
757	SERGENT (F.). — Manuel des engagistes et des échangistes, ou Recueil complet et méthodique des lois, décrets, ordonnances, arrêts de la Cour de cassation, concernant les domaines de l'État concédés ou engagés. Paris, 1829; 1 vol. in-12 rel.	15	317
758	GAGNEUR (A.). — De la Comptabilité des receveurs de l'enregistrement et des domaines, ou Exposé analytique des lois, circulaires et instructions y relatives. Chaumont, 1844; 1 vol. in-4°.	B.	563
759	FLOUR DE SAINT-GENIS. — Manuel du surnuméraire de l'enregistrement et des domaines. 3e édit. Paris, 1839; 1 vol. in-8° rel.	B.	564
760	Le Guide des employés de l'enregistrement et des domaines. Recueil périodique; tome I. Paris, 1839; 1 vol. in-8° rel. (N'a pas été continué.)	B.	565

761	AULANIER (A.). — Traité du domaine congéable. Saint-Brieuc et Paris, 1824; 1 vol. in-8° rel.	B.	567
762	CARRÉ.—Introduction à l'étude des lois relatives aux domaines congéables, et commentaire sur celle du 6 août 1791. Rennes, 1822; 1 vol. in-12 rel.	15	545
763	PAGART. — Des Systèmes hypothécaires en France. — De l'Inaliénabilité du sol forestier domanial. — Observations sur la domaniabilité des biens des hospices et des établissements de charité et de bienfaisance. — Observations sur l'administration des biens domaniaux dans les États romains pendant la période de la domination française et impériale. Paris, 1849-1852; in-8°.	B.	568
764	Bail des fermes, des entrées de Paris et Rouen, des aydes de France, fait à Dufresnoy en 1674. Paris, 1677; 1 vol. in-4° rel.	B.	569
765	Bail général des aides et domaines de France par le roi à M. Christophe Charrière, le 18 mars 1687, pour six années. Paris, 1691; 1 vol. in-4° rel.	B.	570
766	Bail des fermes royales unies, fait à M. Jacques Forceville, le 16 septembre 1738, pour six années. Paris, Imp. roy., 1739; 1 vol. in-4° rel.	B.	571
767	VUARNIER (T.). — Traité de la manutention des employés de l'enregistrement et des domaines, ou Exposé méthodique des règles concernant le service de l'Administration. Paris, 1848; 2 vol. in-8° rel.	B.	566

G. DOUANES ET CONTRIBUTIONS INDIRECTES.

768	MAGNIER-GRANDPREZ. — Code des douanes de l'Empire français, au courant depuis novembre 1790 jusqu'en juin 1806. 2 vol. Supplément, 1 vol. Strasbourg, 1806; 3 vol. in-8° rel.	B.	572
769	DUJARDIN-SAILLY. — Code des douanes de France, formé de		

	toutes les dispositions en vigueur en 1818, rangées dans l'ordre légal des opérations. 3e édit. Paris, 1818; 1 vol. in-4° rel.	B.	573
770	Bourgat. — Code des douanes, ou Recueil des lois et règlements sur les douanes, en vigueur au 1er janvier 1842. Paris, 2 vol. in-8° rel.	B.	574
771	Bourgat. — Code des douanes, ou Recueil des lois et règlements sur les douanes, en vigueur au 1er janvier 1848. 2e édit. Paris; 2 vol. in-8° rel.	B.	575
772	Traité de la jurisprudence des douanes, précédé d'observations sur le décret impérial du 18 octobre 1810. Paris, 1812; 2 vol. in-8° rel.	17	127
773	Du Mesnil (A. B. M.). — Nouveau Dictionnaire de la législation des douanes, de la navigation maritime et des autres droits confiés aux douanes. Paris, 1830; 1 vol. in-8° rel.	B.	576
774	Notes analytiques sur le service des douanes. Imp. roy., 1835; 1 vol. in-4° rel.	B.	577
775	Lois et règlements des douanes françaises, à partir de 1789 et suite. Lille et Paris; in-8° rel.	B.	578
776	Fasquel. — Résumé analytique des lois et règlements des douanes, avec suppléments jusqu'à 1839. Paris, 1836; 1 vol. in-4° rel.	B.	579
777	Chauvassaignes. — Manuel pratique des préposés de brigades des douanes de France. Paris, 1826; 1 vol. in-8° rel.	B.	580
778	Des Maisons (François). — Nouveau Traité des aydes, tailles et gabelles, où sont spécifiés tous les droits du domaine du roi. Paris, 1666; 1 vol. in-12 rel.	B.	581
779	Bail des gabelles de France, entrées et sorties du royaume, douane de Lyon et Valence, fait à M. François Legendre, en 1668. Paris, 1670; 1 vol. in-4° rel.	B.	582
780	Bail des gabelles, droit de sortie, d'entrée, etc., fait à Pierre		

	Domergue, le 18 mars 1687. Paris, 1691; 1 vol. in-4° rel.	B.	583
781	ROQUEMONT (DE). — Les Aydes de France et leurs régies, suivant les ordonnances de 1680 et 1681. Paris, 1704; 1 vol. in-12 rel.	B.	584
782	ASSE (Pierre). — Traité des aydes pour tous les lieux où ils ont cours. Paris, 1704; 1 vol. in-12 rel.	B.	585
783	LEFEBVRE DE LA BELLANDE. — Traité général des droits d'aides. Paris, 1770; 1 vol. petit in-4° rel.	17	114
784	Règlement, arrêts du Conseil d'État du roi, instructions et documents divers concernant les aides et gabelles et diverses autres matières d'impôt. Manuscrit. 1687 à 1771; 6 vol. in-4° rel.	17	80
785	Instruction et règlements sur les gabelles. Manuscrit. 1680 à 1722; 1 vol. in-4° rel.	17	81
786	Arrêts du Parlement et du Conseil d'État du roi concernant les gabelles, l'exploitation et la vente des tabacs, de 1588 à 1784; 7 vol. in-4° rel.	17	78
787	Règlement sur l'exploitation et la vente des tabacs, de 1674 à 1770; 3 vol. in-4° rel. (Le tome II manque.)	17	79
788	Délibérations de la compagnie des fermiers généraux, relatives à l'exploitation et la vente des tabacs et sels. 1720 à 1746; 2 vol. in-4°, dont un manuscrit.	17	82
789	Lettres originales de la compagnie des fermiers généraux des gabelles, tabacs et sels. 1777 à 1779; 2 vol. in-4° rel.	17	83
790	GUÉRIN (Louis). — Les Exercices des aydes de Normandie, qui peuvent aussi servir pour la régie des aydes de France. Paris, 1687; 1 vol. in-12 rel.	B.	586
791	GRANDMAISON (Brunet DE). — Table alphabétique des règlements des aydes. Paris, 1727; 1 vol. rel.	B.	587

792	Recueil des tarifs des droits d'aydes arrêtés au Conseil en 1687 et 1688. Paris, 1724; 1 vol. in-4° rel.	B.	588
793	Recueil des règlements rendus sur la régie des droits réunis sur les cuirs, établis par édit d'août 1759. 1774; 1 vol. in-12 rel.	B.	589
794	Tarif des octrois appartenant au roi, qui se perçoivent en la ville d'Honfleur, conformément à la déclaration du roi du 2 août 1777 et à l'édit du mois de novembre 1771; 1 vol. in-fol. rel.	B	590
795	Tarif des droits de quatrième sur la vente des boissons en détail dans le ressort de la cour des aydes de Normandie. Rouen; 1 vol. in-12 rel.	B.	591
796	Lois concernant les contributions indirectes de 1790 à 1842, avec une table chronologique et une table des matières. Paris, 1843; 2 vol. in-12 rel.	B.	592
797	Circulaires de l'administration des contributions indirectes, à partir de 1806, et suite. Paris, 1806 et suiv.; in-8° rel.	B.	593
798	Saillet et Olibo. — Loi organique du 28 avril 1816 sur les contributions indirectes, annotée. Lyon, 1843; 1 vol. in-8° rel.	B.	594
799	Saillet et Olibo. — Codes des contributions indirectes, ou Lois organiques annotées. Lyon, 1847; 1 vol. in-8° rel.	B.	595
800	Recueil général des lois, arrêtés, décisions et instructions concernant la perception des droits réunis. Paris, 1812-1813; 6 vol. in-8° rel.	B.	596
801	Recueil des lois et règlements sur les octrois. Imp. imp., 1812; 1 vol. in-8° rel.	A.	162
802	Recueil de circulaires de l'administration des contributions indirectes concernant la navigation, les francs-bords, bacs et passages d'eau et recettes accessoires. 1832-1841; 1 vol. in-8° rel.	15	421

803	Annales des contributions indirectes et des octrois, comprenant, dans la 1re partie, les lois, ordonnances, arrêts, instructions, circulaires, à partir de 1833, et suite, et dans la 2e partie, les Codes qui régissent les diverses branches du service des contributions indirectes. Paris, 1833 et suiv.; in-8° rel.	B.	597
804	Agar (D'). — Manuel alphabétique des contributions indirectes. Paris, 1817; 1 vol. rel.	B.	598
805	Girard et Fromage. — Manuel des contributions indirectes, des tabacs et des octrois, formé des dispositions sur la perception et le contentieux en vigueur au 1er janvier 1826, et deux suppléments présentant la législation et la jurisprudence jusqu'au 1er septembre 1842. 2e édit. Paris, 1843; 1 vol. in-8° rel.	B.	599
806	Allouard (J. B.). — Manuel des employés de l'octroi de Paris, précédé d'une instruction sur la jauge et le toisé. Paris, 1826; 1 vol. in-8° rel.	B.	600
807	Jaccaz (J. L.). — Manuel-guide des contribuables de la régie des contributions indirectes, ou Recueil des lois, décrets, décisions, etc., qui régissent ces contributions. Paris, 1819; 1 vol. in-8° rel.	B.	601
808	Instruction pour servir aux vérifications des inspecteurs des finances (Contributions indirectes). Paris, Imp. roy., 1840; in-4° rel.	B.	602
809	Girard (D.). — Tableaux des contraventions et des peines en matière de contributions indirectes, de tabacs et d'octrois. 6e édition, annotée par J.-B. Fromage. Paris, 1841; 1 vol. in-12 rel.	B.	603
810	Agar (D'). — Traité du contentieux des contributions indirectes. Paris, 1819; 3 vol. in-8° rel.	B.	604
811	Allouard (J. B.). — Traité complet des droits d'entrée et d'octroi de la ville de Paris, ou Nouveau manuel des employés de cette partie. Paris, 1834; 1 vol. in-8° rel.	B.	605

812	Instructions et règlements sur le tabac, antérieurs à 1789. (Manuscrit.) 1 vol. in-4° rel.	B.	606
813	Décrets, lois et ordonnances rendus depuis le 29 décembre 1810 jusqu'au 22 octobre 1843, sur la fabrication et la vente des tabacs. Paris, Imp. roy., 1844; 1 vol. in-8° rel.	B.	607
814	DEVAUX. — Code raisonné de navigation dans ses rapports avec les douanes. Paris, 1807; 1 vol. in-8° rel.	17	128
815	SAILLET et OLIBO. — Code des droits sur les voitures publiques de terre et d'eau, comprenant la loi du 25 mars 1817, annotée des lois subséquentes. Lyon, 1844; 1 vol. in-12 rel.	B.	608

H. FORÊTS.

816	PECQUET (A.). — Lois forestières de France. Commentaire historique et raisonné sur l'ordonnance de 1669, etc. Paris, 1753; 2 vol. in-4° rel.	B.	609
817	BAUDRILLART. — Code forestier, précédé de la discussion aux Chambres, et suivi de l'ordonnance réglementaire. 1827; 2 vol. in-12 rel.	B.	610
818	DEVAULX et FOELIX. — Code forestier annoté. Paris, 1827; 2 tomes en 1 vol. in-8° rel.	B.	611
819	DUPIN aîné. — Code forestier, suivi de l'ordonnance d'exécution et de la jurisprudence forestière, annoté. Paris, 1834; 1 vol. in-18 rel.	B.	612
820	CURASSON. — Le Code forestier conféré et mis en rapport avec la législation qui régit les différents propriétaires et usagers dans les bois. Dijon, 1836; 2 vol. in-8° rel.	B.	613
821	COIN-DELISLE et FRÉDÉRICH. — Commentaire sur le Code forestier, suivi de l'ordonnance d'exécution. Paris, 1827; 2 vol. in-8° rel.	B.	614

822	MEAUME (E.). — Commentaire du Code forestier, présentant la solution des difficultés soulevées par l'interprétation de la loi du 26 mai 1827 et de l'ordonnance rendue pour son exécution. Paris, 1843 à 1846; 3 vol. in-8° rel.........	B.	615
823	BAUDRILLART. — Traité général des eaux et forêts, chasses et pêches. Paris, 1821 et suiv.; 14 vol. in-4° rel..........	B.	616
	Recueil des règlements forestiers. 7 vol. Dictionnaire général des eaux et forêts, avec atlas. 3 vol. Dictionnaire des chasses, avec atlas. 2 vol. Dictionnaire des pêches, avec atlas. 2 vol.		
824	CHAILLAND. — Dictionnaire raisonné des eaux et forêts, contenant les anciennes et nouvelles ordonnances, les édits et arrêts du conseil interprétatifs de l'ordonnance réglementaire, etc. Paris, 1769; 2 vol. in-4° rel...............	B.	617
825	MASSÉ (Jean). — Dictionnaire portatif des eaux et forêts. Paris, 1766; 1 vol. in-12 rel......................	B.	618
826	GOUJON (L. J. M.). — Mémorial forestier, ou Recueil complet des lois, arrêtés et instructions relatifs à l'administration forestière, etc. Paris, 1789 à 1815; 15 vol. in-8° rel.....	15	150
827	Bulletin administratif et judiciaire des annales forestières, contenant les ordonnances royales, instructions ministérielles, jugements, etc., en matière forestière, à partir de 1827, et suite. (Publié avec les Annales forestières.) Paris, P. Dupont, 1842 et suiv.; in-8° rel.................	B.	619
828	Circulaires de l'administration des forêts. 1821 à 1845, et suite. 3 vol. in-fol. rel...........................	16	9
829	Recueil méthodique des lois, règlements, décisions, et de la jurisprudence en matière forestière, avec notes pour servir aux vérifications de l'inspection générale des finances dans les départements. Paris, 1840; 1 vol. in-4° rel..........	B.	620
830	HERBIN DE HALLE. — Manuel forestier contenant l'analyse du Code forestier, les lois, règlements, et les circulaires relatives aux forêts. 4° édit. Paris, 1832; 1 vol. in-12 rel....	B.	621

831	Legret. — Guide du garde forestier, *vade-mecum* du propriétaire de bois et forêts, du chasseur et du pêcheur. Paris, 1837; 1 vol. in-18 rel.	B.	622
832	Herbin de Halle. — Mémorial statistique et administratif des forêts du royaume pour les années 1822 et 1828; précédé d'un aperçu statistique des forêts du royaume, et terminé par une table alphabétique de tous les préposés de l'administration des forêts. Paris, 1822-1828; 2 vol. in-18 rel.	B.	623
833	Clausse. — Précis sur l'aménagement et l'administration des forêts et bois nationaux de la République française. Paris, an VIII; 1 vol. in-8° rel.	B.	624
834	Meaume (E.). — Manuel de l'adjudicataire et du garde-vente des coupes dans les bois de l'État, des communes et des établissements publics, contenant le texte du cahier des charges, les devoirs des gardes-ventes et des formules de procès-verbaux. Paris et Nancy, 1846; in-8° rel.	B.	625
835	Avannes (D'). — Des Droits d'usage dans les bois de l'État, dans ceux des particuliers, et notamment dans les forêts de l'ancien comté d'Évreux. 1re partie. Paris, 1837; 1 vol. in-8° rel.	B.	626
836	Meaume (E.). — Des Droits d'usage dans les forêts, de l'administration des bois communaux et de l'affouage. Paris, 1847; 2 vol. in-8° rel.	B.	627
837	Coin-Delisle et Frédérich. — Loi sur la pêche fluviale expliquée par la discussion législative et par ses rapports avec le Code forestier. Paris, 1829; 1 vol. in-8° rel.	B.	628
838	Baudrillart. — Code de la pêche fluviale, avec un commentaire de la loi, ses motifs, sa discussion aux Chambres, etc., suivi d'un dictionnaire de la pêche fluviale. Paris, 1829; 2 vol. in-12 et atlas rel.	B.	629
839	Daviel (A.). — Traité de la législation et de la pratique des cours d'eau, suivi d'un glossaire spécial des termes techniques de la matière. 3e édit. Paris, 1845; 3 vol. in-8° rel.	B.	630

840	GARNIER (F. X. P.). — Régime des eaux, ou Traité des eaux de la mer, des fleuves, rivières navigables et flottables. Paris, 1840; 3 vol. in-8° rel.	B.	631
841	GARNIER. — Commentaire de la loi du 29 avril 1845 sur les irrigations, suivi des rapports de MM. Dalloz et Passy. Paris, 1845; in-8° rel.	B.	632
842	DUBREUIL. — Analyse raisonnée de la législation sur les eaux. Nouvelle édition, avec un supplément par MM. Tardif et Cohen, des notes de M. J. J. Estrangen, et une notice sur l'auteur par M. Ch. Giraud. Aix et Paris, 1842; 2 vol. in-8° rel.	B.	633
843	GRANGEZ (Ernest). — Traité de la perception des droits de navigation et de péage sur les fleuves, rivières et canaux navigables ou flottables. Paris, 1840; 1 vol. in-8° rel.	B.	634
844	RIVES. — De la propriété du cours et du lit des rivières non navigables et non flottables. Paris, 1844; 1 vol. in-8° rel.	B.	635
845	CHAMPIONNIÈRE. — De la Propriété des eaux courantes, du droit des riverains, et de la valeur actuelle des concessions féodales, etc. Paris, 1846; 1 vol. in-8° rel.	B.	636
846	NADAULT DE BUFFON. — Des Usines et autres établissements sur les cours d'eau; développements sur les lois et règlements qui régissent cette matière. 2e tirage, avec supplément. Paris, 1852; 2 vol. in-8° rel.	B.	637
847	GILLON et VILLEPIN. — Nouveau Code des chasses, contenant une introduction historique, la loi du 3 mai 1844, les discussions parlementaires, les circulaires ministérielles et la jurisprudence. Paris, 1844; 1 vol. in-12 rel.	B.	638
848	PETIT. — Traité complet du droit de chasse, contenant la législation, la doctrine et la jurisprudence concernant l'exercice de ce droit, etc. Paris, 1838; 3 vol. in-8° rel.	B.	639
849	BERRIAT SAINT-PRIX (Ch.). — Législation de la chasse et de la		

	louveterie commentée, comprenant la loi de 1844, les anciennes lois et ordonnances, etc. Paris, 1845; 1 vol. in-8° rel.	B.	640
850	Chardon (C. E. B.). — Le Droit de chasse français, renfermant la loi nouvelle sur la chasse, commentée et combinée avec les autres lois sur la matière. Paris, 1845; 1 vol. in-8° rel.	B.	641
851	Dralet. — Traité des délits, des peines et des procédures en matière d'eaux et forêts. 4e édit. Paris, 1834; 1 vol. in-12 rel.	B.	642
852	Perrève. — Traité des délits et des peines de chasse dans les forêts de l'État, les propriétés de la liste civile, etc., suivant la jurisprudence de la Cour de cassation et des cours royales, etc. Bourges, 1845; 1 vol. in-8° rel.	B.	643

J. GUERRE. — INTÉRIEUR. — TRAVAUX PUBLICS.

853	Odier (P. A.). — Cours d'études sur l'administration militaire, avec plusieurs tableaux. Paris, 1824; 7 vol. in-8° rel.	B.	644
854	Projet de Code de la juridiction militaire, suivi d'un projet de Code pénal militaire. Paris, 1826.	B.	645
855	Manuel du recrutement, ou Recueil des ordonnances, instructions approuvées par le Roi, circulaires et décisions ministérielles auxquelles l'exécution de la loi du 10 mars 1818 a donné lieu; publié par ordre du ministre de la guerre. Paris, 1820; 1 vol. in-8° rel.	B.	646
856	Règlement général sur le service des hôpitaux militaires au 1er avril 1831. Ce document fait partie du n° 24 *bis* du Journal officiel militaire, année 1831. 1 vol. in-8° rel.	B.	647
857	Morin (C. M.).—Essai sur la théorie de l'administration militaire, ou des Principes de l'administration militaire en temps de paix et en temps de guerre. Paris, an VII; 1 vol. in-8° rel.	B.	648

858	QUILLET (P. N.). — État actuel de la législation sur l'administration des troupes. 3ᵉ édit. Paris, 1811; 3 vol. in-8° rel. .	B.	649
859	Circulaires, instructions et autres actes du ministère de l'intérieur, de 1797 à 1821. Paris, 1824; 6 vol. in-8° rel.	B.	650
860	Bulletin officiel du ministère de l'intérieur, à partir de l'origine (1838), et suite. Paris, P. Dupont, 1838 et suiv.; in-8° rel.	B.	651
861	Recueil des circulaires et instructions émanées du ministère de l'intérieur, de 1831 à 1837 inclusivement, et du ministère du commerce et des travaux publics, de 1831 à 1839. Paris, P. Dupont, 1849; 3 vol. in-8° rel.	B.	652
862	ALLETZ. — Dictionnaire de police moderne pour toute la France. 2ᵉ édit. Paris, 1823; 3 vol. in-8° rel.	B.	653
863	LÉOPOLD. — Dictionnaire général de police administrative et judiciaire de la France. 3ᵉ édit. Paris, 1822; 1 vol. in-8° rel.	B.	654
864	RAVINET (Th.). — Code des ponts et chaussées et des mines, ou Collection complète des lois, arrêtés, instructions, etc., concernant le service des ponts et chaussées et des mines, avec les suppléments. Paris, 1829, 1836 et 1840; 8 vol. in-8° rel.	B.	655
865	CERCLET (A.). — Code des chemins de fer, ou Recueil complet des lois, ordonnances, cahiers de charges, statuts, actes de société, règlements et arrêtés concernant l'établissement, l'administration, la police et l'exploitation des chemins de fer. 1ʳᵉ partie, tome I (le 2ᵉ n'a pas paru). Paris, 1845; 1 vol. in-8°.	B.	656
866	Bulletin du ministère de l'agriculture et du commerce, publié en 1840, 1841 et 1842. (Partie officielle.) Paris, 1840 et suiv.; 3 vol. in-8° rel.	B.	657
867	MATHIEU (C. L.). — Code des mines, ou Recueil des lois et règlements tant anciens que modernes, y compris la loi du 21 avril 1810, etc. Paris, 1810; 1 vol. in-12 rel.	B.	658

868	Barrier. — Code des mines, ou Recueil des lois, arrêtés. décrets, ordonnances, règlements et instructions concernant les mines, les minières, salines et carrières. Paris et Lyon, 1829; 1 vol. in-8° rel.	B.	659
869	Cancrin (Louis). — Jurisprudence générale des mines en Allemagne, avec des annotations relatives à ce qui a trait aux mines dans les principaux États de l'Europe, et notamment en France; traduit de l'allemand par Blavier. Paris, 1825; 3 vol. in-8° rel.	B.	660
870	Chevalier (Th.). — Livre de poche des entrepreneurs et concessionnaires de travaux publics. Paris, 1845; 1 vol. in-18 rel.	B.	661
871	Renouard (Aug. Ch.). — Traité des brevets d'invention, de perfectionnement et d'importation, etc. Paris, 1825; 1 vol. in-8° rel.	B.	662
872	Renouard (A. Ch.). — Traité des brevets d'invention. Paris, 1844; 1 vol. in-8° rel.	B.	663
873	Perpigna (A.). — Manuel des inventeurs et des brevetés. 7ᵉ édit. Paris, 1844; 1 vol. in-8° rel.	B.	664
874	Armengaud (Ch.). — Guide de l'inventeur dans les principaux États de l'Europe, ou Précis des lois en vigueur sur les brevets d'invention, d'importation et de perfectionnement. Paris, 1840; 1 vol in-8° rel.	B.	665
875	Armengaud (C.). — Guide de l'inventeur dans les principaux États de l'Europe, ou Précis des lois et règlements en vigueur sur les brevets d'invention et de perfectionnement en France, Belgique et Hollande. 2ᵉ édit. Paris, 1844; 1 vol. in-8° rel.	B.	666
876	Blanc (É.). — L'Inventeur breveté. Code des inventions et des perfectionnements, contenant la loi de 1844 et son commentaire, la jurisprudence, les circulaires ministérielles, un formulaire des demandes de brevets, et un précis des législations étrangères. 2ᵉ édit. Paris, 1845; 1 vol. in-8° rel.	B.	667

K. MATIÈRES DIVERSES.

877	WATTEVILLE (A. DE). — Législation charitable, ou Recueil de lois, arrêtés, décrets, ordonnances royales, avis du conseil d'État, circulaires, décisions ministérielles, etc., qui régissent les établissements de bienfaisance. Paris, 1843; 1 vol. in-8° rel.	B.	668
878	DURIEU et ROCHE. — Répertoire de l'administration et de la comptabilité des établissements de bienfaisance, hospices, hôpitaux, etc. Paris, 1842; 2 vol. in-8° rel.	B.	669
879	SIMON (Mathias). — Manuel des conseils de préfecture, ou Répertoire analytique des lois, arrêtés, ordonnances, décrets impériaux, relatifs à la justice administrative. Coblentz, 1810; 3 vol. in-8° rel.	B.	670
880	COTELLE. — Traité des procès-verbaux de contraventions en matière administrative, comprenant leur forme, les poursuites, les compétences, les jugements, les réparations et dommages-intérêts. Paris, 1848; 1 vol. in-8° rel.	B.	671
881	JOUSSELIN (J.). — Traité des servitudes d'utilité publique ou des modifications apportées par les lois et par les règlements à la propriété immobilière en faveur de l'utilité publique. Paris, 1850; 2 vol. in-8° rel.	B.	672
882	DORAT (A.). — Constitution de la Légion d'honneur, contenant la législation de l'ordre, les prérogatives et les devoirs des membres de la Légion, l'organisation de la maison royale de Saint-Denis et de ses succursales. Paris, 1846; 1 vol. in-8°.	B.	673
883	*POTERLET*. — Code des desséchements, ou Recueil des règlements rendus sur cette matière depuis le règne de Henri IV jusqu'à nos jours. Paris, 1817; 1 vol. in-8° rel.	B.	674
884	CHARDON. — Traité du droit d'alluvion, ou Examen des droits de l'État et des riverains sur les atterrissements naturels et accidentels des fleuves, rivières, etc. Paris, 1840; 1 vol. in-8° rel.	B.	675

885	ALLARD. — Recueil méthodique des lois, ordonnances, règlements, arrêtés et instructions relatifs à l'enseignement, à l'administration et à la comptabilité des écoles normales primaires. Paris, 1843; 1 vol. in-8° rel.	B.	676
886	MIRABEL-CHAMBEAU. — Code des établissements industriels concédés et autorisés sur demandes directes. Paris, 1841; 2 vol. in-8° rel.	B.	677
887	MACAREL (L. A.). — Législation et jurisprudence des ateliers dangereux, insalubres et incommodes, ou Manuel des manufacturiers, propriétaires, etc. Paris, 1828; 1 vol. in-18 rel.	B.	678
888	DURIEU (H.). — Code des perceptions municipales de la ville de Paris et de ses établissements publics productifs, comprenant tout ce qui a été décidé sur la matière de 1790 à nos jours. Paris, 1844, 1 vol. in-8° rel.	B.	679
889	Recueil des lois, ordonnances, règlements et tarifs concernant les perceptions municipales à Paris. Paris, 1822; 1 vol. in-8° rel.	B.	680
890	Recueil des lois, ordonnances, règlements et tarifs concernant la perception des droits d'entrée et d'octroi à Paris. Paris, 1819; 1 vol. in-12 rel.	B.	681

V. DROIT CANONIQUE.

891	*Du Boulay.* — Histoire du droit public ecclésiastique français, etc. Londres, 1740; 2 vol. in-12 rel.	B.	682
892	FLEURY (L'abbé). — Institution au droit ecclésiastique, annotée par Boucher d'Argis. Paris, 1771; 2 vol. in-12 rel.	B.	683
893	LUCET (L'abbé Jean-Claude). — Principes de droit canonique universel, ou Manuel du canoniste. Paris, 1788; 1 vol. in-4° rel.	B.	684

894	HENRION (M. B. A.). — Code ecclésiastique français, d'après les lois ecclésiastiques de d'Héricourt. 2ᵉ édit. Paris, 1829; 2 tomes en 1 vol. in-8° rel.	B.	685
895	DUPIN aîné. — Manuel du droit public ecclésiastique français, contenant les libertés de l'Église gallicane, la déclaration de 1682, le concordat et sa loi organique, etc., etc. Paris, 1844; 1 vol. in-18 rel.	B.	686
896	PRADT (Dominique-Dufour DE). — Les quatre Concordats, suivis de considérations sur le gouvernement de l'Église en général et sur l'Église de France en particulier, depuis 1515. Paris, 1818; 4 vol. in-8° rel.	B.	687
897	BOUCHER DE COURSON. — Les Libertés de l'Église gallicane, depuis l'établissement du christianisme dans les Gaules jusqu'à la fin du XVIIIᵉ siècle, démontrées d'après les documents de l'histoire. Paris, 1826; 1 vol. in-8° rel.	B.	688
898	BARRAL (Louis-Mathieu DE). — Défense des libertés de l'Église gallicane et de l'assemblée du clergé de France tenue en 1682, précédée d'une notice sur sa vie, par l'abbé de Barral, son frère. Paris, 1817; 1 vol. in-8° rel.	B.	689
899	FRAYSSINOUS (D. DE). — Les Vrais principes de l'Église gallicane sur la puissance ecclésiastique, la papauté, la liberté gallicane, etc. 2ᵉ édit. Paris, 1818; 1 vol. in-8° rel.	B.	690
900	GRÉGOIRE. — Essai historique sur les libertés de l'Église gallicane et des autres Églises de la catholicité pendant les deux derniers siècles. Paris, 1818; 1 vol. in-8° rel.	B.	691
901	CARRÉ (G. L. J.). — Traité du gouvernement des paroisses, où l'on examine, dans leurs rapports avec les lois et les règlements d'administration publique, les fonctions et devoirs des ecclésiastiques, et l'organisation et l'administration des fabriques. Rennes, 1821; 1 vol. in-8° rel.	B.	692
902	MIGNOT (Étienne). — Traité des droits de l'État et du prince sur les biens possédés par le clergé. Amsterdam et Paris, 1787; 6 vol. in-12 rel.	B.	693

903	VUILLEFROY. — Traité de l'administration du culte catholique. Principes et règles d'administration, extraits des lois, décrets, ordonnances, etc. Paris, 1842; 1 vol. in-8° rel....	B.	694
904	REVERCHON. — Conseil d'État. — Comité de législation. — Projet de Code ecclésiastique. Paris, 1842; 1 vol. in-8° rel.......................................	B.	695

SCIENCES ET ARTS.

I. SCIENCES MORALES ET POLITIQUES.

1. ÉCONOMIE POLITIQUE.

§ 1. INTRODUCTION. — HISTOIRE.

905	LEBLANC (G.). — Introduction à la science de l'économie politique et de la statistique générale; ouvrage élémentaire. Paris, an IX; 1 vol. in-8° rel.	B.	696
906	URBAIN (Nestor). — Introduction à l'étude de l'économie politique. Paris, 1833; 1 vol. in-8° rel.	B.	697
907	WHATELY (Richard). — Introductory lectures on political economy delivered in easter term 1831. London, 1832; 1 vol. in-8° rel.	B.	698
908	LEYNADIER (Camille). — Histoire de la famille et de son influence sur les mœurs, dans les sociétés antiques et dans les sociétés modernes. Paris, 1844; 1 vol. in-8° rel.	B.	699
909	GANILH (Ch.). — Essai politique sur le revenu public des peuples de l'antiquité, du moyen âge, des siècles modernes, et spécialement de la France et de l'Angleterre. Paris, 1823; 2 vol. in-8° rel.	B.	700
910	REYNIER. — De l'économie publique et rurale des Celtes, des Germains, des Perses, Arabes et Juifs. Genève, 1818-1819; 3 vol. in-8° rel.	B.	701

911	XÉNOPHON. — Ses Œuvres, traduites sur les textes imprimés et sur quatre manuscrits de la Bibliothèque nationale, par Gail. Paris, an III; 1 vol. in-8° rel. . . . . (Ce volume, qui contient les Économiques, l'Apologie de Socrate, le Traité d'équitation, le Maître de la cavalerie et des notes, est le premier d'une édition qui n'a pas été continuée. Voir l'avis du traducteur.)	B.	702
912	*DUMONT.* — Recherches historiques et critiques sur l'administration publique et privée des terres chez les Romains, depuis le commencement de la République jusqu'au siècle de Jules César. Paris, 1779; 1 vol. in-8° rel.	B.	703
913	Tite Antonin le Pieux, résumé historique. Marc-Aurèle Antonin; sommaire historique et fragments historiques relatifs à la vie, au règne, à la politique, à la morale de l'empereur Marc Antonin le Philosophe. Paris, 1 vol. in-8° rel. .	B.	704
914	DUREAU DE LA MALLE. — Économie politique des Romains. Paris, 1840; 2 vol. in-8° rel.	B.	705
915	CIBRARIO (Le chevalier Louis). — Économie politique du moyen âge, traduite de l'italien par Humbert Ferrand. Paris, 1843; 1 vol in-8° rel.	B.	706
916	BAUDRILLART (Henri). — Jean Bodin et son temps; tableau des théories politiques et des idées économiques au XVIe siècle. Paris, 1853; 1 vol. in-8° rel.	B.	707
917	LAMERVILLE (Comte DE). — De l'impôt territorial combiné avec les principes de l'administration de Sully et de Colbert, adaptés à la situation actuelle de la France. Strasbourg, 1788; 1 vol. in-4° rel.	B.	708
918	CAZAUX (L. F. G.). — La science économique d'après Sully et les anciens, ou Moyen d'accroître indéfiniment le bien-être des peuples, la fortune des riches, le revenu du Gouvernement et la moralité de tous. Paris, 1834; in-8° rel. .	B.	709
919	BLANQUI (Adolphe). — Histoire de l'économie politique en Europe depuis les anciens jusqu'à nos jours. Paris, 1837; 2 vol. in-8° rel.	B.	710

920	BLANQUI (Adolphe). — Histoire de l'économie politique en Europe depuis les anciens jusqu'à nos jours. Paris, 1838 et 1842. 2e édit. 2 vol. in-8° rel.	B.	711
921	DUGALD STEWART. — Histoire abrégée des sciences métaphysiques, morales et politiques, depuis la renaissance des lettres, traduite de l'anglais, par J. A. Buchon. Paris, 1820-1823; 3 vol. in-8° rel.	B.	712
922	GOLOVINE (Yvan). — Esprit de l'économie politique. Paris, Didot, 1843; 1 vol. in-8° rel.	B.	713
923	BECKMANN (J.).—Beyträge zur Œkonomie, Technologie, Polizey und Cameralwissenschaft. Göttingen, 1779; 1 vol. in-8° rel.	B.	714
924	HUBLER (Franz). — Militär-œkonomie; System der kaiserlichen königlichen österreichischen, Armee. T. I et XVI. Wien, 1842; 2 vol. in-4° rel.	B.	715
925	LECONTE (Casimir). — Étude économique de la Grèce, de sa position actuelle, de son avenir; suivie de documents sur le commerce de l'Orient et sur l'Égypte. Paris, 1847; 1 vol. in-8° avec une carte.	B.	716
926	FERGUSSON (Adam). — An Essay on the history of civil society. Paris, 1789; 1 vol. in-8° rel.	B.	717
927	PECCHIO (J.). — Histoire de l'économie politique en Italie, ou Abrégé critique des économistes italiens, traduit par Gallois. Paris, 1830; 1 vol. in-8° rel.	B.	718
928	*SAINT-SIMON (H.)* et *HALÉVY (L.)* — Opinions littéraires, philosophiques et industrielles. Paris, 1825; 1 vol. in-8° rel.	B.	719
929	REYBAUD (Louis). — Études sur les réformateurs contemporains ou socialistes modernes, Saint-Simon, Charles Fourrier, Robert Owen. Paris, 1840; 2 vol. in-8° rel.	B.	720
930	VILLENEUVE DE BARGEMONT. — Histoire de l'économie politique, ou Études historiques, philosophiques et religieuses sur l'économie politique des peuples anciens et modernes. Paris, 1841; 2 vol. in-8° rel.	B.	721

§ 2. TRAITÉS. — PRINCIPES GÉNÉRAUX.

931	DUTENS (J.). — Analyse raisonnée des principes fondamentaux de l'économie politique. Paris, an XII; 1 vol. in-8° rel....	B.	722
932	CAZAUX (DE). — Bases fondamentales de l'économie politique d'après la nature des choses. Paris, 1826; 1 vol. in-8° rel.	B.	723
933	CAZAUX (DE). — Élémens d'économie politique privée et publique, ou Science de la valeur des choses et de la richesse des individus et des nations. 1 vol. in-8° rel..........	B.	724
934	BERNIER (Adhelin). — Études sur l'économie politique. Paris, 1834; 1 vol. in-8° rel.	B.	725
935	DESTUTT DE TRACY. — Traité d'économie politique. Paris, 1823; 1 vol. in-18 rel...........................	B.	726
936	COURNOT (Augustin). — Recherches sur les principes mathématiques de la théorie des richesses. Paris, 1838; 1 vol. in-8° rel.................................	B.	727
937	DROZ (J.). — Économie politique, ou Principes de la science des richesses. Paris et Bruxelles, 1829; 1 vol. in-8° rel...	B.	728
938	DUPUYNODE (G.). — Études d'économie politique sur la propriété territoriale. Paris, 1843; 1 vol. in-8° rel.........	B.	729
939	ESMÉNARD DU MAZET (C.). — Nouveaux principes d'économie politique. Paris, 1849; 1 vol. in-8° rel...............	B.	730
940	FLURY (N.). — De la Richesse, sa définition et sa génération, ou Notion primordiale de l'économie politique. Paris, 1833; 1 vol. in-8° rel............................	B.	731
941	GANILH (Ch.). — Des Systèmes d'économie politique, de la valeur comparative de leurs doctrines, et de celle qui paraît la plus favorable aux progrès de la richesse. 2e édit. Paris, 1821; 2 vol. in-8° rel............................	B.	732

942	GANILH (Ch.). — La Théorie de l'économie politique. 2e édit. Paris, 1822; 2 vol. in-8° rel.	B.	733
943	*LA GERVAISAIS (DE).* — La Vérité économique. Une Pensée de 40 ans (1790 et 1831). Paris, 1831; 1 vol. in-8° rel.	B.	734
944	GROULIN. — Essai analytique sur la richesse et sur l'impôt. Londres, 1767; 1 vol. in-8° rel.	B.	735
945	HAMILTON (Rob.). — The progress of society. London, 1830; 1 vol. in-8° rel.	B.	736
946	HAUSSEZ (Baron D'). — Études morales et politiques. Paris, 1844; 1 vol. in-8° rel.	B.	737
947	*HAUTERIVE* (Comte *DE*). — Élémens d'économie politique, suivis de quelques vues sur l'application des principes de cette science aux règles administratives. Paris, 1817; 1 vol. in-8° rel.	B.	738
948	JONES (Richard). — An Essay on the distribution of wealth and on the sources of taxation. London, 1831; 1 vol. in-8° rel.	B.	739
949	BOULAINVILLIERS (C. DE). — Mémoires présentez à monseigneur le duc d'Orléans, régent de France, contenant les moyens de rendre ce royaume tres puissant. La Haye et Amsterdam, 1727; 2 tomes en 1 vol. in-12 rel.	B.	740
950	LE TRÔNE. — De l'Administration provinciale et de la réforme de l'impôt. Basle, 1788; 2 vol. in-8° rel.	B.	741
951	MAC CULLOCH (J. R.). — The principles of political economy, with a sketch of the rise and progress of the science. Edinburgh and London, 1825; 1 vol. in-8° rel.	B.	742
952	MAC CULLOCH. — Principes d'économie politique, suivis de quelques recherches relatives à leur application et d'un tableau de l'origine et du progrès de la science; traduit de l'anglais par Augustin Planche. Paris, 1851; 2 vol. in-8° rel.	B.	743

953	BASTIAT (Frédéric). — Ses Œuvres complètes, précédées d'une notice biographique sur l'auteur, par Michel Chevalier. Paris, 1854-1855; 6 vol. in-8° rel.	B.	744
954	MAISTRE (Comte Joseph DE). — Essai sur le principe générateur des constitutions politiques et des autres institutions humaines. Lyon et Paris, 1822; 1 vol. in-8° rel.	B.	745
955	MALTHUS (T. R.). — Definitions in political economy, etc., with remarks or the deviation from these rules in their writings. London, 1827; 1 vol. in-8° rel.	B.	746
956	MALTHUS (T. R.). — Principles of political economy considered with a view to their practical application. London, 1820; 1 vol. in-8° rel.	B.	747
957	MALTHUS (T. R.). — Principes d'économie politique considérés sous le rapport de leur application pratique; traduit de l'anglais par Constancio. Paris, 1820; 2 vol. in-8° rel.	B.	748
958	MARBEAU (J. B. F.). — Études sur l'économie sociale. Paris, 1844; 1 vol. in-8° rel.	B.	749
959	MATHON DE FOGÈRE. — Essai d'économie sociale, ou Moyens d'améliorer le sort du peuple. Paris, 1839; in-8° rel.	B.	750
960	CHEVALIER (Michel). — Essais de politique industrielle, souvenirs de voyage, France, république d'Andorre, Belgique, Allemagne. 2e édit. Paris, 1843; 1 vol. in-8° rel.	B.	751
961	MILL (J.). — Élémens d'économie politique; traduit par J. T. Parisot. Paris, 1823; 1 vol. in-8° rel.	B.	752
962	MILL (John-Stuart). — Principes d'économie politique, avec quelques-unes de leurs applications à l'économie sociale, traduit par Hippolyte Dussard et Courcelle-Seneuil. Paris; 1854; 2 vol. in-8° rel.	B.	753
963	DU BOIS-AYMÉ. — Examen de quelques questions d'économie politique, et notamment de l'ouvrage de M. Ferrier, intitulé : Du gouvernement considéré dans ses rapports avec le commerce. Paris, 1823; 1 vol. in-8° rel.	B.	754

964	*Mirabeau* (Marquis *de*). — Théorie de l'impôt. 1760; 1 vol. in-4° rel.	B.	755
965	Guirodet (T.). — Doctrine sur l'impôt. Paris, an viii; 1 vol. in-8° rel.	B.	756
966	Danré (Ch.). — Question de la juste répartition de l'impôt résolue arithmétiquement, et défense de l'impôt progressif. Paris, 1845; in-8° rel.	B.	757
967	Page. — Traité d'économie politique et de commerce des colonies. Paris, an ix et an x; 2 vol. in-8° rel.	B.	758
968	Pecqueur (C.). — Théorie nouvelle d'économie sociale et politique, ou Études sur l'organisation des sociétés. Paris, 1842; 1 vol. in-8° rel.	B.	759
969	Roederer. — Mémoires d'économie publique, de morale et de politique. 1800; 2 tomes en 1 vol. in-8° rel.	B.	760
970	Ricardo. — Des Principes de l'économie politique et de l'impôt; traduit par Constancio et annoté par J. B. Say. Paris, 1835; 2 vol. in-8° rel.	B.	761
971	Say (J. B.). — Petit volume contenant quelques aperçus des hommes de la société. 3e édit. Paris, 1839; 1 vol. in-32.	B.	762
972	Say (J. B.). — Traité d'économie politique. 4e édit. Paris, 1819; 2 vol. in-8° rel.	B.	763
973	Say (J. B.). — Traité d'économie politique. Paris, 1826; 3 vol. in-8° rel.	B.	764
974	Say (J. B.). — Lettres à Malthus sur différents sujets d'économie politique, notamment sur les causes de la stagnation générale du commerce. Paris, 1820; 1 vol. in-8° rel.	B.	765
975	Say (J. B.). — De l'Angleterre et des Anglais. Paris, 1816; 1 vol. in-8° rel.	B.	766
976	Say (Louis). — Considérations sur l'industrie et la législation sous le rapport de leur influence sur la richesse des États. Paris, 1822; 1 vol. in-8° rel.	B.	767

977	Mélanges sur l'économie politique. 1 vol. in-8° rel.........	B.	768
	De la Richesse de l'État. Requête à tous les magistrats du royaume, composée par trois avocats d'un parlement. 1760. Dialogue d'un curé de campagne avec son marguillier sur l'édit du roi qui permet l'exportation des grains, par Gérardin. 1766. Idées d'un citoyen sur l'administration des finances du roi. Amsterdam, 1763. Idées d'un citoyen sur la puissance du roi et le commerce de la nation dans l'Orient. Amsterdam, 1763. L'Ordre du Cens, ou les Dons gratuits, nouveau plan sur les finances. L'Anti-financier, ou Relevé de quelques-unes des malversations des fermiers généraux. Amsterdam, 1763. Théorie du luxe. 1re partie. 1771.		
978	STEWART (Jacques). — Recherches des principes de l'économie politique, ou Essai sur la science de la police intérieure des nations libres; traduit de l'anglais. Paris, 1789; 5 vol. in-8° rel....................................	B.	769
979	SISMONDI (J. C. L. Simonde DE). — Nouveaux principes d'économie politique, ou de la Richesse dans ses rapports avec la population. Paris, 1819; 2 vol. in-8° rel........	B.	770
980	SMITH (Adam). — Recherches sur la nature et les causes de la richesse des nations; traduit et annoté par le marquis Garnier. Paris, 1822; 6 vol. in-8° rel.................	B.	771
981	SMITH (Adam). — An inquiry into the nature and causes of the wealth of nations. London, 1822; 3 vol. in-8° rel....	B.	772
982	SAINT-CHAMANS (Vicomte DE). — Nouvel essai sur la richesse des nations. Paris, 1824; 1 vol. in-8° rel.............	B.	773
983	TURGOT. — Réflexions sur la formation et la distribution des richesses. Paris, 1788; 1 vol. in-8° rel...............	B.	774
984	VILLENEUVE DE BARGEMONT (Alban). — Économie politique chrétienne, ou Recherches sur la nature et les causes du paupérisme en France et en Europe. Paris, 1834; 3 vol. in-8° rel....................................	B.	775

985	MARTINEAU (Miss Harriet). — Contes sur l'économie politique; traduit par B. Maurice. Paris, 1833 à 1839; 8 vol. in-8° rel.	B.	776
986	Conversations sur l'économie politique; traduit de l'anglais. Genève et Paris, 1817; 1 vol. in-8° rel.	B.	777
987	LE BASTIER (Jules). — De la Propriété et de son principe. Paris, 1844; 1 vol. in-8° rel.	B.	778
988	THIERS (A.). — De la Propriété. Paris, 1848; 1 vol. in-8° rel.	B.	779
989	DAGEVILLE (G. J.). — De la Propriété politique et civile. Paris, 1813; 1 vol. in-8° rel.	B.	780
990	BERGASSE. — Essai sur la propriété, ou Considérations morales et politiques sur la question de savoir s'il faut indemniser les émigrés. Paris, 1821; 1 vol. in-8° rel.	B.	781
991	TISSOT. — Du Morcellement du sol et de la division de la propriété comme conséquence présente et future de la législation sur les partages. Dijon, 1842; in-8° rel.	B.	782
992	Conversations on political economy in which the elements of that science are familiary explained. Fourth edition. London, 1821; 1 vol. in-8° rel.	B.	783
993	SMITH (Adam). — The theory of moral sentiments, or an Essay towards an analysis of the principles by which men naturally judge concerning the conduct and character, first of their neighbours, and afterwards of themselves. Edinburgh, 1808; 2 vol. in-8° rel.	B.	784
994	POULETT SCROPE (G.). — Principles of political economy deduced from the natural laws of social welfare and applied to the present state of Britain. London, 1833; 1 vol. in-18 rel.	B.	785
995	CAREY (H. C.). — Principles of political economy. Philadelphia, 1837-38-40; 3 vol. in-8° rel.	B.	786
996	HOPKINS (John). — Notions on political economy. London, 1838; 1 vol. in-18 rel.	B.	787

997	CIBRARIO (Luigi). — Della Economia politica del medio evo. Libri III che trattano della sua condizione politica, morale, economica. Torino, 1839; 1 vol. in-8° rel.	B.*	788
998	QUINCEY (Thomas).—The logic of political economy. London, 1844; 1 vol. in-8° rel.	B.	789
999	RAU (Karl-Heinrich). — Archiv der politischen OEkonomie und Polizeiwissenschaft. Heidelberg, 1835; 2 tomes en 1 vol. in-8° rel.	B.	790
1000	RAU (Karl-Heinrich). — Traité d'économie nationale; traduit de l'allemand par Fréd. de Kemmeter. 1re partie : Théorie de l'économie politique. Bruxelles, 1839; 1 vol. in-8° rel.	B.	791
1001	SCHMALZ. — Économie politique; traduit par Jouffroy et revu par Fritot. Paris, 1826; 2 vol. in-8° rel.	B.	792
1002	GIOJA (Melchior). — Nuovo prospetto delle scienze economiche. Milano, 1815; 6 tomes en 3 vol. in-4° rel.	B.	793
1003	ALMEIDA (Manuel DE). — Compendio de economica politica redigido, depois do convite feito pelas cortes em sessao de 24 de marco de 1821, pelo cidadao. Lisboa, 1822; 1 vol. in-8° rel.	B.	794
1004	BANDINI (Salustio-Antonio). — Discorso economico scritto nell' anno 1737. (Ouvrage posthume.) Firenze, 1775; 1 vol. in-8° rel.	B.	795
1005	SILVA LISBOA (José DA). — Estudos de Bem-commum e economica politica, ou Sciencia das leis naturaes e civis de animar e dirigir a geral industria e promover a riqueza nacional e prosperidade do Estado. Rio de Janeiro, 1820; 1 vol. in-8° rel.	B.	796
1006	RUMFORD (Benjamin). — Essais politiques, économiques et philosophiques; traduit par le marquis *de Courtivron*. Genève, 1799; 2 vol. in-8° rel.	B.	797
1007	LABOULINIÈRE (P.). — De la Disette et de la surabondance en France; des moyens de prévenir l'une en mettant l'autre à		

profit, et d'empêcher les trop grandes variations dans les prix des grains. Paris, 1821; 2 vol. in-8° rel.......... B. 798

1008 MIRABEAU (Marquis DE). — Lettres sur le commerce des grains. Amsterdam, 1768; 1 vol. in-12 rel.................. B. 799

1009 LINGUET. — Divers opuscules. 1 vol. in-8° rel............. B. 800

Du Commerce des grains, suivi d'une lettre à M. Tissot sur le vrai mérite politique et physique du pain et du blé, par Linguet. Bruxelles, 1788.

L'Impôt territorial, ou la Dîme royale avec tous ses avantages. Londres, 1787.

Observations sur le nouvel arrêté du parlement de Paris, en date du 5 décembre 1788. Bruxelles.

Projet de requête à présenter à S. M. par le tiers état de sa province de Brabant, au sujet des refus de subsides, impôts. Bruxelles.

La France plus qu'anglaise, ou Comparaison entre la procédure entamée à Paris, le 25 septembre 1788, contre les ministres du roi de France et le procès intenté à Londres, en 1640, au comte de Strafford, ministre de Charles Ier d'Angleterre, avec des réflexions sur le danger imminent dont les entreprises de la robe menacent la nation et les particuliers. Bruxelles.

Onguent pour la brûlure, ou Observations sur un réquisitoire imprimé en tête de l'arrêt du parlement de Paris, du 27 septembre 1788, rendu contre les Annales de Linguet, avec des réflexions sur l'usage de faire brûler des livres par la main du bourreau. Bruxelles.

1010 GALIANI. — Dialogues sur le commerce des blés. Londres, 1770; 1 vol. in-8° rel........................ B. 801

1011 MORELLET (L'abbé). — Réfutation de l'ouvrage qui a pour titre : Dialogue sur le commerce des blés. Londres, 1770; 1 vol. in-8° rel.................................. B. 802

1012 NECKER. — Sur la législation et le commerce des grains. Paris, 1775; 1 vol. in-8° rel...................... B. 803

1013 Considérations d'économie publique sur le commerce des grains, ou Moyens de concilier les intérêts de l'État, des propriétaires et du peuple avec ceux du commerce. Paris, 1832; 1 vol. in-8° rel....................... B. 804

1014	GAUTIER. — Cérès française, ou Tableau raisonné de la culture et du commerce des céréales en France. Paris, 1833; 1 vol. in-8° rel....	B.	805
1015	MOROGUES (Baron DE). — Théorie du prix de revient du blé en France. Paris, 1834; 1 vol in-8° rel.	B.	806
1016	*DIDEROT.* — De l'Éducation publique. Amsterdam, 1762; 1 vol. in-18 rel.	B.	807
1017	HOFFMANN (A.). — Les Vices de l'éducation publique démontrés par le raisonnement et par l'expérience. Paris, 1832; 1 vol. in-8° rel.	B.	808
1018	FOURCROY. — Les Enfans élevés dans l'ordre de la nature, ou Abrégé de l'histoire naturelle des enfans du premier âge. Paris, 1774; 1 vol. in-18 rel.	B.	809
1019	GIRARDIN (É. DE). — De l'Instruction publique en France. Paris, 1842; 1 vol. in-12 rel.	B.	810
1020	LOCKE. — Éducation des enfans; traduit de l'anglais par Coste. 8e édit. Paris, 1747; 2 vol. in-12 rel.	B.	811
1021	RICHERAND. — Nouveaux élémens de physiologie. Paris, 1825; 2 vol. in-8° rel.	B.	812
1022	BOISGUILBERT (P. LE PESANT DE). — Le Détail de la France sous le règne présent, augmenté en cette nouvelle édition de plusieurs mémoires et traités sur la même matière, 2e partie. Paris, 1707; 2 vol. in-12 rel.	B.	813
1023	THIERS (A.). — Discours sur le droit au travail, le papier-monnaie et le remplacement militaire. Paris, 1848; 1 vol. in 8° rel.	B.	814
1024	LAUDOUX (Alex.). — Précis de l'influence de la mobilisation de la propriété sur la prospérité nationale. Paris, 1841; 1 vol. in-8° rel.	B.	815
1025	FAUCHER (Léon). — Recherches sur l'or et sur l'argent considérés comme étalons de la valeur. Paris, 1843; in-8°....	B.	816

1026	BARONNAT (L'abbé). — Le Prétendu mystère de l'usure dévoilé, ou le Placement d'argent à intérêt démontré légitime, etc. Paris, 1822; 2 vol. in-8° rel.	B.	817
1027	GOLDENBERG (G.). — Libre échange et protection. Paris, 1847; 1 vol. in-8° rel.	B.	818
1028	Économie politique du comte de Verri, traduite de l'italien sur la 7e édition, ou Considérations sur la valeur de l'argent et les moyens d'en faire baisser les intérêts. Paris, an VIII. — Dans le même volume : Questions constitutionnelles sur le commerce et l'industrie, et projet d'un impôt direct sur les commerçants et gens à industrie.	B.	819
1029	Documents sur l'économie politique, le commerce, le gouvernement et divers points de jurisprudence. 1 vol. in-4° rel.	B.	820
	Rapport et projet de loi sur l'instruction publique en France, par J. A. Chaptal. An IX. Rapport au ministre de l'intérieur sur les moyens d'exécuter, dans le département de la Seine, les lois relatives à l'établissement des prisons et au classement des détenus. An X. Du Commerce de l'Inde comparé dans ses effets avantageux ou nuisibles, et de la nécessité de le confier à une compagnie, par J. Blanc de Volx. Paris, an X (1802). Mémoire du citoyen Trentinian, maire et membre du conseil de commerce de Lorient, sur la navigation du cap de Bonne-Espérance. An X. Idées sur le commerce en général et sur ses lois, par le citoyen Lavaure. Châlon-sur-Saône, an IX. Mémoire pour les actionnaires de la Compagnie des Indes. 1790. Observations sur le commerce adoptées par le conseil général du Rhône. An IX. Rapport des censeurs de la Banque de France, le 20 vendémiaire an XI, par le citoyen Journu-Auber. Projet adressé au Premier Consul par le comptoir commercial, pour concilier les vues du Gouvernement sur l'existence d'un seul billet de circulation avec la conservation des trois caisses de crédit existantes à Paris. Réfutation du mémoire ayant pour titre : Éclaircissements sur la neutralité des navires danois. Mémoire pour les armateurs français, par Pérignon. Mémoire au nom des négociants et assureurs des villes anséatiques		

intéressés dans les navires pris, par Keïdel (de Bremen). Paris, an VIII.

Tontine commerciale, ou mont-de-piété établi en tontine avec l'approbation et sous la surveillance du Gouvernement, par le général Desperrières. Paris, 1802.

Notice sur le droit d'aubaine et de réciprocité. An X.

Observations tendantes à établir que les Suisses résidant en France ont conservé le droit de disposer de leurs biens, suivant leurs lois, par testament, donation ou autrement, par Rémond. An III.

Mémoire à consulter et consultation pour l'exécuteur testamentaire de feu messire Louis-Frédéric Darbonnier de Dizy, gentilhomme suisse, maréchal des camps et armées du roi, etc. 1780.

Examen des clauses de l'acte de la 26ᵉ année de Georges II, relatives au mariage des mineurs en Angleterre, et discussion sommaire de plusieurs faits de la cause sur lesquels la dame Hamilton n'est pas bien d'accord avec elle-même, par Élie de Beaumont.

Traité sur la nature des biens ruraux dans les deux départements du Rhin, ci-devant province d'Alsace. Strasbourg.

Mémoire sur la question : Auquel, d'un étranger ou du plus proche parent, doit-on déférer la curatelle d'un interdit? 1779.

Réponse à une pétition par les parents collatéraux et légataires universels de Paul Sellonf, tous domiciliés en Suisse.

Consultation pour Guillaume-Antoine Rémond et Anne-Catherine Rémond, son épouse, domiciliés en Suisse. An II.

Addition au mémoire pour la citoyenne Sellonf, sur la question de savoir si elle est Suisse ou Française.

§ 3. COURS PUBLICS. — COLLECTIONS. — DICTIONNAIRES.

1030	DESMEUNIÈRES. — Encyclopédie méthodique; dictionnaire d'économie politique et diplomatique. Paris, 1784-1788; 4 vol. in-4° rel.	B.	821
1031	GANILH (Ch.). Dictionnaire analytique d'économie politique. Paris, 1826; 1 vol. in-8° rel.	B.	822
1032	SAINT-LAURENT (Ch.). — Dictionnaire encyclopédique usuel. Paris, 1841; 1 vol. in-8° rel.	B.	823
1033	Dictionnaire de l'économie politique, contenant l'exposition des principes de cette science, la bibliographie générale et		

	des notices biographiques. Paris, Guillaumin, 1852; 2 vol. in-8° rel.	B.	824
1034	Storch (Henry). — Cours d'économie politique, ou Exposition des principes qui déterminent la prospérité des nations, traduit par J. B. Say. Paris, 1824; 5 vol. in-8° rel.	B.	825
1035	Florez Estrada (Alvaro). — Cours éclectique d'économie politique, traduit par Galibert. Paris, 1833; 3 vol. in-8°.	B.	826
1036	Say (J. B.). — Cours complet d'économie politique pratique, avec supplément. Paris, 1828-1833; 7 vol. in-8° rel.	B.	827
1037	Rossi. — Cours d'économie politique. Paris, 1840-1841-1851; 3 vol. in-8° rel.	B.	828
1038	Chevalier (Michel). — Cours d'économie politique fait au Collége de France, de 1841 à 1850. Paris, 1842-1850; 3 vol. in 8° rel. (La première année de ce cours a été rédigée par A. Broët.)	B.	829
1039	Chevalier (Michel). — Cours d'économie politique. T. III. (La Monnaie.) Paris, 1850; in-8°.	B.	830
1040	Pinheiro Ferreira. — Précis d'un cours d'économie politique, suivi d'une bibliographie choisie de l'économie politique, par Hoffmanns. Paris, 1840; 1 vol. in-12.	B.	831
1041	Bouillé (Marquis de). — Commentaire politique et historique sur le Traité du prince de Machiavel et sur l'Anti-Machiavel de Frédéric II. Paris, 1827; 1 vol. in 8° rel.	B.	832
1042	Desaubiez. — Système de finance et d'économie publique. Paris, 1826; 1 vol. in-8° rel.	B.	833
1043	Genovesi. — Delle Lezioni di commercio o sia d'economia civile, in Milano, 1768; 1 vol. in-4° rel.	B.	834
1044	Valle Santoro, baron de Claret. — Elementos de economia		

	politica, con appplicacion particular à España. Madrid, 1829; 1 vol. in-8° rel.	B.	835
1045	Collection des principaux économistes, comprenant les œuvres de Vauban, J. Law, Boisguillebert, Melon, Dutot, Quesnay, Dupont de Nemours, M. de la Rivière, le Trosne, Turgot, A. Smith, Malthus, J. B. Say, Ricardo, Hume, Forbonnais, Francklin, Galiani, Necker, etc. Paris, Guillaumin, 1843 à 1848; 15 vol. in-8° rel.	B.	836
1046	Vergé (Ch.). — Comptes rendus des séances et travaux de l'académie des sciences morales et politiques, à partir de 1842, et suite. Paris, in-8° rel.	B.	837
1047	Fix (Th.). — Revue mensuelle d'économie politique, de 1833 à 1836. Paris, 5 tomes en 4 vol. in-8° rel.	B.	838
1048	Roederer. — Journal d'économie publique, de morale et de politique. Paris, an V (1797); 5 vol. in-8° rel.	B.	839
1049	Journal des économistes, revue mensuelle de l'économie politique, des questions agricoles, manufacturières et commerciales, à partir de l'origine (1er décembre 1841). Paris, Guillaumin, 1841 et suiv.; in-8° rel.	B.	840
1050	La Revue nationale, recueil d'économie politique spécialement consacré aux intérêts de l'agriculture, de l'industrie et du commerce, publié sous la direction de M. Blanqui aîné. Paris, 1830; 2 tomes en 1 vol. in-8° rel.	B.	841
1051	Annuaire de l'économie politique, à partir de 1844, et suite. Paris, Guillaumin; in-18.	B.	842

§ 4. MATIÈRES DIVERSES (POPULATION. — RICHESSE. — PAUPÉRISME. — MENDICITÉ. — BIENFAISANCE PUBLIQUE. — SYSTÈME PÉNITENTIAIRE. — ESCLAVAGE).

1052	Fodéré (F. E.). — Essai historique et moral sur la pauvreté des nations, la population, la mendicité, les hôpitaux et les enfants trouvés. Paris, 1825; 1 vol. in-8° rel.	B.	843

1053	Herrenschwand. — De l'Économie politique moderne; discours fondamental sur la population. Paris, an III; in-8° rel.	B.	844
1054	Mirabeau (Marquis de). — L'Ami des hommes, ou Traité de la population.— Précis de l'organisation, ou Mémoire sur les états provinciaux. — Réponse aux objections faites contre ce mémoire, suivie de questions intéressantes sur la population, l'agriculture et le commerce. Avignon, 1756-1758; 1 vol. in-4° rel.	B.	845
1055	Vitry (Aubert de). — Recherches sur les vraies causes de la misère et de la félicité publiques, ou de la Population et des subsistances. Paris, 1815; 1 vol. in-8° rel.	B.	846
1056	Godwin (W.). — Recherches sur la population et sur la faculté d'accroissement de l'espèce humaine; traduit par Constancio. Paris, 1821; 2 vol. in-8° rel.	B.	847
1057	Evereth (Alex.). — Nouvelles idées sur la population; traduit par Ferry. Paris, 1826; 1 vol. in-8° rel.	B.	848
1058	Malthus (T. R.). — Essai sur le principe de population, ou Exposé des effets passés et présents de l'action de cette cause sur le bonheur du genre humain; traduit par Prévost père et fils. Paris et Genève, 1830; 4 vol. in-8° rel.	B.	849
1059	Richerand (Baron). — De la Population dans ses rapports avec la nature des gouvernements. Paris, 1837; 1 vol. in-8° rel.	B.	850
1060	Desjardins (C.). — Tableau comparatif de la superficie et de la population absolue et relative de tous les États du monde, avec leurs pavillons et cocardes, dressé d'après les documents les plus récents. Paris, 1842; 1 feuille sur toile.	B.	851
1061	Eyriès (J. B.). — Recherches sur la population du globe terrestre. Paris, 1833; 1 vol. in-8° rel.	B.	852
1062	Mémoire sur le déplacement de la population dans Paris et sur les moyens d'y remédier, par Chabrol-Chaméane. Paris, 1840. — Du déplacement de la population de Paris,		

	par L. J. M. Daubanton. Paris, 1843. — Système et méthode de recherches statistiques. Marseille, 1843; 1 vol. in-8° rel.	B.	853
1063	PORTER. — Progrès de la Grande-Bretagne sous le rapport de la population et de la production; traduit par Chemin-Dupontès, et précédé d'une préface par Michel Chevalier. Paris, 1837, 1 vol. in-8° rel.	B.	854
1064	PORTER. — The progress of the nation in its various social and economical relations. Sections 1 and 2, Population and production. London, 1836; 1 vol. in-12 rel.	B.	855
1065	CONDORCET (Marquis DE). — Essai sur l'application de l'analyse à la probabilité des décisions rendues à la pluralité des voix. Paris, Imp. roy., 1785; 1 vol. in-4° rel.	B.	856
1066	DEPARCIEUX. — Essai sur les probabilités de la durée de la vie humaine; addition à cet essai. Paris, 1746 et 1760; 2 vol. in-4° rel.	B.	857
1067	BUTTE (Wilhem). — Prolégomènes de l'arithmétique de la vie humaine, contenant la classification générale des talents, l'échelle des âges de l'homme, et une formule d'évaluation de toutes les situations géographiques. Paris, 1812; 1 vol. in-8° rel.	B.	858
1068	QUÉTELET (A.). — Lettres sur la théorie des probabilités appliquée aux sciences morales et politiques. Bruxelles, 1846; 1 vol. in-8° rel.	B.	859
1069	BIENAYMÉ (Jules). — Opuscules scientifiques sur la durée de la vie et les probabilités. Paris, 1835-1840; 1 vol. rel.	B.	860
1070	MORGAN (Aug. DE). — An essay on probabilities and on their application to life contingencies and insurance offices. London, 1838; 1 vol. in-12 rel.	B.	861
1071	*ISNARD*. — Traité des richesses, contenant l'analyse de l'usage des richesses et de leur circulation. Londres, 1781; 2 vol. in-8° rel.	B.	862

1072	Lauderdale (Comte de). — Recherches sur la nature et l'origine de la richesse publique; traduit par de Lavaisse. Paris, 1808; 1 vol. in-8° rel.	B.	863
1073	Say (Louis). — Traité élémentaire de la richesse individuelle et de la richesse publique, et éclaircissements sur les principales questions d'économie politique. Paris, 1827; 1 vol. in-8° rel.	B.	864
1074	Harcourt (Vicomte d'). — Réflexions sur la richesse future de la France et sur la direction qu'il convient de donner à la prospérité du royaume. Paris, 1826; 1 vol. in-8° rel.	B.	865
1075	Skarbesk (Fréd.). — Théorie des richesses sociales. Paris, 1829; 2 vol. in-8° rel.	B.	866
1076	Bères (Ém.). — Essai sur les moyens d'accroître la richesse territoriale en France, notamment dans les départements méridionaux. Paris, 1830; 1 vol. in-8° rel.	B.	867
1077	Walras (Aug.). — De la nature de la richesse et de l'origine de la valeur, Paris, 1831; 1 vol. in-8° rel.	B.	868
1078	Morogues (Baron de). — Recherches des causes de la richesse et de la misère des peuples civilisés. (Autographié.) Paris, 1832; 1 vol. in-4° rel.	B.	869
1079	Dutens (Joseph). — Essai comparatif sur la formation et la distribution du revenu de la France en 1815 et en 1835. Paris, 1842; in-8° rel.	B.	870
1080	Robert (J. A.). — De la Richesse, ou Essais de ploutonomie. Paris, 1841; 1 vol. in-8° rel.	B.	871
1081	Monaco (Prince de). — Du Paupérisme en France et des moyens de le détruire. Paris, 1839; 1 vol. rel.	B.	872
1082	Moreau-Christophe (L. M.). — Du problème de la misère et de sa solution chez les peuples anciens et modernes. Paris, 1851; 3 vol. in-8° rel.	B.	873
1083	Lucas (Aimé). — Mémoire adressé à S. Exc. le Ministre de		

	l'intérieur, sur la prostitution. Paris, 1841; 1 vol. in-4° rel.	B.	874
1084	Bentham (Jérémie). — Esquisse d'un ouvrage en faveur des pauvres, adressée à l'éditeur des Annales d'agriculture; traduit de l'anglais. Paris, an x; 1 vol. in-8°.	B.	875
1085	Dupin (Baron). — Histoire de l'administration des secours publics. Paris, 1821; 1 vol. in-8° rel.	B.	876
1086	Benoiston de Châteauneuf. — Considérations sur les enfants trouvés dans les principaux États de l'Europe. Paris, 1824; 1 vol. in-8° rel.	B.	877
1087	Travaux de la Commission des enfants trouvés, instituée le 22 août 1849, par arrêté du ministre de l'intérieur. Paris, 1850; 2 vol. in-4° rel.	A.	956
1088	Remacle. — Rapport concernant les infanticides et les morts-nés, dans leur relation avec la question des enfants trouvés. Paris, Imp. roy., 1845; 1 vol. in-4°.	A.	960
1089	Duchâtel (T.). — De la Charité dans ses rapports avec l'état moral et le bien-être des classes inférieures de la société. Paris, 1829; 1 vol. in-8° rel.	B.	878
1090	Mansion (Hippolyte). — Essai sur l'extinction de la mendicité en France. Paris, 1829; 1 vol. in-12 rel.	B.	879
1091	Huerne de Pommeuse (L. F.). — Des Colonies agricoles et de leurs avantages pour secourir l'indigence et extirper la mendicité. Paris, 1832; 1 vol. in-8° rel.	B.	880
1092	Gérando (Baron de). — De la Bienfaisance publique. Paris, 1839; 4 vol. in-8° rel.	B.	881
1093	Wade (J.). — History of the middle and working classes, with a popular exposition of the economical and political principles which have influenced the past and present condition of the industrious orders, also an appendix. London, 1833; 1 vol. in-12 rel.	B.	882

1094	Frégier (H. A.). — Des Classes dangereuses de la population dans les grandes villes, et des moyens de les rendre meilleures. Paris, 1840; 2 vol. in-8° rel.	B.	883
1095	Villermé. — Tableau de l'état physique et moral des ouvriers employés dans les manufactures de coton, de laine et de soie. Paris, 1840; 2 vol. in-8° rel.	B.	884
1096	Buret (Eug.). — De la Misère des classes laborieuses en Angleterre et en France. Paris, 1840; 2 vol. in-8° rel.	B.	885
1097	Cerfberr (A. E.). — Rapport à M. le Ministre de l'intérieur sur différents hôpitaux, hospices, établissements et sociétés de bienfaisance, et sur la mendicité dans les États de Sardaigne, Lombards et de Venise, de Rome, de Parme, de Plaisance, etc. Paris, 1841; 1 vol. in-4° rel.	B.	886
1098	Blanc (Louis). — Organisation du travail. 4e édition. Paris, 1845; 1 vol. in-12 rel.	B.	887
1099	Page (Fréd.). — The principle of the english poor laws illustrated and defended by an historical view of indigence in civil society. London, 1822; 1 vol. in-8° rel.	B.	888
1100	La Rochefoucauld-Liancourt (Marquis de). — Examen de la théorie et de la pratique du système pénitentiaire. Paris, 1840; 1 vol. in-8° rel.	B.	889
1101	Chassinat (Raoul). — Études sur la mortalité dans les bagnes et dans les maisons centrales de force et de correction, depuis 1822 jusqu'à 1837 inclusivement. Paris, 1844; 1 vol. in-4°.	B.	890
1102	Moreau-Christophe (L. M.). — De la Mortalité et de la folie dans le régime pénitentiaire. Paris, 1839; in-8° rel.	B.	891
1103	Opinions exprimées par les conseils généraux des départements, dans leur session de 1838, sur la réforme du régime des prisons. Imp. roy., 1838; in-4° rel.	B.	892
1104	Analyse des réponses des directeurs des maisons de force et de correction à une circulaire ministérielle du 10 mars		

	1834, sur les effets du régime des maisons centrales de force et de correction. Imp. roy., 1836; 1 vol. in-4° rel..	B.	893
1105	Blouet (Abel). — Projet de prison cellulaire pour 585 condamnés, précédé d'observations sur le système pénitentiaire. Paris, 1843; 1 vol. in-fol. rel......................	B.	894
1106	Farelle (M. F. de la). — Coup d'œil sur le régime répressif et pénitentiaire des principaux États de l'ancien et du nouveau monde. Paris, 1844; 1 vol. in-8°...............	B.	895
1107	Mélanges sur l'économie politique : prisons. 1 vol. in-8° rel..	B.	896
	Société royale pour l'amélioration des prisons du royaume. 1828.		
	Nouveaux documents sur les prisons pénitentiaires et la déportation, par le docteur M. Treille, 1844.		
	Résumé sur le système pénitentiaire, par Demetz, 1844.		
	De la Réforme des prisons et d'un système pénitentiaire en harmonie avec nos lois, par Le Fran. Colmar, 1845.		
	Mémoire sur l'état actuel des bagnes en France, par Gleizes. 1840.		
	Premier compte rendu des travaux de la société pour le patronage des jeunes libérés de la Seine. 1834.		
	Société pour le patronage des jeunes libérés de la Seine. 1841.		
	Même objet. 1844.		
	Solitude de Nazareth, maison de refuge des femmes sortant de prison. Montpellier, 1851.		
	Des Prisons de Philadelphie, par un Européen. 1819.		
1108	Lucas (Ch.). — Du système pénitentiaire en Europe et aux États-Unis. Paris, 1831; 2 vol. in-8° rel.............	B.	897
1109	Beaumont (G. de) et Tocqueville (Alexis de). — Du Système pénitentiaire aux États-Unis et de son application en France; suivi d'un appendice sur les colonies pénales et de notes statistiques. Paris, 1833; 1 vol. in-8° rel.............	B.	898
1110	Moreau Christophe. — Rapport sur les prisons de l'Angleterre, de l'Écosse, de la Hollande, de la Belgique et de la Suisse, publié par le ministère de l'intérieur. Imp. roy., 1839; 1 vol. in-4° rel............................	B.	899
1111	Blosseville (Ernest de). — Histoire des colonies pénales de l'Angleterre dans l'Australie. Paris, 1831; 1 vol. in-8° rel.....................................	B.	900

1112	Moreau-Christophe. — De l'état actuel et de la réforme des prisons de la Grande-Bretagne. Extraits des rapports officiels publiés par ordre du parlement, et traduits par Moreau-Christophe. Imp. roy., 1838; in-8° rel.	B.	901
1113	Bentham (Jeremy). — Letters to lord Pelham on the system of penal colonization in New South Wales and the home penitentiary system. London, 1801; 1 vol. in-8° rel.	B.	902
1114	Fowell-Buxton (Th.). — An inquiry whether crime and misery are produced or prevented by our present system of prison discipline. London, 1818; 1 vol. in-8° rel.	B.	903
1115	Documents officiels sur le pénitencier de l'Est ou de Cherry-Hill, à Philadelphie, extraits des rapports lus aux chambres de l'État de Pensylvanie, de 1829 jusqu'au 8 mars 1843; traduits par Moreau-Christophe, et publiés par le ministère de l'intérieur. Paris, 1844; 1 vol. in-8° rel.	B.	904
1116	Demetz et Blouet. — Rapports sur les pénitenciers des États-Unis, publiés par le ministère de l'intérieur. Imp. roy., 1837; 1 vol. in-fol. rel.	B.	905
1117	Remacle et Cerfberr. — Rapports sur les prisons du midi de l'Allemagne et sur les prisons de l'Italie, publiés par le ministère de l'intérieur. Imp. roy., 1839; 1 vol. in-4° rel.	B.	906
1118	Hallez-Claparède. — Rapports sur les prisons de la Prusse, sur le régime de quelques prisons de l'Espagne, de l'Angleterre et de l'Allemagne, et sur le régime des prisons de la Turquie. Paris, 1843; in-4° rel.	B.	907
1119	Castelli. — De l'Esclavage en général et de l'émancipation des noirs. Paris, 1844; 1 vol. in-8° rel.	B.	908
1120	Carnot. — De l'Esclavage colonial. Paris, 1845; 1 vol. in-8° rel.	B.	909
1121	Gasparin (A. de). — Esclavage et traite. Paris, 1838; in-8° rel.	B.	910
1122	Fowell-Buxton (Th.). — De la Traite des esclaves en Afrique		

	et des moyens d'y remédier; traduit de l'anglais, par J. J. Pacaud. Paris, 1840; 1 vol. in-8° rel.	B.	911
1123	Rouvellet de Cussac. — Situation des esclaves dans les colonies françaises; urgence de leur émancipation. Paris, 1845; 1 vol. in-8° rel.	B.	912
1124	Avis des conseils coloniaux de la Martinique, de la Guadeloupe et de la Guyane française sur diverses propositions concernant l'esclavage, publié par le ministère de la marine. Imp. roy., 1839; 1 vol. in-4° rel.	B.	913
1125	Rapport de la commission instituée pour l'examen des questions relatives à l'esclavage, et procès-verbaux de ses séances, de 1840 à 1843. — Exposé général du résultat du patronage des esclaves dans les colonies françaises; 1844. Publié par le ministère de la marine. Imp. roy., 1840 à 1844; 4 vol. in-4° rel.	B.	914
1126	Exécution de l'ordonnance royale du 5 janvier 1840, relative à l'instruction religieuse et primaire et au patronage des esclaves; publié par le ministère de la marine. Imp. roy., 1841; 1 vol. in-4° rel.	A.	631
1127	Compte rendu au Roi de l'emploi des fonds alloués depuis 1839, pour l'enseignement religieux et élémentaire des noirs, et de l'exécution des lois des 18 et 19 juillet 1845, relatives au régime des esclaves, à l'introduction des travailleurs libres aux colonies, etc. (Ministère de la marine et des colonies.) Paris, 1846; 1 vol. in-4°.	B.	915
1128	Compte rendu au Roi de l'exécution des lois des 18 et 19 juillet 1845, sur le régime des esclaves, la création d'établissements agricoles pour le travail libre, etc. (Ministère de la marine et des colonies.). Paris, 1847; 1 vol. in-4°.	B.	916
1129	Mélanges sur la traite des nègres. Paris, 1814; 1 vol. in-8° rel.	B.	917
	Essai sur les désavantages politiques de la traite des nègres, par Clarkson. Édit. de 1789; traduit de l'anglais.		

De l'intérêt de la France à l'égard de la traite des nègres, par J. C. L. Simonde de Sismondi. 2e édit. Genève-Paris, 1814.
De la traite et de l'esclavage des noirs et des blancs, par un ami des hommes de toutes les couleurs. Paris, 1815.
Lettre au prince de Talleyrand-Périgord au sujet de la traite des nègres, par Wilberforce, membre du parlement; traduite de l'anglais. Londres-Paris, 1814.
Substance of the speech of lord Grenville in the house of lords on june 27, 1814, in moving for certain papers relative to the revival of the slave trade. London, 1814.

1130 Mélanges sur les colonies. (Esclavage.) 1 vol. in-8° rel...... B. 918

Observations sur les projets de lois coloniales, par Bissette. Paris, 1832.
Pétition relative à l'amélioration du sort des esclaves aux colonies. 1832.
Des colonies anglaises depuis l'émancipation des esclaves et de son influence sur les colonies françaises, par de Montrol, 1835.
Émancipation des esclaves aux colonies françaises, par le marquis de Sainte-Croix, 1835.
Note sur le prospectus de la société pour l'abolition de l'esclavage, par Foignet. 1835.
De l'esclavage et de l'émancipation, par Granier de Cassagnac. 1836.
Abolition de l'esclavage, division des terres, indemnité, par un propriétaire d'esclaves. 1836.
Abolition de l'esclavage dans les colonies françaises, par Passy. 1838.
De l'émancipation des esclaves à la Guyane française, par Ronmy. 1841.
Compte rendu aux habitants de la Guyane, et exposé des négociations relatives au projet d'association. 1847.
De la philanthropie anglaise, par Jollivet. 1842.
Conseil colonial de la Guadeloupe. — Abolition de l'esclavage. 1848.

1131 Exposé des motifs, rapports et débats des Chambres législatives concernant les lois des 18 et 19 juillet 1845, relatives au régime des esclaves, à l'introduction de cultivateurs européens et à la formation d'établissements agricoles dans les colonies françaises; publiés par le ministère de la marine. Paris, 1845; 1 vol. in-8° rel.................. B. 919

1132 Abolition de l'esclavage. Commission du 4 mars 1848. Pro-

	cès-verbaux, rapports et projets. Imp. nat., 1848; 1 vol. in-4° rel..	A.	965
1133	Rapport sur l'administration des établissements pénitentiaires, par le Ministre de l'intérieur. — Statistique de ces établissements; année 1852. Paris, 1854; 1 vol. in-8° rel......	A.	958
1134	Précis de l'abolition de l'esclavage dans les colonies anglaises. Imp. roy., 1840; 5 vol. in-8° rel..................	B.	920
1135	Nasseau. — Three lectures on the cost of obtaining money and of some effects of private and government paper money. London, 1830; 1 vol. in-8° rel.....................	B.	921
1136	Hantute. — Du libre échange et des résultats que l'adoption de ce système aurait pour l'agriculture, le commerce, l'industrie et la marine de la France. Paris, 1847; 1 vol. in-8° rel..	B.	922
1137	Roederer (A. M.). — Études sur les deux systèmes opposés du libre échange et de la protection. — Réponse aux observations de M. de Molinari insérées dans le Journal des économistes. Nouvelle édition. Paris, 1851; 1 vol. in-8° rel..	B.	923
1138	Laing (Samuel). — National distress; its causes and remedies. London, 1844; 1 vol. in-8° rel.....................	B.	924
1139	Donoso Cortès, marquis de Valdegamas. — Essai sur le catholicisme, le libéralisme et le socialisme. Paris, 1851; 1 vol. in-18 rel.............................	B.	925
1140	Harel (Ch.). — Ménage sociétaire, ou Moyen d'augmenter son bien-être en diminuant sa dépense. Paris, 1839; 1 vol. in-8° rel..	B.	926
1141	Coinze. — Bases fondamentales de la bonne culture, ou Mémoire sur la découverte des moyens que Dieu a donnés à l'homme d'augmenter son bien-être. Paris, 1847; 1 vol. in-8° rel..	B.	927
1142	Rendu. — De l'Association en général, et spécialement de l'as-		

	sociation charitable des frères des écoles chrétiennes. 2e édit. Paris, 1845; 1 vol. in-8° rel.	B.	928
1143	LABORDE (Comte A. DE). — De l'Esprit d'association dans tous les intérêts de la communauté, ou Essai sur le complément du bien-être et de la richesse en France par le complément des institutions. 2e édit. Paris, 1821; 2 tomes en 1 vol. in-8° rel.	B.	929
1144	PORTER (G. R.). — The progress of the nation in its various social and economical relations from the beginning of the nineteenth century. A new edit. London, 1847; 1 vol. in-8° rel.	B.	930
1145	Mélanges divers. 1 vol. in-8° rel.	B.	931

Résultats extraits d'un ouvrage intitulé : De la richesse territoriale du royaume de France, ouvrage non terminé, par Lavoisier. Paris, 1791.

Le même ouvrage, par Lavoisier, de Lagrange et autres. Paris, an IV.

Essais d'arithmétique politique, par Diannyère. Paris, an VIII.

Journal d'économie politique, de morale et de politique; n° XXVI, 20 floréal an V, contenant le récit de la mort de Pierre III, en 1762; un tableau comparatif de la dette publique de l'Angleterre avec celle de la France, et un examen de cette question : la profession de journaliste est-elle de sa nature un métier vil?

Précis historique du papier-monnaie des Américains, suivi d'un essai sur ce papier. Paris, an IV.

Note sur l'impôt territorial de l'Angleterre. Paris, an IV.

Analyse historique de la législation des grains depuis 1692. Paris, 1789.

Système complet sur l'assiette et le recouvrement de la contribution foncière, par Chaubry de Laroche. Paris, an IX.

Observations sur la contribution foncière, à l'occasion d'un mémoire inséré par extrait dans le Journal de Paris, par le citoyen Tessier, membre de l'Institut.

Pétition de M. Jollivet aux Cinq-Cents contre l'emploi des progressions dans les contributions et dans les emprunts forcés. Paris, an VII.

De l'impôt progressif et du morcellement des patrimoines, par Jollivet, ancien député. Paris, 1793.

De l'incompatibilité du système démagogique avec le système d'économie politique des peuples modernes. Paris, an VIII.

1146	VIDAL (F.). — Des Caisses d'épargne. Paris, 1844; in-8° rel.	B.	932
1147	MATHIEU DE DOMBASLE. — Œuvres diverses : économie politique, instruction publique, haras et remontes. Paris, 1843; 1 vol. in-8° rel.	B.	933
1148	MONTHYON (DE). — Quelle influence ont les diverses espèces d'impôts sur la moralité, l'activité et l'industrie des peuples. Paris, 1808; 1 vol. in-8° rel.	B.	934
1149	BENTHAM (Jérémie). — Défense de l'usure, ou Lettres sur les inconvénients des lois qui fixent le taux de l'intérêt de l'argent, traduit de l'anglais sur la 4e édition; suivi d'un mémoire de Turgot sur les prêts d'argent, et précédé d'une introduction contenant une dissertation sur le prêt à intérêt. Paris, 1828; 1 vol. in-8° rel.	B.	935
1150	MAC-CULLOCH (J. R.). — The Literature of political economy; a classified catalogue of select publications in the different departments of that science, with historical, critical and biographical notices. London, 1845; 1 vol. in-8° rel.	B.	936
1151	PLUQUET (L'abbé). — Traité philosophique et politique sur le luxe. Paris, 1786; 2 vol. in-12 rel.	B.	937
1152	*SENAC DE MEILHAND.* — Considérations sur les richesses et le luxe. Amsterdam, 1787; 1 vol. in-8° rel.	B.	938
1153	Mélanges sur l'économie politique. (Population, paupérisme et statistique.) 1 vol. in-8° rel. Sur la théorie de la population, etc., par de Morel-Vindé. 1829. Mémoire sur le déplacement de la population dans Paris et sur les moyens d'y remédier; rapport de M. de Chabrol-Chaméane. 1840. L'Homme des champs. Observations tendantes au soulagement de la classe indigente, par Félix Gautrier. 1831. De la moralisation des pauvres, par le docteur Hegewisch. 1835. Trois opuscules sur les moyens de prévenir la misère des ouvriers, par le baron de Morogues. Rapport sur l'extinction de la mendicité, par Vegelein-Cosne. 1829. De l'extinction de la mendicité par le perfectionnement de l'agriculture, par Ch. Lucas. 1839.	B.	939

Suppression de la mendicité à Rouen; lettre de M. Barbet, maire et député de cette ville. 1841.

Extinction de la mendicité. Association universelle. Discours du fondateur, M. de Radu. 1841.

Lettres sur les colonies de bienfaisance à établir en France sur le modèle de celles de la Hollande et de la Belgique, par de Monglave 1832.

Des Établissements de bienfaisance à Madrid. 1838.

Organisation du travail, de l'industrie et du crédit, etc., par Dasseville. Rouen, 1848.

De la Question du paupérisme sous le point de vue politique et social. Paris, 1842.

Pétition pour demander l'affranchissement et la protection du pauvre en matière judiciaire, par Mollière. Lyon, 1846.

Projet d'organisation de l'assistance publique dans la ville de Paris, limité au service des secours à domicile, et suivi d'un projet d'une nouvelle organisation du service médical des indigents, par le docteur Neboux. Paris, 1850.

Deux mots sur l'assistance et le socialisme, par Paul Dupont. 1850.

De la Statistique dans ses rapports avec l'administration et le pays, par David. 1833.

Statistique. Lettre à M. Villermé, par A. Quételet.

Aperçu statistique sur la durée de la vie, par Bigeon. Toulon, 1829.

Bases et éléments des tables de mortalité les plus connues, par A. Vuhrer.

Vues générales sur la statistique, par Le Play. 1840.

Du nombre des crimes et des délits dans les provinces du Brabant méridional, des deux Flandres, du Hainaut et d'Anvers, en 1826, 1827 et 1828, par A. Quételet.

§ 5. STATISTIQUE.

1154 Patria. — La France ancienne et moderne, morale et matérielle, ou Collection encyclopédique et statistique de tous les faits relatifs à l'histoire physique et intellectuelle de la France et de ses colonies; publié par une société de savants. Paris, 1847; 2 vol. in-12 rel., planch. . . . . B. 940

1155 Schlatzer. — Introduction à la science de la statistique; traduit par D. F. Donnant. Paris, 1805; 1 vol. in-8° rel. . . . . B. 941

1156	Omalius d'Halloy (J. J.). — Notions élémentaires de statistique. Paris (sans date); 1 vol. in-8° rel.	B.	942
1157	Dufau (P. A.). — Traité de statistique, ou Théorie de l'étude des lois d'après lesquelles se développent les faits sociaux, suivi d'un essai de statistique physique et morale de la population française. Paris, 1840; 1 vol. in-8° rel.	B.	943
1158	Quetelet (A.). — Sur l'homme et le développement de ses facultés, ou Essai de physique sociale. Paris, 1835; 2 tomes en 1 vol. in-8° rel.	B.	944
1159	Quetelet (A.). — De l'Influence des saisons sur la mortalité aux différents âges dans la Belgique. Bruxelles, 1838; 1 vol. in-4° rel.	B.	945
1160	Benoiston de Chateauneuf. — Mémoire sur la mortalité des femmes de l'âge de quarante à cinquante ans, lu à l'académie des sciences le 13 mai 1818. Paris, 1822; 1 vol. in-8° rel.	B.	946
1161	Etoc Demazy (G. F.). — Recherches statistiques sur le suicide appliquées à l'hygiène publique et à la médecine légale. Paris, 1844; 1 vol. in-8° rel.	B	947
1162	Quetelet (A.) et Smits. — Recherches sur la reproduction et la mortalité de l'homme aux différents âges et sur la population de la Belgique. Bruxelles, 1832; 1 vol. in-8° rel.	B.	948
1163	Casper (J. L.). — Die wahrscheinliche Lebensdauer des Menschen in den verschiedenen bürgerlichen und geselligen Verhältnissen. Berlin, 1835; 1 vol. in-8° rel.	B.	949
1164	Saugrain. — Nouveau dénombrement du royaume par généralités, élections, paroisses et feux. Paris, 1720; 2 tomes en 1 vol. in-4° rel.	B.	950
1165	Goldsmith (Lewis). — Statistique raisonnée de la France; traduit de l'anglais par Eugène Henrion. Paris, 1833; 1 vol. in-8° rel.	B.	951
1166	Peuchet et Chanlaire. — Description topographique et sta-		

	tistique de la France, avec une carte pour chaque département. 4 vol. in-4° rel.	B.	952
1167	PEUCHET. — Description topographique et statistique de la France. Départements de la Lys, du Mont-Blanc, des Deux-Nèthes, du Rhin-et-Moselle, de la Roër, de Sambre-et-Meuse et de la Sarre. 1 vol. in-4° rel.	B.	953
1168	FERRIÈRE (Alex. DE). — Analyse de la statistique générale de la France. Paris, an XII; 2 vol. in-8° rel.	B.	954
1169	PEUCHET. — Statistique élémentaire de la France, contenant les principes de cette science et leur application à l'analyse de la richesse, des forces et de la puissance de l'empire français. Paris, 1805; 1 vol. in-8° rel.	B.	955
1170	HERBIN (P. E.). — Statistique générale et particulière de la France et de ses colonies. Paris, 1803-1807; 7 vol. in-8°.	B.	956
1171	PEUCHET. — Essai d'une statistique générale de la France. Paris, an IX; in-8° rel.	B.	957
1172	GOLDSMITH (Lewis). — Statistics of France. London, 1832; 1 vol. in-8° rel.	B.	958
1173	PERROT. — Tableau statistique de la France. Paris, 1819; 1 vol. in-8° rel.	B.	959
1174	TALLON (Clément). — Géographie administrative de la France en dix cartes ou tableaux statistiques. Paris, 1848; in-fol.	B.	960
1175	SCHNITZLER (J. H.). — Statistique générale, méthodique et complète de la France, comparée aux autres puissances de l'Europe. Paris, 1846; 4 vol. in-8° rel.	B.	961
1176	Statistique générale de la France, publiée par le ministère de l'agriculture et du commerce. Paris, 1835 et suiv.; gr. in-4° rel.	B.	962
1177	FERRIÈRE (Alex. DE). — Archives statistiques de la France. Paris, an XII; 2 vol. in-8° rel.	B.	963

1178	Bossi. — Statistique générale de la France, département de l'Ain. Paris, 1808; 1 vol. in-4° rel., avec carte.........	B.	964
1179	Villeneuve (Comte de). — Statistique du département des Bouches-du-Rhône, avec atlas. Marseille, 1826; in-4° rel. (Le IIIe volume seulement.)	B.	965
1180	Dupin. — Mémoire statistique du département des Deux-Sèvres. Paris, an xii; 1 vol. in-fol. rel................	B.	966
1181	Bry (Jean de). — Mémoire statistique du département du Doubs. Paris, Imp. imp., an xii; 1 vol. in-fol. rel.......	B.	967
1182	Delacroix. — Essai sur la statistique, l'histoire et les antiquités du département de la Drôme. Valence, 1817; 1 vol. in-8° rel..................................	B.	968
1183	Bégé (Achille). — Statistique agricole du département de l'Eure. Évreux, 1838; 1 vol. in-4° rel...............	B.	969
1184	Rivoire (Hector). — Statistique du département du Gard. Nîmes, 1842-43; 2 vol. in-4° rel., carte.............	B.	970
1185	Texier Olivier (L.).—Statistique générale de la France, département de la Haute-Vienne. Paris, 1808; 1 vol. in-4° rel., avec carte..............................	B.	971
1186	Dalphonse.—Mémoire statistique du département de l'Indre. Paris, an xii; 1 vol. in-fol. rel.....................	B.	972
1187	Perrin du Lac. — Description générale du département de l'Isère. Tome I. Grenoble, 1806; 1 vol. in-8° rel.......	B.	973
1188	Haussez (Baron d'). — Souvenirs pour servir à la statistique du département de l'Isère. Grenoble, 1838; 1 vol. in-8° rel.......................................	B.	974
1189	Darttey (C. J. G.).—Fragments de statistique administrative sur l'arrondissement de Savenay. Nantes, 1835; in-8° rel.	B.	975
1190	Viry.—Mémoire statistique du département de la Lys. Paris, Imp. imp., an xii; 1 vol. in-fol. rel.................	B.	976

1191	DESVAUX. — Plan statistique de Maine-et-Loire, en 4 tableaux. Angers, 1834; 1 vol. in-8° et atlas in-4° rel.	B.	977
1192	MARQUIS. — Mémoire statistique du département de la Meurthe. Paris, an XIII; 1 vol. in-fol. rel.	B.	978
1193	VERNEILH (DE). — Statistique générale de la France, département du Mont-Blanc. Paris, 1807; 1 vol. in-4° rel.	B.	979
1194	CHABROL DE VOLVIC (Comte DE). — Statistique des provinces italiennes formant l'ancien département de Montenotte. Paris, 1824; 2 vol. in-4° rel.	B.	980
1195	COLCHEN. — Mémoire statistique du département de la Moselle. Paris, an XI; 1 vol. in-fol. rel.	B.	981
1196	GRILLE (F.). — Description du département du Nord. Paris, 1825-1830; 1 vol. in-8° rel.	B.	982
1197	Statistique des départements des Basses-Pyrénées, par Serviez; du Bas-Rhin, par François de Neufchâteau et Laumond; du Rhône, par Verninac. Paris, an X; 1 vol. in-8° rel.	B.	983
1198	HARBAVILLE. — Mémorial historique et archéologique du département du Pas-de-Calais. Arras, 1842; 2 tomes en 1 vol. in-8° rel.	B.	984
1199	CASSAN (Armand). — Statistique de l'arrondissement de Mantes (Seine-et-Oise). Mantes, 1833; 1 vol. in-8° rel.	B.	985
1200	DRALET. — Plan détaillé de topographie, suivi de la topographie du Gers, an X. Dans le même volume : la statistique des départements de l'Ourthe, par Desmousseaux, Paris, an IX; d'Ille-et-Vilaine, par Borrille, Paris, an IX; des prisons de Philadelphie, par Larochefoucault-Liancourt, Amsterdam, an V; et d'un mémoire sur les eaux minérales des Pyrénées, Paris, an III; 1 vol. in-8° rel.	B.	986
1201	SINCLAIR (John). — Essai sur la longévité et questions proposées sur ce sujet intéressant. — Dans le même volume : La statistique des départements de l'Aisne, par Dauchy;		

	de l'Aube, par Truslé; de la Charente, par Delaistre; du Cher, par Lucay; du Gers, par Balguérie; du Golo, par Pietry; et de la Loire-Inférieure, par Huet (J. B.). 1 vol. in-8° rel.	B.	987
1202	PEUCHET. — Statistique. Essai d'une statistique générale de la France. — Dans le même volume : statistique des départements de l'Orne, par Lamagdeleine; des Deux-Sèvres, par Dupin; de la Drôme, par Colin; des Hautes-Alpes, par Bonnaire; du Mont-Blanc, par Saussax; du Tarn, par Lamarque. Paris, an IX; 1 vol. in-8° rel.	B.	988
1203	Recueil de statistiques des départements : de Sambre-et-Meuse, par Jardinet; de la Sarthe, par Auvray; de Seine-et-Oise, par Garnier; du Var, par Fauchet; de la Vienne, par Cochon. Paris, an X; 1 vol. in-8° rel.	B.	989
1204	Recueil de statistiques des départements : de Lot-et-Garonne, par Pieyre fils; de la Lozère, par Zerphanion; de la Marne, par Bourgeois-Jessaint; de la Meuse-Inférieure, par Cavenne; des Deux-Nèthes, par d'Herbouville. Paris, an X; 1 vol. in-8° rel.	B.	990
1205	THOMAS (P. P. U.). — Essai de statistique de l'île de Bourbon, suivi d'un projet de colonisation dans l'intérieur de l'île. Paris, 1828; 2 tomes en 1 vol. in-8° rel.	B.	991
1206	Notices statistiques sur les colonies françaises, publiées par le ministère de la marine. Imp. roy., 1837; 4 tomes en 2 vol. in-8° rel.	B.	992
1207	Renseignements statistiques sur les départements de la France. Extraits du tome XVI du Bulletin des sciences géographiques de Férussac. Paris, 1830; in-8° rel.	B.	993
1208	BALLOIS (Louis). — Annales de statistique française, ou Journal général d'économie politique, de géographie, etc. Paris, an XI; 6 vol. in-8° rel.	B.	994
1209	BENOISTON DE CHÂTEAUNEUF. — Recherches sur les consommations en tous genres de la ville de Paris, en 1817, com-		

	parées à ce qu'elles étaient en 1789. Paris, 1820; 2 parties en 1 vol. in-8° rel.	B.	995
1210	Martin de Saint-Léon (L.). — Résumé statistique des recettes et des dépenses de la ville de Paris, de 1797 à 1830. Paris, 1833; 1 vol. in-4° rel.	B.	996
1211	Martin de Saint-Léon (F. L.). — Résumé statistique des recettes et des dépenses de la ville de Paris, pendant une période de quarante-quatre ans, de 1797 à 1840 inclus. 2ᵉ édit. Paris, 1843; in-4° rel.	B.	997
1212	Chabrol (Comte de). — Recherches statistiques sur la ville de Paris et le département de la Seine. Paris, 1816, 19, 21, 23, 26, 29 et 44; 1 vol. in-8° et 5 vol. in-4° rel.	B.	998
1213	Say (Horace). — Études sur l'administration de la ville de Paris et du département de la Seine. Paris, 1846; 1 vol. in-8° rel.	B.	999
1214	Daru (Comte). — Notions statistiques sur la librairie, pour servir à la discussion des lois sur la presse. Paris, 1827; in-4° rel.	B.	1000
1215	Du Villard (E. E.). — Analyse et tableaux de l'influence de la petite vérole et de celle que le vaccin peut avoir sur la population et la longévité. Paris, 1806; 1 vol. in-4° rel.	B.	1001
1216	Moreau de Jonnès (Alex.). — Rapport au conseil supérieur de santé sur le choléra-morbus pestilentiel. Paris, 1831; 1 vol. in-8° rel., carte	B.	1002
1217	Rapport sur la marche et les effets du choléra-morbus dans Paris et les communes rurales du département de la Seine, en 1832, avec plans, tableaux et cartes. Paris, Imp. roy., 1834; 1 vol. in-4° rel.	B.	1003
1218	Mélanges d'arithmétique politique. 1 vol. in-8° rel.	B.	1004
	Résultats extraits d'un ouvrage intitulé : De la richesse territoriale du royaume de France, par Lavoisier. 1791.		
	Réflexions d'un citoyen propriétaire sur l'étendue de la contribu-		

	tion foncière et sa proportion avec le produit net territorial converti en argent. 1792. Essai d'arithmétique politique sur les premiers besoins de l'intérieur de la République, par le citoyen de Lagrange. Preuves arithmétiques de la nécessité d'encourager l'agriculture et d'abandonner dans les temps ordinaires l'approvisionnement des grains au commerce libre, par Antoine Diannyère. An IV. Tableau comparatif de l'excédant du prix des grains à Londres, Paris et Lyon, avec les mortalités en général et le nombre des malades et des morts dans les Hôtels-Dieu de Paris et de Lyon.		
1219	WALLACE (R.). — Essai sur la différence du nombre des hommes dans les temps anciens et modernes; traduit de l'anglais par Joncourt. Londres, 1754; 1 vol. in-12 rel. .	B.	1005
1220	MOREAU DE JONNÈS (Alex.) — Recherches statistiques sur l'esclavage colonial et sur les moyens de le supprimer. Paris, 1842; 1 vol. in-8° rel.	B.	1006
1221	COSTAZ (L.). — Mémoire sur la construction des tables statistiques et sur la mesure des valeurs. Paris, 1834; 1 vol. in-8° rel.	B.	1007
1222	QUETELET. — Recherches sur le penchant aux crimes aux différents âges. Bruxelles, 1831; 1 vol. in-4° rel.	B.	1008
1223	REMACLE. — Rapport concernant les infanticides et les mort-nés dans leur relation avec la question des enfants trouvés, publié par le ministère de l'intérieur. Paris, 1845; 1 vol. in-4° rel.	B.	1009
1224	MOREAU DE JONNÈS. — Statistique de la Grande-Bretagne et de l'Irlande. Paris, 1837; 2 vol. in-8° rel., carte.	B.	1010
1225	Statistical illustrations of the territorial extent and population, etc., of the British empire. London, 1825; 1 vol. in-8° rel.	B.	1011
1226	Tableaux du revenu, de la population, du commerce, etc., du Royaume-Uni et de ses dépendances; traduit et imprimé par ordre du ministre du commerce. 1re partie, de 1820 à 1831. Paris, 1833; 1 vol. in-fol.	B.	1012

1227	Tables of the revenue population, commerce, etc., of the United Kingdom and its dependencies. From 1820 to 1834. London, 1834-1835; 4 vol. in-fol. rel.	B.	1013
1228	An act for taking an account of the population of Great Britain, and of the increase or diminution thereof. 1821; 1 vol. in-fol. rel.	B.	1014
1229	MAC-CULLOCH (J. R.). — A descriptive and statistical account of the British empire exhibiting its extent, physical capacities, population, industry, and civil and religious institutions. London, 1847; 2 vol. in-8° rel.	B.	1015
1230	Annual report of the registrar-general of births, deaths and marriages in England. London, 1839, et suite; in-fol.	B.	1016
1231	First annual report of the registrar-general of births, deaths and marriages in England. London, 1839; 1 vol. in-8° rel.	B.	1017
1232	MARSHALL. — Mortality of the metropolis from 1629 to 1831. London, 1832; 1 vol. in-4° rel.	B.	1018
1233	Statistique territoriale du royaume de Belgique. Bruxelles, 1839; 1 vol. in-fol. rel. (Publication du Gouvernement belge.)	B.	1019
1234	Tableaux statistiques des patentables de la Belgique, publiés d'après les documents officiels. Bruxelles, 1833; 1 vol. in-8° rel.	B.	1020
1235	Bulletin de la commission centrale de statistique du royaume de Belgique, publié par le ministère de l'intérieur belge. Bruxelles, 1843-45-47; 3 vol. in-4° rel.	B.	1021
1236	Compte de l'Administration de la justice civile en Belgique pendant les années 1832 à 1843. Bruxelles, 1837-1846; 3 vol. in-4° rel. (Publication du Gouvernement belge.)	B.	1022
1237	Compte de l'Administration de la justice criminelle en Bel-		

	gique pendant les années 1831 à 1835. Bruxelles, 1835 et 1839; 2 vol. in-4° rel. (Publication du Gouvernement belge.)	B.	1023
1238	Statistique de la Belgique. — Population. — Mouvement de l'état civil, des années 1840 à 1846. Bruxelles, 1842 à 1846; 6 vol. in-fol. rel. (Publication du Gouvernement belge.)	B.	1024
1239	Statistique de la Belgique. — Tableau général du commerce avec les pays étrangers pendant les années 1841 à 1846 inclusivement. Bruxelles, 1842 à 1847; 6 vol. in-fol. rel. (Publication du Gouvernement belge.)	B.	1025
1240	Statistique de la Belgique. — Mines, usines minéralogiques, machines à vapeur. Bruxelles, 1842; 2 vol. in-fol. rel. (Publication du Gouvernement belge.)	B.	1026
1241	Moreau de Jonnès. — Statistique de l'Espagne. Paris, 1834; 1 vol. in-8° rel.	B.	1027
1242	Huber (B.). — Exposicion estadistica de la isla de Cuba, sacada de la obra escrita en frances. Paris, 1827; in-8° rel.	B.	1028
1243	Goodrich (S. G.). — Les États-Unis d'Amérique. — Aperçu statistique, historique, géographique, industriel et social. Paris, 1852; 1 vol. in-8° rel.	B.	1029
1244	Seybert (Adam). — Annales statistiques des États-Unis; traduit par Scheffer. Paris, 1820; 1 vol. in-8° rel.	B.	1030
1245	Seybert (Adam). — Statistical annals of the United States of America, concerning population, commerce, navigation, finances, etc., from the 4 march 1789 to avril 1818. Philadelphia, 1818; 1 vol. in-4° rel.	B.	1031
1246	Statistics of the United States of America, as collected and returned by the Marchals of the several judicial districts under the Thirteenth section of the act for taking the sixth census corrected at the department of State. Washington, 1841.	B.	1032

1247	Sixth census or enumeration of the inhabitants of the United States as corrected at the department of State in 1840. Washington, 1841; in-8° rel.	B.	1033
1248	Compendium of the enumeration of the United States as obtained at the department of state from the returns of the sixth census by counties and principal towns. Washington, 1841; in-8° rel.	B.	1034
1249	Bigelow (J. P.). — Statistical tables exhibiting the condition and product of certain branches of industry in Massachussets for the year 1837. Boston, 1838; 1 vol. rel.	B.	1035
1250	Quetelet. — Recherches sur la population, les naissances, les décès, les prisons, dans le royaume des Pays-Bas. 1 vol. in-4° rel.	B.	1036
1251	Deuxième recueil de tableaux publiés par la commission générale de statistique créée par arrêté de S. M. néerlandaise, en date du 3 juillet 1826. La Haye, 1829; 1 vol. in-8° rel.	B.	1037
1252	Balbi (A.). — Essai statistique sur le royaume de Portugal et d'Algarve, comparé aux autres États de l'Europe. Paris, 1822; 2 vol. in-8° rel.	B.	1038
1253	Ramon de la Sagra (Don). — Historia economico-politica y estadistica de la isla de Cuba ó sea de sus progressos en la poblacion, la agricultura, el comercio y las rentas. Habanna, 1831. — Breve idea de la administracion del comercio y de las rentas y gastos de la isla de Cuba durante los annos 1826-1834. Paris, 1836; 1 vol. in-4° rel.	B.	1039
1254	Franzini. — Instrucções statisticas. Lisbôa, 1815; in-8°.	B.	1040
1255	Moreau de Jonnès fils. — La Prusse, son progrès politique et social, suivi d'un exposé économique et statistique des réformes opérées depuis 1806 jusqu'à l'époque actuelle, traduit de l'allemand de Diderici. Paris, 1848; 1 vol. in-8° rel.	B.	1041

1256	LYALL (Robert). — An account of the organisation administration and present state of the military colonies in Russia, with an appendix containing statistical tables. London, 1824; 1 vol. in-8° rel.	B.	1042
1257	LIECHTENSTERN (Joseph-Marx von). — Statistische Uebersicht aller europäischen Staaten nach ihrem neuesten Zustande. Wien, 1819; 1 vol. in-fol. rel., carte	B.	1043
1258	MONTVÉRAN (DE). — Essai de statistique raisonnée sur les colonies européennes des Tropiques et sur les questions coloniales. Paris, 1833; 1 vol. in-8° rel.	B.	1044
1259	Comptes généraux de l'Administration de la justice civile et commerciale en France, publiés par le ministère de la justice, à partir de 1820, et suite. Paris, Imp. roy.; in-4° rel.	A.	126
1260	Comptes généraux de l'Administration de la justice criminelle en France, publiés par le ministère de la justice, à partir de 1835, et suite. Paris, Imp. roy.; in-4° rel.	A.	125
1261	Compte général de l'Administration de la justice civile, commerciale et criminelle dans les colonies françaises de la Martinique, la Guadeloupe, la Guyane et Bourbon, à partir de 1834, et suite, publié par le ministère de la marine. Paris, Imp. roy., 1842; in-4° rel.	A.	635

2. ADMINISTRATION.

§ 1er. GÉNÉRALITÉS. — OUVRAGES DIVERS.

1262	DUPIN (Baron). — Histoire de l'Administration locale, ou Revue historique des changements survenus dans l'organisation administrative, depuis le commencement de la monarchie jusqu'à l'avénement de Charles X. Paris, 1829; 1 vol. in-8° rel.	B.	1045
1263	Dictionnaire général d'administration, contenant la définition		

	de tous les mots de la langue administrative, avec l'histoire de la législation, la jurisprudence, les lois, règlements, etc., sur chaque matière; rédigé sous la direction de M. Blanche. Paris, 1849; 1 vol. in-8° rel.	B.	1046
1264	LEMERCIER. — Répertoire administratif. Guide de la classification générale des affaires publiques. Dictionnaire complet des attributions de tous les ministères et des administrations du royaume. Paris, 1835; 1 vol. in-8° rel.	B.	1047
1265	BONNIN. — Abrégé des principes d'administration. 3e édit. Paris, 1829; 1 vol. in-8° rel.	B.	1048
1266	MITTRE (H. C.). — De l'Influence de Paris sur toute la France, ou de la Centralisation administrative et politique et des moyens d'en diminuer les inconvénients. Paris, 1833; in-8° rel.	B.	1049
1267	PELET DE LA LOZÈRE. — Opinions de Napoléon sur divers sujets de politique et d'administration. Paris, 1833; 1 vol. in-8° rel.	B.	1050
1268	LABORDE (Alexandre DE). — Paris municipe, ou Tableau de l'Administration de la ville de Paris, depuis les temps les plus reculés jusqu'à nos jours. Paris, 1833; in-8° rel.	B.	1051
1269	Dictionnaire de l'Administration française, publié sous la direction de M. Maurice Block, avec la collaboration de divers fonctionnaires. Paris, 1855; 1 vol. in-8° rel.	B.	1052
1270	Rapports au roi sur la situation de l'instruction primaire, suivis des rapports sur les recettes et dépenses allouées pour ce service dans les années 1834, 1837 et 1840; publiés par le ministère de l'instruction publique. Paris, Imp. roy., 1834, 1837 et 1841; 3 vol. in-4° rel.	A.	632
1271	VILLEMAIN. — Rapport au roi sur la situation de l'instruction primaire et secondaire en 1841 et 1843; publié par le ministère de l'instruction publique. Paris, 1841-43; 1 vol. in-4° rel.	B.	1053
1272	RENDU (Ambroise). — De l'Instruction secondaire, et spécia-		

	lement des écoles secondaires ecclésiastiques. Paris, 1842; 1 vol. in-8° rel.	B.	1054
1273	Schelling (J.). — Leçons sur la méthode à suivre dans les études universitaires; traduit de l'allemand par P. Delorme. Athènes, 1843; in-18.	B.	1055
1274	Saillet (Alexandre de). — Les Écoles royales de France, ou l'Avenir de la jeunesse. Paris (sans date); 1 vol. in-8° rel.	B.	1056
1275	Mélanges sur l'instruction publique. Enseignement primaire et secondaire. 1 vol. in-8° rel. Nouvelles réflexions sur l'ordonnance du 16 juin 1828, concernant les petits séminaires. Rapport général sur la situation et les progrès de l'enseignement primaire en France et à l'étranger, par Jomard. 1832. Discours sur l'éducation populaire, par Dubochet. Nantes, 1833. Lettre sur l'organisation départementale et sur l'instruction primaire, par le comte de Montlosier. Discours de M. de Tracy sur l'instruction secondaire. 1837. Discours du baron de Fréville sur l'instruction secondaire. 1844. De l'Instruction secondaire en France, de ses défauts, de leurs causes et des moyens d'y remédier, par Fréd. Passy. 1846. De l'Examen des candidats à l'École polytechnique, par un ancien élève. 1846.	B.	1057
1276	Comptes généraux des travaux du Conseil d'État et de ses comités, de 1830 à 1839, présentés au roi par le garde des sceaux. Paris, 1835 à 1840; 2 vol. in-4° rel.	A.	127
1277	Analyses des votes des conseils généraux de département, publiées par le ministère de l'intérieur, à partir de la session de 1817, et suite. Imp. roy.; in-4° rel.	A.	202
1278	Procès-verbaux résumés des conseils généraux de l'agriculture, du commerce et des manufactures, session du 14 décembre 1837 au 10 février 1838 (1re année), publiés par le ministère du commerce. Imp. roy., 1838; 1 vol. in-4° rel.	A.	208
1279	Commission de la propriété littéraire. Collection des procès-verbaux. Paris, 1826; 1 vol. in-4° rel.	A.	971
1280	Rapport au roi sur les archives départementales et communales. Imp. roy., 1841; 1 vol. in-4° rel.	A.	974

1281	WATTEVILLE (Ad. DE). — Statistique des établissements et services de bienfaisance, enfants trouvés et abandonnés en France. Imp. nat., 1849; 1 vol. in-4° rel.	A.	975
1282	WATTEVILLE (Ad. DE). — Rapport sur l'administration des monts-de-piété. Imp. nat., 1850; 1 vol. in-4° rel.	A.	976
1283	Rapport sur les marchés publics en Angleterre, en Belgique, en Hollande et en Allemagne. Préfecture de la Seine. Paris, 1846; 1 vol. in-4° rel.	A.	982
1284	Documents fournis par M. le préfet de police sur le commerce de la viande. Imp. nat., 1851; 1 vol. in-fol. rel.	A.	983
1285	Enquête législative sur la production et la consommation de la viande de boucherie. Enquête orale. Rapport fait par M. Lanjuinais au nom de la commission. Paris, 1851, vol. in-4° rel.	A.	984
1286	RUMPF. — Droits et devoirs des fonctionnaires et employés prussiens depuis leur entrée en place jusqu'à leur sortie; traduit de l'allemand par Noël (Ch.). Paris, 1840; 1 vol. in-8° rel.	B.	1058
1287	FOSSARD (A. J.). — De la Réforme administrative. Paris, 1837; in-8° rel.	B.	1059
1288	GUIZARD (DE). — Aperçu des progrès administratifs introduits dans les services départementaux, de 1830 à 1845, particulièrement dans l'Aveyron. Paris, 1846; 1 vol. in-8° rel.	B.	1060
1289	*HAUTERIVE* (Comte *D'*). — Conseils à des surnuméraires. in-8° rel.	B.	1061
1290	DUPIN (Ch.). — Système de l'administration britannique en 1822. Paris, 1823; 1 vol. rel.	B.	1062
1291	BOURSAINT (P. L.). — Écrits divers, recueillis et publiés par Blanchard. Paris, 1837; 1 vol. in-8° rel.	B.	1063
1292	Mélanges sur l'Administration. 2 vol. in-8° rel. Tome I. Appel à la justice sur la caisse de vétérance. 1833.	B.	1064

Caisse de vétérance. 1832.

Projet d'indemnité des émigrés, déportés, condamnés ou de leurs ayants cause, par Mallet de Trumilly. 1824.

Sur l'indemnité des anciens colons de Saint-Domingue. Nantes, 1828.

Pétition des colons de Saint-Domingue pour le payement des quatre derniers cinquièmes de leur indemnité. 1828.

Examen raisonné de la proposition faite aux anciens colons de Saint-Domingue relativement à l'indemnité. 1836.

Indemnité de Saint-Domingue, par un colon.

De l'Indemnité de Saint-Domingue, etc., par Vendryes. 1839.

Observations sur le fonds de la Légion d'honneur.

Les deux arriérés de la Légion d'honneur, par le baron de Beaumont. 1833.

Pétition sur l'arriéré moral de la Légion d'honneur, par le baron de Beaumont. 1836.

Examen des questions relatives à la ferme-régie des jeux de la ville de Paris, par Freman. 1836.

Pièces du procès sur les loteries et sur les publications de librairie avec prime aux souscripteurs, par Bettoni. 1836.

Projet d'assurances générales sur la vie, par Bertolacci. 1829.

Institution de prévoyance des hommes et femmes à gages, par Hoffman. 1836.

Des Institutions de prévoyance, et particulièrement des assurances, par Nestor Urbain. 1838.

Mémoire sur le projet d'établir des bureaux auxiliaires du mont-de-piété. 1839.

Caisse royale d'économie politique, de prévoyance, d'épargne et de pensions, par Deladerière. 1834.

Pétition indiquant les moyens d'organiser le travail, d'assurer le bien-être des populations ouvrières, etc., par Giraud. Périgueux, 1848.

Caisse générale de retraites, prévoyance, secours mutuels, par Feytaud. Valenciennes, 1849.

Rapport à la caisse d'épargne. 1841.

Résultats chimériques des associations tontinières, dites assurances mutuelles sur la vie, démontrés à l'aide du calcul. 1844

Système d'association par phalange agricole-industrielle, par Lemoyne. 1834.

Des Caisses d'épargne, par Amédée Hennequin. 1845.

Tome II.

Observations sur l'administration communale et départementale. 1830.

De l'Influence de Paris sur toute la France, ou de la Centralisation économique, administrative et politique, par Mittre. 1833.

Encore un mot sur le danger des inhumations précipitées, par Hyacinthe Le Guern. 1845.

Nouvelles considérations morales, théoriques et pratiques sur les inhumations précipitées, par H. Le Guern. 1846.

De l'Assainissement des fosses d'aisances, des latrines et urinoirs publics, par Couverchel. 1837.

Amélioration du régime alimentaire des hôpitaux, par d'Arcet. 1844.

De la Santé des ouvriers employés dans les manufactures de tabac, par le docteur Mélier. 1845.

Nouvelles observations sur l'assiette de l'impôt en hommes, par Hargenvilliers.

Essai sur la division indéfinie des propriétés, par Girou de Buzareingues.

De la Libération de la propriété, ou Réforme de l'administration des impôts directs et des hypothèques, par le marquis d'Audiffret. 1844.

Moyen pour assurer la remise des dépôts confiés à l'Administration des postes et pour en décharger sa responsabilité, par Castéra. Paris, 1828.

Économie politique. Des postes, des diligences, des voitures publiques, des voitures de luxe, des impôts somptuaires, par le baron de Lacuée. Paris, 1830.

Règlement du service des facteurs de Paris. 1834.

Tableaux présentant l'organisation du service des postes à Paris. 1837.

1293 Mélanges sur l'Administration. 1 vol. in-4° rel........... B. 1065

Des Modifications à apporter aux lois sur l'enregistrement, par P. Le Saulx. Caen, 1835.

Du Jury en Corse. Mémoire au roi en son conseil des ministres, par F. M. Patorni. Paris, 1830.

Plan d'une banque nationale de prêts, sur contrats d'hypothèques, dont le remboursement à raison de 8 p. 0/0 par an, au terme de la vingtième année, a opéré la libération de la dette principale et des intérêts. Paris, 1804.

Observations sur la caisse de vétérance de l'ancienne liste civile. 1833.

Considérations sur le projet de loi concernant la caisse de vétérance.

L'Ancienne maison du roi et la caisse de vétérance, par M. de C... 1834.

Mémoire pour les employés réformés sans pension de l'ancienne liste civile.

L'Agonie de la loterie (premier coup de cloche), par Bryon. 1830.

	Observations de l'archevêque de Reims sur le projet de loi pour la liberté d'enseignement. Reims, 1841. Examen de la législation relative à l'instruction primaire dans son application à la ville de Paris. Rapports au sujet des modifications introduites dans le régime du pénitencier des jeunes détenus de la Seine, aujourd'hui maison centrale d'éducation correctionnelle, de 1838 à 1846. Projet de caisse gouvernementale de secours à vie. Institution d'une caisse générale d'assurances sur la vie. Bruxelles, 1849. Même objet. 1849. Nouvelles tables de mortalité pour la Belgique, par A. Quételet. Bruxelles, 1849. Observations sur le compte rendu par les administrateurs de la ferme des postes, en vendémiaire an VIII. Projet qui tend à compléter en France le service de la poste aux lettres. 1828. Règlement concernant l'administration et la police des équipages des paquebots de poste de la Méditerranée. 1839. Mémoire de la chambre de commerce de Cherbourg sur les paquebots à vapeur. 1840. Observations de la chambre de commerce du Havre sur le service des correspondances transatlantiques. 1845. Des Paquebots à vapeur pour l'Amérique, par Gardère. 1840. Lettre de la commission havraise des paquebots à vapeur pour l'Amérique. 1840.		
1294	GERVAISAIS (DE LA). — Collection de ses opuscules sur divers points de gouvernement et d'administration publique. 1824-1827; 7 vol. in-8° rel.	B.	1066
	Le 1er volume, sur le remboursement des rentes, contient : Du Bon droit et du bon sens en finances, ou du Projet de remboursement des rentes. De l'Illégalité du remboursement, précédée d'une supplique à la Chambre. De l'Immoralité du remboursement. Paroles de justice et de raison. Un mot sur, pour et contre le rapport fait à la Chambre des pairs par M. le duc de Lévis. Errata des éclaircissements donnés par le ministre dans la séance du 24 mai. Le 2e volume, sur la mine de sel gemme, contient : État de la question sur l'exploitation de la mine de sel gemme		

Coup d'œil sur l'exposé des motifs et le projet de loi relatif à la mine de sel gemme.
Préambule de la discussion sur le projet de loi relatif à la mine de sel gemme.
Historique de la loi proposée en faveur de la mine.
Analyse du rapport fait à la Chambre des pairs sur la mine de Vic.
La Loi sans motifs, ou État de la discussion sur l'exploitation de la mine de Vic.
Les Périls de la loi, ou Dernier terme de la discussion sur l'exploitation de la mine de Vic.
Extraits relatifs au raffinage des sels de la mine de Vic.

Le 3ᵉ volume, sur la conversion des rentes, contient :

Des Trois pour cent, premier aperçu.
Des Trois pour cent, deuxième aperçu.
Des Trois pour cent, troisième aperçu.
Des Trois pour cent, derniers aperçus.
L'Auteur du système.
La Tribune et le cabinet.
Le Panégyrique du trois.
La Tactique de tribune.
Contre-note en réponse à la note relative à la brochure intitulée : Tactique de tribune.

Le 4ᵉ volume, mélanges politiques, contient :

Les Scrupules d'un électeur.
Projet d'adresse à la Chambre des députés en réponse au discours de la Couronne.
Du Projet d'indemnité sous le rapport de la justice relative.
Le Ministre.
Invocation aux autorités relativement au système diffamatoire signalé en deux énormes volumes, suivie du texte de la dénonciation réduit et mis au net.
Sur une diatribe.
Le Fanatisme anti-catholique.

Le 5ᵉ volume, sur la Péninsule et les journaux, contient :

Le Vrai sens des discours de M. Canning.
La Politique royaliste à l'égard de la Péninsule.
Examen d'une brochure intitulée : Un mot sur la crise du Portugal.
De la Péninsule, faisant suite à la Politique royaliste.
Des Journaux, à l'occasion du projet de loi sur la presse.
Suite.

Deuxième suite.
Fin.

Le 6e volume, sur le système ministériel, contient :

Un Homme de trop.
Un Français aussi au ministère.
La Pairie.
La Censure.
Remontrance au conseil de surveillance de la censure.
Admonition au conseil de surveillance de la censure.
La Censure. Des surveillants.
La Pairie. Des pairs viagers.
Procès de la pairie.
Dernier trait de la censure.
Une autre Chambre.
Un autre ministère.
La Nouvelle Chambre.
Un Royaume et un homme.

Le 7e volume, politique extérieure et intérieure, contient :

La Péninsule en tutelle.
Le Sort de l'Orient.
Le Sort de l'Orient. (Suite.)
La Paix de l'Europe.
Extraits de deux pamphlets.
Le Statut de la pairie.
Des Concessions au sujet de la censure facultative.
Sur la Censure et la suspension.
De la Concurrence effective des journaux.
Sur la Révision des listes électorales.
Du Projet amendé sur la révision, etc.
Du Rejet de la loi amendée, etc.
Encore du Rejet de la loi amendée.
De l'Effet moral de la loi sur la révision des listes.
Des Résultats de la loi sur la révision des listes.
Les Erreurs du ci-devant ministre.

§ 2. FINANCES.

A. GÉNÉRALITÉS.

1295 LÉVIS (Duc DE). — Considérations morales sur les finances. Paris, 1816; 1 vol. in-8° rel. B. 1067

1296	Gandillot (R.). — Essai sur la science des finances. Paris, 1840; 1 vol. in-8° rel.	B.	1068
1297	*Micoud*. — Sur les finances, le commerce, la marine et les colonies. Paris, 1802; 2 tom. en 1 vol. in-8° rel.	B.	1069
1298	Ganilh (Ch.). — De la Législation, de l'administration et de la comptabilité des finances de la France depuis la restauration. Paris, 1817; 1 vol. in-8° rel.	B.	1070
1299	Duchesne. — Essai sur les finances, sur les économies de cent millions au moins à faire aux divers budgets des dépenses. Paris, 1831; 1 vol. in-8° rel.	B.	1071
1300	Bricogne. — Situation des finances au vrai en 1819. Paris, 1819; 1 vol. in-8° rel.	B.	1072
1301	Recueil des opuscules de Bricogne sur les finances, et de quelques autres. 2 vol. in-8° rel.	B.	1073

Tome I.

Situation des finances au vrai, par Bricogne. 1819.
Réponse à la lettre d'un vieux commis du Trésor.
Errata du rapport de M. le comte Beugnot sur les voies et moyens, par Bricogne. 1819.
Fragments extraits du portefeuille de M. Cigogne.
Errata de quelques brochures sur les finances, par B. M. D. R.
Lettre d'un vieux commis du Trésor à son ami.
Observations sur la caisse hypothécaire. 1818.
Extrait du Publiciste. Sur la liste des souscripteurs et sur les réponses de la caisse hypothécaire. Février 1819.
Extrait du Publiciste. Caisse hypothécaire. 1819.
Projet de loi sur la Banque de France.
Mémoire des tanneurs sur le droit de marque des cuirs.

Tome II.

Opinion et observations sur le budget de 1814, sur le budget de juin 1815 et sur les différents systèmes de finances suivis en France depuis l'an VIII jusqu'au 8 juillet 1815, par un créancier de l'État (Bricogne).
Quelques mots de consolation aux créanciers de l'État, par Bricogne.
Observations sommaires sur le projet de loi relatif à la Cour des comptes, par Bricogne.
Examen impartial du budget (mars 1816), par Bricogne.

	Réponse aux objections faites contre l'examen impartial du budget, par Bricogne. Observations sur l'examen impartial du budget, par le duc de Gaëte. Réponse aux observations sur les contributions indirectes contenues dans l'examen impartial du budget.		
1302	GODARD. — Mémoire et propositions sur la comptabilité générale des finances du royaume, suivis d'un modèle de compte général. Paris, 1821; 1 vol. in-4° rel.	B.	1074
1303	Manuel financier, contenant le texte des dispositions législatives propres à éclairer le vote des lois de finances; publié par le secrétariat de la Chambre des députés. Paris, 1837; 1 vol. in-18 rel.	B.	1075
1304	SÉGUIN (Armand). — Des Finances de la France, à partir de 1818 jusqu'en 1835. 1 vol. oblong.	B.	1076
1305	DUTENS (Joseph). — Essai comparatif sur la formation et la distribution du revenu de la France en 1815 et 1835. Paris, 1842; 1 vol. in-8° rel.	B.	1077
1306	*MASSON*. — De la Comptabilité des dépenses publiques. Paris, 1822; 1 vol. in-8° rel.	B.	1078
1307	LAFONTAINE (DE). — Lettres à l'auteur de l'écrit anonyme intitulé : De la Comptabilité des dépenses publiques. Paris, 1822; 1 vol. in-8° rel.	B.	1079
1308	MONTCLOUX (H. DE). — De la Comptabilité publique en France. Paris, 1840; 1 vol. in-8° rel.	B.	1080
1309	Rapport sur l'état actuel de la comptabilité en matières dans les différents ministères et administrations publiques. Paris, 1842; 1 vol. in-4° rel.	B.	1081
1310	Tableau général des propriétés de l'État, à partir de 1836, et suite. Paris, Imp. roy., 1836 et suiv.; in-4° rel.	B.	1082
1311	Système financier et colonial, ou Plan de deux grands établissements industriels indispensables au développement		

	de la prospérité de la France. Paris, 1832; 1 vol. in-8° rel.	B.	1083
1312	Audiffret (Marquis d'). — Système financier de la France. Paris, 1840; 2 vol. in-8° rel.	B.	1084
1313	Audiffret (Marquis d'). — Système financier de la France. 2e édit. Paris, 1854; 5 vol. in-8° rel.	B.	1085
1314	Audiffret (Marquis d'). — Examen des revenus publics. Paris, 1839; 1 vol. in-8° rel.	B.	1086
1315	Audiffret (Marquis d'). — Le Budget. Paris, 1841; 1 vol. in-8° rel.	B.	1087
1316	Roch. — Dictionnaire du budget. Paris, 1830; 1 vol. in-8° rel.	B.	1088
1317	Lacoudrais. — Du Budget et du contrôle des dépenses du ministère de la marine et des colonies, publié par ce ministère. Paris, Imp. roy., 1842; 1 vol. in-8° rel.	B.	1089
1318	Opinion et observations sur le budget de 1814, sur celui de juin 1815, et sur les différents systèmes de finances suivis en France depuis l'an VIII jusqu'au 8 juillet 1815, par un créancier de l'État. 3e édit. Paris, 1815; 1 vol. in-8° rel.	B.	1090
1319	Collection des rapports généraux et particuliers sur les budgets de 1832, le déficit Kesner et la liste civile du roi. Paris, 1832; 1 vol. in-4° rel.	B.	1091
1320	*Jean le Rond* (pseud.). — Comparaison des budgets de 1830 et de 1843. Épître à M. le ministre des finances. Paris, 1843; 1 vol. in-8° rel.	B.	1092
1321	Dailly. — Traité général des impositions et leur origine. (Manuscrit.) 2 vol. in-fol. rel.	B.	1093
1322	Moreau de Beaumont. — Mémoires concernant les impositions et droits en Europe, avec des suppléments, et annotés par Poullain de Viéville. Paris, 1787 et 1789; 5 vol. in-4° rel.	B.	1094

1323	BOISLANDRY (L. DE). — Des Impôts et des charges des peuples en France. Paris, 1824; 1 vol. in-8° rel.	B.	1095
1324	HAUTERIVE (Comte D'). — Considérations générales sur la théorie de l'impôt et des dettes. Paris, 1825; 1 vol. in-8° rel.	B.	1096
1325	Bases véritables de quelques impôts, avec tableaux d'application, etc. Paris, 1838; 1 vol. in-8° rel.	B.	1097
1326	Observations sur la liquidation de l'indemnité. Paris, 1825; 1 vol. in-8° rel.	B.	1098
1327	États détaillés des liquidations d'indemnités au profit des anciens colons de Saint-Domingue, opérées par la commission, de 1830 à 1833. Imp. roy.; 6 vol. in-4° rel.	A.	199
1328	LACOUDRAIS. — De la Cour des comptes considérée dans ses rapports avec la marine et l'établissement des invalides. Paris, 1832; in-8° rel.	B.	1099
1329	BRICOGNE. — La Caisse usuraire dite hypothécaire. Paris, 1820; 1 vol. in-8° rel.	B.	1100
1330	Schneider der Entlehner, pamphlet financier et épisodique, suivi d'une correspondance inédite avec M. de Châteaubriand. Paris et Bruxelles, 1842; 1 vol. in-8° rel.	B.	1101
1331	Liste générale des pensionnaires de l'ancienne liste civile, avec l'indication sommaire des motifs de la concession de la pension. Imp. roy., 1833; 1 vol. in-4° rel.	A.	200
1332	CORMENIN (DE). — Très-humbles remontrances de Timon. 4e édit. Paris, 1838; 1 vol. in-18 rel.	B.	1102
1333	CORMENIN (DE). — Lettres sur la liste civile et sur l'apanage. 16e édit. Paris, 1837; 1 vol. in-18 rel.	B.	1103
1334	La Liste civile dévoilée. Lettres d'un électeur de Joigny à M. de Cormenin. Paris, 1837; 1 vol. in-18 rel.	B.	1104
1335	Nouveau système de traitements, salaires et pensions, appli-		

	cable à tous les services publics et privés. Paris, 1842; in-8° rel.	B.	1105
1336	Développements sur les produits de l'enregistrement, du timbre et des domaines, extraits des comptes généraux de l'Administration des finances. Exercices 1826 à 1849. 1 vol. in-4° rel.	15	618
1337	Mélanges sur les finances, budgets et dépenses publiques. 2 vol. in-8° rel.	B.	1106

Tome I.

Réflexions sur l'aperçu des recettes et dépenses de l'an 1815, par Sabatier, ancien administrateur.

Réflexions sur le budget de 1814, par Ganilh, ex-tribun.

Exposé des travaux de la commission consultative du budget, rédigé par le duc de Lévis. 1816.

Observations sommaires sur le budget de 1818, par le duc de Lévis.

Réflexions sommaires sur le rapport fait par M. Roy sur les comptes des années 1815, 1816, 1817 et 1818, par Saint-Aubin, ex-tribun.

Observations sommaires sur le service des dépenses et sur la nécessité d'établir des rapports légaux entre la Cour des comptes et la législature. 1819.

Des Attributions de la législature relativement aux dépenses publiques. 1820.

Tome II.

Examen du budget de 1832. Réformes financières, par Émile Pereire.

Rapport du baron de Fréville à la Chambre des pairs relativement à la fixation du budget des dépenses pour 1834.

Discours de M. Le Peletier d'Aunay sur l'ensemble des demandes de crédits faites pour 1839.

Lettre à M. Émile de Girardin en réponse à son article sur le budget, publié par *la Presse* du 24 juin 1847, par A. S.

Du Rapport sur le budget des dépenses. 1829.

Des Budgets de 1832 et 1833.

Observations présentées par M. Bérard, député, sur les rapports de la commission du budget. 1832.

Des Chiffres et des faits sur la situation actuelle. 1832.

1338	Mélanges sur l'administration et les finances. 3 vol. in-8° rel.	B.	1107

Tome I.

Discours sur les finances, par le citoyen Mangin. An v.

Du Rétablissement de l'ordre dans les finances par une organisation nouvelle de la trésorerie et de la comptabilité, par Paulin Crassous. An VIII.

Idées sur l'Administration des finances, par M. Delafontaine. An VIII.

Errata de quelques brochures sur les finances, par B. D. M. R. 1818.

Situation des finances au vrai, par M. Bricogne. 1819.

Observations sur un ouvrage de M. Bricogne ayant pour titre : Situation des finances au vrai, par Armand Séguin. 1819.

Lettre d'un vieux commis du Trésor à son ami. 1819.

De la Responsabilité ministérielle relativement à l'administration des finances, par Ferrier.

Lettres à un député. Opérations financières de 1818.

Mémoire contenant plusieurs projets de finance, de politique et d'administration, par Granier, de Sainte-Cécile. 1820.

Tome II.

Rêve d'améliorations administratives et financières, par Armand Séguin. 1828.

Nouveau plan de finances tendant à la suppression de divers impôts, par Millon. 1829.

Projet de répartition du fonds de réserve, par Cunin. 1828.

Observations sur la cause principale du déficit du fonds commun créé le 27 avril 1825, et sur les moyens de le réparer, par Dard. 1829.

De l'État périlleux des finances et du quatre pour cent Chabrol, par Fazy. 1830.

Tableau de tous les traitements et salaires payés par l'État d'après le budget de 1830, par un membre de la société de statistique.

Des Administrations financières et de leur organisation, par Gallois-Mailly. 1831.

Des Finances de la France avant et après la révolution de juillet, par le vicomte de Suleau. 1832.

Du Bilan financier de la France, par Arm. Séguin. 1833.

Trois mémoires recommandés aux méditations des gouvernants et de ceux qui doivent ou qui veulent les aider de leurs lumières. 1833.

La Vérité économique. Une Pensée de quarante ans. 1790-1831.

Plan de finances, de bon sens et de bonne foi. 1836.

Du Système général des finances, par L. D. D. L. V.

De la Nécessité et des bases d'une réforme financière en faveur de la propriété foncière, par Legat. 1840.

Mémoire indiquant un moyen facile de créer à l'État un revenu de 7 à 8 millions exempt de frais de perception.

Tome III.

Dilapidation des deniers de l'État. Aux députés de 1839, par F...
Des Finances publiques en France, par de Ménainville. 1843.
Coup d'œil sur notre Constitution et nos finances, par Goupy. 1847.
Histoire financière du Gouvernement de juillet, par Vitet. 1848.
Les Aberrations de M. Thiers. Projet de réforme financière et divers projets de décrets, par A. H. S...
Coup d'œil sur la situation financière de la France à l'avénement de la République, par Saint-Paul. 1848.
Observations sur la situation financière, par Ach. Fould. Mai 1848.
La Crise financière de 1848, par M. G. d'Audiffret.
Observations sur l'Administration des finances pendant le Gouvernement de juillet et sur ses résultats, par M. Lacave-Laplagne. 1848.
Lettre à M. Thiers sur la présidence de la République et les crises financière et politique, par un Suédois. 1848.

1339	Mélanges sur les finances. Budgets et dépenses publiques. 1 vol. in-4° rel.	B.	1108

Opinion d'un créancier de l'État sur le budget et sur les observations et réflexions dont il a été l'objet. 1814.
Observations et éclaircissements sur le paragraphe concernant les finances, dans l'exposé sur la situation du royaume. 1814.
Mémoire sur les finances au sujet du budget de 1815, par J. Ouvrard.
Système du crédit public particulier à la France fondé sous le ministère Corvetto, en 1816, par Delon.
Observations sur un plan de finances proposé par M. Laffitte, par Armand Séguin. 1818.
Éclaircissements sur les lois, les budgets et les comptes de finances depuis la Restauration. 1818.
Projet d'un emprunt de trois cents millions.

B. HISTOIRE.

1340	GUADET (J.). — Résumé d'un mémoire sur les impositions publiques dans la Gaule, depuis l'origine de la monarchie des Francs jusqu'à la mort de Louis le Débonnaire. Paris, 1837; in-8° rel.	B.	1109

(Mémoire couronné par l'Académie des inscriptions et belles-lettres.)

1341	GANILH (Ch.). — Essai politique sur le revenu public des peuples de l'antiquité, du moyen âge, des siècles modernes, et spécialement de la France et de l'Angleterre depuis le milieu du XVe siècle jusqu'en 1823. Paris, 1823; 2 vol. in-8° rel.	B.	1110
1342	DU FRESNE DE FRANCHEVILLE. — Histoire générale et particulière des finances, où l'on voit l'origine, l'établissement, la perception et la régie de toutes les impositions. Paris, 1738; 2 vol. in-4° rel.	B.	1111
1343	POTHERAT DE THOU. — Recherches sur l'origine de l'impôt en France. Paris, 1838; 1 vol. in-8° rel.	B.	1112
1344	ARNOULD. — Histoire générale des finances de la France depuis le commencement de la monarchie, pour servir d'introduction à la loi annuelle ou budget de l'empire français. Paris, 1806; 1 vol. in-4° rel.	B.	1113
1345	BRESSON (J.). — Histoire financière de la France, depuis l'origine de la monarchie jusqu'à 1828, précédée d'une introduction sur le mode d'impôts en usage avant la révolution. Paris, 1829; 2 vol. in-8° rel.	B.	1114
1346	BAILLY (A.). — Histoire financière de la France, depuis l'origine de la monarchie jusqu'à la fin de 1786. Paris, 1839; 2 vol. in-8° rel.	B.	1115
1347	BOUCHAUD. — De l'Impôt du vingtième sur les successions, et de l'impôt sur les marchandises chez les Romains. Paris, 1772; 1 vol. in-8° rel.	B.	1116
1348	*HAUCHAMP (DU)*. — Histoire du système des finances sous la minorité de Louis XV, pendant les années 1719 et 1720, précédée d'un abrégé de la vie du duc régent et du sieur Law. La Haye, 1739; 3 vol. in-12 rel.	B.	1117
1349	Réflexions politiques sur les finances et le commerce. Tom. I et II. Examen de cet ouvrage. Tom. III et IV. La Haye, 1754; 4 vol. in-12 rel.	B.	1118
1350	AGUESSEAU (D') et LAMOIGNON (DE). — Avis sur les contestations		

	de la chambre des comptes de Montpellier et des trésoriers de France, suivi de l'arrêt du conseil du 15 septembre 1685. Manuscrit in-4° rel.	B.	1119
1351	BEAUNE (Claude DE). — Traicté de la chambre des comptes de Paris. Paris, 1647; 1 vol. in-12 rel.	B.	1120
1352	*LECHANTEUR (L.)*. — Dissertation historique et critique sur la chambre des comptes en général, et sur l'origine, l'état et les fonctions de ses différens officiers. Paris, 1765; 1 vol. in-4°.	B.	1121
1353	VAUBAN (Maréchal DE). — Projet d'une dîme royale qui, supprimant la taille, les aydes et autres impôts onéreux, produirait au roy un revenu certain et suffisant sans frais. Paris, 1707; 1 vol. in-4° rel.	B.	1122
1354	*BRUNY (DE)*. — Examen du ministère de M. Colbert. Paris, 1774; 1 vol. in-8° rel.	B.	1123
1355	*HARDY (Séb.)*. — Le Guidon général des finances, avec les annotations de M. Vincent Gelée. Paris, 1631; 1 vol. in-12 rel.	B.	1124
1356	LAW (J.). — Ses Œuvres, contenant les principes sur le numéraire, le commerce, le crédit et les banques. Paris, 1790; 1 vol. in-8° rel.	B.	1125
1357	*COQUEREAU*. — Mémoire concernant l'Administration des finances sous le ministère de M. l'abbé Terrai. Londres, 1776; 1 vol. in-12.	B.	1126
1358	FOURNIVAL (Simon). — Recueil général des titres concernant les fonctions, rangs, etc., des charges des présidens trésoriers de France, généraux des finances et grands voyers des généralités du royaume. Paris, 1655; 1 vol. in-fol. rel.	B.	1127
1359	*PATAS DE BOURGNEUF (L.)*. — Mémoires sur les priviléges et fonctions des trésoriers généraux de France, avec une table générale et chronologique des ordonnances, édits, etc., concernant leurs priviléges. Orléans, 1745; 1 vol. in-4° rel.	B.	1128

1360	DÉOU DE BEAUMONT. — Mémoires pour servir à l'histoire générale des finances. Londres, 1758; 2 vol. in-12.........	B.	1129
1361	*FORBONNAIS (DE).* — Recherches et considérations sur les finances de France, depuis l'année 1595 jusqu'à 1721. Basles, 1758; 2 vol. in-4° rel......................	B.	1130
1362	Mémorial alphabétique des choses concernant la justice, la police et les finances de France sur le fait des tailles. 5e édit. Paris, 1742; 1 vol. in-4° rel......................	B.	1131
1363	*AUGER.* — Mémoires pour servir à l'histoire du droit public de la France en matière d'impôts, ou Recueil de ce qui s'est passé de plus intéressant à la cour des aides, de 1756 à 1775. Bruxelles, 1779; 1 vol. in-4° rel.............	B.	1132
1364	HOCQUART DE COUBRON. — Nouvelles vues sur l'Administration des finances et sur l'allégement de l'impôt. La Haye, 1785; 1 vol. in-8° rel............................	B.	1133
1365	Encyclopédie méthodique. Dictionnaire des finances. Paris, 1784-1787; 3 vol. in-4° rel......................	B.	1134
1366	*MONTHION (DE).* — Particularités et observations sur les ministres des finances de France les plus célèbres, depuis 1660 jusqu'à 1791. Paris, 1812; 1 vol. in-8° rel.	B.	1135
1367	*BLONDEL.* — Introduction à l'ouvrage intitulé : De l'Administration des finances de la France par M. Necker. Paris, 1785; 1 vol. in-8° rel........................	B.	1136
1368	NECKER. — De l'Administration des finances de la France. 1784; 3 vol. in-8° rel........................	B.	1137
1369	NECKER. — Sur son Administration. Amsterdam, 1791; 1 vol. in-12 rel............................	B.	1138
1370	NECKER. — Compte rendu au roi, au mois de janvier 1781. Paris, janvier 1781; 1 vol. in-4° rel...............	B	1139
1371	Collection complète de tous les ouvrages pour et contre		

M. Necker, avec des notes politiques et secrètes. Utrecht, 1781; 3 tomes en 1 vol. in-8° rel. . . . . B. 1140

Tome I.

Lettre de M. Turgot à M. Necker.
Le Tableau comparatif du système de Law avec celui de M. Necker.
Sur l'administration de M. Necker, par un citoyen français.
Suite des observations du citoyen.
Réponse à la lettre de M. Turgot à M. Necker.
Lettre à M. Necker, directeur général des finances.
Seconde suite des observations du citoyen.

Tome II.

Compte rendu au roi par M. Necker, avec les cartes et les tableaux.
Lettre d'un ami à M. Necker.
Les Comments.
Troisième suite des observations du citoyen, appelée vulgairement les Pourquoi ou la Réponse verte.
Compte rendu au roi et état des revenus du roi pour l'année 1775, par l'abbé Terray.
La Gazette anglaise.

Tome III.

Conversation de madame la princesse de P. avec madame Necker.
Mémoire présenté au roi sur les administrations provinciales.
Lettre d'un bon Français.
Lettre de M. Caraccioli à M. d'Alembert.
Observations modestes d'un citoyen en faveur des opérations de finance de M. Necker.
Lettre à M. le marquis de Villette.
Requête au roi sur la retraite de M. Necker, par un ancien résident à la cour de France.
Idée d'un citoyen relativement à la gestion de M. Necker.

1372 Necker. — Mémoire au roi sur l'établissement des administrations provinciales, suivi du compte rendu au roi. Paris, 1785; 1 vol. in-8° rel. . . . . B. 1141

1373 Turgot. — Ses Œuvres, précédées et accompagnées de mémoires et de notes sur son administration et ses ouvrages. Paris, 1811; 9 vol. in-8° rel., port. . . . . B. 1142

1374 Calonne (De). — Réponse à l'écrit de M. Necker publié en avril 1787, contenant l'examen des comptes de la situation des finances rendus en 1774, 1776, 1781, 1783, 1787, avec des observations sur les résultats de l'Assemblée des notables. Londres, 1788; 1 vol. in-4° rel. . . . . B. 1143

1375 Comptes rendus au roi par M. Necker, directeur général des finances, en 1781 et 1788. Paris, Imp. roy. — Collection de comptes rendus, pièces authentiques, états et tableaux concernant les finances de France, depuis 1758 jusqu'en 1787. Lauzanne, 1788; 1 vol. in-4° rel. . . . . B. 1144

1376 Necker. — Sur le compte rendu au roi en 1781. Nouveaux éclaircissements. Paris, 1788; 1 vol. in-4° rel. . . . . B. 1145

1377 Mélanges sur l'administration financière. Lettres patentes, édits, ordonnances, déclarations du roi, de 1777 à 1781. 1 vol. in-4° rel. . . . . B. 1146

Administration de M. Necker, directeur général des finances, depuis le 22 juin 1777 jusqu'au 29 mai 1781.

1777. Édit supprimant six offices d'intendants des finances.

Lettres-patentes portant ampliation de pouvoir aux gardes des registres du contrôle général des finances et suppression des droits de contrôle.

Établissement d'une commission pour l'amélioration des divers hôpitaux de Paris.

Les revenus des postes seront régis pour le compte du roi.

Régie, recette et exploitation conférées à Dominique Compant.

Prorogation pour dix ans de la perception des octrois municipaux.

Suppression de divers offices dans les domaines, bois, eaux et forêts.

Emprunt de 600,000 livres de rentes pour la ville de Paris.

Répartition des vingtièmes et suppression de vingtièmes d'industrie.

Ouverture d'un emprunt remboursable en sept ans par voie de loterie.

1778. Payement du dixième annuel pour continuer un commerce.

Sur les vingtièmes.

Établissement d'un nouvel ordre pour les caisses de dépense.

Suppression de divers offices et création de charges de trésorier payeur général de la guerre et de la marine.

Établissement d'un nouvel ordre pour le payement des pensions.

Création de quatre millions de rentes viagères.

1779. Sur les pensions.

Formalités à remplir par les pensionnaires pour recevoir leurs pensions.

Établissement d'une administration provinciale dans le Berry.
Suppression de trésoriers des maisons du roi et création d'un trésorier payeur général.
Au sujet de l'établissement d'une administration provinciale du Berry.
Suppression du droit de mainmorte et de servitude dans les domaines du roi.
Sur la comptabilité et le trésor royal.
Suppression de divers offices et leur réunion.
Création de cinq millions de rentes viagères.
1780. Vente des immeubles des hôpitaux du royaume.
Règlement sur les fermes et les régies du roi.
Sur les casuels des maisons du roi et de la reine.
Suppression de diverses charges de la maison du roi.
Suppression de quarante-huit offices de receveurs généraux des finances.
Abolition de la question préparatoire.
Suppression de quatre cent six charges, bouche et communs de la maison du roi.
Établissement de nouvelles prisons.
Ouverture d'un emprunt remboursable en neuf ans par voie de loterie.
1781. Sur les domaines engagés.
Défense de livrer en sacs les pièces de six liards et de deux sous.
Création de six millions de rentes viagères.
Création de trois millions de rentes viagères.
Lettres patentes concernant l'Hôtel-Dieu de Paris.
Compte rendu au roi par M. Necker, directeur général des finances, au mois de janvier 1781.
Mémoire de M. Necker au roi sur l'établissement des administrations provinciales.
1780. Discours, notes, anecdotes et raisonnements, en manuscrit.
Hospice de charité. Institution et règles de cette maison.
1781. Observations modestes d'un citoyen sur les opérations de finances de M. Necker et sur son compte rendu.
Augmentation de deux sols pour livre en sus des droits.
Suppression de plusieurs charges en la grande et en la petite écurie.

1378 Mélanges sur les dépenses et les dettes publiques en 1779, 1789, 1790 et 1791. 1 vol. in-4° rel. . . . . B. 1147

Compte général des revenus et des dépenses fixes au 1er mai 1789, remis par le directeur général des finances.

Extrait raisonné des rapports du comité des finances sur toutes les parties de la dépense publique. Première partie.

Dettes publiques. Seconde partie.

État général des dépenses du département de la guerre. 1789.

État de la dette publique, suivi des pièces justificatives. Première et seconde partie. 1790.

Compte général des recettes et des dépenses de l'État, depuis le 1er mai 1789 jusques et compris le 30 avril 1790.

État des ordonnances de comptant. Année 1791.

Compte de la caisse de l'extraordinaire au 31 mars 1779.

1379 Mélanges sur les finances de la France, les impôts, les manufactures, etc. 2 vol. in-4° rel. . . . . B. 1148

Tome I.

1. 1781. Compte rendu au roi par M. Necker.

2. Mémoire de M. Necker sur l'établissement des administrations provinciales, suivi des Comments et des Observations modestes d'un citoyen sur les opérations de M. Necker.

3. Lettre du marquis de Caraccioli à d'Alembert sur M. Necker, suivie de deux lettres de M. Necker au roi.

4. 1780. Fermes générales. — 1re année du bail de Salzard.

5. Régisseurs généraux. — Service de Henri Clavel.

6. 1777. Déclaration en faveur de l'Académie royale de peinture et de sculpture.

7. Il ne sera plus, à l'avenir, expédié d'ordonnances de gages intermédiaires.

8. Sur les veuves de maîtres dans les corps et communautés d'arts et métiers.

9. Apanage des princes du sang. — Suppression des receveurs des tailles, etc.

10. Perception des droits réservés.

11. Prise de possession, par Vincent René, de l'administration des domaines et bois.

12. 1778. Sur les communautés d'arts et métiers du ressort de Paris (8).

13. Règlement sur la forme de procéder en matière de taille.

14. Comptabilité des trésoriers du marc d'or relativement aux rentes constituées sur l'ordre du Saint-Esprit.

15. 1779. Déclaration du roi concernant les pensions (janvier).

16. Même objet (8 août).

17. Aliénation, par reconstitution, des rentes provenant des corps d'arts et métiers.

18. 1779. Déclaration concernant la comptabilité et le Trésor royal.

19. Attributions des contestations élevées sur les saisies et oppositions concernant le recouvrement des deniers de l'impôt du sel.

20. Délais dans lesquels les trésoriers et payeurs doivent compter.

21. 1780. Des rentes sur les aides et gabelles données aux officiers des ports, etc.

22. Sur la taille et la capitation.

23. Perception des droits d'inspecteurs aux boucheries.

24. Sur les attroupements avec port d'armes.

25. Sur les empoisonneurs.

26. Règlement définitif pour la comptabilité de la caisse des amortissements.

27. Abolition de la question préparatoire.

28. Établissement de nouvelles prisons.

29. Époque de la levée du sel d'impôt et des livraisons des francs salés, etc.

30. 1781. Droits des secrétaires du conseil pour les baux, régies et traités.

31. Sur les jeux défendus.

32. Les trésoriers et officiers comptables devront fournir des états au vrai.

33. 1777. Payements faits aux officiers des maisons du comte d'Artois.

34. Les élections et la cour des aides connaissent des contestations relatives à la perception des droits réservés.

35. Ampliation de pouvoir aux gardes des registres du contrôle général des finances, et suppression des droits de contrôle.

36. Dominique Compant est envoyé en possession des droits d'hypothèques et des 4 deniers pour livre du prix des ventes de biens meubles.

37. Établissement d'un mont-de-piété.

38. Même objet que le n° 11.

39. 1778. Payements des rentes constituées par les États de Bretagne.

40. Le mont-de-piété est autorisé à faire un emprunt sur l'hypothèque des revenus et droits de l'hôpital général.

41. Validité des procès-verbaux des employés de la ferme générale qui ne savent pas écrire.

42. Établissement d'un nouvel ordre pour le payement des pensions.

43. 1779. Confirmation de statuts pour la communauté des maîtres écrivains.
44. Carrosses des places et voitures des environs de Paris.
45. Exécution d'un édit de septembre 1778 sur la comptabilité des monnaies.
46. Établissement d'une caisse pour le commerce des bestiaux.
47. Le mont-de-piété est autorisé à faire vendre l'argenterie ou la vaisselle d'argent mise en nantissement.
48. Comptabilité des revenus et impositions de la principauté de Dombes.
49. Sur les manufactures.
50. Établissement d'une administration provinciale dans le Berry.
51. Interprétation de l'ordonnance qui précède.
52. Règlement pour les compulsoires.
53. Régie et administration du collége de la Flèche et de ses élèves.
54. 1780. Taxes d'office des officiers des greniers à sel.
55. Droit annuel des offices.
56. Sur les quittances de finance des commissaires généraux de la maison du roi.
57. Permission aux chefs de garnison de la Rochelle de vendre les objets saisis.
58. Établissement d'un bureau de nourrices à Lyon.
59. Bureaux de visite et de marque des étoffes.
60. Règlement pour la fabrication des étoffes de laine.
61. Prise de possession, par Henry Clavel, de la régie des droits d'aides (5).
62. Fabrication des étoffes de laine dans la généralité de Paris.
63. Même objet pour la généralité d'Amiens.
64. Même objet pour la généralité d'Auvergne.
65. Même objet pour la généralité de Bourges.
66. Même objet pour la généralité de Champagne.
67. Même objet pour la généralité d'Orléans.
68 Même objet pour la généralité de Poitiers.
69. Même objet pour la généralité de Tours.
70. Don gratuit de 30 millions de livres accordé au roi par le clergé.
71. Prise de possession, par René, des droits sur les papiers et parchemins timbrés.
72. René est chargé de la recette et de l'exploitation des droits d'hypothèques.
73. Taxes d'offices des gardes-haras et gardes-étalons.

74. 1780. L'exercice du prévôt des marchands de Lyon est porté à six ans.
75. Règlement pour l'administration de la ville de Lyon.
76. 1781. Emprunt, au denier 25, de la somme nécessaire pour rembourser 30 millions.
77. Sur l'Hôtel-Dieu de Paris.
78. Union des biens de l'hôpital Saint-Jacques à celui des Enfants-Trouvés.
79. 1776. Liquidation des dettes et des dépenses de la maison du roi.
80. Sur les pensions et autres grâces pécuniaires.
81. 1780. Administration intérieure de la maison du roi, dite chambre aux deniers.
82. 1777. Institution d'un prix public en faveur des établissements de commerce.
83. 1779. Ordonnance en faveur des maîtres de poste et de la ferme des messageries contre les entreprises des loueurs de chevaux.

Tome II.

84. 1777. Le sieur Vial est autorisé à signer des billets de la loterie royale.
85. Règlement sur les diligences et messageries du royaume.
86. Établissement de voitures pour desservir les environs de Paris.
87. Délai dans lequel doit être acquitté le dixième du prix des maîtrises.
88. L'ordre du Saint-Esprit est autorisé à emprunter 600,000 livres de rentes.
89. Défense à six particuliers de faire le commerce de draperie et mercerie à Paris.
90. Nouveau délai de six mois accordé aux propriétaires des droits sur les grains.
91. Règlement sur les ventes et reventes des domaines.
92. Payement, au profit de l'hôpital général, d'un droit sur la mélasse.
93. Échange de reconnaissances du Trésor contre des numéros de billets.
94. Réunion de plusieurs régies en une seule, sous le titre de régie générale.
95. Délai définitif aux propriétaires des offices sur les ports.
96. Union de la commission des messageries à celle des postes.
97. Exploitation du privilége non exclusif du courtage des rouliers.

98. 1777. Comment les caissiers et syndics d'offices sur les ports compteront des sommes qu'ils ont touchées de l'adjudicataire des fermes.

99. Sur l'administration de la loterie royale de France.

100. Impositions de 800,000 livres destinées aux dépenses pour la navigation.

101. Sur la fouille du salpêtre (115).

101 *bis*. Bureau de vérification des états au vrai.

102. Comptes que doivent rendre les caissiers et syndics d'officiers sur les ports.

103. 1778. Les revenus des postes seront régis pour le compte du roi.

104. 1777. Commission chargée d'examiner les moyens d'améliorer les hôpitaux.

105. Dominique Compant est mis en possession de différents droits.

106. Liquidation des dettes des corps d'arts et métiers établis à Lyon et à Paris.

107. En double avec le n° 105.

108. Sur les messageries.

109. Retenue sur les rentes constituées par les corps d'arts et métiers.

110. Il est ouvert au Trésor un emprunt remboursable par loterie.

111. Même objet qu'au n° 84.

112. René est mis en possession de la régie des domaines et des bois

113. Sur la franchise et le contre-seing des lettres.

114. 1778. Reddition et révision des comptes des corps d'arts et métiers.

115. Sur le droit de fouille et de recherche du salpêtre (101).

116. 1779. Défense d'exporter les métiers et les outils et instruments de fabrication.

117. 1778. Sur les voitures établies pour desservir les environs de Paris (86).

118. Payement du dixième annuel pour pouvoir continuer son commerce.

119. Sur le domaine de Vincennes.

120. Quels sont les officiers de la maison du roi qui sont exempts du franc fief.

121. Échange de reconnaissances du Trésor contre des numéros de billets.

122. Régie des biens des religionnaires fugitifs et réfractaires par Jacob.

123. Régie pour le service des étapes et des convois militaires.

124. 1778. Établissement d'un nouvel ordre pour les caisses de dépense.
125. Sur la répartition des vingtièmes.
126. Payement des gages et pensions des officiers de la cour des monnaies.
127. Droits sur l'amidon.
128. Sur les parties de gages ou rentes pour lesquelles les corps d'arts et métiers supprimés ont été employés dans les états des finances.
129. Règlement pour l'exécution des services de la régie des étapes et des convois militaires.
130. 1779. Sur les Enfants-Trouvés.
131. Concession à l'Hôtel-Dieu de Lyon du bénéfice des croupiers.
132. Versements de cautionnements par les préposés et receveurs des fermes.
133. Les propriétaires de carrosses ne peuvent exiger d'indemnité pour résiliation.
134. Résiliation de bail par les anciens concessionnaires du privilége des carrosses.
135. Administration de la caisse d'escompte.
136. Sur les commis ou employés supprimés en France.
137. Répartition des impositions dans les corps d'arts et métiers.
138. Comptes à rendre par les syndics et adjoints des corps d'arts et métiers.
139. Les propriétaires des rentes appartenantes au corps d'arts et métiers sont dispensés du rapport des pièces visées.
140. Sur les priviléges des employés des fermes.
141. Subrogation de Clavel à Compant pour faire la régie.
142. Établissement d'une administration provinciale dans le Dauphiné.
143. Sur la marque des moutons et brebis avec de la sanguine.
144. Sur les trajets des carrosses de remise dans les dix lieues de Paris.
145. Péages établis sur les grandes routes et les rivières navigables.
146. Exploitation pendant six ans de la régie des poudres et salpêtres.
147. Indemnités dues aux propriétaires des péages au moment de leur suppression.
148. Règlement pour l'élection des députés du commerce.
149. Versement des droits et impositions de la principauté de Dombes.

150. 1779. Payement des traitements des gouverneurs de provinces et autres militaires.

151. Établissement d'une navigation réglée sur la Loire et rivières affluentes.

152. Translation de l'hôpital des Quinze-Vingts dans l'hôtel des mousquetaires.

153. 1780. Sur les fermes et les régies du roi.

154. Les intendants des provinces connaissent des contestations relatives à l'exécution d'un arrêt défendant l'exportation des métiers de manufactures.

155. Règlement pour les impositions des corps et communautés.

156. Fixation du traitement du receveur général des revenus casuels.

157. Établissement d'une administration provinciale dans la généralité de Moulins.

158. Bureau royal de correspondance nationale et étrangère.

159. Nomination de douze receveurs généraux des finances.

160. Entrée en fonctions du caissier général des impositions.

161. Forme des rescriptions des recettes générales.

162. Prise de possession du bail des fermes générales par Salzard.

163. 1779. Établissement d'une administration provinciale dans la généralité de Montauban.

164. 1778. Même objet pour le Berry.

165. 1780. Acquit du droit de mutation sur les rentes entre les mains de Darras.

166. Prise de possession des droits de contrôle par René.

167. Obligations pour les préposés de la régie de continuer leurs fonctions sur des procurations venant de divers fermiers.

168. Prorogation, en faveur du clergé, des délais accordés au sujet des foi et hommages, aveux et dénombrements.

169. Nomination de Clavel comme régisseur des droits de la régie générale.

170. Règlement pour la conduite des diligences à six places.

171. Emprunt, par forme de loterie, remboursable en neuf années.

172. Nomination des personnes qui signent les coupons des billets de loterie.

173. Forme des remboursements des charges bouche et communs de la maison du roi.

174. Admission au payement du droit annuel des offices, des officiers rendant la justice au nom du roi.

175. 1781. Rescriptions des recettes générales des finances de l'exercice 1781.
176. Sur les domaines engagés.
177. Validation des timbres des papiers pour les registres de l'état civil.
178. Défense de délivrer en sacs les pièces de six liards et de deux sous.
179. Facilités accordées aux bouchers aux marchés de Sceaux et de Poissy.
180. Cautionnements consignés par les employés des fermes générales.
181. Règlement pour la répartition des impositions des communautés.
182. Bureaux pour l'apposition de la marque nationale sur les étoffes.
183. Manière dont les gardes jurés et autres préposés compteront pour les droits de marque.
184. Délai pour faire apposer une marque de grâce aux étoffes.
185. Sont suspensifs les appels interjetés par l'adjudicataire des fermes.
186. Remboursement des billets au porteur des caissiers de l'hôtel des fermes.
187. Reconnaissances du Trésor adaptées aux numéros des billets non délivrés.
188. 1777. Création d'une loterie en rentes viagères et perpétuelles.
189. Édit pour les communautés d'arts et métiers de Lyon.
190. Suppression des communautés d'arts et métiers de Paris.
191. Suppression des six offices d'intendants des finances.
192. Suppression des quatre offices d'intendants du commerce.
193. Création de quatre commissions d'offices d'intendants du commerce.
194. Suppression des offices de receveurs et contrôleurs généraux des domaines et bois.
195. Emprunt de 600,000 livres de rentes par les marchands et échevins de Paris.
196. 1778. Communautés d'arts et métiers de Rouen.
197. Réorganisation de la compagnie du prévôt de l'hôtel et grand prévôt de France.
198. Suppression des commissions de gardes du commerce, etc.
199. Rentrée en fonctions des officiers de la cour des monnaies supprimés.

200\. 1778. Suppression d'offices de trésoriers, création d'un trésorier général de la guerre et d'un trésorier général de la marine.

201\. Création de quatre millions de rentes viagères.

202\. 1779. Suppression des deux offices de trésoriers généraux des ponts et chaussées.

203\. Communautés d'arts et métiers du ressort de Nancy.

204\. Suppression des communautés d'arts et métiers du ressort du Roussillon.

205\. Suppression des offices de contrôleurs des finances.

206\. Suppression des trésoriers des maisons du roi et de la reine.

207\. Suppression du droit de mainmorte et de servitude dans le domaine du roi.

208\. Suppression des trésoriers des ligues suisses, de celui de la police de Paris, etc.

209\. Création de cinq millions de rentes viagères.

210\. 1780. Vente des immeubles des hôpitaux du royaume.

211\. Casuels des maisons du roi et de la reine.

212\. Suppression des charges de contrôleurs généraux de la maison du roi.

213\. Création de 150,000 livres de rente au profit des états d'Artois.

214\. Prorogation, pour l'Artois, du second vingtième des droits réservés.

215\. Prorogation du second vingtième des droits réservés.

216\. Suppression des quarante-huit offices de receveurs généraux des finances.

217\. Suppression et rétablissement du directeur de la monnaie de Perpignan.

218\. Établissement des communautés d'arts et métiers du ressort de Metz.

219\. Suppression de quatre cent six charges bouche et communs de la maison du roi.

220\. Aliénation d'un million au profit du clergé pendant quatorze ans.

221\. 1778. Comptabilité des monnaies.

222\. 1781. Création de six millions de rentes viagères.

223\. Création de trois millions de rentes viagères.

1380 Mélanges sur les finances. 1 vol. in-4° rel. . . . . B. 1149

Compte rendu de l'état du département des contributions publiques au 1er février 1793 par le ministre Clavière.

Instruction sur le timbre des actes et délibérations des corps administratifs et municipaux et autres actes, et sur l'enregistrement

	de ceux des actes de cette nature assujettis à cette formalité. 1792. Plan d'organisation de la trésorerie nationale. 1791. Suppressions relatives au plan de l'organisation de la trésorerie nationale. Observations sur le projet d'assujettir les effets au porteur à un droit d'enregistrement ou de mutation. 1792. Notice de la création des assignats et de leur emploi. Notice des domaines nationaux. État des finances du royaume au 1er mai et au 18 novembre 1789. Mémoire adressé au Corps législatif par les commissaires de la trésorerie nationale, en réponse au rapport fait au Conseil des Cinq-Cents, le 26 floréal an VII, par le représentant Poullain-Grandprey. Loi du 27 mai 1791, relative à l'organisation des monnaies et à la surveillance et vérification du travail de la fabrication des espèces d'or et d'argent. Loi du 29 septembre 1791, sur l'administration forestière. Mémoire sur les demandes de la colonie de Pondichéry, par Mallet (de Maisonpré), député suppléant de Pondichéry. 1791.		
1381	Tableau général du maximum de la République française, décrété par la Convention nationale le 6 ventôse. Paris, an II; 3 vol. in-8° rel.	B.	1150
1382	PIERROT (N.). — Des Finances de la France. Paris, an IV; in-8° rel.	B.	1151
1383	CAMUS. — Conseil des Cinq-Cents. Rapport sur les opérations et l'état de la trésorerie nationale. Paris, an V; 1 vol. in-4° rel.	B.	1152
1384	VIGNETI. — Changes faits sur le cours des papiers-monnaies, du 31 août 1789 au 30 ventôse an IV. Paris, an V (1797); 1 vol. in-4° rel.	A.	179
1385	Collection générale des tableaux de dépréciation du papier-monnaie. Paris, an VI; 1 vol. in-4° rel.	B.	1153
1386	Mémoire adressé au Corps législatif par les commissaires de la trésorerie nationale, en réponse au rapport fait le 26 prairial an VII. Paris, an VIII; in-4° rel.	B.	1154
1387	RAMEL. — Bilan de la République française, ou Tableau de ses dépenses pendant l'an VII. Paris, an VII; in-8° rel.	B.	1155

1388	Ramel. — Des Finances de la République française en l'an ix. Paris, an ix; 1 vol. in-8° rel.	B.	1156
1389	Lecouteulx de Canteleu. — Essai sur les contributions qui avoient été proposées en France pour l'an vii, sur celles qui existoient alors en Angleterre, et sur le crédit public. Paris, 1816; 1 vol. in-8° rel.	B.	1157
1390	Organisation de la trésorerie nationale. Paris, an viii; 1 vol. in-fol. rel.	B.	1158
1391	Du Gouvernement des finances de France, d'après les lois constitutionnelles et d'après les principes d'un Gouvernement libre et représentatif, par Montesquiou. Paris, 1797. — Des Finances de la République française en l'an ix, par Ramel. Paris, an ix. — Quelques idées sur les finances, par Viot. Paris, an viii; 1 vol. in-8° rel.	B.	1159
1392	Mélanges divers. 1 vol. in-8° rel.	B.	1160
	Établissement d'une caisse générale des épargnes du peuple, susceptible d'être exécuté dans les principaux gouvernements de l'Europe. Bruxelles, 1786. M. Dupont, ou les Inconvénients du luxe et les avantages de la frugalité, suivi de pièces en vers, par M. de Timurval. Amsterdam, 1787. Notice sur la vie de M. Poivre, ancien intendant des isles de France et de Bourbon. Philadelphie, 1786. Testament de M. Fortuné Ricard, maître d'arithmétique à D**, lu et publié le 29 août 1784. 1785. Tables justificatives.		
1393	Mélanges sur les finances. 2 vol. in-8° rel.	B.	1161
	Tome I. Faits et observations propres à juger les bienfaits de la révolution, etc., par L. H. Duchesne. Paris, 1792. Éléments de finances nécessaires à tous ceux qui voudront juger avec connaissance des abus à réformer et des nouveaux plans à adopter dans celles de la France, par Vernier. Paris, 1789. Du Gouvernement des finances de France d'après les lois constitutionnelles et d'après les principes d'un Gouvernement libre et représentatif, par A. Montesquiou. Paris, an v (1797). Des Finances de la République française en l'an ix, par D. V. Ramel. Paris, an ix.		

De l'État des finances au 1er janvier 1792, par un député suppléant à l'Assemblée nationale constituante.

Tome II.

Opinion de M. l'abbé Maury, député de Picardie, sur les finances et sur la dette publique, exposée au comité des finances les 23 et 24 juillet 1790. Paris, 1790.

Opinions d'un créancier de l'État sur quelques matières de finances importantes dans le moment actuel, par Clavière. Londres, 1789.

Lettres écrites à M. Cérutti par M. Clavière, sur les prochains arrangements de finances. Paris, 6 août 1790. 5 lettres.

Dissection du projet de M. l'évêque d'Autun sur l'échange universel et direct des créances de l'État contre les biens nationaux, par Clavière. Juillet 1790.

Mémoire sur les finances et sur le crédit pour servir de suite aux recherches et considérations nouvelles sur les finances, par le baron de Cormeré. Paris, 1789.

Mémoire général sur le crédit et sur les finances.

1394 Poivre (P.). — Œuvres complètes. Paris, 1797; 1 vol. in-8° rel. .... B. 1162

1395 Bignon (Baron). — Exposé comparatif de l'état financier, militaire, politique et moral de la France et des principales puissances de l'Europe. Paris, 1814; 1 vol. in-8° rel. .... B. 1163

1396 Observations et éclaircissements, par un créancier de l'État, sur les différents systèmes de finances suivis en France depuis l'an VIII jusqu'à 1815. Paris, 1815; 1 vol. in-4° rel. B. 1164

1397 Rapports, mémoires et pièces relatifs à l'organisation du Trésor royal en 1818. 1 vol. in-4° rel. .... B. 1165

1398 *Mollien*. — Mémoires d'un ministre du Trésor public. 1780-1815. Paris, 1845; 4 vol. in-8° rel. .... B. 1166

1399 Ouvrard (G. J.). — Mémoires sur sa vie et ses diverses opérations financières. Paris, 1826-1827; 3 vol. in-8° rel., port. B. 1167

1400 Gaëte (Duc de). — Notice historique sur les finances de France, de l'an VIII (1800) au 1er avril 1814. Paris, 1818; in-8° rel. .... B. 1168

1401 Gaëte (Duc de). — Ses mémoires, souvenirs, opinions et écrits. Paris, 1826; 2 vol. in-8° rel. .... B. 1169

1402	Gaëte (Duc de). — Supplément à ses mémoires et souvenirs. Paris, 1834; 1 vol. in-8° rel.	B.	1170
1403	Corvaja (Baron). — Le Monde nouveau. Projet financier pour arriver à une complète réforme sociale, présenté aux assemblées nationales de la France et de l'Angleterre et à tous les autres gouvernements. Paris, 1837; 1 vol. in-8° rel.	B.	1171
1404	Séguin (Armand). — Considérations sur les systèmes suivis en France dans l'administration des finances. Paris, 1824; 4 vol. in-8° rel.	B.	1172
1405	Séguin (Armand). — Moyens d'obtenir le bien que désirent le roi, le dauphin et les chambres, et d'éviter les maux qui dérivent des conceptions financières du président du conseil. Paris, 1826; 1 vol. in-8° rel.	B.	1173

C. BUDGETS. — DOCUMENTS OFFICIELS.

1406	Mallet. — Comptes rendus de l'administration des finances du royaume de France sous Henri IV, Louis XIII et Louis XIV, etc. Londres, 1789; 1 vol. in-4° rel.	B.	1174
1407	Collection de comptes rendus, pièces authentiques, états et tableaux concernant les finances de France, depuis 1758 jusqu'en 1787. Lausanne, 1788; 1 vol. in-4° rel.	B.	1175
1408	Collection des comptes rendus de l'administration des finances du royaume de France, de 1600 à l'an VII. Londres et Paris, 1789 et suiv.; 4 vol. in-4° rel. (Le 1er volume contient l'ouvrage de Mallet; le 2e, les comptes de Necker en 1781 et 1788; les 3e et 4e, les comptes dressés par les ministres des finances, de 1789 à l'an VII.)	B.	1176
1409	Comptes des dépenses ordonnancées pour le service des ministères, de l'an IX à 1807. 7 vol. in-4°.	B.	1177
1410	Comptes généraux de l'administration des finances, à partir de 1789, et suite. Imp. roy.; in-4° rel.	A.	136

1411	Comptes généraux des recettes et dépenses du Trésor public, de l'an x à 1811. Paris, Imp. imp.; 2 vol. in-4° rel.	A.	137
1412	Comptes généraux du Trésor public, de l'an x à 1811. 10 vol. in-4° rel.	B.	1178
1413	Comptes de l'Administration des finances, rendus aux consuls de la République et à l'empereur, à partir de l'an VIII jusqu'en 1814. Paris, Imp. imp., an VIII et suiv.; 12 vol. in-4° rel.	B.	1179
1414	Budget des recettes et des dépenses, à partir de 1814, et suite. Paris, Imp. roy., 1814 et suiv.; in-4° rel.	B.	1180
1415	Comptes généraux de l'Administration des finances, à partir de 1817, et suite. Paris, Imp. roy., 1817 et suiv.; in-4° rel.	B.	1181
1416	Règlement définitif des budgets, à partir de 1815, et suite. Paris, Imp. roy., 1815 et suiv.; in-4° rel.	B.	1182
1417	Comptes définitifs des dépenses rendus par les ministres, à partir de 1814, et suite. Paris, Imp. roy., 1814 et suiv.; in-4° rel.	B.	1183
1418	Crédits provisoires, supplémentaires, extraordinaires, etc., à partir de 1832, et suite. Paris, Imp. roy., 1832 et suiv.; in-4° rel.	B.	1184
1419	Rapports et procès-verbaux des commissions chargées de l'examen des comptes des ministres, à partir de 1822, et suite. Paris, Imp. roy., 1822 et suiv.; in-4° rel.	B.	1185
1420	Rapports au roi et déclarations émanés de la Cour des comptes par suite de la vérification des comptes des ministres et des agents comptables du Trésor, à partir de 1830, et suite. Paris, Imp. roy., 1830, et suiv.; in-4° rel.	B.	1186
1421	Éclaircissements publiés par les ministres en réponse aux observations contenues dans les rapports et déclarations de la Cour des comptes, à partir de 1832, et suite. Paris, Imp. roy., 1832 et suiv.; in-4° rel.	B.	1187

1422	Administration des finances de la République française et de l'Empire. Comptes rendus dans les ans VIII, IX, X, XI, XII, XIII, XIV et années 1806 et 1807; publiés par le ministère des finances. Paris, Imp. nat., an VIII et suiv.; 2 vol. in-4° rel....................................	B.	1188
1423	Extrait des lois de finances concernant la présentation et le vote des budgets. 1 vol. in-24 rel..................	B.	1189
1424	Comptes des recettes et dépenses et budgets de la Légion d'honneur, de l'an X à 1834. 4 vol. in-4° rel...........	A.	138
1425	Budgets et comptes des recettes et des dépenses de la préfecture de police, annexe au budget de la ville de Paris, à partir de 1817, et suite. Paris; in-4° rel..............	A.	223
1426	Comptes rendus de l'Administration du département de la Seine et de la ville de Paris, pour les années 1834 à 1836. Paris; 1 vol. in-4° rel........................	A.	221
1427	Budgets et comptes des recettes et des dépenses du département de la Seine, à partir de 1827, et suite. Paris; in-4° rel......................................	A.	220
1428	Budgets et comptes des recettes et des dépenses de la ville de Paris, à partir de 1816, et suite. Paris; in-4° rel.....	A.	222
1429	Chabrol (Comte de). — Rapport au roi sur l'Administration des finances. Paris, mars 1830; 1 vol. in-4° rel.........	B.	1190
1430	Rapport et mémoire présentés au roi par sa Cour des comptes, contenant la situation de cette cour au 1er septembre 1819. (Manuscrit.) 1 vol. in-fol. rel.....................	B.	1191
1431	Rapport et mémoire présentés au roi par sa Cour des comptes, contenant la situation de cette cour au 1er septembre 1820, avec un mémoire particulier pour Sa Majesté. (Manuscrit.) 1 vol. in-fol. rel.................................	B.	1192
1432	Rapport et mémoire présentés au roi par sa Cour des comptes, contenant la situation des travaux de cette cour au 1er janvier 1824. (Manuscrit.) 1 vol. in-fol. rel...............	B.	1193

D. IMPÔTS. — CONTRIBUTIONS DIRECTES ET INDIRECTES.

1433	GERVAISE. — De l'Administration des contributions directes, et de la direction des services qui en dépendent. Paris, 1836; 1 vol. in-8° rel.	B.	1194
1434	GERVAISE. — Traité de l'Administration des contributions directes et de la direction des services qui en dépendent. 2ᵉ édit. Paris, 1847; 1 vol. in-8° rel.	B.	1195
1435	Dictionnaire général des contributions directes. (Extrait du Bulletin des contributions directes.) Paris, P. Dupont, 1851; 1 vol. in-8° rel.	B.	1196
1436	BUSSET (F. C.). — Traité pratique de la partie d'art du cadastre. Clermont-Ferrand, 1827; 1 vol. in-8° rel.	B.	1197
1437	HÉBERT (J. B.). — Système général d'immatriculation des personnes, des immeubles et des titres. 1844-1852; 1 vol. in-8° rel.	B.	1198
	Exposé du système d'immatriculation par listes cantonales. 1844. Des Hypothèques légales. 1845. Moralisation du remplacement militaire. 1846. Exposé complet du système d'immatriculation par une seule liste pour toute la France. 1847. Essai sur la formation d'un catalogue général des livres et manuscrits existant en France. 1848. La Réforme administrative, ou la Sincérité du budget établie par l'immatriculation. 1849. Immatricule géographique, ou Nouvelle méthode pour indiquer les degrés de longitude et de latitude du globe terrestre, avec cartes. 1851. Pétition au Président de la République tendant à obtenir l'application de ce système à la France, et notamment aux forêts et à la ville de Paris. 1852. Réforme administrative. Lettre sur l'immatriculation adressée aux ministres de la République. 1849.		
1438	Mélanges sur les finances. Contributions directes. Cadastre. 1 vol. in-4° rel.	B.	1199
	De la Contribution mobilière, établie par la loi du 18 février 1791.		

Des Contributions et des finances, par Soufflot de Mérey. 1815.
Mémoire sur la répartition de la contribution foncière entre les départements, par un membre du conseil général de l'Isère. Grenoble, 1820.
Payement de la contribution foncière par les améliorations de l'agriculture, par Desorgues. 1821.
Mémoire sur le recouvrement des contributions directes, par Jean Jobert. 1822.
Pétition sur la répartition égale de l'impôt. 1833.
Observations aux députés au sujet des nouvelles bases de répartition de la contribution mobilière, par Del'horme. Le Puy, 1835.
Pétition pour l'abolition de la contribution foncière remplacée par un droit foncier, par Guy (de Nissan).
Note explicative sur les poursuites, rédigée par le receveur général de Lot-et-Garonne. Agen, 1833.
Rapport de M. Mermoz sur un nouveau projet de répartition de la contribution foncière. Valence, 1839.
Mémoire sur le cadastre de la France, ou Moyen de perfectionner cette opération, par Lapie. 1815.
Réflexions sur la nécessité, les avantages et l'entretien d'un cadastre, par E. Bonis. 1816.
Instruction, publiée en 1846 par l'Administration, pour l'exécution de travaux d'essai concernant le renouvellement et la conservation du cadastre.

1439 Mélanges sur les finances. Contributions directes. Cadastre. 6 vol. in-8°. . . . . B. 1200

Tome I.

Du Cadastre, par le chevalier Hennet.
Mémoire sur le cadastre et détails statistiques, etc., par le duc de Gaëte. 1818.
Opinion additionnelle sur le cadastre, par le même. 1818.
Observations sur le cadastre soumises au conseil général du Doubs, par Désiré Ordinaire. 1819.
Réflexions sur le cadastre, par Pierre, ancien ingénieur vérificateur. Pontoise, 1823.
De la Conservation des propriétés foncières, considérées sous le rapport de propriété et de gage hypothécaire, par Avril. 1830.
Mémoire sur les moyens de conserver le cadastre, par Houry, géomètre en chef du Jura. 1834.

Tome II.

Note sur le cadastre.
Pétitions et mémoires sur la conservation du cadastre et sur la

nécessité d'instituer un corps de géomètres experts, par Barrau. 1835.

Observations contre le projet de conservation du cadastre arrêté en 1837, et modifications importantes à y introduire, par Barrau. 1838.

La Contribution foncière et le cadastre en 1836.

De la Conservation des travaux du cadastre dans l'intérêt des contribuables et du Gouvernement, par Hautier. Orléans, 1836.

Aperçu rapide sur les conservations cadastrales, la fixité de l'impôt, etc., par Boichoz. 1836.

Du Cadastre général perpétuel, dans ses rapports avec le régime hypothécaire, par Simon aîné. Caen, 1839.

Du Cadastre et de sa conservation par la transformation des plans linéaires en plans numériques, par de Robernier. 1845.

Mémoire sur le cadastre et sur sa conservation perpétuelle, par Truchy. Gap, 1837.

Tome III.

Moyen d'obtenir dans l'année des bases suffisamment exactes pour la répartition de la contribution foncière, par Depillon, ancien officier d'artillerie. An IX.

Mémoire sur un moyen prompt pour atteindre sans frais la proportion la plus exacte possible dans le répartement d'un impôt foncier, par Galais. Évreux, 1814.

Observations sur la direction des contributions directes, par Dulaurens. Lyon, 1816.

De la Centralisation et des attributions départementales en matière de contributions directes, par Gervaise. 1838.

De la Comptabilité générale et de la proportionnalité de l'impôt direct, par le duc de la Vauguyon. 1821.

Du Poids relatif des impôts. 1829.

Projet sur l'impôt foncier.

Projet d'un Français d'augmenter les revenus de l'État de 50 à 60 millions par an, par Carpentier. 1825.

Des Impôts selon la Charte, par Delorme (du Cher). 1823.

De l'Impôt suivant la Charte, par Cosseron-Villenoisy. 1830.

Tome IV.

De l'Administration actuelle et du refus de l'impôt. L'opinion publique égarée par le journalisme, par le chevalier du B... 1830

Du Refus général de l'impôt, par l'abbé de Pradt. 1832.

De la Limite de l'impôt. 1830.

Du Remaniement de l'impôt. 1833.

Du Remaniement de l'impôt. (Suite.) 1833.

Du Système d'impôts attentatoire au principe représentatif. Paris, 1834.

De l'Impôt progressif, par François de Corcelle. 1834.

De l'Assiette de l'impôt, par Émile Péreire. 1832.

Observations sur la sous-répartition de l'impôt foncier et mobilier, par Béatrix. Nantua, 1839.

Question constitutionnelle de la répartition de l'impôt résolue géométriquement, par Ch. Danré. 1838.

Tome V.

De l'Impôt, par Ferrier. 1833.

De l'Impôt foncier, par L. Sirand. 1846.

De la Péréquation de l'impôt foncier, par Lequien. Arras, 1851.

Rapport de M. Lequien sur la question de la transformation de l'impôt des portes et fenêtres.

Examen critique du système de répartition de la contribution foncière en France. 1825.

Considérations sur le système des contributions publiques en France. 1833.

Trois mémoires recommandés aux méditations des gouvernants, savoir : Projet de conversion des contributions personnelle, mobilière et des portes et fenêtres en un seul impôt, et d'amélioration dans le régime des patentes; Mémoire sur les avantages du cadastre parcellaire; Mémoire indiquant les modifications nécessaires d'après la loi de 1824 sur les chemins vicinaux, par Julien Dujay. 1833.

Des Contributions directes considérées sous les rapports financiers et politiques, par Cornet-Dincourt. 1829.

Observations sur la contribution personnelle et mobilière, par A. Roche. 1826.

Considérations sur la nature et sur les effets des impôts en France, par un ancien administrateur. 1831.

Réforme de notre système financier anti-social, ou Abolition immédiate de la contribution foncière, par Guy (de Nissan). Paris, 1832.

Un mot sur le déficit Kessner, par Rodde.

Tome VI.

Examen des recensements exécutés sous les ordres des ministres de l'intérieur et des finances, par de Pistoye. 1841.

Du Recensement en matière de contributions directes, et des améliorations à introduire dans notre système d'impôts directs, par Boichoz. Dijon, 1841.

De l'Augmentation du produit des contributions directes, de 1830 à 1846.

Observations de l'Administration des finances sur le projet de décret relatif à l'établissement d'un impôt progressif sur les successions et donations. 1848.

Petit livre du citoyen Bienaymé. Versement de 9 millions au Trésor. Prise d'un vaisseau à trois ponts par un bateau à vapeur français. 1848.

Notice sur le service des dépenses, en réponse à l'inutilité des payeurs, par Coedès jeune. 1835.

Le Maintien des payeurs du Trésor est nécessaire à un bon système de trésorerie, et leur suppression ne procurerait aucune économie réelle à l'État, par un payeur. 1836.

Question d'administration financière, ou Faut-il supprimer les payeurs-contrôleurs de département? par Ymbert. 1836.

De l'Impôt sur le revenu, par Guigard. 1849.

De l'Impôt sur le revenu, le capital, la propriété, l'industrie, le commerce, etc., par Guigard. 1850.

1440 Hennet. — Rapport à S. Exc. le ministre des finances par le commissaire royal du cadastre. Novembre 1817; 1 vol. in-4° rel. .... B. 1201

1441 Poussielgue (J. B. E.). — Des Finances de la France en 1817, et des répartitions de la contribution foncière et du cadastre. Paris, 1817; 1 vol. in-8° rel. .... B. 1202

1442 Delapalud (Simon). — De l'Application du cadastre à la détermination de la propriété immobilière et des autres droits réels, dans les pays soumis au Code Napoléon, etc. Paris et Genève, 1854; 1 vol. in-8° rel. .... B. 1203

1443 *Tillet du Villars (Du).* — Précis d'un projet d'établissement du cadastre dans le royaume. Paris, 1781; 1 vol. in-4° rel. B. 1204

1444 Boichoz. — Histoire de la contribution foncière et du cadastre en France, suivie de notions de statistique usuelle. Paris, 1846; 1 vol. in-8° rel. .... B. 1205

1445 Mémoire sur les effets de l'impôt indirect, sur le revenu des propriétaires de biens fonds. Londres, 1768. — Dans le même volume : Lettres d'un citoyen à un magistrat sur les vingtièmes et autres impôts, par l'abbé Baudeau. Amsterdam, 1768; 1 vol. in-12 rel. .... B. 1206

1446 La Grange (Marquis de). — Considérations sur les octrois en général et dans leurs rapports avec les boissons. Bordeaux, 1843. — Dans le même volume : Paris et son octroi. Se-

	conde partie des considérations sur les octrois en général. Bordeaux, 1842-1844; in-8° rel.	B.	1207
1447	Procès-verbal des séances de la commission instituée pour examiner les impôts sur les boissons; publié par le ministère des finances. Paris, Imp. roy., 1831; in-8° rel.	B.	1208
1448	Roussel (J. B.). — Traité élémentaire à l'usage de MM. les marchands en gros, entrepositaires et débitants de boissons de la ville de Rouen. Rouen, 1837; in-8° rel.	B.	1209
1449	Dupin (Ch.). — Appel au bon sens des départements vignicoles, des départements maritimes, du Centre, de l'Est, de l'Ouest et du Midi, sur leurs intérêts agricoles dans la question des sucres. 1842; 1 vol. in-4° rel.	B.	1210
1450	Molroguier. — Histoire critique de l'impôt des boissons dans ses rapports avec les intérêts généraux et avec l'intérêt municipal. Paris, 1849; 1 vol. in-8° rel.	B.	1211
1451	Assemblée nationale. Enquête législative sur l'impôt des boissons, ordonnée par la loi du 20 décembre 1849, avec le rapport par M. Bocher; publié par ordre de l'Assemblée. Paris, 1851; 3 vol. in-4° rel.	B.	1212
1452	Mélanges sur les finances. Impôt des boissons. 4 vol. in-8° rel.	B.	1213
	Tome I.		
	Projet d'un nouveau système d'impôt sur les boissons, par Filloux. Guéret, 1819.		
	Des Impositions indirectes et du projet de loi sur les boissons, par un propriétaire. 1814.		
	Pétition et réclamations sur l'impôt et les abus de la visite faite chez les épiciers. 1821.		
	Observations de M. Ollivier, député, sur la distillation des eaux-de-vie extraites de la fécule des pommes de terre. 1822.		
	Mémoire pour les distillateurs, dans Paris, d'eau-de-vie extraite de la fécule de pomme de terre.		
	Observations sur un amendement tendant à exclure de Paris et sa banlieue les distilleries de pommes de terre, par un distillateur. 1822.		
	Exposé aux Chambres sur la nécessité et les moyens de changer		

ou modifier les droits et le mode de perception des contributions indirectes, par Aug. Séguin. 1829.

De la Suppression des impôts sur les vins et des moyens de les remplacer. Metz, 1829.

Réponse à un mémoire publié à Auch à l'appui des réclamations des propriétaires de vignobles. 1829.

Compte rendu et nouvelles observations sur les réclamations des propriétaires des vignobles des Basses-Pyrénées. 1829.

Opinion de M. Michel de Saint-Albin, député, contre le projet de loi sur les boissons. 1829.

De l'Influence de l'impôt indirect sur la culture de la vigne, le commerce et la consommation des boissons en général, par P. D. L. M., vigneron. Paris-Amiens, 1829.

Plan de suppression de l'impôt sur les boissons sans vide pour le Trésor, par Arm. Seguin. 1830.

Enquête analytique sur les vins. 1829.

De l'Impôt sur les vins, les cotons, les sucres.

De l'Impôt sur les vins, les cotons, les sucres. (Suite.)

Tome II.

D'un nouveau système d'impôt sur les boissons avec le libre commerce et la suppression des exercices, par Puvis.

Observations sur la théorie des impôts en général et sur son application aux droits sur les boissons, par Delahante. 1830.

Note sur les contributions indirectes, par J. de L. 1830.

Mémoire sur les contributions indirectes relatives aux boissons, par des propriétaires de vignes et délégués réunis à Paris. 1830.

De l'Impôt sur les boissons et particulièrement sur les vins, par Blanchard. 1830.

Essai sur la loi des boissons, par Louis Chaperon. 1830.

Impôts sur les boissons. Procès-verbal des séances de la commission instituée en 1830.

Tome III.

Essai sur l'état de souffrance des intéressés à la culture de la vigne et les moyens d'y mettre un terme, par le baron de Vauxonne. 1830.

Vingt millions d'économie, ou Opinion de Jean de la Vigne sur l'exercice et les octrois. 1830.

Rapport sur la question vinicole, par M. de Franclieu.

De l'Envahissement des vignobles de France par les droits-réunis, et des moyens de les reconquérir, par un propriétaire de vignes en Anjou et en Touraine. 1830.

Projet d'un droit unique d'inventaire sur les vins, par d'Urbin. 1830.

Du Système actuel des contributions indirectes et de son application aux revenus de l'État, par J. B. B. 1832.

Impôts sur les boissons. Mémoire aux députés, par Bechadergue-Lagrèze. 1832.

Projet sur un nouveau mode d'organisation des droits relatifs aux boissons, par Deserin. 1830.

De la Liberté du commerce des vins et eaux-de-vie, par Ch. M. Cambrai, 1830.

De l'Impôt des boissons, par Napoléon Lemest. 1834.

Tome IV.

Coup d'œil sur la réclamation des comités vinicoles, par M. Lanquetin. 1843.

Proposition d'une loi sur la juste répartition de l'impôt sur les boissons, par Figuet. 3e édit. 1848.

Observations relatives à l'impôt sur les boissons. Origine et cause de la perturbation des vignobles. Remède au mal, par Mandet. 1849.

Loi sur les boissons, du 20 décembre 1849. (Extrait des Annales des contributions indirectes.)

De l'Impôt sur les boissons, par David. 1849.

De la Réforme de la législation sur les boissons, etc., par J. Alexandre (de Morlaix). 1849.

Traité sur l'impôt des boissons, rédigé en sept documents, par Lemercier. Laval, 1850.

De l'Impôt des boissons, par Lavollée. 1849.

Des Modifications à apporter à la législation actuelle sur l'impôt des boissons, par Brager. Le Mans, 1850.

De l'Impôt des boissons. Modifications à apporter à la législation actuelle, par Brager. 1850.

Impôt des boissons. Grandes améliorations par une nouvelle répartition, etc. Excédant de produit pour l'État, par un ancien négociant. 1850.

De l'Impôt des boissons, par Ch. Siné. Saintes, 1850.

Quelques observations sur la fraude des vins, par l'abbé Brossard-Vidal, de Toulon. 1846.

Notice sur l'ébullioscope alcoométrique ou alcoomètre Vidal, par l'inventeur l'abbé Brossard-Vidal. 1846.

Brasseries. Notes sur la fabrication des bières, par A. du Leyris. 3e édit. Boulogne, 1834.

Manuel économique des brasseries, appliqué à la surveillance de ces établissements, par A. Songuenet. 1836.

1453 **Mélanges sur les finances. Impôt des boissons.** 1 vol. in-4°... B. 1214

Considérations sur les contributions et les taxes indirectes, par Sabatier. 1818.

Examen de l'impôt de consommation. Moyen de supprimer les droits sur les sels et les boissons, etc., par Rodde aîné. Clermont, 1830.

De l'Impôt de consommation, par Rodde aîné. 1833.

Pétition aux députés en forme de mémoire sur un point de la législation des contributions indirectes, d'impôt sur l'alcool, par Bories. Montpellier, 1838.

Réfutation d'un projet de changements à apporter dans la législation de l'impôt sur la consommation des vins, par du Teil Amiens, 1830.

Pétition des marchands de vins en détail de la ville de Mâcon au maire et au conseil municipal de cette ville. 1839.

Aux membres de la réunion vinicole. 1842.

Des Impôts en général et particulièrement de la suppression des droits sur les boissons, les octrois, etc., par Barreyre aîné. Bordeaux, 1843.

Bordereau des pièces adressées aux députés, en 1844, par les courtiers-gourmets-piqueurs de vins et eaux-de-vie près l'entrepôt.

Le Comité du commerce des boissons à l'Assemblée nationale et au ministre des finances. 1848.

Projet de loi sur l'impôt des boissons, par Ghéerbrant. 1850.

Des Octrois en général et particulièrement de la révision du tarif de l'octroi de la ville de Bordeaux, par Barreyre aîné. 1843.

1454 Enquête législative sur la production, la consommation et la vente des sels ordonnée par la loi du 13 janvier 1849, avec le résumé présenté par M. Favreau. Paris, 1851; 1 vol. in-4° rel. . . . . B. 1215

1455 Mélanges sur les finances. Impôt du sel. 2 vol. in-8°. . . . . . . B. 1216

Tome I.

Réclamation de la compagnie des salines au sujet d'une somme de 1,800,000 francs portée au budget des recettes de 1830.

Memorandum. Commission du sel, par J. J. Jullien.

Mémoire à la Chambre des députés sur les sels.

De la Capitation saline. Moyens de remplacement. Paris, 1834.

De la Conscience publique au sujet de l'impôt du sel. Extraits des journaux. Paris, 1834.

Des Caractères de la taxe du sel. Paris, 1834.

Observations nouvelles de la compagnie Aubert frères et Gouvy sur le projet de M. Humann relatif aux sources et eaux salées. Paris, 1834.

Essai sur les falsifications qu'on fait subir au sel marin. Travaux faits à ce sujet, par A. Chevallier.

De l'Influence du bas prix du sel sur sa consommation, par Clément Désormes. Paris, 1834.

Rapport de M. Laurence au nom de la commission chargée de l'examen du projet de loi sur le sel. Paris, 1836.

Discours de M. Saglio, prononcé à la Chambre des députés. Paris, 1836.

Observations pour la compagnie des salines de l'Est sur deux pétitions présentées à la Chambre des députés par la société industrielle de Mulhouse et quelques fabricants de soude.

De la Réduction du droit sur le sel et des moyens de le remplacer. Considérations présentées aux sociétés d'agriculture, par J. Milleret. Paris, 1829.

De la matière imposable au sujet de la taxation des sels. Paris, 1829.

Observations sur l'impôt du sel et le monopole de la compagnie des salines et mines de sel de l'Est. Mulhausen, 1832.

Plan de suppression de l'impôt sur le sel sans vide pour la caisse du Trésor royal et avec allégement pour l'ensemble des contribuables d'une somme annuelle de plus de cinq millions, par Armand Seguin. Paris, 1831.

Note sur l'impôt du sel et sur ses effets, publiée par l'Administration des douanes. Paris, 1831.

Observations de la compagnie des salines et mines de sel de l'Est relatives à l'ordonnance qui a réduit le prix de son bail. Paris, 1831.

Un dernier mot sur la taxe du sel.

La réduction du prix du sel dans l'Est peut-elle nuire aux marais salants.

Deux leçons aux débats sur l'impôt du sel. Paris, 1834.

De l'Impôt du sel, par F. L. A. Ferrier. Paris, 1847.

Mémoire sur l'emploi du sel en agriculture et sur la nécessité de franchise d'impôt, par Jules Mareschal. Paris, 1848.

Tome II.

Opuscules d'Auguste Demesmay :

1° Nécessité d'une réduction de l'impôt du sel. Paris, 1845.

2° Discours dans la discussion de sa proposition tendant à réduire l'impôt du sel à 2 décimes par kilogramme. Paris, 1845.

3° Opinion des hommes politiques, des savants et des agriculteurs sur l'utilité du sel. Paris, 1846.

4° Du Projet de loi réduisant à 10 centimes par kilogramme l'impôt sur le sel. Paris, 1846.

5° Discours dans la discussion de sa proposition relative à la réduction de l'impôt sur le sel. Paris, 1846.

6° Nouvelles considérations à l'appui de la réduction de l'impôt du sel. Paris, 1846.
7° Sur l'impôt du sel. Paris, 1846.
8° Développements de la proposition relative à la réduction de l'impôt du sel, présentés à la Chambre des députés. Paris, 1847.
9° Documents nouveaux sur l'impôt du sel, Allemagne, Angleterre, Belgique, Suisse, France. Paris, 1847.
10° Du Sel dans ses emplois agricoles. Paris, 1848.
11° Guide du cultivateur dans l'emploi du sel pour les divers usages agricoles. Paris, 1850.
12° Un mot en réponse au rapport de Milne Edwards sur la question du sel. Paris, 1850.

Le Sel. Impôt, réduction, régie, ou la Question du sel sous toutes ses faces, par J. J. Jullien. Paris, 1847.

Considérations sur l'impôt du sel, par le marquis de la Rochejaquelein. Paris, 1844.

La Question du sel considérée sous le point de vue de l'industrie agricole et de l'impôt, par C. J. Fawtier. Nancy, 1845.

Courtes observations sur le projet de loi de l'impôt du sel.

Du Monopole des sels par la féodalité financière, par R. Thomassy. Paris, 1846.

1456 Mélanges sur les finances. Impôt du sel. 1 vol. in-4° rel. . . . B. 1217

Observations sur l'impôt du sel, présentées à la Chambre des pairs et des députés des départements. 1819.

Observations sur l'impôt du sel, par les propriétaires des salines de Narbonne, Peyriac et Sijean. 1819.

Pétition des propriétaires des salins de Peccais. Paris, 1820.

Observations sur les mines de sel gemme existant dans la vallée de la Seille, par Rupied. Paris, 1821.

Pétition des propriétaires des salines de Peccais. Paris, 1822.

Ministère des finances. Actes d'association de la compagnie des salines de l'Est. 1826.

Statuts de la compagnie des salines et mines de sel de l'Est. Paris, 1826.

Assemblée générale des actionnaires de la régie intéressée des salines et mines de sel de l'Est. Paris, 1827.

Précis et résultats des opérations d'une commission établie au ministère de l'intérieur pour constater l'effet des qualités de sel employées pour la salaison des morues. Paris, 1830.

Demande en réduction des droits établis sur les sels destinés à la consommation, et sur les charbons de terre de la Belgique, et en maintien de ceux imposés aux sucres des colonies et des pays étrangers. Valenciennes, 1829.

Conseil général des mines. Procès-verbaux des séances.

	Mémoire adressé à la commission de la Chambre des députés chargée d'examiner le projet de loi sur les salines. Paris, 1834. Observations sur le projet de loi sur le sel. Expériences sur le sel ordinaire employé pour l'amendement des terres, par J. B. A. baron Daurier. Nancy, 1846. Observations sur l'impôt du sel, par un propriétaire de salines.		
1457	Mélanges sur les finances. Impôt des tabacs. 1 vol. in-4°....	B.	1218
	De la Question du tabac, par E. Larrieu. Paris, 1845. Opinion de la chambre de commerce de Saint-Malo sur le monopole des tabacs en France. Tabacs. Mémoire en faveur de l'agriculture, des consommateurs et des intérêts de l'État. Mémoire sur les moyens de perfectionner et d'étendre en France la culture et la fabrication du tabac, par A. Septlivres. Saint-Malo, 1832. Trois comptes raisonnés des travaux administratifs de A. G. Suriray de la Rue, actuellement garde-magasin des tabacs à Bordeaux, ou Analyse de ses rapports adressés à la régie des tabacs, de 1811 jusqu'en 1831. Bordeaux, 1831. Rapport au ministre des finances sur l'impôt du tabac. Paris, 1834. Un dilemme contre la régie des tabacs; elle aurait dépensé des millions au préjudice du Trésor, si elle avait raison dans son litige avec M. Suriray de la Rue. Paris, 1841. Mémoire de la société des sciences, agriculture et arts du département du Bas-Rhin, sur le monopole des tabacs. Strasbourg, 1836.		
1458	Traité complet de la culture, fabrication et vente du tabac. Paris, 1791; 1 vol. in-8° rel., planch................	B.	1219
1459	Mélanges sur les finances. Impôt des tabacs. 1 vol. in-8° rel.	B.	1220
	De l'Impôt sur les tabacs. Paris, 1829. A Messieurs les président et membres de la Chambre des députés. Arrêté réglementaire relatif à la culture, en 1829, des tabacs destinés à l'approvisionnement des manufactures royales. Rennes, 1828. Pétition pour la conservation de la culture du tabac dans l'arrondissement de Saint-Malo. 1829. Administration des tabacs. Décrets, lois et ordonnances rendus depuis le 29 décembre 1810 jusqu'au 13 février 1835. Mémoire probatif adressé au ministre des finances par Pierre Clament-Zuntz, au sujet de la suppression de la fabrique de l'anti-tabac. Paris, 1838. De l'État actuel de la culture du tabac dans le département de Lot-et-Garonne, par J. A. Fabre. Paris, 1842.		

De la Santé des ouvriers employés dans les manufactures de tabac, par le docteur F. Mélier. Paris, 1845.

De l'Action du tabac sur la santé et de son influence sur le moral et l'intelligence de l'homme, par le docteur B. Boussiron. Paris, 1845.

1460 Compte du produit de la fabrication et de la vente exclusives du tabac, à partir de 1817, et suite. Paris; in-4° rel. . . . . B. 1221

1461 Comptes rendus, par le directeur général des poudres, des recettes et dépenses de la régie des poudres et salpêtres, à partir de 1816, et suite. Imp. roy.; in-4° rel. . . . . B. 1222

1462 Mélanges sur les finances. Droits réunis, octrois en général, et notamment ceux de la ville de Paris. 1 vol. in-8° rel. . . B. 1223

Plus de droits réunis, c'est le vœu de tous les Français, par Ligneau-Grandcour. 1818.

Mémoire en faveur des débitants rédimés auxquels la régie conteste le droit de fabriquer les liqueurs, sans déclaration, avec l'eau-de-vie dont ils ont payé les droits, par Mandet. 1838.

Liberté du vin, plus de droits réunis, plus de forêts inutiles à l'État, par un garde national. 1830.

Projet de remplacement de l'octroi, par Bertolacci. 1829.

De l'Administration des octrois municipaux, par Charpillet. 1831.

Observations sur l'octroi de Paris en ce qui touche les droits sur le vin et la viande de boucherie, par Lafaulotte. 1847.

De l'Octroi de Paris, de son influence sur la falsification, la consommation et le prix des vins, par Lanquetin. 1844.

Considérations sur les octrois en général et dans leurs rapports avec les boissons, par le marquis de la Grange. 1843.

Paris et son octroi. Seconde partie des considérations sur les octrois en général, par le marquis de la Grange. 1844.

Abolition complète des droits d'octrois, nouveau système financier des villes et des communes, par Digan. Anvers, 1847.

1463 Résumé de la question d'un impôt sur le sucre de betterave. Dunkerque, 1836; in-4° rel. . . . . B. 1224

E. RENTES. — CONVERSION. — EMPRUNTS. — AMORTISSEMENT. — PENSIONS.

1464 Études sur la rente. Paris, 1838; 1 vol. in-8° rel. . . . . B. 1225

1465 CHARPENTIER (N. J.). — Tarif de la rente, ou comptes faits

	des sommes résultant de la vente ou de l'achat d'inscriptions 5 p. o/o consolidés suivant les divers cours de la Bourse. Paris, 1820; 1 vol. in-4° rel.	B.	1226
1466	LAFFITTE (Jacques).— Réflexions sur la réduction de la rente et sur l'état du crédit. 2e édit. Paris, 1824; 1 vol. in-8° rel.	B.	1227
1467	PERRON et THOMPSON (T.). — The true theory of rent, in opposition to M. Ricardo and others being an exposition of fallacies on rent titles, etc. 4th edit. London, 1829; 1 vol. in-8° rel.	B.	1228
1468	SEGUIN (A.). — De la Réduction de l'intérêt de notre dette 5 p. o/o. Paris, 1829; 1 vol. in-8° rel.	B.	1229
1469	BERRIAT SAINT-PRIX. — Mémoire sur le remboursement des rentes et sur l'indemnité due aux rentiers du XVIe siècle. Paris, 1837; 1 vol. in-8° rel.	B.	1230
1470	Tableau de la dette publique et des misères du Trésor, suivi d'un exposé détaillé des budgets. Paris, 1842; 1 vol. in-8° rel.	B.	1231
1471	Mélanges sur les finances. Rentes, conversion. 1 vol. in-4°.	B.	1232

Réflexions rapides sur le projet de loi relatif aux deux tiers de la dette publique, par Delon.

Note sur la réduction de l'intérêt de la dette publique.

Liquidation de la dette publique. Paris, 1814.

Des Banques et des institutions de crédit en Amérique et en Europe, par Gautier. 1839. (Extrait de l'Encyclopédie du droit.)

Sur l'Administration, par J. Ouvrard. Paris, 1824.

Mémoire sur la composition des budgets de 1818, 1819 et 1820, et la liquidation de la dette exigible, sur le règlement et l'amortissement de la dette constituée par Papion. Tours, 1817.

Observations sur la vente des 23,114,516 francs de rentes qui appartiennent au Trésor royal, par Armand Séguin. Paris, 1823.

De la Conversion du cinq pour cent; de l'augmentation de sa valeur, de celle des capitaux et de la baisse de l'intérêt au moyen d'un grand-livre de crédit foncier, par Petit. Paris, 1838.

1472	Mélanges sur les finances. Rente, conversion, crédit. 3 vol. in-8°.	B.	1233

Tome I.

Conseils aux propriétaires de terres, de maisons et de rentes sur l'État, par M. D. M. 1811.

Question sur la consolidation de l'arriéré, par Delon.

Moyens d'exécution applicables au système de crédit public de la France, etc., par Delon.

De la Réduction de la rente considérée comme principe de calamités morales dans l'État. 1824.

La Question de la réduction de la dette publique traitée en chiffres, par le comte A. de M. 1834.

Du Remboursement de la dette publique, de l'agriculture, du commerce et des arts. 1824.

Réflexions sur le projet de remboursement de la dette publique, par Godard. 1824.

De la Constitution de la dette publique de France, et de l'influence qu'elle exerce sur son extinction par le remboursement, par Pichon. 1824.

Opinion du marquis de la Boëssière sur la loi relative à la réduction des rentes. 1824.

Réfutation du discours de M. Roy sur la réduction des rentes, par Delorme (du Cher). 1824.

Le Milliard perdu et retrouvé, etc. 1824.

Réflexions d'un manufacturier sur quelques principes de crédit public et sur le projet de remboursement. 1824.

Observations sur le nouveau projet de loi pour la conversion des rentes, par le comte de Mosbourg. 1825.

Seconde lettre au ministre des finances sur le projet de remboursement ou de réduction des rentes, par le comte de Mosbourg. 1824.

Gardons nos cinq pour cent! Avis aux rentiers, par un de leurs compagnons d'infortune. 1825.

De la Conversion des rentes considérée sous le rapport des intérêts particuliers, de l'amortissement et du crédit public, par de Tessières-Boisbertrand. 1826.

Tome II.

Projet sur la réduction des rentes sur l'État, cinq pour cent consolidés, par Thérouenne-Delarbre. 1829.

Discours de M. de Lamartine dans la cause des rentiers, suivi d'un conseil aux rentiers.

De la Rente actuelle et des emprunts futurs.

Lettre d'un propriétaire à un rentier.

Le *Fiat lux* du ministère français et des rentiers ou spéculateurs sur rentes français et étrangers, par A. Séguin. 1830.

Nouvelles combinaisons administratives et financières, par A. Séguin. 1830.

De l'avenir financier des contribuables, par A. Séguin.

Les deux systèmes. Réduction de la dette ou réduction des taxes. 1833.

Du Prince et de la Chambre au sujet de la réduction des rentes.

Considérations sur la dette publique de France, par le duc de Gaëte. 1832.

Remboursements des rentes cinq pour cent, quatre et demi et quatre pour cent. 1836.

Des Cautionnements et de leur conversion en rentes ou en immeubles, par Blanchard. 1830.

Lettre sur la conversion de la rente cinq pour cent en quatre pour cent, par Michel Goudchaux. Strasbourg. 1834.

Dernier cri d'un rentier, par P. V. 1836.

Observations sur la liquidation des effets publics au mois de mars 1836, par D. G.

Combinaison au sujet de la conversion de la rente cinq pour cent, par un négociant d'Alençon. 1837.

Observations contre le remboursement du cinq pour cent, par D. Lenoir. 1836.

Sur la réduction de la dette cinq pour cent, par M. P. D. 1836.

Tome III.

Études sur la rente. 1838.

Rachat de la rente cinq pour cent, ou Solution du problème, par le baron Massias. 1838.

Supplément à la brochure : Rachat de la rente cinq pour cent, par le baron Massias. 1838.

Questions sur le rachat de la rente cinq pour cent, par le baron Massias. 1838.

Projet sur le cinq pour cent, par le comte L. de Girardin.

D'une combinaison financière pour réduire l'intérêt de la dette, par A. Rabusson. 1838.

De la Conversion sans emprunt et sans banquiers. 1838.

Encore un mot sur le remboursement et la conversion des cinq pour cent consolidés, par un économiste de province. Angers, 1838.

Pétition sur la conversion des rentes sur l'État, par Schattenmann. Strasbourg, 1838.

Conversion de la rente cinq pour cent. 1839.

Plan de conciliation entre l'intérêt des contribuables et les rentiers de l'État, par Dumolard-Orcel.

Du Remboursement de la dette publique, ou de l'amortissement et de la conversion de la rente cinq pour cent, par J. Milleret. 1839.

Proposition de loi pour la conversion des rentes quatre et demi, quatre et trois pour cent en rentes cinq pour cent non remboursables pendant vingt ans, par Marcescheau. 2e édit. 1838.

Du Remboursement et de la conversion de la rente cinq pour cent, par J. Ouvrard fils. 4e édit. 1838.

Lettres à un député. Réponse à l'ouvrage de M. Ouvrard fils sur le remboursement et la conversion, par A. B. 1838.

De la possibilité d'une conversion de la rente cinq pour cent, sans compromettre les intérêts du Trésor et des rentiers, par Guilliez. 1845.

Discours du marquis d'Audiffret dans la discussion générale du projet de loi sur la conversion des rentes. 1845.

La Conversion des rentes et le système financier de la France, par le comte V. J. 1845.

Proposition relative aux rentes sur l'État, par Decourdemanche. 1850.

1473	Rapports des commissions de surveillance de la caisse d'amortissement et de celle des dépôts et consignations, à partir de 1816 et suite. Imp. de la Chambre; in-4° rel.	A.	575
1474	Juvigny (J. B.). — Principes élémentaires des emprunts publics et de leur amortissement, précédés de notions générales et spéciales sur la dette publique. Paris, 1839; 1 vol. in-8° rel.	B.	1234
1475	Mélanges sur les finances et l'amortissement, 1827-1834; 1 vol. in-8° rel.	B.	1235

Examen du budget de 1832; réformes financières, par Émile Péreire. Paris, 1831.

Considérations sur les finances de la France et des États-Unis, par Émile Péreire. Paris, 1832.

De la Responsabilité ministérielle relativement à l'administration des finances, par Ferrier. Paris, 1832.

Observations et éclaircissements sur une partie du rapport du budget de 1832, par le duc de Gaëte. Paris, 1832.

Lettre et observations sur le budget de 1832, par Dumoulin. Paris, 1832.

Observations présentées par M. Bérard, député, sur le budget de 1832. Paris, 1832.

De l'Amortissement, par A. de Gasparin et J. Reboul. 1834.
Leçon sur l'amortissement, par Bravard-Veyrières. 1833.
De l'Agiotage et de l'amortissement. Première lettre au garde des sceaux, par Coubé, ancien député. 1832.
Deuxième et troisième lettres sur l'emprunt de 150 millions, par le même.
Lettre concernant l'origine et les bases de l'amortissement en France. Paris, 1832.
Note sur l'amortissement, la direction du crédit public, par D. Lenoir. Paris, 1831.
Quelques mots sur l'amortissement et les abus qui affaiblissent son action, par A. D. L. Paris, 1832.
Le Régulateur de la direction à donner à notre puissance amortissante, par Arm. Séguin. Paris, 1827.
Coup d'œil sur l'emprunt projeté pour le budget de 1832, par Arm. Séguin. Paris, 1832.
Des Éléments et des résultats de l'emprunt de 150 millions, par Arm. Séguin. Paris, 1832.
Résultats et conséquences du choix des directions de notre puissance amortissante, par Arm. Séguin. Paris, 1829.
De l'Avenir financier des contribuables, par Arm. Séguin. Paris, 1832.
Lettre sur la conversion de la rente cinq pour cent en quatre pour cent, par M. Goudchaux. Strasbourg, 1834.

1476 Mélanges sur les finances. Rente, amortissement. 1824-1830; 1 vol. in-8° rel. . . . . B. 1236

Lettre au comte de *** sur le projet de loi relatif à la réduction des rentes. Paris, 1824.
Lettre au comte de Villèle sur la réduction des rentes, par le comte de Mosbourg. Paris, 1824.
Seconde lettre du même au même. Paris, 1824.
Observations sur le nouveau projet de loi pour la conversion des rentes, par le comte de Mosbourg. Paris, 1825.
Lettres de Lay, écrites par un vieux rentier bourgeois de Paris. Paris, 1824.
Quelques réflexions sur le remboursement de la dette publique. Paris, 1824.
Réflexions d'un manufacturier sur quelques principes de crédit public et sur le projet de remboursement. Paris, 1824.
Le Milliard perdu et retrouvé, ou Conversion de 140 millions cinq pour cent en 112 millions trois pour cent. Paris, 1824.
Réfutation du discours de M. Roy sur la réduction des rentes, par Delorme (du Cher). Paris, 1824.

Résumé des discussions sur la réduction des rentes, par Arm. Séguin. Paris, 1824.

Du Projet de remboursement, ou Réduction des rentes, par Arm. Séguin. Paris, 1824.

Régulateur des rentiers, ou Guide et résultat des spéculations, par Arm. Séguin. Paris, 1825.

Avis aux trois cent quarante mille propriétaires de rentes cinq pour cent sur la conversion en trois pour cent. Paris, 1825.

Recherches sur l'amortissement de la dette publique, par Saint-Ymbert. Brest, 1829.

Lettres aux députés composant la commission du budget sur la permanence du crédit public. Paris, 1829.

Plus de banqueroute!!! La rente ne peut être remboursée, par Alfred de Rhéville. Paris, 1829.

Observations aux députés sur l'amortissement, par B. Fould, banquier.

Système national d'emprunt contributif, par amortissement graduel en vingt ans, par Alex. Crevel. Paris, octobre 1830.

1477 Mélanges sur les finances. Amortissement. 2 vol. in-8° rel. . . B. 1237

Tome I.

Examen de la tontine perpétuelle d'amortissement fondée par MM. Janson de Sailly, Guéroult de Fougère et Denuelle Saint-Leu, par Navier. Paris, 1819.

Développement du plan d'une tontine d'amortissement proposée par l'auteur, et proposition d'une caisse générale d'épargne et d'accumulation pour tout le royaume, par Cren. Paris, 1819.

Exposé d'une nouvelle méthode d'amortissement, par J. A. Bordier-Marcet. Paris, 1819.

Esquisse sur la caisse d'amortissement, sur les rentes et sur les frais de perception, par Harel Lavertu. Paris, 1824.

De l'Amortissement. Paris, 1825.

Le Régulateur de la direction qu'on doit donner à notre puissance amortissante, par Arm. Séguin. Paris, 1827.

Recherches sur l'amortissement de la dette publique, par V. Imbert. Brest, 1829.

De l'Action de la caissé d'amortissement appliquée aux crédits extraordinaires, par Adrien Féline.

Tome II.

Projet de loi sur l'amortissement. 1° De la discussion; 2° du projet d'amortissement; 3° suite; 4° sur l'amortissement : à la Chambre des pairs (suite); 4° du projet de loi (fin); 5° du projet (appendice); 6° résumé des écrits sur l'amortissement. Paris, 1831.

Un dernier mot sur l'amortissement.

De l'amortissement. A Messieurs les membres de la Chambre de 1831, par Lenoir. Paris, 1831.

Observations sur le rapport de la commission chargée d'examiner le projet de loi sur la dette publique et l'amortissement, par Armand Séguin. Paris, 1825.

Résultat et conséquences du choix des directions possibles de notre puissance amortissante, par Armand Séguin. Paris, 1829.

Observations sur l'amortissement, par Benoît Fould. Paris, 1831.

De la nécessité de maintenir l'amortissement, par J. B. Juvigny. Paris, 1832.

Lettre d'un électeur de département à un électeur de Paris, sur l'origine et les bases de l'amortissement en France. Paris, 1832.

Amortissement. Rapport sur le budget.

Encore l'amortissement, par Cabanon. 1832.

De la nécessité d'annuler les rentes rachetées jusqu'à ce jour par la caisse d'amortissement, par Poiiquet. Paris, 1833.

Leçon sur l'amortissement, par Bravard-Veyrières. Paris, 1833.

Dernier mot sur l'amortissement, par le duc de Gaëte. Paris, 1833.

De l'Amortissement, par Coubé. Paris, 1833.

Pétition sur l'amortissement, par le chevalier de Fonvielle. 1833.

Du Règlement de la dette. Paris, 1834.

Du Remboursement et de l'amortissement.

Discours d'Ach. Fould sur sa proposition relative à l'amortissement. 1847.

1478 Mélanges sur les finances. Emprunts, crédit public. Paris, 1817-1829; 1 vol. in-8° rel. . . . . B. 1238

Réflexions sur le projet d'emprunt, par Casimir Périer. Paris, 1817.

Dernières réflexions sur le projet d'emprunt, par Casimir Périer. Paris, 1817.

Un mot sur l'écrit intitulé : Réflexions sur le projet d'emprunt, par Victor Cassas. Paris, 1817.

Observations sur les dernières réflexions de M. Casimir Périer au sujet de l'emprunt, par Victor Cassas. 1817.

Nouvelles observations sur les emprunts, sur l'amortissement et sur les compagnies financières, par Arm. Séguin. Paris, 1817.

Dernières observations sur les emprunts, sur l'amortissement et sur les compagnies financières, par Arm. Séguin. Paris, 1817.

Sur la négociation de trente millions de rentes, par M. le marquis de Saisseval. Paris, 1817.

Opinion de M. Laffitte, député, sur le projet de loi relatif aux finances pour 1817. Paris, 1817.

Observations sur l'emprunt de vingt-quatre millions de rentes, par Pillet-Will, banquier. Paris, 1818.

De la publication des emprunts du Gouvernement, par le marquis de Saisseval. Paris, 1818.

Lettre à un ami sur la conduite qu'il doit tenir dans la crise actuelle de la Bourse. Paris, 1818.

Aperçu rapide de la situation et des ressources de la France, par Berryer père. Paris, 1818.

Réflexions à l'occasion du compte rendu des dépenses de l'année 1818. Paris, 1820.

Précis des diverses manières de spéculer sur les fonds publics en usage à la Bourse. Paris, 1817.

Les Mystères de l'agiotage dévoilés, ou Lettres à M. J. Laffitte, par Coubé, ancien député. Paris, 1829.

1479 Mélanges sur les finances. Emprunts. 1 vol. in-8° rel....... B. 1239

Nouvelles observations sur les emprunts, sur l'amortissement et sur les compagnies financières, par Armand Séguin. 1817.

Réflexions sur l'emprunt de seize millions. 1818.

Lettres à un député. Emprunts faits en 1818.

Opinion de M. Alex. Delaborde, député, sur l'emprunt de cent millions. 1823.

Réponse de M. Delaborde, sur le même objet, à un discours de M. Martignac. 1823.

Observations sur quelques assertions de M. Laffitte relatives au projet d'emprunt de quatre-vingts millions, par Arm. Séguin. 1828.

Observations sur l'amendement de M. Odier, relativement au projet de l'emprunt de quatre-vingts millions, par Arm. Séguin. 1828.

Observations sur les conséquences des bases du projet de loi pour l'emprunt des quatre-vingts millions, par Arm. Séguin. 1828.

Observations sur les propositions de M. Laffitte relatives à l'emprunt des quatre-vingts millions, par Arm. Séguin. 1828.

Conséquences du prix de l'adjudication de l'emprunt de quatre-vingts millions, faisant suite au *Fiat lux*, par Arm. Séguin. 1830.

Réflexions sur le projet d'emprunt, par Casimir Périer.

Dernières réflexions sur le projet d'emprunt, par Casimir Périer.

Coup d'œil sur l'emprunt projeté pour satisfaire à l'exigence des besoins du budget de 1832, à faire sur des trois ou sur des cinq pour cent, par Arm. Séguin. 1832.

Des Éléments et des résultats de l'emprunt de cent cinquante millions fait en 1832, par Arm. Séguin. 1832.

Un mot contre la proposition de M. Laffitte, dans l'emprunt de trente millions, par Guillaume. 1833.

De la nécessité d'amender la proposition de M. Laffitte relative à l'emprunt fait par la librairie sur le prêt des trente millions, par Warée aîné. 1833.

Encore un mot sur la proposition de M. Laffitte relative à l'emprunt fait par la librairie sur le prêt des trente millions, par Warée aîné. 1833.

Observations sur l'emprunt Guebhard, par Don Xavier de Burgos. 1834.

1480 Caisse des retraites pour la vieillesse, sous la garantie de l'État. — Tarif des retraites ou rentes viagères. Paris, 1851. — Circulaire aux préfets. — Instruction pratique préparée par les soins de la commission instituée, aux termes de l'article 13 de la loi du 18 juin 1850, sur les caisses de retraites. 1 vol. in-8° rel. . . . . B. 1240

1481 Mélanges sur les finances. Pensions de retraite. 1 vol. in-4° rel. B. 1241

Projet de création d'un fonds général de retraites en faveur des employés particuliers des agents du ministère des finances dans les départements. Bordeaux, 1824.

Commission supérieure de l'établissement des invalides de la marine. Observations sur un rapport de la commission de comptabilité. Paris, 1829.

Rapport de la commission des blessés de juin 1832 au ministre de l'intérieur. Paris, 1833.

Note du directeur des fonds de la marine sur les caisses dites de retenue. Paris, 1833.

Notice sur la situation particulière des employés des administrations des contributions indirectes et des tabacs, relativement aux retraites. Paris, 1833.

Observations aux députés sur les conclusions du rapport fait à la Chambre, au sujet du projet de loi relatif aux pensionnaires de la caisse de vétérance. Paris, 1833.

Note remise au ministre des finances, dans l'intérêt des pensionnaires de la caisse de vétérance de l'ancienne liste civile, le 18 octobre 1834, par Mitouflet.

Discours du ministre des finances sur le service des pensions. 1834.

Note sur des pétitions imprimées touchant la pension des capitaines au long cours. Paris, 1834.

Note sur les caisses de retenue, par Boursaint, membre de la commission des pensions. Paris, 1834.

Compte récapitulatif du mouvement des pensions et des résultats en recettes et en dépenses, de 1825 à 1835. (Document officiel.)

Exposé historique et analytique des questions relatives à la rémunération des services civils. (Document officiel.) Paris, 1841.

Mémoire sur la fondation d'une caisse générale de retraites pour les classes laborieuses des deux sexes, présenté au ministre des finances. Paris, 1844.

1482 Mélanges sur les finances. Pensions de retraite. 2 vol. in-8°. B. 1242

Tome I.

Développement d'un amendement par A. Gouin. — Budget des recettes. 1832. — Pensions de retraite assises sur les caisses de retenue. Paris, 1832.

Essai sur les pensions de retraite, par Flour de Saint-Genis. Paris, 1833.

Observations en réponse à un écrit intitulé : Essai sur les pensions, par un employé du Trésor. Paris, 1833.

Observations sur les pensions des employés du ministère des finances et des administrations qui en dépendent, par un chef de bureau. Paris, 1833.

De la Rémunération des services publics, par F. L. A. Ferrier. Paris, 1833.

Observations sur le travail de la commission pour la révision de la législation sur les pensions. Paris, 1833.

Considérations mathématiques et législatives touchant les pensions civiles de retraite imputables sur les caisses dites de retenue, par Maurice Jeannin. Paris, 1834.

Encore quelques mots sur les pensions. Paris, 1835.

Mémoire sur les pensions des employés, par A. J. J. Le Barbier. Paris, 1836.

Tome II.

Du Projet de loi sur les pensions des employés, et développement d'un nouveau système de retraites sur fonds de retenue, par O'Donnell. Paris, 1837.

Opinion sur le projet de loi des pensions de retraite, par Alex. Gouin. Paris, 1837.

Considérations sur les pensions de retraite des employés, par L. Lemaître. Paris, 1839.

Essai sur les pensions de retraite, par un employé du Trésor. Paris, 1840.

Nouveau système de traitements, salaires et pensions applicables à tous les services publics et privés. Paris, 1842.

	Pétition aux députés contre l'ordonnance de 1815, en ce qu'elle concerne les officiers d'artillerie, par G. Laignel. Paris, 1820. De l'Armée et de la nécessité d'augmenter les soldes de retraite, par A. Rastoul. Paris, 1828. Scandaleux, cruel et criminel arbitraire du ministère de la marine dans la fixation des pensions, dévoilé ainsi que prouvé par ses propres fauteurs, et publié par G. Laignel. Paris, 1820. Réponse des capitaines au long cours de la place de Bordeaux à une note touchant la pension des capitaines au long cours.		
1483	Deplanque (Louis). — Dangers financiers, moraux et politiques de l'organisation actuelle des caisses d'épargne pour les placeurs et pour le Gouvernement. Paris, 1844; 1 vol. in-32 rel.	B.	1243
1484	Procès-verbaux des délibérations de la commission instituée par l'arrêté du 8 février 1844, à l'effet d'examiner les dispositions législatives et réglementaires relatives aux caisses d'épargne. Paris, 1845; 1 vol. in-fol.	B.	1244

F. CRÉDIT PUBLIC ET FONCIER.

1485	Dufresne Saint-Léon (L. C. A.) — Étude du crédit public et des dettes publiques. Paris, 1824; 1 vol. in-8° rel.	B.	1245
1486	Hennet. — Théorie du crédit public. Paris, 1816; 1 vol. in-4° rel.	B.	1246
1487	Cormeré. — Mémoire sur les finances et le crédit. Paris, 1789; 1 vol. in-8° rel.	B.	1247
1488	Courcelle-Seneuil (J. G.). — Le Crédit et la banque. Études sur les réformes à introduire dans l'organisation des banques. Paris, 1840; 1 vol in-8° rel.	B.	1248
1489	Lévis (Duc de). — De l'État du crédit public en France au commencement de 1819. Paris. 1819; 1 vol. in-8° rel.	B.	1249
1490	Ferrier. — Mémoire sur le crédit. 2e édition. 1 vol. in-8° rel.	B.	1250

1491	Cieszkowski (Comte Aug.). — Du Crédit et de la circulation. 2e édit. Paris, 1847; 1 vol. in-8° rel.	B.	1251
1492	Courtet de l'Isle (V.). — Du Crédit en France, ou de quelques moyens de prospérité publique. Paris, 1840; 1 vol. in-8° rel.	B.	1252
1493	Augier (Marie). — Du Crédit public et de son histoire depuis les temps anciens jusqu'à nos jours. Paris, 1842; in-8° rel.	B.	1253
1494	Du Puynode (Gust.). — De la Monnaie, du crédit et de l'impôt. Paris, 1853; 2 vol. in-8° rel.	B.	1254
1495	Discours pour et contre la réduction de l'intérest naturel de l'argent, qui ont amené en Angleterre la réduction de quatre à trois pour cent. (Traduit de l'anglais.) Wesel, 1757; 1 vol. petit in-12 rel.	B.	1255
1496	Bonneau (P. D.). — Puissance du crédit et des améliorations; ses rapports avec la guerre et la paix. Paris, 1813; 1 vol. in-8° rel.	B.	1256
1497	Conseil d'État. Enquête sur le crédit foncier. Paris, Imp. nat.; 1850; 1 vol. in-4°.	B.	1257
1498	Loreau (J. L.). — Du Crédit foncier et des moyens de le fonder. Paris, 1841; 1 vol. in-8° rel.	B.	1258
1499	Nansot (L. P.). — Caisse de crédit foncier, industriel et agricole, instituée pour procurer aux caisses d'épargne et de prévoyance un emploi utile et convenable de leurs capitaux. Paris, in-4° rel.	B.	1259
1500	Wolowski (L.). — De la mobilisation du crédit foncier. Paris, 1839; 1 vol. in-8° rel.	B.	1260
1501	Mélanges sur les finances. Banques, crédit. 2 vol. in-8° rel.	B.	1261
	Tome I. Projet d'établissement de banques et d'opérations combinées pour le prompt rétablissement du crédit public en France, par J. J. Cren. Paris, 1817.		

Réflexions soumises à M. le duc de Gaëte, gouverneur de la Banque, ainsi qu'à MM. les actionnaires. Paris, 1829.

Banque des crédits réciproques, et caisse d'escompte et d'amortissement des constructeurs et propriétaires de bâtiments civils dans le département de la Seine. Paris, 1830.

Des Banques départementales en France, par M. D. Orléans, 1836.

De l'Établissement immédiat d'une banque nationale de circulation, par Léonce de Lavergne. Paris, 1838.

Banque foncière de France. Pétition présentée au ministre des finances et aux Chambres des pairs et des députés, portant demande d'un crédit de cinquante millions, par Dumons. Paris, 1839.

D'une Banque à Toulouse et des banques en général, avec les tableaux généraux et sommaires des opérations de la Banque de France, publiés par le ministre du commerce, par M. de Montigny. Paris, 1837.

Aperçu sur l'escompte du papier du petit commerce. Paris, 1840.

Une Banque de Paris en remplacement de la Banque de France, par G. Riffé. Paris, 1840.

Des Banques et du privilége de la Banque de France, par L. Muret de Bort. Paris, 1840.

Statuts de la Banque nationale de Grèce. Athènes, 1843.

Conditions du développement du crédit en France, par A. Ripert de Montclar. Paris, 1847.

De la Banque de France, par Muret de Bort. Paris, 1847.

Pétition aux citoyens représentants à l'Assemblée constituante, pour la création d'une banque nationale ouvrière, présentée par le citoyen Martin (de Mâcon). Paris, 1848.

Banque d'échange de Marseille, par Bonnard. Marseille, 1848.

Note sur un article inséré dans la Revue des Deux-Mondes, du 15 août 1850, et relatif à la loi qui vient de supprimer le cours forcé des billets de la Banque de France.

Exposé des statuts de la Banque de Grèce.

Tome II.

Le Crédit et la banque, études sur les réformes à introduire dans l'organisation de la Banque de France et des banques départementales, par J. G. Courcelle-Seneuil. Paris, 1840.

Des Banques, de leur influence pour faciliter la circulation des capitaux et faire baisser le trop haut prix de l'intérêt, par Sabatier. Paris, 1817.

Des Banques de France. Nécessité d'une enquête avant de renouveler le privilége de la Banque de France, par Ripert de Montclar. Paris, 1840.

1502	Mélanges sur les finances. Hypothèques, crédit foncier. 1 vol. in-8° rel....................................	B.	1262

Théorie de la caisse hypothécaire, ou Examen du sort des emprunteurs, des porteurs d'obligations et des actionnaires de cet établissement, par O. Rodrigues et Maas. Paris, 1820.
Caisse hypothécaire d'agriculture. Paris, 1820.
Caisse hypothécaire. Ordonnance du Roi. 1820.
Caisse hypothécaire autorisée par ordonnance du Roi, en date du 12 juillet 1820.
La Caisse usuraire, dite hypothécaire, examinée et calculée dans l'intérêt et pour le salut des propriétaires emprunteurs, par Bricogne aîné. Paris, 1820.
Notice sur le projet d'établissement de la caisse territoriale, ou Emprunt mutuel sur garanties hypothécaires.
Éclaircissements sur l'institution de la caisse territoriale, par H. Hardy. Anvers, 1830.
Projet de crédit et d'emprunt pécuniaire offert dans l'intérêt de la propriété foncière en France Paris, 1829.
Essai sur le crédit hypothécaire combiné avec les assurances sur la vie, et corroboré par elles. Montauban, 1847.
Sur la Crise financière et une institution de crédit foncier. A M. Berryer, par Dessauret. Paris, 1848.
D'une Institution de crédit foncier; projet amendé faisant suite à la lettre à M. Berryer sur le même sujet, par Dessauret. Paris, 1848.
Lettre à M. le ministre des finances sur le crédit foncier, par Boussey, 1848.
Crédit foncier. Rapport au Président de la République, par Dumas; suivi d'un rapport sur la publication de nouveaux documents relatifs aux institutions de crédit foncier qui existent dans les divers États, par J. B. Josseau. Paris, 1851.

G. BOURSES ET BANQUES.

1503	Bresson (J.). — Des Fonds publics français et étrangers et des opérations de la Bourse de Paris. 8ᵉ édit. Paris, 1843; 1 vol. in-12 rel....................................	B.	1263
1504	Coffinières (A. G.). — De la Bourse et des spéculations sur les effets publics. Paris, 1824; 1 vol. in-8° rel..........	B.	1264
1505	Taral. — Projet d'établissement d'un crédit public sous le		

	titre de Bourse de Paris. (Manuscrit postérieur à 1760.) 1 vol. in-fol. rel.	B.	1265
1506	Fremery (A.). — Des Opérations de bourse. Étude de droit commercial. Paris, 1833; in-8° rel.	B.	1266
1507	Nouveau manuel des agents de change, banque, finance et commerce, contenant les lois, règlements et actes officiels qui régissent leurs fonctions. Paris, 1851; 1 vol. in-8° rel.	B.	1267
1508	Bresson (J.). — De la Liquidation des marchés à terme à la Bourse de Paris. Paris, 1826; 1 vol. in-12 rel.	B.	1268
1509	Bizet (L. Ch.). — Précis des diverses manières de spéculer sur les fonds publics, en usage à la Bourse de Paris. 4e édit. Paris, 1821; 1 vol. rel.	B.	1269
1510	Lamst. — Manuel de la Bourse, ou Guide du capitaliste, du rentier, de l'agent de change et du banquier. 12e édit. Paris, 1840; 1 vol. in-18 rel.	B.	1270
1511	Mémoire de la chambre syndicale des agents de change de Paris, présenté à M. le ministre secrétaire d'État des finances, et tendant à obtenir un règlement sur la négociation des effets publics, avec un appendice. Paris, 1843; 1 vol. in-8° rel.	B.	1271
1512	The art of stock-jobbing explained, the cause of the rise and fall of the funds. London; 1 vol. in-8° rel.	B.	1272
1513	Delcros (J. B.). — Barême de la Bourse, ou Comptes faits des capitaux, intérêts, produits des reports, etc., d'après le cours des rentes et des actions industrielles. Paris, 1847; 1 vol. in-18 rel.	B.	1273
1514	Francis (John). — La Bourse de Londres. Chroniques et portraits. Traduit par Lefebvre-Duruflé. Paris, 1854; 1 vol. in-8° rel.	B.	1294
1515	Mélanges sur les finances. Bourses. 1 vol. in-8°.	B.	1275
	Étrennes aux agioteurs, ou Réponse à la lettre de M. Haller, in-		

sérée dans les pièces justificatives du mémoire de M. de Calonne, 1788, par M. de M.
De la Compagnie des agents de change considérée dans ses rapports avec nos institutions constitutionnelles et le commerce. 1819.
De l'Usurpation des fonctions des agents de change. Mai 1830.
Précis des diverses manières de spéculer sur les fonds publics en usage à la Bourse de Paris, par Bizet de Frayne. 1818.
Des Marchés des effets publics appelés marchés à terme, de leur danger et des moyens d'y remédier, par D. et M. 1823.
Les Mystères de l'agiotage dévoilés, ou Lettres à M. Jacques Laffitte, par Coubé, ancien député. 1829.
Description de toutes les manœuvres et de toutes les intrigues scandaleuses employées et tolérées à la Bourse de Paris, depuis 1823, par Déchalotte fils. 1832.
Développements de la proposition sur la négociation des effets publics, par M. Harlé fils, député. 1832.
Observations d'un capitaliste sur la proposition de M. Harlé, relative aux affaires de bourse. 1832.
Explications sur le crédit public et les opérations qui se font à la Bourse de Paris. 1832.
Mémoire sur le commerce des effets publics à la Bourse et le droit de l'engagement, par un agent de change honoraire. 1833.
Lettres aux députés composant la commission du budget, sur la permanence du système de crédit public et sur la nécessité de renoncer à toute espèce de remboursement des créances sur l'État, par G. D. E. 1829.
Ordonnances et règlements des magistrats de Lille sur la bourse, les agents de change et les courtiers de commerce, recueillis par D***, syndic des agents de change.

1516 Sabatier. — Des Banques, de leur influence pour faciliter la circulation des capitaux, faire baisser le trop haut prix de l'intérêt. Paris, 1817; 1 vol. in-8° rel. . . . . B. 1276

1517 Noiron (Louis de). — Des Banques en France. Leur mission, leur isolement actuel; moyen de les coordonner dans leur intérêt, celui du Trésor et du pays. Paris, 1847; 1 vol. in-8° rel. . . . . B. 1277

1518 Recueil des pièces relatives au régime de la Banque de France. Paris, 1804; 1 vol. in-4° rel. . . . . B. 1278

1519 Banque de France. Recueil des lois et statuts qui la régissent depuis 1800 et suite. Paris, 1851; in-4° rel. . . . . B. 1279

1520	Comptes rendus des opérations de la Banque de France, à partir de l'an IX et suite. Paris; 3 vol. in-4° rel.	A.	219
1521	PAIGNON (Eugène).—Théorie légale des opérations de banque, ou Droits et devoirs des banquiers en matière de commerce et d'argent. Paris; 1 vol. in-8°.	B.	1280
1522	COURCELLE-SENEUIL (J. G.). — Traité théorique et pratique des opérations de banque. Paris, 1853; 1 vol. in-8° rel.	B.	1281
1523	BÜSCH (J. G.).—Traité des banques, de leur différence réelle et des effets qui en résultent dans leur usage et leur administration; traduit de l'allemand. Paris, 1814; 1 vol. in-8° rel.	B.	1282
1524	BÜSCH (J. G.). — Sämtliche Schriften über Banken and Münzwesen. Hamburg, 1802; 1 vol. in-12.	B.	1283
1525	CONDY-RAGUET. — A treatise on currency and banking. London, 1839; in-8° rel.	B.	1284
1526	CONDY-RAGUET. — Traité des banques et de la circulation; traduit de l'anglais par Lemaître. Paris, 1840; 1 vol. rel.	B.	1285
1527	TOOKE (Th.). — Considerations on the state of the currency. 2d edit. London, 1826; 1 vol. in-8° rel.	B.	1286
1528	Money the representative of value, with considerations on the bank question, railway companies, savings banks and the national debt. London, 1837; 1 vol. in-8° rel.	B.	1287
1529	An inquiry into the currency principle; the connection of the currency with prices and the expediency of a separation of issue from banking. 2d edit.	B.	1288
1530	WORDWORTH (Ch.). — The law of joint stock companies. Third edition. London, 1842; 1 vol. in-8° rel.	B.	1289
1531	GEMINI. — The currency question. London, 1844; 1 vol. in-8° rel.	B.	1290
1532	On currency. London, 1840; 1 vol. in-8° rel.	B.	1291

1533	WARDE-NORMAN (George). — Remarks upon some prevalent errors, with respect to currency and banking, and suggestions to the legislature and the public as to the improvement of the monetary system. London, 1838; in-8°.....	B.	1292
1534	CAREY (H. C.).—Answers to the questions : What constitutes currency? What are the causes of unsteadiness of the currency? and what is the remedy? Philadelphia, 1840; 1 vol. in-8° rel.	B.	1293
1535	MIRABEAU (Comte DE). — De la Caisse d'escompte. 1785; 1 vol. in-8° rel.	B.	1294
1536	HILDRETH (R.). — Banks, banking and paper currencies, in three parts. Boston, 1840; 1 vol. in-12 rel.	B.	1295
1537	GILBART (James-William). — The history and principles of banking. Third edition. London, 1837; 1 vol. in-8° rel..	B.	1296
1538	GILBART (James-William). — A practical treatise on banking. London, 1836; 1 vol. in-8° rel.	B.	1297
1539	Second report from the secret committee on the expediency of the bank resuming cash payments. May 1819; 1 vol. in-fol. rel.	B.	1298
1540	A plain statement of the power of the bank of England and of the use it has made of it. 2d edit. London, 1833; in-8°..	B.	1299
1541	Mélanges financiers sur les effets publics et les banques. 1828-1834; 1 vol. in-8° rel.	B.	1300
	Mémoire sur le commerce des effets publics à la Bourse et le droit de l'engagement, par un agent de change honoraire. Paris, 1833. Explications sur le crédit public et les opérations de la Bourse de Paris, à l'occasion de la proposition de M. Harlé fils. Paris, 1832. Observations d'un capitaliste sur la proposition de M. Harlé fils, relative aux affaires de la bourse. Paris, 1832. Règlement de la compagnie des agents de change de Paris. Règlement particulier de la compagnie des agents de change de Paris. Paris, novembre 1832.		

	L'Agent de change pris en flagrant délit. Paris.		
	Description de toutes les manœuvres et intrigues employées à la Bourse de Paris depuis 1823. (J. B. D.) Paris, 1832.		
	Des Opérations de la Bourse; étude de droit commercial, par A. Frémery. Paris, 1833.		
	Avis aux spéculateurs sur les opérations qui se font à la Bourse de Paris, par Finot et Leroux. Paris.		
	Observations sur l'emprunt Guebhard, par don Xavier de Burgos. Paris, 1834.		
	Aperçu historique sur les emprunts contractés par l'Espagne, de 1820 à 1834, par X. T. Paris, 1834.		
	Avis. Trois pour cent espagnol. Paris, 1832.		
	Lettre sur les monnaies, par M. Goudchaux. Strasbourg, 1834.		
	Quelques idées sur la fondation définitive du comptoir d'escompte de la ville de Paris, par Nouguier père. Paris, 1832.		
	Note sur la Banque de France et projet de comptoir temporaire d'escompte, par D. Lenoir. Paris, 1830.		
	Projet de société de crédit mutuel, J. Le Bastier. Paris, 1830.		
	Mémoire au ministre des finances sur le secours de 30 millions à distribuer au commerce et à l'industrie, par E. Laffon-Ladebat. 1830.		
	De l'État actuel de la Banque de France et des modifications à y apporter, par Anthelme Costaz. Paris, 1828.		
	Réflexions soumises au duc de Gaëte, gouverneur de la Banque, et aux actionnaires, par Déchalotte fils. 1829.		

II. POSTES.

1542	Usage des postes chez les anciens et les modernes, contenant les édits, déclarations, arrêts, etc., pour perfectionner la police des postes. Nouv. édit. Paris, 1730; 1 vol. in-12..	B.	1301
1543	BERNEDE (Ch.). — Des Postes en général et particulièrement en France. Paris, 1826; 1 vol. in-8° rel.	B.	1302
1544	BOILLEAU (A. G.). — Mémoire sur le projet de réduction du tarif des lettres au droit uniforme d'un penny, et sur le mode d'exécution le plus applicable à ce système. Paris, 1839; in-8°.	B.	1303
1545	PIRON. — Du Service des postes et de la taxation des lettres au moyen d'un timbre. Paris, 1838; 1 vol. in-8° rel.	B.	1304

1546	Instruction générale sur le service des postes, avec deux suppléments. Paris, Imp. roy., 1832-1839; 5 tomes en 4 vol. rel.	B.	1305
1547	Dictionnaire des postes aux lettres, suivi d'une statistique de la division territoriale de la France; publié par l'Administration des postes. Paris, Imp. roy., 1835; 3 tomes en 2 vol. in-fol. rel.	B.	1306
1548	JUDICIS DE MIRANDOL (Madame).—Manuel de la directrice des postes, ouvrage établi sur un plan nouveau destiné à faciliter les opérations journalières des bureaux de poste et principalement des bureaux simples. Saint-Germain-en-Laye, 1848; 1 vol. in-8° rel.	B.	1307
1549	JOUHAUD. — Lettres sur les embarras ministériels à l'occasion d'un projet de loi sur les postes. Paris, 1845; in-8° rel.	B.	1308
1550	JOUHAUD. — De l'Institution comparée des postes en France et à l'étranger. 1838. — Le Système métrique dans son application aux relais de poste et aux tarifs légalement fixés. 1839. — Des Postes menacées par les chemins de fer. 1840. — Les Chemins de fer et les postes dans leurs rapports comparés de progrès et de conservation, 1841. Paris, 1838 à 1841; 1 vol. in-8° rel.	B.	1309
1551	Compte général en matières de l'Administration des postes, depuis 1845, et suite. Imp. roy., 1847; in-4° rel.	A.	977

J. MONNAIES.

1552	GARNIER (Marquis). —Histoire de la monnaie depuis les temps de la plus haute antiquité jusqu'au règne de Charlemagne. Paris, 1819; 2 tomes en 1 vol. in-8° rel.	B.	1310
1553	LE BLANC. — Traité historique des monnaies de France, depuis le commencement de la monarchie jusqu'à présent. Paris, 1690; 1 vol. in-4° rel.	B.	1311
1554	FOULQUES (L.). — Essai historique sur l'art monétaire et sur		

	l'origine des hôtels des monnaies de Lyon, Mâcon et Vienne, depuis les premiers temps de la monarchie française. Lyon, 1837; 1 vol. in-8° rel.	B.	1312
1555	HOTOMANUS (Fr.). — De Re numaria populi Romani liber. Ejusdem disputatio de aureo Justinianico. 1585; 1 vol. in-12 rel.	B.	1313
1556	CHASSIPOL (DE) et BEAUVAIS. — Traité des finances et de la fausse monnoie des Romains, auquel on a joint une dissertation sur la manière de discerner les médailles antiques d'avec les contrefaites. Paris, 1740; 1 vol. in-12 rel.	B.	1314
1557	BUDELIUS. — De Monetis et re numaria, libri duo. His accesserunt tractatus varii atque utiles, necnon consilia, singularesque additiones tam veterum quam neotericorum authorum, qui de monetis, earundemque valore, scripserunt. Coloniæ Agrippinæ, 1591; 1 vol. in-4° rel.	B.	1315
1558	PIENUD (J.). — Nummorum veterum inter se comparatio, et juxta monetam nostram eorum æstimatio. Lutetiæ Parisiorum, 1696; 1 vol. in-4° rel.	B.	1316
1559	HENISCHIUS (G.). — De Asse et partibus ejus. Augustæ Vindelicorum (Augsbourg), 1606; 1 vol. in-12 rel.	B.	1317
1560	ARBUTHNOT (Ch.). — Tabulæ antiquorum nummorum, mensurarum et ponderum, pretiique rerum venalium, variis dissertationibus explicatæ et exemplis illustratæ; ex anglica in linguam latinam conversæ opera Dan. Königii. Trajecti ad Rhenum, apud Besseling, 1756; 1 vol. in-4° rel.	B.	1318
1561	GARNIER (Comte G.).—Mémoire sur la valeur des monnaies de compte chez les peuples de l'antiquité. Paris, 1817; 1 vol. in-4° rel.	B.	1319
1562	GARNIER (Comte Germain). — Second mémoire sur la valeur des monnaies de compte chez les peuples de l'antiquité. Paris, 1817; in-4° rel.	B.	1320
1563	LETRONNE. — Considérations générales sur l'évaluation des monnaies grecques et romaines et sur la valeur de l'or et		

	de l'argent, etc., avant la découverte de l'Amérique. Paris, 1817; 1 vol. in-4° rel.	B.	1321
1564	SALZADE (DE). — Recueil de monnaies tant anciennes que modernes, ou Dictionnaire historique des monnaies qui peuvent être connues dans les quatre parties du monde. Bruxelles et Dunkerque, 1767; 1 vol. in-4° rel.	B.	1322
1565	BONNEVILLE (P. F.). — Traité des monnaies d'or et d'argent qui circulent chez les différents peuples. Paris, 1806; 1 vol. in-fol. rel.	B.	1323
1566	GUÉRIN DE THIONVILLE. — Nouveau traité des monnaies et des poids et mesures des principaux pays et des principales villes du globe, suivi d'un tableau comparatif des monnaies et des poids et mesures des principaux peuples de l'antiquité. Paris, 1832; 1 vol. in-8° rel.	B.	1324
1567	LINGUET (Hermann DE). — De Origine et inventoribus pecuniæ et numismatum schediasma, quo probatur inventum pecuniæ non ad Ebræos, Lydos, aut Græcos, sed potius ad Phœnices referendum esse. Jenæ, 1715; 1 vol. in-4° rel.	B.	1325
1568	Table chronologique des édits, ordonnances et arrêts sur les monnaies, depuis 1200 jusqu'à 1726 inclus. (Manuscrit.) In-fol. rel.	B.	1326
1569	BOCERUS (H.). — De Jure monetarum tractatus novus, in quo de potestate cudendi monetam, de monetæ item partibus, mutatione et reprobatione, tum etiam de monetariorum falsorum crimine et pœna, etc. utiles et frequentes proponuntur et explicantur quæstiones. Tubingæ, 1614; pet. in-8° rel.	B.	1327
1570	GUÉRARD (B.). — Du Système monétaire des Francs sous les deux premières races. Blois, 1837; in-8°.	B.	1328
1571	CONSTANS (G.). — Traité de la cour des monnoyes et de l'estendue de sa jurisdiction. Paris, 1658; 1 vol. in-fol. rel.	B.	1329
1572	ABOT DE BASINGHEN. — Traité des monnaies et de la juridiction de la cour des monnaies, en forme de dictionnaire. Paris, 1764; 2 vol. in-4° rel.	B.	1330

1573	Ordonnance du roy sur le faict et reglement general de ses monnoyes. Paris, 1578; 1 vol. in-12 rel.	B.	1331
1574	Ordonnance du roy sur le faict et reglement general de ses monnoyes. Paris, 1615; 1 vol. in-12 rel.	B.	1332
1575	GRAMONT (Scipion DE), sieur DE SAINT-GERMAIN. — Le Denier royal, traité curieux de l'or et de l'argent. Paris, chez Toussaint et du Bray, 1620; 1 vol. in-12 rel.	B.	1333
	Dans le même volume : Les Recherches des monnoyes, poix et manière de nombrer des premières et plus renommées nations du monde jusqu'à présent, réduites et rapportées aux monnoyes, poix et manière de nombrer des François. 3 livres, par François Garrault. Paris, 1576. Raisons pour montrer que l'edict nouvellement faict sur les monnoyes est juste et qu'il est au soulagement du peuple, par Loys de Cabans. Paris, 1609. Mémoires et recueil des nombres, poids, mesures et monnoyes anciennes et modernes des nations plus renommées, rapport et conférence des unes aux autres. Paris, 1595. Advertissement pour servir de réponse au discours naguère publié sur le faict des monnoyes. Paris, 1609. Le Rapport des poix et monnoyes des anciens aux nostres, et manière de compter et nombrer en iceux, par Loys Hullin. 1585. Développement de la proposition : Que pour pourvoir au surhaussement des monnoyes et revenir à la forte, il est expédient compter par escus et diminutions par parties correspondantes, et oster le compte à sols et livres qui est imaginaire. Que les monnoyes n'ont point changé de valleur. Paradoxe premier.		
1576	Edict et reglement faict par le roy sur le cours et prix des monnoyes, tant de France qu'estrangeres. Paris, 1636; 1 vol. in-12 rel.	B.	1334
1577	Edict du roy portant nouvelle fabrication d'especes d'argent, augmentation du marc d'argent le roy, et des quarts d'escu, testons, et francs aux coins et armes de Sa Majesté estant de leur juste poids. Paris, 1642; 1 vol. in-12 rel.	B.	1335
1578	Extraits de tous les édits et déclarations, etc., concernant les fabrications, diminutions et augmentations du prix des monnoies de France, depuis l'édit du mois de décembre		

	1689, avec les empreintes et figures de toutes les espèces des monnoyes frappées depuis ledit édit jusqu'à présent. Amsterdam, 1732; 1 vol. in-4° rel.	B.	1336
1579	Recueil d'édits, arrêts du conseil et ordonnances sur les monnaies, finances, impôts, de 1700 à 1754. Paris, 1700-1754; in-4° rel.	B.	1337
1580	BOIZARD (J.). — Traité des monoyes, de leurs circonstances et dépendances, augmenté de l'explication des termes en usage dans les monoyes, et d'un traité pour l'instruction des monoyeurs et les négociants en matières d'or et d'argent. Paris, 1711; 1 vol. in-12 rel. (Le dernier traité est attribué à Hindret de Beaulieu.)	B.	1338
1581	Édict et règlement du roi sur le cours et prix des monnoyes tant de France qu'étrangères. Tarif des espèces d'or et d'argent avec leurs empreintes, suivant l'arrêt du 15 juin 1726 et d'autres arrêts, jusqu'à celui de juin 1728, avec types gravés. 1 vol. in-12 rel.	B.	1339
1582	Extrait de tous les edits et declarations de Sa Majesté et arrêts de son conseil, concernant les fabrications, diminutions et augmentations du prix des monnoies de France, depuis l'edit du mois de décembre 1689, avec les empreintes et figures de toutes les espèces de monoies frapées depuis ledit edit jusqu'à présent. Amsterdam, 1732; 1 vol. in-4° rel.	B.	1340
1583	COURTOIS.—Instructions sur la manière de procéder au jugement des boëtes de monnoies. (Manuscrit.) 1781; 1 vol. in-4° rel.	B.	1341
1584	SILVESTRE DE SACY. — Traité du jugement des boëtes des monnoies, avec des instructions préliminaires. (Manuscrit.) 1784; 1 vol. in-4° rel.	B.	1342
1585	DELAGUERRE (H.). — Traité de quelques opérations de monoyes essentielles aux jugements de travail. (Manuscrit.) 1737; 2 vol. in-12 rel.	B.	1343

1586	BODIN (J.). — Discours sur le rehaulsement et diminution tant d'or que d'argent, et le moyen d'y remedier aux paradoxes de monsieur de Malestroict. Paris, 1578; 1 vol. in-12 rel.	B.	1344
1587	GRIMAUDET (F.). — Des Monnoyes : augment et diminution du pris d'icelles. Paris, 1586; 1 vol. in-12 rel.	B.	1345
1588	DESCHAMPS (F.). — Manuel monétaire portatif. Paris, 1832; 1 vol. in-8° rel.	B.	1346
1589	BONNET (Aug.). — Manuel monétaire et d'orfévrerie. Paris, an X; 1 vol. in-4° rel.	B.	1347
1590	NELKENBRECHER. — Nouveau manuel des monnaies, poids, mesures, cours des changes, fonds publics, etc., à l'usage des banquiers, négociants et industriels; traduit de l'allemand par J. M. Deschamps. Paris, 1844; 1 vol. in-8° rel.	B.	1348
1591	Rapport fait à la commission des monnaies en décembre 1839, pour étudier les questions relatives à la refonte des monnaies de cuivre et de billon. 1 vol. in-fol. rel.	B.	1349
1592	BONNEVILLE (A.). — Nouveau système de réforme monétaire, pour la refonte des monnaies d'argent, de billon, de cuivre et de bronze. (1re partie. Monnaies de cuivre et de bronze.) Paris, 1843; 1 vol. in-8° rel.	B.	1350
1593	Catalogue des coins du cabinet de la monnaie royale des médailles. Paris, 1828; 1 vol. in-8° rel.	B.	1351
1594	Catalogue des poinçons, coins et médailles du musée monétaire de la commission des monnaies et médailles. Paris, 1833; 1 vol. in-8° rel.	B.	1352
1595	DELOMBARDY. — Catalogue des monnaies françaises de la collection de M. Rignault, comprenant les monnaies royales et nationales d'argent, de billon et de cuivre, depuis le XIIe siècle jusqu'en 1848. Paris, 1848; in-8°.	B.	1353
1596	ROCHON. — Essai sur les monnaies anciennes et modernes. Paris, 1792; 1 vol. in-8° rel., planch.	B.	1354

1597	Juvigny (J. B.). — Traité théorique et pratique sur les monnaies. 3e édit. Paris, 1834; 1 vol. in-8° rel.	B.	1355
1598	*Dupré de Saint-Maur.* — Essai sur les monnaies, ou Réflexions sur le rapport entre l'argent et les denrées, etc. Paris, 1746; 1 vol. in-4° rel.	B.	1356
1599	Recherches sur la valeur des monnaies et sur le prix des grains avant et après le concile de Francfort. Paris, 1762; 1 vol. in-12 rel.	B.	1357
1600	Mantellier (P.). — Notice sur la monnaie de Trévoux et de Dombes. Paris, Rollin, 1844; 1 vol. in-8° rel.	B.	1358
1601	Hermand (Alexandre). — Histoire monétaire de la province d'Artois et des seigneuries qui en dépendaient. Saint-Omer, 1843; 1 vol. in-8° rel.	B.	1359
1602	*Grappin (Dom).* — Recherches sur les anciennes monnaies du comté de Bourgogne, avec des observations sur les poids et mesures autrefois en usage dans la même province. Paris, 1782; 1 vol. in-8° rel.	B.	1360
1603	Levrault (L.). — Essai sur l'ancienne monnaie de Strasbourg et sur ses rapports avec l'histoire de la ville et de l'évêché. Strasbourg, 1842; 1 vol. in-8°.	B.	1361
1604	La Saussaye (L. de). — Numismatique de la Gaule narbonnaise. Blois, 1842; 1 vol. in-4°, fig.	B.	1362
1605	Stirling. — De la Découverte des mines d'or en Australie et en Californie, ou Recherches sur la valeur et la distribution des métaux précieux; traduit de l'anglais par Augustin Planche. Paris, 1853; in-12.	B.	1363
1606	Jacob (W.). — An historical inquiry into the production and consumption of the precious metals. London, 1831; 2 vol. in-8° rel.	B.	1364
1607	Gay-Lussac. — Instruction sur l'essai des matières d'argent par la voie humide; publiée par la commission des monnaies et médailles. Paris, 1832; 1 vol. in-4° rel.	B.	1365

1608	Documents officiels relatifs à la rectification, en France, du mode d'essai des matières d'or et d'argent généralement suivi en Europe. Commission des monnaies. 1 vol. in-4° rel.	B.	1366
1609	RAIBAUD (B. L.). — Traité de la garantie des matières et ouvrages d'or et d'argent, suivi du traité des matières d'or et d'argent. Paris, 1825; 2 vol. in-8° rel.	B.	1367
1610	HATCHETT. — Expériences et observations sur les différents alliages de l'or, leur pesanteur spécifique et leurs propriétés par rapport au frai; traduit par Lerat. Paris, 1804; 1 vol. in-4° rel.	B.	1368
1611	ROCHET-ATYS. — Livret des alliages d'or et d'argent, des ors de couleur et de leurs soudures en millièmes et en grammes, faisant suite au tarif des matières d'or et d'argent. Paris, 1845; in-8° rel.	B.	1369
1612	Tarifs des matières et espèces d'or et d'argent, publiés en exécution des décrets des 14 septembre 1849 et 8 avril 1854. Imp. imp.; 1 vol. in-4° rel.	B.	1370
1613	FOURNEL (H.). — Mémoire présenté par les fabricants et marchands d'ouvrages d'or et d'argent de Paris. Paris, 1838; in-4° rel.	B.	1371
1614	BIZOT. — Histoire métallique de la république de Hollande. Paris, 1687; 1 vol. in-fol. rel.	B.	1372
1615	MACÉ DE RICHEBOURG. — Essai sur la qualité des monnaies étrangères et sur leurs différents rapports avec les monnaies de France, suivi de tables comparatives. Paris, Imp. roy., 1764; 1 vol. in-fol. rel.	B.	1373
1616	GRAY (John). — Lectures on the nature and use of money. Edinburgh, 1848; 1 vol. in-8° rel.	B.	1374
1617	WARDE-NORMAN (G.). — Letter to Charles Wood on money, and the means of economizing the use of it. London, 1841; in-8°.	B.	1375

1618	Almanach des monnaies pour les années 1784, 1785, 1786, 1787 et 1788. Paris; 5 vol. in-18 rel................	B.	1376
1619	Mélanges sur les finances. Monnaies. 2 vol. in-8° rel........	B.	1377

Tome I.

Mémoires sur les monnaies, par de Condorcet, inspecteur général des monnaies. 1er, 2e, 4e et 5e mémoire. Paris, 1790.

Opinion de l'évêque d'Autun sur la fabrication des petites monnaies. Imprimé par ordre de l'Assemblée nationale.

Rapport sur la marque d'or et d'argent, au nom du comité des finances, par Thibault.

Lettre au président du comité des finances de l'Assemblée nationale.

Discours sur les assignats, par Huskisson. 1790.

Rapport au nom des comités des contributions publiques et projet de décret sur la vente et la fabrication des matières d'or et d'argent, par d'Allarde.

Examen comparatif des deux modes proposés pour liquider la dette, les quittances de finances ou les assignats. Paris, 1790.

Projet de décret pour démonétiser les monnaies d'or et d'argent, régler leur emploi et obliger les possesseurs des monnaies et matières d'or et d'argent d'en faire leur déclaration, présenté à la Convention nationale par Cambon (de l'Hérault). An II.

Nouvelles réflexions sur le projet de payer la dette exigible en papier forcé, par Condorcet.

Effet des assignats sur le prix du pain, par un ami du peuple.

Réponse au discours de M. de Mirabeau où il propose de créer de nouveaux assignats-monnaie.

Suite de l'opinion d'un manufacturier et agriculteur sur l'utilité du papier-monnaie.

Réflexions sur la nouvelle émission des assignats-monnaie, par de Monchanin.

Change des matières d'or et d'argent, des espèces étrangères et des espèces nationales hors de cours. Prairial an II.

Tableau des variations des signes monétaires depuis l'émission des assignats. 1795.

Tome II.

Instruction pour le public sur les marques des objets d'or et d'argent aux différents titres prescrits par la loi, ou Moyen facile de reconnaître la valeur intrinsèque de ces objets, par Sicard. Paris, 1827.

Coup d'œil sur les questions relatives à la fabrication des monnaies. Paris, 1829.

Lettre sur les monnaies, par Goudchaux. Strasbourg, 1834.
Note sur les hôtels des monnaies et sur la refonte des sous. Paris, 1836.
De la Réforme de la loi sur les droits de garantie, par Horace Say. Corbeil, 1838.
Lettre sur le projet de loi relatif à la refonte des monnaies de cuivre, par le baron Lambert. Paris, 1842.
Deuxième lettre sur le même sujet, par le baron Lambert.
De l'Organisation monétaire en France et de la refonte des monnaies de cuivre. Paris, 1842.
Nouvelles observations sur la refonte des monnaies, à l'occasion du rapport de M. Pouillet, par A. P. Frichot. Paris, 1843.
Nouveau système de réforme monétaire pour la refonte des monnaies d'argent, de billon, de cuivre et de bronze, présenté par A. Bonneville. Paris, 1844.
De la Nécessité de refondre les monnaies pour donner plus d'extension à l'usage des billets de banque et remédier à la crise actuelle, par A. Frichot. Paris, 1847.

1620 Mélanges sur les finances. Monnaies. 4 vol. in-4° rel....... B. 1378

Tome I.

Discussion sur le papier-monnaie et projet de finances. Paris, 1790.
Réponse au mémoire de Necker concernant les assignats et à d'autres objections contre une création qui les porte à deux milliards, par Clavière. Paris, 1790.
Abrégé d'un mémoire sur les moyens de pourvoir au déficit des finances de 1790 et de faire reprendre à la caisse d'escompte ses payements.
Lettre à M. Desmeuniers sur les assignats.
Recherches pour substituer le papier-monnaie au numéraire. — Lettre sur la question financière, par N. Cabanillas. Le Mans, 1848.

Tome II.

Documents officiels relatifs à la rectification, en France, du mode d'essai des matières d'or et d'argent généralement suivi en Europe.
Instruction sur l'essai des matières d'argent par la voie humide, par Gay-Lussac; publié par la commission des monnaies et des médailles. Paris, 1832.
Ordonnance du roi et tarif sur les frais d'affinage qui seront perçus au change des monnaies. Paris, 1830.

Tome III.

Résumé des réponses faites par les receveurs généraux aux questions qui leur ont été adressées par le ministre des finances, le

11 août 1838, relativement à la circulation des monnaies de cuivre et de billon.

Rapport fait au ministre des finances par la commission instituée pour étudier les questions relatives à la refonte des monnaies. Paris, 1840.

Documents relatifs à la refonte des pièces d'argent de quinze et de trente sous et des monnaies de cuivre et de billon. 1838.

Indication des questions qui paraissent devoir être successivement soumises aux délibérations de la commission pour la refonte des monnaies. 1838.

Commission des monnaies et médailles. Expérience pour la refonte des pièces de trente et quinze sols. Séance du 17 octobre 1838.

Conseil d'État. Enquête sur la garantie des matières d'or et d'argent.

Tarifs des matières et espèces d'or et d'argent, publiés en exécution du décret du 15 septembre 1849.

Instructions concernant les opérations de la refonte des monnaies de cuivre. 1853.

Tome IV.

Ordonnance du roi sur l'organisation de la commission des monnaies. 1827.

Instruction générale de la commission des monnaies pour l'exécution de l'ordonnance royale. Paris, 1828.

Extrait du registre des délibérations de la commission des monnaies sur l'essai des matières d'or et d'argent. Paris, 1828.

Frais de fabrication des monnaies d'or et d'argent. Rapport au roi. 1835.

Tarif du prix des médailles. Paris, 1849.

Circulaires du président de la commission des monnaies. Vingt et une circulaires de 1827 à 1852, suivies, 1° du tableau des insectes gravés sur les bigornes de contre-marque du bureau de garantie de Paris; 2° d'un état des bureaux de garantie établis dans chaque département; 3° du tableau de la petite bigorne des poinçons de garantie d'or et de remarque du bureau de Paris, retouchés en 1846.

K. FINANCES ÉTRANGÈRES.

1621 PABLO-PEBRER. — Histoire financière et statistique générale de l'empire britannique, avec un exposé du système actuel de l'impôt; traduit par Jacobi. Paris, 1834; 2 vol. in-8° rel.... C. 199

1622 BAILLY (A.). — Exposé de l'administration générale et locale

	des finances du royaume uni de la Grande-Bretagne et de l'Irlande. Paris, 1837; 2 vol. in-8° rel................	B.	1379
1623	Gentz (Fréd.). — Essai sur l'état actuel de l'administration des finances et de la richesse nationale de la Grande-Bretagne. Londres, 1800. 1 vol. in-8° rel......................	B.	1380
1624	Sinclair (John). — The history of the public revenue of the British empire. London, 1804. 3 vol. in-8° rel.........	B.	1381
1625	Doubleday (Th.). — A financial, monetary and statistical history of England from the revolution of 1688 to the present time. London, 1847; 1 vol. in-8° rel.............	B.	1382
1626	Mémoire sur l'administration des finances de l'Angleterre depuis la paix; ouvrage attribué à M. Grenville, ministre d'État chargé de ce département en 1763, 1764 et 1765. Traduit de l'anglais. Mayence, 1768; 1 vol. in-4° rel.....	B.	1383
1627	Vincke (Baron de). — Tableau de l'administration intérieure de la Grande-Bretagne, avec un exposé du système des contributions en Angleterre, par M. Raumer, traduits de l'allemand par *Théremin*, et terminés par une dissertation d'Édouard Christian sur l'origine des deux chambres du parlement, traduite de l'anglais par *T. Barbier*. Paris, 1819; 1 vol. in-8° rel.............................	B.	1384
1628	Tableau de l'administration de la Grande-Bretagne, de l'Irlande et de leurs dépendances, au commencement de 1823, publié par le ministère de Sa Majesté Britannique, traduit sur la 4ᵉ édition anglaise. 1 vol. in-8° rel........	B.	1385
1629	*Hilliard d'Auberteuil*. — Histoire de l'administration de lord North, ministre des finances en Angleterre, depuis 1770 jusqu'à 1782, et de la guerre de l'Amérique septentrionale jusqu'à la paix; suivi du tableau historique des finances d'Angleterre depuis Guillaume III jusqu'en 1784. Londres, 1784; 2 vol. in-8° rel.........................	B.	1386
1630	Parnell (Henry). — On financial reform. Third edit. Paris, 1831; 1 vol. in-18 rel.........................	B.	1387

1631	PARNELL (Henry). — De la Réforme financière en Angleterre, traduit de l'anglais, par Benjamin Laroche. Paris, 1832; 1 vol. in-8° rel.	B.	1388
1632	PARNELL (Henry). — Observations on paper money banking and overtrading. 2^d edit. London, 1828; 1 vol. in-8° rel.	B.	1389
1633	TOOKE. — A History of prices and of the state of the circulation from 1793 to 1837. 1840; 3 vol. in-8° rel.	B.	1390
1634	TOOKE (Thomas). — Thoughts and details on the high and low prices of the thirty years from 1793 to 1822 in four parts. 2^d edit. London, 1824; 1 vol. in-8° rel.	B.	1391
1635	TILSLEY (Hugh). — A treatise on the stamp laws being an analytical digest of all the statutes and cases relating to stamp duties with practical remarks thereon. 2^d edit. London, 1840; 1 vol. in-8° rel.	B.	1392
1636	TILSLEY (Hugh). — The new stamp act, with notes and explanatory observations, and tables of all the stamp duties, payable after the 10th october 1850. Third edition. London, 1851; 1 vol. in-8° rel.	B.	1393
1637	HANSARD (L.-J.). — Good! A proposition on the national debt with the ways and means of the riddance from all oppressive taxes. London, 1845; in-8°.	B.	1394
1638	COHEN (B.). — Compendium of finance containing an account of the origin, progress and present state of the public debts revenue expenditure national banks and currencies in Europe and America. London, 1822; 1 vol. in-8° rel.	B.	1395
1639	HAMILTON (Robert). — Recherches sur l'origine, les progrès, le rachat, l'état actuel de la régie de la dette nationale de la Grande-Bretagne, traduites de l'anglais, par J. Henri La Salle. Paris, 1817; 1 vol. in-8° rel.	B.	1396
1640	FAIRMAN. — An account of the public funds transferable at		

	the bank of England and of the stocks of some of the principal public companies. London, 1824; 1 vol. in-8° rel...	C.	152
1641	HERTSLET (Lewis). — A complete collection of the treatises and conventions and reciprocal regulations at present subsisting between Great-Britain and foreign Powers, and of the laws, decrees, and orders in council concerning the same. London, 1827-1835; 4 vol. in-8° rel............	C.	164
1642	A collection of all the statutes now in force relating to the duties of excise in England, from the first year of James I reign to 1842, with a collection of the general instructions relative to the duties of supervisors and officers of excise. London; 6 vol. in-fol. et 10 vol. in 8° rel.............	B.	1397
1643	TAYLOR (G.). — The spirit of the general letters and orders issued by the honourable board of excise. From 1828 to 1836 inclusive. London, 1837; 1 vol. in-8° rel.........	B.	1398
1644	Commission of excise inquiry. First report. Tea permits and surveys. London, 1833; 1 vol. in-fol................	B.	1399
1645	Commission of excise inquiry. Second report. Wine permits and surveys. London, 1833; 1 vol. in-fol.............	B.	1400
1646	Commission of excise inquiry. Third report. Summary jurisdiction. London, 1833; 1 vol. in-fol.................	B.	1401
1647	Commission of excise inquiry. Survey of brewers. London, 1833; 1 vol. in-fol............................	B.	1402
1648	Commission of excise inquiry. Fifth report. Stone bottles and sweets. London, 1833; 1 vol. in-fol.................	B.	1403
1649	Commission of excise inquiry. Sixth report. Tobacco and foreign spirits. London, 1833; 1 vol. in-fol..............	B.	1404
1650	Commission of excise inquiry. Eight report. Starch. London, 1834; 1 vol. in-fol............................	B.	1405
1651	Commission of excise inquiry. Eleventh report. Excise accounts. London, 1834; 1 vol. in-fol.................	B.	1406

1652	Report from the committee of secrecy on the bank of England charter 1833; 1 vol. in-fol.	B.	1407
1653	First report of the commissioners of public accounts. Report on the exchequer. 10 october 1831; 1 vol. in-fol.	B.	1408
1654	Third and fourth report from the select committee of finance. 1817; 2 vol. in-fol.	B.	1409
1655	Second report from the select committee on banks of issue. 1841; 1 vol. in-fol.	B.	1410
1656	Report from the secret committee on joint stock banks. 1837, 1838, 1840. Index to the report. 1838. 4 vol. in-fol.	B.	1411
1657	The finance accounts of the United Kingdom of Great Britain and Ireland to years 1828, 1834 and for 1839 and following years; by the house of Commons. 1 vol. in-fol. rel.	B.	1412
1658	Francis (John). — History of the bank of England, its times and traditions. (London (sans date); 2 vol. in-8° rel.	B.	1413
1659	Gilbart (James-William). — The History of banking in Ireland. London, 1836; 1 vol. in-8° rel.	B.	1414
1660	Ricardo (Samson). — A national bank the remedy for the evils attendant upon our present system of paper currency. London, 1838; in-8°.	B.	1415
1661	Tate (William). — The system of the London banker's clearances, and their effect upon the currency, explained exemplified by formulæ of the Clearing-house accounts. London, 1841; in-8°.	B.	1416
1662	Liverpool (Comte de). — A treatise on the coins of the realm, being a concise account of all the facts relating to the currency, which bear upon the exchanges of Europe and the principles of political science. 2d edit. London, 1846; 1 vol. in-8° rel.	B.	1417
1663	Torrens (R.). — A letter to Thomas Tooke, in reply to his		

	objections against the separation of the business of the bank into a department of issue, and a department of deposit and discount, with a plan of bank reform. London, 1840; in-8°	B.	1418
1664	FULLARTON (John). — On the regulation of currencies, being an examination of the principles on which it is proposed to restrict, within certain fixed limits, the future issues on credit of the bank of England and of the other banking establishments throughout the country. 2d edit. London, 1845; 1 vol. in-8° rel.	B.	1419
1665	THORNTON (H.). — Recherches sur la nature et les effets du crédit du papier dans la Grande-Bretagne. Traduit de l'anglais. Genève, 1803; 1 vol. in-8° rel.	B.	1420
1666	ENGLISH (Henry). — A complete view of the joint stock companies formed during the years 1824 and 1825. London, 1827; 1 vol in-8° rel.	B.	1421
1667	FENN (Ch.). — A compendium of the English and foreign funds, an the principal joint stock companies. Third edition. London, 1840; 1 vol. in-12 rel.	B.	1422
1668	CLAY (William). — Speech on moving for the appointment of a committee to inquire into the operation of the act permitting the establishment of joint stock banks. 2d edit. London, 1837; in-8°.	B.	1423
1669	HARVEY TUCKETT. — The indian revenue system as it is. For the East India cotton company. London, 1840; 1 vol. in-8° rel.	B.	1424
1670	Mélanges divers sur la compagnie des Indes. Paris, 1769, 1787 et 1788; 1 vol. in-8° rel.	B.	1425
	Réponse au mémoire de l'abbé Morellet sur la compagnie des Indes, imprimée en exécution de la délibération des actionnaires, prise dans l'assemblée générale du 8 août 1769, par Necker. Idées préliminaires sur le privilége exclusif de la compagnie des Indes. Paris, 1787.		

Réfutation d'un mémoire signé de cent armateurs et négociants de Nantes contre l'admission des navires étrangers dans les colonies françaises.

Consultation pour les actionnaires de la compagnie des Indes, par Hardoin, Gerbier et de Bonnières. Paris, 1788.

1671 Miscellaneous works on the East India company. 1 vol. in-8° rel. . . . . B. 1426

Considerations on the effects of protecting duties. Dublin, 1783.

Burke's speech, on the 1st december 1783, upon the question for the speaker's leaving the chair, in order for the house to resolve itself into a committee on Fox's East India bill.

A summary view of the East India company of Great Britain exhibiting a sketch of its origin, progress and constitution. Dublin, 1784.

Abstracts of charters or letters patents granted to the East India company from the year 1601 to the year 1758.

A list of the several charters, etc., granted to the East India company from the first establishment thereof in 1601.

1672 Colonization and commerce of British India and instrument of exchange. 1 vol. in-8° rel. . . . . B. 1427

1673 Bowring (John). — Report on the public accounts of France, in 1831 and 1832. 3 vol. in-fol. . . . . B. 1428

1674 Salomons (David). — Reflections on the operation of the present scale of duty for regulating the importation of foreign corn. London, 1839; in-8°. . . . . B. 1429

1675 Report from the select committee on the irish miscellaneous estimates with minutes of evidence and appendix. London, june 1829; in-fol. . . . . B. 1430

1676 Rapport fait à la Chambre des représentants de Belgique, le 3 mai 1844, par la section centrale chargée d'examiner le projet de loi sur la fabrication et le débit des tabacs; 1 vol. in-fol. . . . . B. 1431

1677 Compte rendu des recettes et dépenses du royaume pendant les années 1840 et 1844. Bruxelles, 1842-1847; 2 vol. in-fol. rel. . . . . B. 1432

(Publication du Gouvernement belge.)

1678	Budget des recettes et des dépenses du royaume de Belgique pour l'exercice 1846. Bruxelles, 1845; 1 vol. in-fol. Annexes, 3 vol. in-fol. rel. (Publication du Gouvernement belge.)	B.	1433
1679	Rapport sur les octrois communaux en Belgique, par M. Nothomb, ministre de l'intérieur. Bruxelles, 1845; 2 vol. in-8° rel. (Publication du Gouvernement belge.)	B.	1434
1680	Rapport triennal sur la situation de l'instruction primaire en Belgique. Bruxelles, 1846; 2 vol. in-fol. rel. (Publication du Gouvernement belge.)	B.	1435
1681	Discussion de la loi des droits différentiels du 21 juillet 1844, d'après le Moniteur belge. Bruxelles, 1844; 1 vol. in-8°	B.	1436
1682	GROVESTINS (Sirtema DE). — La Conférence de Londres et Guillaume Ier, ou de l'influence du système de persévérance sur l'état financier du royaume des Pays-Bas. Paris, 1844; 1 vol. in-8° rel.	B.	1437
1683	ROYER. — Des Institutions de crédit foncier en Allemagne et en Belgique. Publié par le ministère de l'agriculture et du commerce. Paris, Imp. roy., 1845; 1 vol. in-8° rel.	B.	1438
1684	HOFFMANN (J. G.). — Die Lehre vom Gelde als Anleitung zu gründlichen Urtheilen über das Geldwesen mit besonderer Beziehung auf den preussischen Staat. Berlin, 1838; 1 vol. in-8° rel.	B.	1439
1685	Geschichtliche Darstellung der Niederländischen Finanzen seit der wiedererlangten Selbstständigkeit des Staates in 1813. Amsterdam-Leipzig, 1829; 1 vol. in-8° rel.	B.	1440
1686	MALCHUS (C. A. DE). — Handbuch der Finanzwissenschaft und Finanzverwaltung. Stuttgart und Tubingen, 1830; 2 vol. in-8° rel.	B.	1441
1687	SCHMIDT. — Kommentar zu den Königlich-Preussischen Stempel-gesetzen enthaltend das Gesetz wegen der stem-		

	pelsteuer vom 7 März 1822, den Stempel-tarif, etc. Berlin, 1838, 1840, 1844; 3 tomes en 1 vol. in-4° rel.	B.	1442
1688	Tégoborski (De). — Des finances et du crédit public de l'Autriche, de sa dette, de ses ressources financières et de son système d'imposition, avec quelques rapprochements entre ce pays, la Prusse et la France. Paris, 1843; 2 vol. in-8° rel.	B.	1443
1689	Borrego (A.). — De la Dette publique et des finances de la monarchie espagnole. Paris, 1834; 1 vol. in-8°.	B.	1444
1690	Pebrer. — Mémoire sur la situation financière de l'Espagne, traduit de l'espagnol par le marquis de Sainte-Croix. 1834; 1 vol. in-8° rel.	B.	1445
1691	Système et tarif général des douanes de la monarchie espagnole pour les deux hémisphères, traduit par Champeaux. Paris, 1822; 1 vol. in-4° rel.	B.	1446
1692	Grosset. — Des Établissements monétaires de Catalogne et de leur influence sur la guerre de 1808. Perpignan, 1836; 1 vol. in-8° rel.	B.	1447
1693	Bianchini. — Della Storia delle finanze del regno di Napoli. Napoli, 1834; t. I; in-8° rel.	B.	1448
1694	Message from the president of the United States transmitting a report of the secretary of State upon the tobacco-trade between the United States and foreign countries. 1840; 1 vol. in-8° rel.	B.	1449
1695	Message from the president of the United States transmitting documents relative to the production, growth, or trade of tobacco, in 1843. Washington, 1844; in-8°.	B.	1450
1696	Message from the president of the United States transmitting a report relative to the result of an essay of foreign coins since 1827 till 1846. Washington; 1 vol. in-8° rel.	B.	1451
1697	Cooper (Fenimore). — Letter to gen. Lafayette on the ex-		

	penditure of the United States of America. Paris, Baudry; 1831....	B.	1452
1698	An account of the receipts and expenditures of the United States; for the year 1831 and following years. Washington, 1832; 16 vol. in-8°....	B.	1453
1699	An account of the receipts and expenditures of the United States; for the year 1836. Washington, 1837; 1 vol. in-8° rel....	B.	1454
1700	Letter from the treasurer of the United States, transmitting the accounts of american banks; from 1835 and the following years; in-8° rel....	B.	1455
1701	Letter from the treasurer of the United States transmitting the accounts of the office from 1st july 1823 and following years. Washington; in-8° rel....	B.	1456
1702	Report from the secretary of treasury with the annual statement of the commerce and navigation of the United States. Washington, 1824 et following years; 7 vol. in-8° rel....	B.	1457
1703	American state papers documents, legislative and executive of the congress of the United States from 1789 to 1822. Finance. Washington, 1832-1834; 3 vol. in-fol. rel....	B.	1458
1704	Salomons (David). — The monetary difficulties of America and their probable effects on british commerce. London, 1837; in-8°....	B.	1459
1705	American currency on the derangement of the currency of the United States with suggestions for its better regulation. London, 1839; in-8°....	B.	1460
1706	Lombard (Alexis). — Notice sur la position financière actuelle des États de l'Amérique du Nord. Genève, 1841; 1 vol. in-8°....	B.	1461
1707	Gilbart (James-William). — The history of banking in America. London, 1837; 1 vol. in-8° rel....	B.	1462

1708	Gallatin (A.). — Considerations on the currency and banking system of the United States. Philadelphia, 1831; in-8°....	B.	1463
1709	Gallatin (A.). — Suggestions of the bank and currency of the several United States, in reference principally to the suspension of specie payments. New-York, 1841; 1 vol. in-8° rel..................................	B.	1464
1710	Schedule exhibiting the condition of the banks in Massachussets for every year from 1803 to 1837 inclusive. 4 broch. en 1 vol. in-8° rel..........................	B.	1465
1711	Condition of the United States banks in 1839, after statements transmitted to the house of representants by the secretary of the treasury. 1840; 1 vol. in-8° rel...............	B.	1466
1712	Documents publiés de 1838 à 1841, relatifs aux dépenses publiques, aux banques, aux caisses d'épargne, aux compagnies d'assurance, aux établissements de bienfaisance des divers États de l'Amérique du Nord. (Texte anglais et français.) 1 vol. in-8° rel.........................	B.	1467
	Rapport du secrétaire du sénat présentant l'état des dépenses faites sur le fonds spécial du sénat pendant l'année finissant le 3 décembre 1839. Documents divers relatifs à l'émission de l'État dans la Louisiane pendant les années 1838 et 1839. Rapport du secrétaire de la trésorerie communiquant au sénat, en conséquence de sa résolution, différents états des dépenses du Gouvernement pendant les années 1824 à 1839. Livre bleu, ou Registre de tous les fonctionnaires et employés des administrations de la douane et de la poste dans la cité de New-York, avec le traitement annuel attribué à chacun d'eux, d'après le dernier rapport du secrétaire de la trésorerie. Les vrais Principes des banques commerciales; article extrait de la Revue-démocratique publiée à New-York en 1838. Article présentant la circulation des espèces comme affectée par la législation de l'État et l'usage local; le système actuel des banques destructif du crédit; le papier-monnaie plus coûteux que les espèces; palliatifs contre les désordres existants, etc. Extrait d'une Revue publiée à New-York en 1838. Rapport du secrétaire de la chambre des représentants, relatif aux		

	dépenses faites sur le fonds spécial affecté à la chambre pour 1839. Lettre du secrétaire de la trésorerie transmettant un état des dépenses des États-Unis, moins celle de la dette publique, pour chacune des années de 1824 à 1838. Relevés présentant le montant des primes payées pour la culture du blé et de la soie dans l'État de Massachussetts, de 1836 à 1840. Extraits des états de situation des banques d'épargne dans l'État de Massachussets, pour les années 1837 à 1840 inclusivement. Extraits des états de situation des compagnies d'assurance dans l'État de Massachussetts, pour les années 1837, 1838 et 1839. Extraits des états de situation dressés par les commissaires des pauvres dans l'État de Massachussetts, pour l'année 1840.		
1713	The Bank case. A report of the proceedings in the cases of the bank of South Carolina and the bank of Charleston upon *scire facias* to vacate their charters for suspending specie payments. Charleston, 1844; 1 vol. in-8° rel.	B.	1468
1714	General public acts of congress respecting the sale and disposition of the public lands with instructions issued from time to time. Washington, 1838; 2 vol. in-8° rel.	B.	1469
1715	An exhibit of the losses sustained at the office of discount and deposit Baltimore to which is appended a report of the conspiracy cases. Baltimore, 1823; 1 vol. in-8° rel.	B.	1470
1716	Carey (H. C.). — The Credit system in France, Great Britain, and the United States. Philadelphia, 1838; 1 vol. in-8° rel.	B.	1471
1717	Mélanges sur les finances. Étranger. Créance américaine. 1 vol. in-4° rel.	B.	1472
	Créance américaine. Pétition au sujet du navire américain *Two Sisters*, par Crevel, avec un supplément. Paris, 1834. Discours prononcé par M. Bignon, député de l'Eure, dans la discussion du projet de loi relatif à l'exécution du traité des États-Unis. Chambre des députés, 1835.		

Discours de M. le duc de Broglie, ministre des affaires étrangères, dans la discussion du projet de loi relatif au traité des États-Unis. Chambre dès députés, 1835.

Quelques vérités sur la créance américaine par un ancien secrétaire d'ambassade. Paris, 1835.

Traité d'Amérique. Droits et réclamations des Français propriétaires en Amérique. Succession Renaut. Paris, 1835.

Correspondance de M. Serrurier. 1833-1834.

Communications échangées entre le ministre et M. Livingston. 1833-1834.

Correspondance de M. Serrurier. 1834.

Lettres du ministre à M. Serrurier. 1833-1834-1835.

Lettres du ministre à M. Serrurier. 1834-1835.

Coup d'œil sur l'état des finances de l'Espagne, par de Oviédo. Paris, 1829.

Système de Pitt, par M. N. Delon. Paris, 1818.

1718 Mélanges sur les finances. Étranger. 1 vol. in-8° rel........ B. 1473

Documents sommaires sur la liste civile du roi d'Angleterre, par de Moléon.

A plan for the Redemption of the public debt, by Kentish. 1832.

Lettres du général Lafayette, du général Bernard et de Fenimore Cooper sur les finances américaines. 1831.

Letter of Fenimore Cooper to general Lafayette on the expenditure of the United States of America.

Nouvelles observations sur les finances des États-Unis, par Saulnier. 1831.

Situation financière de la Belgique en 1847.

Banqueroute du gouvernement espagnol.

Coup d'œil sur l'état des finances de l'Espagne en 1829, par Oviédo.

Aperçu historique sur les emprunts contractés par l'Espagne, de 1820 à 1834, par X. T. 1834.

Finances de l'Espagne; sa dette publique, par A. de Ripert-Monclar. 1850.

Plano para o estabelecimento de um banco nacional no Brazil, para a amortisaçaô e redempçaô do papel em circulaçaô. Kentish, 1832.

§ 3. GUERRE.

1719 Journal militaire officiel, à partir de 1790, et suite. Paris; vol. in-8° rel.. A. 224

1720	Mémorial du dépôt de la guerre, publié par le ministère de la guerre. Paris, 1827 et suiv.; in-4° rel.	B.	1474
1721	La Moricière (Général de). — Conseil supérieur des haras. Rapport sur les travaux de la session de 1850, publié par le ministère de l'agriculture et du commerce. Paris, 1850; 1 vol. in-4°	B.	1475
1722	Oudinot de Reggio (Marquis). — Des Remontes de l'armée de leurs rapports avec l'administration des haras. Paris, 1842; 1 vol. in-8° rel.	B.	1476
1723	Mélanges sur les constructions maritimes de guerre. 1 vol. in-8° rel.	B.	1477
	Mémoire sur un nouveau système de guerre et de construction maritime, et sur un moyen nouveau de navigation sans voiles, par L. M. D. L. F. Paris, 1825. Extrait du mémoire précédent. Notice sur la navigation et la guerre sous-marines; extraite de la Revue encyclopédique. 1824. Mémoire sur les navires en fer, par P. M. de Montgéry. Paris, 1824.		
1724	Compte général du matériel du département de la guerre, depuis 1845, et suite. Imp. roy., 1847; vol. in-4° rel.	A.	978
1725	Recueil d'ordonnances et règlements concernant les troupes, de 1759 à 1788. 1 vol. in-fol. rel.	B.	1478
1726	Comptes rendus de la dotation des invalides de la guerre, du 1er juillet 1819 à 1831. Imp. roy.; 1 vol. in-4° rel.	A.	559
	(La suite de ces comptes est portée, à partir de la session 1834, dans le compte général de la guerre.)		
1727	De l'Établissement des invalides de la guerre, considéré sous le rapport de la dépense. Paris, 1831; in-4°	B.	1479
1728	Andréossy (Comte). — De la Direction générale des subsistances militaires sous le ministère de M. le duc de Bellune. Paris, 1824; 1 vol. in-8° rel.	B.	1480

1729	Mélanges sur la guerre. Recrutement, organisation et administration militaires, remontes. 3 vol. in-8° rel.	B.	1481

Tome I.

Coup d'œil sur le recrutement et le remplacement dans l'armée, par le colonel Servatius. Douai, 1836.

Aperçu sur la répartition de l'impôt du recrutement, par Cuson. 1841.

Recrutement de l'armée. Observations pratiques et proposition d'un nouveau mode, par le vicomte de Bondy. 1841.

Examen du projet de loi sur le recrutement de l'armée, par Bœhler. 1841.

Projet d'assurances mutuelles avec remplacements.

Mémoire sur la moralisation du remplacement militaire en France, par Hébert. Rouen, 1843.

Loi du recrutement. Lettre du général Bugeaud.

De l'Organisation unitaire de l'armée avec l'infanterie partie détachée et partie cantonnée, par le général Bugeaud. 1835.

Projet financier sur les réengagements et la dotation de l'armée.

Tableau descriptif et numérique à l'appui.

Tome II.

Sur le mode d'avancement réglé par la loi du 10 mars 1818.

Encore un mot sur l'armée.

Examen de la question de l'obéissance militaire dans les rapports de l'armée avec les citoyens. 1836.

De la Constitution de l'armée sous la monarchie de 1830, par Larreguy. 1840.

Aperçu sur l'organisation militaire de la France, par le général Canel. Saint-Brieuc, 1848.

Simples notions d'administration militaire, par Raynal. 1834.

Quelques mots sur l'intendance militaire. Strasbourg, 1834.

Instruction générale sur le service de l'administration des finances aux armées. Paris, 1831.

Même instruction. Paris, 1849.

Étude administrative des compagnies et pelotons hors rangs et des fournitures militaires, par Perrin. Mézières, 1851.

Tome III.

Examen de diverses questions sur l'administration des subsistances militaires, par un ancien directeur des vivres. 1817.

Études sur les subsistances militaires. Réforme de l'administration actuelle, ou le Mal et le remède. Paris, 1850.

Projets d'améliorations. Questions sur divers points de l'art militaire, par Frédéric L'Enfant. 1847.

Note sur les étalons.

	De l'Établissement des troupes à cheval dans de grandes fermes, par le général Bugeaud. Un mot sur les remontes et sur la cavalerie, par le général Préval. 1835. Considérations sur l'amélioration et la propagation des chevaux, par Robineau de Bongon. Nantes, 1838.		

§ 4. MARINE ET COLONIES.

1730	BOUVET DE CRESSÉ (A. J. B.).—Histoire de la marine de tous les peuples, depuis la plus haute antiquité jusqu'à nos jours. Paris, 1824; 2 vol. in-8° rel.	B.	1482
1731	CHASSÉRIAU (F.). — Précis historique de la marine française, son organisation et ses lois. Paris, Imp. roy., 1845; 2 vol. in-8° rel.	B.	1483
1732	WILLAUMEZ (Vice-amiral). — Dictionnaire de marine. 3ᵉ édit. Paris, 1831; 1 vol. gr. in-8° rel., planch.	B.	1484
1733	MONTFERRIER (A. S. DE).—Dictionnaire universel et raisonné de marine, contenant l'architecture et la tactique navales, la navigation à voiles et à vapeur, l'astronomie nautique, l'administration et la législation, l'histoire de la marine, les manœuvres, etc. 2ᵉ édit., augmentée de tables de logarithmes. Paris, 1846; 1 vol. in-4° rel.	B.	1485
1734	ROMME (Ch.). — Dictionnaire de la marine anglaise, et traduction des termes de la marine anglaise en français. Paris, 1804; 1 vol. in-8° rel.	B.	1486
1735	MACKAU (Baron DE). — Compte présenté au roi en exécution de l'article 11 de la loi de finances du 19 juillet 1845, de l'établissement maritime de la France; publié par le ministère de la marine. Paris, Imp. roy., 1845; 1 vol. in-4° rel.	B.	1487
1736	Enquête parlementaire sur la situation et l'organisation des services de la marine militaire, ordonnée par la loi du 31 octobre 1850. Imp. nat., 1851; 2 vol. in-4° rel. . . . . . (Le rapport sur cette enquête n'a pas paru.)	B.	1488

1737	Examen d'un écrit publié par M. le vice-amiral comte de Burgues-Missiessy, et ayant pour titre : Aperçus sur le matériel et le personnel de la marine. Imp. roy., 1830; 1 vol. in-8° rel.	A.	226
1738	Comptes du matériel de la marine, à partir de 1830, et suite. Imp. roy.; in-4°.	A.	558
1739	Tupinier (Baron). — Rapport sur le matériel de la marine. Imp. roy., 1838; 1 vol. in-8° rel.	B.	1489
1740	Pecquet (A.). — Plan de comptabilité pour le matériel de la marine. Paris, 1842; in-8° rel.	B.	1490
1741	Manuel financier à l'usage du département de la marine. Paris, 1847; 1 vol. in-8° rel.	B.	1491
1742	Tupinier (Baron). — Considérations sur la marine et sur son budget. Paris, Imp. roy., 1841; 1 vol. in-8° rel.	B.	1492
1743	Dupin (Baron Ch.). — Essai sur l'organisation progressive de la marine et des colonies. Paris, 1834; 1 vol. in-8° rel.	B.	1493
1744	Enquête de 1824 sur les causes de la cherté relative de la navigation française. Paris, 1840; in-8° rel.	B.	1494
1745	Le Chevalier (Jules). — Rapport sur les questions coloniales. Documents et pièces justificatives. Tom. I et II. Imp. roy., 1843-1844; 2 vol. in-fol. rel. (Il n'a paru de cette publication que la 1re partie du tome I et la 2e du tome II.)	B.	1495
1746	Comptes de l'établissement des invalides de la marine, de 1817 à 1834. Paris, Imp. roy.; 1 vol. in-4° rel. (La suite de ces comptes est au compte général de la marine à partir de la session 1837.)	A.	557
1747	*La Coudraye (De).* — Établissement des invalides de la marine, publié par le ministère de la marine. Exposé préparatoire. Paris, 1831; 1 vol. in-8° rel.	B.	1496
1748	Compte spécial de l'opération combinée du Havre et de Cher-		

	bourg, en vertu de la loi du 15 mai 1825. Paris, 1828; 1 vol. in-4° rel.	B.	1497
1749	Mélanges sur la marine. Marine, invalides de la marine. 1 vol. in-8° rel. Considérations navales en réponse à la brochure de M. de Pradt, intitulée : Appel à l'attention de la France sur sa marine militaire, par l'amiral Grivel. 1832. Discussion du cahier de la Cour des comptes dans ses rapports avec la marine, les colonies et l'établissement des invalides. 1834. Observations de la commission supérieure des invalides sur une proposition du cahier de la Cour des comptes. 1833. De la Cour des comptes considérée dans ses rapports avec la marine et l'établissement des invalides, par Lacoudrais. 1832. Questions déférées à la commission supérieure des invalides de la marine. 1835. Cinquième lettre sur la marine, contenant la brochure de M. de Pradt, par Bajot. 1851. Considérations sur l'état-major de la marine, par E. D. 1841. Mémoire au roi sur la nécessité de réformer l'inscription maritime des matelots, par Le Pomellec. Saint-Brieuc, 1843. Patria. Colonies de la France, par Chassériau. 1846.	B.	1498
1750	Comptes rendus au roi de l'emploi des fonds alloués depuis 1839 pour l'enseignement religieux et élémentaire des noirs, et de l'exécution des lois des 18 et 19 juillet 1845 relatives au régime des esclaves et à l'introduction des travailleurs libres aux colonies. Paris, 1846.—Compte rendu au roi de l'exécution des lois des 18 et 19 juillet 1845 sur le régime des esclaves. Paris, 1847; 1 vol. in-4° rel.	B.	1499
1751	Analyse des votes des conseils coloniaux, à partir de 1834; publiée par ordre du ministre de la marine. Imp roy.; 3 vol. in-4°	A.	553
1752	Avis des conseils coloniaux sur diverses propositions concernant l'esclavage. Imp. roy., 1839; 1 vol. in-4° rel.	A.	970
1753	Procès-verbaux et rapports de la commission d'Afrique nommée le 12 décembre 1833. Imp. roy., 1834; 1 vol. in-4° rel.	A.	973

1754	Commerce et traite des noirs aux côtes occidentales d'Afrique, par E. Bouët-Willaumez. Imp. nat., 1848; 1 vol. in-8° rel.	A.	969
1755	Exposé des motifs, rapports et débats des Chambres concernant les lois relatives au régime des esclaves, à l'introduction de cultivateurs européens, et à la formation d'établissements agricoles dans les colonies françaises. Imp. roy., 1845; 1 vol. in-8° rel.	A.	968

§ 5. TRAVAUX PUBLICS.

A. GÉNÉRALITÉS.

1756	CORDIER (J.). — Mémoires sur les travaux publics. Paris, 1841; 4 parties en 2 vol. in-4°	B.	1500
1757	GOURLIER. — Notice historique sur le service des travaux des bâtiments civils à Paris et dans les départements. Paris, 1848; 1 vol. in-8° rel., avec suppl.	B.	1501
1758	FABRE. — Essai sur la théorie des torrens et des rivières. Paris, an VI; 1 vol. in-4° rel.	B.	1502
1759	POLONCEAU (A. R.). — Considérations générales sur les causes des ravages produits par les rivières à pentes rapides et par les torrents, et sur les moyens d'y remédier. Paris, 1844; in-4° rel.	B.	1503
1760	Mémoire sur le département des ponts et chaussées, par M. de la Millière. — Mémoire sur l'administration de Saint-Domingue, par M. Barbé-Marbois. — Mémoire pour M. G. Saint-Priest, ministre de la marine. — Mémoire de M. de la Luzerne, ministre de la marine. — Lettre au roi et observations de la commission établie pour l'administration des finances du comte d'Artois. Paris, Imp. roy., 1790; 1 vol. in-4° rel.	B.	1504
1761	Annales des ponts et chaussées. — Mémoires et documents relatifs à l'art des constructions et au service de l'ingénieur;		

	lois, ordonnances, etc., concernant l'administration des ponts et chaussées. Paris, 1831 et suiv.; in-8° rel......	B.	1505
1762	Annales des mines, ou Recueil de mémoires sur l'exploitation des mines et sur les sciences et les arts qui s'y rapportent, à partir de 1816 et suite. Paris; in-8° rel..............	A.	227
1763	Comptes rendus en exécution de diverses lois qui ont autorisé des travaux publics extraordinaires, depuis 1823. (Canaux, routes, ponts, etc.) Paris, Imp. roy.; in-4° rel..........	A.	561
1764	Situation des travaux des ponts et chaussées, à partir de l'origine (1833), et suite; publié par la direction générale des ponts et chaussées. Paris, Imp. roy., 1834 et suiv.; in-4° rel....................................	B.	1506
1765	Situation des travaux dans les monuments publics, à partir de 1833, et suite. Paris, Imp. roy.; in-4° rel............	A.	768
1766	Compte rendu des travaux des ingénieurs des mines, à partir de l'origine (1833), et suite; publié par la direction générale des ponts et chaussées. Paris, Imp. roy., 1834 et suiv.; in-4° rel..................................	B.	1507
1767	Brard. — Éléments pratiques d'exploitation. Paris, 1829; 1 vol. et atlas in-8° rel..........................	B.	1508
1768	Dutens (J.). — Mémoires sur les travaux publics de l'Angleterre. Paris, 1819; 1 vol. in-4° rel.................	B.	1509
1769	Archives statistiques du ministère des travaux publics, de l'agriculture et du commerce; publié par ce ministère. Imp. roy., 1837; 1 vol. in-4° rel.................	B.	1510
1770	Lamblardie (De). — Mémoire sur les côtes de la haute Normandie, entre la Seine et la Somme. Le Havre, 1789; 1 vol. in-4° rel............................	B.	1511
1771	Procès-verbal de reconnaissance sur le mode d'exploitation de la saline de Gouhenans. 1 vol. in-4° rel............. (Extrait des minutes déposées au greffe de la cour royale de Lyon.)	B.	1512

1772	Des Intérêts matériels en France, travaux publics, routes, canaux, chemins de fer. Paris, 1838; 1 vol. in-8° rel....	B.	1513
1773	Comptabilité des matières appartenant au département de l'agriculture et du commerce. Imp. nat., 1850; 1 vol. in-fol....	A.	980
1774	Règlements du 29 avril 1854, sur les comptabilités des matières et du mobilier des établissements appartenant aux services de l'agriculture et du commerce. Imp. imp., 1854; 1 vol. in-fol....	A.	981
1775	Mélanges sur les travaux publics. 1 vol. in-4° rel....	B.	1514
	Sur les routes et canaux, par J. Ouvrard. Paris, 1829. Voitures à vapeur sur les routes ordinaires, par Galy Cazalat et C. Menjaud. Paris, 1835. Projet d'ordonnance relatif aux machines et chaudières à vapeur. Paris fortifié : seule et incontestable garantie de l'indépendance de la France, par le général baron de Richemont. Paris, 1836. Mémoire adressé à MM. les députés sur le projet de loi de douane en ce qui concerne les machines, par Ch. de Bergues. Paris, 1844. Halles centrales de Paris. Leur état actuel, les divers plans proposés, par Senard. Paris, 1850. Observations de l'association des trois ponts sur le mémoire à consulter relatif à la légalité du péage perçu sur lesdits ponts.		
1776	Mélanges sur les travaux publics. 1 vol. in-8° rel....	B.	1515
	Considérations administratives sur les ponts et chaussées, les chemins vicinaux, l'organisation départementale et la police du roulage, par A. Beaudemoulin. Paris, 1833. Loi sur la police du roulage. Pétition aux Chambres présentée par les entrepreneurs de messageries. Paris, 1834. Supériorité des routes en béton sur les chemins de fer et les canaux, par F. Thomassin. Paris, 1836. Chemins communaux en France, par O'Donnel. Paris, 1834. Mémoire sur les grandes voies de communication nécessaires à la France, par Calomès de Juillan. Bagnères, 1837. Mémoire sur le rouleau compresseur et sur son emploi pour affermir les empierrements neufs et de réparation des chaussées, par Ch. Schattenmann. Strasbourg, 1842. Mémoire sur les questions que fait naître le choix d'une nouvelle voie de communication, par Courtois. Paris, 1844.		

Observations sur les chemins vicinaux, par L. Raffron de Val. Rennes, 1845.

Des voies de communication en France, par le baron Bourgnan de Layre. Poitiers, 1846.

Revue municipale. Projet de percement de la rue des Écoles. Paris, 1850.

Rapport de la commission spéciale pour l'entretien et l'achèvement des routes départementales. Marseille, 1850.

Nouvelles observations sur les fortifications de Paris, par le général Mathieu Dumas.

1777 Mélanges divers sur les travaux publics. 1827-1830; 1 vol. in-8° rel. . . . . B. 1516

Instruction sur les routes, sur les chemins en fer, sur les canaux et les rivières, suivie de notes sur les transports et sur les principaux canaux d'Europe. Paris, 1827.

De la corvée et des prestations en nature. Paris, 1818.

Essai administratif sur les moyens d'appliquer le régime militaire à la confection et à l'entretien des routes, canaux et travaux publics, par Eugène Heulhard de Montigny. Paris, 1830.

Examen du rapport fait par le baron Hély d'Oissel à la commission des routes et canaux, par Ch. Delalleau. Paris, 1830.

Des moyens à employer pour acquérir en peu de temps et à des prix modérés les terrains nécessaires aux travaux publics; mémoire présenté, en 1828, par M. Ch. Delalleau. Paris, 1830.

De l'administration des travaux de construction, reconstructions, réparations et entretien à la charge des départements, des communes et des établissements publics, par Aug. Lepasquier. Rouen, 1823.

De l'exécution des travaux publics et particulièrement des concessions, par Navier. Paris, 1830.

Articles divers sur l'administration des ponts et chaussées et des mines. Paris, 1830.

1778 Mélanges sur les travaux publics. Mines. 1 vol. in-4° rel. . . . B. 1517

1\. Fonderies de Vaucluse.

2\. 1807. Règlement d'administration pour l'exploitation des fonderies de Vaucluse.

3\. 1812. Sur les propriétaires de mines qui négligeraient les travaux de leurs exploitations.

4\. 1812. Réclamation de la société Hardy contre un arrêté rendu en faveur de la société Colson.

5\. 1812. Division des mines de houille du bassin de la Sarre.

6\. 1806. Division des terrains houillers à concéder dans la Sarre.

7. 1806. Concession des mines de Fillols et Taurynia (Pyrénées-Orientales).

8. 1812. Répartition de la somme à payer par les propriétaires de mines et de forêts intéressés à l'ouverture du canal du Cher.

9. An x. Exploitation et restauration des plantations du canal du Midi.

10. Vente des salines de Creutznach et de Durkeim.

11. 1806. Contestation élevée au sujet des mines de Condé, Vieux-Condé et d'Hergnies, dans le département du Nord.

12. 1806. Même objet.

13. 1807. Division et concession des terrains houillers dans la Sarre et la Moselle.

14. 1807. Concession de mines dans le département de la Meuse-Inférieure.

15. 1809. Concession des mines de houille existantes dans le département de l'Ourte.

16. 1811. Transaction au sujet de la propriété des bois de Lormes.

17. 1813. Concession des mines de houille de l'emplacement de l'ancien château de Namur.

18. 1812. Mines de houille de Firminy et de Roche-Molière (Loire).

19. 1812. Concession du droit d'exploiter les mines de houille de Cessenon.

20. 1812. Décret sur les mines de la Roche-Molière et de Firminy.

21. 1812. Projet de décret sur le même objet.

21 *bis*. 1812. Limites de la concession des mines de houille de Fins (Allier).

22. 1813. Autorisation d'établir dans la commune de Castels un haut fourneau.

23. 1809. Rapport sur les mines d'Aumetz.

24. 1808. Partage des forêts indivises entre l'État et la famille Choiseul-Meuse.

25. 1813. Mines de houille situées dans les communes de Trets et Auriol.

26. 1812. Délimitation du territoire houiller de l'arrondissement d'Alais.

27. 1811. Nouveau mode d'administration des minières de Saint-Pancré (Moselle).

28. 1812. Observations sur l'abandon des mines par renonciation ou cessation de travaux.

29. 1810. Observations sur le projet de loi sur les mines.

30. 1809. Sur les remontrances des exploitants du département de Jemmape.

31. 1812. Formes à observer dans la renonciation à la propriété des mines.
32. 1813. Abandon des mines par déclaration expresse ou cessation de travaux.
33. 1809. Organisation du corps impérial des ingénieurs des mines.
34. Même objet.
35. 1812. Police pour l'exploitation des mines de l'Empire.
36. 1811. Assiette des redevances fixes et proportionnelles sur les mines.
37. 1808. Rapport sur les mines.
38. 1810. Projet de loi sur les mines. (M. R. de Saint-Jean-d'Angély, rapporteur.)
39. 1808. Même objet. (M. Fourcroy, rapporteur.)
40. 1806. Même objet. (M. de Saint-Jean-d'Angély, rapporteur.)
41. 1810. Sur la législation des mines en Europe.
42. 1822. Mine de sel gemme de Vic (Meurthe).
43. 1822. Mémoire sur le même objet.
44. 1819. Mines de houille de Roche-la-Molière (Loire). (18-20.)

B. ROUTES. — CANAUX.

1779	BERGIER (Nicolas). — Histoire des grands chemins de l'empire romain, ornée de 4 gravures et de 8 cartes. Bruxelles, 1728; 2 vol. in-4° rel.	B.	1518
1780	MAC-ADAM (J. L.). — Remarks of the present system of road making. London, 1824; 1 vol. in-8° rel.	B.	1519
1781	MAC-ADAM (J. L.). — Observations on the management of trusts for the care of turnpike roads. London, 1825; 1 vol. in-8° rel.	B.	1520
1782	LOWELL EDGEWORTH (Richard). — Essai sur la construction des routes et des voitures, traduit de l'anglais. Paris, 1827; 1 vol. in-8° rel.	B.	1521
1783	Enquêtes sur les routes et canaux; 1810-1811; 1 vol. in-4° rel.	B.	1522
1784	FÉRUSSAC (Baron DE). — Développements d'une proposition ayant pour objet de provoquer une enquête sur la situation des routes et canaux. Novembre 1830; 1 vol. in-8° rel.	B.	1523

1785	Bères (Émile). — Éléments d'une nouvelle législation des chemins vicinaux, grandes routes, rivières et canaux. Paris, 1831; 1 vol in-8° rel.	B.	1524
1786	Statistique des routes royales de France, publiée par la direction des ponts et chaussées. Paris, 1824; 1 vol. in-4° rel.	B.	1525
1787	Gerstner (De). — Mémoires sur les grandes routes, les chemins de fer et les canaux de navigation; traduit par Girard. Paris, 1827; 1 vol. in-8° rel.	B.	1526
1788	Berthault-Ducreux. — Éléments de l'art d'entretenir les routes, ou Exposé des faits et des principes sur lesquels repose l'exercice de cet art. Note sur le roulage et les routes d'Angleterre et de France. Troisième note sur le roulage et les routes d'Angleterre et de France. Paris, 1837-1844; 1 vol. in-8°.	B.	1527
1789	Morin (Arthur). — Expériences sur le tirage des voitures faites en 1837 et 1838. Metz, 1839; 1 vol. in-4° rel.	B.	1528
1790	Mélanges sur les routes et canaux. 1827-1828; 1 vol. in-8° rel.	B.	1529
	Discours de M. Becquey, directeur des ponts et chaussées, à l'occasion du budget des ponts et chaussées. (Chambre des députés.) 1827. Discours de M. Becquey sur le budget des ponts et chaussées de 1828. Réponse du directeur des travaux publics aux observations du rapporteur de la commission du budget pour 1829. Paris. Discours de M. Becquey, commissaire du Roi, prononcé à la Chambre des pairs dans la discussion de la loi des comptes. Séance du 11 juillet 1829. Observations sur le rapport de la commission du budget, exercice 1829, section IIe, ministère de l'intérieur, ponts et chaussées, par Jousselin. Paris, 1828. Examen du budget des ponts et chaussées pour 1830, par Jousselin. Paris, 1829. Observations sur le décret du 16 décembre 1811 concernant le classement, l'entretien et la police des routes, et le service des ingénieurs des ponts et chaussées, par l'auteur de l'écrit sur la corvée. Paris, 1819.		

De l'état des routes en France, et de la possibilité de le rendre florissant au moyen de faibles dépenses, par H. Hageau. Paris, 1829.

Sur l'ouverture et l'entretien des routes du royaume de France, par P. E. Morin. Paris, 1828.

Considérations sur les canaux et sur le mode de leur concession, par P. S. Girard. Paris, 1824.

Des Canaux exécutés par le Gouvernement depuis 1821 et 1822, par Artaud. Paris, 1828.

1791 Mélanges sur les canaux, les routes et les chemins de fer. Paris, 1830; 1 vol. in-8° rel.; carte. . . . . B. 1530

Des Canaux de navigation dans l'état actuel de la France, par J. B. Say. Paris, 1818.

Journal des Mines. Numéros des mois de janvier, février, avril 1813.

Lettre de Quatremère-Disjonval au citoyen d'Eymar sur l'encaissement du Rhône et l'exploitation de quelques espèces particulières de bois depuis le mont Simplon jusqu'au lac de Genève. Genève, an IX.

Description de l'ouverture de l'avant-port de Cherbourg, par P. A. Lair. Caen, 1813.

Mémoire historique sur la navigation intérieure, par A. J. Raup-Baptestin. Paris, an IX.

De la navigation du Rhin. Strasbourg, 1802.

Essai historique et topographique sur la ci-devant commune de Lutzel-Coblentz, par Adam Lassaulx. Coblentz, an XI.

Supplément au mémoire sur la libre navigation du Rhin, par P. F. Paravey. Coblentz, an X.

Mémoire sur les communications par eau à ouvrir entre la Loire et les ports de Lorient et de Brest, et sur la petite navigation, par A. J. Raup-Baptestin. Paris, an XII.

Précis historique sur le rétablissement et les progrès de l'école et des ateliers de travail de la ville de Strasbourg, suivi du règlement pour les écoles. Strasbourg, 1816.

1792 Recueil de documents statistiques, publié par le ministère des travaux publics. T. I, routes royales et départementales. Paris, Imp. roy., 1837; in-4° rel. . . . . A. 636

1793 Canaux. — Lois, ordonnances royales, cahiers de charges, statuts des compagnies anonymes; collection formée de Bulletins des lois. 1 vol. in-8° rel. . . . . C. 316

1794	Rapports sur la situation des canaux, présentés par les ministres de l'intérieur, du commerce et des travaux publics, de 1823 à 1833. Paris, Imp. roy., 1823 à 1833; 2 vol. in-4° rel.	B	1531
1795	Renseignements concernant l'affermage des canaux. — Rapport fait à la commission instituée par le ministre des finances pour examiner la question de l'affermage des canaux. 1 vol. in-4° rel.	B.	1532
1796	Polonceau (A. R.). — Observations sur les routes, suivies de propositions sur leur amélioration et sur leur entretien. Paris, 1829; 1 vol. in-4° rel.	B.	1533
1797	Vallé. — Des Voies de communication considérées sous le point de vue de l'intérêt public. Paris, 1836; 1 vol. in-8° rel.	B.	1534
1798	Teisserenc (Edmond). — Études sur les voies de communication perfectionnées et sur les lois économiques de la production du transport, suivies de tableaux des frais comparés de la navigation et des chemins de fer. Paris, 1847; 1 vol. in-8° rel.	B.	1535
1799	Chevalier (Michel). — Histoire et description des voies de communication aux États-Unis et des travaux d'art qui en dépendent. Paris, 1841; 2 vol. in-4° et atlas in-fol.	B.	1536
1800	Lemaire (Ch.). — De la suppression des ponts à bascule. Paris, 1848; 1 vol. in-8° rel.	B.	1537
1801	Mélanges sur les travaux publics. Routes. 2 vol. in-4° rel.	B.	1538
	Tome I.		
	1. 1828. Rapport de M. Pasquier sur l'entretien des routes et leur administration.		
	2. Le même rapport.		
	3. 1808. Rapport et projet de loi sur la plantation des grandes routes.		
	4. Observations sur les anciennes plantations des grandes routes.		

5. 1811. Projet de décret sur un nouveau système d'entretien des routes.

6. Rapport de M. Chauvelin sur le même objet.

7. 1812. Observations de la section de l'intérieur sur les routes.

8. 1812. Impositions pour entretien des routes de l'Allier, de la Creuse, du Doubs, de Gênes, du Gers, de Loir-et-Cher, du Loiret, de la Lys, du Morbihan, de l'Orne, du Rhône, de Seine-et-Oise et de Vaucluse.

9. Le même rapport.

10. 1813. Tableau des sommes votées par les conseils généraux pour les routes.

11. 1812. Impositions pour entretien des routes de la Charente-Inférieure, des Côtes-du-Nord, de la Marne, de la Haute-Marne, de la Nièvre, de l'Oise, de Tarn-et-Garonne, de la Haute-Vienne et des Vosges.

12. 1812. Impositions pour entretien des routes des Ardennes, Bouches-du-Rhône, Cantal, Drôme, Eure-et-Loir, Indre, Jemmape, Haute-Loire, Loire-Inférieure, Lot, Lozère, Nord et Rome.

13. 1812. Impositions pour entretien des routes de l'Ain, Aisne, Aube, Dordogne, Eure, Finistère, Meuse-Inférieure, Pas-de-Calais, Saône-et-Loire.

14. 1811. Réparation des routes de 3e classe du Bas-Rhin.

15. 1806. Affectation du produit d'un droit sur le sel à l'entretien des routes.

16. 1811. Réparation des routes au moyen de prestations en nature.

17. 1810. Ouverture d'une route entre Agen et Cahors par Tournon.

18. 1812. Impositions pour entretien des routes des Bouches-de-la-Meuse, Cher, Doire, Puy-de-Dôme, Sambre-et-Meuse, Seine-et-Marne et Sésia.

19. 1812. Impositions pour entretien des routes de Maine-et-Loire, Meuse, Montenotte et la Stura.

20. 1812. Entretien des routes de l'Ombrone et de la Sarthe.

21. 1812. Rapport pour entretien de routes.

22. 1812. Impositions pour entretien des routes des Bouches-du-Rhône, Hérault, Ille-et-Vilaine, Pô, Pyrénées-Orientales et Deux-Sèvres.

23. 1812. Indemnités réclamées par des riverains de la route de Paris à Hambourg.

24. 1812. Impositions pour entretien des routes de l'Ariège, Côte-d'Or, Isère, Landes, Marengo, Mayenne, Roër, Simplon, Somme, Trasimène, Vendée et Yonne.

25. 1813. Projet d'une taxe pour l'entretien de la route du Mont-Cenis.

26. 1809. Formation d'un fonds de retenue pour les cantonniers du Mont-Cenis.

27. 1810. Rapport sur une taxe pour l'entretien de la route du Mont-Cenis. Deuxième rédaction.

28. 1809. Même rapport. Première rédaction.

29. 1812. Règlement et décret sur le service des cantonniers du Mont-Cenis.

30. 1812. Impositions pour entretien des routes des Apennins, de l'Ardèche, Aveyron, la Dyle, l'Escaut, Haute-Garonne, Indre-et-Loire, Manche, Mont-Blanc, Mont-Tonnerre, Bas-Rhin, Haut-Rhin, Seine-Inférieure, Tarn, Vienne et Zuyderzée.

31. 1812. Impositions pour entretien des routes des Basses-Alpes, Arno, Charente, Corrèze, des Forêts, du Gard, Léman, Loire, Lot-et-Garonne, Méditerranée, Basses-Pyrénées, Seine et du Taro.

32. 1812. Entretien des routes de la Meurthe et de la Moselle.

33. 1812. Impositions pour entretien des routes de l'Aude, les Deux-Nèthes, Gironde, Hautes-Pyrénées, Rhin-et-Moselle et Issel supérieur.

34. 1810. Plantation des grandes routes, suivi d'un rapport et projet de loi de la section de l'intérieur sur le même objet.

35. 1812. Péage pour l'ouverture de la route de la Scrivia.

36. 1812. Impositions pour entretien de routes.

37. 1811. Projets de décret sur la classification et l'entretien des routes.

38. 1811. Projet de décret de la section de l'intérieur sur un nouveau système d'entretien des routes.

39. 1806. Rapport et projets sur les ponts et chaussées.

Tome II.

40. 1813. Rapport de M. Costaz sur la perception de centimes additionnels pour l'entretien des routes de 3e classe dans 121 départements.

41. 1812. Rapport sur la perception de centimes additionnels pour l'entretien des routes départementales dans 53 départements.

42. 1812. Rapport sur le même objet pour 69 départements.

43. 1812. Même objet; 59 départements.

44. 1811. Rapport sur un nouveau système d'entretien des routes.

1802	Moithey. — Dictionnaire hydrographique de la France. Paris, 1787; 1 vol. in-8° rel., avec carte	B.	1539
1803	Documents relatifs aux canaux, publiés par le ministère des travaux publics. Paris, Imp. roy., 1840; 1 vol. in-4° rel.	B.	1540
1804	Situation, au 31 juillet 1832, des canaux et autres ouvrages entrepris en vertu des lois, publiée par le ministère du commerce et des travaux publics. Paris, Imp. roy., 1832; 1 vol. in-4°	B.	1541
1805	Discussions et documents sur les canaux, sur les routes et sur les chemins de fer de la France. Paris, 1830; 1 vol. in-8° rel	B.	1542
1806	Phillips (J.). — A general history of inland navigation foreign and domestic. London, 1792; 1 vol. in-4° rel.; 1 carte	B.	1543
1807	Egerton (F. H.). — The first part of a letter to the Parisians and the French nation upon inland navigation; suivi de la traduction de cette lettre. 1818; 1 vol. in-8° rel.	B.	1544
1808	*Marivets (De).* — Système général, physique et économique des navigations naturelles et artificielles de l'intérieur de la France. Paris, 1788; 1 vol. in-8° rel.	B.	1545
1809	Dutens (J.). — Histoire de la navigation intérieure de la France avec une exposition des canaux à entreprendre pour en compléter le système. Paris, 1819; 2 vol. in-4° rel.	B.	1546
1810	Rapport au Roi sur la navigation intérieure de la France. Paris, 1820; 1 vol. in-4° rel.	B.	1547
1811	Doin (A.). — Mémoire sur le canal latéral à la Garonne, établissant la jonction définitive des deux mers. 1832. — Le même mémoire. 2e édit. 1835. Paris, 1832-1835; 1 vol. in-4° rel.	B.	1548
1812	Andréossy (Comte). — Histoire du canal du Midi ou canal du Languedoc, avec les cartes générales et particulières. Paris, 1804; 2 vol. in-4° rel.	B.	1549

1813	Histoire du canal du Languedoc. Paris, an XIII. — Dans le même volume : Notice sur le monument érigé sur les pierres de Nacrouse à Pierre-Paul de Riquet par ses descendants. Paris, 1825. — Éloge de P. P. Riquet de Bonrepos par don de Cépian. Paris, 1825. — Précis historique du canal de Languedoc servant d'explication au plan en relief de ce canal. Paris, 1 vol. in-8° rel.	B.	1550
1814	Observations sur le canal de communication des mers dans la ci-devant province de Languedoc. — Observation importante sur le projet de comprendre le canal du Midi dans les domaines nationaux. 1 vol. in-4° rel.	B.	1551
1815	Affaire du canal du Midi. (Extrait du journal l'Observateur des tribunaux.) Paris, 1 vol. in-8° rel.	15	467
1816	Grignon. — Mémoire sur les moyens de rendre la Marne navigable. Amsterdam, 1770; 1 vol. in-12 rel.	B.	1552
1817	Cordier (J.). — Mémoire sur les projets présentés pour la jonction de la Marne à la Seine. Paris, 1827; 1 vol. in-8° rel.	B.	1553
1818	Flachat (Stéph.). — Documents divers sur le canal maritime de Paris à Rouen. Paris, 1829; 1 vol. in-8° rel.; carte.	B.	1554
1819	Mélanges sur le canal projeté de Paris au Havre. 1 vol. in-8° rel.	B.	1555
	Mémoire sur les moyens de rendre Paris port de mer, par de Montgéry. Paris, 1824.		
	Paris port de mer. 2e édit. Paris, 1826.		
	Des garanties offertes aux capitaux par les procédés des chambres législatives dans la formation des canaux, et de l'influence d'un canal du Havre à Paris sur la prospérité des villes commerciales de France, par Ch. Comte. Paris, 1826.		
	Navigation maritime du Havre à Paris, ou Mémoire sur les moyens de faire remonter jusqu'à Paris tous les bâtiments de mer qui peuvent entrer dans le port du Havre, par Ch. Bérigny. Paris, 1826.		
	Réfutation par Ch. Bérigny de l'écrit intitulé : Réponse des soumissionnaires du canal maritime de Paris au Havre au mémoire de Ch. Bérigny. Paris, 1826.		

Examen du projet formé par une société de capitalistes de joindre Paris à l'Océan par un canal maritime, par Simon. Paris, 1826.
Observations sur Paris port de mer et sur la navigation de la Seine, communiquées à la société libre de commerce de Rouen, par Dupont-Boisjouvin. Rouen, 1827.
Rapport verbal fait à l'académie royale des sciences; par P. S. Girard. Paris, 1827.

1820 GALABERT (L.). — Canal des Pyrénées joignant l'Océan à la Méditerranée, ou Continuation du canal du Midi de Toulouse à Bayonne. 2e édit. Paris, 1831; 1 vol. in-4° rel. . . . B. 1556

1821 FLACHAT (E.) et PÉTIET (J.). — Rapport sur la situation des travaux et de la navigation du canal du Rhône au Rhin. Paris, 1842; 1 vol. in-4° rel.; 1 carte. . . . . B. 1557

1822 Collection des procès-verbaux et des rapports annuels de la commission centrale pour la navigation du Rhin, à partir de l'année 1833, et suite. In-fol. et in-4°. . . . . B. 1558

1823 GRANGEZ (Ernest). — Précis historique et statistique des voies navigables de la France et d'une partie de la Belgique, avec une carte commerciale. Paris, 1855; 1 vol. in-8° rel. . . . . B. 1559

1824 Mélanges sur les travaux publics. Canaux. 1 vol. in-8° rel. . . B. 1560

Renseignements utiles sur le canal de l'Ourcq et la prise des eaux qui doivent l'alimenter.
Lettre à M. Becquey, par le comte de Montalivet, sur les canaux. 1822.
Recherches et considérations sur la rivière de Bièvre ou des Gobelins, par Parent-Duchâtelet et Pavet de Courteille. Paris, 1822.
De la Loire au-dessus de Briare. Aperçu des avantages qui résulteraient de l'ouverture d'un canal latéral à cette rivière, par J. J. Baude. Paris, 1822.
Rapport fait au jury central de l'exposition des produits de l'industrie française de l'année 1823, par A. M. Héron de Villefosse. Paris, 1823.

1825 Mélanges sur les travaux publics. Navigation intérieure, desséchements. 3 vol. in-4° rel. . . . . B. 1561

Tome I.

1-3. 1829. Rapports à l'assemblée du canal du Midi.

4. Observations de M. Combe sur un libelle intitulé : Examen des propriétaires des marais de Dol, pour servir de précis sur la dérivation du Couesnon.

5. 1811. Rapport sur les eaux thermales d'Aix-la-Chapelle.

6. 1812. Rapport pour le desséchement des marais de la commune de Beaucaire.

7. 1812. Organisation de la commission du desséchement des marais de l'Authie.

8. 1812. Nouvelle organisation de la communauté des marais de Blanquefort.

9. 1812. Transaction au sujet de la propriété du grand marais dit de Chaumont.

10. 1808. Partage des marais de la commune de Longueville (Calvados).

11. 1811. Plus-value devant résulter du desséchement des marais du Cotentin.

12. 1812. Réclamation des frères Billion-Duplan et Billion-Desgayères au sujet d'un prêt fait à l'armée.

13. 1811. Restauration des établissements d'eaux minérales de l'Empire.

14. 1811. Rapport de la section de l'intérieur sur le même objet.

15. 1810. La mise en ferme de la pêche des canaux de navigation doit-elle être distraite des attributions de l'administration forestière ?

16. 1809. Projet de décret sur la vente des canaux.

17. 1824. Mémoire ampliatif pour la compagnie des fonderies et forges de la Loire et de l'Isère contre les entrepreneurs du canal de Givors.

18. Discussion sur la propriété et les droits de navigation du canal de Givors.

19. Projet de desséchement des marais de l'Authion (Maine-et-Loire).

20. 1809. Mémoire sur le desséchement des marais de l'Authion dont la concession est demandée sous le nom de Moreau et Cie.

21. Pétition des navigateurs de la Haisne et de l'Escaut.

22. 1812. Sur l'application aux canaux, rivières navigables, ports maritimes et travaux à la mer, du titre IX d'un décret concernant l'entretien des routes.

23. 1813. Entreprise du canal de jonction de l'Oise à la Sambre, par le sieur Solages.

24. 1813. Établissement dans le département de la Méditerranée d'une commission chargée de l'administration des travaux des cours d'eau non navigables ni flottables.

25. 1812. De l'autorisation demandée par le général Vandamme d'endiguer le canal d'Ardenbourg.

26. 1812. Formation d'une société des canaux de Cinq-Abbés et des Hollandais.

27. 1812. Navigation et conservation du canal de la haute et basse Deule et de la Bassée.

28. 1812. Police et conservation des canaux d'Orléans et de Loing.

29. 1811. Projet d'avis du Conseil d'État sur l'entreprise du sieur Solages (23).

30. 1813. Ajournement indéfini des travaux du grand canal du Nord.

31. 1809. Produit des canaux d'Orléans et de Loing (28).

32. 1809. Concession à la ville de Caen de divers terrains bordant le nouveau canal de la rivière d'Orne et le port.

33. 1813. Supplément au rapport sur l'affaire Boyer-Fonfrède.

34. 1808. Propriété des terrains appelés Molières de Mollenelles (Somme).

35. 1811. Concession du sieur Solages pour l'ouverture du canal de la Fère à Landrecies et l'amélioration de la navigation de la Sambre.

36. 1810. Droit de navigation à établir sur le canal de Brouage (Charente-Inférieure).

37. 1810. Curage et entretien du canal de vidange des eaux de plusieurs communes du département des Bouches-du-Rhône.

38. 1812. Du canal d'Alaric (Hautes-Pyrénées) et de la jouissance de ses eaux.

39. 1821. Règlement pour l'administration du canal des Alpines.

40. 1812. Du canal de la Grange et de l'amélioration du marais Gargouilland.

41. 1811. Indemnités à accorder aux sieurs Quinette et Combe, entrepreneurs du canal de dérivation du Couesnon.

42. 1806. Requête des sieurs Combes et Cie, entrepreneurs du canal de Couesnon.

43. 1811. Projet de décret sur les indemnités des sieurs Combe et Quinette.

44. 1812. Apurement du compte de clerc à maître du sieur Lefebvre, ex-fermier du canal du Centre.

45. 1809. Mémoire pour Étienne Lizet, propriétaire des eaux minérales du Mont-d'Or.

46. 1812. Rapport sur la vente du canal du Centre.

47. 1813. Délimitation du territoire houiller de l'arrondissement d'Alais.

48. 1821. Le commerce de l'arrondissement de Saint-Étienne contre les concessionnaires du canal de Givors.

49. 1809. Rapport sur la dérivation du Couesnon.

50. 1811. Apurement de tous les comptes relatifs au canal du Couesnon.

51. 1811. Observations de la section de l'intérieur sur les comptes du Couesnon.

52. 1809. Rapport sur la dérivation du Couesnon (49).

53. 1813. Supplément au tarif des droits de navigation du canal du Centre.

54. Mémoire de Combe et Cie, entrepreneurs du canal du Couesnon.

55. Mémoire des représentants La Gardette, concessionnaires à perpétuité d'un droit de navigation sur la Loire, de Saint-Rambert à Roanne.

56. Nouvelles observations des représentants La Gardette (79).

57. Réclamation des anciens propriétaires du canal du Midi.

58. 1816. Mémoire de cent propriétaires de terrains situés entre Nantes et Paimbœuf contre le sieur Orillard et la veuve et héritiers Burat.

59. 1809. Rapport sur l'aliénation du canal des deux mers.

60. 1807. Interprétation de l'article 7 de l'ordonnance de 1669 sur les chemins de halage.

61. 1811. Règlement pour le curage du ruisseau de Meyrol (Drôme).

62. 1808. Sur le moyen d'améliorer la navigation du Tarn.

63. 1812. Entretien et police des chaussées du Rhône et établissement d'archives centrales des associations territoriales d'Arles.

64. 1810. Affaire des ci-devant fermiers du canal du Centre.

65. 1810. Sur une contestation au sujet de la propriété et du desséchement du marais Laroche.

66. 1812. Travaux pour la conservation de la rive de l'Escaut en avant des polders Marguerite et du petit Huyssens.

67. 1811. Création d'une commission mixte, sous le titre de magistrat du Pô.

68. 1807. Règlement pour l'entretien et la surveillance des rives du Rhin.

69. 1814. Entretien des travaux de desséchement des marais des Flamands (Gironde).

70. 1810. Concession du desséchement des marais de Souche et des Barentons (Aisne).
71. 1813. Travaux de desséchement des marais de Seillon (Var).
72. 1811. Desséchement des marais de la vallée de l'Authie (7).
73. 1814. Travaux de desséchement du petit marais de Blaye (Gironde).
74. Des concessionnaires et cessionnaires des marais de Bourgoin.
75. 1813. Entretien des marais de la vallée de la Scarpe.
76. 1813. Obligations des propriétaires de bois taillis dans les îles du Rhin et sur les rives jusqu'à une distance de 15 kilomètres.
77. 1810. Projet de décret sur les digues du Pô, dans le département du Taro.
78. Curage des rivières de Robec et d'Aubette (Seine-Inférieure).
79. Notes explicatives des représentants La Gardette sur la navigation de la Loire.
80. Pétition des entrepreneurs du canal du Couesnon.
81. 1809. Curement des canaux, rivières, marais, routes des arrondissements de Boulogne et Saint-Omer.
82. 1810. Réclamations des fermiers, ci-devant fermiers du canal du Centre.
83. 1811. Observations sur les nouveaux projets relatifs aux fermiers du canal du Centre.
84. 1811. Sur le compte de clerc à maître du fermier régisseur du canal du Centre.
85. 1812. Consultation au sujet de l'entreprise du desséchement du marais de la Liguenais (Loire-Inférieure).
86. 1812. Seconde consultation sur le même objet.

Tome II.

87. 1809. Lettres de M. Combe, entrepreneur du canal du Couesnon.
88. Récit succinct de l'affaire du canal de dérivation du Couesnon.
89. 1809. Curage de la rivière de Durdent dans l'arrondissement d'Yvetot.
90. 1810. Rapports sur la navigation de la Haisne (22).
91. 1810. Sur la dérivation de la rivière de Canche dans la Ternoise, depuis Hesdin jusqu'au moulin d'Aubin.
92. 1811. Mesures de police relatives à la navigation de la Haisne.
93. 1811. Administration des marais de Saint-Louis et de Saint-Simon (Gironde).

94. 1811. Travaux destinés à garantir les propriétés riveraines des torrents des Échavarelles, de la Rouleine et du Lauzon (Vaucluse et Drôme).

95. 1812. Travail de la commission spéciale des travaux de défense de la plaine de Lussan.

96. 1813. Formation d'une commission spéciale pour l'exécution des travaux de la rive gauche de la Loire, dans la commune de Sermoise (Nièvre).

97. 1813. Travaux de défense des propriétés sur la rive droite du Rhône.

98. 1813. Travaux pour la défense de la commune de Chabeuil (Drôme) contre les irruptions du torrent de la Veoure.

99. 1811. Contestation entre les habitants de la commune de Chamonix et le maire de la commune de Houches, relativement à un cours d'eau.

100. 1813. Curement de la rivière du Moron et dessèchement de marais.

101. 1810. Projet de décret sur un conflit et avis sur un arrêté.

102. 1809. Projet de décret relatif à la dérivation du Couesnon.

103. 1808. Dessèchement des marais de Bourgoing, la Verpillière, etc.

104. 1810. Établissement du droit de navigation dans les Bouches du Rhin.

105. 1812. Demande à l'effet d'établir une prise d'eau sur la rive droite du Drac.

106. 1806. Règlement pour le flottage sur les ruisseaux et canaux de Neustadt.

107. 1810. Modification du droit de navigation dans le bassin de la Somme.

108. 1811. Règlement pour le maintien des eaux de l'Ardèche et du Rhône dans leur lit.

109. 1810. Projet de décret relatif à la navigation de la Haisne (93).

110. 1812. Curage et travaux d'entretien de la rivière de Nave.

111. 1813. Travaux de défense contre les irruptions de la rivière d'Oule (Drôme).

112. 1811. Contestation au sujet du bornage de l'étang de Renac.

113. 1809. Dessèchement du marais de Sacy-le-Grand (Oise).

114. 1813. Nouvelle organisation de la communauté des marais de Saint-Loubès.

115. 1808. Rapport sur les marais de Bourgoing, la Verpillière, etc.

116. 1810. Syndicat et payement de la plus-value des marais de Rochefort.

117. 1812. Transaction sur procès entre les communes de Saint-Martin-d'Hère et de Poisat.
118. 1810. Réclamation de la dame Lawless, adjudicataire de l'étang de Marseillette.
119. 1812. Desséchement et conservation du marais de Floirac (Gironde).
120. Desséchement des marais de Donges (Loire-Inférieure).
121. 1812. Requête des concessionnaires et cessionnaires des marais de Bourgoin.
122. 1812. De l'administration des marais de Bordeaux et de Bruges.
123. 1812. Continuation des travaux de desséchement des marais de Carentan.
124. 1813. Contestation entre plusieurs propriétaires riverains de l'étang de Moret.
125. 1813. D'une taxe au passage du pont de Bonpas, sur la Durance.
126. 1813. Travaux des digues dites *levées de Savenières*, sur la rive de la Loire.
127. 1808. Police générale de la navigation de la Sèvre-Niortaise.
128. 1811. Curage et entretien du canal dit de la Mar ou de Bages.
129. 1811. Rapport sur les communes d'Arbigny et d'Ucchisy.
130. 1818. Projets de loi sur les chemins vicinaux.
131. 1809. Rapport sur les moulins adossés au pont de Charenton.
132. 1810. Décret sur la construction du pont de Bordeaux.
133. 1810. Cession d'un péage de pont proposée à la commune de Cahors.
134. 1808. Taxe à percevoir au passage du pont de Strasbourg à Kehl.
135. 1812. Taxe pour le passage du pont sur l'écluse de chasse d'Ostende.
136. 1810. Restauration des ponts de Meulan.
137. 1810. Reconstruction du pont Serin, sur la Saône, à Lyon.
138. 1810. Rétablissement de l'ancien magasin de sauvetage de Quillebœuf.
139. 1811. Établissement d'une gare ou port de sûreté à Cologne.
140. 1813. Soumission au sujet des nouveaux travaux de réparation du port de Puer.
141. 1808. Police du lestage et délestage dans les ports de la Loire-Inférieure.
142. 1810. Police et conservation du bassin à flot de la Rochelle.
143. 1809. Le sieur Lizet est exproprié des bains du Mont-d'Or (45).
144. 1806. Concession des grèves du Mont Saint-Michel.
145. 1806. Établissement d'un magasin de sauvetage au Havre.

146. 1813. Décret sur une requête du sieur Lizet, propriétaire des bains du Mont-d'Or.

147. 1813. Rapport sur la requête du sieur Lizet au sujet des bains du Mont-d'Or.

148. 1810. Situation des établissements d'eaux minérales situés dans l'Empire.

149. Mémoire des propriétaires des marais de Saint-Gilles (Gard) contre les concessionnaires des canaux de Beaucaire et d'Aigues-Mortes.

150. Requête des concessionnaires contre les propriétaires des marais de Saint-Gilles.

151. 1816. Mémoire pour La Gardette, propriétaire d'un droit de navigation sur la Loire.

152. 1807. Mémoire des sieurs Lemarié, Bignon, Richefeu et Cuvier, flotteurs du canal du Coitron (Sarthe et Loir-et-Cher).

153. 1829. Compte rendu de l'administration de la compagnie des quatre canaux.

154. Réclamation des ex-fermiers régisseurs des canaux d'Orléans et de Loing.

155. Dernier mot des administrateurs de la Gaîté à la dame Nicolet.

156. Réponse de la dame Nicolet, propriétaire du théâtre de la Gaîté.

157. Pétition des entrepreneurs du canal de dérivation du Couesnon.

158. Rapport au ministre de l'intérieur sur le canal de dérivation du Couesnon.

Tome III.

159. 1819. Rapport sur la situation des travaux du canal de l'Ourcq et de ses dépendances au 1er janvier 1816.

160. 1820. Rapport au Roi sur la navigation intérieure de la France.

161. Rapport sur la situation, au 31 mars 1824, des canaux et autres travaux publics.

162. Rapport sur la situation, au 31 mars 1825, des canaux et autres travaux publics.

163. Rapport sur la situation, au 31 mars 1826, des canaux et autres travaux publics.

164. Rapport sur la situation, au 31 mars 1827, des canaux et autres travaux publics.

165. 1828. Histoire des travaux et de l'aménagement des eaux du canal calédonien, par Stéphane Flachat.

166. 1831. Description raisonnée et vues pittoresques du chemin de fer de Liverpool à Manchester, par Moreau et Notré.

1826	DUPUIS DE TORCY et BRISSON. — Essai sur le système de navigation intérieure de la France, suivi d'un Essai sur l'art de projeter les canaux à point de partage. Paris, 1829; 1 vol. in-4° rel.	B.	1562
1827	AULAGNIER (F.). — Études pratiques sur la navigation du centre, de l'est et du nord de la France et des principales voies navigables de la Belgique. 1841. — Complément de ces études, etc. 1842. Paris, 1841-1842; 1 vol. in-fol. rel.	B.	1563
1828	PILLET-WILL. — De la Dépense et du produit des canaux et des chemins de fer; de l'influence des voies de communication sur la prospérité industrielle de la France. Paris, 1837; 2 vol. in-4° rel.; planches.	B.	1564
1829	DREYER (F. J.). — Essai sur les cours d'eau et sur l'économie qui s'y rattache. Strasbourg et Paris, 1845; 1 vol. in-12 rel.	B.	1565
1830	BOUNICEAU. — Étude sur la navigation des rivières à marées, et la conquête des lais et relais de leur embouchure. Paris, 1845; 1 vol. in-8° rel.	B.	1566
1831	PUVIS (A.). — Des Étangs, de leur construction, de leur produit et de leur desséchement. Paris, 1844; 1 vol. in-8° rel.	B.	1567
1832	TOURASSE et MELLET. — Essai sur les bateaux à vapeur appliqués à la navigation intérieure et maritime de l'Europe. Paris, 1828-1829; 1 vol. in-4° rel.	B.	1568
1833	MARESTIER. — Mémoire sur les bateaux à vapeur des États-Unis d'Amérique, avec un appendice sur diverses machines relatives à la marine. Paris, 1824; 1 vol. in-4° rel., et atlas in-fol.	B.	1569
1834	Mélanges sur les travaux publics. Canaux. 3 vol. in-4°.	B.	1570
	Tome I.		
	Observations sur un mémoire de M. Pattu, ayant pour titre : Dé-		

veloppement des bases d'un projet de barrage-déversoir maritime, par A. E. Lamblardie. Paris, 1826.

Note sur les canaux adjugés en 1822.

Nouveau système de voies de communications par chemins de fer et par canaux.

Explications adressées aux Chambres et à l'opinion publique par la compagnie des quatre canaux. Paris, 1845.

Examen des projets d'amélioration de la Seine maritime, publié par la chambre de commerce du Havre. Paris, 1845.

Mémoire sur le service de la deuxième division du canal latéral à la Loire, de 1823 à 1828.

Mémoire pour les propriétaires du canal de Givors, par Darrieux.

Mémoire sur les droits de navigation du canal de Givors. Lyon, 1821.

Réclamation contre le projet de canaliser la rivière d'Yonne depuis la Collancelle (Nièvre) jusqu'à Auxerre (Yonne), par Dupin. Paris, 1824.

Pétition à MM. les ministres des finances et des travaux publics sur la tarification du canal de Berry. 1843.

Canal de jonction de l'Aisne à la Marne; publication de la chambre de commerce de Reims. Paris, 1838.

Observations sur la dérivation des eaux de source de la rive droite de la Saône pour le service de la ville de Lyon, par Darmès. 1840.

Projet de perfectionnement de la navigation de la Saône depuis Gray jusqu'à Châlon, par M. J. Cordier. Paris, 1834.

Tome II.

Rapport sur le projet d'un canal latéral à l'Allier; publication de la chambre de commerce de Clermont. 1827.

Projet d'un établissement thermal à Chaudesaigues (Cantal). Paris, 1834.

Théorie générale de canalisation appliquée aux provinces d'entre Loire et Garonne et à la jonction de la Charente et de la Gironde à la Loire, à la Seine et au Rhin, par A. Pichault de la Martinière. Paris, 1837.

Projet de prolongement du canal de Roubaix jusqu'à l'Escaut. Procès-verbal des séances de la commission réunie à Lille. 1836.

Observations sur les projets de jonction de la Sambre à l'Escaut. 1839.

Mémoire à l'appui de l'opinion consignée le 9 janvier 1841 sur le registre d'enquête déposé à la sous-préfecture de Valenciennes, au sujet de l'ouverture d'un canal de jonction de la Sambre à l'Escaut. Valenciennes, 1841.

Observations sur le canal latéral à la Garonne.

Observations adressées à MM. les députés de la Gironde sur le projet de canal à ouvrir dans les Landes, par de Sauvage. 1838.

Statuts de la société anonyme du canal des Pyrénées. Paris, 1841.

Observations sur le canal latéral à la Garonne et sur le canal des Pyrénées, par Louis Galabert. Paris, 1837.

Mémoire sur le canal des Ardennes, par Sartoris. 1821.

Pétition adressée à MM. les pairs de France et à MM. les membres de la Chambre des députés, au sujet du canal de la basse Somme. Abbeville, 1834.

Tome III.

Rapport sur la situation des travaux et de la navigation sur le canal du Rhône au Rhin, par Eugène Flachat et Jules Petiet. Paris, 1842.

Exposé de la chambre de commerce de Saint-Malo, sur les avantages généraux que présente le bassin à flot commun aux deux villes de Saint-Malo et de Saint-Servan. Paris, 1836.

1835 Mélanges sur les travaux publics. Canaux. 3 vol. in-8° rel. . . B. 1571

Tome I.

Exposé du comité de canalisation du Centre établi à Limoges sur la jonction de la Gironde et de la Charente à la Loire moyenne et basse.

Mon avis sur le canal latéral à l'Allier, et d'un chemin de fer de Clermont à Lyon, par Ch. Boudet de Bardon. Clermont, 1837.

Guide du voyageur sur le canal du Midi et ses embranchements, par le comte G. de C. Toulouse. 1836.

La Vérité sur le canal des Pyrénées, ses dépenses, ses revenus et son utilité, par Louis Galabert. Paris, 1835.

Comparaison du canal des Pyrénées au canal latéral de la Garonne, par Galabert. Paris, 1835.

Navigation de l'Isle et du Drot; construction des ponts de Bergerac, Agen et Aiguillon, par Gimet. Bordeaux, 1821.

Canal latéral à la Garonne; jonction des deux mers. 1831.

Mémoire sur les avantages d'un canal de navigation parallèle à l'Adour, par le général Lamarque. Paris, 1825.

Correction du cours du Rhin par le colonel Tulla (texte allemand), avec une carte.

Quelques mots sur les travaux du port de Bastia. Marseille. 1846.

Un réseau de viabilité par le cours d'eau, par Paul Andrieu. Lyon, 1842.

Quatrième mémoire sur les canaux de navigation, par P. S. Girard.

Du Concours des canaux et des chemins de fer au point de vue de l'utilité publique, par Ch. Collignon. Paris, 1845.

Canaux à écluses volantes, par Martin. Paris, 1834.

Considérations sur la valeur vénale et la valeur réelle des actions de jouissance des canaux. Paris, 1839.

Tome II.

Rapport présenté à la commission syndicale des marais de la Seugne, par Dumorisson. Paris, 1843.

Le Bonheur des Français, ou le Canal maritime, par Callet. Paris, 1835.

Observations sur les documents authentiques au sujet du Canal maritime.

Réfutation de l'écrit intitulé : Réponse des soumissionnaires du canal maritime de Paris au Havre au mémoire de M. Ch. Bérigny.

Rapport sur la concession des eaux surabondantes du canal de Saint-Maur, par M. Héricart de Thury. 1821.

Explication des planches du rapport sur le canal de Saint-Maur.

Rapport de M. Héricart de Thury sur le canal de Saint-Maur.

Notice du projet de construction d'un canal entre Asnières et Argenteuil. 1834.

Mémoire présenté par le conseil municipal de Reims au ministre des travaux publics. 1838.

Rapport de M. Héricart de Thury sur la concession temporaire des canaux de Saint-Quentin et de Crozat. 1827.

Réponse à une notice sur le canal de la Vesle, de l'Aisne et de la Meuse.

Mémoire adopté par le conseil municipal de la Villette, sur les canaux de l'Ourcq et de Saint-Denis, par Sommier.

Mémoire sur le canal de jonction de la Saône à la Moselle, rédigé par J. Cordier. Paris, 1828.

De la Loire au-dessus de Briare, par J. J. Baude. Paris, 1822.

Parallèle entre le canal latéral à la basse Loire et le chemin de fer d'Orléans à Nantes, par Surville. Orléans, 1833.

Motifs présentés par la compagnie du canal de Roanne à Digoin contre le projet de loi relatif à l'expropriation des voies de communication. Paris, 1841.

Tome III.

Procès-verbaux et autres documents de l'enquête ouverte en septembre 1850 dans les départements de la Seine-Inférieure et de l'Eure, sur deux projets tendant à compléter l'endiguement de la Seine maritime; publication faite par la chambre de commerce de Rouen. Rouen. 1851.

Histoire des projets pour l'agrandissement, les fortifications et la rade du Havre depuis 1837, par Charles de Massas. Paris, 1846.

Moyens d'arriver au développement de la richessse et du crédit par les travaux dans l'agriculture, l'industrie, la navigation et le commerce, par Dégenetais. Paris, 1841.

1836 DELACROIX (F. A.). — Considérations sur le projet d'une distribution générale d'eau dans Paris. Paris, 1831; 1 vol. in-8° rel. . . . . B. 1572

1837 GIRARD (P. S.). — Simple exposé de l'état actuel des eaux publiques de Paris. Paris, 1831; in-8° rel. . . . . B. 1573

1538 GIRARD. — Mémoires pour servir d'introduction au devis général des ouvrages à exécuter pour la distribution des eaux du canal de l'Ourcq dans l'intérieur de Paris. Paris, 1812-1843; 2 vol. in-4° rel. . . . . B. 1574

1839 DEPARCIEUX. — Mémoire sur la possibilité de faire arriver à Paris 1,000 à 1,200 pouces cubes d'eau à la même hauteur que les eaux d'Arcueil; lu à l'assemblée publique de l'Académie royale des sciences, le 13 novembre 1762. Paris, Imp. roy., 1763; in-4° rel. . . . . B. 1575

Dans le même volume :

Le même Mémoire. 2ᵉ édit. Paris, 1764.

Addition au Mémoire précédent. Paris, 1764.

Deuxième Mémoire sur le même sujet, par le même. Paris, 1767.

Troisième Mémoire sur le même sujet, par le même. Paris, 1768.

Prospectus d'un établissement pour procurer de l'eau pure à Paris. Paris, 1768.

Eaux de la Seine clarifiées à la pointe de l'île Saint-Louis.

Projet d'une pompe publique pour la ville de Paris, par Berthier. Paris, 1769.

Mémoire sur une nouvelle manière d'éclairer pendant la nuit les rues de Paris. Paris, 1765.

Mémoire sur les matières combustibles qui peuvent servir à éclairer pendant la nuit les rues d'une ville. Paris, 1766.

(Des notes et lettres manuscrites sont jointes à ces diverses pièces.)

1840 PETIT-RADEL (L.). — Notice historique comparée sur les aqueducs des anciens et la dérivation de la rivière d'Ourcq. Paris, an XI; 1 vol. in-8° rel. . . . . B. 1576

C. CHEMINS DE FER.

1841	Journal des chemins de fer. Paris, 1842, et suite; in-4° rel.	B.	1577
1842	PETIT DE COUPRAY. — Annuaire officiel des chemins de fer, à partir de 1847, et suite. Paris, 1847 et suiv.; in-12 rel..	B.	1578
1843	DARU (Comte). — Des chemins de fer et de l'application de la loi du 11 juin 1842. Paris, 1843; 1 vol. in-8° rel....	B.	1579
1844	LEGOYT (A.). — Le Livre des chemins de fer construits, en construction et projetés, ou Statistique générale de ces voies de communication en France et à l'étranger. Législation, construction, produit. Paris, Ledoyen, 1845; 1 vol. in-12 rel..	B.	1580
1845	TRÉGOLD (Th.). — Traité pratique sur les chemins de fer et sur les voitures destinées à les parcourir; traduit par T. Duvern. Paris, 1826; 1 vol. in-8° rel..................	B.	1581
1846	BERTHAULT-DUCREUX. — Comparaison des routes, des voies maritimes et fluviales, des canaux et des chemins de fer. Paris, 1839; 1 vol. in-8° rel.....................	B.	1582
1847	BAADER (J. DE). — Sur l'avantage de substituer des chemins de fer d'une construction améliorée à plusieurs canaux navigables projetés. Paris, 1829; 1 vol. in-8° rel.........	B.	1583
1848	MILLERET (J.). — Considérations sur l'établissement des chemins de fer en France. Paris, 1838; in-8° rel..........	B.	1584
1849	PROUDHON (P. J.).—De la Concurrence entre les chemins de fer et les voies navigables. Paris, 1845; in-8°.........	B.	1585
1850	DUFOURNEL (A.). — Des Concessions de chemins de fer. Paris, 1845; in-8°..	B.	1586
1851	BARTHOLONY (François). — Du meilleur système à adopter pour l'exécution des travaux publics en France, et notam-		

	ment des grandes lignes de chemins de fer. Paris, 1839; 1 vol. in-8° rel.	B.	1587
1852	BARTHOLONY (François). — Appendice à l'écrit : Du meilleur système à adopter pour l'exécution des travaux publics en France, et notamment des grandes lignes de chemins de fer. Paris, 1839; 1 vol. in-8° rel.	B.	1588
1853	TUCK (H.). — The railway shareholder's manual; or practical guide to all the railways in the world completed, in progress, and projected. London, 1847; 1 vol. in-12 rel.	B.	1589
1854	BINEAU. — Chemins de fer d'Angleterre; leur état actuel; législation qui les régit; conditions d'art de leur tracé; leur mode et leurs frais d'établissement; leur système et leurs frais d'exploitation; leur circulation, leurs tarifs et leurs produits. Paris, 1840; 1 vol. in-8° rel.	B.	1590
1855	Description raisonnée et vues pittoresques du chemin de fer de Liverpool à Manchester. Paris, 1831; 1 vol. in-4° rel.	B.	1591
1856	Chemins de fer. — Compte rendu des opérations des exercices 1844 et 1845. Rapport présenté aux Chambres législatives par le ministre des travaux publics. Bruxelles, 1845 et 1846; 5 vol. in-fol. rel. (Publication du Gouvernement belge.)	B.	1592
1857	BOURGOING (Baron P. DE). — Tableau de l'état actuel et des progrès probables des chemins de fer de l'Allemagne et du continent européen. Paris, 1842; 1 vol. in-8° rel., carte.	B.	1593
1858	Mélanges sur les chemins de fer de la Loire au Rhône. 1827-1830; 1 vol. in-8° rel.	B.	1594
	Notice sur les chemins de fer de Saint-Étienne à la Loire et de Saint-Étienne à Lyon, par Ernest Grangez. Paris, 1829.		
	Statuts de la société du chemin de fer de Saint-Étienne à Lyon par Givors et Rive-de-Gier. Paris, 1827.		
	Situation du chemin de fer de Saint-Étienne à Lyon au commencement de 1832, et résultats probables de cette entreprise, par A. Peyret. Saint-Étienne, 1832.		
	Statuts de la société du chemin de fer de la Loire d'Andrezieux à Roanne. Paris, 1829.		

Mémoire sur le chemin de fer de la Loire et d'Andrezieux à Roanne, par Mellet et Henry. Paris, 1828.
Rapport sur le tracé du chemin de la Loire depuis Roanne jusqu'au chemin de fer de Saint-Étienne à Andrezieux, par Mellet et Henry. Paris, 1830.
Procès-verbal de l'assemblée générale des actionnaires de la compagnie du chemin de fer de la Loire. Paris, 1830.
Procès-verbal de la même société. 1831.
Inspection du chemin de fer de la Loire, par le baron Ch. Dupin.

1859 CHEVALIER (Michel). — Lettres sur l'inauguration du chemin de fer de Strasbourg à Bâle. Paris, 1841; 1 vol. in-8° rel. B. 1595

1860 Mélanges sur les travaux publics. Chemins de fer. 5 vol. in-4° rel. .... B. 1596

Tome I.

Généralités.

Procès-verbaux des séances de la commission chargée d'examiner les questions que peuvent soulever les projets d'établissements de chemins de fer, sous la présidence du ministre des travaux publics, de l'agriculture et du commerce. Paris, 1837.
Projet de loi relatif à l'établissement de grandes lignes de chemins de fer, précédé de l'exposé des motifs présenté par le ministre des travaux publics. Paris, 1842.
Projet de canal et de chemins de fer pour le transport des pavés à Paris, précédé d'un tableau des progrès de la dépense du pavé de Paris pendant les deux derniers siècles, par Ch. Jos. Minard. Paris, 1826.
Quelques idées sur les encouragements à accorder aux compagnies concessionnaires des grandes lignes de chemins de fer et autres travaux d'utilité publique, par François Bartholony. Paris, 1835.
Réponse à un écrit anonyme intitulé : Voitures à vapeur sur routes ordinaires, par d'Asda. Paris, 1835.
Réponse à un écrit de Galy-Cazalat et Menjaud sur les voitures à vapeur, par d'Asda. Paris, 1835.
Le Gouvernement doit construire les grandes lignes de chemins de fer en France, par Andelle. Paris, 1837.
Projet de construction simultanée de six lignes de chemins de fer de Paris aux frontières, par un ancien auditeur au Conseil d'État. Paris, 1837.
Sur les spéculations de bourse à l'occasion des chemins de fer, par Lainé. Paris, 1838.
Pétition des maîtres de poste dont les lignes sont menacées par les chemins de fer. Paris, 1838.

Pétition de Laignel pour l'adoption d'un système de courbes à petit rayon. Rapport sur le système de Laignel. Paris, 1839.

Sur la viabilité à grande vitesse, par C. J. P. A. Paris, 1844.

Mémoire sur un nouveau mode d'assurance applicable aux risques des chemins de fer, par S. Crapez. Avesnes, 1845.

Sur le règlement du 15 octobre 1846. Observations présentées par les compagnies; consultation sur les points de droit se rattachant à ce règlement. Paris, 1847.

Tome II.

Chemin de Châlon-sur-Saône.

Rapport fait par le comte Daru à la commission instituée par décision royale du 22 juin 1842, pour l'examen des questions relatives aux tracés des chemins de fer (chemin de Châlon-sur-Saône). 1843.

Tome III.

Chemins de fer du Nord et de l'Est.

Lignes du Nord et de l'Est. Entrée dans Paris. Mémoire adressé aux Chambres par les délégués de la majorité des arrondissements de Paris. Paris, 1842.

Quel est le meilleur emplacement pour le débarcadère du chemin de fer à Strasbourg?

Avant-projet d'un chemin de fer de Strasbourg à Mulhouse et à Bâle, demandé en concession par Nicolas Kœchlin et frères. Mulhouse, 1837.

Rapport de l'ingénieur chargé des études du projet du chemin de fer de Mulhouse à Dijon et Besançon, sur l'organisation, la marche et le résultat de ces études, suivi du compte rendu et de la situation de ces dépenses.

Enquête sur les embranchements du chemin de fer devant lier Paris à la Belgique et à l'Angleterre. Opinion de la chambre de commerce de Calais. Calais, 1837.

Chemin de fer du Nord. Paris, Londres, Bruxelles. Paris, 1838.

Compagnie fermière pour l'exploitation du chemin de fer du Nord. Entreprises de transport réunies. Paris, 1844.

Chambre de commerce de Boulogne-sur-Mer. Intérêts généraux. Transit. Note sur la direction à donner aux chemins de fer du nord de la France. Paris, 1842.

Ligne française anglo-belge, par Watten. Paris, 1842.

Avant-projet d'un chemin de fer de Lille à Dunkerque, avec observations, par Dupouy. Paris, 1838.

Chemin de fer de Paris à la Belgique. Observations sur la préférence que doit avoir la ligne d'Amiens sur celle de Saint-Quentin, par Pascal.

Note sur les derniers mémoires publiés par les délégués de Saint Quentin. Amiens.

Observations sur la préférence que la ligne de Paris à Lille par Pontoise, Beauvais, Amiens, Arras, doit obtenir sur celle par Saint-Quentin.

Rapport sur les chemins de fer du Nord. Ligne principale de Paris à Lille. Stationnement à Lille. 1838.

Tome IV.

Chemins de fer de Rouen et du Havre, de Versailles, de Saint-Germain, d'Orléans.

Chemin de fer de Paris à Rouen. Rapport du conseil d'administration, du 23 juillet 1846.

Mémoire pour la compagnie Riant, soumissionnaire du chemin de fer de Paris à la mer, par la vallée de la Seine. 1838.

Chemin de fer de Paris à Rouen et au Havre. Note de la compagnie Riant sur la comparaison des deux tracés et sur la souscription de son fonds social. 1838.

Chemin de fer de Paris à Rouen, au Havre et à Dieppe, par les plateaux.

Projet d'un chemin de fer de Paris à Rouen, au Havre et à Dieppe, par la vallée de la Seine avec divers embranchements. 1836.

Chemin de fer de Paris à Pontoise. Consultation pour les adjudicataires, par M. de Vatimesnil. 1831.

Mémoire au Conseil d'État sur le même chemin, par M. de Tourville. 1831.

Lettre de M. Teste sur le chemin de fer de Saint-Germain.

Rapport sur le nouveau tracé du chemin de fer (rive droite) pour son entrée à Versailles, présenté à l'enquête *de commodo*. Versailles, 1838.

Lettre de M. Ém. Pereire sur le projet de loi des chemins de fer. 1842.

Projet de chemin de fer de Paris à Tours par Chartres. 1838.

Mémoire de M. Noël Agnès sur le projet d'un chemin de fer de Paris à Cherbourg. 1845.

Réponse de la compagnie du chemin de fer d'Orléans aux objections contre l'usage commun d'une gare avec le chemin de Lyon.

Proposition de la compagnie du chemin de fer de Paris à Orléans pour l'achèvement et l'exploitation de la section comprise entre Corbeil et Châlons. 1843.

Propositions de la compagnie d'Orléans dans le cas d'adoption du chemin de Corbeil comme point de départ de Paris. 1845.

Observations sur les projets de lois relatifs aux chemins de fer en prolongement de celui de Paris à Orléans et Corbeil, et au chemin de Lyon en particulier. 1842.

De quelques modifications à faire au projet de loi sur le chemin de fer de Paris à Orléans, par Frimot. 1838.

Pétition de la compagnie des Messageries françaises au sujet de l'établissement du chemin de fer de Paris à Orléans. 1838.

Chemin de fer de Paris à Orléans. Rapport du conseil d'administration et résolutions de l'assemblée générale. 1844.

Compagnie du chemin de fer de Tours à Nantes et du canal latéral à la basse Loire, réunis.

Tome V.

Chemins de fer de Paris à Lyon, Avignon et Marseille.

Rapport de M. Dufaure au nom de la commission chargée d'examiner le projet de loi relatif aux chemins de fer de Paris à Lyon et de Lyon à Avignon. 1845.

Chemin de fer de Marseille au Rhône. Considérations en faveur du tracé direct de Marseille à Avignon, par Lançon. 1841.

Nouvelles considérations sur le même objet, par Lançon. 1842.

Chemin de fer de Paris à Marseille. Tronçon de Marseille à Avignon, avec embranchement sur Beaucaire. 1842.

Chemin de fer de Paris à Lyon. Établissement de gares nouvelles sur la rive droite de la Seine, en concurrence avec les gares de la compagnie d'Orléans entre Paris et Corbeil.

Mémoire sur le chemin de fer de Saint-Étienne à Lyon, par Saint-Chamond, Rive-de-Gier et Givors. 1826.

Chemin de fer de Paris à Lyon. Première section, de Paris à Melun. Examen critique. 1845.

Rapport de M. Frerejean sur la création des chemins de fer, et spécialement sur le tracé de celui de Marseille au Rhône. 1842.

Projet d'un chemin de fer de Lons-le-Saunier à Châlon-sur-Saône, par M. Cordier. 1840.

Rapport d'une sous-commission spéciale chargée d'examiner les tracés proposés pour l'embranchement qui devra rattacher Grenoble à la ligne de Lyon à Avignon. 1846.

1861 Mélanges sur les travaux publics. Chemins de fer. 4 vol. in-8° rel. . . . . B. 1597

Tome I.

Généralités.

Considérations sur la question des chemins de fer, par L. S. X. Delacour. Paris, 1833.

Des chemins de fer, par X***. Paris, 1836.

Des chemins de fer, par Marivault.

Mémoire sur les différents moyens qui peuvent être employés par l'État pour intervenir dans l'exécution des chemins de fer en France, par M. A. Corréard. Paris, 1837.

Pétition aux Chambres, par Ch. H. Schattemann. Strasbourg, 1833.

Considérations sur l'établissement des chemins de fer en France, par J. Milleret. Paris, 1838.

Les chemins de fer feront la ruine de la France, par H. Rives. Paris, 1838.

Observations sur les projets de lois relatifs à une prise d'actions par l'État dans les compagnies de chemins de fer. Paris, 1840.

Les chemins de fer et les postes dans leurs rapports comparés de progrès et de conservation en France et à l'étranger, par Jouhaud. Paris, 1841.

Question des chemins de fer. Observations additionnelles à la pétition des habitants de l'Ariége, par d'Espaignol-Lafagette. Paris, 1842.

Discours de M. le marquis d'Audiffret dans la discussion du projet de loi relatif à l'exécution des grandes lignes de chemins de fer. 1842.

Essai sur les chemins de fer en France, par Aug. Delaveleye. Dijon, 1842.

Collection d'articles de journaux belges sur les chemins de fer, par Aug. Delaveleye. Dijon, 1842.

Exécution par l'État des chemins de fer et autres travaux productifs, en opérant successivement l'amortissement au pair de la rente 5 p. 0/0. Paris, 1842.

Des chemins de fer et de l'armée. Paris, 1842.

Tome II.

Généralités.

Rapport au conseil municipal de Lyon sur la question des chemins de fer, par Barillon. Lyon, 1842.

Des principes généraux qui doivent présider au choix des tracés des chemins de fer. Observations sur le rapport de M. Daru, par E. Tesserenc. Paris, 1843.

Importance du parcours partiel sur les chemins de fer, par Minard. Paris, 1842.

Des pentes sur les chemins de fer de grande vitesse, par Minard. Paris, 1844.

Deux lettres à un député sur la construction des grandes lignes de chemins de fer, par F. Bartholony. Paris, 1842.

Résultats économiques des chemins de fer, par F. Bartholony. Paris, 1844.

Du système de fermage simple des chemins de fer comparé au système de fermage avec fourniture et pose de rails. Réponse à M. Bartholony. Paris, 1844.

Du prix des transports sur les chemins de fer de la Belgique en 1842 et 1843, par Ad. Jullien. Paris, 1844.

Opinions de M. d'Argout dans la discussion sur les conclusions du rapport relatif à la proposition de M. le comte Daru. 1845.

Notes diverses sur les chemins de fer en Angleterre, en Belgique et en France, par Ad. Jullien. Paris, 1845.

Tome III.

Chemin de fer de l'Est. — Chemin de fer de Paris à Orléans.

Rapport fait au conseil municipal de Nancy sur le tracé du chemin de fer de Paris à Strasbourg, par Ch. Collignon. Nancy, 1841.

Session extraordinaire du conseil général des Vosges au sujet des lignes nationales de chemins de fer. Procès-verbaux. 1841.

Réponse au mémoire de Nicolas Kœchlin et frères sur l'entrée dans Strasbourg du chemin de fer de Strasbourg à Bâle. Strasbourg, 1841.

Procès-verbal de la séance du conseil municipal de Strasbourg au sujet du chemin de fer de Paris à Strasbourg. 1841.

Conseil général du département du Bas-Rhin. Chemin de fer direct de Paris à Strasbourg. 1841.

Conseil général du département du Bas-Rhin. Rapport de M. Sers, préfet, sur le chemin de fer de Paris à Strasbourg. 1841.

Délibération du conseil municipal de Chaumont sur les chemins de fer. 1842.

Chemin de fer de Strasbourg. Observations présentées à la Chambre des pairs par la chambre de commerce du Havre. Transit. Intérêts maritimes. Paris, 1844.

Chemin de fer de Paris à Strasbourg par la vallée de la Marne. Rapport de M. Alex. Corréard. Paris, 1844.

Chemin de fer de Paris à Strasbourg considéré au point de vue du transit. Réponse de la chambre de commerce du Havre à la commission de la Chambre des députés.

Discours de V. Grandin dans la discussion générale du projet de loi relatif au chemin de fer d'Orléans à Bordeaux. Chambre des députés. 1844.

Compagnie du chemin de fer de Paris à Rouen. Loi de concession. Cahier des charges. Statuts. Rapport. Paris, 1840.

Lettre aux membres des conseils généraux et municipaux des départements intéressés au chemin de fer d'Orléans à Vierzon, par C. Leconte. Paris, 1841.

Aux actionnaires du chemin de fer d'Orléans. Les membres du conseil d'administration de la compagnie. Classement de la ligne sur Limoges. Chemin de fer du Centre. 1842.

Chemin de fer de Paris à Meaux. Tracé direct. Paris, 1841.

Tome IV.

Chemins de fer de Paris à Lyon et Marseille. — Ligne du Nord.

Chemin de fer de Paris à Lyon, par Raudot. 1844.

Du concours des compagnies financières, par la compagnie fermière de Lyon, pour faire suite à sa première publication. Paris, 1844.

Chemin de fer d'embranchement de Grenoble sur la ligne de Lyon à Avignon. Délibération sur sa direction. Grenoble, 1845.

Compagnie du chemin de fer de Lyon. Cahier des charges. Statuts et documents divers.

Chemin de fer de Marseille au Rhône. Comparaison du tracé par la vallée de la Durance et du tracé par la vallée du Rhône. Arles, 1842.

Plans pour le chemin de fer de Marseille au Rhône.

Chemin de fer de Marseille au Rhône. Pétition des délégués de la ville d'Arles.

Mémoire sur le chemin de fer de Marseille à Avignon, par une commission du conseil municipal d'Avignon. 1842.

Mémoire présenté par les habitants de Montpellier à MM. les pairs et les députés.

Du chemin de fer du Havre à Marseille par la vallée de la Marne, par Henri Fournel. Paris, 1833.

Ligne du Nord. Deuxième lettre à M. Teste par la chambre de commerce de Boulogne-sur-Mer, avec un appendice et un supplément.

3. COMMERCE ET INDUSTRIE.

§ 1. GÉNÉRALITÉS. — HISTOIRE.

1862	HUET.—Histoire du commerce et de la navigation des anciens. Paris, 1716; 1 vol. in-12 rel.	B.	1598
1863	AMEILHON. — Histoire du commerce et de la navigation des Égyptiens sous le règne des Ptolémées. Paris, 1766; 1 vol. in-12 rel.	B.	1599
1864	DUESBERG (J.). — Histoire du commerce, de la géographie et de la navigation chez tous les peuples et dans tous les États, depuis les premiers âges jusqu'aux temps modernes. Paris, 1849; 1 vol. in-8° rel.	B.	1600

1865	Heeren (A. H. L.). — Ideen über die Politik, den Verkehr und den Handel der vornehmsten Völker der alten Welt. Göttingen, 1803; 2 vol. in-8° rel.	B.	1601
1866	Depping. — Histoire du commerce entre le Levant et l'Europe, depuis les croisades jusqu'à la fondation des colonies d'Amérique. Paris, 1830; 2 vol. in-8° rel.	B.	1602
1867	*Melon.* — Essai politique sur le commerce. Édition de 1736; 1 vol. in-12 rel.	B.	1603
1868	Cantillon (De). — Essai sur la nature du commerce en général; traduit de l'anglais. Londres, 1755; 1 vol. in-12 rel. . . . . (Une note manuscrite de M. Anquetil du Perron et une rectification de Barbier sont en regard du titre.)	B.	1604
1869	Condillac (L'abbé de). — Le Commerce et le gouvernement considérés relativement l'un à l'autre. Paris, 1795; 1 vol. in-8° rel.	B.	1605
1870	Ferrier (F. L. A.). — Du Gouvernement considéré dans ses rapports avec le commerce, ou de l'Administration commerciale opposée aux économistes du xixe siècle. 3e édit. Paris, 1822; 1 vol. in-8° rel.	B.	1606
1871	Liquier. — Quelle a été dans tous les temps l'influence du commerce sur l'esprit et sur les mœurs des peuples. (Discours qui a remporté le prix à l'Académie en 1777.) In-8° rel.	B.	1607
1872	Recherches sur le commerce, ou Idées relatives aux intérêts des différents peuples de l'Europe. Amsterdam, 1778; 2 vol. in-8° rel.	B.	1608
1873	Moreau de Jonnès (Alex.). — Le Commerce au xixe siècle. Paris, 1825; 2 vol. in-8° rel.	B.	1609
1874	Traités de navigation et de commerce. Recueil formé de documents officiels. In-4° rel.	C.	331
1875	Ricard (Samuel). — Traité général du commerce, contenant		

	des observations sur le commerce des principaux États de l'Europe. Amsterdam, 1781; 2 vol. in-4° rel.	B.	1610
1876	Child (Josias). — Traités sur le commerce et sur les avantages qui résultent de la réduction de l'intérest de l'argent, avec un petit traité contre l'usure, par le chevalier Thomas Culpeper; traduits de l'anglais. Amsterdam et Berlin, 1754; 1 vol. in-12 rel.	B.	1611
1877	*Forbonnais.* — Éléments du commerce. Leyde, 1754; 2 vol. in-12 rel.	B.	1612
1878	Forbonnais. — Éléments du commerce. Nouvelle édition. Paris, an iv; 2 vol. in-12 rel.	B.	1613
1879	King (Charles). — Le Négotiant anglois. Traduction libre par Forbonnais. Dresde, 1753; 2 vol. in-12 rel.	B.	1614
1880	Savary (J.). — Le Parfait négociant, ou Instruction générale pour ce qui regarde le commerce des marchandises de France et des pays étrangers. Paris, an viii; 2 vol. in-4° rel.	B.	1615
1881	The merchants guide, the correct comparison with the english, of all foreign measures, weights, monies a exchanges, compiler after the present legal standards. London, 1845; 1 feuille sur toile.	B.	1616
1882	Hermann (J. C.). — Allgemeiner Contorist welcher von allen und jeden Gegenständen der Handlung aller in und ausser Europa gelegenen Handelsplätze die neuesten und zuverlässigsten Nachrichten ertheilet, etc. Leipzig, 1788; 3 vol. in-4° rel. (Le 4° volume manque.)	B.	1617
1883	Peuchet (J.). — Dictionnaire universel de la géographie commerçante. Paris, 1798; 5 vol. in-4° rel.	B.	1618
1884	Morellet (L'abbé). — Prospectus d'un nouveau dictionnaire de commerce en 5 vol. in-fol. Paris, 1769; 1 vol. in-8° rel.	B.	1619

1885	Dictionnaire du commerce. (Extrait de l'Encyclopédie méthodique.) Paris, 1783-1784; 3 vol. in-4° rel.	B.	1620
1886	Encyclopédie du commerçant. Dictionnaire du commerce et des marchandises, contenant tout ce qui concerne le commerce de terre et de mer; rédigé par une société de négociants et de savants. Paris, 1839-1842; 2 vol. in-8° rel. et atlas.	B.	1621
1887	MAISEAU (R. B.). — Répertoire universel du commerce et de la navigation, contenant les droits de navigation, les tarifs de douanes de toutes les contrées, réunis et publiés pour la première fois, et tous les autres renseignements, notions et documents authentiques nécessaires au commerce et à la navigation. Paris, 1835; 4 vol. in-8° rel.	B.	1622
1888	Dictionnaire universel de commerce, banque, manufactures, douanes, par une société de négociants, jurisconsultes. Paris, 1805; 2 vol. in-4° rel.	B.	1623
1889	MAC-CULLOCH (J. R.). — A dictionary practical, theoretical and historical of commerce and commercial navigation. 2d edit. London, 1835; 1 vol. in-8° rel.	B.	1624
1890	MAC-CULLOCH (J. R.). — A dictionary practical, theoretical, and historical of commerce and commercial navigation, illustrated with maps and plans. New edition. London, 1847; 1 vol. in-8° rel.	B.	1625
1891	MORTIMER (Thomas). — A general commercial dictionary, comprehending trade, manufactures and navigation, etc. 4th edit., annotée par William Dickinson. London, 1827; 1 vol. in-8° rel.	B.	1626
1892	IRWING-MAXWELL (John). — A pocket dictionary of the Law of bills of exchange, promissory notes, bank notes, checks, etc. London, 1802; 1 vol. in-12 rel.	B.	1627
1893	MONBRION. — Dictionnaire universel du commerce, de la banque et des manufactures. Paris, 1838; 2 vol. in-8° rel.	B.	1628

1894	Vollständiges systematisches Lehrbuch der gesammten Handlungswissenschaft. Hamburg und Mainz, 1801; 1 vol. in-12.	B.	1629
1895	SPIERS (A.). — Manuel des termes du commerce anglais et français, ou Recueil de termes et de formules du commerce en général, etc. Paris, 1846; 1 vol. in-12 rel.	B.	1630
1896	MASQUELIER (Hubert). — Le Guide parfait du commerçant, ou l'Art de tenir les livres en partie simple perfectionnée. 2e édit. Paris, 1819; in-8° rel.	B.	1631
1897	BUZENET. — Guide du commerce, ou Cours complet de la tenue des livres en parties doubles. Paris, 1826; 1 vol. in-fol. rel.	B.	1632
1898	MERLE (L. M. C.). — Traité élémentaire à l'usage du commerce et des finances, contenant des instructions sur l'arithmétique, les changes et la tenue des livres. 3e édit. 1826; 1 vol. in-8° rel.	B.	1633
1899	QUINEY. — Livre de raison, ou Nouvelle méthode théorique et pratique de la tenue des livres à partie double et simple. Paris, 1817; 1 vol. in-8° rel.	B.	1634
1900	LEMOINE (R. J.). — Répertoire commercial, ou Principe de la tenue des livres la plus simplifiée en partie double et en partie simple. 4e édit. Paris, 1830; 1 vol. in-8° rel.	B.	1635
1901	DEGRANGE (Edmond). — La Tenue des livres, ou Nouveau traité de comptabilité générale. Paris, 1839; 1 vol. in-8° rel.	B.	1636
1902	BARRÈME. — Traité des parties doubles, ou Méthode aisée pour apprendre à tenir en parties doubles les livres de commerce et des finances, avec un traité de finances. Paris, 1 vol. in-8° rel.	B.	1637
1903	DEGRANGE (Edm.) et DEGRANGE fils aîné. — La Tenue des livres rendue facile, ou Nouvelle méthode d'enseignement de la tenue des livres en simple et double partie. Paris, 1840; 1 vol. in-8° rel.	B.	1638

1904	GARNIER (Louis). — Tenue des livres en partie simple et double, à l'usage des notaires. Paris, 1839; 1 vol. in-8° rel.	B.	1639
1905	MONGINOT (A.). — Nouvelles études sur la comptabilité commerciale, industrielle et agricole, comprenant les théories, les modèles et la critique des systèmes usités, l'exposition d'une méthode nouvelle, un traité sur les vérifications, un résumé de législation et de jurisprudence spéciales, diverses notions sur les opérations de bourse, les changes et les arbitrages. Paris, 1854; 1 vol. in-8°.	B.	1640
1906	VIOLETTE. — Équation triple en partie double, ou Système complet d'écriture pour gestion annuelle. Paris, 1819; 1 vol. in-4° rel.	B.	1641
1907	BÜSCH (J. G.). — Abhandlung vom dem Geldumlauf in anhaltender Rücksicht auf die Staatswirthschaft und Handlung. Hamburg und Kiel, 1800; 2 vol. in-8° rel.	B.	1642
1908	MARNIÈRE. — Essai sur le crédit commercial considéré comme moyen de circulation. Hambourg et Paris, 1801; 1 vol. in-8° rel.	B.	1643
1909	CORBAUX (François). — Dictionnaire des arbitrages simples considérés par rapport à la France. Paris, 1802; 2 vol. in-4° rel.	B.	1644
1910	KELLY. — Le Cambiste universel, ou Traité complet des changes, monnaies, poids et mesures de toutes les nations commerçantes et de leurs colonies. Paris, 1823; 2 vol. in-4° rel.	B.	1645

§ 2. COMMERCE FRANÇAIS ET ÉTRANGER.

1911	CARLIER (L'abbé). — Dissertation sur l'état du commerce en France, sous les rois de la première et de la seconde race. Amiens, 1753; 1 vol. in-12 rel.	B.	1646
1912	Corps d'observations de la société d'agriculture, de commerce		

	et des arts établie par les États de Bretagne. Années 1757-1758. Rennes, 1761; 1 vol. in-12 rel.	B.	1647
1913	Mémoires et documents manuscrits relatifs au commerce, antérieurs à 1789. 2 vol. in-fol. rel.	B.	1648
1914	ARNOULD. — De la Balance du commerce et des relations extérieures de la France dans toutes les parties du globe. Paris, an III; 2 tomes en 1 vol. in-8° et tableaux in-4° rel.	B.	1649
1915	BLANC DE VOLX (J.). — État commercial de la France au commencement du XIXe siècle. Paris, 1803; 3 vol. in-8° rel.	B.	1650
1916	DUPIN (Baron). — Forces productives et commerciales de la France. Paris, 1827; 2 tomes en 1 vol. in-4° rel., cartes.	B.	1651
1917	ARGOUT (Comte D'). — Exposé de la situation du commerce et de l'industrie, soumis au roi par le ministre du commerce et des travaux publics. (Novembre 1832.) Paris, Imp. roy., 1832; 1 vol. in-4° rel.	B.	1652
1918	Fusion des intérêts territoriaux et commerciaux, ou Nouveau système de crédit, applicable par le commerce, en France, à la propriété foncière et aux industries agricoles et manufacturières. Paris, 1843; 1 vol. in-8° rel.	B.	1653
1919	WEUVES. — Réflexions historiques et politiques sur le commerce de France avec ses colonies de l'Amérique. Genève, 1780; 1 vol. in-8° rel.	B.	1654
1920	CLÉMENT (Pierre). — Histoire du système protecteur en France, depuis le ministère de Colbert jusqu'à la révolution de 1848, suivie de pièces justificatives. Paris, 1854; 1 vol. in-8° rel.	B.	1655
1921	Traité des productions naturelles indigènes et exotiques, ou Description des principales marchandises du commerce français, par une réunion de commerçants et de courtiers près la Bourse de Paris. Paris, 1831; 1 vol. in-8° rel.	B.	1656
1922	ROUSSEL aîné. — Connaissance des marchandises, ou Dictionnaire analytique et raisonné des articles indigènes et exo-		

	tiques, drogueries, teintures, liquides, etc. Paris, 1847; 5 vol. in-8° rel.	B.	1657
1923	MOREAU (César). — Tableau statistique du commerce de la France et de l'Angleterre avec les autres puissances. 2 vol. in-fol. rel.	B.	1658
1924	Avis divers du ministère du commerce, de 1828 à 1839. 4 vol. in-4° rel.	B.	1659
1925	Documents sur le commerce extérieur, extraits du Bulletin du ministère de l'agriculture et du commerce, années 1840-1842. (2e série des avis divers.) Paris, 1843; 3 vol. in-8° rel.	B.	1660
1926	Annales du commerce extérieur, publiées par le département de l'agriculture et du commerce. Années 1843, et suite. Paris, P. Dupont, 1843 et suiv.; vol. in-8° rel.	B.	1661
1927	École spéciale de commerce. Règlement intérieur de l'établissement et discours prononcés aux séances solennelles en 1825-26-27-28. Paris, 1825; 1 vol. in-8° rel.	B.	1662
1928	BRESSON (J.). — Annuaire des sociétés par actions anonymes, civiles et en commandite. Paris, 1839; 1 vol. in-8° rel.	B.	1663
1929	LA TYNA (DE) et ROUSSEAU. — Boussole du commerce des bois de chauffage, bois carrés, charbons de bois et de terre destinés à l'approvisionnement de Paris. Paris, 1827; 1 vol. in-8° rel.	B.	1664
1930	Archives de la chambre de commerce de Lille depuis 1832, et suite. Lille; in-8° rel.	B.	1665
1931	Chambre de commerce de Bordeaux. Mémoire sur la possibilité de conclure un traité de commerce entre la France et l'Angleterre. Bordeaux, 1844; 1 vol. in-8° rel.	B.	1666
1932	Enquête relative à diverses prohibitions établies à l'entrée des produits étrangers, faite en 1834. (Ministère du commerce.) Paris, 1835; 3 vol. in-4° rel.	B.	1667

1933	Enquête sur les houilles, publiée par le ministère du commerce et des travaux publics. Imp. roy., 1833; 1 vol. in-4° rel.	B.	1668
1934	Baude (J. J.). — De l'Enquête sur les fers et des conditions du bon marché permanent en France. Paris, 1829; 1 vol. in-8° rel.	B.	1669
1935	Enquête sur les fers. Documents publiés par le ministère du commerce en 1829. 1829; 1 vol. in-4° rel.	B.	1670
1936	Conseils généraux de l'agriculture, des manufactures et du commerce. Session de 1841. Questions des sucres, des fers, des fils et tissus de coton, des fils et tissus de laine, des verres et cristaux, des graines oléagineuses et des tourteaux, des cuirs et peaux, et des bestiaux. Imp. roy., 1842; 1 vol. in-4° rel.	B.	1671
1937	Enquête commerciale. Documents complets officiels publiés par le journal la France industrielle. Paris, 1835; 1 vol. in-8° rel.	B.	1672
1938	Enquête sur les sucres. Documents publiés par le ministère du commerce en 1829. 1 vol. in-4° rel.	B.	1673
1939	Sucre indigène. A M. le Ministre des finances, les cultivateurs de betteraves, fabricants de sucres indigènes. Paris, 1835; in-4°.	B.	1674
1940	Gourbeyre. — Un mot sur la marine. Un mot sur la question des sucres. (Extrait des Annales maritimes.) In-8° rel.	B.	1675
1941	Mauny (Comte de). — Appel à l'honneur national. Des colonies dans le présent et l'avenir. Paris, 1839; in-8°.	B.	1676
1942	Laffauris. — Outre-mer, ou les intérêts coloniaux envisagés dans leur rapport avec la civilisation et nos industries. Paris, 1839; 1 vol. in-8° rel.	B.	1677
1943	Rodet (D. L.). — Questions commerciales. Paris, 1828; 1 vol. in-8° rel.	B.	1678

1944	LEVAVASSEUR (Ch.). — Question coloniale. Paris, 1839; in-8° rel.	B.	1679
1945	HAMON. — Des Colonies et de la législation sur les sucres. Paris, 1839; 1 vol. in-8° rel.	B.	1680
1946	DEHAY (Timothée). — Les Colonies et la métropole, le sucre exotique et le sucre indigène. Trésor, marine, commerce, agriculture, émancipation, etc. Paris, 1839; 1 vol. in-8° rel.	B.	1681
1947	LESTIBOUDOIS. — Des Colonies sucrières et des sucriers indigènes. Lille, 1839; in-8° rel.	B.	1682
1948	FOURNIER (L.). — Le Sucre colonial et le sucre indigène. Paris, 1839; in-8° rel.	B.	1683
1949	MORNY (A. DE). — Question des sucres. Paris, 1839; 1 vol. in-8° rel.	B.	1684
1950	MILLOT. — Question des sucres. In-8°.	B.	1685
1951	MATHIEU DE DOMBASLE. — Question des sucres. Nouvelles considérations. Paris, 1839; in-8° rel.	B.	1686
1952	MOLROGUIER (P.). — Examen de la question des sucres. Paris, 1840; 1 vol. in-8° rel.	B.	1687
1953	VALIN (A.). — La Question des sucres envisagée sous le rapport de la production des richesses en France. Paris, 1840; in-4° rel.	B.	1688
1954	GUÉROULT (Adolphe). — De la Question coloniale en 1842. Les Colonies françaises et le sucre de betterave. Paris, 1842; in-8°.	B.	1689
1955	ANDERSON. — An historical and chronological deduction of the origin of commerce, from the earliest accounts, containing an history of the great commercial interests of the British empire. London, 1787; 4 vol. in-4° rel.	B.	1690
1956	LOWE (J.). — Present state of England in regard to agriculture, trade and finance. 2d edit. London, 1823; 1 vol. in-8° rel.	B.	1691

1957	Huskisson. — De l'État actuel de la navigation de l'Angleterre. Discours prononcé à la Chambre des communes; traduit par Pichon. Paris, 1827; 1 vol. in-8°................	B.	1692
1958	Porter. — The progress of the nation in its various social and economical relations. Sections III and IV : Interchange, revenue and expenditure. London, 1838; 1 vol. in-12 rel.	B.	1693
1959	Report of the directors a special general meeting of the chamber of commerce and manufactures at Manchester of the effects of the administration of the bank of England. 2d edit. London, 1840; in-8°......................	B.	1694
1960	Joplin (Thomas). — The cause and cure of our commercial embarrassments. London, 1841; in-8°...............	B.	1695
1961	Buchanan (David). — Inquiry into the taxation and commercial policy of Great Britain. Edinburgh, 1844; 1 vol. in-8° rel..	B.	1696
1962	Richelot (H.). — Histoire de la réforme commerciale en Angleterre, avec des annexes étendues sur la législation de douane et de navigation dans le même pays. Paris, 1853; 2 vol. in-8° rel..........................	B.	1697
1963	Houry. — Études sur les relations commerciales entre la France et la Belgique. Paris, 1844; 1 vol. in-8° rel.....	B.	1698
1964	Tableau général du commerce de la Belgique avec les pays étrangers, pendant les années 1831, 1832, 1833 et 1834. Bruxelles, 1836; 1 vol. in-fol. rel.................. (Publication officielle.)	B.	1699
1965	*Accarias de Sérionne*. — Le Commerce de la Hollande, ou Tableau du commerce des Hollandais dans les quatre parties du monde. Amsterdam, 1768; 3 vol. in-12 rel.....	B.	1700
1966	Büsch (J. G.). — Unparteiische Erörterung der wichtigen Frage : Was hat Deutschland in Ansehung seines Land und Seehandels von den so nahen Friedensunterhandlungen zu erwarten, oder was hat es sebst dabei zu thun? Hamburg, 1795; 1 vol. in-12 rel........................	B.	1701

1967	Büsch (Johann Georg). — Grundriss einer Geschichte der merkwürdigsten Welthändel neuerer Zeit in einem erzählenden Vortrage. Hamburg, 1796; 1 vol. in-8° rel......	B.	1702
1968	Büsch (J. G.). — Geschichtliche Beurtheilung der am Ende des achtzehnten Jahrhunderts entstandenen grossen Handelsverwirrung. Hamburg und Mainz, 1800; 1 vol. in-12 rel..	B.	1703
1969	Jacquemin (Émile). — L'Allemagne agricole, industrielle et politique. Paris, 1843; in-8° rel..................	B.	1704
1970	Eigenbrodt. — Handbuch der grossherzoglich hessischen Verordnungen vom Jahre 1803 an. Darmstadt, 1816-1818; 4 vol. in-4° rel..............................	B.	1705
1971	Bowring (J.). — Report on the statistics of Tuscany, Lucca, the Pontifical and the Lombardo-Venetian states; with a special reference to their commercial relations. London, 1837; in-fol............................	B.	1706
1972	Beaujour (Félix). — Tableau du commerce de la Grèce, formé d'après une année moyenne, depuis 1787 jusqu'en 1797. Paris, 1800; 2 vol. in-8° rel......................	B.	1707
1973	Büsch (J. G.). — Ueber das Bestreben der Völker neuerer Zeit einander in ihrem Seehandel recht wehe zu thun. Hamburg, 1800; 1 vol. in-12 rel	B.	1708
1974	Peyssonel (De). — Traité sur le commerce de la mer Noire. Paris, 1787; 2 tomes en 1 vol. in-8° rel............	B.	1709
1975	*Anthonie*. — Essai historique et critique sur le commerce et la navigation de la mer Noire. Paris, an XIII (1805); 1 vol. in-8° rel................................	B.	1710
1976	Scherer (J. B.). — Histoire raisonnée du commerce de la Russie. Paris, 1788; 2 vol. in-8° rel................	B.	1711
1977	*Marbault*. — Essai sur le commerce de Russie, avec l'histoire de ses découvertes. Amsterdam, 1777; 1 vol. in-8° rel...	B.	1712

1978	Romantzoff (Comte). — Tableau du commerce de l'empire de Russie, dans les années 1802, 1803, 1804, 1805, 1808; traduit par Pfeiffer. 1 vol. in-fol. rel.	B.	1713
1979	Report from the secretary of the treasury of the commerce and navigation of the United States for the year ending the 30th september 1839. Washington, 1839; 1 vol. in-8°.	B.	1714
1980	Annual report of commissionner of patents with a list of patents for inventions and designs issued by the United States from 1790 to 1847. Washington, 1846-47-48; 4 vol. in-8° rel.	B.	1715
1981	Letter from the acting secretary of the treasury, transmitting statements respecting the commerce and navigation between the United States and foreign countries in the year ending the 30th september 1841, etc. 1842; 1 vol. in-8° rel.	B.	1716
1982	Mayo (Robert). — A synopsis of the commercial and revenue system of the United States as developed by instructions and decisions of the treasury department for the admin^on of the revenue laws, with an appendix. Washington, 1847; 2 vol. in-4° rel.	B.	1717
1983	Informe presentado a la real Junta de fomento de agricultura y comercio de esta isla (Habana), en 1833, en el espediente sobre traslacion, reforma y ampliacion de la escuela nautica establecida en el pueblo de regla, refundiendola en un instituto cientifico. Habana, 1834; 1 vol. in-fol. rel.	B.	1718
1984	Say (H.). — Histoire des relations commerciales entre la France et le Brésil. Paris, 1839; 1 vol. in-8° rel.	B.	1719
1985	Gallez (Ed.). — Du Brésil, ou Observations générales sur le commerce et les douanes de ce pays, suivi d'un tarif de droits d'entrée sur les marchandises françaises et d'un tableau comparatif des monnaies, poids et mesures. Paris, 1828; 1 vol. in-8° rel.	B.	1720
1986	Nicodème. — Exercice des commerçans, contenant des asser-		

	tions consulaires sur l'édit de novembre 1563, etc. Paris, 1776; 1 vol. in-4° rel.	B.	1721
1987	Règlements concernant les consulats, la résidence, le commerce et la navigation des Français dans les Échelles du Levant et de Barbarie. Paris, Imp. roy.; in-4° rel.	B.	1722
1988	Précis sur la franchise du port de Dunkerque. Paris, 22 floréal an x. — Mémoire sur le rétablissement demandé de la franchise du port de Dunkerque. Paris, 10 septembre 1814; in-4° rel.	B.	1723
1989	Coup d'œil sur le commerce du Havre, de 1820 à 1825. In-4° rel.	B.	1724
1990	Fouque. — Histoire raisonnée du commerce de Marseille, appliquée aux développements des prospérités modernes. Paris, 1843; 2 vol. in-8° rel.	B.	1725
1991	Julliany (Jules). — Essai sur le commerce de Marseille. 2e édition, augmentée et continuée jusqu'en 1841. Marseille, 1842-1843; 3 vol. in-8° rel.	B.	1726
1992	Héguerty (D'). — Essai sur les intérêts du commerce maritime. La Haye, 1754; 1 vol. in-18 rel.	B.	1727
1993	Andoin (X.). — Du Commerce maritime, de son influence sur la force et la richesse des États. Paris, an ix; 2 vol. in-8° rel.	B.	1728
1994	Gouraud (Ch.). — Essai sur la liberté du commerce des nations, examen de la théorie anglaise du libre échange. Paris, 1853; 1 vol. in-8° rel.	B.	1729
1995	Dupin (Ch.). — Mémoire sur le commerce maritime et colonial (extrait des Annales maritimes). 1832. — Crise commerciale de 1839, par Ch. Dupin. 1839. Paris, 1832-1839; 1 vol. in-8° rel.	B.	1730
1996	Blancard (Pierre). — Manuel du commerce des Indes orientales et de la Chine. Paris, 1806; 1 vol. in-4° rel.	B.	1731

1997	MONTIGNY (DE). — Manuel du négociant français en Chine, ou Commerce de la Chine considéré au point de vue français. 1846; 1 vol. in-8° rel.	B.	1732
1998	COSSIGNY (Charpentier). — Observations sur le Manuel du commerce des Indes orientales et de la Chine. Paris, 1808; in-4° rel.	B.	1733
1999	MAREC. — Dissertation contenant l'historique des deux premières éditions d'un Projet de loi sur la répression de l'indiscipline dans la marine marchande. Paris, 1840; 1 vol. in-8° rel.	B.	1734
2000	STEEL (David). — The ship-master's assistant, and owner's Manual, containing general information necessary for merchants, owners and masters of ships, officers, etc., relative to the mercantile and maritime laws and customs. 17th edit. London, 1826; 1 vol. in-8° rel.	B.	1735
2001	POPE (C.). — The merchant, shipo-wner and ship master's import and export guide, etc. London, 1831; 1 vol. in-8° rel., 2 cartes.	B.	1736
2002	Statistique des ports maritimes de commerce. Publiée par le ministère des travaux publics. Imp. roy., 1839; 1 vol. in-4° rel.	B.	1737
2003	Procès-verbaux et rapport de la commission chargée d'examiner les questions relatives à la traite des gommes au Sénégal; publiés par le ministère de la marine. Paris, Imp. roy., 1842; in-4° rel.	B.	1738
2004	Mélanges sur le commerce. Commerce maritime et colonial. 1 vol. in-8° rel. Mémoire sur le commerce maritime et colonial. 1832. De quelques questions relatives aux colonies françaises, par Patron, de la Guadeloupe. 1832. Quelques notes sur l'importance commerciale des colonies françaises, par M. Huc, de la Martinique. 1841. Question coloniale sous le rapport industriel, par Daubrée. 1841. Un mot sur la marine. Un mot sur la question des sucres, par M. Gourbeyre, capitaine de vaisseau. 1839.	B.	1739

	Mémoire du conseil des délégués des colonies au ministre de l'agriculture et du commerce. 1841.		
	Mémoire du même conseil sur le projet de loi concernant la perception de l'impôt sur le sucre indigène. 1845.		
	Protestation présentée à la Chambre des députés par les colons français. 1847.		
	Observations adressées au baron de Fréville par les capitaines au long cours de la place de Bordeaux, sur le rapport qu'il a fait de leur pétition à la Chambre des pairs. 1834.		
	Second appel au Gouvernement et aux Chambres sur notre marine marchande, par de Fonmartin de l'Espinasse. 1847.		
	De la navigation transatlantique par la vapeur examinée sous le point de vue commercial, par de Posson. 1843.		
	La Plata au point de vue des intérêts commerciaux de la France, par Tardy de Montravel. 1851.		
	Rapport sur la pêche du hareng, par de Montaignac. Paris, 1851.		

§ 3. DOUANES. — ENTREPÔTS.

2005	DUJARDIN-SAILLY. — Tarif chronologique des douanes de l'Empire français. Paris, 1813; 1 vol. in-4° rel.	B.	1740
2006	Rapport présenté par l'Administration des douanes au ministre des finances. Imp. roy., oct. 1831; 1 vol. in-4° rel.	A.	574
2007	Nouveau tarif des douanes françaises mis au courant de tous les changements et modifications de taxes survenus depuis 1826 (non officiel). Le Havre, 1834; 1 vol. in-4°.	B.	1741
2008	Tableau des droits d'entrée et de sortie, publié par l'Administration des douanes. Paris, 1835; 1 vol. in-4° rel.	B.	1742
2009	Tableau alphabétique des marchandises dénommées au tarif général des douanes de France. Paris, 1836; in-4° rel. . . .	B.	1743
2010	Tarif officiel des douanes de France, avec les suppléments; publié par l'Administration des douanes. Paris, Imp. roy., 1844 et suiv.; 2 vol. in-4° rel.	B.	1744
2011	Tarif général des droits d'entrée et de sortie pour l'Algérie, avec un supplément; publié par l'Administration des douanes. Paris, 1844; 2 vol. in-4° rel.	B.	1745

2012	Documents relatifs aux tarifs étrangers; publiés par le ministre du commerce. 3 vol. in-4° rel.	B.	1746
2013	Report from the select committee of the house of lords appointed to enquire into the price at which foreign grain may be shipped in foreign ports, etc. 1827; 1 vol. in-fol.	B.	1747
2014	Clements (G.). — Customs guide containing copious extracts of the laws with tables of the duties payable upon goods imported and exported. London, 1845-46; 1 vol. in-12 rel.	B.	1748
2015	A guide to importers and purchasers of wines. London, 1828; 1 vol. in-12 rel.	B.	1749
2016	Lajonkaire (P. de). — Tarif des douanes d'Angleterre, ou Tableau alphabétique des droits et franchises de la Grande-Bretagne. Le Havre et Paris, 1852; 1 vol. in-8° rel.	B.	1750
2017	Estancelin. — De l'Importation en France des fils et tissus de lin et de chanvre d'Angleterre. Paris, 1842; in-8° rel.	B.	1751
2018	Tableau alphabétique des marchandises dénommées au tarif général des douanes de France et au tarif des douanes belges. Bruxelles, Balleroy, 1836; 1 vol. in-8° rel.	B.	1752
2019	Tarif des douanes belges par ordre alphabétique, etc. Bruxelles, Balleroy, 1836; 1 vol. in-4° rel.	B.	1753
2020	Tarif belge des droits d'entrée, de sortie et de transit, au 1er juillet 1844, mis en rapport avec les tarifs des Pays-Bas, de l'association allemande, de France, d'Angleterre et des États-Unis. Bruxelles, Balleroy, 1844; 1 vol. in-4°.	B.	1754
2021	Tarif officiel des douanes de Belgique; publié par le département des finances. Bruxelles, 1847; 1 vol. in-4° rel.	B.	1755
2022	La Nourais (P. A. de). — De l'Association douanière entre la France et la Belgique. Paris, 1842; 1 vol. in-8° rel.	B.	1756
2023	Zindel (L.). — Carte de l'union des douanes et du commerce de la Prusse, y compris tous les pays allemands incorporés		

	à l'union des douanes, en même temps carte générale de l'Allemagne. 3ᵉ édit. Magdebourg (sans date); 1 feuille sur toile en 1 vol. in-8° rel.	B.	1757
2024	THIÉRIOT. — Douanes allemandes. De l'Influence exercée sur le commerce et l'industrie de la Saxe royale par son accession à la grande association des douanes allemandes prussiennes; traduit par A. de Gabriac. Paris, 1840; 1 vol. in-8° rel.	B.	1758
2025	LA NOURAIS et BÈRES. — L'Association des douanes allemandes, son passé, son avenir, avec le tableau des tarifs comparés de l'association allemande et ceux des douanes françaises. Paris, 1841; 1 vol. in-8° rel., avec 3 cartes.	B.	1759
2026	RICHELOT (H.). — L'Association douanière allemande. Paris, 1845; 1 vol. in-8° rel.	B.	1760
2027	CARGILL. — Examen de l'origine, des progrès et de la tendance de la confédération commerciale contre l'Angleterre et la France, nommée la ligue prussienne; traduit de l'anglais. Paris, 1840; 1 vol. in-8° rel.	B.	1761
2028	MATHIEU DE DOMBASLE. — Des Intérêts respectifs du midi et du nord de la France dans les questions de douanes. Paris, 1834; in-8° rel.	B.	1762
2029	FAUCHER (Léon). — L'Union du Midi. Association de douanes entre la France, la Belgique, la Suisse et l'Espagne, etc. Paris, 1842; 1 vol. in-8° rel.	B.	1763
2030	Tarif général des droits d'entrée, de sortie et d'*ostellagio* de Sardaigne. Paris, Imp. roy., 1830; 1 vol. in-4° rel.	B.	1764
2031	Recueil des actes publics, lois, règlements et avis les plus importants en matière de douanes dans le grand-duché de Luxembourg; traduit en français. Luxembourg, 1842; in-8°.	B.	1765
2032	Sistema general de las aduanas de la monarquia española en ambos emisferios, del ano de 1820. Madrid, 1820; 1 vol. in-fol. rel.	B.	1766

2033	Nouveau tarif des douanes des États-Unis, d'après les lois combinées du 2 mars 1833 et du 11 septembre 1841. New-York, 1841; in-12 rel.	B.	1767
2034	VILLERMÉ fils. — Les Douanes et la contrebande. Paris, 1851; 1 vol. in-8° rel.	B.	1768
2035	Mélanges sur le commerce. Douanes. 3 vol. in-8° rel.	B.	1769

Tome I.

Des Douanes sous le rapport fiscal. Paris, 1830.

Observations adressées à M. d'Argout sur les formalités du transit, par J. Hummel. Strasbourg, 1831.

Opinion de M. Cabanon sur la nécessité de révision du tarif des douanes. (Chambre des députés.) Paris, 1831.

Observations sur les deux projets de loi de douanes présentés, le 3 et le 31 décembre 1832, par le comte d'Argout à la Chambre des députés, par le baron G.

Quelques lettres de M. Gauguier sur la question des douanes. Paris, 1834.

De la Liberté commerciale et de la réforme de nos lois de douanes, par A. J. Lherbette. Paris, 1835.

Des Intérêts matériels de la France, par de Marivault. 1re partie : Commerce extérieur et taxes y relatives. Paris, 1836.

Défense du système protecteur de la production française et de l'industrie nationale, par le baron Ch. Dupin. (Chambre des députés.) 1836.

Lettre des fabricants de porcelaine de Limoges aux ministres des finances et du commerce contre les taxes municipales illégalement établies sur les matières qui servent d'aliment à leur industrie. Limoges, 1836.

Opinion de M. Girod, de l'Ain, dans la discussion du projet de loi sur les douanes. 1836.

Observations sur l'exposé des motifs du projet de loi sur les douanes, par les délégués de Marseille. Paris, 1844.

A MM. les députés membres de la commission chargée de l'examen du projet de loi sur les douanes. Marseille, 1845.

Première séance publique de l'association pour la liberté des échanges, tenue en la salle Montesquieu. Paris, 1846.

Des Droits d'entrée sur les produits étrangers, considérés dans leurs rapports avec les intérêts du trésor de l'État, avec ceux de la production nationale et avec ceux des consommateurs, par le baron Rœderer. Paris, 1847.

Les Douanes et l'industrie en 1848. Dangers et nécessités. Moyens, par le baron Rœderer. Paris.

Questions de douanes, par P. Lavollée. Paris, 1849.

Tome II.

Note sur la question des frais de douane dans les entrepôts intérieurs.

Situation de l'industrie cotonnière en France en 1828, par M. Singer. Paris, 1829.

Mémoire aux deux Chambres sur la question d'admission des cotons filés anglais, par Ph. Leutner. Paris, 1834.

Commerce des toiles bleues dites guinées. De l'Industrie française de Pondichéry et de la métropole dans ses rapports avec le Sénégal, l'île Bourbon et l'étranger, par J. P. Duchon-Doris. Paris, 1842.

Observations sur l'importation en France des fers étrangers.

Notice sur les mines de houille de Saint-Georges et de Montjean (Maine-et-Loire). Paris, 1826.

Réponse par la compagnie des mines de Decise, dans l'intérêt de toutes les houillères de France, au dernier mémoire d'un avocat en faveur des houillères belges, par les administrateurs des mines de Decise.

Observations pour les administrateurs des mines de houille de Decise et autres.

De l'Abolition des droits de douane sur les houilles étrangères en faveur de dix départements du Nord, et des effets de cette mesure sur l'avenir industriel du reste de la France, par A. Lamothe. Clermont, 1834.

Du Tarif à l'entrée en France des fontes et des fers, par M. F. Cabrol. Paris, 1834.

Tarif des fers. Rapport de la commission du conseil général des manufactures, par L. Talabot. 1841.

Note sur la consommation de la houille des diverses administrations françaises, et sur l'influence de cet approvisionnement sur l'industrie et la navigation nationales, présentée au conseil général des manufactures, par L. Talabot. Paris, 1842.

Tarif des bestiaux. Rapport de la commission du conseil général des manufactures, par L. Talabot. 1841.

Du Tarif des bestiaux étrangers à leur introduction en France, par Pichault de la Martinière. Limoges, 1841.

Note sur la question du plombage, publiée par l'Administration des douanes. Paris, 1834.

Opinion de M. Tirlet relative à la proposition de M. Dussaussoy d'établir une surtaxe de trois francs à l'entrée par hectolitre de froment, à partir du 1er juillet 1835.

De l'Exportation des savons. Marseille, 1844.

Tome III.

De l'exportation et de l'importation des laines, par A. Dupré. Paris, 1816.

Lettre au comte d'Argout sur les laines et les draperies, par L. F. Ehrmann. Strasbourg, 1831.

Observations sur les droits d'entrée en France des laines étrangères, adressées à la commission chargée de l'examen du projet de loi sur les douanes, par J. Baumier. Paris, 1833.

Nouvelles observations adressées aux pairs et aux députés sur le projet de la loi des douanes, en ce qui concerne les droits d'entrée des laines étrangères, par J. Baumier. Paris, 1834.

Des Droits d'entrée sur les laines et sur les bestiaux, par C. J. A. Mathieu de Dombasle. Paris, 1834.

Rapport de la commission des laines et des céréales, par le baron Rivière, au comice agricole de Nîmes. 1835.

De l'Importation des graines oléagineuses exotiques dans le midi de la France. Rapport fait par E. Estrangin. Marseille, 1844.

Examen des diverses opinions émises à la Chambre des députés, dans la session de 1828, sur la fabrication et la libre importation du salpêtre. Paris, 1829.

Réclamation des salpêtriers à M. le maréchal ministre de la guerre. 1833.

Précis sur la fixation définitive des droits à l'importation des salpêtres étrangers. 1834.

Mémoire sur la nécessité de maintenir l'extraction du salpêtre indigène et sur les moyens de la concilier avec l'importation de celui qui est tiré de l'Inde; présenté à la Chambre des députés en 1833.

Précis sur la fixation définitive des droits à l'importation des salpêtres étrangers. Paris, 1834.

Opinion de M. Tirlet relative à la proposition de supprimer la fabrication du salpêtre indigène, énoncée dans l'exposé des motifs du projet de loi sur les douanes soumis à la Chambre des députés.

Résumé des moyens sur lesquels se fondent les salpêtriers français pour obtenir la conservation de leur industrie.

2036 Mélanges sur le commerce. Douanes. 1 vol. in-4° rel ...... B. 1770

Rapport présenté par l'Administration des douanes au ministre des finances, qui le renvoie au ministre du commerce. 1831.

Dissertation sur plusieurs questions concernant la pêche de la morue, pour servir à la discussion du projet de loi présenté sur cette matière à la Chambre des députés, par Marec. Paris, 1831.

Pêche de la morue. Réfutation du rapport de M. Jollivet.

Rapport fait à la chambre de commerce de Marseille, par sa commission spéciale, au bureau du 14 novembre 1833, et transmis au ministre du commerce et des travaux publics. Marseille, 1834.

Observations sur le projet de loi relatif aux douanes présenté par le ministre de l'agriculture et du commerce. Le Havre, 1844.

Déclaration du commerce de Bordeaux sur le projet de loi des douanes.

Observations sur le projet de loi proposé par le ministre des finances à la Chambre des députés, concernant le tarif des droits d'entrée sur les fers étrangers. 1814.

Considérations sur l'importation des fers étrangers dans ses rapports avec l'intérêt public.

Observations nouvelles de M. Devillez l'aîné et consorts sur le droit de six francs imposé sur cent kilogrammes de fonte importés par la frontière de l'arrondissement de Sedan.

Mémoire sur la nécessité d'augmenter les droits à l'entrée des aciers, faux et limes venant de l'étranger.

Sur le droit de 6 francs pour l'importation de 100 kilogrammes de fonte par l'arrondissement de Sedan.

Sur l'amendement proposé par la commission chargée de l'examen du projet de loi sur les fers étrangers. 1810.

Réponse de la compagnie des mines à charbon d'Anzin, Raismes, Fresnes et le Vieux-Condé, aux pétitions de divers fabricants relativement aux droits d'entrée des charbons des Pays-Bas.

Observations des propriétaires des mines de houille de Littry (Calvados) sur la demande en réduction des droits de douanes sur les charbons étrangers. Paris, 1822.

Observations présentées par les propriétaires et exploitants des mines de houille de France contre un mémoire sous la date du 23 février 1826, signé Dupin, avocat. Paris, 1826.

Observations contre la demande en réduction du droit de 30 centimes perçu à l'entrée des charbons de terre provenant des mines de la Belgique, ou Réponse aux allégations hasardées dans l'intérêt des propriétaires des mines de la Belgique pour motiver la réduction du droit.

Pétition soumise à la Chambre des pairs de France et à la Chambre des députés des départements par la société houillère de Mirecourt, département des Vosges, sur la loi du 6 avril 1825 sur les houilles.

Mémoire sur la nécessité de modifier la législation des douanes en général, et en particulier les lois sur les houilles. Paris.

Affaire des houillères et du chemin de fer de Montet-aux-Moines. Plaidoyer de M. Liouville. Paris, 1842.

Des Modifications de tarif réclamées par la filature du lin et la fabrication des toiles en France.

De l'Admission des cotons filés dans le système de l'article 1er du projet de loi sur les douanes présenté à la Chambre des députés le 3 décembre 1832. Calais, 1833.

Enquête commerciale. Interrogatoire de Nicolas Kœchlin, président de la chambre de commerce de Mulhouse. Paris, 1835.

Réplique de Nicolas Kœchlin aux observations des soi-disant délégués de la chambre de commerce de Mulhouse sur sa déposition d'enquête devant le conseil supérieur du commerce. Paris, 1835.

Réponse de la chambre de commerce de Rouen à la lettre du directeur des douanes. Rouen, 1824.

Projet de loi sur les douanes, sur la libre importation des salpêtres étrangers, ou l'Abaissement du droit à un taux qui cesserait d'être protecteur pour l'industrie du salpêtrier français, par Durand. 1834.

Pétition des propriétaires et marchands herbagers du département de l'Orne aux députés contre l'abaissement des droits d'entrée des bestiaux étrangers. 1833.

2037 Rodet (D. L.). — Du Commerce extérieur et de la question d'un entrepôt. Paris, 1825; 1 vol. in-8° rel. .... B. 1771

2038 Documents divers concernant l'établissement des entrepôts en France, depuis 1830. 1 vol. in-4° rel. .... B. 1772

Exposé des motifs et projet de loi relatif à la création facultative d'entrepôts dans l'intérieur et aux frontières, présentés par le ministre du commerce (le comte d'Argout) le 11 novembre 1831.

Enquête relative à l'établissement demandé d'entrepôts de douanes pour certaines villes de la frontière de l'Est, de l'intérieur, et particulièrement pour Paris. 1831.

Supériorité de l'emplacement de Grenelle pour l'entrepôt de la ville de Paris. 1832.

Requête des actionnaires lyonnais des pont, gare et port de Grenelle, aux ministres de l'intérieur, du commerce, et au préfet de la Seine. 1832.

Considérations présentées par le conseil d'administration de la société anonyme des pont, port et gare de Grenelle pour démontrer la convenance et la nécessité de placer à Grenelle l'entrepôt de Paris. 1832.

Appel au comte d'Argout, propriétaire et pair de France, d'une décision prise par le comte d'Argout, administrateur, par des riverains du bassin de la Villette. 1831.

Projet d'entrepôt général du commerce à l'île des Cygnes; cotisation à l'effet d'obtenir cet établissement.

Enquête sur les entrepôts intérieurs. Réponses du délégué de la chambre de commerce de Paris.

	D'une délibération du conseil municipal de Paris; observations faisant suite aux études sur l'entrepôt de douane, par D. L. Rodet. Paris, 1833. Études sur l'entrepôt de douane à Paris, par D. L. Rodet. Paris, 1832.		
2039	Loisel. — Précis d'un projet de transaction sur la question des entrepôts. Paris, 1829; 1 vol. in-12 rel.	B.	1773
2040	Flachat (E.). — Établissements commerciaux. Docks de Londres, entrepôts de Paris. Paris, 1836; in-8° rel., avec plans.	B.	1774

§ 4. INDUSTRIE ET MÉLANGES.

2041	Banfield (T. C.). — Organisation de l'industrie; ouvrage rédigé sur les leçons d'économie politique de l'auteur à l'Université de Cambridge, traduit de l'anglais et annoté par Émile Thomas. Paris, 1851; 1 vol. in-8° rel.	B.	1775
2042	Chaptal (Comte). — De l'Industrie française. Paris, 1829; 2 vol. in-8° rel.	B.	1776
2043	Blanqui aîné. — Cours d'économie industrielle. Leçons sur les banques, les routes, l'instruction publique, le capital, l'impôt, la rente, l'agriculture, l'industrie manufacturière, le travail de toutes sortes et les voies de communication. Paris, 1836 à 1839; 4 vol. in-8° rel.	B.	1777
2044	Blanqui aîné. — Leçons sur le capital, l'impôt, la rente, la division du travail. (Cours d'économie industrielle fait au Conservatoire des arts et métiers.) Paris, 1837; 1 vol. in-8°.	B.	1778
2045	Courcelle Seneuil (J. G.). — Traité théorique et pratique des entreprises industrielles, commerciales et agricoles, ou Manuel des affaires. Paris, 1855; 1 vol. in-8°.	B.	1779
2046	Ure (Andrew). — Philosophie des manufactures, ou Économie industrielle de la fabrication du coton, de la laine, du lin et de la soie. (Traduit de l'anglais.). Paris, 1836; 2 tomes en 1 vol. petit in-12 rel.	B.	1780

2047	**Chevalier** (Michel). — Essai de politique industrielle. Souvenirs de voyage: France, république d'Andorre, Belgique, Allemagne. Paris, 1843; 1 vol. in-8° rel.	B.	1781
2048	**Daubrée** (Paul). — Question coloniale sous le rapport industriel. Paris, 1841; 1 vol. in-8° rel.	B.	1782
2049	**Briavoinne** (N.). — De l'Industrie en Belgique; causes de décadence et de prospérité; sa situation actuelle. Paris, 1839; 2 vol. in-8° rel.	B.	1783
2050	Collection complète des rapports des jurys sur les expositions des produits de l'industrie qui ont eu lieu dans l'an VI, l'an IX, l'an X et les années 1806, 1819, 1823, 1827, 1834, 1839, 1844 et 1849. Paris, an VI à 1850; 18 vol. in-8° rel.	B.	1784
2051	Travaux de la commission française sur l'industrie des nations, publiés par ordre de l'Empereur. Paris, Imp. imp., 1854; 6 vol. in-8° rel.	B.	1785
2052	**Blanqui**. — Lettres sur l'exposition universelle de Londres, précédées d'un préambule et suivies du rapport présenté à l'Institut national de France. Paris, 1851; 1 vol. in-12 rel.	B.	1786
2053	**Jobart** (J. B. A. M.). — Rapport sur l'exposition de l'industrie française en 1839. Bruxelles, 1841; 2 vol. in-8° rel.	A.	629
2054	Description des machines et procédés spécifiés dans les brevets d'invention, de perfectionnement et d'importation dont la durée est expirée; publiée par le ministère des travaux publics, de l'agriculture et du commerce. (Collection à jour.) Paris, 1828 et suiv.; in-4° rel.	B.	1787
2055	Description des machines et procédés pour lesquels des brevets d'invention ont été pris sous le régime de la loi du 5 juillet 1844, à partir de 1851, et suite; publiée par le ministère de l'agriculture et du commerce. (Collection à jour.). Paris, Imp. nat., 1851 et suiv.; in-4° rel.	B.	1788
2056	Catalogue des brevets d'invention délivrés du 1er juillet 1791 jusqu'au 31 décembre 1839; publié par le ministère de		

	l'intérieur, du commerce et des travaux publics. Paris, 1826 à 1840, avec supplements annuels; in-8° rel...........	B.	1789
2057	Moléon (De). — Recueil industriel, ou Annales de l'industrie française et étrangère, à partir de 1819 jusqu'en 1847. Paris, 1819 et suiv.; 55 vol. in-8° rel................	B.	1790
2058	Journal de l'industriel et du capitaliste, rédigé par E. Flachat, Perdonnet et autres. Paris, 1836 à 1840; 5 vol. in-8° rel.	B.	1791
2059	La Farelle (De). — Plan d'une réorganisation disciplinaire des classes industrielles en France. Paris, 1842; 1 vol. in-12 rel.................................	B.	1792
2060	Mélanges divers. 1 vol. in-8° rel......................	B.	1793

Discours sur le droit public prononcé à l'école centrale du département du Doubs, le 10 frimaire an x, par Joseph Droz. Besançon, an x.

Nouveaux et anciens principes du commerce comparés, ou Traité sur les principes du commerce entre les nations, avec un appendice. Ouvrage traduit de l'anglais. Londres, 1789.

Essai sur le commerce général des nations de l'Europe, avec un aperçu sur le commerce de la Sicile en particulier, par Xavier Scrofani. Paris, 1801.

La Mer libre, la mer fermée, ou Exposition et analyse du traité de Grotius, intitulé : la Mer libre, et de la réplique de Selden ayant pour titre : la Mer fermée, dans laquelle l'auteur s'efforce d'établir le droit légitime de l'Angleterre à la domination exclusive des mers, par J. F. Champagne. Paris, 1803.

Observations sur le traité de navigation et de commerce entre la France et la Grande-Bretagne, signé à Versailles le 26 septembre 1786, par le citoyen Mourgue.

Questions constitutionnelles sur le commerce et l'industrie, et Projet d'un impôt direct sur les commerçants et gens à industrie, en remplacement des impôts quelconques sur le commerce et l'industrie, par Farcot. Paris, 1790.

De la nécessité et des moyens de rétablir la confiance et le crédit, par le citoyen *** de l'Institut national. Paris, an viii.

2061	Mélanges sur le commerce et l'industrie. 4 vol. in-8° rel....	B.	1794

Tome I.

Notice sur le commerce de l'Angleterre en 1827, par L. P.

Lettre consultative sur la liberté de commerce et de l'industrie, par Leroy de Neufvillette. 1829.

La France doit-elle proclamer la liberté du commerce avec l'extérieur? par de Cazaux. 1828.

La Balance du commerce est-elle un vain mot, comme le disent les économistes? par de Cazaux. 1829.

Tableau statistique du commerce de la France en 1824, par Moreau de Jonnès.

État de l'industrie commerciale de la France comparée à celle de l'Angleterre, par Schweich aîné.

Rapport sur le commerce entre la France et l'Angleterre, par Horace Say. 1835.

La Protection et la prohibition en France et en Angleterre, par P. Lavollée. 1851.

Le Commerce décennal comparé, 1827 à 1836. France, Grande-Bretagne, États-Unis, par D. L. Rodet. 1838.

Considérations politiques et diplomatiques sur le commerce de la Péninsule, par de Caix de Saint-Amour. 1843.

Deuxième séance publique de l'association pour la liberté des échanges. 1846.

Rapport de M. Regny sur le mémoire de M. Dupin relatif à l'état de l'industrie lyonnaise. 1829.

Rapport de M. Gillon, suivi des discours de MM. Fulchiron, de Schonen et Dupin, sur la pétition des commerçants de Marseille réclamant l'abolition de l'institution des courtiers de commerce. 1831.

Note sommaire de M. Dalloz pour les courtiers, conducteurs de navires, interprètes de la langue anglaise. 1835.

Tome II.

De l'Avenir industriel de la France. Un rayon de bon sens sur quelques grandes questions d'économie politique, par Mathieu de Dombasle. 3e édit. 1834.

Des Intérêts respectifs du midi et du nord de la France dans les questions de douanes, par Mathieu de Dombasle. 1834.

Économie publique. La liberté protége mieux que la prohibition. 1835.

Des Progrès de l'industrie considérés dans leurs rapports avec la moralité de la classe ouvrière, par le baron de Gérando. 1841.

Note sur les moyens de secourir le commerce, et projet de caisse d'escompte, par D. Lenoir. 1830.

Mémoire sur les secours à distribuer au commerce et à l'industrie, d'après la loi qui alloue un crédit de 30 millions, par E. Laffon-Ladébat. 1830.

Raisons de la décadence de la concurrence des produits de l'industrie française à l'étranger et de la malheureuse situation de l'ouvrier français, par Borucki. Troyes.

Le petit commerce et le commerce intermédiaire affranchis, par Morin. 1830.

Des Besoins du commerce réduits à leur plus simple expression, par A. Roche. 1830.

Intérêts de l'agriculture, de l'industrie et du commerce français, par de Cazaux. 1833.

Étude sur les profits et les salaires, etc., par Joseph Garnier. 1848.

Lettre au ministre du commerce, par Delaunay, négociant au Havre. 1834.

Défense du système protecteur de la production française et de l'industrie nationale, par le baron Dupin.

Discours du baron Dupin sur le commerce et la navigation française. 1842.

Tome III.

Des Intérêts matériels de la France, par M. de Marivault. 1836.

Vues nouvelles d'économie commerciale; de la position du commerce, par Dagneau. 1840.

Du besoin de nouvelles institutions en faveur du commerce et des manufactures. 1826.

Courtes observations sur l'état actuel des manufactures et sur celui de l'agriculture en France, par le colonel Swan, de Boston. Paris, 1828.

Sur les entrepôts de commerce dans l'intérieur, par de Tollenare. Nantes, 1828.

Mémoire sur un nouveau procédé de carbonisation dans les usines, par Théod. Virlet, 1836.

Mémoire aux Chambres sur la question d'admission des cotons filés anglais, par Leutner. 1834.

De l'importation en France des fils et tissus de lin et de chanvre d'Angleterre, par M. Estancelin. 1842.

Un mot sur les embarras actuels à propos de l'industrie linière, par Vandecasteele. Bruxelles. 1846.

Exposition publique des produits de l'industrie de l'arrondissement d'Abbeville. 1834.

Rapport sur le pétrisseur mécanique de MM. Cavallier frères et Cie, par J. Girardin. 1829.

Enquête commerciale. Rapport de M. Gandais sur les manufactures de plaqués de Birmingham et de Sheffield. 1834.

Question de la céruse et du blanc de zinc envisagée sous les rapports de l'hygiène et des intérêts publics, par Coulier. 1852.

Observations sur les lois qui régissent le commerce de la bijouterie, par Ch. Christofle.

Observations des délégués des ports sur le traité de commerce avec la Hollande. 1841.

Lettre de M. Joseph Clerc, délégué de la chambre de commerce du Havre, sur le traité de commerce conclu entre la France et la Hollande. 1841.

Tome IV.

Du Principe d'association appliqué à l'industrie houillère, par J. Petit-Jean. 1846.

Mémoire en réponse aux consultations de MM. Duvergier, Horson, Paillet et Baroche, et à divers autres écrits en faveur de l'association générale des mines de la Loire. Saint-Étienne, 1846.

Nouvelles observations sur le monopole des houilles de la Loire. Saint-Étienne. 1847.

Compte rendu des travaux du comité des intérêts métallurgiques. 1845 et 1846.

Affermage des canaux. Observations présentées par le comité des houillères françaises. Paris, 1851.

Pétition contre le monopole des houilles de la Loire. 1847.

Union des houillères françaises. Pétition du comité central. Paris, 1851.

Mémoire sur le quartier neuf de la Villette, et Aperçus sur la question de l'entrepôt réel à Paris, par de Moléon. 1828.

De l'Établissement d'un entrepôt à Paris, par Gautier. 1825.

De l'Entrepôt de Paris (2e mémoire), par Ferrier. 1828.

Mémoire sur l'entrepôt de Paris, par Odilon Barrot. Paris, 1833.

Observations à la suite de la soumission pour l'entrepôt sur les terrains de Tivoli. 1833.

Projets de marchés permanents ou halles aux arbustes et aux fleurs, par Couverchel. 1836.

2062 Mélanges sur le commerce et l'industrie. 2 vol. in-4° rel.... B. 1795

Tome I.

Mémoire sur les quatre départements réunis de la rive gauche du Rhin, sur le commerce et les douanes de ce fleuve, par Eichhoff. Paris, an x.

Mémoire du commerce de Paris contre l'impôt sur les huiles. 1818.

Pétition des filateurs et manufacturiers en coton des villes de Lille, Roubaix et Tourcoing. Lille, 1820.

Pétition des filateurs de lin par mécanique de la ville de Lille. 1834.

Observations de la chambre de commerce de Lille sur la question des fils et des tissus de lin et de chanvre. 1842.

Pétition des fabricants de tulle de Lille. 1834.

Pétition de la chambre de commerce de Lille au sujet des droits sur les charbons étrangers. 1834.

Rapport de la chambre de commerce de Marseille sur les questions relatives à la modification du tarif des douanes. 1833.

Réponse du commerce de Marseille sur le commerce du Sénégal et le monopole de la traite de la gomme. 1842.

Pétition des négociants, armateurs et assureurs de Marseille faisant le commerce du Levant, contre les déprédations exercées par les corsaires grecs. 1827.

Lettre relative à la levée de l'interdiction en faveur de la navigation française du Rhin et à son assimilation à celle de nos caboteurs, par Louis Schertz. 1841.

Pétition des fabricants de tissus de coton de la ville de Troyes. 1833.

Rapport de M. Fauchat sur une demande des maîtres de forges tendant à augmenter les fers étrangers. 1821.

Pétition des fabricants de tulle de Calais. 1835.

Observations de la chambre consultative des manufactures d'Elbeuf sur la situation de ces établissements. Rouen, 1829.

Mémoire pour les propriétaires et amodiateurs des hauts fourneaux de la Côte-d'Or et de la Haute-Saône contre les particuliers exploitant les minières de fer d'alluvion. 1826.

Observations de la chambre de commerce de Boulogne-sur-Mer sur la pêche du hareng. 1835.

Observations de la chambre de commerce de Bordeaux sur un traité de commerce avec la Belgique. 1841.

Tome II.

Considérations sur les avantages des concessions perpétuelles de travaux publics utiles à l'industrie. 1825.

De l'Industrie immobilière, et spécialement de son état actuel dans la ville d'Orléans, par Foucher. 1830.

Coup d'œil sur la situation du commerce maritime du Havre en 1825, par Le Picquier.

Association pour la défense du travail national. Examen des théories du libre échange et des résultats du système protecteur. 1847.

Extrait des traités de commerce et de navigation entre la France et l'Espagne. 1843.

Notice et rapport de M. Arago sur le filtrage des eaux et autres liquides par le procédé de la Compagnie française. 1837.

Délibération de la chambre de commerce d'Arras sur la substitution, dans les marchés publics, du poids à la mesure de capacité. 1850.

Deux lettres à M. de Saint-Cricq, président du bureau de commerce, sur la situation du commerce de Strasbourg et de l'Alsace, par Louis Schertz. 1826.

Observations adressées à la commission du commerce sur la situation commerciale en 1830, par Veyrat.

Rapport de M. Dumas sur les nouveaux procédés introduits dans l'art du doreur par MM. Elkington et de Ruolz. 1841.

Observations des délégués de la chambre de commerce de Mulhouse à l'enquête commerciale sur les renseignements fournis par M. N. Kœchlin au conseil supérieur du commerce. Mulhouse, 1835.

Observations présentées par les autorités de Passy, Auteuil et Grenelle contre les demandes en autorisation formées par MM. Payen et consorts, pour établir à Grenelle un clos d'équarrissage et une fabrique d'engrais et de noir animalisé. 1835.

Note supplémentaire aux mêmes observations, 1835.

Supériorité de l'emplacement de Grenelle pour l'entrepôt de la ville de Paris.

Projet d'entrepôt sur un emplacement appartenant à la ville de Paris, situé sur le quai d'Orsay, près le pont des Champs-Élysées. 1832.

Considérations nouvelles sur les avantages que la ville et le commerce de Paris peuvent retirer de l'établissement de l'entrepôt général sur le quai d'Orsay (île des Cygnes).

Entrepôt dans le terrain de la ville au clos Saint-Lazare, par D. Lenoir. 1832.

Rapport sur les règlements des entrepôts fait à la chambre de commerce de Boulogne-sur-Mer, et discussion sur la responsabilité du fait d'incendie. 1840.

2063 Mélanges sur le commerce. Sucre indigène et colonial. 4 vol. in-8° rel. . . . . B. 1796

Tome I.

De l'Importance du commerce des sucres, ou Examen des questions proposées par le bureau de commerce de Paris. 1829.

Nouvelles sources de richesses pour la France, ou les deux Indes reconquises, par un propriétaire français qui a habité douze ans les Antilles. 1831.

Du Sucre indigène à l'occasion du projet de loi sur les sucres présenté le 21 décembre 1832 à la Chambre, par Isoard. 1833.

Nouveau dire du sucre indigène sur la loi des sucres, par Isoard. 1833.

Observations sur le projet de loi qui frappe d'un impôt le sucre indigène, par Fouquier d'Hérouel.

Opinion et proposition du marquis de Drée, député, sur l'impôt du sucre et sur le projet de loi de l'impôt du sucre indigène. 1836.

Réponse à MM. Mauguin et d'Argout. La France et les colonies, ou le Sucre indigène, par Éd. de P***. 1836.

Du Sucre indigène, de la situation actuelle de cette industrie en France, de son avenir, etc., par Mathieu de Dombasle. 1836.

Question des sucres. Nouvelles considérations, par Mathieu de Dombasle. 1838.

L'Industrie sucrière et ses progrès en 1838, par Stollé.

De l'Infaillibilité de la ruine de l'industrie sucrière sous la loi du 18 juillet 1837. 1838.

Tableau des intérêts de la France relatifs à la production et au commerce des sucres de canne et de betterave, par le baron Dupin. 1836.

Observations exposées au conseil général d'agriculture, par le baron Dupin. 1842.

Tome II.

Considérations sur la question des sucres, par Duchon-Doris. Paris, 1843.

Question de l'impôt sur les sucres, par A. Bosch. 1843.

Observations sur le sucre de betterave, le libre échange, le commerce des vins et la maladie des pommes de terre, par Lainé. 1847.

Mémoire sur l'état de la production du sucre indigène et du sucre colonial, par Favard. 1847.

Réponse à une brochure relative à la nécessité d'un second entrepôt des sucres indigènes, par Putod. 1851.

Question des sucres, par Jules Petitjean. 1843.

Tome III.

Considérations sur le système colonial et la tarification des sucres, par Sully-Brunet. 1832.

Lettre sur la question des primes à l'exportation des sucres et sur la nécessité d'introduire les sucres étrangers à des droits moins élevés, par Chaudron-Junot. 1832.

De la Loi transitoire sur les sucres, par Poirié Saint-Aurèle. 1833.

Les Colonies à sucre et la production indigène, par D. L. Rodet. 1836.

Des Colonies françaises et de la métropole, par D. L. Rodet. 1837.

De la Question coloniale en 1842, par Ad. Guéroult.

Question des sucres, par A. Jollivet, député. 1841.

Question des sucres, par A. Jollivet, député. 1843.

Tome IV.

Le Sucre colonial et le sucre indigène, par Fournier. 1839.

De la Question des sucres en 1843, et de l'absolue nécessité d'en finir avec elle, par Muret de Bort, député.

Question du sucre indigène considérée sous le rapport de la marine française, par Napoléon Le Mest. 1837.

Question des sucres, par Delaunay. Le Havre, 1837.

Question des sucres et des cafés, par la chambre de commerce de Rouen. 1848.

Question des sucres dans ses rapports avec l'intérêt vinicole et celui du commerce extérieur, par Michel Berton. 1843.

A propos de la loi du dégrèvement des sucres coloniaux, par Laisné. 1839.

Mémoire adressé par le conseil des délégués des colonies aux ministres du Roi sur la question des sucres, etc. 1842.

Rapport adressé, le 17 juin 1842, au ministre de la marine sur des expériences relatives à la fabrication du sucre et à la composition de la canne à sucre, par E. Péligot. 1842.

Fabrication du sucre. Expériences faites à la Guadeloupe, par M. Dupuy, pharmacien de la marine. 1843.

2064 Mélanges sur le commerce. Sucre indigène et colonial. 1 vol. in-4° rel. . . . . B. 1797

Observations à l'appui des réclamations du commerce de Bordeaux sur le privilége colonial et sur la surtaxe des sucres étrangers. Bordeaux, 1832.

Pétition des délégués des colonies françaises à la Chambre des députés. 1833.

Lettre au ministre des finances sur son opinion dans la question des sucres, par le baron de Cools. 1835.

Question des sucres. Observations présentées par les délégués du commerce maritime sur le rapport de M. Gautier de Rumilly à la Chambre des députés. 1843.

Opinion de M. Crespel-Dellisse, fabricant à Arras, sur la diminution des droits sur les sucres étrangers. 1828.

Compte rendu au comité central de Douai sur l'industrie du sucre indigène, par Breton. 1849.

Au ministre des finances, le comité des cultivateurs de betteraves. 1835.

Résumé de la question d'un impôt sur le sucre de betterave par les fabricants de l'arrondissement de Dunkerque. 1836.

Mémoire adressé aux députés par le marquis d'Argent et M. Fouquier d'Hérouel, fabricants de sucre indigène. 1840.

Situation actuelle de la question des sucres. M. Timothée Dehay et les fabricants indemnitaires. Lille. 1842.

Très-humble requête aux ministres. Nantes, 1842.

Rapport de M. Becquerel sur un saccharimètre présenté par M. Soleil. 1847.

	Rapport de M. Babinet sur le même saccharimètre. 1848.		
	Mémoire de M. Payen sur la structure et la composition chimique de la canne à sucre. 1849.		
	Appel au bon sens des départements vinicoles, des départements maritimes et des autres départements sur leurs intérêts agricoles, manufacturiers et commerciaux dans la question des sucres, par le baron Ch. Dupin. 1843.		
	Second appel au bon sens des départements, par le même. 1843.		
	Troisième appel au bon sens des départements. Les intérêts maritimes et la force navale, par le baron Ch. Dupin. 1843.		
	Quatrième et dernier appel au bon sens des départements. Les systèmes en présence, par le baron Ch. Dupin. 1843.		

II. SCIENCES MATHÉMATIQUES ET NATURELLES. — ARTS DIVERS.

1. TRAITÉS GÉNÉRAUX. — RECUEILS.

2065	Encyclopédie méthodique, ou par ordre de matières. Paris, Panckoucke; 201 vol. in-4° rel., planches	B.	1798
2066	Courtin. — Encyclopédie moderne, ou Dictionnaire abrégé des sciences, des lettres et des arts. Paris, 1824-1832; 26 vol. in-8° rel., planches	B.	1799
2067	Dictionnaire technologique, ou Nouveau dictionnaire universel des arts et métiers et de l'économie industrielle et commerciale. Paris, 1832; 22 vol. in-8° et 2 vol. in-4° rel	B.	1800
2068	Lunier. — Dictionnaire des sciences et des arts. Paris, 1805; 3 vol. in 8° rel	B.	1801
2069	Noel (Fr.) et Carpentier. — Nouveau dictionnaire des origines, inventions et découvertes dans les arts, les sciences, la géographie, le commerce, l'agriculture, etc. Paris, 1827; 2 vol. in-8° rel	B.	1802
2070	Journal de l'école royale polytechnique (26ᵉ cahier, t. XVI),		

	publié par le conseil d'instruction de l'école. Paris, 1838; 1 vol. in-4°	B.	1803
2071	Annuaire de l'école royale polytechnique pour l'an 1834. Paris, 1834; 1 vol. in-12 rel.	B.	1804
2072	Journal des connaissances utiles. De l'origine (1831) à 1843. Paris; 5 vol. in-8° rel.	B.	1805
2073	Comptes rendus hebdomadaires des séances de l'Académie des sciences à partir du 2ᵉ semestre de 1835. Collection à jour. Paris, in-4° rel.	B.	1806
2074	Bulletin universel des sciences et de l'industrie, publié sous la direction du baron de Férusac. Paris, 1823 à 1831; 112 vol. in-8° rel. Cet ouvrage, divisé en huit parties, comprend : Les sciences mathématiques, ———— naturelles, ———— médicales, ———— agricoles, ———— technologiques, ———— géographiques, ———— historiques, ———— militaires.	B.	1807
2075	SAVARY DES BRUSLONS (Jacques). — Dictionnaire universel de commerce, d'histoire naturelle et des arts et métiers, continué par Louis Savary. Copenhague, 1759-1761; 5 vol. in-fol. rel.	B.	1808
2076	PLUCHE (L'abbé). — Spectacle de la nature. Paris, 1770; 9 vol. in-12 rel.	C.	103

2. SCIENCES MATHÉMATIQUES.

2077	MONTFERRIER (A. P. DE). — Dictionnaire des sciences mathématiques pures et appliquées. Paris, 1845; 3 vol. in-4° rel.	B.	1809

2078	LAPLACE. — Ses Œuvres complètes. (Édition du Gouvernement.) Paris, Imp. roy., 1843 et suiv.; 7 vol. in-4° rel...	B.	1810
2079	LAPLACE. — Essai philosophique sur les probabilités. 6e édit. Paris, 1840; 1 vol. in-8° rel.....................	B.	1811
2080	LACROIX (S. F.). — Traité élémentaire du calcul des probabilités. 3e édit. Paris, 1833; 1 vol. in-8° rel.............	B.	1812
2081	BERNOUILLI.—L'Art de conjecturer; traduit par L. G. F. Vastel. Caen, 1801; 1 vol. in-4° rel.....................	B.	1813
2082	PEYROT. — Petite encyclopédie mathématique. Paris, 1829-1831; 3 vol. in-8° rel........................	B.	1814
2083	BRIOT (M. C.). — Leçons nouvelles d'arithmétique. 2e édit. Paris, 1851; 1 vol. in-8° rel......................	B.	1815
2084	CIRODDE (P. L.). — Leçons d'arithmétique. 10e édit. Paris, 1852; 1 vol. in-8° rel........................	B.	1816
2085	BALLIN (A. G.). — Petit traité d'arithmétique décimale destiné aux instituteurs primaires. 1837. — Petit traité d'arithmétique décimale, etc. 1838. Rouen, 1837-1838; 1 vol. in-8° rel.............................	B.	1817
2086	MAUDUIT. — Leçons élémentaires d'arithmétique, ou Principes d'analyse numérique. Paris, 1793; 1 vol. in-8° rel.......	B.	1818
2087	CHOQUET et MAYER. — Traité élémentaire d'algèbre. 5e édit. Paris, 1849; 1 vol. in-8° rel.....................	B.	1819
2088	BERTRAND (Jos.). — Traité élémentaire d'algèbre. Paris, 1851; 1 vol. in-8° rel............................	B.	1820
2089	LEGENDRE et BLANCHET. — Éléments de géométrie, par A. M. Legendre, avec additions et modifications par Blanchet. 2e édit., suivie de la 15e édit. donnée par M. Legendre. Paris, 1852; 1 vol. in-8° rel.....................	B.	1821
2090	AMIOT (A.). — Leçons nouvelles de géométrie élémentaire. Paris, 1850; 1 vol. in-8° rel.....................	B.	1822

2091	Briot (C.) et Bouquet (C.). — Leçons nouvelles de géométrie analytique. 2e édit. Paris, 1851; 1 vol. in-8° rel........	B.	1823
2092	Amiot (A.). — Leçons nouvelles de géométrie descriptive. Paris, 1852; 1 vol. in-8° rel., avec planches...........	B.	1824
2093	Briot (C.) et Bouquet (C.). — Leçons nouvelles de trigonométrie. 2e édit. Paris, 1850; 1 vol. in-8° rel...........	B.	1825
2094	Poinsot (L.). — Éléments de statique. 9e édit. Paris, 1848; 1 vol. in-8° rel., planches........................	B.	1826
2095	Kater et Lardner. — Traité de mécanique; traduit de l'anglais par Peyrot. Paris, 1834; 1 vol. in-8° rel...............	B.	1827
2096	Sonnet (H.). — Notions de mécanique exigées pour l'admission à l'École polytechnique. Paris, 1852; 1 vol. in-8° rel.	B.	1828
2097	Delaunay (Ch.). — Cours élémentaire de mécanique théorique et appliquée. Paris, 1852; 1 vol. in-12 rel............	B.	1829
2098	Lesbros. — Expériences hydrauliques sur les lois de l'écoulement de l'eau à travers les orifices rectangulaires verticaux à grandes dimensions, exécutée à Metz en 1828, 1829, 1831 et 1834. Paris, Imp. nat., 1851; 1 vol. in-4° rel...	B.	1830
2099	Bailly. — Hstoire de l'astronomie ancienne, depuis son origine jusqu'à l'établissement de l'école d'Alexandrie. 2e édit. Paris, 1781; 1 vol. rel., 3 planches.................	B.	1831
2100	Herschel fils (John). — Traité d'astronomie; traduit par Peyrot. Paris, 1834; 1 vol. in-8° rel..................	B.	1832
2101	Pluche (L'abbé). — Histoire du ciel. Paris, 1778; 2 vol. in-12 rel., fig................................	C.	102
2102	Bonnafoux (J.). — Livre du calculateur, ou Tableaux synoptiques présentant les produits par jour et par mois de tous les nombres depuis 1 centime jusqu'à 12,000,000 de francs. Marseille, 1842; 1 vol. in-8°...............	B.	1833
2103	Laperrière (J. G. M. de). — Barême, ou Tableaux de comptes		

	faits, d'après le système métrique, pour le calcul des surfaces et des cubes du bois carré et rond. Bordeaux, 1840; 1 vol. gr. in-8° rel.	B.	1834
2104	Dromas (P.). — Nouveaux tarifs pour la réduction et le toisé des bois. Paris, 1828; 1 vol. in-12 rel.	B.	1835
2105	Martin (C. F.). — Ses Tables, ou le Régulateur universel des calculs en parties doubles. 3e édit. Paris, 1821; 1 vol. in-8° rel.	B.	1836
2106	Callet (F.). — Tables portatives de logarithmes, contenant les logarithmes des nombres depuis 1 jusqu'à 108,000, etc. Paris, tirage de 1849; 1 vol. in-8° rel.	B.	1837
2107	Thoyer (Jules). — Les Calculs d'intérêts réduits à l'addition. Paris, 1841; in-8° rel.	B.	1838
2108	Deparcieux. — Traité des annuités ou des rentes à terme. Paris, 1781; 1 vol. in-4° rel.	B.	1839
2109	Gremilliet (J. J.). — Nouvelle théorie du calcul des intérêts simples et composés, des annuités, des rentes et des placements viagers. Paris, 1823; 1 vol. in-8° rel.	B.	1840
2110	Violeine (A.). — Nouvelles tables pour les calculs d'intérêts simples et composés, d'amortissement, d'annuités, de placements viagers. Paris, 1832; 1 vol. in-4° rel.	B.	1841
2111	Violeine (P. A.). — Nouvelles tables pour les calculs d'intérêts simples et composés, d'amortissement, d'annuités de primes, etc. 2e édit. Paris, 1854; 1 vol. in-4° rel.	B.	1842
2112	Saint-Cyran (De). — Calcul des rentes viagères sur une et sur plusieurs têtes, contenant la théorie complète de ces sortes de rentes et des tables, etc. Paris, 1779; 1 vol. in-4° rel.	B.	1843
2113	Smart (John). — Tables of interests, discount, annuities; revised by Charles Brand, with an appendix. London, 1780; 1 vol. in-4° rel.	B.	1844

2114	Baily (Fr.). — The doctrine of life annuities and assurances, etc., with tables connected with the subject. London, 1813; 2 vol. in-8° rel.	B.	1845
2115	Baily (Fr.). — Traité des annuités viagères et des assurances sur la vie, suivi d'une collection de tables relatives à ces matières; traduit de l'anglais par Alfred de Courcy. Paris, 1836; 2 vol. in-8° rel.	B.	1846
2116	Tables of life annuities. 1 vol. in-fol. rel.	B.	1847
2117	Price (Richard). — Observations on reversionary payments; on schemes for providing annuities for widows, and for persons in old age; on the method of calculating the values of assurances on lives and on the national debt, etc. London, 1812; 2 vol. in-8° rel.	B.	1848
2118	Recueil officiel des ordonnances et instructions publiées sur la fabrication et la vérification des poids et mesures, en exécution de la loi du 4 juillet 1837. Paris, 1839; 1 vol. in-8° rel., atlas in-4°.	B.	1849
2119	Doursther (Horace). — Dictionnaire universel des poids et mesures anciens et modernes, contenant des tables des monnaies de tous les pays. Bruxelles, 1840; 1 vol. gr. in-8° rel.	B.	1850
2120	Instruction abrégée sur les mesures déduites de la grandeur de la terre, uniformes pour toute la République, et sur les calculs relatifs à leur division décimale; par la commission temporaire des poids et mesures républicains. Paris, an II.	B.	1851
2121	*Beyerlé* et *d'Arbigny*. — Notices élémentaires sur le nouveau système des poids et mesures en matière d'orfévrerie, etc. Paris; 1 vol. in-4° rel.	B.	1852
2122	Paucton. — Métrologie, ou Traité des mesures, poids et monnaies des anciens peuples et des modernes. Paris, 1780; 1 vol. in-4° rel.	B.	1853
2123	Romé de l'Isle. — Métrologie, ou Tables pour servir à l'in-		

	telligence des poids et mesures des anciens, et principalement à déterminer la valeur des monnoies grecques et romaines, d'après leur rapport avec les poids, les mesures et le numéraire actuel de la France. Paris, Imp. de Monsieur, 1789; 1 vol. in-4° rel.	B.	1854
2124	PALAISEAU (J. F. G.). — Métrologie universelle, ancienne et moderne, ou Rapport des poids et mesures des empires, royaumes, etc. Bordeaux, 1816; 1 vol. in-4° rel.	B.	1855
2125	SOUQUET (J. B.). — Métrologie française, ou Manuel théorique et pratique du système métrique. Toulouse, 1840; 1 vol. gr. in-8° rel.	B.	1856
2126	TARBÉ DES SABLONS. — Manuel pratique élémentaire des poids et mesures, des monnaies et du calcul décimal. Paris, 1826; 1 vol. in-8° rel.	B.	1857
2127	TARBÉ. — Nouveau manuel des poids et mesures, des monnaies, du calcul décimal et de la vérification. Paris, 1839; 1 vol. in-18 rel.	B.	1858
2128	TARBÉ. — Nouveau petit manuel des poids et mesures à l'usage des ouvriers et des écoles. Paris, 1839; 1 vol. in-18 rel.	B.	1859
2129	Extracts of papers laid before the commission appointed to consider the steps to be taken for restoration of the standards of weight and measure; arranged by G. T. Airy. London, 1840; in-4° rel.	B.	1860
2130	GERHARDT (M. R. B.). — Allgemeiner Contorist, oder neueste und gegenwärtiger Zeiten gewöhnliche Münz-Maass-und Gewichtsverfassung aller Länder und Handelsstädte. Erster Theil. Berlin, 1791; 1 vol. in-4° rel.	B.	1861
2131	Tavole di ragguaglio fra le nuove et le antiche misure et fra i nuovi e gli antichi pesi della Republica italiana. Milano, 1803; 2 vol. in-fol. rel.	B.	1862
2132	KUPFFER (A. Th.). — Travaux de la commission pour fixer les mesures et les poids de l'empire de Russie. Saint-Pétersbourg, 1841; 2 vol. in-4° et atlas in-fol. rel.	B.	1863

2133	HASSLER. — Comparison of weights and measures of length and capacity, reported to the Senate of the United States by the treasury department in 1832. Washington, 1832; 1 vol. in-8° rel.	B.	1864
2134	BAZAINE. — Cours de stéréométrie appliquée au jaugeage assujetti au système métrique, etc. Paris, 1806; 1 vol. in-8° rel.	B.	1865
2135	ROUSSEL (J. B.). — Traité de la stéréométrie appliquée au jaugeage des tonneaux, etc. Rouen, 1838; in-8° rel.	B.	1866
2136	FAUBERT (J. A.). — Nouvelle théorie du jaugeage des bâtiments de mer d'après le système métrique. Paris, 1814; 1 vol. in-4° rel.	B.	1867
2137	RONDONNEAU. — Concordance des calendriers républicain et grégorien, depuis 1793 jusques et y compris l'an XXII. 7ᵉ édit. Paris, 1821; 1 vol. in-8° rel.	B.	1868
2138	Manuel pour la concordance des calendriers républicain et grégorien, ou Recueil complet de tous les annuaires, depuis la première année républicaine. Paris, 1822; 1 vol. in-12 rel.	B.	1869
2139	LEFEBVRE (A. C.). — Concordance perpétuelle de l'annuaire républicain avec l'ancien calendrier, et réciproquement. Paris, an IX (1801); 1 vol. in-8° rel.	B.	1870
2140	GOULARD-HENRIONNET. — Guide du géomètre pour les opérations d'arpentage et le rapport des plans, suivi d'un traité de topographie et de nivellement. Paris, 1849; 1 vol. et atlas in-8° rel.	B.	1871
2141	LEFÈVRE (A.). — Guide pratique et mémoratif de l'arpenteur. Paris, 1833; 1 vol. in-12 rel., planches.	B.	1872
2142	Mélanges sur les poids et mesures. 1 vol. in-8° rel. Calendrier de la République, avec le rapport de Favre sur l'ère nouvelle et celui de Romme sur les sextiles. Planches. Proposition de M. de Talleyrand sur les poids et mesures, faite à l'Assemblée constituante au mois de mars 1790.	B.	1873

Rapport sur l'uniformité à établir dans les poids et mesures, par de Bonnay, et opinion de M. Bureaux de Pusy. 6 mai 1790.

Observations de la Société royale d'agriculture sur l'uniformité des poids et mesures, par Tillet et Abeille. 1790.

Rapport à l'Académie des sciences sur le choix d'une unité de mesure. 1791.

Mémoire présenté à la Convention sur l'état des travaux nécessités par l'uniformité des mesures. 5 frimaire an I.

Rapport du citoyen Arbogast à la Convention sur l'uniformité des poids et mesures, avec le rapport à l'Académie sur le système général des poids et mesures. 14 thermidor an I.

Rapport de Fourcroy sur l'état du travail de la commission des poids et mesures et sur la fabrication des nouveaux étalons. 1er brumaire an II.

Adresse de la commission des poids et mesures à la Convention. An II.

Décret sur les poids et mesures. 18 germinal an III.

Nouvelle instruction sur les poids et mesures et le calcul décimal, avec les corrections de nomenclature, par Prieur. 11 floréal an III.

Rapport sur la vérification du mètre qui doit servir d'étalon pour la fabrication des mesures, par les commissaires. Thermidor an III.

La commission des poids et mesures aux artistes constructeurs des mesures de capacité, avec l'exposé succinct du système des poids et mesures. An III.

Avis instructif sur la fabrication des mesures de longueur à l'usage des ouvriers, par l'agence temporaire. An III.

Échelle graphique pour la comparaison de l'aune de Paris avec le mètre, avec planches. An III.

L'agence temporaire des poids et mesures aux rédacteurs de la Feuille du cultivateur, contre les objections faites à la nomenclature. An III.

Rapport du 25 fructidor an III sur les moyens préparés pour établir l'uniformité des poids et mesures et pour substituer prochainement le mètre à l'aune, par Prieur.

Explication et usage des échelles pour la comparaison des toises, pieds, pouces, avec les mètres et les parties décimales, par l'agence temporaire. An IV.

Tables de comparaison entre les mesures anciennes et celles qui les remplacent dans le nouveau système, avec l'explication, par l'agence. An IV.

Notions élémentaires sur les nouvelles mesures à l'occasion de la prochaine émission, par l'agence. Frimaire an IV.

Explication et usage des échelles de comparaison entre les mesures

	agraires et itinéraires et celles qui les remplacent, par l'agence. An IV. Instruction sur les nouveaux poids et sur l'usage des échelles qui présentent les rapports avec les poids de marc, par l'agence. An IV. Réflexions sur l'opinion de Gibert, relative au droit de garantie du titre des ouvrages d'or et d'argent, par l'agence. An V. Rapport du 25 germinal an VI sur l'exécution des lois relatives aux poids et mesures, par Prieur. Instruction sur la nouvelle mesure du bois de chauffage, conformément à la proclamation du Directoire du 27 pluviôse an VI.		

3. SCIENCES PHYSIQUES.

2143	MUSSEMBROCK (P.). — Essai de physique; traduit par P. Massuet. Leyde, 1739; 2 vol. in-4° rel.	B.	1874
2144	POUILLET. — Éléments de physique expérimentale et de météréologie. 3e édit. Paris, 1837; 2 vol. in-8° rel.	B.	1875
2145	HUMBOLDT (Alex. DE). — Cosmos. Essai d'une description physique du monde; traduit de l'allemand par Ch. Galuski et Faye. Paris, 1852; 3 vol. in-8° rel.	B.	1876
2146	AIMÉ-MARTIN. — Lettres à Sophie sur la physique, la chimie et l'histoire naturelle, avec des notes de M. Patrin. Paris, 1823; 2 vol. in-8° rel.	C.	139
2147	SMEATON (J.). — Recherches expérimentales sur l'eau et le vent considérés comme forces motrices; traduit par P. S. Girard. 2e édit. Paris, 1827; 1 vol. in-4° rel.	B.	1877
2148	GARNIER. — Traité sur les puits artésiens ou sur les différentes espèces de terrains dans lesquels on doit rechercher les eaux souterraines. 2e édit. Paris, 1826; 1 vol. in-4° rel.	B.	1878
2149	THÉNARD (Le baron). — Traité de chimie élémentaire théorique et pratique, suivi d'un essai sur la philosophie chimique. Paris, 1834-1836; 5 vol. in-8° rel., 1 atlas obl. cart., 20 planch.	B.	1879

2150	Regnault (V.). — Cours élémentaire de chimie. 3ᵉ édit. Paris, 1851; 4 vol. in-12 rel.	B.	1880
2151	Fourcroy (A. F.). — Système des connaissances chimiques et de leurs applications aux phénomènes de la nature et de l'art. Paris, an IX; 11 vol. in-8° rel. (Le XIᵉ volume se compose d'une table analytique.)	B.	1881
2152	Accum. — Traité pratique de l'éclairage par le gaz inflammable; traduit de l'anglais et augmenté par F. A. Windsor. Paris, 1816; 1 vol. in-8° rel.	B.	1882
2153	Nodier (C.) et Pichot (Amédée). — Essai critique sur le gaz hydrogène et les divers modes d'éclairage artificiel. Paris; 1 vol. in-8° rel.	B.	1883
2154	Garnier (J.) et Harel (C.). — Des Falsifications des substances alimentaires et des moyens chimiques de les reconnaître. Paris, 1844; 1 vol. in-12 rel.	B.	1884
2155	Grimaud. — Cours complet de physiologie distribué en leçons; ouvrage posthume publié par le docteur Lanthois. 2ᵉ édit. Paris, 1824; 2 vol. in-8° rel.	B.	1885
2156	Baumé (A.). — Éléments de pharmacie théorique et pratique. Paris, 1795 (an III); in-8° rel.	B.	1886
2157	Dictionnaire des dictionnaires de médecine français et étrangers, ou Traité complet de médecine et de chirurgie pratique, avec un supplément. Paris, 1850-1851; 9 vol. in-8°.	C.	369
2158	Prus. — Rapport à l'Académie royale de médecine sur la peste et les quarantaines, fait au nom d'une commission, accompagné de pièces et documents, et suivi de la discussion dans le sein de l'Académie. Paris, 1846; 3 parties en 1 vol. in-8° rel.	B.	1887
2159	Ségur-Dupeyron (De). — Service sanitaire. Mission en Orient. Rapport adressé à S. Exc. le Ministre de l'agriculture et du commerce. Paris, Imp. roy., 1846; 1 vol. in-8° rel.	B.	1888
2160	Mémoire publié par ordre du comité de salut public, sur les		

	eaux minérales et les établissements thermaux des Pyrénées. Paris, an III; 1 vol. in-8° rel., pl.	B.	1889
2161	ANGLADA (J.). — Traité des eaux minérales et des établissements thermaux du département des Pyrénées-Orientales. Paris, 1833; 2 vol. in-8° rel., carte et fig.	B.	1890
2162	FAURÉ (J.). — Analyse chimique et comparée des vins de la Gironde. Bordeaux, 1844; 1 vol. in-8° rel.	B.	1891

4. SCIENCES NATURELLES.

§ 1. GÉOLOGIE. — MINÉRALOGIE. — MÉTALLURGIE.

2163	Dictionnaire des sciences naturelles. Strasbourg et Paris, 1816 à 1830; 60 vol. in-8° rel.	B.	1892
2164	BUFFON. — Histoire naturelle. Paris, 1770; 32 vol. in-4° rel., fig.	C.	70
2165	LYELL (Ch.). — Nouveaux éléments de géologie; traduit de l'anglais par Mme Tullia Meulien. Paris, 1839; 1 vol. in-8° rel.	B.	1893
2166	DUFRÉNOY et ÉLIE DE BEAUMONT. — Explication de la carte géologique de la France. Paris, Imp. nat., 1848; 2 vol. in-4° rel.	B.	1894
2167	BRONGNIART (Alex.). — Introduction à la minéralogie, ou Exposé des principes de cette science. Paris, 1824; 1 vol. in-8° rel.	B.	1895
2168	BRONGNIART (Alex.). — Classification des caractères minéralogiques des roches homogènes et hétérogènes. Paris, 1827; in-8° rel.	B.	1896
2169	PATRIN (E. M. L.). — Histoire naturelle des minéraux. 2e édit. Paris, 1803; 5 vol. in-18 rel.	B.	1897
2170	LUCAS (J. A. H.). — Tableau méthodique des espèces minérales. Paris, 1806-1813; 2 vol. in-8° rel.	B.	1898

2171	PARKER CLEAVELAND. — An Elementary treatise on mineralogie and geologie. 2[d] edit. Boston, 1822; 2 vol. in-8° rel., carte et planch.	B.	1899
2172	GRAFFENAUERT (J. Ph.). — Essai d'une minéralogie des départements du Haut et du Bas-Rhin. Strasbourg, 1806; 1 vol. in-8° rel.	B.	1900
2173	GUETTARD. — Mémoire sur la minéralogie du Dauphiné. Paris, 1779; 2 vol. in-4° rel.	B.	1901
2174	*PALASSOU* (L'abbé). — Essai sur la minéralogie des monts Pyrénées. Paris, 1784; 1 vol. in-4° rel.	B.	1902
2175	CUVIER (G.) et BRONGNIART (Alex.). — Essai sur la géographie minéralogique des environs de Paris. In-4° rel.	B.	1903
2176	HÉRICART DE THURY (Vicomte). — Considérations générales sur les vestiges fossiles de végétaux du sol des environs de Paris. Paris, mai 1844; in-12 rel.	B.	1904
2177	FOURNEL (Henri). — Richesse minérale de l'Algérie, accompagnée d'éclaircissements historiques et géographiques sur cette partie de l'Afrique septentrionale. Paris, Imp. nat., 1849; in-4° et atlas in-fol. rel.	B.	1905
2178	GUENYVEAU (A.). — Principes généraux de métallurgie. Paris, 1824; 1 vol. in-8° rel.	B.	1906
2179	HASSENFRATZ (J. H.). — La Sidérotechnie, ou l'Art de traiter les minerais de fer pour en obtenir de la fonte, du fer et de l'acier. Paris, 1812; 4 vol. in-4° rel.	B.	1907
2180	RICHARDOT. — Mémoire sur l'emploi de la houille dans le traitement du minerai de fer. Paris, 1824; in-8° rel.	B.	1908
2181	Des Moyens de soustraire l'exploitation des mines de houille aux chances d'explosion. Bruxelles, 1840; in-8° rel.	B.	1909
2182	SAINT-CLAIR-DUPORT. — De la Production des métaux précieux au Mexique, considérée dans ses rapports avec la géologie,		

	la métallurgie et l'économie politique. Paris, 1843; 1 vol. in-8° et atlas in-4°	B.	1910
2183	Le Play (F.). — Mémoire sur la fabrication de l'acier en Yorkshire, et recherches sur l'état actuel et l'avenir probable de cette fabrication sur le continent européen, et principalement en France. Paris, 1843; 1 vol. in-8° rel...	B.	1911
2184	Héron de Villefosse (A. M.). — Rapport fait au jury central de l'exposition des produits de l'industrie française de l'année 1823 (métallurgie). Paris, 1823; 1 vol. in-8° rel....	B.	1912
2185	Héron de Villefosse (A. M.). — Des Métaux en France. Rapport fait au jury central de l'exposition des produits de l'industrie française de 1827. Paris, 1827; 1 vol. in-8° rel.	B.	1913
2186	Héricart de Thury (Vicomte). — Rapport fait à la Société d'encouragement pour l'industrie nationale sur l'état actuel des carrières de marbre de France. Paris, 1823; 1 vol. in-4° rel.	B.	1914

§ 2. AGRICULTURE.

2187	Mirabeau (Marquis de) et *Quesnay*. — Philosophie rurale, ou Économie générale et politique de l'agriculture. Amsterdam, 1763; 1 vol. in-4° rel.	B.	1915
2188	Thaër. — Principes raisonnés d'agriculture; traduit de l'allemand par le baron Crud. Paris, 1831; 4 vol. in-8°; atlas in-4° rel.	B.	1916
2189	Sinclair (John). — L'Agriculture pratique et raisonnée; traduit par Mathieu de Dombasle. 1825; 2 vol. in-8° rel....	B.	1917
2190	Fresne (De). — Traité d'agriculture, considérée tant en elle-même que dans ses rapports d'économie politique. Paris, 1788; 2 vol. in-8° rel.	B.	1918
2191	Bonneval (Comte André de). — Mélanges d'agriculture et d'économie publique. Paris, 1843; 1 vol. in-8° rel., avec figures	B.	1919

2192	COSTAZ (C. A.). — Histoire de l'administration en France de l'agriculture, des arts utiles, du commerce, des manufactures, des subsistances, des mines et des usines. Paris, 1832; 2 vol. in-8° rel.	B.	1920
2193	MOUNIER (L.). — De l'Agriculture en France, d'après les documents officiels, avec annotations de M. Rubichon. Paris, 1846; 2 vol. in-8° rel.	B.	1921
2194	Conseils généraux de l'agriculture, des manufactures et du commerce, 1845-1846. Paris, 1846; Imp. roy., 3 vol. et 3 suppl. rel.	B.	1922
2195	SERRES (Olivier DE), seigneur DU PRADEL. — Théâtre d'agriculture et mesnage des champs. Paris, 1600; 1 vol. in-fol. rel.	B.	1923
2196	PFLUGUER (L. D.). — La Maison des champs, ou Manuel du cultivateur, etc., avec des gravures en taille-douce. Paris, 1819; 4 vol. in-8° rel.	B.	1924
2197	BAILLY (C.), BIXIO (Alex.), MALPEYRE, YSABEAU. — Maison rustique du XIXe siècle, ou Encyclopédie d'agriculture pratique. Paris, 1839; 5 vol. in-8° rel.	B.	1925
2198	NEUFCHÂTEAU (François DE). — Dictionnaire d'agriculture pratique, précédé d'une introduction sur la manière d'enseigner et d'étudier l'agriculture. Paris, 1827; 2 vol. in-8° rel., avec figures.	B.	1926
2199	MATHIEU DE DOMBASLE. — Calendrier du bon cultivateur, ou Manuel de l'agriculteur praticien. Paris, 1833; 1 vol. in-12 rel.	C.	191
2200	MATHIEU DE DOMBASLE (C. J. A.). — Annales agricoles de Roville, ou Mélanges d'agriculture, d'économie rurale et de législation agricole, de 1824-1832. Paris, 1824 à 1837; 9 vol. in-8°.	B.	1927
2201	De l'Agriculture et de la condition des agriculteurs en Irlande et dans la Grande-Bretagne. (Extraits des enquêtes et des pièces officielles publiées en Angleterre par le parlement,		

depuis l'année 1833 jusqu'à ce jour.) T. I et II. Vienne et Paris, 1840; 2 vol. in-8° rel. . . . . B. 1928

2202 Extraits des documents officiels publiés en Angleterre, concernant l'agriculture, les travaux publics, la navigation, la pêche, le commerce, les manufactures et les ouvriers, les beaux-arts, l'éducation, la pauvreté, la justice, etc.; avec des notes de MM. Rubichon et Mounier. Paris et Vienne, 1840 à 1843; 6 vol. in-8° rel. . . . . B. 1929

2203 Report from the select committee on labourers wages, 4 june 1824. London; 1 vol. in-fol. . . . . B. 1930

2204 Bernard (Général Louis). — Coup d'œil de la situation agricole de la Guyane française. Paris, 1842; in-8° rel. . . . . . B. 1931

2205 Lavollée. — Notes sur les cultures et la production de la Martinique et de la Guadeloupe, publiées par le ministère de la marine. Paris, Imp. roy., 1841; 1 vol. in-4° rel. . . . B. 1932

2206 Deby (D. L. H.). — De l'Agriculture en Europe et en Amérique, considérée et comparée dans les intérêts de la France et de la monarchie. Paris, 1825; 2 vol. in-8° rel. . . . . B. 1933

2207 Report from the select committee on the growth and cultivation of tobacco. London, june 1830; in-fol. rel. . . . . . . B. 1934

2208 Mélanges sur l'agriculture. T. I, généralités; t. II, bois, landes, soie, bestiaux; t. III et IV, subsistances. 4 vol. in-8°. . . . . B. 1935

Tome I.

Annales de l'agriculture française, n° 85. Paris, 1834.

Annales agricoles, littéraires et industrielles de l'Ariége, n°s 10 et 11. Foix, 1836.

Procès-verbal de la séance générale de la société royale d'agriculture du département de Loir-et-Cher. Blois, 1835.

Recueil agronomique publié par les soins de la société des sciences, agriculture et belles-lettres du département de Tarn-et-Garonne. T. XVI, n° 5; t. XVII, n° 5. Montauban, 1835-1836.

Bulletin de la société d'agriculture et de commerce du département du Var. Draguignan, 1837.

Le Propagateur agricole et horticole, journal publié sous le patronage de la société d'agriculture du Cantal.

Observations sur un rapport fait au conseil supérieur d'agriculture, imprimé dans le numéro 25 des Annales administratives et scientifiques de l'agriculture française, relatif aux espèces d'arbres exotiques dont il serait à désirer que le ministère encourageât la culture par la distribution de graines, par Jaume Saint-Hilaire. Paris, 1830.

Opuscules d'un Vendéen sur les moyens d'améliorer les terres incultes en France, de les cultiver, d'augmenter considérablement la population et les revenus de l'État.

Du Médoc. Observations sur la culture de cette contrée, par A. Joubert. Paris, 1836.

Lettre écrite de la campagne sur la protection et les encouragements pécuniaires que le Gouvernement accorde à l'agriculture, sur la nature du gouvernement prétendu représentatif introduit en France, et sur la situation des propriétaires fonciers depuis l'introduction de ce gouvernement, par le marquis de Chambray. Paris, 1838.

Idée d'une institution nationale d'agriculture dans le but de développer et d'organiser sur tous les points du royaume les moyens de progrès de l'art agricole, par J. B. Monzie-Lasserre. Paris, 1840.

Un mot sur l'agriculture, par P. A. de Barruel de Beauvert. Marennes, 1841.

Quelques observations sur la Corse au point de vue cultural, par Joseph de Poli. Châtillon, 1844.

De la Grêle et des moyens d'en combattre les effets par A. Laterrade. Condom. 1847.

Loi sur l'organisation des comices agricoles, des chambres et du conseil général d'agriculture. Paris, 1831.

Tome II.

Nouveau mode d'exploitation, d'amélioration et d'aménagement des bois, forêts et sapinières, qui présente des avantages pour le présent et l'avenir; suivi de la manière de construire des parcs nouveaux, par A. Fromental. Nancy, 1839.

Notice sur l'enlèvement de la feuille morte dans la forêt indivise de Haguenau, par un conseiller municipal. 1840.

Compagnie de Bretagne pour une plantation de 100,000 hectares de landes en pins et autres arbres résineux. Instruction pour la souscription de 13,500 inscriptions forestières de 1,000 francs chacune. Paris, 1828.

Note sur le défrichement des bois, présentée à la société forestière, par L. Tassy. Paris, 1854.

Mémoire sur l'établissement d'un commissariat d'améliorations et sur les avantages qui résulteraient de la vente de toutes les landes du royaume.

Des Landes de Gascogne et de la compagnie agricole et industrielle d'Arcachon, constituée en février 1837.

Annales de la Société séricole fondée en 1837 pour l'amélioration et la propagation de l'industrie de la soie en France. Paris, 1838.

Recherches statistiques sur la production et l'élaboration de la soie en France, par F. Le Play. Paris, 1839.

Rapport au ministre de la marine sur une mission dans l'Inde, à Bourbon, à Cayenne, à la Martinique et à la Guadeloupe, concernant l'industrie sérigène et la culture du mûrier, par Perrottet. Paris, 1842.

Réflexions sur la production et la population des bestiaux en France, présentées au ministre de l'intérieur, par P. H. Pinteux. Paris, 1842.

L'Argus des haras et des remontes, journal de la réforme des abus, dans l'intérêt des éleveurs de chevaux, de la cavalerie et de l'agriculture. Un numéro. Paris, 1842.

Considérations sur l'exercice de la médecine vétérinaire en France, par J. M. Eléouet. Morlaix. 1842.

Notice sur les haras impériaux d'Autriche, par J. de Champagny. Paris, 1842.

Congrès central d'agriculture. Industrie chevaline. Opinion du comte Borgarelli d'Ison. Paris, 1844.

Tome III.

Projet contre la disette des grains, par M. de Lastours. Paris, 1819.

Mémoire en forme de pétition à la Chambre des députés.

Apologie de l'abondance, ou Observations sur la législation actuelle des grains en France, par Alex. Ruelle. Paris, 1825.

Compagnie Donat. Engrais nommé urate.

Rapport sur l'urate de MM. Donat à la Société royale et centrale d'agriculture, par Héricart de Thury. Paris, 1820.

Recherches sur les consommations de tout genre de la ville de Paris en 1817, comparées à ce qu'elles étaient en 1789, par Benoiston de Châteauneuf. Paris, 1821.

Sur le moyen de venir au secours de l'agriculture, réduite à vendre aujourd'hui son principal produit au-dessous des frais de culture.

Tome IV.

Traité sur les subsistances, et projet d'un approvisionnement de réserve en grains pour toute la France, sans qu'il en coûte rien au Trésor, par J. F. Déchalotte. Paris, 1829.

Des Lois actuelles sur le commerce des grains en France; leurs causes et leurs effets, par Gautier. Paris, 1831.

Des Céréales, par A. G. Paris, 1832.

De la Culture du colza et de ses avantages, tant sous le rapport des produits que sous celui de la suppression des jachères, par Hotton. Paris, 1832.

Semoir Hugues. Rapports sur les résultats d'expériences agricoles.

Note sur la construction et l'emploi des silos dans le nord de la France, par d'Arcet. Paris, 1841.

Comice agricole de Toulon. Mémoire sur le manque de subsistances en France, par J. A. Toucas. Toulon, 1847.

Le Véritable assureur des récoltes, journal des engrais, fondé en 1840. Paris, 1851. Deux numéros.

Notice sur les procédés du parlement d'Angleterre, de 1814 à 1828, relativement à l'état de l'agriculture et à la législation du commerce des grains. Paris, 1830.

2209 Mélanges sur l'agriculture. Matières diverses. 1 vol. in-4° rel. B. 1936

Essais sur la culture des prairies artificielles, par P. D. Bonneau. Paris, 1807.

Sur la nécessité de modifier notre législation sur les grains. Marseille, 1821.

Extrait du registre des délibérations du conseil municipal de Marseille. Rapport sur le mémoire précédent.

De l'Agriculture en France et des institutions qu'elle réclame, par Stanislas Amphoux de Belleval. Marseille, 1829.

Essai sur les avantages offerts à l'Alsace par la circulaire du ministre de l'intérieur, où il dit : « La France doit être divisée en contrées qui font naître les chevaux et en d'autres qui les doivent élever », par le marquis de Royère. Strasbourg, 1821.

Quelques mots sur la délimitation des forêts de la Corse, par Racle.

Considérations générales sur l'agriculture, par L. F. Huerne de Pommeuse. (Extrait de l'Encyclopédie du XIXe siècle.)

2210 *Turbilly.* — Mémoire sur les défrichements. Paris, 1761; 1 vol. in-8° rel. . . . . B. 1937

2211 Pallas (Ém.). — Recherches historiques, chimiques, agricoles et industrielles sur le maïs ou blé de Turquie, suivies de l'art de fabriquer le sucre et le papier avec la tige de cette plante. Paris, 1837; 1 vol. in-8° rel. . . . . B. 1938

2212 Rey de Marande. — De la Facilité et des avantages de l'introduction en France de la culture en grand du coton, du café et notamment de la canne à sucre, etc. Paris, 1830; in-8° rel. . . . . B. 1939

2213	Flandre d'Espinay. — De l'Influence du grand propriétaire sur la prospérité agricole et commerciale lorsqu'il s'occupe de haras, d'expériences, et qu'il établit des fermes expérimentales. Paris, 1809; 1 vol. in-4° rel., fig.	B.	1940
2214	Canolle (L. F.). — Manuel du propriétaire d'abeilles. Marseille, 1829; 1 vol. in-12 rel.	B.	1941
2215	Boissier des Sauvages. — L'Art d'élever les vers à soie. Avignon, 1788; 1 vol. in-8° rel.	B.	1942
2216	Dandolo (Comte). — L'Art d'élever les vers à soie; traduit de l'italien par Fontaneilles. 3e édit. Lyon, 1830; 1 vol. in-8° rel.	B.	1943
2217	Delafond (O.). — Traité sur la maladie de sang des bêtes à laine, suivi de l'Étude comparée de cette affection avec la fièvre charbonneuse, l'empoisonnement par les végétaux vénéneux et la maladie rouge. Paris, 1843; 1 vol. in-8° rel.	B.	1944
2218	Cavoleau. — Œnologie française, ou Statistique de tous les vignobles et de toutes les boissons vineuses et spiritueuses de la France. Paris, 1827; 1 vol. in-8° rel.	B.	1945
2219	Jullien (A.). — Topographie de tous les vignobles connus. 3e édit. Paris, 1832; 1 vol. in-8° rel.	B.	1946
2220	Neufchâteau (François de). — Voyages agronomiques dans la sénatorerie de Dijon. Paris, 1806; 1 vol. in-4° rel.	B.	1947
2221	Mottin (Al.). — Compte rendu des travaux de la société d'agriculture, sciences et belles-lettres de Mâcon. Mâcon, 1829; 1 vol. in-8° rel.	B.	1948
2222	Annales européennes de physique végétale et d'économie publique, ou Journal spécial de la société de fructification générale. Paris, 1821-1826; 12 vol. in-8° rel.	B.	1949
2223	Bibliographie agronomique, ou Dictionnaire raisonné des ouvrages sur l'économie rurale et domestique et sur l'art vétérinaire. Paris, 1810; 1 vol. in-8° rel.	B.	1950

§ 3. SYLVICULTURE.

2224	COTTA (H.). — Principes fondamentaux de la science forestière; traduit de l'allemand par J. Nongier. 2e édit. publiée par Cotta fils. Paris, 1841; 1 vol. in-8° rel.	B.	1951
2225	OURCHES (Ch. D'). — Aperçu général des forêts. Paris, an XIII (1805); 2 vol. in-8° rel.	B.	1952
2226	DUHAMEL DU MONCEAU. — Du Transport, de la conservation et de la force des bois. Paris, 1767; 1 vol. in-4° rel.	B.	1953
2227	NOIROT. — Traité de la culture des forêts, ou de l'Application des sciences agricoles et industrielles à l'économie forestière. Paris, 1832; 1 vol. in-8° rel.	B.	1954
2228	Atlas forestier de France, contenant les bois royaux, communaux, de la couronne, des princes et les bois engagés. Atlas oblong manuscrit renfermé dans un étui.	15	182
2229	État général des forêts et bois du royaume de France. (Manuscrit.) 1763; in-fol. rel.	15	608
2230	Annales forestières, à partir de l'origine (1er janvier 1842), et suite. Paris, 1842 et suiv.; in-8° rel.	B.	1955
	(Un bulletin de jurisprudence forestière est joint mensuellement à cette revue, et forme un ouvrage séparé sous le n° 827.)		
2231	BRETON. — Nouveau guide forestier, ou Traité sur la culture et l'amélioration des bois et forêts en France et en Belgique. Paris, 1844; 1 vol. in-12 rel.	B.	1956
2232	PHILIPPAR (F. H.). — Études forestières considérées sous le rapport de l'amélioration des bois et des forêts en France. Paris, 1843; 1 vol. in-8° rel., planch.	B.	1957
2233	NOIROT-BONNET. — Théorie de l'aménagement des forêts. 1re partie. 2e édit. Paris, 1842; 1 vol. in-8° rel.	B.	1958
2234	PERTHUIS (DE). — Traité de l'aménagement et de la restaura-		

	tion des bois et forêts de la France; rédigé et publié par de Perthuis fils. Paris, 1803; 1 vol. in-8° rel.	B.	1959
2235	SALOMON (DE).— Traité de l'aménagement des forêts, enseigné à l'École royale forestière, suivi d'un procès-verbal et du plan d'un aménagement et des tables de cubage de Cotta. Paris, 1837; 2 vol. in-8° et atlas in-4° rel.	B.	1960
2236	COTTA (H.). — Traité de culture forestière; traduit de l'allemand par Gustave Gand. 5e édit., revue par Auguste Cotta. Paris, 1836; 1 vol. in-8° rel.	B.	1961
2237	VARENNE-FENILLE (P. C.). — Mémoire sur l'administration forestière et sur les qualités individuelles des bois indigènes ou qui sont acclimatés en France, avec la description des bois exotiques que fournit le commerce. Paris, 1807; 2 parties en 1 vol. in-8° rel.	B.	1962
2238	FAIZEAU-LAVANNE. — Recherches statistiques sur les forêts de la France, tendant à signaler le danger qu'il y aurait pour elle d'ouvrir nos frontières aux fers étrangers. Paris, 1829; 1 vol. in-4° rel.	B.	1963
2239	NOIROT-BONNET. — Manuel théorique et pratique de l'estimateur des forêts. Langres, 1832; 1 vol. in-8° rel.	B.	1964
2240	Plans et détails de contenance, par maîtrise, de tous les bois royaux et domaniaux de France, avec les prix de vente des coupes de 1660 à 1696 inclus. (Manuscrit sur vélin pour les plans et sur papier pour les détails.) 17 vol. in-4° oblong rel.	B.	1965
2241	SECONDAT.—Mémoire sur l'histoire naturelle du chêne. Paris, 1785; 1 vol. in-fol. rel.	B.	1966
2242	LA RUE (A. DE). — Entomologie forestière, ou Histoire naturelle des insectes nuisibles et utiles aux forêts. Paris, 1838; 1 vol. in-8° rel.	B.	1967
2243	LAURENT (Paul). — Précis des leçons de travail graphique et de constructions forestières, données à l'École royale forestière. Nancy et Paris, 1830; 1 vol. in-4° rel.	B.	1968

2244	Mémoire sur la concession de la Plaine, anciennement forêt de Bièvres. 1780; 1 vol. in-4° rel.	B.	1969
2245	Observations et conclusions définitives du procureur général du roi, en sa chambre des comptes de Dauphiné, sur la concession de la Plaine, anciennement forêt delphinale de Bièvres. 1788; 1 vol. in-4° rel.	B.	1970
2246	Mémoire concernant la forêt de Chambaran de Roybon, présentant les bases d'une transaction dans l'intérêt de tous les ayants droit. Grenoble, 1824; 1 vol. in-4° rel.	B.	1971
2247	Mélanges sur les forêts. 1 vol. in-8° rel.	B.	1972
	Considérations sur l'intérêt qu'a le Gouvernement à maintenir en France une administration forestière spéciale, par Fleury. 1818. Un dernier mot sur la même question. 1818. Mémoire sur la destruction des forêts, sur les effets qui en résultent, par Doulcet. Auxerre, 1821. Considérations d'ordre et d'intérêt public sur l'aliénation, par fonds et superficie, de 300,000 hectares des forêts de l'État, par Plinguet. Le Mans, 1831. Danger de l'aliénation des forêts de l'État, par Gauchet. 1831. Recherches sur les droits d'usage dans les bois de l'État et des particuliers situés dans la province de Normandie, par Nau de Sainte-Marie. 1835. Du projet de loi sur les défrichements, par de Metz-Noblat. Nancy, 1851. Mémoire sur l'introduction des arbres forestiers exotiques dans les grandes plantations économiques, par Soulange-Bodin. 1833. Projet d'aménagement d'une partie de la réserve des bois de Bourbonne. Chaumont, 1835. Nouveau mode d'exploitation, d'amélioration et d'aménagement des bois, forêts et sapinières, suivi de la manière de construire des parcs nouveaux, par Fromental. Nancy, 1839. Observations sur la loi relative à l'exploitation des forêts de la Corse. Du produit du sol forestier et de sa comparaison avec les autres biens-fonds, par Paul Laurent. Nancy, 1849. Études et tracés de routes exécutés par les élèves de la 1re division de l'École royale forestière. Nancy, 1845. Mémoire sur la destruction des bois et sur les graves conséquences qui peuvent en résulter, par Rongier de la Bergerie. 1831. Notice relative à la compagnie française de boisement. 1846.		

	Nouveau système d'extraction des résines à l'aide d'un réservoir ou récipient ascensionnel à déversoir, par Hugues.		
2248	Duhamel du Monceau. — De l'Exploitation des bois, ou Moyen de tirer un parti avantageux des taillis, demi-futaies et hautes futaies. Paris, 1764; 2 vol. in-4° rel.	B.	1973
2249	Duchêne (J. B.). — Guide de la culture des bois, ou Herbier forestier. Paris, 1826; 1 vol. in-8° et atlas in-fol. rel.	B.	1974
2250	Duhamel du Monceau. — Traité des arbres et arbustes qui se cultivent en France en pleine terre. Paris, 1755; 2 vol. in-4° rel.	B.	1975
2251	Duhamel du Monceau. — La Physique des arbres, où il est traité de l'anatomie des plantes et de l'économie végétale. Paris, 1788, 2 vol. in-4° rel.	B.	1976
2252	Duhamel du Monceau. — Des Semis et plantations des arbres et de leur culture, etc. Paris, 1780; 1 vol. in-4° rel.	B.	1977
2253	Lorentz. — Cours élémentaire de culture des bois, créé à l'École royale de Nancy, complété et publié par A. Parade. Paris, 1837; 1 vol. in-8° rel.	B.	1978
2254	Thomas (J. B.). — Traité général de statistique, culture et exploitation des bois. Paris, 1840; 2 vol. in-8° rel.	B.	1979
2255	Becquerel. — Du Climat et de l'influence qu'exercent les sols boisés et non boisés. Paris, 1853; 1 vol. in-8° rel.	B.	1980
2256	Chambray (Marquis de). — Traité pratique des arbres résineux conifères à grandes dimensions que l'on peut cultiver en futaie dans les climats tempérés. Paris, 1845; 1 vol. gr. in-8° rel., planch.	B.	1981
2257	Delamarre (L. G.). — Traité pratique de la culture des pins à grandes dimensions, annoté par Michaux et Vilmorin. 3e édit. Paris, 1831; 1 vol. in-8° rel.	B.	1982
2258	Dralet. — Traité du hêtre et de son aménagement comparé à celui du chêne et des arbres résineux. Toulouse, 1824; 1 vol. in-12 rel.	B.	1983

2259	DATHY. — Des Plantations, de leur nécessité en France, de leur utilité dans les départements du Midi pour l'assainissement de l'air. Arles, 1815; 1 vol. in-8° rel..........	B.	1984
2260	RAUCH (F. A.).—Harmonie hydro-végétale et météorologique, ou Recherches sur les moyens de recréer avec nos forêts la force des températures. Paris, an x; 2 vol. in-8° rel.....	B.	1985
2261	MICHAUD (André). — Histoire des arbres forestiers de l'Amérique septentrionale, considérés principalement sous les rapports de leur usage dans les arts et de leur introduction dans le commerce. Paris, 1810; 3 vol. in-8° rel........	15	148

§ 5. ARTS ET MÉTIERS. — TRAITÉS DIVERS.

2262	ROLAND DE LA PLATIÈRE. — Dictionnaire des manufactures et arts. (Extrait de l'Encyclopédie méthodique.) Paris, 1785-1790; 3 vol. in-4° rel..........................	B.	1986
2263	BOUTARD. — Dictionnaire des arts, du dessin, la peinture, la sculpture, la gravure et l'architecture. Paris, 1826; 1 vol. in-8° rel....................................	B.	1987
2264	DUPRAT (F. A.). — Précis historique sur l'Imprimerie nationale, accompagné des spécimens de ses caractères français et étrangers. Paris, 1848; 1 vol. in-8°...............	B.	1988
2265	Spécimen de l'Imprimerie royale. Paris, Imp. roy., 1842; in-fol. rel................................	B.	1989
2266	SENEFELDER (Aloys). — L'Art de la lithographie. Paris, 1819; 1 vol. in-4° et atlas rel.........................	B.	1990
2267	AUDOIN DE GERONVAL. — Manuel de l'imprimeur, ou Traité simplifié de la typographie. Paris, 1826; 1 vol. in-18 rel.	B.	1991
2268	TUDOT. — Traité de lithographie, ou Description de tous les moyens de dessiner sur pierre. 2ᵉ édit. Paris, 1834; 1 vol. in-18 rel..	B.	1992
2269	BREGEANT. — Manuel théorique et pratique du dessinateur et		

	de l'imprimeur lithographe. 2ᵉ édit. Paris, 1827; 1 vol. in-18 rel.	B.	1993
2270	Le Normand (L. H.). — Manuel du relieur dans toutes ses parties, avec figures. Paris, 1827; 1 vol. in-18 rel.	B.	1994
2271	Chappe aîné. — Histoire de la télégraphie. Paris, 1824; 2 tomes en 1 vol. in-8° rel.	B.	1995
2272	Ennemond-Gonon. — Mémoire sur le système télégraphique nouveau, universel et perpétuel, pour le jour et pour la nuit. Paris, 1844; 1 vol. in-4° rel.; fig.	B.	1996
2273	Le Normand. — Manuel complet du fabricant de papiers, ou l'Art de la papeterie, suivi de l'Art du fabricant de cartons. Paris, 1834; 2 vol. in-18, avec atlas in-8°.	B.	1997
2274	Lalande (De). — Art de faire le papier. Nouvelle édition augmentée par Bertrand. Paris, 1820; in-4° rel.; pl.	B.	1998
2275	Piette (L.). — Traité de la fabrication du papier. Paris, 1831; 1 vol. in-8° rel.	B.	1999
2276	Le Normand (L. H.). — Manuel du fabricant d'étoffes imprimées et du fabricant de papiers peints. Paris, 1830; 1 vol. in-18 rel.	B.	2000
2277	Thillaye (L. J. S.). — Manuel du fabricant d'indiennes. Paris, 1834; 1 vol. in-18 rel.	B.	2001
2278	Brongniart (Alex.). — Traité des arts céramiques, ou des Poteries considérées dans leur histoire, leur pratique et leur théorie. Paris, 1844; 2 vol. in-8° et atlas in-4° rel.	B.	2002
2279	Mauny de Mornay. — Livre du fabricant de sucre et du raffineur, suivi de l'Hygiène de ces professions, par le docteur de la Berge. Paris, 1837; 1 vol. in-12 rel.	B.	2003
2280	Blachette et Zoéga. — Manuel du fabricant et du raffineur de sucre, augmenté et publié par Julia de Fontenelle. Paris, 1833; 1 vol. in-18 rel.	B.	2004
2281	Leroux-Dufié. — Du Raffinage des sucres bruts et de la fa-		

	brication du sucre indigène. Paris, 1839; 1 vol. in-8° rel.	B.	2005
2282	Mathieu de Dombasle (C. J. A.). — Le Procédé de macération du sucre indigène. Paris, 1841; in-8° rel.	B.	2006
2283	Dubrunfaut. — Art de fabriquer le sucre de betteraves, etc. Paris, 1835; 1 vol in-8° rel.	B.	2007
2284	Achard. — Traité complet sur le sucre européen de betteraves; culture de cette plante considérée sous le rapport agronomique et manufacturier; traduit par D. Angar, annoté et augmenté d'une introduction, par Ch. Derosne. Paris, 1812; 1 vol. in-8°.	B.	2008
2285	Payen (A.). — Traité de la distillation des betteraves, considérée comme industrie annexe des fermes et des sucreries. 2e édit. augmentée de la distillation des mélasses. Paris, 1855; 1 vol. in-8°.	B.	2009
2286	Documents divers concernant la fabrication et la consommation du sucre en France. 1833; 1 vol. in-4° rel. Échelle de consommation, mouvement commercial et recherches statistiques relativement à la consommation et à la valeur des sucres en France, de 1812 à 1832, par Millot. 1833. Sur l'Agriculture en général et sur le sucre de betterave, par Spineux aîné (de la Somme). Les Fabricants de sucre indigène des départements de la Somme et de l'Oise aux Chambres, relativement à une réduction de droits. Mémoire adressé aux Chambres par les fabricants de sucre indigène des départements du Loiret et de Loir-et-Cher. Observations relatives à la réduction des droits sur le sucre indigène, par Coste fils et Cie, fabricants à Sailly (Somme). Rapport à la Société royale d'Arras sur la réduction des droits sur les sucres étrangers, par M. Harbaville. 1829. Rapport de fabricants de sucre indigène du département du Nord au sujet de la réduction des droits. 1832. Rapport de fabricants de sucre du Pas-de-Calais sur le même objet. 1831. Extrait du compte rendu de l'enquête et des délibérations de la commission d'enquête sur le sucre de betterave, par le comte d'Argout.	B.	2010

Tableau raisonné de la consommation des sucres et de son accroissement depuis 1812 jusqu'en 1832.
Observations sur le projet de loi relatif à la tarification des sucres, par le conseil des délégués des colonies françaises.
Nouvelles observations sur la question des sucres et sur le projet de loi présenté par M. d'Argout.
Aux Députés, le comité des fabricants de sucre. 1833.
Pétition du commerce du Havre aux députés sur la loi des sucres. 1833.
Un point à examiner dans le rapport de M. Passy sur les sucres, par Sully-Brunet. 1833.
Lettre à M. Eusèbe Salverte, en réponse à son discours du 20 mars 1833 sur les sucres, par les délégués des colonies françaises.
Observations sur les réclamations adressées aux Chambres par des négociants de Bordeaux sur l'admission des sucres bruts étrangers. Bordeaux, 1833.
Mémoire sur la prime à l'exportation des sucres raffinés, le tarif des sucres de nos colonies et le tarif des sucres étrangers, par M. Gautier, président de la chambre de commerce de Bordeaux.

2287 Mélanges sur la fabrication des sucres. 1 vol. in-8° rel...... B. 2011

Instruction sur la fabrication du sucre de raisin.
Réussite de la culture de la canne à sucre en France, démontrée infaillible, ou Précis sur la canne à sucre, sa culture, ses produits, etc., par un propriétaire français qui a habité douze ans les Antilles.
Appendice aux observations pratiques sur la théorie des assolements. Culture de la betterave, par de Morel-Vindé. 1833.
Bulletin du procédé de macération pour l'extraction de la matière sucrée de la betterave, par Mathieu de Dombasle. 2e cahier. 1834.
Instruction pour les fabricants de sucre indigène sur l'emploi du konidomètre, par Pelletan. 1837.
Instruction pratique et programme des prix relatifs à l'extraction du sucre de betteraves dans les petites exploitations rurales, etc. M. Payen, rapporteur.
Réflexions sur le raffinage des sucres et sur la fabrication du sucre de betteraves, ou Avis aux capitalistes, par Édouard Huard. 1829.
Brochure sur la fabrication du sucre de betterave, par Martin (de Roclincourt). 1834.
Rapport de M. Debonnaire de Gif sur une petite fabrique de sucre de betterave. 1836.
Mémoire officiel sur la fabrication du sucre de betterave. 1838.

	Instruction publiée par l'Administration pour l'exécution des lois des 18 juillet 1837 et 4 juillet 1838 et de l'ordonnance réglementaire du 4 juillet 1838 sur le sucre indigène. 1838. Le Monopole ou la centralisation du débit et la répartition de la fabrication comme solution de la question du sucre. 1840. De l'Exercice des raffineries, par Bayvet. 1851. Nouveau procédé pour l'extraction du sucre de la canne et de la betterave, par M. Melsens. Bruxelles, 1849. Analyse des substances sacchariferes au moyen des propriétés de leur dissolution. Évaluation du rendement industriel, par T. Clerget. 1850.		
2288	Nosban. — Manuel du menuisier en meubles et en bâtiments, suivi de l'Art de l'ébéniste. Paris, 1829; 2 vol. in-18 rel.	B.	2012
2289	Fournel (J.). — L'Art du fumiste, ou Moyens employés par l'auteur pour empêcher de fumer les cheminées, poêles et calorifères dans les maisons d'habitation et les monuments publics. Paris, 1845; 1 vol. in-4° rel.; planches	B.	2013
2290	Le Bossu. — L'Architecte régulateur, ou Tableaux alphabétiques des prix réglés de tous les ouvrages en bâtiment. Paris, 1835; 1 vol. in-12 rel.	B.	2014
2291	Morin. — Manuel de l'amidonnier et du vermicellier. Paris, 1830; 1 vol. in-18 rel.; figures	B.	2015
2292	Marie de l'Isle (E. B.). — Manuel complet des marchands de bois et de charbons, ou Traité de ce commerce en général. Paris, 1825; 1 vol. in-18 rel.	B.	2016
2293	Pelouze. — Manuel du Manufacturier, ou Archives des découvertes et procédés de fabrication publiés dans la Grande-Bretagne. Paris, 1826; 1 vol. in-12 rel.	B.	2017
2294	Des Machines et de leurs résultats; traduit de l'anglais par Lhuillier de l'Étang. Paris, 1833; 1 vol. in-12 rel.	B.	2018
2295	Nicholson. — Le Mécanicien anglais, ou Description raisonnée de toutes les machines; traduit de l'anglais. Paris, 1826; 4 vol. in-8° rel.; planches	B.	2019

2296	Babbage (Ch.). — On the economy of machinery and of manufactures. London, 1832; 1 vol. in-12 rel.	B.	2020
2297	Babbage (Ch.). — Traité sur l'économie des machines et des manufactures; traduit de l'anglais par Biot. Paris, 1833; 1 vol. in-8° rel.	B.	2021
2298	Lardner (D.). — Popular lectures on the steam engine. London, 1 vol. in-12 rel.	B.	2022
2299	Janvier. — Manuel des machines à vapeur appliquées à l'industrie. Paris, 1838; 2 vol. in-18 rel.	B.	2023
2300	Duhamel du Monceau. — Éléments de l'architecture navale, ou Traité pratique de la construction des vaisseaux. Paris, 1752; 1 vol. in-4° rel.	B.	2024
2301	Janvier. — Manuel du capitaine, du chauffeur, du constructeur de bâtiments et de machines à vapeur pour la marine. Paris, 1838; 1 vol. in-18 rel.	B.	2025
2302	Bonaparte (Napoléon-Louis). — Études sur le passé et l'avenir de l'artillerie. T. I et II. Paris, 1851; 2 vol. in-4°.	B.	2026
2303	Carrion-Nisas. — Essai sur l'histoire générale de l'art militaire, de son origine, de ses progrès et de ses révolutions. Paris, 1824; 2 vol. in-8° rel.	B.	2027
2304	Morin (Arthur). — Aide-mémoire de mécanique pratique à l'usage des officiers d'artillerie et des ingénieurs civils et militaires. 3e édit. Paris, 1843; 1 vol. in-8° rel.	B.	2028
2305	Dally (N.). — Gymnastique. De la régénération physique de l'espèce humaine par la gymnastique rationnelle. Paris, 1848; 1 vol. in-8°.	B.	2029
2306	Goddé de Liancourt (Comte A.). — Traité pratique des moyens de sauvetage. Paris, 1841; 1 vol. in-8°.	B.	2030
2307	Mélanges sur les sciences. 1 vol. in-8° rel.	B.	2031
	Tables de comparaison entre les mesures anciennes et celles qui		

les remplacent dans le nouveau système métrique. Publication officielle. An IX.

Instruction élémentaire pour apprendre de soi-même le nouveau système des mesures, par Aubry. An VI.

Notice sur la chaîne métrique, de Cartéron. Orléans, 1840.

Sur l'art de fabriquer du flint-glass bon pour l'optique, par d'Artigues. 1811.

Du Plan incliné comme grande machine agricole, par Aug. de Gasparin. 1835.

Considérations sur les machines, par le même. 1835.

Travaux des ponts et chaussées dans le royaume de Naples. 1830.

Nouveau passage des Alpes par le col de Stelvio, par Augoyat. 1830.

Descriptions de quelques-uns des principaux observatoires d'Allemagne, par Lohrmann; traduit par A. Quételet.

Description de plusieurs observatoires d'Angleterre, par A. Quételet.

Essai sur la mesure des longitudes par la rotation de la terre, par Martin. 1834.

Rapport sur les grands appareils de chauffage de Duvoir-Leblanc et Cie, par Malepeyre. 1844.

Notice sur un moulin à vent fournissant l'eau à des fontaines publiques, par Amédée Durand. 1836.

Projet de distribution générale des eaux de l'Ourcq dans l'intérieur de Paris. 1826.

Pont des Invalides, par F. 1826.

Des Ponts en fil de fer. 1828.

Remarques sur le pont suspendu de Paris, par Robison. 1828.

Notice historique sur le nouveau système de navigation sous-marine inventé par M. Beaudouin des Andelys. 1827.

Notice historique sur les bateaux à vapeur, par Molard.

Nouvelles dispositions de chaudières pour bateaux à vapeur, par Tourasse. 1828.

Du Touage par la vapeur et des tentatives faites sur la Seine pour y appliquer ce nouveau mode de navigation.

BELLES-LETTRES.

I. LINGUISTIQUE.

2308	Du Cange (Charles-Dufresne). — Glossarium ad scriptores mediæ et infimæ latinitatis. Paris, 1681; 3 vol. in-fol. rel.	B.	2032
2309	Du Cange (Charles-Dufresne). — Glossarium mediæ et infimæ latinitatis, auctum à monachis ordinis S. Benedicti, cum supplementis integris D. P. Carpenterii et additamentis Adelungii et aliorum. Paris, Firmin Didot, 1840-1850; 7 vol. in-4° rel.	B.	2033
2310	Roquefort (J. B. B. de). — Glossaire de la langue romane, rédigé d'après les manuscrits de la Bibliothèque impériale et d'après ce qui a été imprimé de plus complet en ce genre. Paris, 1808; 3 vol. in-8° rel.	B.	2034
2311	Dictionnaire universel français-latin, vulgairement dit Dictionnaire de Trévoux. Nouvelle édition, revue par l'abbé Brillant. Paris, 1771; 8 vol. in-fol. rel.	B.	2035
2312	Dictionnaire de l'Académie française, dédié au Roi. Paris, 1694; 2 vol. in-fol. rel.	B.	2036
2313	Dictionnaire de l'Académie française (6e édit.), suivi du complément. Paris, 1835; 3 vol. in-4° rel.	B.	2037
2314	Boiste. — Dictionnaire universel de la langue française, avec le latin et l'étymologie; manuel encyclopédique de vieux langage, de néologisme, etc. Paris, 1839; 1 vol. in-4° rel.	B.	2038

2315	LAVEAUX (Ch.). — Nouveau dictionnaire de la langue française. 2ᵉ édit. Paris, 1828; 2 vol. in-4° rel.	A.	623
2316	LANDAIS (Napoléon). — Dictionnaire général et grammatical des dictionnaires français. 2ᵉ édit. Paris, 1837; 2 vol. in-4° rel.	A.	899
2317	NOËL (Fr.). — Philologie française, ou Dictionnaire étymologique, critique, historique, anecdotique et littéraire. Paris, 1831; 2 vol. in-8° rel.	B.	2039
2318	ROQUEFORT (J. B. B. DE). — Dictionnaire étymologique de la langue française, où les mots sont classés par familles. Paris, 1829; 2 vol. in-8° rel.	B.	2040
2319	WAILLY (Alf. DE). — Nouveau vocabulaire français. 16ᵉ édit. Paris, 1830; 1 vol. in-8° rel.	B.	2041
2320	LANDAIS (Napoléon). — Grammaire, ou Résumé de toutes les grammaires françaises. Paris, 1835; 1 vol. in-4° rel.	B.	2042
2321	LE NIEF DE LAIGNES. — L'Art de parler purement et d'écrire correctement la langue française. Paris, 1832; 1 vol. in-8° rel.	B.	2043
2322	GIRAULT-DUVIVIER (Ch. P.). — Grammaire des grammaires, ou Analyse raisonnée des meilleurs traités sur la langue française. 7ᵉ édit. Paris, 1830; 2 vol. in-8° rel.	B.	2044
2323	GIRARD (L'abbé). — Synonymes français, revus par Beauzée. Paris, 1769; 2 vol. in-12 rel.	B.	2045
2324	LIVRY (Timothée DE). — Dictionnaire de synonymes français, augmenté par Beauzée. 3ᵉ édit. Paris, 1828; 1 vol. in 8° rel.	B.	2046
2325	Dictionnaire universel des synonymes de la langue française, contenant les synonymes de Girard et ceux de Beauzée, de Diderot et d'Alembert. Édit. stéréot. Paris, 1826; 2 vol. in-12 rel.	B.	2047
2326	GUIZOT. — Nouveau dictionnaire universel des synonymes de la langue française. 3ᵉ édit. Paris, 1833; 2 vol. in-8° rel.	B.	2048

2327	Theil. — Dictionnaire latin-français, rédigé d'après les meilleurs travaux allemands et principalement d'après le grand ouvrage de Freund. Paris, Didot, 1853; 1 vol. in-8° rel..	B.	2049
2328	Spiers (A.). — Dictionnaire général anglais-français et français-anglais. Paris, 1846; 2 vol. in-8° rel.	B.	2050
2329	Boyer et Chambaud. — Dictionnaire anglais-français et français-anglais. Paris, 1829; 2 vol. in-4° rel.	B.	2051
2330	Dufieff. — Dictionnaire nouveau et universel des langues française et anglaise, avec la prononciation figurée de chaque mot. Philadelphie, 1810; 3 vol. in-12 rel.	B.	2052
2331	Johnson (Samuel). — A dictionary of the english language. London, 1827; 1 vol. in-8° rel.	B.	2053
2332	Johnson (Samuel). — A dictionary of the english language in which the words are deduced from their originals and illustrated in their different significations by examples from the best writers, to which are prefixed a history of the language and an english grammar. London, 1831; 2 vol. in-4° rel..	B.	2054
2333	Jamieson (John). — An etymological dictionary of the scottish language. Edinburgh, 1818; 1 vol. in-8° rel.	B.	2055
2334	Cobbett (William). — Le Maître d'anglais, ou Grammaire raisonnée de la langue anglaise. 33e édit. Paris, 1850; 1 vol. in-12.	B.	2056
2335	Alberti de Villeneuve. — Nouveau dictionnaire français-italien et italien-français, composé sur les dictionnaires des Académies de France et de la Crusca, enrichi de tous les termes propres des sciences et des arts. Marseille, 1796; 2 vol. in-8° rel.	B.	2057
2336	Nuñez de Taboada. — Dictionnaire français-espagnol et espagnol-français, plus complet que ceux publiés jusqu'à ce jour, sans excepter celui de Capmany. 12e édit. Paris, 1851; 2 vol. in-8° rel.	B.	2058
2337	Dekker (G. J.). — Dictionnaire raisonné hollandais-français		

	et français-hollandais. Bruxelles, 1841; 2 vol. in-8° rel.	B.	2059
2338	Suckau (W.). — Dictionnaire classique français-allemand et allemand-français. Paris, 1847; 2 vol. in-8° rel.	B.	2060
2339	Thibaut. — Nouveau dictionnaire de poche français-allemand et allemand-français. Leipzig, 1835; 1 vol. in-8° rel.	B.	2061
2340	Oldecop (A.). — Nouveau dictionnaire français-russe et russe-français. Saint-Pétersbourg, 1841; in-18 rel.	B.	2062
2341	Letellier (Victor). — Vocabulaire oriental, français, italien, arabe, turc et grec, pour la seule prononciation. Paris, 1838; 1 vol. oblong rel.	B.	2063
2342	Erpenius (Thomas). — Rudiments de la langue arabe, traduits en français, accompagnés de notes et suivis d'un supplément indiquant les différences entre le langage littéral et le langage vulgaire, par Hébert (A. E.). Paris, Imp. roy., 1844; 1 vol. in-8° rel.	B.	2064
2343	Dictionnaire français-berbère (dialecte écrit et parlé par les Kabaïles de la division d'Alger), publié par le ministère de la guerre. Paris, Imp. roy., 1844; 1 vol. in-8° rel.	B.	2065
2344	Dulaurier (Édouard). — Mémoires, lettres et rapports relatifs au cours de langues malaise et javanaise fait à la Bibliothèque royale, de 1840 à 1842. Paris, 1843; 1 vol. in 8° rel.	B.	2066

II. LITTÉRATURE.

2345	Homère. — L'Iliade, traduite par Dugas-Montbel. Paris, 1828; 2 vol. in-8° rel.	C.	120
2346	Dugas-Montbel. — Observations sur l'Iliade d'Homère. Paris, 1829; 2 vol. in-8° rel.	C.	121
2347	Démosthènes et Eschine. — Œuvres complètes, traduites par		

	Auger. (Texte en regard.) Paris, 1819-1821; 10 vol. in-8° rel.	C.	122
2348	Bibliotheca classica latina, sive Collectio auctorum classicorum latinorum, cum notis et indicibus, curante N. E. Lemaire. Parisiis, 1819 à 1832; 142 vol. in-8° rel.	B.	2067
2349	Villemain. — Cours de littérature française. Tableau de la littérature du moyen âge en France, en Italie, en Espagne et en Angleterre, et tableau de la littérature du XVIIIe siècle. 3e édit. Paris, 1841; 6 vol. in-8° rel.	C.	272
2350	Simonde de Sismondi. — De la Littérature du midi de l'Europe. Paris, 1829; 4 vol. in-8° rel.	C.	115
2351	Corneille (P.). — Son Théâtre, avec des commentaires et autres morceaux intéressants. Genève, 1774; 8 vol. in-4° rel.	C.	80
2352	Racine (J.). — Ses Œuvres, avec les notes d'Aimé Martin. Paris, Lefèvre, 1825; 7 vol. in-8° rel., fig., portr.	C.	86
2353	Crébillon. — Ses Œuvres. Paris, 1750; 2 vol. in-4° rel., fig.	C.	91
2354	Shakespeare. — Œuvres complètes, traduites de l'anglais par Letourneur, le comte de Catuclan et Fontaine Malherbe. Paris, 1776 à 1782; 20 vol. in-8° rel.	C.	258
2355	Molière (J. B. Poquelin de). — Œuvres complètes, avec les notes de tous les commentateurs, publiées par Aimé Martin. Paris, Lefèvre, 1824-1826; 8 vol. in-8° rel.	C.	89
2356	Quinault. — Œuvres choisies. Paris, 1824; 2 vol. in-8° rel., portr.	C.	143
2357	Dancourt. — Ses Œuvres. Paris, 1742; 8 vol. in-12 rel.	C.	78
2358	Boileau. — Ses Œuvres, avec un nouveau commentaire par Amar. Paris, Lefèvre, 1824; 4 vol. in-8° rel., fig., portr.	C.	87
2359	La Fontaine. — Ses Fables, avec les vignettes d'Oudry. Paris, 1755-1759; 4 vol. in-fol.	C.	145

2360	PIRON. — Ses Œuvres complètes, publiées par Rigoley de Juvigny. Paris, 1776; 7 vol. in-8° rel., portr.	C.	72
2361	VOLTAIRE (Arouet DE).—La Henriade, ornée de dessins lithographiés sur papier de Chine. Paris, 1825; 1 vol. in-fol. rel.	B.	2068
2362	GRESSET. — Ses Œuvres. Londres, 1780; 2 vol. in-8° rel., fig.	C.	94
2363	MALFILATRE. — Ses Œuvres. Paris, 1825; 1 vol. in-8° rel., portr.	C.	131
2364	LA MONNOYE (Bernard DE). — Noei borguignon de Gui Barozai. 5ᵉ édit. Ai Dioni, 1776; 1 vol. in-12 rel.	B.	2069
2365	FONTENELLE. — Ses Œuvres. Paris, 1742; 6 vol. in-12 rel. .	C.	132
2366	CONDILLAC. — Cours d'études pour l'instruction du prince de Parme. Parme, 1776; 16 vol. in-8° rel.	C.	113
2367	FÉNELON.—Les Aventures de Télémaque. Paris, 1790; 2 vol. in-8° rel., fig.	C.	84
2368	RICHARDSON. — Clarisse Harlowe; traduit de l'anglais par Letourneur. Genève, 1785; 10 vol. in-8° rel.	C.	71
2369	YOUNG. — Les Nuits, traduites de l'anglais par Letourneur, suivies du Triomphe de la religion. Paris, 1769; 2 vol. in-8° rel.	C.	136
2370	LESAGE. — Histoire de Gil Blas de Santillane, avec des notes historiques et littéraires par François de Neufchâteau. Paris, 1825; 3 vol. in-8° rel.	C.	99
2371	CERVANTES (Michel).—Don Quichotte, traduit par Bouchon-Dubournial. Paris, 1822; 4 vol. in-8° rel., fig.	C.	100
2372	Les Mille et une nuits, contes arabes; traduit par Galland. Paris, 1823; 7 vol. in-8° rel., fig.	C.	79
2373	SÉVIGNÉ (Madame DE). — Ses Lettres. Paris, 1826; 12 vol. in-8° rel., portr.	C.	88

2374	SAPET (André).—La Napoléonade, poëme épique en 5 chants. Paris, 1832; 1 vol. in-8° rel., portr.................	B.	2070
2375	SAINT-MARC-GIRARDIN. — Souvenirs de voyages et d'études. Paris, 1853; 2 vol. in-12 rel......................	B.	2071

III. POLYGRAPHES.

2376	PASCAL (Blaise). — Œuvres complètes. La Haye, 1779; 5 vol. in-8° rel................................	B.	2072
2377	MACHIAVELLI (Niccolo).—Opere. Firenze, 1818-1821; 10 tomes en 5 vol. in-8° rel., non rog.......................	B.	2073
2378	VOLTAIRE. — Ses Œuvres. Genève, 1774; 30 vol. in-4° rel., portr., fig..................................	C.	90
2379	ROUSSEAU (J. J.). — Ses Œuvres. Londres, 1774; 12 vol. in-4° rel., fig.................................	C.	83
2380	FRÉDÉRIC II. — Œuvres complètes. Paris, 1790; 17 vol. in-8° rel..................................	C.	133
2381	PASQUIER (Étienne).— Ses Œuvres, suivies des Lettres de Nicolas Pasquier, son fils. Amsterdam, 1723; 2 vol. in-fol. rel.	B.	2074
2382	MABLY (L'abbé DE). — Œuvres complètes. Nouvelle édition. Toulouse et Nîmes, 1793; 19 vol. in-12 rel...........	B.	2075
2383	CHATEAUBRIAND. — Œuvres complètes. Paris, 1826-1831; 31 vol. in-8° rel................................	B.	2076
2384	RULHIÈRE. — Œuvres complètes. Paris, 1819; 6 vol. in-8° rel....................................	B.	2077
2385	NAPOLÉON III.—Ses Œuvres. Paris, 1854; t. I et II; in-8° rel.	B.	2078
2386	MARIVAUX (Pierre CARLET DE). — Œuvres complètes. Paris, 1781; 12 vol in-8° rel...........................	C.	77

2387	BERNARDIN DE SAINT-PIERRE. — Œuvres complètes, publiées par Aimé Martin. Paris, 1818; 12 vol. in-8° rel........	C.	101
2388	STAËL (Madame DE). — Œuvres complètes, publiées par son fils, et précédées d'une notice sur le caractère et les écrits de madame de Staël, par madame Necker de Saussure. Paris, 1821; 17 vol. in-8° rel......................	C.	124
2389	SAINT-RÉAL (L'abbé DE). — Ses Œuvres. Paris, 1730; 5 vol. in-12 rel..................................	C.	97
2390	JOHNSON (Samuel). — Works with an essay on his life and genius, by Murphy. London, 1796; 12 vol. in-8° rel....	C.	76

IV. MORALISTES.

2391	MONTAIGNE (Michel DE). — Ses Essais, avec les notes de tous les commentateurs. Paris, Leclerc, 1826; 5 vol. in-8° rel.; portr.....................................	C.	127
2392	PASCAL (Blaise). — Ses Pensées. Paris, Lefevre, 1826; 1 vol. in-8° rel.; portr.............................	C.	82
2393	*BOUHOURS* (Le père). — La Manière de bien penser dans les ouvrages d'esprit. Paris, 1756; 1 vol. in-12 rel.........	C.	112
2394	LA BRUYÈRE. — Caractères. Paris, 1829; 2 vol. in-8° rel.; portr.....................................	C.	85
2395	LA ROCHEFOUCAULD. — Réflexions, ou Sentences et maximes morales. Paris, 1827; 1 vol. in-8° rel.; portr..........	C.	109
2396	CABANIS. — Ses Œuvres. Paris, 1823; 5 vol. in-8° rel.; portr.	C.	111
2397	SALGUES. — Des Erreurs et des préjugés répandus dans les XVIIIe et XIXe siècles. Paris, 1828; 2 vol. in-8° rel.......	C.	141
2398	ALIBERT. — Physiologie des passions, ou Nouvelle doctrine des sentiments moraux. Paris, 1825; 2 vol. in-8° rel....	C.	134

2399	De Gérando. — Du Perfectionnement moral, ou de l'éducation de soi-même. Paris, 1833; 2 vol. in-8° rel.	C.	119
2400	Fénelon (De). — De l'Éducation des filles. Paris, 1801; 1 vol. in-12 rel.	C.	256
2401	Cousin (V.). — Cours de l'histoire de la philosophie. Introduction, 1 vol. — Histoire de la philosophie au XVIIIe siècle, 2 vol. Paris, 1841; 3 vol. in-8° rel.	C.	271
2402	Addison. — Le Spectateur, ou le Socrate moderne. Amsterdam, 1744; 6 vol. in-12 rel. fig.	C.	98

HISTOIRE.

I. GÉOGRAPHIE ET VOYAGES.

1. GÉOGRAPHIE.

2403	Anville (D'). — Géographie ancienne abrégée. Paris, 1768; 3 vol. in-12 rel.	B.	2079
2404	Malte-Brun. — Précis de la géographie universelle. 4e édit. Paris, 1836-1837; 12 vol. in-8° et atlas rel.	B.	2080
2405	Balbi (Adrien). — Abrégé de géographie, rédigé sur un nouveau plan d'après les derniers traités de paix et les découvertes les plus récentes. Paris, 1833; 1 vol. in-8° rel.	B.	2081
2406	Coulier (Ph. J.). — Tables des principales positions géographiques du globe, recueillies et mises en ordre d'après les autorités les plus modernes, suivies d'un appendice. Paris, 1828; 1 vol. in-8° rel.	B.	2082
2407	Anville (D'). — Traité des mesures itinéraires anciennes et modernes. Paris, 1769; 1 vol. in-8° rel.	B.	2083
2408	Bruzen de la Martinière. — Le Grand dictionnaire géographique, historique et critique. Paris, 1739-1741; 6 vol. in-fol. rel.	B.	2084
2409	Dictionnaire géographique universel, contenant la description de tous les lieux du globe intéressants sous le rapport de la géographie physique et politique, de l'histoire, de la statistique, du commerce, de l'industrie, etc., par une so-		

	ciété de géographes. Paris, 1823 à 1833; 10 vol. in-8° rel.	B.	2085
2410	MAC-CARTHY (J.). — Dictionnaire universel de géographie physique, historique, politique et commerciale. Paris, 1826-1835; 2 vol. in-8° rel.	B.	2086
2411	LANGLOIS. — Nouveau dictionnaire universel et usuel de géographie moderne, contenant la description succincte des pays et des principaux lieux du globe, avec un supplément, et accompagné d'un atlas dressé par Monin et Frémin. 2e édit. Paris, 1830; 5 vol. in-8° et atlas in-4° rel.	B.	2087
2412	COULIER. — Description générale des phares et fanaux, ou Guide des marins pendant la navigation nocturne. 2e édit. Paris, 1833; 1 vol. in-18.	B.	2088
2413	OLIVIÉRY (Ch.). — Tableau de toutes les routes de poste de l'Europe. 1 feuille sur toile.	B.	2089
2414	FOURNIER DE SAINT-MARTIN (D.). — Tableaux des distances des villes entre elles pour l'Europe et pour la France, avec des notices statistiques sur chacun des départements. 2 feuilles sur toile.	B.	2090
2415	*BEAUMONT DE BRIVAZAC* (Comte *DE*). — L'Europe et ses colonies. Paris, 1822; 2 tomes en 1 vol. in-8° rel.	B.	2091
2416	ANVILLE (D'). — Notice de l'ancienne Gaule, tirée des monumens romains. Paris, 1760; 1 vol. in-4° rel.	B.	2092
2417	DENAIX. — Géographie prototype de la France, contenant des éléments d'analyse naturelle applicables à tous les États. Paris, 1841; 1 vol. in-8° rel., carte.	B.	2093
2418	PEIGNÉ. — Dictionnaire géographique, statistique et postal des communes de France. 1838; 1 vol. in-12 rel.	B.	2094
2419	RAVINET (Th.). — Dictionnaire hydrographique de la France, suivi de la collection complète des tarifs des droits de navigation. Paris, 1824; 2 vol. in-8° rel.	B.	2095

2420	Barbichon. — Dictionnaire complet de tous les lieux de la France et de ses colonies. Paris, 1831; 2 vol. in-8° rel...	C.	63
2421	Janin (A.).—Dictionnaire complet des communes de France. Angers, 1851; 1 vol. in-8° rel....................	B.	2096
2422	Dictionnaire général des communes de France et des principaux hameaux qui en dépendent. 6e tirage. Paris; 1 vol. in-8° rel................................	B.	2097
2423	Lallement (F.). — Manuel géographique, historique et statistique des départements de la France et de ses colonies, avec une carte générale, et quatre-vingt-seize pour les départements. Paris, 1833 (1824); 1 vol. in-8° rel........	B.	2098
2424	Girault de Saint-Fargeau (A.). — Histoire des communes et des villes de France. Paris; 3 vol. in-4° rel............	B.	2099
2425	Tableau des départements et pays non divisés ni organisés en départements qui font ou qui ont fait partie de la France. 1 vol. in-fol. rel..........................	B.	2100
2426	Beautems-Beaupré. — Exposé des travaux relatifs à la reconnaissance hydrographique des côtes occidentales de France. Imp. roy., 1829; 1 vol. in-4° rel..................	B.	2101
2427	Blondel (Colonel). — Notice sur la grande carte topographique de la France, dite Carte de l'état-major. Paris, 1853; 1 vol. in-8°.........................	B.	2102
2428	Le Glay. — Nouveau programme d'études historiques et archéologiques sur le département du Nord. Lille, 1836; 1 vol. in-18 rel..............................	B.	2103
2429	Surell (Alex.). — Étude sur les torrents des Hautes-Alpes. (Imprimé par ordre de M. le Ministre des travaux publics.) Paris, 1841; 1 vol. in-4° rel.....................	B.	2104
2430	Trouvé (Baron). — Essai historique sur les États généraux du Languedoc, et description statistique du département de l'Aude. Paris, 1818; 2 vol. in-4° rel., cartes et plans....	B.	2105

2431	GIRAULT DE SAINT-FARGEAU. — Histoire nationale et dictionnaire géographique de toutes les communes du département d'Ille-et-Vilaine. — Le même ouvrage pour le département de la Loire-Inférieure. Paris, 1829; 2 tomes en 1 vol. in-8°.	B.	2106
2432	HAUSSEZ (Baron D'). — Études administratives sur les Landes, ou Collection de mémoires et d'écrits relatifs à la contrée renfermée entre la Garonne et l'Adour. Bordeaux, 1826; 1 vol. in-8° rel.	B.	2107
2433	État des arrondissements, sous-arrondissements, quartiers, sous-quartiers, syndicats et communes de l'inscription maritime; publié par le ministère de la marine. Paris, Imp. roy., 1846; 1 vol. in-8° rel.	B.	2108
2434	FRISSARD. — Histoire du port du Havre. Le Havre, 1837; 1 vol. in-fol. rel., planch.	B.	2109
2435	DURAND. — Mémoire sur l'amélioration des départements du Golo et du Liamone (île de Corse). Paris, 1808; 1 vol. in-8° rel.	B.	2110
2436	Notice descriptive sur l'Angleterre, l'Écosse et l'Irlande. (Extraits traduits de divers auteurs.) Paris, an XII; 2 vol. in-8° rel., cartes.	B.	2111
2437	Dictionnaire géographique de la Belgique et des treize départements de la rive gauche du Rhin. 1 vol. in-8° rel.	B.	2112
2438	CATTEAU-CALLEVILLE (J. P.). — Tableau de la mer Baltique considérée sous les rapports physiques, géographiques, historiques et commerciaux. Paris, 1812; 2 vol. in-8° rel., carte.	B.	2113
2439	ANTILLON (Don Isidore). — Géographie physique et politique de l'Espagne et du Portugal, suivie d'un itinéraire détaillé de ces deux royaumes; traduit de l'espagnol sur la 2e édition. Paris, 1823; 1 vol. in-8° rel.	B.	2114
2440	DUROZOIR. — Description géographique et routière de l'Espagne. Paris, 1823; 1 vol. in-8° rel.	B.	2115

2441	BOURGOING (J. F. DE). — Tableau de l'Espagne moderne, avec un atlas de 23 planches. 4ᵉ édit. 1807; 3 vol. in-8° rel...	B.	2116
2442	Dictionnaire géographique et historique de la Suisse. Genève, 1788; 3 vol. rel................................	B.	2117
2443	AZUNI (Dominique-Albert). — Essai sur l'histoire géographique, politique et naturelle du royaume de Sardaigne. An VI; 1 vol. in-8° rel................................	B.	2118
2444	TOURNON (Le comte DE). — Études statistiques sur Rome et la partie occidentale des États romains; avec atlas. Paris, 1831; 3 vol. in-8° rel...........................	B.	2119
2445	Description de l'Égypte, ou Recueil des observations et des recherches qui ont été faites en Égypte pendant l'expédition de l'armée française. 2ᵉ édit. Paris, Panckoucke, 1821 et suiv.; texte, 26 vol. in-8°; cartes et planches, 12 vol. in-fol.	B.	2120
2446	TALABOT (P.). — Société d'études de l'isthme de Suez. (Rapport de l'ingénieur.) Paris, 1847; 1 vol. in-8°, carte.....	B.	2121
2447	Observations et comparaisons statistiques sur le mouvement de la population de la Havane, dans les cinq ans écoulés de 1825 à 1830. 1 vol. in-8° rel..................	B.	2122
2448	CHEVALIER (Michel). — L'isthme de Panama, examen historique et géographique des différentes directions suivant lesquelles on pourrait le percer, et des moyens à y employer, suivi d'un aperçu sur l'isthme de Suez. Paris, 1844; 1 vol. in-8°; carte..............................	B.	2123
2449	Mélanges géographiques. 1 vol. in-8°..................	B.	2124
	Précis sur Guérande, le Croisic et leurs environs, précédé d'un abrégé de l'histoire de Bretagne, par J. Morlent. Nantes, 1819. Excursion en Corse. Ajaccio, 1833. Le Mont-Dore; de sa composition, de sa formation, de son origine, par le comte de Montlosier. Clermont-Ferrand, 1834. Notes extraites d'un voyage scientifique fait en Allemagne pendant l'été de 1829, par A. Quetelet. Bruxelles, 1830. Notice sur la province de Sainte-Catherine (Brésil), par Léonce Aubé. Paris, 1847.		

2. CARTES.

2450	Robert et Robert de Vaugondy. — Atlas universel, composé de 116 cartes ou plans, avec titre gravé et colorié. Paris, 1757; 1 vol. in-fol. rel.	B.	2125
2451	Brué. — Atlas universel de géographie. Paris, 1838; 1 vol. gr. aigle rel., 50 cartes.	B.	2126
2452	Brué (A. H.). — Carte physique et politique de l'Europe, revue et augmentée en 1825. Sur toile, avec étui.	B.	2127
2453	Dufour. — Carte itinéraire de l'Europe. 1835; sur toile, avec étui.	B.	2128
2454	Sagansan (A.). — Carte des chemins de fer de l'Europe, avec l'indication des lignes de la télégraphie électrique. Paris, 1852; 1 feuille sur toile.	B.	2129
2455	Carte des chemins de fer et des voies navigables de l'Europe centrale, publiée par le Journal des chemins de fer. Paris, 1854.	B.	2130
2456	Sagansan. — Carte de la télégraphie électrique de l'Europe. Paris, 1854; 1 feuille sur toile, avec étui.	B.	2131
2457	Carte comparative et synchronique de l'étendue territoriale des trois grandes puissances, France, Angleterre, Russie, pendant le dernier siècle, 1740 à 1840. Paris; 1 feuille sur toile.	B.	2132
2458	Charle. — Nouvel atlas national de la France par départements divisés en arrondissements et cantons, avec des augmentations par Darmet. Paris, 1835; in-fol. rel.	B.	2133
2459	Carte topographique de la France, levée par ordre du Gouvernement, commencée par le corps des ingénieurs géographes militaires et continuée par le corps de l'état-major;		

	publiée par le dépôt de la guerre. Paris, 1836 et suiv.; en feuilles sur toile..	B.	2134
2460	Collection des cartes départementales dressées d'après les levées de la grande carte de France publiée par le dépôt général de la guerre. (Collection à jour.) Paris; sur toile..	B.	2135
2461	DUBRENA (V.). — Carte hydrographique de la France, divisée en 21 grands bassins, avec l'indication de la partie flottable et navigable de chaque rivière, ainsi que le tracé des canaux de navigation tant exécutés qu'en construction; publiée par la direction des ponts et chaussées. Paris, 1828; 12 feuilles sur toile, dans un étui...........................	B.	2136
2462	DUMONT. — Carte des travaux publics en France, comprenant le réseau complet des chemins de fer et l'ensemble des voies navigables. Paris, 1852; 1 feuille sur châssis......	C.	340
2463	VALLOT (A.). — Carte générale des grandes voies de communication du royaume de France; publiée par le ministère des travaux publics. Paris, 1849; 6 feuilles sur toile.....	B.	2137
2464	Carte des routes nationales de la France, dressée en 1824 et rectifiée en 1848; publiée par le dépôt du ministère des travaux publics. 1 feuille collée sur toile............	B.	2138
2465	Carte générale des principales voies de communication de la France, présentant l'ensemble des routes nationales, des voies navigables et des chemins de fer, dressée en 1832, rectifiée et complétée en 1849; publiée par le dépôt du ministère des travaux publics. Carte sur toile, avec étui...	B.	2139
2466	MAIRE. — Carte itinéraire et administrative de France. Paris, 1820; sur toile..................................	B.	2140
2467	Carte routière de la France et d'une partie de l'Europe, exécutée, en 1810, sous la direction des ponts et chaussées, revue et augmentée en 1833. 6 feuilles sur toile, avec étui.	B.	2141
2468	ANDRIVEAU. — Carte routière de la France. Paris, 1837; sur toile..	B.	2142

2469	Carte des routes de poste de France, dressée par ordre de M. Conte. 1840; 1 feuille sur toile	B.	2143
2470	SAGANSAN. — Carte des postes de l'Empire français, indiquant toutes les voies de communication. Paris, 1853; 2 feuilles sur toile, avec étui	B.	2144
2471	LOCKE. — Carte générale représentant le tracé du chemin de fer de Paris à Rouen, dressée par ordre du conseil d'administration. Paris, 1842; 2 feuilles collées sur toile	B.	2145
2472	DONNET (Al.). — Carte générale représentant le tracé du chemin de fer de Paris à Orléans par Étampes, avec embranchement sur Corbeil. Paris, 1842; 2 feuilles collées sur toile	B.	2146
2473	Chemin de fer du Nord. Carte itinéraire de la partie comprise entre Paris et Amiens, dressée par Letellier, sous la direction de M. Onfroy, ingénieur. 2 feuilles collées sur toile	B.	2147
2474	GRANGEZ (Ernest). — Carte des voies de communication de la France, de la Belgique, des États riverains du Rhin et d'une partie des États limitrophes. Paris, 1847; 1 feuille collée sur percaline, avec étui	B.	2148
2475	GRANGEZ (Ernest). — Carte de la navigation de la France et de la Belgique, et d'une partie des États limitrophes. Paris, 1840; sur toile	B.	2149
2476	GRANGEZ (Ernest). — Carte spéciale des voies navigables qui mettent en communication Paris, le nord de la France et la Belgique. Paris, 1843; 2 feuilles sur toile	B.	2150
2477	Carte de France indiquant la délimitation de la zone frontière et des territoires réservés, en ce qui concerne les travaux de la compétence de la commission mixte des travaux publics, accompagnée du décret du 16 août 1853. Paris, 1853; 6 feuilles sur toile, avec étui	B.	2151
2478	GUY-MARTIN. — Plan géométral des forêts et bois de la cou-		

	ronne, comprenant l'inspection de Versailles. Paris, 1844; 1 feuille sur toile..................................	C.	361
2479	Carte des étapes de France, publiée par le ministère de la guerre. Paris, 1842; 1 feuille sur toile...............	B.	2152
2480	Carte hydrographique du département de la Seine, présentant le relief du sol ainsi que le tracé et le classement de toutes les voies de communication; publiée par ordre du préfet de la Seine. Paris, 1852...................	B.	2153
2481	Carte des voies de communication du département de la Seine, publiée par le ministère des travaux publics. Paris; 1 feuille sur toile, avec étui............................	B.	2154
2482	Carte des voies de communication du département de la Seine. 1 feuille sur toile..............................	B.	2155
2483	Testevuide et Bédigis. — Carte topographique de l'île de Corse, dressée d'après les opérations géodésiques et les levées du cadastre, de 1770 à 1791; publiée par le dépôt de la guerre. Paris, 1824; 2 feuilles sur toile, avec étui..	B.	2156
2484	Mathieu et Danis. — Atlas des trente cantons composant le département des Vosges. Épinal; 1 vol. in-fol. rel.......	B.	2157
2485	Carte générale de l'embouchure de la Seine, dressée d'après les documents les plus récents, sur les indications de M. le colonel Allard. — Projets d'amélioration pour la place et la rade du Havre. Paris, 1846; 2 feuilles sur toile......	B.	2158
2486	Carte spéciale du canal du Rhône au Rhin, depuis son embouchure dans la Saône jusqu'à celle dans le Rhin, en 11 feuilles. Mulhouse, 1834; atlas in-fol. rel..........	B.	2159
2487	Minard (Ch.). — Carte figurative des principaux mouvements des combustibles minéraux en France, en 1845. 1 feuille sur toile..	B.	2160
2488	Duvotenay (Th.). — Carte physique, administrative et routière de la Suisse. 1 feuille sur toile, avec étui.............	B.	2161

2489	BAUERKELLER (George). — Carte routière de l'Allemagne et des pays limitrophes. Francfort, Streng, 1832; 1 feuille sur toile, avec étui.	B.	2162
2490	BENNIGSEN FÖRDER (Rudolf DE). — Carte de l'État de Prusse. Magdebourg, 1836; sur toile.	B.	2163
2491	SANSON. — Les dix-sept provinces des Pays-Bas possédées par les rois de France et d'Espagne, et les États généraux des Provinces-Unies, avec le cours du Rhin, dressées de 1695 à 1736; publiées par Jailliot. Atlas gr. in-fol. rel.	B.	2164
2492	ANDRIVEAU (J.). — Carte physique et routière du royaume des Pays-Bas. Paris, 1830; 1 feuille sur toile, avec étui.	B.	2165
2493	Carte d'Espagne, partie nord-est; publiée par le dépôt de la guerre. Sur toile.	B.	2166
2494	PICQUET (Ch.). — Carte des routes de poste et itinéraires d'Espagne et de Portugal, dressée par Lapie. 1 feuille sur toile, avec étui.	B.	2167
2495	JAILLIOT. — Atlas de l'Italie. Paris; in-fol. rel.	B.	2168
2496	ANDRIVEAU (J.). — Carte physique et routière de l'Italie. Paris, 1832; 1 feuille sur toile.	B.	2169
2497	SMITH. — Carte générale de la Grèce et des pays adjacents, avec les noms anciens et modernes en anglais. 4 feuilles sur toile, avec étui.	B.	2170
2498	LAMEAU (P. J.). — Carte physique, politique et comparée de la Turquie d'Europe et de la Grèce. Paris, 1853; 4 feuilles collées, avec étui.	C.	365
2499	LAPIE. — Carte de l'Empire ottoman. 1836; sur toile, avec étui.	B.	2171
2500	Carte de la Crimée pour suivre les opérations de la guerre d'Orient. Paris, E. Bourdin, 1854; 1 feuille sur toile, avec étui.	B.	2172

2501	Carte de la navigation à vapeur dans le bassin de la Méditerranée, avec un tableau des diverses lignes de navigation établies dans ce bassin. 1 feuille sur toile	B.	2173
2502	Carte du bassin de la Méditerranée, autographiée d'après la carte militaire de l'Europe, dressée au dépôt de la guerre. Paris, 1840; 3 feuilles sur toile, avec étui	B.	2174
2503	Henrichs (P.). — Carte des grandes lignes de communication d'outre-mer, présentant le tracé de tous les services réguliers de paquebots français et étrangers. Paris, 1847; 1 feuille sur toile	B.	2175
2504	Picquet (Ch.). — Carte de la navigation à la vapeur dans la Manche, la mer du Nord, la Baltique, etc., présentant les lignes parcourues, les époques de départ et d'arrivée, et la durée moyenne du trajet. Paris, 1841; 1 feuille coloriée sur toile	B.	2176
2505	Brué. — Carte physique et politique de l'Afrique. Paris, 1840; 1 feuille sur toile	B.	2177
2506	Renou (E.). — Carte de l'empire du Maroc, publiée par le dépôt général de la guerre. Août 1844; 1 feuille sur toile	B.	2178
2507	Daussy. — Carte du canal de Mozambique et de l'île de Madagascar, avec un plan du port de Mozambique et du mouillage de Zanzibar; publiée par le dépôt général de la marine. Paris, 1838; 1 feuille sur toile	B.	2179
2508	Daussy. — Carte des îles situées à l'est et au nord-est de Madagascar, publiée par le dépôt général de la marine. Paris, 1838; 1 feuille sur toile	B.	2180
2509	Carte des possessions françaises en Afrique et d'une partie de la régence de Tunis, publiée par le dépôt de la guerre. Paris, 1833; 1 feuille sur toile	B.	2181
2510	Carte de l'Algérie et de la régence de Tunis, publiée par le dépôt de la guerre. 1 carte sur toile, avec étui	B.	2182

2511	Carte générale de l'Algérie, dressée au dépôt général de la guerre. Paris, 1843; 1 feuille sur toile.	B.	2183
2512	Carte des provinces d'Alger, d'Oran et de Constantine, dressée au dépôt de la guerre. Paris, 1838; 3 feuilles sur toile, avec étui.	B.	2184
2513	Cartes des provinces de l'Algérie : Alger, Oran, Constantine; publiées par le dépôt de la guerre. Paris, 1847; 3 cartes sur toile, avec étui.	B.	2185
2514	Dufour. — Carte de la régence d'Alger. 1836; sur toile, avec étui.	B.	2186
2515	Carte de la province d'Alger, dressée au dépôt de la guerre. Paris, 1838; 1 feuille sur toile.	B.	2187
2516	Carte de la province d'Alger, dressée au dépôt général de la guerre. Paris, 1843; 1 feuille.	B.	2188
2517	Carte du territoire d'Alger, publiée par le dépôt de la guerre. 1 feuille sur toile.	B.	2189
2518	Dufour (A. H.). — Nouvelle carte topographique du massif d'Alger ou Sahel, et de la plaine de la Mitidja. Paris, 1844; 1 feuille sur toile.	B.	2190
2519	Carte de la colonisation et des travaux publics d'une partie de la province d'Alger, publiée par le dépôt de la guerre. Mai 1845; 2 feuilles réunies sur toile.	B.	2191
2520	Carte de la province d'Oran, dressée au dépôt de la guerre. Paris, 1838; 1 feuille sur toile.	B.	2192
2521	Carte de la province d'Oran, dressée au dépôt général de la guerre. Paris, 1843; 1 feuille.	B.	2193
2522	Carte de la province de Constantine, dressée au dépôt de la guerre. Paris, 1838; 1 feuille sur toile.	B.	2194
2523	Carte de la province de Constantine, dressée au dépôt général de la guerre. Paris, 1842; 1 feuille.	B.	2195

2524	LA ROCHE (Ch. DE). — Carte des divisions politiques, administratives et militaires de l'Algérie. Paris, 1852; 1 feuille sur percaline, avec étui........................	B.	2196
2525	MONNIER (P.). — Atlas de la Martinique, publié par le ministère de la marine. 1827; in-fol. rel................	B.	2197
2526	BLUNT. — Cartes de la côte orientale de l'Amérique septentrionale, avec plans de l'entrée de la rivière d'Hudson et de la Chesapeake, ainsi que du havre de Boston; publiées par le dépôt général de la marine. Paris, 1834; 2 feuilles sur toile..................................	B.	2198
2527	Carte topographique de Massachusetts, comprenant la carte géologique du même État; publiée par ordre de la législature de ce pays. Boston, 1844; 6 feuilles réunies sur toile..................................	B.	2199

3. HYDROGRAPHIE.

2528	GAULTIER et BENOÎT. — Carte réduite de la mer Méditerranée et de la mer Noire, assujettie aux observations faites de 1816 à 1820 par la gabarre *la Chevrette*. Paris, 1821; 1 feuille sur toile..............................	B.	2200
2529	Carte réduite de la mer des Antilles et de la côte de Terre-Ferme, publiée par le dépôt général de la marine. Paris, 1813; 1 feuille sur toile........................	B.	2201
2530	Carte réduite du golfe du Mexique, publiée par le dépôt général de la marine. 1826; 2 feuilles sur toile.........	B.	2202
2531	MONNIER (P.). — Description nautique des côtes de la Martinique, précédée d'un mémoire sur les opérations hydrographiques et géodésiques exécutées dans cette île en 1824 et 1825; publiée par le ministère de la marine. Paris, Imp. roy., 1828; 1 vol. in-8° rel......................	B.	2203
2532	Carte réduite des côtes de la Guyane, publiée par le dépôt général de la marine. Paris, 1817; 1 feuille sur toile....	B.	2204

2533	Cartes réduites des côtes du Brésil, publiées par le dépôt général de la marine. 1822-1834; 8 feuilles sur toile......	B.	2205
2534	Daussy. — Carte de l'océan Atlantique septentrional depuis l'équateur jusqu'au 52e degré de latitude; publiée par le dépôt général de la marine. Paris, 1834; 1 feuille sur toile..	B.	2206
2535	Gressier (C. L.). — Carte de l'océan Atlantique méridional, depuis l'équateur jusqu'au 59e degré de latitude, publiée par le ministère de la marine. Paris, 1834; 1 feuille sur toile..	B.	2207
2536	Durville et Lottin. — Carte générale de l'océan Pacifique, publiée par le dépôt général de la marine. Paris, 1833; 1 feuille sur toile..................................	B.	2208
2537	Daussy et Wissocq (P. E.). — Carte générale de la mer des Indes, publiée par le dépôt général de la marine. Paris, 1837; 1 feuille sur toile..........................	B.	2209
2538	Hydrographie française. — Grand Océan; îles éparses; publié par le dépôt général de la marine. 3 vol. in-fol. rel.....	B.	2210
2539	Hydrographie française. — Grand archipel d'Asie; Nouvelle-Hollande; terres polaires antarctiques; publié par le dépôt de la marine. 1 vol. in-fol. rel..................	B.	2211
2540	Hydrographie française. — Neptune des côtes orientales et du grand archipel de l'Asie; publié par le dépôt de la marine. Atlas in-fol. rel................................	B.	2212
2541	Daprès de Mannevillette. — Neptune oriental. 1730-1769; atlas in-fol. rel..................................	B.	2213
2542	Hydrographie française. — Neptune oriental (supplément); publié par le dépôt de la marine. Atlas in-fol..........	B.	2214
2543	Hydrographie française. — Amérique méridionale; côtes sur l'océan Atlantique; îles Açores; publié par le dépôt de la marine. 1 vol. in-fol. rel............................	B.	2215

2544	Hydrographie française. — Neptune de l'Amérique méridionale, publié par le dépôt de la marine. Atlas in-fol. rel. . .	B.	2216
2545	Hydrographie française. — Neptune des côtes occidentales d'Amérique sur le Grand Océan, publié par le dépôt de la marine. Atlas in-fol. rel.	B.	2217
2546	Daussy. — Carte de l'océan Atlantique septentrional, depuis l'équateur jusqu'au 52e degré de latitude, publiée par le ministère de la marine. Paris, 1834; 5 feuilles sur toile...	B.	2218
2547	Hydrographie française. — Neptune de l'Amérique septentrionale, publié par le dépôt de la marine. Atlas in-fol. rel. .	B.	2219
2548	Cartes réduites de toute la côte d'Afrique, publiées par le dépôt général de la marine. Paris, 1780-1838; 9 feuilles sur toile.	B.	2220
2549	Hydrographie française. — Neptune des côtes occidentales d'Espagne, de Portugal et d'Afrique; publié par le dépôt de la marine. Atlas in-fol. rel.	B.	2221
2550	Hydrographie française. — Neptune des Iles Britanniques; publié par le dépôt de la marine. Atlas in-fol. rel.	B.	2222
2551	Hydrographie française. — Neptune de la Méditerranée, avec le supplément; publié par le dépôt de la marine. Atlas en 2 vol. in-fol. rel.	B.	2223
2552	Pilote français. — Atlas descriptif des côtes et des principaux fleuves de France; publié par le dépôt de la marine. 6 vol. in-fol. rel.	B.	2224
2553	Hydrographie française. — Neptune des côtes occidentales de France, publié par le dépôt de la marine. Atlas in-fol. . . .	B.	2225
2554	Hydrographie française. — Méditerranée; côtes de France; île de Corse; publié par le dépôt de la marine. 1 vol. in-fol. rel	B.	2226
2555	Gressier (C. L.). — Carte hydrographique des parties con-		

	nues de la terre, dressée sur la projection de Mercator; publiée par le dépôt général de la marine. Paris, 1835; 1 feuille sur toile.	B.	2227
2556	Hydrographie française. — Neptune des côtes septentrionales de l'Europe; publié par le dépôt de la marine. Atlas in-fol. rel.	B.	2228

4. PLANS.

2557	GIRARD (X.). — Plan de la ville de Paris, divisé en douze arrondissements et quarante-huit quartiers. Paris, 1834; 1 feuille sur toile, avec étui.	B.	2229
2558	GIRARD (X.). — Plan géométral de la ville de Paris. Paris, 1841; 2 feuilles sur toile, avec étui.	B.	2230
2559	GIRARD (X.). — Plan géométral de la ville de Paris. 1847; 2 feuilles en une sur toile, avec étui. (A ce plan est jointe la nomenclature des rues, passages, places, boulevards, etc., broch. in-8°.)	B.	2231
2560	ANDRIVEAU-GOUJON (J.). — Carte des fortifications de Paris. Paris, 1841; 1 feuille sur toile.	B.	2232
2561	HECK (J. G.). — Plan topographique et militaire de Paris et de ses environs, contenant le tracé exact de l'enceinte bastionnée, des forts et des redoutes. Sur toile.	B.	2233
2562	LE LONG (Paul). — Plan manuscrit du couvent du Temple dans son état actuel. 1841; 1 vol. in-fol. rel.	B.	2234
2563	PIERRUGUES et D. BÉRO. — Plan de la ville de Bordeaux. Bordeaux, 1831; 1 feuille sur toile, avec étui.	B	2235
2564	DARMET (J. M.). — Plan de la ville de Lyon et ses environs. 1830; 1 feuille sur toile.	B.	2236
2565	DESMAREST (P.). — Plan topographique de la ville de Mar-		

	seille et d'une partie de son territoire. Marseille, 1824; sur toile.	B.	2237
2566	Plan d'Alger et des environs, publié par le dépôt de la guerre. Paris, 1832; 1 feuille sur toile.	B.	2238
2567	Cruchley. — Plan de Londres, renfermant les docks des Indes orientales et occidentales. Londres, 1828; 1 feuille sur toile, avec étui.	B.	2239
2568	Cruchley. — Plan des environs de Londres. Londres, 1826; 1 feuille sur toile, avec étui.	B.	2240
2569	Attaque et prise de la forteresse de Saint-Jean d'Ulloa par la division navale aux ordres de M. le contre-amiral Baudin, le 27 novembre 1838. 1 feuille.	B.	2241
2570	Plan de la ville d'Anvers. Sur toile.	B.	2242
2571	Plan de la ville et de la citadelle d'Anvers. Sur toile.	B.	2243

5. VOYAGES.

2572	Nouvelles annales des voyages, de la géographie et de l'histoire, ou Recueil des relations originales inédites des voyageurs français et étrangers, et des voyages nouveaux, traduits de toutes les langues de l'Europe, à partir de 1819 et suite; publié par MM. Eyriès et Malte-Brun, de la Renaudière et Vivien de Saint-Martin. Paris, 1819 et suiv.; in-8° rel.	B.	2244
2573	Journal des voyages, découvertes et navigations modernes, faits de 1819 à 1829, ou Archives géographiques et statistiques du XIXe siècle, rédigées par une société de géographes et de voyageurs, et publiées par MM. Verneur, Frick, N. de Villeneuve et A. de Leuven. 44 volumes in-8°. (On a joint à ce Journal, comme complément, une nouvelle série pu-		

	blièe en 1830 et 1831, sous le titre de Revue des Deux-Mondes, journal des voyages, etc. 8 vol. in-8°.) Paris, 1821 à 1831; 52 vol. in-8° rel.	B.	2245
2574	Bajot. — Abrégé historique et chronologique des principaux voyages de découverte par mer depuis l'an 2000 avant Jésus-Christ jusqu'au commencement du xixe siècle. Paris, 1835; 1 vol in-8° rel.	B.	2246
2575	Prévost (L'abbé). — Histoire générale des voyages. Paris, 1746 à 1770; 19 vol. in-4° rel.	C.	1
2576	Bajot et Poirée. — Annales maritimes et coloniales, comprenant une partie officielle et une partie non officielle, qui commencent, la première à 1809 et la seconde à 1816, et finissent toutes les deux à 1847 inclusivement; suivies de 5 vol. de tables. Paris, 1816 et suiv.; 103 tomes en 108 vol. in-8° rel.	B.	2247
2577	*Hauterive* (Comte *de*). — Quelques Conseils à un jeune voyageur. Paris, 1826; 1 vol. in-8° rel.	B.	2248
2578	Reichard. — Guide du Voyageur en Europe. Weimar, 1802; 8 vol. in-8° et 5 cartes, en 2 étuis.	B.	2249
2579	Guide pittoresque du voyageur en France. Paris, Firmin Didot; 6 vol. in-8° rel.; carte avec étui.	B.	2250
2580	Vaysse de Villiers. — Itinéraire descriptif ou description routière, géographique, historique de la France et de l'Italie. Routes de Paris à Versailles, à Rennes, à Tours et à Bordeaux. Paris; 1 vol. in-8° rel.	B.	2251
2581	Cochard. — Le Guide du voyageur à Lyon. Lyon, 1826; 1 vol. in-18 rel.	B.	2252
2582	Le Havre ancien et moderne et ses environs; description de son port; état de ses relations commerciales, et biographie de ses hommes célèbres. Le Havre, 1825; 2 tomes en 1 vol. in-12 rel.; cartes et plans.	B.	2253
2583	Millin (Aubin-Louis). — Voyage dans les départements du		

	midi de la France. Paris, 1807; 2 vol. in-8° et atlas in-fol. rel.	B.	2254
2584	Arbanère. — Tableau des Pyrénées françaises. Paris, 1828; 2 tomes en 1 vol. in-8° rel.	B.	2255
2585	Gaudin (L'abbé). — Voyage en Corse, et vues politiques sur l'amélioration de cette île. Paris, 1787; 1 vol. in-8° rel.; carte.	B.	2256
2586	Byron (Lord). — Voyage en Sicile, en Corse et en Sardaigne, en 1821. Paris, 1825; 1 vol. in-18 rel.	B.	2257
2587	Mérimée (Prosper). — Notes d'un voyage en Corse. Paris, 1840; 1 vol. in-8° rel.	B.	2258
2588	*Baert*. — Tableau de la Grande-Bretagne, de l'Irlande et des possessions anglaises dans les quatre parties du monde. 4 vol. in-8° rel.; carte.	B.	2259
2589	Pichot (Amédée). — Voyage historique et littéraire en Angleterre et en Écosse. Paris, 1825; 3 vol. in-8° rel.; fig.	C.	17
2590	Green (William). — The Picture of England illustrated with correct coloured maps of the several counties. London, 1804; 2 tomes en 1 vol. in-8° rel.	B.	2260
2591	Dupin (Ch.). — Voyages dans la Grande-Bretagne, en 1816-1820, entrepris relativement aux services publics de la guerre, de la marine et des ponts et chaussées. 1820-1824; 3 vol. in-4° et atlas in-fol. rel.	B.	2261
2592	La Combe. — Tableau de Londres et de ses environs, avec un précis de la constitution de l'Angleterre et de sa décadence. Paris, 1784; 1 vol. in-8° rel.	B.	2262
2593	Albert-Montémont. — Londres, tableau historique, moral, politique et commercial. 2ᵉ édit. Paris (sans date); 1 vol. in-8° rel.	B.	2263
2594	Lake (J. W.). — Guide de l'étranger à Londres, ou Description générale de cette ville, son histoire, ses monuments,		

	établissements, curiosités, etc., suivi d'une description de ses environs, et précédé d'un itinéraire des routes de Paris à Londres. Paris, 1827; 1 vol. in-18 rel.; cartes.......	B.	2264
2595	Robert. — Voyage dans les treize cantons suisses, les Grisons, le Valais et autres pays ou états alliés ou sujets des Suisses. Paris, 1789; 2 vol. in-8° rel................	B.	2265
2596	Lettres sur quelques cantons de la Suisse, écrites en 1819. Paris, 1820; 1 vol. in-8° rel......................	B.	2266
2597	Simond (L.). — Voyage en Suisse, fait dans les années 1817, 1818 et 1819. 1824; 2 vol. rel.................	B.	2267
2598	Lettres sur la Suisse, écrites en 1820, suivies d'un voyage à Chamouny et au Simplon. Paris, 1822; 1 vol. in-8° rel...	B.	2268
2599	Bory de Saint-Vincent. — Guide du voyageur en Espagne. Paris, 1823; 1 vol. in-8° rel....................	B.	2269
2600	Huber (V. A.). — Esquisses sur l'Espagne, traduites de l'allemand, par L. Levrault. 1830; 1 vol. in-8° rel.........	B.	2270
2601	Ladixmérie. — Lettres sur l'Espagne. Paris, 1810; 2 vol. rel.	B.	2271
2602	Blanqui (Adolphe). — Voyage à Madrid. Paris, 1826; 1 vol. in-8° rel................................	B.	2272
2603	Simond (L.). — Voyage en Italie et en Sicile. Paris, 1828; 2 vol. in-8° rel..............................	B.	2273
2604	Valery. — Voyages historiques, littéraires et artistiques en Italie; guide raisonné et complet du voyageur et de l'artiste. 2e édit. Paris, 1838; 3 vol. in-8° rel...........	B.	2274
2605	La Marmora (Albert de). — Voyage en Sardaigne et en Sicile, de 1819 à 1825. Paris, 1826; 1 vol. in-8° et atlas in-fol. rel..................................	B.	2275
2606	Millin (A. L.). — Voyage dans le Milanais, à Plaisance, Parme, Modène, Mantoue, Crémone, et dans plusieurs		

	autres villes de l'ancienne Lombardie. Paris, 1817; 2 vol. in-8° rel..	B.	2276
2607	SERRES (Marcel DE). — Voyage dans le Tyrol et la Bavière. 1823; 2 vol. in-8° rel.	B.	2277
2608	BARTHÉLEMY (J. J.). — Voyage d'Anacharsis en Grèce. Paris, 1822, 7 vol. in-8° et atlas rel.; fig.	C.	7
2609	GELL (W.). — Itinéraire de Morée, ou Description des routes de cette péninsule; traduit par le comte de Tromelin. Paris, 1828; 1 vol. in-8° rel.	B.	2278
2610	DAUMONT (Alex.). — Voyage en Suède, contenant des notions étendues sur le commerce, l'industrie, l'administration des finances, les forces de terre et de mer, avec des détails sur le gouvernement du roi Charles XIV (Jean Bernadotte). Paris, 1834; 2 vol. in-8° rel.	B.	2279
2611	CHANDLER (Richard). — Voyages dans l'Asie Mineure et en Grèce, en 1764, 1765 et 1766; traduits de l'anglais et annotés par Servou et Barbié du Bocage. Paris, 1806; 3 vol. in-8° rel.; cartes et plan.	B.	2280
2612	LA PÉROUSE. — Voyage autour du monde, publié conformément au décret du 22 avril 1791, et rédigé par Millet-Mureau. Paris, 1797; 4 vol. in-4° et atlas in-fol. rel.	B.	2281
2613	COOK, BYRON, CARTERET et WALLIS. — Relation du voyage entrepris par ordre de Sa Majesté Britannique pour faire des découvertes dans l'hémisphère méridional; rédigé d'après Banks, par J. Hawkesworth. Paris, 1774; 4 vol. in-4° rel.	C.	3
2614	COOK (J.). — Voyage dans l'hémisphère austral et autour du monde; traduit de l'anglais. Paris, 1778; 5 vol. in-4° rel..	C.	5
2615	COOK. — Troisième voyage, ou Voyage à l'océan Pacifique, sous la direction des capitaines Klerk et Gore; traduit de l'anglais. Paris, 1785; 4 vol. in 4° rel.	C.	4
2616	RENOUARD DE SAINTE-CROIX. — Voyage commercial et politique		

	aux Indes orientales, aux îles Philippines, à la Chine, avec des notions sur la Cochinchine et le Tonquin, de 1803 à 1807. Paris, 1810; 3 vol. in-8° rel.	B.	2282
2617	JACQUEMONT (Victor). — Sa Correspondance avec sa famille et plusieurs de ses amis pendant son voyage dans l'Inde, 1828-1832. Paris, 1841; 2 vol. in-12 rel.	B.	2283
2618	FORSTER (Georges). — Voyage du Bengale à Pétersbourg, à travers l'Inde, le Kachmyr, la Perse, etc., suivi de l'histoire des Rohillahs et de celle des Scykes; traduit de l'anglais, par L. Langlès. Paris, 1802; 3 vol. in-8° rel.	B.	2284
2619	CHARDIN. — Voyages en Perse et autres lieux de l'Orient. Paris, 1811; 10 vol. in-8° et atlas in-fol. rel.	C.	25
2620	DILLON (Peter). — Voyage aux îles de la mer du Sud, en 1827-1828, et relation de la découverte du sort de la Pérouse. Paris, 1830; 2 vol. in-8° rel.; cartes et fig.	B.	2285
2621	ARGOUT (Marquis D'). — Java, Singapore et Manille. Paris, 1842; in-8° rel.	B.	2286
2622	HOGENDORP (C. W. DE). — Coup d'œil sur l'île de Java et les autres possessions néerlandaises dans l'archipel des Indes. Bruxelles, 1830; 1 vol. grand in-8° rel.; planch.	B.	2287
2623	TURNER (Samuel). — Ambassade au Thibet et au Boutan; traduit par Castéra. Paris, 1800; 2 vol. in-8° et atlas rel.	B.	2288
2624	Tableau historique des découvertes et établissements des Européens dans le nord et dans l'ouest de l'Afrique jusqu'au commencement du XIXe siècle; traduit par Cuny. Paris, an XII; 2 vol. in-8° rel.	B.	2289
2625	LEVAILLANT. — Voyages dans l'intérieur de l'Afrique, par le cap de Bonne-Espérance, dans les années 1780 à 1785. 1790; 5 vol. in-8° rel.; fig.	B.	2290
2626	CLAPPERTON. — Voyage dans l'intérieur de l'Afrique dans les années 1825, 1826 et 1827, suivi du voyage de Richard		

	Lander, et traduit de l'anglais par Eyriès et de la Renaudière. Paris, 1829; 2 vol. in-8° rel.	C.	45
2627	Ledyard et Lucas. — Voyages en Afrique, traduits par Lallemant. Paris, an xii; 2 vol. in-8° rel.	B.	2291
2628	Douville (J. B.). — Voyage au Congo et dans l'intérieur de l'Afrique équinoxiale, dans les années 1828, 1829 et 1830. Paris, 1832; 3 vol. in-8° et atlas in-4° rel.	B.	2292
2629	Bernardin de Saint-Pierre (J. H.). — Voyage à l'Île-de-France, suivi des observations sur la Hollande, la Prusse, la Pologne et la Russie, etc. Paris, 1818; 2 vol. in-8° rel.	B.	2293
2630	Chevalier (Michel). — Lettres sur l'Amérique du Nord. 4e édit. Paris, 1837; 2 vol. in-8° rel.	B.	2294
2631	Mackensie (Alex.). — Voyages dans l'intérieur de l'Amérique septentrionale, en 1789, 1792 et 1793; traduit de l'anglais par Castéra. Paris, 1802; 3 vol. in-8° rel.; cartes et portr.	B.	2295
2632	Murat (Prince Ach.). — Lettres sur les États-Unis. 1830; 1 vol. in-18 rel.	B.	2296
2633	Tournée à la mode dans les États-Unis, ou Voyage de Charleston à Québec et d'Albany à Boston; traduit par Bourgeois. Paris, 1829; 1 vol. in-8° rel.	B.	2297
2634	Barbé-Marbois. — Histoire de la Louisiane et de la cession de cette colonie par la France aux États-Unis de l'Amérique septentrionale. Paris, 1829; 1 vol. in-8° rel.	B.	2298
2635	Bridel. — Le Pour et le Contre, ou Avis à ceux qui se proposent de passer dans les États-Unis d'Amérique. 1803; 1 vol. in-12 rel.	B.	2299
2636	Basil-Hall. — Voyage dans les États-Unis de l'Amérique du Nord et dans le haut et bas Canada; traduit de l'anglais, et précédé d'une introduction par Ph. Chasles. Paris, 1834; 2 vol. in-8° rel.; carte.	B.	2300

2637	Voyage fait dans les années 1816 et 1817, de New-York à la Nouvelle-Orléans, et de l'Orénoque au Mississipi, par les petites et les grandes Antilles. Paris, 1818; 2 vol. in-8° rel.	C.	18
2638	Duflot de Mofras. — Exploration du territoire de l'Orégon, des Californies et de la mer Vermeille, exécutée pendant les années 1840, 1841 et 1842. Paris, 1844; 2 vol. in-8° et atlas in-fol. rel.	B.	2301
2639	Wimpffen (Baron de). — Voyage à Saint-Domingue pendant les années 1788, 1789 et 1790. Paris, 1797; 2 vol. in-8° rel.	B.	2302
2640	Routier des Antilles, des côtes de Terre-Ferme et de celles du golfe de Mexique, rédigé par la direction des travaux hydrographiques de Madrid, et traduit de l'espagnol par F. C. Chaucheprat. Paris, Imp. roy.; 1824; 1 vol. in-8° rel.	B.	2303
2641	Brissot (A.). — Voyage au Guazacolcos, aux Antilles et aux États-Unis. Paris, 1837; 1 vol. in-8° rel.	B.	2304
2642	Granier de Cassagnac (A.). — Voyage aux Antilles françaises, anglaises, danoises, espagnoles, à Saint-Domingue et aux États-Unis d'Amérique. (1re partie, les Antilles françaises.) Paris, 1842; 1 vol. in-8° rel.	B.	2305
2643	Labat (Le père). — Nouveau voyage aux îles de l'Amérique, contenant l'histoire naturelle de ces pays, l'origine, les mœurs, la religion et le gouvernement des peuples anciens et modernes. Paris, 1742; 8 vol. in-12 rel.	B.	2306
2644	Leschenault de la Tour. — Extrait d'un voyage à Surinam à la fin de 1823. Cayenne, 1834; 1 vol in-8° rel.	B.	2307
2645	Relation de ce qui est arrivé à deux religieux de la Trappe pendant leur séjour auprès des Sauvages. Paris, 1824; 1 vol. in-18 rel.	B.	2308
2646	Basil-Hall. — Voyage au Chili, au Pérou et au Mexique pen-		

	dant les années 1820, 1821, 1822. Paris, 1834; 2 vol. in-8° rel.; carte.	B.	2309
2647	STEVENSON (W. B.). — Voyage en Araucanie, au Pérou, au Chili et dans la Colombie; traduit de l'anglais. Paris, 1828; 3 vol. in-8° rel.	C.	20
2648	Notice sur le Chili, par un voyageur français. Paris, 1844; 1 vol. in-8° rel.	B.	2310
2649	HUMBOLDT (Alex. DE). — Essai politique sur le royaume de la Nouvelle-Espagne. Paris, 1827; 4 vol. in-8° rel.	B.	2311

II. HISTOIRE ANCIENNE ET MODERNE.

1. GÉNÉRALITÉS.

2650	RELIGIEUX DE SAINT-MAUR (LES). — L'Art de vérifier les dates avant et après la naissance de Jésus-Christ, avec les suites. Paris, 1818-1842; 43 vol. in-8° rel.	B.	2312
2651	BURET DE LONGCHAMP. — Les Fastes universels, ou Tableaux historiques, chronologiques et géographiques. Paris, 1821; 1 vol. in-fol. oblong rel.	B.	2313
2652	CHANTAL (J. B. J. DE). — Manuel des dates en forme de dictionnaire. Paris, 1839; 1 vol. in-8° rel.	B.	2314
2653	Éphémérides universelles, ou Tableau religieux, politique, littéraire, scientifique et anecdotique, présentant pour chaque jour de l'année un extrait des annales de toutes les nations et de tous les siècles, depuis les temps historiques jusqu'au 1er janvier 1828. Paris, 1828-1833; 13 vol. in-8° rel.	B.	2315
2654	LAUBESPIN (DE). — Mémorial portatif de chronologie, d'histoire industrielle, d'économie politique et de biographie. Paris, 1829; 2 vol. in-12 rel.	B.	2316

2655	Sainte Bible, latin et français, traduite par A. E. de Genoude. Paris, 1820-1824; 25 vol. in-8° et atlas rel.	C.	104
2656	Fleury. — Catéchisme historique, contenant en abrégé l'histoire sainte et la doctrine chrétienne. Paris, 1768; 2 vol. in-12 rel.	C.	254
2657	Bossuet. — Discours sur l'histoire universelle, augmenté des nouvelles additions et des variantes de texte. Paris, 1823; 2 vol. in-8° rel.	C.	108
2658	Anquetil. — Précis de l'histoire universelle. Paris, 1818; 8 vol. in-8° rel.	C.	13
2659	Thou (De). — Histoire universelle depuis 1543 jusqu'en 1607, traduite sur l'édition latine de Londres. Londres, 1734; 16 vol. in-4° rel.	C.	6

2. HISTOIRE ANCIENNE.

2660	Joseph (Flavius). — Histoire des Juifs, ou Antiquités judaïques, traduites du grec par Arnaud d'Andilly. Amsterdam, 1703; 5 vol. in-12 rel.	B.	2317
2661	*Pauw (De)*. — Recherches philosophiques sur les Égyptiens et les Chinois. Berlin, 1773; 2 vol. in-12 rel.	B.	2318
2662	Clavier. — Histoire des premiers temps de la Grèce, depuis Inachus jusqu'à la chute des Pisistratides, avec des tableaux généalogiques des principales familles de la Grèce. Paris, 1809; 2 vol. in-8° rel.	B.	2319
2663	Polybe. — Histoire, traduite du grec par Vincent Thuillier, avec les commentaires du chevalier Folard. Amsterdam, 1759; 7 vol. in-4° rel.	C.	9
2664	Tacite. — Œuvres complètes, traduites par Ch. Louandre. (Texte en regard.) Paris, 1853; 2 vol. in-12.	C.	381
2665	Montesquieu. — Considérations sur les causes de la grandeur		

	des Romains et de leur décadence. Paris, 1832; 1 vol. in-8° rel.	B.	2320
2666	ROLLIN. — Ses Œuvres. Paris, 1740; 16 vol. in-4° rel.	C.	74
2667	ROLLIN. — Œuvres complètes, accompagnées d'observations et d'éclaircissements historiques, par M. Letronne. Paris, 1820 à 1825; 30 vol. in-8° rel.	B.	2321
2668	CÉSAR (J.). — Ses Commentaires. Texte; traduction d'Artaud. (Collection Panckoucke.) Paris, 1828; 3 vol. in-8° rel.	B.	2322
2669	CHAMPAGNY (Franz DE). — Les Césars. 2e édit. Paris, 1853; 2 vol. in-8° rel.	B.	2323
2670	DEZOBRY (Ch.). — Rome au siècle d'Auguste, ou Voyage d'un Gaulois à Rome à l'époque du règne d'Auguste et pendant une partie du règne de Tibère, précédé d'une description, avec plan et vues de Rome antique. Nouvelle édit. Paris, 1846; 4 vol. in-8° et atlas rel.	B.	2324
2671	CREVIER. — Histoire des Empereurs romains depuis Auguste jusqu'à Constantin. Paris, 1824-1828; 9 vol. in-8° rel.	B.	2325
2672	GIBBON (Edw.). — History of the decline and fall of the Roman Empire. London, 1825; 12 vol. in-8° rel.	C.	32
2673	LEBEAU. — Histoire du Bas-Empire. Nouvelle édition revue entièrement, corrigée et augmentée d'après les historiens orientaux, par MM. de Saint-Martin et Brosset. Paris, 1824 à 1836; 21 vol. in-8° rel.	B.	2326
2674	*SANTO DOMINGO.* — Tablettes romaines contenant des faits, anecdotes et observations sur les mœurs, les usages, les cérémonies, le gouvernement de Rome. Paris, 1824; 1 vol. in-8° rel.	B.	2327

3. HISTOIRE MODERNE.

§ 1. GÉNÉRALITÉS.

2675	FLEURY (L'abbé), FABRE (le père) et GOUJET. — Histoire ecclésiastique. Paris, 1751; 36 vol. in-12 rel.	B.	2328
2676	CALMET (Dom). — Histoire ecclésiastique et civile de Lorraine, qui comprend ce qui s'est passé de plus mémorable dans l'archevêché de Trèves, avec une biographie des hommes illustres de Lorraine. Nancy, 1728-1757; 8 vol. in-8° rel.; cartes et pl.	15	281
2677	LACÉPÈDE. — Histoire générale, physique et civile de l'Europe, depuis les dernières années du v° siècle jusque vers le milieu du XVIII°. Paris, 1826; 18 vol. in-8° rel.	C.	24
2678	HALLAM (Henri). — L'Europe au moyen âge; traduit de l'anglais, par Dudouit et Borghers. Paris; 1820; 4 vol. in-8° rel.	B.	2329
2679	ANCILLON (Frédéric). — Tableau des révolutions du système politique de l'Europe, depuis la fin du XV° siècle. Paris, 1823; 4 vol. rel.	C.	23
2680	GUIZOT. — Cours d'histoire moderne. (Extrait du Journal des cours publics de jurisprudence, histoire et belles-lettres.) Paris, 1820-1821; 1 vol. in-8° rel.	B.	2330
2681	GUIZOT. — Histoire générale de la civilisation en Europe, depuis la chute de l'Empire romain jusqu'à la Révolution française. Paris, 1842; 1 vol. in-8° rel.	B.	2331
2682	MARLÈS (LACROIX DE). — Histoire de la domination des Arabes et des Maures en Espagne et en Portugal, depuis l'invasion de ces peuples jusqu'à leur expulsion définitive, rédigée sur l'histoire de Joseph. Paris, 1825; 3 vol. in-8° rel.	C.	21
2683	SALABERRY. — Histoire de l'Empire ottoman, depuis sa fonda-		

	tion jusqu'à la paix de Yassy, en 1792. Paris et Londres, 1817; 4 vol. in-8° rel.	C.	22
2684	Beugnot (A.). — Les Juifs d'Occident, ou Recherches sur l'état civil, le commerce et la littérature des Juifs en France, en Espagne et en Italie pendant le moyen âge. Paris, 1824; 1 vol. in-8° rel.	B.	2332
2685	Creuzé de Lesser (A.). — De la Liberté, ou Résumé de l'histoire des républiques. 2e édit. Paris, 1833; 1 vol. in-8° rel.	B.	2333
2686	Monteil (Amans-Alexis). — Traité de matériaux manuscrits de divers genres d'histoire. Paris, 1835; 2 vol. in-8° rel.	B.	2334

§ 2. HISTOIRE DE FRANCE.

A. DEPUIS LES TEMPS LES PLUS RECULÉS JUSQU'AU RÈGNE DE LOUIS XVI.

2687	Berlier (Théophile). — Précis historique de l'ancienne Gaule, ou Recherches sur l'état des Gaules avant les conquêtes de César. Bruxelles, 1822; 1 vol. in-8° rel.	B.	2335
2688	Guizot. — Histoire de la civilisation en France depuis la chute de l'empire romain. 3e édit. Paris, 1843; 4 vol. in-8° rel.	B.	2336
2689	Thierry (Amédée). — Histoire des Gaulois, depuis les temps les plus reculés jusqu'à l'entière soumission de la Gaule à la domination romaine. Paris, 1845; 3 vol. in-8° rel.	B.	2337
2690	Thierry (Amédée). — Histoire de la Gaule sous l'administration romaine. Paris, 1847; 3 vol. in-8° rel.	B.	2338
2691	Dubos (L'abbé). — Histoire critique de l'établissement de la monarchie française dans les Gaules. Paris, 1742; 2 vol. in-4° rel.	B.	2339
2692	Thierry (Augustin). — Lettres sur l'histoire de France, pour servir d'introduction à l'étude de cette histoire. 3e édit. Paris, 1829; 1 vol. in-8° rel.	B.	2340

2693	Mézeray. — Histoire de France, depuis Pharamond jusqu'au règne de Louis le Jeune. Paris, 1685; 3 vol. in-fol rel...	C.	68
2694	Thierry (Augustin). — Récits des temps mérovingiens, précédés de considérations sur l'histoire de France. 5e édit. Paris, 1851; 1 vol. in-8° rel......................	B.	2341
2695	Hénault (Le président). — Abrégé chronologique de l'histoire de France, depuis Clovis jusqu'à la mort de Louis XIV, continué par Michaud jusqu'aux événements de 1830. Paris, 1836; 1 vol. in-8° rel......................	B.	2342
2696	Daniel (Le père). — Histoire de France, depuis l'établissement de la monarchie française dans les Gaules jusqu'en 1715. Paris, 1737; 17 vol. in-4° rel...............	C.	11
2697	Velly (L'abbé), Villaret et Garnier. — Histoire de France, depuis l'établissement de la monarchie jusqu'au règne de Louis XIV. Paris, 1757-1788; 33 vol. in-12 rel......	B.	2343
2698	Anquetil. — Histoire de France, depuis les Gaulois jusqu'au traité du 20 novembre 1816. Paris, 1826-1828; 13 vol. in-8° rel..................................	B.	2344
2699	Martin (Henri). — Histoire de France, depuis les temps les plus reculés jusqu'en 1789. Nouvelle édition entièrement revue et augmentée d'un nouveau travail sur les origines nationales. Paris, 1847 à 1854; 19 vol. in-8° rel., fig....	B.	2345
2700	Michelet (J.). — Histoire de France jusqu'au XVIe siècle. Paris, 1852; 6 vol. in-8° rel......................	B.	2346
2701	Marchangy (De). — La Gaule poétique, ou l'Histoire de France considérée dans ses rapports avec la poésie, l'éloquence et les beaux-arts. Paris, 1819; 8 vol. in-8° rel..........	C.	128
2702	Guizot. — Essais sur l'histoire de France, pour servir de complément aux observations de l'abbé Mably sur la même histoire. Paris, 1824; 1 vol. in-8° rel...............	B.	2347
2703	Simonde de Sismondi (J. C. L.). — Histoire des Français. Paris, 1821 à 1844; 31 vol. in-8° rel................	B.	2348

2704	MONTEIL (Amans-Alexis). — Histoire des Français des divers états aux cinq derniers siècles. Paris, 1828-1844; 10 vol. in-8° rel.	B.	2349
2705	MONTEIL (Amans-Alexis). — Les Français pour la première fois dans l'histoire de France, ou Poétique de l'histoire des divers états. Paris, 1841; 1 vol. in-12 rel.	B.	2350
2706	LE GRAND D'AUSSY. — Histoire de la vie privée des Français, depuis l'origine de la nation jusqu'à nos jours, avec des notes de J. B. B. de Roquefort. Paris, 1815; 3 vol. in-8° rel.	B.	2351
2707	THIERRY (Augustin). — Essai sur l'histoire de la formation et des progrès du tiers état, suivi de deux fragments du recueil des monuments inédits de cette histoire. Paris, 1853; 1 vol. in-8° rel.	B.	2352
2708	GAILLARD. — Histoire de la rivalité de la France et de l'Angleterre. Paris, 1771; 3 vol. in-12 rel.	B.	2353
2709	SIBERT (G. DE). — Variations de la monarchie française dans son gouvernement politique, civil et militaire, depuis Clovis jusqu'à Louis XIV. Paris, 1765; 4 vol. in-12 rel.	B.	2354
2710	GIN. — Les Vrais principes du gouvernement français. Paris, 1787; 2 vol. in-18 rel.	B.	2355
2711	LEGENDRE (Gilb. Ch.). — Des Antiquités de la maison de France et des maisons mérovingienne et carlienne, et de la diversité des opinions sur les maisons d'Autriche, de Lorraine, de Savoie, palatine, et plusieurs autres maisons souveraines. Paris, 1739; 1 vol. in-4° rel.	B.	2356
2712	MENIN. — Traité historique et chronologique du sacre et couronnement des rois et des reines de France, depuis Clovis jusqu'à présent. Paris, 1723; 1 vol. in-12 rel.	B.	2357
2713	GUIZOT. — Collection des mémoires relatifs à l'histoire de France, depuis la fondation de la monarchie française jusqu'au XIIIe siècle, avec une introduction, des suppléments,		

	des notices, des notes et une table générale des matières. Paris, 1823-1835; 31 vol. in-8° rel.	B.	2358
2714	BUCHON (J. A.). — Collection des chroniques nationales françaises, écrites en langue vulgaire du XIIIe au XVIe siècle, avec des notes et éclaircissements. Paris, 1824-1829; 47 vol. in-8° rel.	B.	2359
2715	PETITOT (aîné) et PETITOT (A.). — Collection complète des mémoires relatifs à l'histoire de France, depuis le règne de Philippe-Auguste (1200) jusqu'à l'année 1647, avec des notices sur chaque auteur et des observations sur chaque ouvrage. 1re série. Paris, 1824-1826; 52 vol. in-8°.	B.	2360
2716	PETITOT et MONMERQUÉ. — Collection de mémoires relatifs à l'histoire de France, depuis l'avénement de Henri IV jusqu'à la paix de Paris en 1763, avec des notices sur chaque auteur et des observations. 2e série. Paris, 1820-1829; 79 vol. in-8° rel.	B.	2361
2717	LEBER (C.). — Collection des meilleures dissertations, notices et traités particuliers relatifs à l'histoire de France, composée de pièces rares ou qui n'ont pas été publiées séparément. Paris, 1826-1842; 20 vol. in-8° rel.	B.	2362
2718	CIMBER (L.) et DANJOU (F.). — Archives curieuses de l'histoire de France, depuis Louis XI jusqu'à Louis XVIII, ou Collection de pièces rares et intéressantes, chroniques, mémoires, etc., publiées d'après les textes conservés à la Bibliothèque royale et accompagnées de notices et d'éclaircissements. Paris, 1834 à 1840; 27 vol. in-8° rel.	B.	2363
	COLLECTION des documents inédits sur l'histoire de France, publiée par ordre du roi et par les soins du ministre de l'instruction publique, comprenant :		
	Documents terminés.		
2719	GUIZOT. — Rapports au roi, présentés dans les années 1833, 1834, 1835. Paris, Imp. roy., 1835; 1 vol. in-4° rel.	B.	2364

2720	Rapports présentés au ministre par MM. Augustin Thierry, Francisque Michel, le comte Beugnot, Génin, Varin, baron Thénard, de Gasparin et Danton, de 1835 à 1838. Paris, Imp. roy., 1839; 1 vol. in-4° rel.	B.	2365
2721	Archives législatives et administratives de la ville de Reims, avec une table générale des matières; publié par P. Varin et L. Amiel. Paris, 1839-1853; 10 tomes en 8 vol. in-4°.	B.	2366
2722	Captivité du roi François Ier; publié par Champollion-Figeac (Aimé). Paris, Imp. roy., 1847; 1 vol. in-4° rel.	B.	2367
2723	Cartulaire de l'abbaye de Saint-Père de Chartres; publié par Guérard. Paris, 1840; 2 vol. in-4° rel.	B.	2368
2724	Cartulaire de l'abbaye de Saint-Bertin; publié par Guérard. Paris, 1841; 1 vol. in-4° rel.	B.	2369
2725	Cartulaire de l'église Notre-Dame de Paris; publié par Guérard. Paris, 1850 à 1853; 4 vol. in-4° rel.	B.	2370
2726	Cartulaire de l'abbaye de Savigny, suivi du petit cartulaire de l'abbaye d'Ainay; publié par Aug. Bernard. Paris, 1853; 2 tomes en 1 vol. in-4° rel.	B.	2371
2727	Chronique des ducs de Normandie, par Benoît, trouvère anglo-normand du XIIe siècle; publié par Francisque Michel. Imp. roy., 1838; 3 vol. in-4° rel.	B.	2372
2728	Chronique du religieux de Saint-Denis; publié par Bellaguet. Paris, 1839; 6 vol. in-4° rel.	B.	2373
2729	Chronique de Bertrand du Guesclin, par Cuvelier, trouvère du XIVe siècle; publié par E. Charrière. Paris, 1839; 2 vol. in-4° rel.	B.	2374
2730	Correspondance de Henri d'Escoubleau de Sourdis, archevêque de Bordeaux, publiée par Eug. Sue. Paris, 1839; 3 vol. in-4° rel.	B.	2375
2731	Éléments de paléographie; publié par Natalis de Wailly. Paris, 1838; 2 vol. in-4° rel., planch.	B.	2376

2732	Histoire de la croisade contre les hérétiques albigeois, écrite en vers provençaux; publié et traduit par Fauriel. Imp. roy., 1837; 1 vol. in-4° rel.	B.	2377
2733	Iconographie chrétienne. Histoire de Dieu; publié par Didron. Paris, Imp. roy., 1843; 1 vol. in-4° rel.	B.	2378
2734	Journal des états généraux de France tenus à Tours en 1484, sous le règne de Charles VIII, rédigé en latin par Jehan Masselin; traduit et publié par A. Bernier. Imp. roy., 1835; 1 vol. in-4° rel.	B.	2379
2735	L'Esclaircissement de la langue françoyse, de maistre Jehan Palsgrave, suivi de la grammaire de Giles du Guez; publié par Génin (F.). Paris, 1852; 1 vol. in-4° rel.	B.	2380
2736	Les Olim, ou Registres des arrêts rendus par la cour du roi, sous les règnes de saint Louis, de Philippe le Hardi, de Philippe le Bel, de Louis le Hutin et de Philippe le Long; publié par Beugnot (le comte). Paris, Imp. roy., 1839; 4 vol. in-4° rel.	B.	2381
2737	Les quatre Livres des rois, traduits en français du XIIe siècle; publié par Leroux de Lincy. Paris, Imp. roy., 1841; 1 vol. in-4° rel.	B.	2382
2738	Li Livres de jostice et de plet; publié par Rapetti, avec un glossaire par Chabaille. Paris, 1850; 1 vol. in-4° rel.	B.	2383
2739	Négociations, lettres et pièces diverses relatives au règne de François II, tirées du portefeuille de Sébastien de l'Aubespine, évêque de Limoges; publié par Louis Paris. Paris, 1841; 1 vol. in-4° rel.	B.	2384
2740	Négociations diplomatiques entre la France et l'Autriche durant les trente premières années du XVIe siècle; publié par le Glay. Paris, 1845; 2 vol. in-4° rel.	B.	2385
2741	Ouvrages inédits d'Abélard, publiés par V. Cousin. Imp. roy., 1836; 1 vol. in-4° rel.	B.	2386
2742	Paris sous Philippe le Bel, d'après un manuscrit contenant le		

	rôle de la taille de Paris en 1292; publié par Geraud. Imp. roy., 1837; 1 vol. in-4°.....................	B.	2387
2743	Procès-verbaux des séances du conseil de régence du roi Charles VIII, pendant les mois d'août 1484 à janvier 1485; publié par A. Bernier. Imp. roy., 1836; 1 vol. in-4° rel..................................	B.	2388
2744	Procès-verbaux des états généraux de 1593; publié par Auguste Bernard. Paris, 1841; 1 vol. in-4° rel...........	B.	2389
2745	Règlements des arts et métiers de Paris, rédigés au XIIIe siècle et connus sous le nom de Livre des métiers d'Étienne Boileau; publié par G. Depping. Paris, 1837; 1 vol. in-4°...	B.	2390
2746	Relations des ambassadeurs vénitiens sur les affaires de France au XVIe siècle; publié et traduit par Tommaseo. Imp. roy., 1838; 2 vol. in-4° rel..........................	B.	2391

Documents en cours de publication.

2747	Architecture monastique; publié par Albert Lenoir. 1 vol. in-4° rel..................................	B.	2392
2748	Correspondance administrative sous le règne de Louis XIV; publié par G. Depping. Paris, 1850 et suiv.; 3 vol. in-4°.	B.	2393
2749	Documents historiques inédits, tirés des collections manuscrites de la Bibliothèque royale et des Archives ou des bibliothèques des départements; publié par Champollion-Figeac. Paris, 1841; 4 vol. in-4° rel................	B.	2394
2750	Histoire du tiers état en France; publié par Augustin Thierry. Paris, 1850 et suiv.; 2 vol. in-4° rel................	B.	2395
2751	Lettres de rois, reines et autres personnages des cours de France et d'Angleterre, depuis Louis VII jusqu'à Henri IV, tirées des archives de Londres par Bréquigny; publié par Champollion-Figeac. Paris, Imp. roy., 1839; 1 vol. in-4° rel..................................	B.	2396
2752	Lettres, instructions diplomatiques et papiers d'État du car-		

	dinal de Richelieu; publié par Avenel. Paris, 1853; 1 vol. in-4° rel.	B.	2397
2753	Mémoires militaires relatifs à la succession d'Espagne sous Louis XIV; publié par de Vault. Imp. roy., 1838; 9 vol. in-4° rel. et atlas in-fol. (7 livraisons)	B.	2398
2754	Négociations relatives à la succession d'Espagne sous Louis XIV; publié par Mignet. 4 vol. in-4° rel.	B.	2399
2755	Négociations de la France dans le Levant; publié par E. Charrière. Paris, Imp. nat., 1848 et suiv.; 3 vol. in-4° rel.	B.	2400
2756	Papiers d'État du cardinal de Granvelle, d'après les manuscrits de la bibliothèque de Besançon; publié par Ch. Weiss. Paris, 1841; 9 vol. in-4° rel.	B.	2401
2757	Procès des Templiers; publié par Michelet. Paris, 1841; 2 vol. in-4° rel.	B.	2402
2758	Recueil des lettres missives de Henri IV; publié par Berger de Xivrey. Paris, Imp. roy.; 6 vol. in-4° rel.	B.	2403
	Collection de pièces historiques recueillies par Amans-Alexis Monteil.		
2759	Collection de soixante pièces originales relatives à l'assiette des impôts, depuis l'année 1378 jusqu'à l'année 1653.	A.	512
2760	Rôles des fouages et monéages des XIVe, XVe, XVIe et XVIIe siècles, manuscrits originaux au nombre de soixante et quatorze.	A.	513
2761	Rôles originaux de tailles des XIVe, XVe, XVIe et XVIIe siècles.	A.	514
2762	Collection de soixante et une pièces originales relatives aux tailles, depuis l'année 1351 jusqu'à l'année 1764.	A.	515
2763	Mandements des tailles de l'élection de Châtelleraud, depuis l'année 1631 jusqu'à l'année 1788, écrits sur parchemin au nombre de huit.	A.	516
2764	Modèles de rôles de tailles et de capitation; projets d'un rôle		

	du don gratuit de l'élection de Saint-Flour; un rôle de la quote-part de taille que devaient supporter les acquéreurs partiels du domaine de Labro, même élection. Manuscrits du XVIIe siècle.	A.	517
2765	Collection de trente-six pièces originales relatives aux officiers des tailles, depuis l'année 1467 jusqu'à l'année 1668.	A.	518
2766	Collection de cent trente-cinq pièces originales concernant les aides, depuis l'année 1357 jusqu'à l'année 1627.	A.	520
2767	Collection de cent vingt-neuf pièces originales relatives aux cours des élections, depuis l'année 1388 jusqu'à l'année 1707.	A.	521
2768	Collection de quarante-huit pièces originales relatives aux cours des aides, depuis l'année 1408 jusqu'à l'année 1704.	A.	522
2769	Recueil de deux cent soixante et quatorze pièces originales concernant la gabelle du sel, depuis l'année 1359 jusqu'à l'année 1784.	A.	523
2770	Collection de cent dix-sept pièces comptables relatives aux gages des officiers des gabelles.	A.	524
2771	Carte manuscrite de la dépendance du grenier à sel d'Auxonne	A.	525
2772	Mémoires autographes de Dutertre, pour servir à l'histoire de l'introduction, de la culture et de l'impôt du tabac.	A.	526
2773	États, mémoires, lettres originales, concernant les fermiers généraux et les sous-fermiers, années 1747 et suivantes. États, mémoires, documents, concernant les fermiers généraux et les sous-fermiers, années 1780 et suivantes. États des fonds libres de la ferme générale distribués à des protégés de la cour, années 1786 et 1787. 3 dossiers.	A.	527
2774	Recueil de pièces originales concernant les décimes, au nombre de dix-huit.	A.	528
2775	Projets relatifs aux loteries, manuscrits du XVIIIe siècle.	A.	529
2776	Instruction sur la comptabilité, année 1768.	A.	530

2777	Collection de vingt-sept pièces relatives aux monnaies, aux tribunaux des monnaies, aux changes, aux changeurs, depuis l'année 1304 jusqu'à l'année 1700.	A.	531
2778	Collection de pièces originales concernant le domaine, au nombre de cinquante-neuf, depuis l'année 1319 jusqu'à l'année 1711.	A.	532
2779	Collection de pièces originales concernant les officiers du domaine, au nombre de neuf, depuis l'année 1611 jusqu'à l'année 1699.	A.	533
2780	Collection de quatorze pièces originales relatives aux trésoriers de France, depuis l'année 1557 jusqu'à l'année 1787.	A.	534
2781	Recette générale des finances de la généralité de Lyon, pour l'année 1731. Manuscrit original sur parchemin.	A.	535
2782	Dette publique de la France, depuis l'année 1370 jusqu'à l'année 1780. Huit cent soixante pièces, actes, quittances, en parchemin.	A.	536
2783	Collection de soixante et dix pièces originales relatives aux chambres des comptes, depuis l'année 1332 jusqu'à l'année 1650.	A.	537
2784	Instructions sur la chambre des comptes de Paris. Manuscrit du commencement du XVIIIe siècle.	A.	538
2785	Honoraires des comptes différents, distribués par chambres. Manuscrit du milieu du XVIIIe siècle.	A.	540
2786	Instruction pour vérifier un compte d'après les lois et les ordonnances de la chambre des comptes de Paris. Manuscrit du milieu du XVIIIe siècle.	A.	541
2787	Premier mémoire de MM. les conseillers auditeurs, sur la comptabilité. Manuscrit autographe, année 1780 environ.	A.	542
2788	Instruction sur la comptabilité, depuis 1791. Manuscrit du XVIIIe siècle.	A.	543

2789	Fonds secrets, de 1659 à 1793. 3 dossiers...............	A.	544
2790	Histoire des finances (monnaies), depuis 1740. Manuscrit autographe..................................	A.	545
2791	Mémoire sur les finances. Manuscrit de 1768............	A.	546
2792	Observations sur les finances, la navigation et le commerce de l'Angleterre. Manuscrit de l'année 1747............	A.	547
2793	Ordonnances des ducs de Bourgogne sur les salines de la Franche-Comté, années 1402, 1405 et 1474. Manuscrit de l'année 1474..............................	A.	548
2794	Histoire des raffineries et du commerce de sucre.........	A.	549
2795	Recueil de cinquante-huit pièces originales concernant les douanes, depuis l'année 1360 jusqu'à l'année 1787......	A.	550
2796	Mémoire sur le commerce des différentes parties de l'Europe, considéré relativement aux douanes de la France.......	A.	551
2797	GAILLARD. — Histoire de Charlemagne, suivie de l'histoire de Marie de Bourgogne. Paris, 1819; 2 vol. in-8° rel.......	B.	2404
2798	BAUDIER (Michel). — Histoire de l'administration de Suger, abbé de Saint-Denis, grand ministre d'Estat sous les roys Louys le Gros et Louys le Jeune. Paris, 1615. — Dans le même volume : Histoire de saint Loys, IXe du nom, roy de France, par messire Jean, sire de Joinville, nouvellement mise en lumière, d'après l'original, avec pièces inédites, par Claude Menard. Paris, 1617; 1 vol. in-4° rel..	B.	2405
2799	MICHAUD. — Histoire des croisades. Paris, 1825-1829; 6 vol. in-8° rel..................................	B.	2406
2800	BUCHON. — Nouvelles recherches historiques sur la principauté française de Morée et ses hautes baronnies, fondées à la suite de la 4e croisade. Tome I, 1re partie, et tome II, 1re partie (les seules publiées). Paris, 1843; 2 vol. in-8°..	B.	2407

2801	CHOISY (L'abbé DE). — Histoire de Charles cinquième, roi de France. Paris, 1689; 1 vol. in-4° rel.	B.	2408
2802	CHOISY (L'abbé DE). — Histoire de Charles VI, roi de France. Paris, 1695; 1 vol. in-4° rel.	B.	2409
2803	MARCHANGY (DE). — Tristan le Voyageur, ou la France au XIVe siècle. Paris, 1826; 6 vol. in-8° rel.	C.	130
2804	CLÉMENT (Pierre). — Jacques Cœur et Charles VII, ou la France au XVe siècle. Étude historique précédée d'une notice sur la valeur relative des anciennes monnaies françaises, et suivie de pièces et documents la plupart inédits. Paris, 1853; 2 vol. in-8° rel.	B.	2410
2805	DUCLOS. — Histoire de Louis XI. Paris, 1745; 3 vol. in-12 rel.	B.	2411
2806	ANQUETIL. — L'Esprit de la Ligue. Paris, 1771; 3 vol in-12 rel.	C.	29
2807	ANQUETIL. — L'Intrigue du cabinet sous Henri IV et Louis XIII, terminée par la Fronde. Paris, 1780; 4 vol. in-12 rel.	C.	14
2808	ARDOUIN DE PÉRÉFIXE. — Histoire du roi Henry le Grand, avec une notice sur Henry IV, par Andrieux. Paris, 1822; 1 vol. in-8° rel.	C.	34
2809	SULLY (Maximilien de Béthune, duc DE). — Ses Mémoires, mis en ordre, avec des remarques de l'abbé de l'Écluse des Loges, et accompagnés d'un éloge de Sully par Daru. Paris, 1822; 6 vol. in-8° rel.	C.	35
2810	Mémoires anecdotes pour servir à l'histoire des règnes de Henri IV et de Louis XIII, ou Galerie des personnages illustres ou célèbres de la cour de France sous ces deux règnes. Lyon, 1806; 4 vol. in-12 rel.	C.	28
2811	SAVAGNIER (Auguste). — Histoire de la maison de Bourbon et des princes et personnages illustres qui en sont issus. Paris, 1845; 2 vol. in-8°.	B.	2412

2812	Desormeaux. — Histoire de la maison de Bourbon. Paris, 1772-1788; 5 vol. in-4° rel.	C.	10
2813	Pitou (L. A.). — Toute la vérité au roi sur des faits graves touchant l'honneur de la maison de Bourbon. Paris, 1821; 2 tomes en 1 vol. in-8° rel.	C.	116
2814	Mémoires de la maison de Condé, imprimés sur les manuscrits autographes et d'après l'autorisation de monseigneur le duc de Bourbon. 2e édit. Paris, 1820; 2 tomes en 1 vol. in-8° rel.	B.	2413
2815	Gaillard. — Histoire de François Ier, roi de France, dit le grand roi et le père des lettres. 2e édit. Paris, 1769, 7 vol. in-12 rel.	B.	2414
2816	*Goulart* (Simon). — Mémoire de l'État de France sous Charles IX. 2e édit. MDLXXIX; 3 vol. in-12 rel.	B.	2415
2817	Richelieu (Cardinal de). — Maximes d'État, ou Testament politique. Paris, 1764; 2 vol. in-8° rel.	B.	2416
2818	Retz (Cardinal de). — Mémoires contenant ce qui s'est passé de remarquable en France pendant les premières années du règne de Louis XIV. Genève, 1751; 4 vol. in-12 rel.	B.	2417
2819	Clément (Pierre). — Le Gouvernement de Louis XIV, ou la Cour, l'administration, les finances et le commerce, de 1683 à 1689; études historiques accompagnées de pièces justificatives, lettres et documents inédits. Paris, 1848; 1 vol. in-8° rel.	B.	2418
2820	Dareste de la Chavanne. — Histoire de l'administration en France et des progrès du pouvoir royal, depuis le règne de Philippe-Auguste jusqu'à la mort de Louis XIV. Paris, 1848; 2 vol. in-8° rel.	B.	2419
2821	Clément (Pierre). — Histoire de la vie et de l'administration de Colbert, contrôleur général des finances, précédée d'une étude historique sur Nicolas Fouquet. Paris, 1846; 1 vol. in-8° rel.	B.	2420

2822	GRIMOARD et GROUVELLE. — Œuvres de Louis XIV. Mémoires historiques et politiques. Paris, 1806; 6 vol. in-8° rel....	B.	2421
2823	Collection des mémoires manuscrits rédigés vers la fin du règne de Louis XIV, par les intendants, sur l'administration des provinces de France. 12 vol. in-fol. rel...........	B.	2422
2824	Histoire de la vie et du règne de Louis XIV, roi de France et de Navarre; rédigée sur les mémoires de feu M. le comte de..., par Bruzen de la Martinière. La Haye, 1740; 5 vol. in-4° rel................................	B.	2423
2825	TORCY (DE). — Mémoires pour servir à l'histoire des négociations, depuis le traité de Riswick jusqu'à la paix d'Utrecht. La Haye, 1756; 3 vol. in-12 rel..................	B.	2424
2826	MAINTENON (Madame DE). — Mémoires et lettres. Maestricht, 1778; 15 vol. in-18 rel.........................	C.	16
2827	Mémoires anecdotes pour servir à l'histoire des règnes de Louis XIV et de Louis XV, ou Galeries des personnages illustres ou célèbres de la cour de France sous ces deux règnes. Lyon, 1806; 4 vol. in-12 rel...............	C.	30
2828	SAINT-SIMON (Duc DE). — Mémoires complets et authentiques sur le siècle de Louis XIV et la Régence. Paris, Sautelet, 1829-1830; 21 vol. in-8° rel.....................	B.	2425
2829	ANQUETIL. — Louis XIV, sa cour et le régent. Paris, 1819; 2 vol. in-8° rel................................	B.	2426
2830	PEIGNOT (Gabriel). — Documents authentiques et détails curieux sur les dépenses de Louis XIV. Paris, 1827; 1 vol. in-8° rel................................	B.	2427
2831	Recueil des testaments politiques du cardinal de Richelieu, par l'abbé de Saint-Pierre; du duc de Lorraine, par de Straatman; de Colbert et de Louvois, par Sandras de Courtilz. Amsterdam, 1749; 4 vol. in-12 rel.........	B.	2428
2832	MOREAU (C.). — Choix de Mazarinades, publié pour la Société de l'histoire de France. Paris, 1853; 2 vol. in-8° rel.....	B.	2429

2833	PIOSSENS (Chevalier DE). — Mémoire de la Régence, avec notes de Lenglet du Fresnoy. Amsterdam, 1749; 5 vol. in-12 rel.	B.	2430
2834	LEMONTEY. — Histoire de la Régence et de la minorité de Louis XV, jusqu'au ministère du cardinal de Fleury. Paris, 1832; 2 vol. in-8° rel.	B.	2431
2835	BOULAINVILLIERS (Le comte DE). — État de la France, dans lequel on voit ce qui regarde le gouvernement ecclésiastique, le militaire, la justice, les finances, le commerce, les manufactures et le nombre des habitants. Nouvelle édition. Londres, 1752; 8 vol. in-12 rel.	B.	2432
2836	LE BRETON. — Pièces originales et procédures du procès fait à Robert-François Damiens, tant en la prévôté de l'hôtel qu'en la cour de parlement. Paris, 1757; 1 vol. in-4° rel.	B.	2433

B. DEPUIS LE RÈGNE DE LOUIS XVI JUSQU'À NOS JOURS.

2837	DROZ (Joseph). — Histoire du règne de Louis XVI pendant les années où l'on pouvait prévenir ou diriger la Révolution française. Paris, 1839-1842; 3 vol. in-8° rel.	B.	2434
2838	FALLOUX (Comte DE). — Louis XVI. 3ᵉ édit. Paris, 1852; 1 vol. in-12 rel.	B.	2435
2839	Recueil manuscrit des décisions royales relatives à des demandes de pensions, de secours, de remises de droits dus au Trésor, etc., du 28 avril 1737 au 5 août 1792, suivi des décisions du conseil exécutif provisoire sur les mêmes objets, du 22 août 1792 au 28 septembre 1793. 14 vol. in-fol. rel.	B.	2436
2840	Remarques sur la noblesse dédiées aux assemblées provinciales. Paris, 1787; 1 vol. in-8° rel.	B.	2437
2841	MOUNIER. — Nouvelles observations sur les états généraux de France. 1789; 1 vol. in-8°.	B.	2438

2842	**Talleyrand-Périgord** (De). — Rapport sur l'instruction publique, fait au nom du comité de constitution à l'assemblée nationale, les 10, 11 et 19 septembre 1791. Paris, 1791; 1 vol. in-4° rel.	B.	2439
2843	**Lenfant** (Le R. P.). — Mémoires ou Correspondance secrète du père Lenfant, confesseur du Roi, pendant trois années de la Révolution, 1790, 1791, 1792. Paris, 1834; 2 vol. in-8° rel.	B.	2440
2844	**Calonne** (De). — De l'État de la France présente et à venir. 3e édit. Londres, 1790; 1 vol. in-8° rel.	B.	2441
2845	Mélanges historiques et politiques sur l'Assemblée des notables. Versailles, 1787; 1 vol. in-4° rel.	B.	2442
	Liste des notables composant l'Assemblée, partagée en sept bureaux, avec leurs demeures, à Versailles. 1787.		
	Discours du Roi à l'Assemblée des notables. 22 février 1787.		
	Discours de M. de Calonne, contrôleur général des finances. 22 février 1787.		
	Collection des mémoires présentés à l'Assemblée nationale, sur l'établissement des assemblées provinciales; — sur l'imposition territoriale; — sur le remboursement des dettes du clergé; — sur la taille; — sur le commerce des grains; — sur la corvée; sur la réformation des droits de traite, l'abolition des barrières intérieures, l'établissement d'un tarif uniforme aux frontières et la suppression de plusieurs droits d'aides nuisibles au commerce. — État général des avantages pour chaque province d'un plan d'uniformité dans la perception des droits de traite, etc.; — sur les droits qui seront acquittés uniformément à l'avenir sur les marchandises coloniales; — sur l'impôt du tabac; — sur la suppression du droit de marque des fers; — sur la suppression de plusieurs droits d'aides; — sur la suppression des droits sur les huiles et savons; — sur la suppression du droit d'ancrage, etc.; — sur la gabelle. Versailles, 1787.		
	Observations des bureaux de l'Assemblée des notables sur les mémoires remis à l'Assemblée ouverte par le roi, à Versailles, le 23 février 1787.		
	Discours du Roi aux notables et leur réponse. 23 avril 1787.		
	Discours prononcés à l'Assemblée des notables, le 25 mai 1787, par le Roi, MM. de Lamoignon, de Brienne, Monsieur, frère du Roi; Dillon, d'Aligre, de Nicolay, de Barentin, l'abbé de la Fare, Angran, d'Alleray et le Peletier.		

2846	Mélanges historiques et politiques sur les États généraux et l'Assemblée nationale. 1789-1792; 3 vol. in-4° rel.	B.	2443

Tome I. (1789.)

1. Lettre du Roi pour la convocation des États généraux à Versailles, et règlement y annexé.
2. État alphabétique des bailliages royaux et des sénéchaussées royales qui députeront directement ou indirectement aux États généraux.
3. Instruction pour les baillis ou sénéchaux d'épée ou leurs lieutenants et pour les lieutenants des bailliages et sénéchaussées secondaires.
4. Ordonnance à rendre par les baillis et sénéchaux de la première classe, ou, en leur absence, par leurs lieutenants généraux, lorsque des bailliages ou sénéchaussées de la seconde classe devront concourir avec eux à la convocation pour les États généraux.
5. Modèles des assignations et procurations à donner aux possesseurs de fiefs et de bénéfices.
6. Lettre du Roi, du 19 février, pour la convocation des États généraux à Versailles, le 27 avril.
7. Règlement fait par le Roi pour l'exécution de ses lettres de convocation aux États généraux dans sa province de Franche-Comté.
8. État alphabétique des bailliages royaux de la province de Franche-Comté. Exécution des lettres de convocation aux États généraux dans la province de Flandre.

9-21. Même objet pour le duché d'Albret, — pour les bailliages de Chartres et de Châteauneuf en Thimerais, — pour la Navarre, — pour le pays de Soule, — pour le comté de Foix, — pour la province de Cambrésis, — pour le comté de Provence, — pour le Béarn, — pour le pays de Bigorre, — pour la province du Hainaut, — pour la province d'Artois, — pour le pays de Rivière-Verdun, — pour le pays de Comminges.

22. Fixation du nombre de députés à nommer par les bailliages de Laon, Reims, Troyes et Vitry.
23. Même objet pour la sénéchaussée d'Angoumois.

24-25. Exécution des lettres de convocation aux États généraux dans les bailliages de Bellesme et de Mortagne; — dans la province de Bretagne.

26. Fixation du nombre de députés à nommer par la sénéchaussée du Maine
27. Exécution du règlement du 19 février dans la province d'Artois.

28-31. Exécution des lettres de convocation aux États généraux dans le bailliage de Clermont en Argonne, — dans la ville de Paris et dans la prévôté et vicomté de Paris, — dans l'île de Corse, — dans le ressort du bailliage d'Ustaritz, pays des Basques.

32. Lettre du Roi, du 7 avril, pour la convocation des États généraux.

33. Règlement pour accorder un député au pays des Quatre-Vallées.

34. États généraux. Convocation des habitants du tiers-état de la ville et faubourgs de Paris.

35. Distribution des soixante districts attribués aux seize quartiers de Paris.

36. Arrêt du 4 mars concernant la ville de Sens.

37. Arrêt cassant une ordonnance du lieutenant général du bailliage de Metz, relative aux bailliages de Thionville, Sarrelouis et Longwy.

38. Arrêt cassant une ordonnance du lieutenant général de Senlis relative aux élections.

39. Cassation d'une ordonnance relative aux bailliages de Lunéville, Blamont, Rosières, Véselise et Nomeny.

40. Cassation d'une ordonnance du lieutenant général d'Orléans au sujet de la réduction des députés.

41. Cassation d'une ordonnance du lieutenant général du bailliage de Vesoul, au sujet des ordres du clergé et de la noblesse.

42. Ordonnance pour la convocation des trois états de la ville et faubourgs de Paris.

43. Distribution de la ville de Paris en vingt départements pour les assemblées de la noblesse.

44. Cassation de deux ordonnances rendues par le lieutenant général du bailliage de Laon.

45. Règlement pour le payement des dépenses des assemblées des bailliages et sénéchaussées relatives à la convocation des États généraux.

46. Liste alphabétique de bailliages et sénéchaussées des députés à l'Assemblée nationale.

Tome II. (1789.)

47. États généraux. Message du Roi.

48. Costume de cérémonie des députés des trois ordres.

49. Ouverture des États généraux à Versailles, le 5 mai. Discours du Roi, du garde des sceaux, et rapport du directeur général des finances.

50. État général des revenus et des dépenses fixes.

51. Lettre du Roi, portée le 28 mai à la chambre de chacun des trois ordres.
52. Ouverture faite par les commissaires du Roi aux commissaires des trois ordres le 4 juin.
53. Adresse présentée au Roi par les députés des communes, le 6 juin.
54. Règlement du Roi pour valider la nomination de quatre députés aux États généraux par les ordres de la sénéchaussée de Castelmoron.
55. Séance tenue par le Roi aux États généraux, le 23 juin.
56. Réponse du Roi à la députation des États généraux, le 10 juillet.
57. Récit de ce qui s'est passé à la séance tenue par le Roi le 15 juillet.
58. Réponse du Roi à la députation des États généraux, du 14 juillet.
59. Règlement du Roi sur les mandats des députés aux États généraux. 27 juin.
60. Mémoire instructif remis au comité des subsistances des États généraux, par le directeur général des finances.
61. Discours du Roi, aux États généraux, du 15 juillet.
62. Discours de M. Necker, à l'Hôtel-de-ville, du 30 juillet.
63. Discours du garde des sceaux, à l'Assemblée nationale, le 7 août.
64. Discours de M. Necker à l'Assemblée nationale.
65. Message du Roi. 9 août.
66. Règlement du Roi pour la réunion de ses conseils. 9 août.
67. Rapport de M. Necker à l'Assemblée nationale. 27 août.
68. Lettre du Roi aux archevêques et évêques de son royaume. 2 septembre.
69. Assemblée des représentants de la commune de Paris. Séance du 6 septembre.
70. Lettre de Necker au président de l'Assemblée nationale, suivie d'un rapport au Roi sur la question du *veto*. 11 septembre.
71. Lettre du Roi, du 18 septembre, sur les votes du 4 août.
72. Discours de M. Necker, prononcé le 24 septembre.
73. Réponse du Roi à l'Assemblée nationale, le 4 octobre.
74. Proclamation du Roi, du 9 octobre.
75. Proclamation sur le mont-de-piété. 9 octobre.
76. Lettre du comte de Saint-Priest au président du comité des recherches à l'Assemblée nationale. 10 octobre.
77. Mémoire à l'Assemblée, par les ministres, le 14 octobre.
78. Discours du garde des sceaux à l'Assemblée. 21 octobre.
79. Mémoire à l'Assemblée par les ministres, le 24 octobre.

80. Mémoire à l'Assemblée par les ministres. 27 octobre.
81. Mémoire du premier ministre des finances à l'Assemblée. 14 novembre.
82. Mémoire du comte d'Albert de Rioms sur sa détention. 1er décembre.
83. Copie de la lettre de M. de la Luzerne, ministre de la marine, au garde des sceaux, en date du 6 décembre.
84. Mémoire du garde des sceaux au président de l'Assemblée. 8 décembre.
85. Mémoire du premier ministre des finances à l'Assemblée. 17 décembre.
86. Arrêt du conseil, du 7 mai, supprimant une feuille qui a pour titre : États généraux.

Tome III. (1792.)

87. Copie de la lettre adressée par le ministre de la justice à tous les tribunaux et aux commissaires du Roi. 10 janvier.
88. Rapport prononcé par M. de Narbonne, ministre de la guerre, à l'Assemblée nationale, sur l'état des frontières et de l'armée, le 10 janvier.
89. Discours prononcé par le ministre de la marine à l'Assemblée nationale. 19 janvier.
90. Compte rendu à l'Assemblée nationale, par M. Bertrand de Moleville, ancien ministre de la marine.
91. Département de Paris. Instruction arrêtée par le directoire le 22 janvier.
92. Réponse du Roi à l'invitation adressée à Sa Majesté le 25 janvier.
93. Discours du Roi à sa garde nationale et à sa garde militaire. 16 mars.
94. Instructions des administrateurs du directoire aux habitants des districts ruraux. 22 mars.
95. Le ministre de l'intérieur Roland aux corps administratifs, municipalités et citoyens.
96. Lettre du Roi à la municipalité de Paris. 23 mai.
97. Lettre du Roi aux armées françaises.
98. Proclamation du Roi au sujet des expériences sur l'uniformité des poids et mesures. 10 juin.
99. Proclamation du Roi sur les événements du 20 juin. 22 juin.
100. Pièces diverses relatives aux événements du 20 juin.
   - Proclamation du Roi concernant l'arrêté du conseil du département qui suspend provisoirement le maire et le procureur de la commune de Paris. 11 juillet.
   - Rapport et conclusions du procureur général syndic du département de Paris. 6 juillet.

Procès-verbal de la séance du conseil du département, du 6 juillet.

Pièces justificatives.

Conduite tenue par le maire de Paris à l'occasion des événements du 20 juin.

Adresse au Roi du directoire du département de la Seine-Inférieure.

Adresse au Roi des juges et commissaires du Roi du tribunal d'Amiens, du 23 juin 1792.

Adresse du directoire du département de la Somme au Roi des Français.

Arrêté du directoire du département de la Somme.

Adresse au Roi des administrateurs composant le directoire du département de l'Eure. 24 juin.

Rapport du ministre de l'intérieur à l'Assemblée nationale sur les précautions prises le 20 juin.

Discours du ministre de l'intérieur sur le même sujet. 24 juin.

101. Notification du Roi aux puissances de l'Europe.

102. Proclamation du Roi pour le maintien de la tranquillité publique. 31 juillet.

103. Lettre du ministre de la justice au commissaire du Roi près le tribunal criminel du département de Paris. 31 juillet.

104. Lettre du Roi à l'Assemblée nationale, à l'occasion de la publicité de la déclaration du duc de Brunswick. 3 août.

105. Proclamation du Roi. 7 août.

106. Proclamation du conseil exécutif provisoire de la nation française. 25 août.

107. Loi du 28 août. Adresse de l'Assemblée nationale aux citoyens des frontières.

108. Loi du 26 août. Proclamation aux Français habitant le département de Paris et les départements voisins.

109. Lettre du ministre de l'intérieur à un citoyen de la ville de Tours.

110. Le ministre de l'intérieur aux corps administratifs, et, par eux, à tous ses concitoyens. Paris, 1er septembre.

111. Loi du 3 septembre.

112. Lettre de M. Roland, ministre de l'intérieur, à l'Assemblée nationale, imprimée par ordre de l'Assemblée nationale. 3 septembre.

113. Aux Corps administratifs. Lettre de M. Roland. Paris, 13 septembre.

114. Exposition des motifs d'après lesquels l'Assemblée nationale a proclamé la convocation d'une Convention nationale et

	prononcé la suspension du pouvoir exécutif dans les mains du Roi. 115. Décret de la Convention, du 19 octobre. Invitation aux amis de la liberté de présenter à la Convention des plans, des vues et des moyens propres à donner une bonne constitution. 116. Décret de la Convention, du 19 octobre. Adresse de la Convention nationale aux volontaires municipaux. 117. Décret de la Convention nationale, du 19 octobre, par lequel la Convention déclare qu'elle accordera fraternité et secours à tous les peuples qui voudront recouvrer leur liberté. 118. Mémoire sur les moyens d'établir avec économie le plus grand nombre d'écoles primaires et secondaires, par Bachelier. 119. Schneider à ses anciens camarades du régiment de Clairfait.		
2847	Berville et Barrière. — Collection des mémoires relatifs à la Révolution française, avec des notices sur leurs auteurs et des éclaircissements historiques. Paris, 1820 à 1828; 65 vol. in-8° rel.	B.	2444
2848	Le Moniteur universel, avec l'introduction, le Moniteur de Gand et les tables. In-fol. rel.	B.	2445
2849	Réimpression de l'ancien Moniteur, seule histoire authentique et inaltérée de la Révolution française, depuis la réunion des États généraux jusqu'au Consulat (mai 1789 à novembre 1799), avec l'introduction et les tables. Tables, par A. Ray. Paris, 1847; 32 vol. in-4°.	B.	2446
2850	Barrère de Vieuxzac. — Le Point du jour, ou Résultat de ce qui s'est passé dans chaque séance de l'Assemblée nationale, du 27 avril 1789 au 1er octobre 1791, précédé d'une introduction. Paris, 815 numéros en 27 vol. in-8° rel.	B.	2447
2851	Répertoire national, ou Mémorial chronologique de tous les actes authentiques relatifs à la Révolution pendant les années 1788, 1789, 1790 et 1791, jusqu'à brumaire an IV. Paris, 1792 à l'an IV; 5 vol. in-4° rel.	B.	2448
2852	Burke (Solmund). — Réflexions sur la Révolution de France et sur les procédés de certaines sociétés à Londres relatifs		

	à cet événement; traduit de l'anglais. Paris et Londres; 1 vol. in-8° rel.	B.	2449
2853	*Kerverseau* et *Clavelin*. — Histoire de la Révolution de 1789 et de l'établissement d'une constitution en France, par deux amis de la liberté. Paris, 1790 à 1803. (Lombard de Langres, Leriget, Caignart de Mailly ont coopéré à cette publication.)	B.	2450
2854	*Hullin de Bois-Chevalier*. — Répertoire, ou Almanach historique de la Révolution française, depuis 1787 jusqu'au 7 octobre 1797. Paris, 1798; 5 vol. in-18 rel.	B.	2451
2855	Lacretelle (Ch. de). — Histoire de France pendant le XVIIIe siècle. 4e édit. Paris, 1819-1826; 14 vol. in-8° rel.	B.	2452
2856	Morellet. — Mémoires sur le XVIIIe siècle et la Révolution, précédés de l'éloge de l'auteur, par Lemontey. Paris, 1821; 2 vol. in-8° rel.	C.	46
2857	Dulaure. — Esquisses historiques des principaux événements de la Révolution française, depuis la convocation des États généraux jusqu'au rétablissement de la maison de Bourbon. Paris, 1826; 6 vol. in-8° rel.; fig.	B.	2453
2858	Thiers (A.). — Histoire de la Révolution française. 2e édit. Paris, 1829; 10 vol. in-8° rel.	B.	2454
2859	Mignet (F. A.). — Histoire de la Révolution française depuis 1789 jusqu'en 1814. 4e édit. Paris, 1827; 2 vol. in-8° rel.	B.	2455
2860	Blanc (Louis). — Histoire de la Révolution française. Tome I, Origine et causes de la Révolution. Paris, 1847; 1 vol. in-8° rel.	B.	2456
2861	Lombard de Langres. — Mémoires anecdotiques pour servir à l'histoire de la Révolution française. Paris, 1823; 2 vol. in-8° rel.	B.	2457
2862	Jouffroy (Achille de). — Les Fastes de l'anarchie, ou Précis chronologique des événements mémorables de la Révolu-		

	tion française depuis 1789 jusqu'à 1804. Paris, 1820; 2 tomes en 1 vol. in-8° rel.	B.	2458
2863	LACRETELLE (Ch. DE). — Histoire de l'Assemblée constituante. Paris, 1821; 2 vol. in-8° rel.	C.	48
2864	Liste générale des émigrés de la République, des radiés, des maintenus et des condamnés, avec sept suppléments. Paris, de l'an II à l'an IX; 19 vol. in-fol. et in-4° rel.	A.	195
2865	États détaillés des liquidations d'indemnités aux émigrés faites par la commission pendant les années 1825 à 1828. Paris, Imp. roy., 9 vol. in-4° rel.	A.	196
2866	Liste par ordre alphabétique des émigrés de toute la République, dressée en exécution de l'article 16 de la loi du 28 mars 1796; 2 vol. in-fol. rel.	B.	2459
2867	DUCHEMIN DE SCÉPEAUX. — Lettres sur l'origine de la chouannerie et sur les chouans du Bas-Maine. Paris, 1825-1827; 2 vol. in-8°.	C.	42
2868	*CONNÝ* (Vicomte *DE*). — La France sous le règne de la Convention. Paris et Londres, 1820; 1 vol. in-8° rel.	B.	2460
2869	Rapport fait par le ministre de la guerre au Directoire exécutif sur l'administration de son département depuis l'organisation du gouvernement constitutionnel, du 14 brumaire an IV au mois de pluviôse an V. Paris, floréal an V; 1 vol. in-4° rel.	B.	2461
2870	BARANTE (Baron DE). — Histoire de la Convention nationale. Paris, 1851 à 1853; 6 vol. in-8° rel.	B.	2462
2871	LAMARTINE (A. DE). — Histoire des Girondins. Paris, 1847; 8 vol. rel.; portr.	B.	2463
2872	IVERNOIS (Francis D'). — Tableau historique et politique des pertes que la Révolution et la guerre ont causées au peuple français dans sa population, son agriculture, ses colonies, ses manufactures et son commerce. Londres, 1799; 2 vol. in-8° rel.	B.	2464

2873 TAILLANDIER. — Lettres à mon fils sur les causes, la marche et les effets de la Révolution française. Paris, 1820; 1 vol. in-8° rel. . . . . B. 2465

2874 BARBÉ-MARBOIS. — Journal d'un déporté non jugé, ou Déportation en violation des lois décrétées le 18 fructidor an V. Paris, 1834, 2 tomes en 1 vol. in-8° rel. . . . . B. 2466

2875 AUDIGER (G.). — Souvenirs et anecdotes sur les comités révolutionnaires (clubs, 1793-1795); augmentés de considérations sur les clubs de 1830. Paris, 1831; 1 vol. in-8° rel. . . . . B. 2467

2876 Mélanges sur la Révolution française. 4 vol in-8° rel. . . . . . . B. 2468

Tome I.

1. L'Orateur des États généraux pour 1789. Première et seconde partie.
2. Vues générales sur la Constitution française, ou Exposé des droits de l'homme, par Cerutti. 1789.
3. Précis historique et justificatif de Charles-Eugène de Lorraine, prince de Lambesc. Trèves, 1er mai 1790.
4. Motion pour la tranquillité publique, par un citoyen patriote. 2 juillet 1789.
5. Justification de M. Necker, en réponse à un écrit intitulé : Le Pain du peuple. 1789.
6. État militaire des forces des Parisiens, ou Plan de défense pour la ville de Paris en cas de siége, par un vieil invalide natif de Paris. 1789.
7. La Résurrection des bons Français et la mort civile des aristocrates. 1789.
8. Motion de M. Rabaut de Saint-Étienne à l'Assemblée nationale, au sujet du mémoire du premier ministre des finances et de l'adresse de la commune de Paris. 7 mars 1790.
9. Compte rendu à l'Assemblée nationale par les députés du bureau de la ville de Paris, le 10 mars 1790, au sujet des établissements religieux.
10. Proclamation du Roi. 28 mai 1790.
11. Mémoire lu à l'Assemblée nationale, le 29 mai 1790, par M. Necker.
12. Aperçu de l'état général des finances pendant les huit derniers mois de 1790, par M. Necker.
13. Réponse de l'évêque d'Autun au chapitre de l'église cathédrale d'Autun. Paris, 29 mai 1790.

14. Lettre écrite de a main du Roi à M. le président. 9 juin 1790.
15. Lettre du Roi à M. Necker, suivie de la réponse.
16. Discours de M. de Lafayette au corps municipal de Paris, et Arrêté pris en conséquence. 8 novembre 1790.
17. Contre-poison, ou Compte rendu des travaux de l'Assemblée nationale, depuis le 27 avril 1789 jusqu'au 15 avril 1790, par un député patriote à ses commettants.
18. Philippe d'Orléans traité comme il le mérite, ou Réponse à un sieur Roger, auteur d'un libelle, par Bavoux.
19. Mémoire à consulter et consultation pour M. Louis-Philippe-Joseph d'Orléans. 29 octobre 1790.
20. Exposé de la conduite de M. le duc d'Orléans dans la Révolution de France, rédigé par lui-même à Londres.
21. Discours sur la force publique, par M. Dubois de Crancé. Paris, 1790.

Tome II.

22. Les Droits du Peuple sur l'Assemblée nationale, par Louis la Vicomterie. Paris et Lyon, 1791.
23. Les Oracles de la Sibylle sur les avantages qu'on peut tirer des adversités publiques, par madame veuve P***. Paris, 1791.
24. Rapport à l'Assemblée nationale sur l'affaire de Nîmes, par Alquier, député, le 19 février 1791.
25. Pétition à l'Assemblée nationale, concernant le Roi et la Reine, par le club des Jacobins. 27 juin 1791.
26. Sera-t-il Roi, ne le sera-t-il pas? par madame de Gouges.
27. Discours sur la question de savoir si le Roi peut être jugé, prononcé le 10 juillet 1791, à l'Assemblée des Amis de la constitution, par Brissot.
28. Discours sur la Révolution française, prononcé le 13 juillet 1791, dans l'église Notre-Dame de Paris, par Ch. Hervier.
29. Constitution française, 1791.
30. Lettre du 13 septembre 1791, par laquelle le Roi accepte la constitution, portée à l'Assemblée par le ministre de la justice.
31. Grand détail de tout ce qui s'est passé hier à la présentation de la constitution française au Roi. Discours de M. Thouret et réponse du Roi.
32. Opinion de M. Dumas sur la loi contre les émigrations, prononcée, le 20 octobre 1791, à l'Assemblée nationale.
33. Pétition de plusieurs officiers de la chambre des comptes, sur la liquidation de leurs offices. 17 novembre 1791.
34. Discours prononcé le 7 décembre 1791, à l'Assemblée, par les députés de la ville de Saint-Pierre-Martinique.

35. Adresse à l'Assemblée nationale sur les loteries, considérées sous tous leurs rapports, par Ollivault-Duplessis, ancien président de section.
36. Avantages de la fuite de Louis XVI, et nécessité d'un nouveau gouvernement.
37. Seconde édition du Républicanisme adapté à la France, par F. Robert. Paris-Lyon, 1791.

Tome III.

38. Exposition des motifs de la convocation d'une Convention et de la suspension du Roi. Paris, 1792. Assemblée nationale.
39. Opinion de Rouzet, député, sur le jugement de Louis XVI. 15 novembre 1792.
40. Opinion de Fauchet, député, sur le jugement du Roi.
41. Rapport sur les factions de l'étranger, fait à la Convention, le 23 ventôse an II, par Saint-Just, au nom du comité de salut public, le 2 germinal an II.
42. Rapport à la Convention contre Fabre d'Églantine, Danton, Philippeaux, Lacroix, Camille Desmoulins, par Saint-Just. 11 germinal an II.
43. Rapport à la Convention sur les idées religieuses et morales, par Maximilien Robespierre, prononcé le 18 floréal an II.
44. Instruction particulière sur les détails de la fête à l'Être suprême, qui doit être célébrée le 20 prairial an II.
45. Détail des cérémonies et de l'ordre à observer dans cette fête, avec l'hymne composé par Marie-Joseph Chénier.
46. Premier rapport sur les moyens d'extirper la mendicité, fait par Barrère, le 22 floréal.
47. Extrait du procès-verbal de l'assemblée de la section de Brutus, relativement aux subsistances; séance du 10 thermidor an III.
48. Constitution de la République proposée par la Convention. Paris, fructidor an III.
49. Éloge funèbre de nos frères d'armes morts le 10 août, prononcé le 17 août an IV, par Publicola Chaussard, homme de lettres.
50. Adresses des différentes armées de la République au Directoire exécutif. Journée du 1er fructidor an V.
51. Rapport au Conseil des Cinq-Cents, par Boulay (de la Meurthe), au sujet des mesures relatives à la conspiration royaliste. 18 fructidor an V.
52. Résolutions du Conseil des Cinq-Cents. 19 fructidor an V.
53. Rapport aux Cinq-Cents, par Bailleul, sur les journalistes complices de la conspiration royaliste. Séance du 20 fructidor an V.

54. Rapport aux Anciens, par Baudin (des Ardennes), sur ceux qui ont contribué à déjouer la conspiration. Séance du 20 fructidor an v.
55. Rapport aux Cinq-Cents et projets de résolution et d'adresse présentés par Jean Debry. Séance du 20 fructidor an v.
56. Rapport de Grelier aux Cinq-Cents, au sujet d'un monument commémoratif.
57. Communication aux Anciens, par message, d'une lettre du général Moreau, en date du 19 fructidor an v, relative aux intrigues de Pichegru.
58. Pièces trouvées à Venise dans le portefeuille de d'Antraigues.
59. Discours aux Cinq-Cents, par Daunou, vice-président de l'Institut.
60. Déclaration à mes commettants, par Bailleul, député. Fructidor an v.
61. Opinion de Boulay (de la Meurthe) sur la journée du 18 fructidor an v et sur l'érection d'un monument. Cinq-Cents, 3 vendémiaire an vi.
62. Message du Directoire aux Cinq-Cents, au sujet de la nécessité d'un emprunt national. 8 nivôse an vi.

Tome IV.

63. Esquisse historique des principaux événements arrivés à Saint-Domingue, depuis l'incendie du Cap jusqu'à l'expulsion de Santhonax, par Cotterel. Paris, an vi.
64. Relation historique du voyage de quinze des déportés condamnés le 18 fructidor an v, par un citoyen de l'escorte R...y. Paris, an vi.
65. Discours lu au cercle constitutionnel, le 9 messidor an v, par Honoré Riouffe.
66. Premier discours du citoyen Bach sur les moyens de consolider la République, prononcé le 30 messidor an vii.
67. Le Contrôleur général des finances de la République.
68. Avis au peuple sur les subsistances.
69. Discours qui ne plaira pas aux aristocrates, par Puget-Barbantane, député, colonel.
70. Fermeté du soldat national, par Beaunier. 1790.
71. Chronique du Paradis, par Teofilino.
72. Récit de la mission de Saint-Félix à l'armée de Vendée.
73. Robespierre aux frères et amis, par Pérac.
74. Cam. Jordan aux fils légitimes de la monarchie et de l'Église, par Pasteur.
75. Discours démocratique aux Suisses sur leur révolution, par Roullier.

76. Le Culte des arbres, ou Idée de l'état heureux des premiers hommes, par le citoyen Guibourt, instituteur. Paris, an II.

77. Couplets pour l'inauguration de l'arbre de la liberté, par Cattrau.

78. Des Prêtres et des Cultes.

79. Sur le Mariage des prêtres, par C. Chotard.

80. L'Homme d'État, par Eschassériaux aîné, tribun. Paris, messidor an XI.

81. Lettre au citoyen Lagarde, secrétaire général du Directoire exécutif, sur des projets de monuments, suivie d'une réponse au rapport contre les arts et les artistes, de Mercier, député, par Corbet. Paris, an V.

82. Observations sur l'administration du musée central des arts, par Joseph Lavallée.

83. Le Conservatoire du Muséum national des arts au comité d'instruction publique, le 7 pluviôse an III, pour embellissements.

84. Commission des monuments. Décret de la Convention du 18 octobre 1792.

85. Compte rendu à la Convention par la commission supprimée des monuments. Pièces à l'appui.

2877 Mélanges historiques et politiques sur diverses matières d'administration publique. Paris, 1789 et suiv.; 1 vol. in-4° rel. .... B. 2469

1788. Arrêt du Parlement condamnant un imprimé, sans nom d'imprimeur, ayant pour titre : Almanach des honnêtes gens.

Suppression des délibérations et protestations des cours et autres corps et communautés, faites depuis la publication des lois portées au lit de justice du 8 mai.

Arrêt concernant la convocation des États généraux du royaume.

Création d'une loterie de douze millions en faveur des provinces ravagées par la grêle.

Suspension de l'exportation des grains à l'étranger par tous les ports et sorties du royaume.

Déclaration du Roi pour la chambre des vacations du Parlement.

Arrêt du Parlement condamnant un imprimé intitulé : Annales politiques, civiles et littéraires, par Linguet, t. XV, n° CXVI.

Réponse du Roi aux députés des commissions intermédiaires de Bretagne.

Révocation de dispositions ordonnées pour le payement en papiers d'une partie des rentes et des autres charges de l'État.

Arrêt du Parlement défendant à toutes personnes de s'attrouper, de lancer aucuns pétards et fusées, etc., de troubler l'ordre et la tranquillité publique dans les rues, carrefours et places de la ville et faubourgs de Paris.

L'assemblée des États généraux aura lieu en janvier 1789, et les officiers des cours reprendront leurs fonctions.

Réponse du Roi au premier président du parlement de Paris, du 26 septembre 1788, sur l'arrêté de la veille.

Nouvel arrêt du Parlement, défendant de s'attrouper, de lancer aucuns pétards et fusées, etc., dans la ville de Paris.

Opérations du département des tailles pour 1789.

Sur les formes de la répartition et levée des tailles et les contestations y relatives.

Arrêt du Parlement condamnant l'imprimé suivant : Délibération à prendre par le tiers-état dans toutes les municipalités du royaume de France.

1789. Suspension jusqu'au 3 février de la séance des États de Bretagne.

Exécution de la déclaration du 1er mars 1781, relative aux jeux de hasard ou autres prohibés.

Arrêt du Parlement condamnant l'imprimé suivant : Mémoire au Roi des députés de l'ordre des avocats au Parlement de Bretagne.

Arrêt du Parlement défendant les attroupements dans la ville, faubourgs et banlieue de Paris.

Mémoire d'une partie du clergé et de la noblesse du Dauphiné.

Réponse des députés de la province du Dauphiné aux États généraux.

État exact des signatures apposées à l'acte de protestation signifié à la commission intermédiaire des États du Dauphiné et à l'archevêque de Vienne, président des États de la province.

1788. Discours sur l'offre d'un crédit de six millions prêtés au Roi par la compagnie des notaires.

Motif de M. de Calonne pour différer jusqu'à l'assemblée des États généraux la réfutation d'un nouvel écrit de M. Necker sur l'objet de leur controverse.

Pétition des citoyens domiciliés à Paris, du 8 décembre 1788.

1789. Adresse de remercîment au Roi par les députés compo-

	sant la commission intermédiaire provinciale de l'Orléanais. 1788. Le Bon sens, par un gentilhomme breton (A. G. de Kersaint). 1790. Mémoire pour le marquis de Favras. Interrogatoires du marquis de Favras. 1786. Observations du sieur Lemaître contre son arrestation. Mémoire à consulter et consultation pour M. Duchosal, demandeur, contre le sieur de Saint-Ange, coopérateur subalterne du Mercure de France, défendeur.		
2878	BIGNON. — Histoire de France depuis le 18 brumaire (9 novembre 1799) jusqu'en 1812. Paris, F. Didot, 1829 à 1850; 14 vol. in-8° rel.	B.	2470
2879	Pièces diverses et correspondance relatives aux opérations de l'armée d'Orient, en Égypte, imprimées par ordre du Tribunat. Paris, an IX; 1 vol. in-8° rel.	B.	2471
2880	REYNIER (Général). — De l'Égypte après la bataille d'Héliopolis, avec la carte de la basse Égypte. Paris, 1802; 1 vol. in-8° rel.	B.	2472
2881	MIOT (J.). — Mémoires pour servir à l'histoire des expéditions en Égypte et en Syrie. 2e édit. Paris, 1814; 1 vol. in-8° rel.	B.	2473
2882	Mémoires sur le Consulat, de 1799 à 1804, par un ancien conseiller d'État. Paris, 1827; 1 vol. in-8° rel.	C.	50
2883	PAGANEL (Camille). — Essai sur l'établissement monarchique de Napoléon. Paris, 1836; 1 vol. in-8° rel.	B.	2474
2884	THIERS (A.). — Histoire du Consulat et de l'Empire, faisant suite à l'Histoire de la Révolution française. Paris, 1845 et suiv.; in-8° rel. (En cours de publication.)	B.	2475
2885	NORVINS (DE). — Histoire de Napoléon. Paris, 1828; 4 vol. in-8° rel.; portr., cartes et plans.	C.	54
2886	THIBAUDEAU (A. C.). — Histoire générale de Napoléon Bona-		

	parte, de sa vie privée et publique. Paris, 1827-1828; 15 vol. in-8° rel.	C.	53
2887	Mémoires et correspondance politique et militaire du roi Joseph, annotés et publiés par A. du Casse. Paris, 1853 et 1854; 10 vol. in-8° rel.	B.	2476
2888	Foy (Général). — Histoire de la guerre de la Péninsule sous Napoléon, précédée d'un tableau politique et militaire des puissances belligérantes. Paris, 1829; 4 vol. in-8° rel.; cartes et plans.	C.	64
2889	Escoïquiz (Don Juan) et Carnerero (J. M.). — Exposition sincère des raisons et des motifs qui engagèrent S. M. C. Ferdinand VII à faire le voyage de Bayonne en 1808. Toulouse, 1814; 1 vol. in-8° rel.	B.	2477
2890	Gourgaud (Général). — Napoléon et la grande armée en Russie, ou Examen critique de l'ouvrage de M. de Ségur. Paris, 1825; 1 vol. in-8° rel.	B.	2478
2891	Ségur (Comte Philippe de). — Histoire de Napoléon et de la grande armée pendant l'année 1812. Paris. 1820; 2 vol. in-8° rel.	B.	2479
2892	Labaume (C.). — Relation circonstanciée de la campagne de Russie. Paris, 1814; 1 vol. in-8° rel.; cartes.	B.	2480
2893	Montalivet (Comte de). — Exposé de la situation de l'Empire présenté au Corps législatif. Paris, 1813; 1 vol. in-4° rel.	B.	2481
2894	Bausset (De). — Mémoires anecdotiques sur l'intérieur du palais et sur quelques événements de l'Empire, de 1805 à 1816, pour servir à l'histoire de Napoléon. Paris, 1828-1829; 4 vol. in-8° rel.; portr.	C.	51
2895	Mémoires des contemporains, ou Manuscrit de 1814, trouvé dans les voitures impériales prises à Waterloo, et contenant le précis des événements des six derniers mois du règne de Napoléon. Paris, 1825; 1 vol. in-8° rel.	C.	57

2896	CHAMPOLLION-FIGEAC. — Fourier et Napoléon; l'Égypte et les Cent-Jours; mémoires et documents inédits. Paris, 1844; 1 vol. in-8° rel.	B.	2482
2897	FLEURY DE CHABOULON (Baron). — Les Cent-Jours, Mémoire pour servir à l'histoire de la vie privée, du retour et du règne de Napoléon en 1815. Londres, 1820; 2 vol. in-8° rel.	B.	2483
2898	CONSTANT (Benjamin). — Mémoires sur les Cent-Jours, en forme de lettres. Paris et Rouen, 1820; 1 vol. in-8° rel.	B.	2484
2899	LABAUME (E.). — Histoire de la chute de l'Empire de Napoléon. Paris, 1820; 2 vol. in-8° rel.	B.	2485
2900	LAS CASES (Comte DE). — Mémorial de Sainte-Hélène, Journal où se trouve consigné jour par jour ce qui a été dit et fait par Napoléon pendant dix-huit mois. Paris, 1824; 8 vol. in-8° rel.	B.	2486
2901	MONTHOLON et GOURGAUD (Généraux). — Mémoires pour servir à l'histoire de France sous Napoléon, écrits à Sainte-Hélène par les généraux qui ont partagé sa captivité, et publiés sur les manuscrits entièrement corrigés de la main de Napoléon. Paris, 1823; 8 vol. in-8° rel.	B.	2487
2902	*BERTRAND* (Général). — Manuscrit venu de Sainte-Hélène d'une manière inconnue. 4e édit. Londres, 1817; 1 vol. in-8° rel.	B.	2488
2903	MENNEVAL (Baron DE). — Napoléon et Marie-Louise, souvenirs historiques. Paris, 1843-1845; 3 vol. in-8° rel.	B.	2489
2904	RIGAU (Colonel). — Souvenirs des guerres de l'Empire; réflexions, pensées, maximes, anecdotes. Paris, 1846; 1 vol. in-8° rel.	B.	2490
2905	BOURRIENNE (DE). — Mémoires sur le Directoire, le Consulat, l'Empire et la Restauration. Paris, 1829; 10 vol. in-8° rel.	B.	2491
2906	Bourrienne et ses erreurs volontaires et involontaires, ou		

	Observations sur ses mémoires, par plusieurs de ses contemporains. Paris, 1830; 2 vol. in-8° rel.	B.	2492
2907	Fain (Baron). — Manuscrit de l'an III (1794-1795), contenant les premières transactions des puissances de l'Europe avec la République française et les derniers événements du régime conventionnel. Paris, 1828; 1 vol. in-8° rel.	B.	2493
2908	Fain (Baron). — Manuscrit de 1812, contenant le précis des événements de cette année, pour servir à l'histoire de l'empereur Napoléon. Paris, 1827; 2 vol. in-8° rel.	B.	2494
2909	Fain (Baron). — Manuscrit de 1813, contenant le précis des événements de cette année, pour servir à l'histoire de l'empereur Napoléon. Paris, 1825; 2 vol. in-8° rel.	B.	2495
2910	Lamartine (A. de). — Histoire de la Restauration. Paris, 1851-1852; 8 vol. in-8° rel.	B.	2496
2911	Vaulabelle (Achille de). — Chute de l'Empire. Histoire des deux Restaurations jusqu'à la chute de Charles X. 2ᵉ édit. Paris, 1847-1854; 7 vol. in-8° rel.	B.	2497
2912	Clausel de Coussergues. — Projet de la proposition d'accusation contre M. le duc Decazes. Paris, 1820; 1 vol. in-8° rel.	B.	2498
2913	Carnot (Général). — Mémoire adressé au Roi en juillet 1814, suivi d'un discours prononcé au Tribunat le 11 floréal an XII. 6ᵉ édit. Paris, 1815; 1 vol. in-8°.	B.	2499
2914	Montlosier (Comte de). — De la Monarchie française au 1ᵉʳ janvier 1821. Paris, 1821; 1 vol. in-8° rel.	B.	2500
2915	Marcellus (Comte de). — Politique de la Restauration en 1822 et 1823. Paris, 1853; 1 vol. in-8° rel.	B.	2501
2916	Marchangy (De). — Son Réquisitoire dans la conspiration de la Rochelle. Paris, 1822; 1 vol. in-8° rel.	C.	129

2917	ROBERT. — Des anciens ministres et du nouveau ministère. Paris, 1823; 1 vol. in-8° rel.	B.	2502
2918	MARTIGNAC (DE). — Essai historique sur la révolution d'Espagne et sur l'insurrection de 1823. Paris, 1832; in-8° rel. (Le tome I seulement a paru.)	B.	2503
2919	CHÂTEAUBRIAND. — Congrès de Vérone. Guerre d'Espagne. Négociations. Colonies espagnoles. 2° édit. Paris, 1838; 2 vol. in-8° rel.	B.	2504
2920	CAPEFIGUE (B.). — Récit des opérations de l'armée française en Espagne, sous les ordres du duc d'Angoulême. Paris, 1823; 1 vol. in-8° rel.	B.	2505
2921	D'A... (Lieutenant-colonel Aug.). — Revue impartiale des opérations administratives de la campagne de 1823. 1826; 1 vol. in-4°.	B.	2506
2922	Souvenirs de l'armée d'Espagne (campagne de 1823). Paris, 1824; 1 vol. in-8° rel.	C.	38
2923	REGNAULT. — De l'administration et des dépenses de l'armée d'Espagne au delà des Pyrénées pendant la campagne de 1823. Paris; 1 vol. in-4° rel.	B.	2507
2924	Rapport de la commission créée par ordonnance royale du 30 juin 1824, pour recueillir des documents sur les dépenses de la campagne d'Espagne. Imp. roy., 1824-1825; 5 vol. in-4° rel.	B.	2508
2925	Fac-simile de trois lettres autographes: 1° de Charles X (alors Monsieur); 2° du duc d'Angoulême; 3° du roi d'Espagne, suivies de fragments également autographes. Paris, 1831; 1 vol. in-4° rel. (Lettres écrites pendant la campagne de 1823.)	B.	2509
2926	MONTLOSIER (Comte DE). — Mémoire à consulter sur un système religieux et politique tendant à renverser la religion, la société et le trône. 4° édit. Paris, 1826; 1 vol. in-8° rel.	B.	2510

2927	Pièces fondamentales de l'arrêt rendu par la Cour des pairs, le 3 août 1826. Paris, 1826; 1 vol. in-4° rel......... (Cet arrêt est relatif aux marchés conclus à Bayonne avec le sieur Ouvrard pour le transport et l'approvisionnement de l'armée des Pyrénées dans l'expédition d'Espagne.)	B.	2511
2928	MORAND (Général comte). — De l'Armée, selon la Charte et d'après l'expérience des dernières guerres. Paris, 1829; 1 vol. in-8° rel..........................	B.	2512
2929	JOURDAIN. — Mémoires historiques et militaires sur les événements de la Grèce, depuis 1822 jusqu'au combat de Navarin. Paris, 1828; 2 vol. in-8° rel.; cartes et fig.......	B.	2513
2930	LAVALETTE (Comte DE). — Mémoires et souvenirs, de 1789 à 1829. Paris, 1831; 2 vol. in-8° rel.................	C.	58
2931	PETIT. — Histoire de la Révolution de 1830. Paris, 1831; 1 vol. in-fol. rel.; planches......................	B.	2514
2932	THIERS (A.). — La Monarchie de 1830. Paris, 1831; 1 vol. in-8°...................................	B.	2515
2933	HENRICHS (P.). — Ce que nous a valu la Révolution de 1830, ou quelques faits constatés par le Bulletin des lois. Paris, 1836; in-8° rel..........................	B.	2516
2934	SARRANS jeune (B.). — Lafayette et la Révolution de 1830. Histoire des choses et des hommes de juillet. Paris, 1832; 2 vol. in-8° rel..........................	B.	2517
2935	BÉRARD (S.). — Souvenirs historiques sur la Révolution de 1830. Paris, 1834; 1 vol. in-8° rel.................	B.	2518
2936	Procès des ex-ministres; collection de 30 numéros de la Gazette des tribunaux. Paris, 1830; 1 vol. in-fol. rel......	B.	2519
2937	Chambre des pairs. Charte constitutionnelle et règlements. Paris, 1832; 1 vol. in-8°..........................	B.	2520
2938	Relation de la fête du Roi, des grandes revues et des deux		

	voyages de Sa Majesté dans l'intérieur du royaume en 1831. Paris, 1831; 1 vol. in-8° rel.	B.	2521
2939	Pépin (Alphonse). — Deux ans de règne. 1830-1832. Paris, 1833; 1 vol. in-8° rel.	B.	2522
2940	Journal des opérations de l'artillerie au siége de la citadelle d'Anvers en 1832. Paris, 1833; 1 vol. in-4° rel.	B.	2523
2941	Dermoncourt (Général). — La Vendée et Madame. Paris et Londres, 1833; 1 vol. in-8° rel.	B.	2524
2942	Wagré. — Les Adieux à l'île de Cabrera, ou Retour en France des prisonniers français détenus dans cette île. Paris, 1833; 1 vol. in-8° rel.	B.	2525
2943	Maurize (A.). — Dangers de la situation actuelle de la France. Aux hommes sincères de tous les partis. Paris, 1832; 1 vol. in-8°.	B.	2526
2944	Fonvielle (Chevalier de). — Coup d'œil sur l'état actuel de la France au 1er mai 1834. Paris, 1834; 1 vol. in-8°.	B.	2527
2945	Viel-Castel (H. de). — De la Société et du Gouvernement. Paris, 1834; 2 vol. in-8° rel.	B.	2528
2946	Laurentie. — De la Révolution en Europe. Paris, 1834; 1 vol. in-8° rel.	B.	2529
2947	Réquisitoire de M. le procureur général, présenté à la Cour des pairs, le 8 décembre 1834, sur l'attentat d'avril. (Affaire de la société des droits de l'homme.) Paris, Imp. roy., 1834; 1 vol. in-fol. rel.	B.	2530
2948	Procédure relative à l'attentat du 28 juillet 1835, suivie devant la Chambre des pairs. (Affaire Fieschi.) Paris, Imp. roy., 1836; 2 vol. in-4° rel.	B.	2531
2949	Procédure relative aux attentats des 12 et 13 mai 1839 et 13 septembre 1841. (Affaires Barbès et Quénisset.) Paris, Imp. roy., 1839-1841; 2 vol. in-4° rel.	B.	2532

2950	CAUCHY (E.). — Les Précédents de la Cour des pairs, recueillis et mis en ordre avec l'autorisation du chancelier de France et du grand référendaire. Paris, Imp. roy., 1839; 1 vol. in-8° rel.	B.	2533
2951	Procès-verbal des séances de la Cour des pairs de France, relatives au jugement de l'attentat du 29 juillet 1846. (Affaire Lecomte.) Paris, 1846; 1 vol. in-8° rel.	B.	2534
2952	CLAVEAU (Louis). — De la Situation intérieure et extérieure du Gouvernement de juillet. Paris, 1841; in-8° rel.	B.	2535
2953	SAZERAC (H. L.). — Détails exacts sur la mort du prince royal (duc d'Orléans), arrivée le 13 juillet 1842. — Dans le même volume: Quelques traits de la vie du prince royal, précédés d'une notice historique sur la vie du Roi des Français, par Ch. Bourseul. 3ᵉ édit. 1843; 2 tomes en 1 vol. in-12.	B.	2536
2954	DUVERRIER. — Lettres politiques, par l'auteur de la Pairie envisagée dans ses rapports avec la situation politique. Paris, 1843; 2 vol. in-8° rel.	B.	2537
2955	CONSIDÉRANT (Victor). — De la Politique générale et du rôle de la France en Europe. Paris, 1840; in-8° rel.	B.	2538
2956	CORDIER (J.). — La France et l'Angleterre, ou Recherches sur les causes de prospérité et les chances de décadence des deux nations, etc. Paris, 1843; 1 vol. in-8° rel.	B.	2539
2957	Voyage autour de la Chambre des députés, avec un plan figuratif de la Chambre et les portraits des principaux orateurs, par un Slave. Paris, 1845; 1 vol. in-8° rel.	B.	2540
2958	LAMARTINE (A. DE). — Histoire de la Révolution de 1848. Paris, 1849; 2 vol. in-8° rel.	B.	2541
2959	REGNAULT (Élias). — Histoire du Gouvernement provisoire. Paris, 1850; 1 vol. in-8° rel.	B.	2542
2960	Actes officiels du Gouvernement provisoire, contenant les arrêtés, décrets, proclamations, rapports, circulaires, de-		

	puis le 25 février jusqu'à l'ouverture de l'Assemblée nationale. Paris, 1848; 1 vol. in-8°.	B.	2543
2961	Carrey (Émile). — Recueil complet des actes du Gouvernement provisoire, avec des notes explicatives, des tables chronologiques, etc. Paris, 1848; 1 vol. in-12 rel.	B.	2544
2962	Rapport de la commission d'enquête sur l'insurrection qui a éclaté dans la journée du 23 juin et sur les événements du 15 mai, publié par l'Assemblée nationale. Paris, 1848; 3 vol. in-4° rel.	B.	2545
2963	Raginel. — Histoire des votes des représentants du Peuple dans nos Assemblées nationales depuis la Révolution de février 1848. Paris, 1851; 1 vol. in-4°.	C.	375
2964	Belouino (Paul). — Histoire d'un coup d'état (décembre 1851), d'après les documents authentiques, les pièces officielles et les renseignements intimes, avec introduction et conclusion par M. Amédée de Césena. Paris, 1852; 1 vol. in-8°.	B.	2546
2965	Valette (Ph.). — Mécanisme des grands pouvoirs de l'État, suivi des textes réglementaires et législatifs sur le vote des lois et des sénatus-consultes. 2e édit. Paris, 1852; 1 vol. in-8° rel.	B.	2547

C. HISTOIRE DES ANCIENNES PROVINCES.

2966	Barante (Baron de). — Histoire des ducs de Bourgogne de la maison de Valois, 1364-1477. Paris, 1842; 8 vol. in-8° rel.	B.	2548
2967	Hallez-Claparède. — Réunion de l'Alsace à la France. Paris, 1844; 1 vol. in-8° rel.	B.	2549
2968	Mélanges sur l'administration municipale de la ville de Strasbourg et de l'Alsace à la fin du XVIIIe siècle. Strasbourg et Paris; in-4° rel.	B.	2550
	Alsace et Strasbourg. — Essai sur la division de la municipalité en bureaux de police et d'administration, et sur leurs attributions		

respectives. — Des assemblées populaires. — De la division de l'Alsace en districts et cantons.

Lettre et procès-verbal de la municipalité de Colmar sur les événements qui ont eu lieu, le 5 février 1791, à l'arrivée des commissaires royaux dans les deux départements du Rhin. — Délibération des commissaires sur ces événements. (Texte allemand.)

Arrêt du 3 mars 1789, frappant d'un droit les toiles de coton blanches et les mousselines fabriquées en Alsace, à leur entrée dans les provinces des cinq grosses fermes.

Arrêt du 3 mars 1789, au sujet de la fabrique des mousselines et toiles d'Alsace.

Arrêt dudit jour, sur les droits des toiles d'Alsace.

Arrêt dudit jour, sur les droits des toiles de Mulhausen.

Mémoire justificatif pour Michel Rivage, essayeur de la Monnaie de Strasbourg, en réponse aux assertions et imputations de M. de Calonne, relativement au travail de la refonte d'or. 1787.

Mémoire pour Thomas de Mahy, marquis de Favras, colonel, accusé d'avoir conspiré contre la nation, l'Assemblée et le roi, etc. Paris, 1790.

Interrogatoires du marquis de Favras. 1790.

Sur l'importance des soins à donner à l'éducation des enfants, par H. A. Mertens. (Texte allemand.) Augsbourg, 1784.

Relation des nouvelles découvertes faites à Herculanum, adressée par J. Winckelmanns à M. H. Fuessli, de Zurich. (Texte allemand.) Dresde, 1764.

2969 Verneilh-Puiraseau. — Histoire politique et statistique de l'Aquitaine. Paris, 1822; 3 vol. in-8° rel. . . . . B. 2551

2970 Daru. — Histoire de Bretagne. Paris, 1826; 3 vol. in-8° rel. B. 2552

2971 Lorry et Duparc-Poullain. — Preuves de la pleine souveraineté du roi sur la province de Bretagne. Paris, 1765; 1 vol. in-8° rel. . . . . B. 2553

2972 *Toustain de Richebourg*. — Pro aris et focis. Mémoire sur le payement de la corvée en Bretagne (avec note manuscrite de l'auteur). Philadelphie, 1776; in-18 rel. . . . . B. 2554

2973 Dumoulinet des Thuilleries (L'abbé Claude). — Dissertations sur la mouvance de la Bretagne par rapport au droit que les ducs de Normandie y prétendaient. Paris, 1711; 1 vol. in-12 rel. . . . . B. 2555

2974	Chalmel (J. L.). — Histoire de Touraine, depuis la conquête des Gaules par les Romains jusqu'à l'année 1790, suivie d'un dictionnaire biographique de tous les hommes célèbres nés dans cette province. Paris, 1828; 2 vol. in-8° rel....	B.	2556
2975	Marca (Pierre de). — Histoire de Béarn, contenant l'origine des rois de Navarre, des ducs de Gascogne, marquis de Gothie, princes de Béarn, comtes de Carcassonne, de Foix et de Bigorre. Paris, 1640; 1 vol. in-fol. rel..........	B.	2557
2976	Favin (André). — Histoire de Navarre, contenant l'origine, les vies et conquestes de ses rois, depuis leur commencement jusqu'à présent. Paris, 1612; 1 vol. in-fol. rel.....	B.	2558
2977	Ragon (F.) et Fabre d'Olivet. — Précis de l'histoire de Flandre, d'Artois et de Picardie. Paris, 1834; 1 vol. in-18 rel....................................	B.	2559
2978	Dusevel (H.). — Histoire de la ville d'Amiens, depuis les Gaulois jusqu'en 1830. Amiens, 1832; 2 vol. in-8° rel., planch..................................	B.	2560
2979	Devérité fils (De). — Histoire du comté de Ponthieu, de Montreuil et de la ville d'Abbeville, sa capitale, avec la notice de leurs hommes dignes de mémoire. Londres et Abbeville, 1767; 2 vol. in-12 rel.................	B.	2561
2980	Deville (A.). — Histoire du château d'Arques. Rouen, 1839; 1 vol. in-8° rel...............................	B.	2562
2981	Papon (Jean-Pierre). — Histoire générale de Provence, dédiée aux États. Paris, 1777-1786; 4 vol. in-4° rel..........	B.	2563
2982	Tarbé (Théodore). — Recherches historiques et anecdotiques sur la ville de Sens, sur son antiquité et ses monuments. Sens, 1838; 1 vol. in-12 rel......................	B.	2564

D. CORSE, ALGÉRIE ET COLONIES.

2983	Stéphanopoli (Nicolas). — Histoire de la colonie grecque établie en Corse, accompagnée de réflexions politiques sur l'état actuel de la Grèce. Paris, 1826; 1 vol. in-12 rel...	B.	2565
2984	Description de la Corse et relation de la dernière guerre. Paris, 1743; 1 vol. in-18 rel........................	B.	2566
2985	Ferrand-Dupuy. — Essai chronologique, historique et politique sur l'isle de Corse. Paris, 1776; 1 vol. in-12 rel....	B.	2567
2986	*Pommereul (De)*. — Histoire de l'isle de Corse. Berne, 1779; 2 vol. in-8° rel..............................	B.	2568
2987	Cirneo (Pietro). — Istoria di Corsica, divisa in quattro libri, recata, per la prima volta, in lingua italiana per Gio Carlo Gregori. Parigi, 1834; 1 vol. in-8° rel...............	B.	2569
2988	Robiquet (F.). — Recherches historiques et statistiques sur la Corse. Rennes, 1835; 1 vol. in-8° et atlas in-fol. rel.....	B.	2570
2989	Blanqui. — La Corse. Rapport sur son état économique et moral en 1838. Paris, 1841; 1 vol. in-8° rel...........	B.	2571
2990	Réalier-Dumas.—Mémoire sur la Corse. 2e édit. Paris, 1828; 1 vol. in-8° rel...............................	B.	2572
2991	Simonot (J. F.). — Lettres sur la Corse, faisant connaître la véritable situation de ce pays, et servant à rectifier les idées de ceux qui le jugent d'après le mémoire de M. Réalier-Dumas. Paris, 1821; 1 vol. in-8° rel...............	B.	2573
2992	Pompéi (P.). — État actuel de la Corse, caractère et mœurs de ses habitants. Paris, 1821; 1 vol in-8° rel..........	B.	2574
2993	Feydel (G.). — Mœurs et coutumes des Corses. Paris, 1802; 1 vol. in-8° rel..............................	B.	2575
2994	Beaumont (Baron de). — Observations sur la Corse. 2e édit. Paris, 1824; 1 vol. in-8° rel......................	B.	2576

2995	RENUCCI (F. O.). — Nouvelles corses historiques et morales, traduites de l'italien par A. Philippi, et précédées d'une introduction par A. Aumétayer. Paris, 1841; 1 vol. in-18 rel.	B.	2577
2996	JAUSSIN. — Mémoires historiques, militaires et politiques sur les principaux événements arrivés en Corse, de 1738 à 1741. Lausanne, 1758-1759; 2 vol. in-12 rel.	B.	2578
2997	BÉRARD (A.). — Description nautique des côtes de l'Algérie, suivie de notes par de Tessan, et publiée par le dépôt général de la marine. Paris, Imp. roy., 1837; 1 vol. in-8° rel.	B.	2579
2998	SIDNY-HAMDAN-BEN-OTHMAN-KHOJA. — Aperçu historique et statistique sur la régence d'Alger, intitulé en arabe le Miroir, traduit de l'arabe par Hassouna de Ghys. Paris, 1833; 1 vol. in-8° rel.	B.	2580
2999	SHALER (W.). — Sketches of Algiers, political, historical and civil, containing an account of the geography, population, government, revenues, tribes, manners, languages and recent political history of that country. London et Boston, 1826; 1 vol. in-8° rel.	B.	2581
3000	SHALER (W.). — Esquisses de l'État d'Alger, considéré sous les rapports politique, historique et civil; traduit de l'anglais par Bianchi. Paris, 1830; 1 vol. in-8° rel.	B.	2582
3001	Aperçu historique, statistique et topographique sur l'État d'Alger, à l'usage de l'armée expéditionnaire d'Afrique. 3e édit. Paris, 1830; 1 vol. in-8° et atlas rel.	B.	2583
3002	BIANCHI. — Relation de l'arrivée dans la rade d'Alger du vaisseau de S. M. *la Provence*, sous les ordres de M. le comte de la Bretonnière. Paris, 1830; in-8° rel.	B.	2584
3003	Journal d'un officier de l'armée d'Afrique. Paris, 1831; 1 vol. in-8° rel., plan.	B.	2585

3004	De la Domination française en Afrique et des principales questions que fait naître l'occupation de ce pays. Paris, 1832; 1 vol. in-8° rel.	B.	2586
3005	Procès-verbaux et rapports de la commission d'Afrique, instituée par ordonnance du roi du 12 septembre 1833. 1 vol. in-4° rel.	B.	2587
3006	Rozet. — Voyage dans la régence d'Alger, ou Description du pays occupé par l'armée française en Afrique. Paris, 1833; 3 vol. in-8° et atlas in-4° rel.	B.	2588
3007	Dureau de la Malle. — Recherches sur l'histoire de la partie de l'Afrique septentrionale connue sous le nom de régence d'Alger, et sur l'administration et la colonisation de ce pays à l'époque de la domination romaine; publié par le ministère de la guerre. 1re partie (la seule publiée). Paris, Imp. roy., 1835; 1 vol. in-8°.	B.	2589
3008	Dureau de la Malle. — Recueil de renseignements pour l'expédition ou l'établissement des Français dans la province de Constantine. Paris, 1837; 1 vol. in-8° rel., carte.	B.	2590
3009	Clausel (Le maréchal). — Ses Explications. Paris, 1837; 1 vol. in-8° rel.	B.	2591
3010	Blondel (Léon). — Nouvel aperçu sur l'Algérie. Paris, 1838; 1 vol. in-8°.	B.	2592
3011	Genty de Bussy. — De l'Établissement des Français dans la régence d'Alger, et des moyens d'en assurer la prospérité. 2e édit. Paris, 1839; 2 vol. in-8° rel.	B.	2593
3012	Cavaignac (Eug.). — De la Régence d'Alger. Notes sur l'occupation. Paris, 1839; 1 vol. in-8° rel.	B.	2594
3013	Bugeaud. — L'Algérie. Des moyens de conserver et d'utiliser cette conquête. Marseille, 1842; 1 vol. in-8° rel.	B.	2595
3014	Dufour. — Algérie. Paris, 1840; 1 feuille sur toile.	B.	2596
3015	Baude (Baron). — L'Algérie. Paris, 1841; 2 vol. in-8° rel.	B.	2597

3016	DUVIVIER (Le général). — Solution de la question de l'Algérie. Paris, 1841; 1 vol. in-8° rel.	B.	2598
3017	DESJOBERT (A.). — L'Algérie en 1838. Paris, 1838; in-8° rel.	B.	2599
3018	DESJOBERT (A.). — L'Algérie en 1844. Paris, 1844; in-8° rel.	B.	2600
3019	DESJOBERT (A.). — L'Algérie en 1846. Paris, 1846; 1 vol. in-8° rel.	B.	2601
3020	DESJOBERT (A.). — La Question d'Alger. Politique, colonisation, commerce. Paris, 1837; 1 vol. in-8° rel.	B.	2602
3021	Colonisation de l'ex-régence d'Alger. Documents officiels déposés sur le bureau de la Chambre des députés. Paris, 1834; 1 vol. in-8° rel., carte.	B.	2603
3022	BUGEAUD (Duc D'ISLY). — De l'Établissement de légions de colons militaires dans les possessions françaises du nord de l'Afrique. Paris, 1838; 1 vol. in-8° rel.	B.	2604
3023	GUILBERT (Aristide). — De la Colonisation du nord de l'Afrique. Nécessité d'une association nationale pour l'exploitation agricole et industrielle de l'Algérie. Paris, 1839; 1 vol. in-8° rel.	B.	2605
3024	LANDMANN (L'abbé). — Les Fermes du petit Atlas, ou Colonisation agricole, religieuse et militaire du nord de l'Afrique. Paris, 1841; 1 vol. in-8° rel.	B.	2606
3025	ENFANTIN. — Colonisation de l'Algérie. Paris, 1843; 1 vol. in-8° rel.	B.	2607
3026	RAMEAU (E.) et BINEL (L.). — Aperçu sur la culture et la colonisation de l'Algérie, suivi d'un plan d'établissement agricole. Paris, 1844; 1 vol. in-8° rel.	B.	2608
3027	MARTIN (Victor) et FOLEY. — Histoire statistique de la colonisation algérienne au point de vue du peuplement et de l'hygiène. Paris, 1851; in-8° rel.	B.	2609
3028	DAUMAS. — Le Sahara algérien. Études géographiques, statistiques et historiques sur la région au sud des établissements		

	français en Algérie, rédigées sur les documents recueillis par les soins de M. le lieutenant-colonel Daumas; publiées avec l'autorisation du ministre de la guerre, et accompagnées d'une carte du Sahara. Paris, 1845; 1 vol. in-8° rel. et 1 carte sur toile...........................	B.	2610
3029	Tableau de la situation des établissements français en Algérie, à partir de 1837, et années suivantes; publié par le ministère de la guerre. Paris, Imp. roy., 1838 et suiv.; in-4° rel..	B.	2611
3030	Annuaire de l'État d'Alger; publié par la commission de la Société coloniale. 2e année. Paris, 1833; 1 vol. in-12 rel.	B.	2612
3031	Gomot.—Guide du voyageur en Algérie, contenant l'annuaire de 1844 et les lois et ordonnances promulguées en 1843. Paris, 1844; 1 vol. in-8° rel....................	B.	2613
3032	Le Moniteur algérien, journal officiel de la colonie, à partir de 1832, et suite..............................	8	263
3033	Mélanges sur la colonisation d'Alger, de 1830 à 1834. 3 vol. in-8° rel....................................	B.	2614
	Tome I.		
	Considérations sur la difficulté de coloniser la régence d'Alger et sur les résultats probables de cette colonisation, par M. A ... Paris, 1830.		
	Opinion du baron de Lacuée, ancien intendant général de l'armée d'Aragon, sur la colonisation d'Alger, les colonies en général, le système colonial que le Gouvernement a adopté, et sur l'effet de ce système sur les manufactures et la prospérité des pays vignobles. Agen.		
	Mémoire sur la colonisation d'Alger, par Châtelain, capitaine d'état-major. Paris, 1831.		
	Notice sur Alger, par F. Caze, secrétaire général de ce gouvernement. Paris, 1831.		
	Possibilité de coloniser Alger, ou Mémoire dans lequel on démontre les avantages industriels que la colonisation du territoire d'Alger procurerait aux cultivateurs et à la France, par J. Odolant-Desnos. Paris, 1831.		
	Avantages pour la France de coloniser la régence d'Alger, avec		

indication d'un mode de colonisation, par D. J. Montagne, ancien administrateur. Paris, 1831.

Considérations sur Alger, par Gouré. Paris, 1831.

Notice sur l'état actuel de l'agriculture des environs d'Alger (novembre 1831), par M. Pichonnière, D. M., l'un des secrétaires particuliers de la Société d'agronomie pratique.

Tome II.

De la domination française en Afrique et des principales questions que fait naître l'occupation de ce pays. Paris, 1832.

Nécessité de la colonisation d'Alger et des émigrations, par V. H. D., ancien élève de marine. Paris, 1832.

Observations sur une brochure de M. de Lacharière, intitulée : Du système de colonisation suivi par la France. Alger; et réponse aux attaques qu'elle contient contre les missionnaires protestants à la Jamaïque et à Otahiti. Extrait du Semeur. Paris, 1832.

Du système de colonisation suivi par la France. Alger; par A. C. de Lacharière. Paris, 1832.

Alger, M. le duc de Rovigo et M. Pichon, en mars et avril 1832. Essai politique, par P. Carpentier, témoin oculaire, suivi de conseils et renseignements indispensables aux personnes qui vont s'établir à Alger. Paris, 1832.

Civilisation de l'Afrique centrale, ou Appel à la formation d'une société dont le but serait de substituer l'influence française à l'influence maure dans les contrées de l'Afrique situées au nord de l'équateur, par Aimé Peyré. Paris, 1832.

A la nation, sur Alger, par Victor Armand Hain. Paris, 1832.

Tome III.

D'Alger et des moyens d'assurer la sécurité du territoire de la colonie, par le général Brossard. Paris, 1833.

Appel en faveur d'Alger et de l'Afrique du nord, par un Anglais. Paris, 1833.

Coup d'œil sur les colonies et en particulier sur celle d'Alger. Paris, 1833.

Pétition des colons d'Alger à la Chambre des députés. Alger, 1833.

Régence d'Alger. Peut-on la coloniser? Comment? par J. B. Flandin, sous-intendant militaire. Paris, 1833.

Nouvelles observations du maréchal Clauzel sur la colonisation d'Alger. Paris, 1833.

Discours de M. Xavier de Sade, député de l'Aisne, dans la discussion de la partie du budget de la guerre relative à la colonisation d'Alger. 28 avril 1834.

Discours de M. Dupin, député de la Nièvre, dans la même discussion.

3034 Mélanges sur l'Algérie, 1830-1854. 4 vol. in-8°.......... B. 2615

Tome I.

Sur la guerre actuelle avec la régence d'Alger, en réponse à un écrit du comte de Laborde. 1830.

Nécessité de la colonisation d'Alger et des émigrations, par V. H. Duteil. Paris, 1832.

Quelques idées sur Alger et sur les travaux de la commission, par Robineau de Bougon. 1833.

Opinion de M. Robineau de Bougon, député, sur la question d'Alger. 1835.

Alger, ou Considérations sur l'état actuel de cette régence, sur la nécessité d'en achever la conquête, et sur les moyens d'y établir des colonies, par un ancien payeur à l'armée d'Afrique. Paris, 1833.

Notice sur Alger, par M. Hamelin. 1833.

Note traduite de l'arabe adressée par les principaux habitants d'Alger, par le docteur Barrachin. Paris, 1833.

Essai topographique et médical sur la régence d'Alger, par Foucqueron, chirurgien militaire. 1833.

Mémoire sur la colonisation de la régence d'Alger. Principes qui doivent servir de règles pour cette colonisation; système de défense à adopter pour garantir la colonie, par le baron de Férussac. Paris, 1833.

De l'Algérie et de sa colonisation, par le comte H... de B... Paris, 1834.

Du gouvernement d'Alger, par A. E. Cerfberr. 1834.

Tome II.

Colonie d'Alger. Deuxième lettre à M. Passy, député, rapporteur du budget de la guerre pour 1836, par E. Renault, délégué d'Alger. 1835.

Simples faits exposés à la réunion algérienne du 14 avril 1835, par le baron Vialar, délégué des colons d'Alger.

La France doit-elle conserver Alger? par un auditeur au conseil d'État. 1835.

De l'emploi de quelques moyens de colonisation à Alger, par Poirel. Nancy, 1836.

De l'occupation et de la colonisation militaire, agricole et pénale d'Alger, par Poirel. Nancy, 1837.

Réflexions sur l'état actuel d'Alger, par J. de la M. Paris, 1836.

Aperçu sur la situation politique, commerciale et industrielle des possessions françaises dans le nord de l'Afrique au commencement de 1836, par L. B. (Léon Blondel).

Première lettre à M. Desjobert, député, à propos de son livre sur la question d'Alger, par Franque. 1837.

De l'importance de la question d'Afrique et du choix d'un système de colonisation, par Aubel. 1837.

Documents instructifs, curieux et peu connus sur l'histoire et les révolutions d'Alger, depuis 427 jusqu'à 1838, par A. G.

Simple document sur l'Afrique, par un officier. 1838.

Révélations sur l'Algérie en réponse à M. Mathieu de Dombasle, par un habitant de l'Afrique. 1838.

Nouvelles observations sur la situation et l'avenir de nos possessions d'Afrique, par Fumeron d'Ardeuil. 1840.

Opinion du lieutenant général vicomte Rogniat sur la question de l'Algérie à l'occasion des crédits supplémentaires. 1840.

Mémoire sur la nécessité d'un changement de système et d'un gouvernement civil en Algérie, par Sagot de Nantilly, ancien payeur à l'armée d'Afrique. 1840.

Observations sur les crédits supplémentaires demandés pour l'Algérie, par de Loynes. 1840.

Moyen unique d'occuper, de coloniser et de conserver l'Algérie, par le baron Massias. 1840.

Tome III.

Aperçu général sur la colonisation de l'Algérie, pour servir de base à l'organisation du travail, par Obert et Carles. 1843.

Coup d'œil sur l'administration française dans la province de Constantine, par un Constantinien. 1843.

Aperçus sur l'état actuel de l'Algérie. Lettres d'un voyageur à son frère. Alger, 1844. (Léon Blondel.)

Du commerce de l'Algérie avec l'Afrique centrale et les États barbaresques. Réponse à la note de M. J. de Lasteyrie, député, sur le commerce du Soudan, par E. Carette. 1844.

L'Algérie. Son importance, sa colonisation, son avenir, par Fortin d'Ivry. 1845.

Lettre à un député sur l'administration civile en Algérie et les crédits demandés pour 1846.

Les princes en Afrique. Le duc d'Orléans, par Franque 1846.

Observations du maréchal Bugeaud sur le projet de colonisation présenté pour la province d'Oran par le lieutenant général de la Moricière. Alger, 1847.

Camps agricoles de l'Algérie, ou Colonisation civile par l'emploi de l'armée. 1847.

Tome IV.

Manuel d'hygiène et d'agriculture algérienne à l'usage des colons, par Foley et Martin, médecins. 1848.

Colonie algérienne. Protection et encouragement pour la culture des grains en Algérie, par Sabatault. 1848.

	Société agricole de l'Algérie. Bulletin trimestriel des séances de la société. Alger, 1849.		
	Appel à la France pour la colonisation de l'Algérie, par l'abbé Landmann. Paris, 1848.		
	Rapport de M. Baillet, ancien avoué, aux membres de la compagnie Rouennaise-Algérienne pour leur indiquer sommairement la situation de leurs affaires; observations à soumettre aux autorités judiciaires et administratives de l'Algérie. Rouen, 1851.		
	Rapport présenté à l'Empereur sur la situation de l'Algérie en 1853, par le maréchal Vaillant, ministre de la guerre. Paris, 1854.		
3035	Mélanges sur l'Algérie, 1835-1836. 1 vol. in-4°..........	B.	2616
	La Chambre de commerce de Lille aux députés des départements. 1835.		
	La Chambre de commerce de Marseille au ministre du commerce. 1835.		
	Mémoire sur la nécessité et sur les avantages de la colonisation d'Alger, par le président de la Société des colons de Lyon, M. Trolliet. 1835.		
	Notes sur Alger à l'occasion du budget pour l'année 1836.		
	De la nécessité d'abandonner Alger, par Planat de la Faye. 1836.		
3036	Malouet (V. P.). — Collection de mémoires et correspondances officielles sur l'administration des colonies, et notamment sur la Guyane française et hollandaise. Paris, an x; 5 vol. in-8° rel..........................	B.	2617
3037	Leblond. — Description de la Guyane française. 2ᵉ édit. Paris, 1824; 1 vol. rel., carte..........................	B.	2618
3038	Lartigue. — Instruction nautique sur les côtes de la Guyane française. Paris, 1827; 1 vol. in-8° rel., carte..........	B.	2619
3039	Noyer. — Mémoire sur la Guyane française. Cayenne, 1824; 1 vol. in-4° rel..........................	B.	2620
3040	Laboria. — De la Guyane française et de ses colonisations. Paris, 1843; 1 vol. in-8° rel..........................	B.	2621
3041	Précis sur la colonisation des bords de la Mana, à la Guyane française; publié par le ministère de la marine, Paris, Imp. roy., 1835; in-8° rel..........................	B	3622

3042	ITIER (Jules). — Notes statistiques sur la Guyane française. Paris, Imp. roy., 1844; 1 vol. in-8° rel.	B.	2623
3043	NOYER.—Forêts vierges de la Guyane française. Paris, 1827; 1 vol. in-8° rel.	B.	2624
3044	MOREAU DE SAINT-MÉRY. — Description topographique, physique, civile, politique et historique de la partie française de l'île de Saint-Domingue. Philadelphie, 1797; 2 vol. in-4° rel., avec carte et atlas in-fol. de vues et sites les plus remarquables, recueillis par M. Ponce.	B.	2625
3045	WALLEZ. — Précis historique des négociations entre la France et Saint-Domingue, suivi de pièces justificatives et d'une notice biographique sur le général Boyer, président de la république d'Haïti. Paris, 1826; 1 vol. in-8° rel.	B.	2626
3046	BOYER-PEYRELEAU. — Les Antilles françaises, particulièrement la Guadeloupe, depuis leur découverte jusqu'au 1er janvier 1823. Paris, 1823; 3 vol. in-8° et atlas in-fol. rel.	B.	2627
3047	Précis sur les établissements français formés à Madagascar; publié par le ministère de la marine. Paris, 1836; 1 vol. in-8° rel.	B.	2628
3048	REYBAUD (Louis). — La Polynésie et les îles Marquises. Paris, 1843; 1 vol. in-8° rel.	B.	2629
3049	VINCENDON-DUMOULIN et DESGRAZ. — Iles Marquises ou Nouka-Hiva. Histoire, géographie, mœurs et considérations générales, d'après les documents recueillis sur les lieux. Paris, 1843; 1 vol. in-8° rel.	B.	2630

E. OUVRAGES DIVERS RELATIFS À L'HISTOIRE.

3050	BEAUJOUR (Baron DE). — Théorie des gouvernements, ou Exposition simple de la manière dont on peut les organiser et les conserver dans l'état présent de la civilisation en Europe. Paris, 1823; 2 vol. in-8° rel.	B.	2631

3051	Bielfeld (Baron de). — Institutions politiques. La Haye, 1760; 2 vol. in-4° rel.	B.	2632
3052	Sidney (Algernon). — Discours sur le gouvernement; traduit de l'anglais par Samson. Paris, an ii; 3 vol. in-8° rel.	B.	2633
3053	Castel (Abbé de Saint-Pierre).—Annales politiques. Londres, 1757; 1 vol. in-8° rel.	B.	2634
3054	*Saladin* (Ch.). — Coup d'œil politique sur le continent. Londres, 1800; 1 vol. in-8° rel.	B.	2635
3055	Ligneau-Grandcour (Eug.). — Les Gouvernementales. Paris, 1841; 3 tomes en 1 vol. in-16	B.	2636
3056	Flassan (De). — Histoire générale et raisonnée de la diplomatie française, depuis la fondation de la monarchie jusqu'à la fin du règne de Louis XVI, avec des tables chronologiques de tous les traités conclus par la France. Paris, 1809; 6 vol. in-8° rel.	B.	2637
3057	Portiez. — Code diplomatique, contenant les traités conclus avec la République française jusqu'au traité d'Amiens, avec les suppléments. Paris, ans x et xi; 4 vol. in-8° rel.	B.	2638
3058	Rathery (E. J. B.).—Histoire des états généraux de France. Paris, 1845; 1 vol. in-8° rel.	B.	2639
3059	L'Ordre et séance gardés en la convocation et assemblée des trois états du royaume de France, sous les rois François II et Charles IX, en la ville d'Orléans, aux mois de décembre et janvier 1560. Manuscrit in-fol. rel.	B.	2640
3060	Recueil général des estats tenus en France sous les rois Charles VI, Charles VIII, Charles IX, Henri III et Louis XIII. Paris, 1651; 2 tomes en 1 vol. in-4° rel.	B.	2641
3061	Boulainvilliers (De). — Lettres sur les anciens parlemens de France que l'on nomme états généraux. Londres, 1753; 3 tomes en 1 vol. in-12 rel.	B.	2642
3062	Dufey (P. J. S.). — Histoire, actes et remontrances des par-		

	lements de France, depuis 1461 jusqu'à leur suppression en 1790. Paris, 1826; 2 vol. in-8° rel.	B.	2643
3063	FLOQUET (A.). — Histoire du parlement de Normandie. Paris, 1840-1842; 7 vol. in-8° rel.	B.	2644
3064	*BOUQUET* (P.). — Tableau historique, généalogique et chronologique des trois cours souveraines de France. La Haye, 1772; 1 vol. in-8° rel.	B.	2645
3065	VAUBLANC (Comte DE). — Essai sur l'instruction et l'éducation d'un prince au XIXe siècle. Paris, 1833; in-8° rel.	B.	2646
3066	COURCELLES (DE). — Dictionnaire universel de la noblesse de France. Paris, 1820; 4 vol. in-8° rel.	B.	2647
3067	*GIBERT*. — Mémoire sur les rangs et les honneurs de la cour, pour servir de réponse au traité des preuves historiques, par le P. Henri Griffet. 1770. — Dans le même volume : Réponse à un écrit anonyme intitulé : Mémoire sur les rangs, etc., par l'abbé Georgel. Paris, 1771; 1 vol. in-8° rel.	B.	2648
3068	GODEFROY (Th.). — Le Cérémonial français. Paris, 1649; 2 vol. in-fol.	C.	65
3069	BAJOT. — Chronologie ministérielle de trois siècles, ou Liste nominative et chronologique de tous les ministres de France. Paris, 1836; 1 vol. in-8° rel.	B.	2649
3070	*LE LABOUREUR* (Jean). — Histoire de la pairie de France et du parlement de Paris, suivie des traités touchant les pairies d'Angleterre et l'origine des grands d'Espagne, par de G**. Londres, 1745; 2 tomes en 1 vol in-18 rel. . . . . . . (L'Histoire de la pairie a été aussi attribuée à Boulainvilliers.)	B.	2650
3071	Mélanges sur la pairie, publiés en 1831; 2 vol. in-8° rel. . .	B.	2651
	Tome I. Tableau de l'organisation de la première Chambre, par A. Dufau. Jérémie Bentham à ses concitoyens de France sur les Chambres de pairs et les Sénats; traduction par Ch. Lefèvre. Petites lettres sur de grandes questions. Lettre 3.		

Hérédité de la pairie, par Bailleul, ancien député.
Idem, 2e lettre.
Idem, 3e lettre.
Opinion d'un ancien député à l'Assemblée législative sur l'organisation de la pairie.
De l'Hérédité de la pairie, par Plougoulm.
Réflexions sur l'hérédité de la pairie, par Lebobe.
Essai sur la pairie, par Amable Mainot.
De la Pairie, par Anselme Petetin.
Projet conciliatoire sur la constitution de la pairie, par plusieurs électeurs de Paris.
Premier volume du journal le Parachute de la France sage. Discussion relative à la Chambre des pairs.
A M. le président de la commission chargée d'examiner le projet qui doit remplacer l'article 23 de la Charte, par Deserin, D. M.
A MM. les membres de la Chambre des députés, par Nibelle.
Opinion d'un électeur de Reims sur la constitution de la pairie.
De l'Hérédité. Un électeur de la Seine.
Projet de constitution pour la Chambre législative. (Sentinelle nationale de Lyon, 4 septembre 1831.)
Discours de M. Dubois (de la Loire-Inférieure) sur la pairie.

Tome II.

La Chambre des pairs. Patrie, pairie.
A la Chambre des pairs. Honneur, devoir, intérêt.
La Vérité politique: De la Chambre inamovible.
De la Chambre inamovible. (Suite.)
De la Chambre inamovible. (Résumé.)
La Pairie jugée par les pairs.
La Pairie. Des pairs viagers. Écrits publiés en 1827.
A la Chambre des pairs. Memorandum.
A la Chambre des pairs. Passé, avenir.

3072 Recherches historiques sur les municipalités, suivies de l'Esprit de Grotius, ou du Gouvernement harmonique. Paris, 1789. — Nouvelles économies royales, ou Plan d'administration générale. (Dédié à la nation assemblée.) Paris, 1789; 1 vol. in-8° rel. . . . . B. 2652

3073 Delamare (Nic.). — Traité de police, histoire de son établissement, lois et règlements qui la régissent; continué par Le Cler-du-Brillet. Paris, 1722-1738; 4 vol. in-fol. rel... B. 2653

3074 Roussel. — Tableau historique et chronologique du militaire,

	depuis la création des régiments jusqu'à présent. 1773; 1 vol. in-fol. rel.	B.	2654
3075	LINGUET. — Histoire impartiale des Jésuites, depuis leur établissement jusqu'à leur première expulsion. Paris, 1768; 2 vol. in-12 rel.	B.	2655
3076	*GUÉNÉE* (L'abbé). — Lettres de quelques juifs portugais, allemands et polonais à M. de Voltaire, avec un commentaire. Paris, 1776; 3 vol. in-12 rel.	C.	96
3077	TALLON (Clément). — Notices topographiques et historiques sur les monastères de l'ordre de la Trappe en France et dans divers pays, avec une carte spéciale pour chaque monastère. Paris, 1855; 1 vol. in-12.	B.	2656
3078	VERTOT (DE). — Histoire des chevaliers hospitaliers de Saint-Jean de Jérusalem, appelés depuis chevaliers de Rhodes et aujourd'hui chevaliers de Malte. 5e édit. Amsterdam, 1742; 5 vol. in-12 rel.	B.	2657
3079	Souvenirs de la marquise de Créquy. Paris, 1835; 7 vol. in-8° rel.	C.	47
3080	SAULNIER (Anatole). — Recherches historiques sur le droit de douane, depuis les temps les plus reculés jusqu'à la révolution de 1789. Paris, 1839; 1 vol. in-8° rel.	B.	2658
3081	LEBER (C.). — De l'État réel de la presse et des pamphlets, depuis François Ier jusqu'à Louis XIV, ou Revue de quelques actes de nos rois et de documents curieux sur la publication et la vente des livres dans le XVIe siècle. Paris, 1834; in-8° rel.	B.	2659
3082	MONMERQUÉ (L. J. N.). — Les Carrosses à cinq sols, ou les Omnibus du XVIIe siècle. Paris, 1828; 1 vol. in-12 rel.	B.	2660
3083	ARGENSON (D', marquis DE PAULMY). — Loisirs d'un ministre. Liége, 1787; 1 vol. in-8° rel.	C.	118
3084	ALVIMAR (Général D'). — Mentor des rois. Paris, 1826; 1 vol. in-8° rel.	C.	117

3085	FARCY (Ch.). — Études politiques. De l'aristocratie anglaise, de la démocratie américaine, et de la libéralité des institutions françaises. Paris, 1843; 1 vol. in-8° rel........	B.	2661
3086	BARANTE (DE). — De la Littérature française pendant le XVIIIe siècle. Paris, 1824; 1 vol. in-8° rel............	C.	114
3087	MORALÈS (J. J.). — Essai sur le calcul de l'opinion dans les élections; traduit de l'espagnol par Bourgeois. Dôle, 1829; 1 vol. in-8° rel..............................	B.	2662
3088	DELANDINE DE SAINT-ESPRIT (J.). — Panache de Henri IV, ou les Phalanges royales en 1815. Paris, 1817; 2 vol. in-8° rel...................................	C.	37
3089	VATOUT (J.). — Souvenirs historiques des résidences royales de France. (Palais de Saint-Cloud.) Paris (sans date); 1 vol. in-8° rel...............................	B.	2663
3090	VITET (L.). — Le Louvre. Paris, 1853; 1 vol. in-8° rel.....	B.	2664
3091	Mélanges sur la liberté de la presse. 1 vol. in-8° rel........	B.	2665
	Memoria sobre la libertad politica de la imprenta, J. Moralès. Sevilla, 1809. Opinion de M. Faget de Baure sur la liberté de la presse. Août 1814. Réponse de M. Dupin aîné au duc de Choiseul, et consultation sur un acte de la censure. 1827. Défense du Constitutionnel, prononcée le 17 juillet 1827 par M. Dupin aîné. 1827. Mémoire à consulter sur les actes arbitraires de la censure. Juillet 1827. Lettre aux abonnés du Journal des Prisons sur la censure. Août 1827. Aide-toi, le ciel t'aidera. Aux citoyens et aux électeurs. Lettre de M. de Châteaubriand au rédacteur du Journal des Débats. 1827. Des avantages et des inconvénients de la liberté de la presse dans certaines circonstances, par le comte de Montlosier. Février 1832.		
3092	THOMAS (A. F. V.). — Naundorff, ou Mémoire à consulter sur l'intrigue du dernier des faux Louis XVII, suivi des juge-		

	ments et condamnations d'Ervagault sous le Consulat, de Mathurin Bruneau sous la Restauration, et du baron de Richemont sous le règne de Louis-Philippe. Paris, 1837; 1 vol. in-8°.	B.	2666
3093	LAURENTIE. — De l'Éloquence politique et de son influence dans les gouvernements populaires et représentatifs. Paris, 1819; 1 vol. in-8° rel.	B.	2667
3094	*CORMENIN (DE)*. — Études sur les orateurs parlementaires, par Timon. Paris, 1838; 1 vol. in-18 rel.	B.	2668
3095	CONSTANT (Benjamin). — Discours à la Chambre des députés. Paris, 1828; 2 vol. in-8° rel.	B.	2669
3096	LAMARTINE (A. DE). — Recueil de ses discours sur divers sujets de politique, prononcés en 1834. 1 vol. in-8° rel.	B.	2670
	Principes d'une alliance politique ayant pour but de mettre fin à la lutte du Gouvernement contre les partis, et d'opposer à l'esprit révolutionnaire l'initiative du progrès social. Discours : 1° Sur la question d'Orient. 4 janvier 1834. 2° Sur le même objet. 8 janvier. 3° Sur les frères des écoles chrétiennes. 15 février. 4° Sur les associations. 13 mars. 5° Sur la dette américaine. 1er avril. 6° Sur les évêchés. 26 avril. 7° Sur Alger. 2 mai. 8° Sur l'instruction publique. 8 mai. 9° Sur les crédits additionnels. 13 mai. 10° Contre la peine de mort. 14 mai.		
3097	FOX et PITT. — Recueil de leurs discours prononcés au parlement d'Angleterre; traduits et publiés par H. de J*** et L. P. de Jussieu. Paris, 1820; 12 vol. in-8° rel.	B.	2671
3098	CANNING (George). — Recueil de ses discours prononcés au parlement d'Angleterre; traduit de l'anglais par Haudry de Janvry. Paris, 1832; 2 vol. in-8° rel.	B.	2672
3099	BONALD (DE). — Pensées sur divers sujets et discours politiques. Paris, 1817; 2 vol. in-8° rel.	C.	137

3100	Pasquier (Baron). — Discours prononcés dans les Chambres législatives, de 1814 à 1836. Paris, 1842; 4 vol. in-8°..	C.	261
3101	Félibien (Michel). — Histoire de la ville de Paris, augmentée et publiée par Lobineau. Paris, 1725; 5 vol. in-fol. rel...	C.	66
3102	Dugas de Bois-Saint-Just. — Paris, Versailles et la province. Paris, 1823; 3 vol. in-8° rel..........................	C.	142
3103	Paris en province et la province à Paris. Paris, 1831; 3 vol. in-8° rel..	C.	138
3104	Mélanges sur diverses matières de gouvernement. 1830-1833; 1 vol. in-8° rel..................................	B.	2673
	La Loi des circonstances. 1830. La Vérité diplomatique. 1831. La Leçon de justice, de prudence. Bristol! Lyon! 1831. Le Repentir de Lyon. 1831. La Politique perturbatrice à l'usage de M. Châteaubriand. 1831. Les Vrais barbares. 1831. Des mots vides de sens, le mandat, le serment. 1831. Le Journalisme en présence des élections. 1831. La Vérité économique. Une pensée de quarante ans, 1790-1814-1816-1829-1831. Les Besoins et les droits. 1832. Le Pouvoir et le droit. 1832. La Captive. (Nouvelle suite.) 1832. De la Double session. 1833.		
3105	Mélanges historiques et politiques. 1 vol. in-4°...........	B.	2674
	Exposé de la situation du royaume, présenté aux Chambres le 12 juillet 1814 par l'abbé de Montesquiou. Notice sur la loi des élections, par Léopold de Bellaing. 1819. Opinion d'un patriote de 89 sur la révolution de 1830, par Thurin-Briey. Dépêche circulaire du 17 juillet 1839 aux missions de France à Londres, Vienne, Berlin et Saint-Pétersbourg, et réponse des quatre cours à cette communication. Affaires d'Orient. 14 pièces. Lettre sur la Corse et ses nouveaux gouvernants, par Stephanopoli de Comnène. Paris, 1850.		
3106	Mélanges historiques et politiques. 1 vol. in-8°...........	B.	2675
	Colonie de Saint-Domingue, ou Appel à la sollicitude du roi et de la France, par le colonel Guillermin de Montpinay. Paris, 1819.		

Appel à la justice des contemporains de feu Lucien Bonaparte, en réfutation des assertions de M. Thiers dans son histoire du Consulat et de l'Empire, par madame la princesse de Canino, veuve Lucien Bonaparte. 1845.

Les Polonais à Somo-Sierra, en Espagne, en 1808, par le colonel Niegolewski. 2e édit. 1855.

Lettre du maréchal Gérard à M. Pascallet, auteur d'une biographie du maréchal Grouchy. 1842.

Une semaine de révolution, ou Lyon en 1830, par Mornand. Lyon, 1831.

Exposé des faits qui ont accompagné l'agression des Français contre l'île de Tahiti, par les directeurs de la Société des missions de Londres; traduit de l'anglais. Paris, 1843.

3107 Mélanges historiques et politiques (1815-1851). 7 vol. in-8° rel. . . . . B. 2676

Tome I.

Histoire du cabinet des Tuileries, depuis le 20 mars 1815, et de la conspiration qui a ramené Buonaparte en France, par Guillié. Paris, 1815.

Les Princes actuellement régnants en Europe au tribunal de l'opinion. 1815.

Examen rapide du gouvernement des Bourbons en France, depuis le mois d'avril 1814 jusqu'au mois de mars 1815, par le docteur de Montègre. Paris, 1815.

Le Conciliateur, ou la Septième époque. Appel à tous les Français; considérations impartiales sur la situation politique et sur les vrais intérêts de la France, à l'époque du 1er mai 1815, par un Français. Paris, 1815.

Les Yeux ouverts sur la vérité et sur le départ, au clair de la lune. Paris, mai 1815.

Des Bourbons et des puissances étrangères au 20 mars 1815.

Tome II.

Relation de la mission du lieutenant général comte Becker auprès de l'empereur Napoléon, depuis la seconde abdication jusqu'au passage à bord du *Bellérophon*. Clermont-Ferrand, 1841.

Le Cri des peuples adressé au roi, aux ministres et à tous les Français, par Alex. Crevel. Paris, 1817.

Y a t il cinquante ans qu'elles sont écrites? ou Trois lettres de Junius. Paris, 1819.

Les Trois procès dans un, ou la Religion et la royauté poursuivies dans les Jésuites. Paris, 1827.

Tome III.

Les Inquiétudes révolutionnaires, ou les Maladies que nous n'avons point, suivies de celles que nous avons. Paris, 1826.

M. Manuel.

De la Démocratie dans la monarchie constitutionnelle, ou Essai sur l'organisation municipale et départementale, par Joseph Aubernon. Paris, 1828.

Memorandum pour la session de 1830. Paris, 1829.

Considérations sur l'état de la France en 1830 et sur les institutions nécessaires pour l'affermissement de la monarchie selon la Charte, par le chevalier de Frasans. Paris, 1830.

De l'Administration actuelle et du refus de l'impôt. L'opinion publique égarée par le journalisme, par le chevalier du B... Paris, 1830.

Tome IV.

De la Nouvelle proposition relative au bannissement de Charles X et de sa famille, par M. de Châteaubriand. Paris, octobre 1831.

Réfutation de la brochure de M. de Châteaubriand relative au bannissement de Charles X et de sa famille, par Vincent. Paris, 1831.

Réponse à la brochure de M. de Châteaubriand sur le bannissement de Charles X et de sa famille, par Henri Fonfrède. Paris, 1831.

Aux lecteurs, par M. de Châteaubriand. Paris, 1831.

Les Tuileries et Holy-Rood, ou Réfutation du dernier écrit de M. de Châteaubriand sur la nouvelle proposition relative au bannissement de Charles X et de sa famille, par J. B. Mesnard. Paris, 1831.

Réponse à M. de Châteaubriand, par Plougoulm, avocat. Paris, 1831.

Mémoire sur la captivité de madame la duchesse de Berry, par M. de Châteaubriand. Paris, 1833.

Courte réponse au dernier pamphlet de M. de Châteaubriand relatif aux 12,000 francs de la duchesse de Berry. Paris, 1832.

France. Berry. Désarmement. Délivrance. Paris, 1833.

Encore Blaye. Illusions. Déceptions. Paris, 1833.

Cinq lettres écrites d'une chaumière dans les gorges des Vosges à S. M. Louis-Philippe Ier, à M. Laffitte et à la rédaction du Journal des Débats, par un protestant ami de la liberté et de l'ordre public. Paris, 1831.

Cinq nouvelles lettres, par le-même. Paris, 1832.

Mémoire adressé d'une chaumière des Vosges au ministre de l'intérieur. Paris, 1832.

Tome V.

Questions sur le droit d'hérédité, spécialement considéré dans la monarchie et dans la pairie, par le baron Massias. Paris, 1831.

Vues sur la nouvelle organisation de la pairie, en harmonie avec la Charte de 1830, par le baron Massias. Paris, 1831.

Opinion sur la noblesse et la pairie héréditaires, par E. Labaume. Paris, 1831.

De la Presse et du journalisme, par M. de Pradt. Clermont, 1832.

Du Refus général de l'impôt, par M. de Pradt. Clermont, 1832.

Lettre à mes commettants sur la situation en juin 1832, et sur celle du Midi en particulier, par P. Madier de Montjau. Paris, 1832.

De l'Opposition en 1832, par A. Pepin. Paris, 1832.

Vérités politiques à méditer, publiées par Letondal père. Angers, 1833.

La France et la Belgique le 29 avril 1833, et examen des deux dernières brochures de M. de Châteaubriand et de celles de MM. Laroche et Graney, par Foulaines.

De la Mauvaise organisation de la police, et des moyens de l'améliorer. Paris, 1834.

De la Police, de son organisation et du classement de ses agents, par S. de la Cipière.

Réponse à la lettre de M. le vicomte de Châteaubriand, du 23 août, par L. D. La... Paris, 1835.

De l'État actuel de la France, et de la nécessité de s'occuper de son avenir, par le baron de Férussac. Paris, 1834.

Discours sur l'attentat du 28 juillet 1835, et sur la cérémonie funèbre célébrée, le 5 août suivant, dans la chapelle royale des Invalides, par M. N. S. Guillon. Paris, 1835.

Un sergent de la garde nationale à ses camarades. Paris, 1837.

Observations sur l'état de la France, relativement aux derniers attentats, par le comte de Montlosier. Clermont, 1837.

De la Prérogative royale, par l'auteur de Deux ans de règne (Alph. Pepin). Paris, 1838.

Paroles d'un citoyen à la France patriote. Paris, 1839.

Du Gouvernement parlementaire, du gouvernement constitutionnel, et subséquemment des intérêts matériels et des intérêts moraux du pays, par Ch. Farcy. Paris, 1840.

M. Thiers et l'alliance anglaise, ou Suites inévitables de la guerre avec l'Angleterre, par G. Laignel. Paris, 1840.

Tome VI.

De la Situation. Paris, 1840.

Raison et patriotisme, par A. de Bragevich. Paris, 1840.

Des Événements de Toulouse, par Félix Solar. Paris, 1841.

De la Constitution de la Chambre des pairs, par H. Blondet. Paris, 1841.

Quelques réflexions sur M. Guizot, le tiers parti et l'opposition.

Examen de la question aujourd'hui pendante, entre le Gouvernement des États-Unis et celui de la Grande-Bretagne, sur le droit de visite, par un Américain.

Étude sur le droit de visite, par le comte Alfred de Brossard. Paris, 1842.

Du Droit de visite. Paris, 1843.

Discours de M. Thiers sur les députés fonctionnaires. (Chambre des députés, séance du 17 mars 1846.) Paris, 1846.

De la Nécessité d'une loi sur le Conseil d'État. Réfutation de la légomanie par Timon, et révélations par un ancien auditeur au Conseil d'État. Paris, 1845.

Pensée du 9 août, par E. L. Paris, 1846.

Méditations sur la polémique du jour, par Coinze. Paris, 1847.

Tome VII.

La Vérité pour sauver la France de la ruine et tous les Français de la misère, suivie d'une révélation faite le 25 février 1848. Paris, 1848.

Situation politique de 1848, par L. Dutilh. Paris, 1848.

Projet de constitution et catéchisme républicain servant d'exposé des motifs, par H. Lamarche. Paris, 1848.

Ce que tout le monde pense, ce que tout le monde veut. Élections générales de 1849, par M. Boïeldieu. Avranches, 1849.

Sur la question d'Italie. Bayeux, 1848.

Au peuple français, la Société nationale pour la confédération italienne. Paris, 1848.

Étude d'administration pratique, ou Organisation du travail des bureaux, par Emmanuel Vasse. Paris, 1848.

Discours et proclamations de Louis-Napoléon Bonaparte, président de la République. Paris, 1850.

Étude sur la puissance maritime de la France et de l'Angleterre, par Barillon. Lyon, 1843.

1851, 1852! Question de vie ou de mort pour la République française, par L. Oger. Paris, 1851.

Du Serment en matière politique et religieuse, suivi d'une réfutation des principes politiques de MM. de Cormenin et de Châteaubriand, par M. de L. B. Paris, 1833.

Au roi, sur le serment à prêter par les maires et autres fonctionnaires publics, par le comte Felix Lepeletier-Saint-Fargeau. Paris, 1814.

Pétition aux Chambres pour demander l'abolition du serment politique, par Hyde de Neuville. Paris, 1833.

3108	Jeux de cartes, tarots, et de cartes numérales, du XIVe au XVIIIe siècle, représentés en cent planches, d'après les originaux, avec un précis historique et explicatif; publiés par la Société des bibliophiles français. Paris, 1844; 1 vol. in-4° rel.	B.	2677
3109	Histoire de la Bible, représentée en soixante médailles, frappées sur métal imitant l'argent, gravées par E. Thomason. 5 cartons-livres in-fol.	B.	2678
3110	David et Vaudoyer. — La Statue et les bas-reliefs du monument érigé à la mémoire du général Foy, avec une notice. Paris, 1831; in-fol.	B.	2679
3111	Panthéon français, ou Collection de portraits des personnages célèbres, etc. Paris, 1825; 1 vol. in-fol. rel.	B.	2680

§ 3. HISTOIRE DES PAYS ÉTRANGERS.

3112	Hume (David). — The history of England from the invasion of Julius Cæsar to the revolution in 1688, continued by T. Smollett and William Jones to the death of George III. London, 1825; 16 vol. in-8° rel.	B.	2681
3113	Lingard (John). — Histoire d'Angleterre, depuis la première invasion des Romains; traduit de l'anglais par Roujoux et Pichot. Paris, 1825-1831; 14 vol. in-8° rel.	C.	33
3114	Maccaulay (T. B.). — Histoire d'Angleterre, depuis l'avénement de Jacques II; traduit de l'anglais par J. de Peyronnet. Paris, 1853; 2 vol. in-8° rel.	B.	2682
3115	Thierry (Augustin). — Histoire de la conquête de l'Angleterre par les Normands, de ses causes et de ses suites jusqu'à nos jours, en Angleterre, en Écosse, en Irlande et sur le continent. Paris, 1851; 2 vol. in-8° rel.	B.	2683
3116	Mazure (F. A. J.) — Histoire de la révolution de 1688 en Angleterre. Paris, 1825; 3 vol. in-8° rel.	B.	2684
3117	Guizot. — Collection des mémoires relatifs à la révolution		

	d'Angleterre, accompagnés de notices et éclaircissements historiques. Paris, 1830; 25 vol. in-8° rel.	B.	2685
3118	Wraxall (William). — Mémoires historiques de mon temps, contenant des particularités remarquables sur les souverains et les personnages les plus célèbres de l'Europe, pendant une grande partie du xviii° siècle; traduit de l'anglais par Duredent. Paris, 1817; 2 vol. in-8° rel.	B.	2686
3119	Hume (David). — Essays and treatises on several subjects. Basil, 1793; 4 vol. in-8°.	B.	2687
3120	Hume (David). — The laws of the customs with notes and indexes and supplements, for 1826 et 1827. London, 1827; 1 vol. in-8° rel.	B.	2688
3121	Staël (A. de). — Lettres sur l'Angleterre. Paris; 1 vol. in-8° rel.	C.	123
3122	Rubichon. — De l'Angleterre. Paris, 1815-1819; 2 vol. in-8° rel.	B.	2689
3123	Montvéran (De). — Histoire critique et raisonnée de la situation de l'Angleterre au 1er janvier 1816. Paris, 1819-1821; 8 vol. in-8° rel.	B.	2690
3124	État de l'Angleterre en 1822, publié par ordre de Sa Majesté Britannique, suivi d'une réponse de l'opposition; traduit par P. A. D. et J. G. 3° édit. Paris, 1822. — Tableau de l'administration de la Grande-Bretagne et de l'Irlande au commencement de 1823; traduit par Roger de Gin**. Paris, 1822-1823; 1 vol. in-8° rel.	B.	2691
3125	État de l'Angleterre en 1822, publié par ordre de Sa Majesté Britannique, suivi d'une réponse de l'opposition; traduit par P. A. D. et J. G. 2° édit. Paris, 1822; 1 vol. in-8° rel.	B.	2692
3126	Mémoires des commissaires du roi et de ceux de Sa Majesté Britannique sur les possessions et les droits respectifs des deux couronnes en Amérique, avec les actes publics et les pièces justificatives. Paris, Imp. roy., 1755; 4 vol. in-4° rel.	B.	2693

3127	SARRANS jeune. — De la Décadence de l'Angleterre et des intérêts fédératifs de la France. 2e édit. Paris, 1840; 1 vol. in-8°.	B.	2694
3128	BORGHERS. — Précis de l'histoire de la Constitution d'Angleterre, d'après Hallam, depuis Henri VII jusqu'à Georges II. Leipzig-Paris, 1828; 1 vol. in-8° rel.	B.	2695
3129	OKEY (Ch.). — Analyse de l'acte de réforme du parlement en Angleterre, revue par Thévenin. Paris, 1832; in-8° rel.	B.	2696
3130	Le Ministère de la réforme et le parlement réformé. Paris, 1833; 1 vol. in-8° rel.	B.	2697
3131	STOKES (A.). — A view of the constitution of the British colonies in North America, and the West Indies. London, 1783; 1 vol. in-8° rel.	B.	2698
3132	JOLLIVET (A.). — Examen du système électoral anglais, depuis l'acte de réforme, comparé au système électoral français. Paris, 1836; 1 vol. in-8° rel.	B.	2699
3133	Mirror of parliament. Debates, proceedings of the imperial parliament of Great Britain and Ireland. London, 1836; 1 vol. in-fol. rel.	B.	2700
3134	La Septennalité du parlement d'Angleterre, ou Journal des discussions qui ont eu lieu dans les deux Chambres lors de cette proposition. Paris, 1824; 1 vol. in-8° rel.	B.	2701
3135	LOLME (J. L. DE). — The Constitution of England or an account of the english government. 4e édit. London, 1784; 1 vol. in-8° rel.	B.	2702
3136	Lettres de Junius, traduites par J. T. Parisot. Paris, 1823; 2 vol. in-8° rel.	B.	2703
3137	ROBERTSON (William). — Histoire d'Écosse durant les règnes de la reine Marie et du roi Jacques VI, jusqu'à l'avénement de ce prince au trône d'Angleterre; traduit par Besset de la Chapelle et annoté par l'abbé Morellet. Paris, 1785; 3 vol. in-12 rel.	B.	2704

3138	MIGNET. — Histoire de Marie Stuart. Paris, 1852; 2 vol. in-8° rel.	B.	2705
3139	FOX (Ch. J.). — Histoire des deux derniers rois de la maison de Stuart; traduit de l'anglais par l'abbé d'Andrezel. Paris, 1809; 2 vol. in-8° rel.	B.	2706
3140	BEAUMONT (G. DE). — L'Irlande sociale, politique et religieuse. Paris, 1810; 2 vol. in-8° rel.	B.	2707
3141	ROLPH (Thomas). — Emigration and colonization, embodying the results of a mission to Great Britain and Ireland, during the years 1839, 1840, 1841 and 1842. London, 1844; 1 vol. in-8° rel.	B.	2708
3142	WINTHROP (John). — The history of new England from 1630 to 1640, annotated by James Savage. Boston, 1825; 2 vol. in-8° rel.	B.	2709
3143	MONTGOMERY (M.). — History of the British colonies. London, 1834; 5 vol. in-8° rel.	B.	2710
3144	JOLLIVET. — Analyse de l'enquête parlementaire sur les colonies anglaises, publiée en septembre 1842. Paris, 1843; 1 vol. in-8° rel.	A.	787
3145	DUPIN. — Histoire des révolutions d'Espagne, terminée et publiée par l'abbé de Vayrac. La Haye, 1724; 5 vol. in-12 rel.	B.	2711
3146	ROBERTSON. — Histoire du règne de l'empereur Charles-Quint, traduite par l'abbé Suard. Paris, 1770; 6 vol. in-12 rel.	B.	2712
3147	WATSON. — Histoire du règne de Philippe II, roi d'Espagne; traduit de l'anglais par le comte de Mirabeau et J. Durival. Amsterdam, 1778; 4 vol. in-12 rel.	B.	2713
3148	MIGNET. — Antonio Perez et Philippe II. 2e édit. Paris, 1846; 1 vol. in-8° rel.	B.	2714
3149	LA CLÈDE (DE). — Histoire générale de Portugal, depuis l'ori-		

	gine des Lusitaniens, refondue, augmentée et continuée, de 1668 jusqu'à la régence de don Miguel, par Fortia d'Urban et Mielle. Paris et Besançon, 1828 et suiv.; 9 vol. in-8° rel., fig.............................. (Le Xe volume manque.)	C.	26
3150	Vertot (L'abbé de). — Révolutions de Portugal. 3e édit. Paris, 1739; 1 vol. in-12 rel........................	B.	2715
3151	Exposé des droits de Sa Majesté très-fidèle dona Maria II et de la question portugaise, avec les pièces justificatives et documents à l'appui. Paris, 1830; 1 vol. in-4°.........	B.	2716
3152	Batta (Carlo). — Storia d'Italia, dal 1789 al 1814. Italia, 1826; 4 vol. in-8° rel..........................	B.	2717
3153	Simonde de Sismondi (J. C. L.). — Histoire des républiques italiennes du moyen âge. Paris, 1826; 16 vol. in-8° rel...	B.	2718
3154	Daru (Comte P.). — Histoire de la république de Venise, augmentée d'une notice sur l'auteur par M. Viennet, et de la réfutation des critiques et observations de M. Tiepolo. 4e édit. Paris, 1853; 9 vol. in-8° rel.................	B.	2719
3155	Zschokke (Henri). — Histoire de la nation suisse; traduit par Ch. Monnard. Paris, 1823; 1 vol. rel...............	B.	2720
3156	Raoul-Rochette. — Histoire de la révolution helvétique, de 1797 à 1803. Paris, 1823; 1 vol. in-8° rel., carte......	B.	2721
3157	Montigny. — Histoire générale d'Allemagne, depuis l'an de Rome 640 jusqu'à la mort, en 1250, de Frédéric II, vingt-cinquième empereur. Paris, 1779; 6 vol. in-12 rel.	B.	2722
3158	Pfeffel. — Nouvel abrégé chronologique de l'histoire et du droit public de l'Allemagne. Paris, 1777; 2 vol. in-12 rel.	B.	2723
3159	De l'Autriche et de son avenir; traduit de l'allemand. Paris, 1843; 1 vol. in-8° rel.........................	B.	2724
3160	Histoire administrative, civile et militaire de la Prusse, de-		

	puis la fin du règne de Frédéric le Grand jusqu'au traité de Paris, 1815. Paris, 1828; 3 vol. in-8° rel..........	B.	2725
3161	MAUVILLON (DE). — Histoire de Frédéric-Guillaume Ier, roi de Prusse et électeur de Brandebourg. Amsterdam et Leipzig, 1741; 2 vol. in-12 rel..........................	B.	2726
3162	VERTOT (L'abbé DE). — Histoire des révolutions de Suède. Paris, 1751; 2 vol. in-12 rel.......................	B.	2727
3163	SOLIGNAC (DE). — Histoire générale de Pologne. Paris, 1750; 5 vol. in-12 rel............................	B.	2728
3164	PROYART (L'abbé). — Histoire de Stanislas Ier, roi de Pologne. Lyon, 1784; 2 vol. in-12 rel.......................	C.	15
3165	ESNEAUX (J.) et CHENNECHOT. — Histoire philosophique et politique de la Russie, depuis les temps les plus reculés jusqu'à nos jours. Paris, 1830; 5 vol. in-8° rel..........	B.	2729
3166	LÉOUZON-LE-DUC. — La Russie et la civilisation européenne. Paris, 1854; 1 vol. in-18.........................	C.	380
3167	CUSTINE (Marquis DE). — La Russie en 1839. Paris, 1843; 4 vol. in-8° rel..............................	B.	2730
3168	LYALL (Robert). — Essai historique sur le système de colonisation militaire de la Russie. — Nouveaux renseignements sur les colonies militaires de la Russie. (Extrait du Bulletin des sciences, du baron de Férussac.). — Notice sur l'organisation, l'administration et l'état présent des colonies militaires de la Russie. Traduit de l'anglais par Ferry......	B.	2731
3169	Lettres et documents officiels relatifs aux derniers événements de la Grèce qui ont précédé et suivi la mort du comte Capo d'Istrias jusqu'au 31 octobre 1831; publiés par plusieurs membres de l'ancien comité grec de Paris. Paris, 1831; 1 vol. in-8°...........................	B.	2732
3170	HAMMER (J. DE). — Histoire de l'empire ottoman, depuis son origine jusqu'à nos jours; traduit de l'allemand par J. Hellert. Paris, 1835 à 1843; 18 vol. in-8° rel. et atlas.....	B.	2733

3171	UBICINI. — Lettres sur la Turquie. Paris, 1853; 2 vol. in-18.	C.	379
3172	POUJOULAT (B.). — Histoire de Constantinople, comprenant le Bas-Empire et l'empire ottoman. Paris, 1853; 2 vol. in-8° rel.	B.	2734
3173	Deux années à Constantinople et en Morée, ou Esquisses historiques sur Mahmoud, les janissaires, les nouvelles troupes, Ibrahim-Pacha, Soliman-Bey. Londres et Paris, 1828; 1 vol. in-8° rel., fig.	C.	8
3174	Documents diplomatiques relatifs à la question d'Orient, du 8 octobre 1840 au 13 juillet 1841. Paris, Imp. roy., 1842; 1 vol. in-4°.	A.	792
3175	DUBOIS (L'abbé). — Mœurs, institutions et cérémonies des peuples de l'Inde. Paris, 1825; 2 vol. in-8°.	C.	44
3176	RAYNAL (G. T.). — Histoire philosophique et politique des établissements et du commerce des Européens dans les deux Indes, avec un supplément par Peuchet. Paris, 1820; 12 vol. in-8° et atlas rel.	C.	125
3177	THOMASSY (Rev.). — Les Relations politiques et commerciales de la France avec le Maroc. Paris, 1842; 1 vol. in-8° rel.	B.	2735
3178	Histoire des États barbaresques qui exercent la piraterie, contenant l'origine, les révolutions et l'état présent des royaumes d'Alger, de Tunis, de Tripoli et de Maroc; traduit de l'anglais par Boyer de Prébaudière. Paris, 1757; 2 tomes en 1 vol. in-12 rel.	B.	2736
3179	HAMONT (P. N.). — L'Égypte sous Méhémet-Ali. Population, gouvernement, institutions publiques, industrie, etc. Paris, 1843; 2 vol. in-8° rel.	B.	2737
3180	CLOT BEY (A. B.). — Aperçu général sur l'Égypte. Paris, 1840; 2 vol. in-8° rel.	B.	2738
3181	ROBERTSON (William). — Histoire de l'Amérique, traduite de l'anglais par Suard et Morellet, et annotée par de la Roquette. 4e édit. Paris, 1828; 4 vol. in-8° rel.	B.	2739

3182	**Tocqueville** (A. de). — De la Démocratie en Amérique. Paris, 1835-1840; 4 vol. in-8° rel.	B.	2740
3183	**Warden.** — Description statistique, historique et politique des États-Unis de l'Amérique septentrionale, depuis l'époque des premiers établissements jusqu'à nos jours. Paris, 1820; 5 vol. in-8° rel., cartes.	B.	2741
3184	**Denain** (A.). — Considérations sur les intérêts politiques et commerciaux qui se rattachent à l'isthme de Panama et aux différents isthmes de l'Amérique centrale. — Relation directe de ces isthmes avec celui de Suez. Paris, 1845; 1 vol. in-8° rel.	B.	2742
3185	A general view of the United States of America, with an appendix containing the constitution, the tarif of duties, the laws of patents and copyrights. London, 1833; 1 vol. in-8° rel., carte.	B.	2743
3186	**Mac-Grégor** (J.). — The progress of America from the discovery by Columbus to the year 1846. London, 1847; 2 vol. in-8° rel.	B.	2744
3187	**Clavière** (Ét.) et **Brissot de Warville**. — De la France et des États-Unis. Londres, 1787; 1 vol. in-8° rel.	B.	2745
3188	Journaux du conseil spécial de la province du bas Canada, du 18 avril jusqu'au 15 mai 1838, et du 20 avril au 26 juin 1840. Québec; 2 vol. in-4° rel.	B.	2746
3189	Mélanges historiques et politiques. Étranger. 1 vol. in-8°.	B.	2747
	A letter to the right honorable the lord Palmerston, minister of state for foreign affairs on the late happy change of ministry in England, by Kirwan. Munich, 1830.		
	Question d'Irlande. O'Connell, par Fortin d'Ivry. Paris, 1843.		
	La Belgique et les vingt-quatre articles, par Dumortier. 2ᵉ édit. Bruxelles, 1838.		
	Aperçu historique, politique et statistique sur l'organisation militaire de la Prusse, comparée à celle de la France, par Frantz, ancien capitaine des corps francs. Paris, 1841.		

Discussion sur les affaires de Pologne à la Chambre des députés, le 14 mars, et à la Chambre des pairs, les 18 et 19 mars 1846. (Extraits du Moniteur universel.).

Explication de la situation de l'Espagne à l'époque du 25 octobre 1834.

Question portugaise. De la succession à la couronne de Portugal dans le cas où la reine dona Maria II ne laisserait pas de postérité. Paris, 1836.

Études sur la Suisse au moment de la convocation de la diète extraordinaire (février 1845), par Judicis de Mirandol. Genève, 1845.

De l'Égypte et de l'intervention européenne dans les affaires d'Orient, par A. Sakakini. Paris, 1833.

De la constitution territoriale des pays musulmans, par Worms. Paris, 1842.

Mémoire sur les colonies américaines, sur leurs relations politiques avec leurs métropoles, par feu M. Turgot, ministre d'État. Paris, 1791.

Lettre d'un citoyen de New-York au sujet de l'annexion du Texas à l'Union américaine. Paris, 1845.

Résumé des affaires de la Plata, par Pfeil. 1849.

Lettre aux membres de l'Assemblée nationale sur la question de la Plata, par Ch. Christofle. Paris, 1849.

Affaires de la Plata. Le traité Le Prédour et les intérêts de la France dans l'Amérique du Sud, par Edm. Blanc. Paris, 1849.

4. BIOGRAPHIE.

3190	Biographie universelle ancienne et moderne, avec suppléments; publiée par Michaud. Paris, 1811 et suiv.; in-8° rel.......... (Les suppléments publiés comprennent jusqu'à la lettre S inclusivement.)	B.	2748
3191	Le Biographe universel et l'histoire; revue générale, historique, biographique, etc. (1841 à 1845); publiée par Pascallet. Paris, 1841 et suiv.; 10 vol. in-8° rel..........	B.	2749
3192	PLUTARQUE. — Vies des hommes illustres; traduites par Dacier. Paris, 1721; 9 vol. in-4° rel..........	C.	2
3193	*RICHER* (Adrien). — Vies des surintendants des finances et des contrôleurs généraux, depuis Enguerrand de Marigny jusqu'à nos jours. Paris, 1790; 3 vol. in-12 rel..........	B.	2750

3194	BOURDEILLE (Pierre DE), seigneur de Brantôme. — Mémoires et œuvres. Londres, 1739, et la Haye, 1740; 15 vol. in-18 rel.	C.	252
3195	BRANTÔME.—Œuvres complètes, accompagnées de remarques historiques et critiques. Nouvelle édition revue et augmentée. Paris, 1822-1824; 8 vol. in-8° rel.	B.	2751
3196	Éloges de Duguay-Trouin, de Sully et de Descartes, par Thomas; de Descartes, par Gaillard.—Dans le même volume: Des malheurs de la guerre et des avantages de la paix, par la Harpe. — Épître à un commerçant, par Leprieur. — Épître d'un père à son fils, par de Chamfort. Paris, 1761 à 1767; 1 vol. in-8° rel.	C.	257
3197	Mémoires du comte de Coligny-Saligny, avec les Mémoires du marquis de Villette; publiés par Monmerqué. Paris, 1841-1844; 2 tomes rel. en 1 vol.	B.	2752
3198	MONMERQUÉ. — Notice historique sur le comte de Coligny-Saligny et sur ses Mémoires, suivie des petits Mémoires du comte de Coligny, écrits par lui-même. Paris, 1841; in-8° rel.	B.	2753
3199	BURIGNY (DE). — Vie de Bossuet. Bruxelles, 1761; 1 vol. in-12 rel.	B.	2754
3200	CHAMBELLAN. — Vie de Louis-Joseph de Bourbon-Condé. Paris, 1819; 3 vol. in-8° rel.	C.	31
3201	*LAMOTHE* dit *DE LA HODE*. — La Vie de Philippe d'Orléans, petit-fils de France, régent du royaume pendant la minorité de Louis XV. Londres, 1736; 2 vol. in-12 rel.	B.	2755
3202	PROYART (L'abbé). — Vie du Dauphin, père de Louis XVI; écrite sur les mémoires de la cour. Paris, 1777; 1 vol. in-12 rel.	B.	2756
3203	*CONDORCET* (Marquis *DE*). — Vie de M. Turgot. Londres, 1786; 1 vol. in-8° rel.	B.	2757

3204	Mémoires sur la vie et les ouvrages de Turgot. Philadelphie, 1782; 1 vol. in-8° rel.	B.	2758
3205	Mignet. — Notices historiques. 2e édit. augmentée. Paris, 1853; 2 vol. in-8° rel.	B.	2759
3206	Vie de Charles X, roi de France et de Navarre. Paris, 1825; 1 vol. in-8° rel.	C.	41
3207	Rey (Charles). — Biographie de quelques futurs grands hommes, par un petit homme passé. Paris, 1834; 1 vol. in-8°.	B.	2760
3208	Brécy (Vicomte Gauthier de). — Mémoires véridiques et ingénus de la vie privée d'un homme de bien, écrits par lui-même dans la 81e année de son âge. Paris, 1834; 1 vol. in-8° rel.	B.	2761
3209	Foucaud (E.). — Les Artisans illustres. (Ouvrage orné de 250 vignettes.) 1 vol. gr. in-8° rel.	B.	2762
3210	La Vie du pape Clément XIV (Ganganelli). Paris, 1775; 1 vol. in-12 rel.	B.	2763
3211	La Rochefoucault-Liancourt (Marquis de). — Notice historique sur la vie de William Wilberforce, membre du parlement. Paris, 1833; in-8° rel.	B.	2764
3212	Bavoux (Évariste). — A. B. Da Costa Cabral, comte de Thomar. Notes historiques sur sa carrière politique et son ministère. Extrait de l'ouvrage publié à Lisbonne sous le titre : Apontamentos historicos. Paris, 1846; 1 vol. in-8°.	B.	2765
3213	Mélanges biographiques. 1 vol. in-8°. Mémoires de Renée Bordereau, dite Langevin, touchant sa vie militaire dans la Vendée, rédigés par elle-même. 1814. Éloge de Richer-Serisy, rédacteur de l'Accusateur public de la révolution française, par Augustin d'Aulnois. 1817. Notice sur la vie de Dupont (de Nemours), par Demonchanin. Paris, 1818. Extrait du Moniteur du 10 janvier 1830. Article nécrologique sur le chancelier Dambray.	B.	2766

	Éloge du baron Louis, prononcé à la Chambre des pairs par le comte de Saint-Cricq. 1838. Notice sur d'Arcet, commissaire général des monnaies, membre de l'Académie des sciences. Notice historique sur M. Courvoisier, ancien garde des sceaux, par A. Marquiset. Besançon, 1836. Notice sur le lieutenant général comte le Marois, ancien aide de camp de l'Empereur. 1836. Notice biographique sur le comte Siméon. 1842. Discours prononcé à la Chambre des pairs par le comte Portalis, à l'occasion du décès du comte Siméon. 1843. Notice historique sur la vie et les travaux de M. le comte Siméon, par M. Mignet. 1844. Considérations sur la notice du baron de Barante relative au comte Mollien, par M. de Salvandy. 1851. Dona Isabelle II de Bourbon, reine d'Espagne, par Eugenio de Ochoa. Madrid, 1854.		
3214	Biographie des neuf cents députés à l'Assemblée nationale, par ordre alphabétique de départements, sous la direction de C. M. Lesaulnier. Paris, 1848; in-16	B.	2767
3215	Profils critiques et biographiques des neuf cents représentants du peuple, par un vétéran de la presse. 2ᵉ édit. Paris, 1848; 1 vol. in-18	B.	2768
3216	Études critiques et biographiques, par Théophraste. 2ᵉ édit. Paris, 1854; 1 vol. in-8°	B.	2769

5. BIBLIOGRAPHIE.

3217	*Duvey de Noinville*. — Dissertation sur les bibliothèques, avec une table alphabétique tant des ouvrages publiés sous le titre de Bibliothèques que des catalogues imprimés de plusieurs cabinets de France et des pays étrangers. Paris, 1758; 1 vol. in-12 rel	B.	2770
3218	Brunet (Jacques-Charles). — Manuel du libraire et de l'amateur de livres, contenant : 1° un nouveau dictionnaire bibliographique; 2° une table en forme de catalogue raisonné. Paris, 1842-43-44, 5 vol. in-8° rel	B.	2771

3219	QUÉRARD (J. M.). — La France littéraire, ou Dictionnaire bibliographique des savants, historiens et gens de lettres de la France pendant les XVIIIe et XIXe siècles, ainsi que des littérateurs étrangers qui ont écrit en français. Paris, 1827 à 1842; 10 vol. in-8° rel.	B.	2772
3220	BARBIER (Antoine-Alexandre). — Dictionnaire des ouvrages anonymes et pseudonymes, composés, traduits ou publiés en français et en latin, avec les noms des auteurs, traducteurs et éditeurs, accompagné de notes historiques et critiques. 2e édit. Paris, 1822-1827; 4 vol. in-8° rel.	B.	2773
3221	PSEAUME. — Dictionnaire bibliographique, ou Nouveau manuel du libraire et de l'amateur de livres, avec des notes critiques, historiques et littéraires, et précédé d'un Essai élémentaire sur le bibliographie. Paris, 1824; 2 vol. in-8° rel.	B.	2774
3222	Bibliographie de la France, ou Journal général de la librairie et de l'imprimerie, à partir de 1827 et suite; rédigé par Beuchot et Pillet. Paris, 1827 et suiv.; in-8° rel.	B.	2775
3223	PEIGNOT (Gabriel). — Traité du choix des livres. Paris et Dijon, 1817; 1 vol. in-8° rel.	B.	2776
3224	PEIGNOT (Gabriel). — Manuel du bibliophile, ou Traité du choix des livres. Dijon, 1823; 2 vol. in-8° rel.	B.	2777
3225	BARBIER (A. A.) et DESESSARTS (N. L. M.). — Nouvelle bibliothèque d'un homme de goût. Paris, 1808-1810; 5 vol. in-8° rel.	B.	2778
3226	VIDAL (Léon). — Essai sur les bibliothèques administratives. 2e édit. Paris, 1843; 1 vol. in-8° rel.	B.	2779
3227	De la nécessité de créer des bibliothèques scientifiques-industrielles, ou au moins d'ajouter aux bibliothèques publiques une division des sciences appliquées aux arts et à l'industrie, avec un spécimen d'un catalogue y relatif. Paris, 1848; 1 vol. in-8°.	B.	2780

3228	CONSTANTIN. — Bibliothéconomie. Instructions sur l'arrangement, la conservation et l'administration des bibliothèques. Paris, 1832; 1 vol. in-12 rel.	B	2781
3229	PETIT-RADEL (L. C. F.). — Notice historique sur la Bibliothèque Mazarine, extraite des recherches sur les bibliothèques anciennes et modernes. Paris, 1819; 1 vol. in-8° rel.	B.	2782
3230	*BARBIER*. — Catalogue des livres de la bibliothèque du Conseil d'État. Paris, an XI; 2 tomes en 1 vol. in-fol. rel.	B.	2783
3231	Catalogue des livres composant la bibliothèque actuelle de la Chambre des députés. Ire partie (seule publiée), Jurisprudence. Paris, 1833; 1 vol. in-8° rel.	B.	2784
3232	Catalogue des livres composant la bibliothèque du département de la marine et des colonies, publié par ce ministère. Paris, Imp. roy., 1838; 5 vol. in-8° rel.	B.	2785
3233	Catalogue de la riche bibliothèque de Rosny. Paris, 1837; 1 vol. in-8° rel.	B.	2786
3234	LEBER (C.). — Catalogue de livres imprimés, manuscrits, estampes, dessins et cartes à jouer, accompagné de notes. Paris, 1839 et 1852; 4 vol. in-8° rel.	B.	2787
3235	Catalogue des livres, dessins et estampes de M. J. B. Huzard. Paris, 1842; 3 vol. in-8° rel.	B.	2788
3236	Catalogue de la bibliothèque de M. le baron Silvestre de Sacy, rédigé par Merlin. Paris, 1842-46-47; 3 vol. in-8° rel.	B.	2789
3237	Catalogue de la bibliothèque administrative du ministère de l'intérieur. 1844; 1 vol. in-8° rel.	B.	2790
3238	Catalogue de la bibliothèque de M. Aimé Martin, rédigé par Techener. Paris, 1847; 1 vol. in-8° rel.	B.	2791
3239	Catalogue des livres et cartes géographiques de la bibliothèque de M. Walkenaer. Paris, 1853; 1 vol. in-8° rel.	B.	2792

3240	Collection de catalogues de diverses ventes de livres, de 1830 à 1854, au nombre desquelles se trouvent celles de Lamennais, de de Bure, de Férussac, du prince de Talleyrand, de Ch. Nodier, du marquis de Coigny, etc. Paris, 10 vol. in-8° rel.	B.	2793
3241	Catalogue des livres composant la bibliothèque de Fréd. Poncelet. Paris, 1844; 1 vol. in-8° rel.	B.	2794
3242	Catalogue d'une précieuse collection de livres, manuscrits, autographes, dessins et gravures, composant la bibliothèque de M. Antoine-Augustin Renouard. Paris, 1854; 1 vol. in-8° rel.	B.	2795
3243	Bibliographie administrative, ou Nomenclature méthodique et raisonnée des recueils de lois, arrêts, etc., en matière administrative, par un employé du ministère de l'intérieur. Paris, 1848; 1 vol. in-8° rel.	B.	2796
3244	Catalogue de la bibliothèque de Van den Zande, suivi du catalogue de la riche collection d'estampes et de dessins du même, rédigé par F. Guichardot. Paris, 1854; 1 vol. in-8° rel.	B.	2797
3245	Catalogue des livres rares et précieux composant la bibliothèque de Ch. G*** (Ch. Giraud). Paris, 1855; 1 vol. in-8° rel.	B.	2798
3246	Catalogue des livres, estampes et dessins composant la bibliothèque et le cabinet d'Armand Bertin. Paris, 1854; 1 vol. in-8° rel.	B.	2799
3247	Catalogue des livres composant la bibliothèque de Raoul-Rochette. Paris, 1855; 1 vol. in-8° rel.	B.	2800
3248	Catalogue des livres et manuscrits de la bibliothèque de J. J. de Bure. Paris, 1853; 1 vol. in-8° rel.	B.	2801
3249	Description bibliographique des livres choisis en tout genre composant la librairie de J. Techener. Tome I. Paris, 1855; 1 vol. in-8° rel.	B.	2802

3250	Faribault (G. B.). — Catalogue d'ouvrages sur l'histoire de l'Amérique, et en particulier sur celle du Canada, de la Louisiane, de l'Acadie et autres lieux. Québec, 1837; 1 vol. in-8° rel.	B.	2803

6. REVUES.

3251	Lesur (C. L.) — Annuaire historique universel, à partir de 1818, et suite. Paris, 1825 et années suiv.; in-8°.	B.	2804
3252	Almanach royal, national et impérial de France, à partir de 1770, et suite. Paris; in-8°.	A.	229
3253	The annual register or a view of the history and politics from 1758 and following years, with a table from 1758 to 1792. London, in-8° rel. (Collection à jour.)	B.	2805
3254	Taschereau (J.). — Revue rétrospective, ou Bibliothèque historique, contenant des mémoires et documents authentiques, inédits et originaux, pour servir à l'histoire, à la biographie, etc. Paris, 1833 à 1838; 20 vol. in-8° rel.	B.	2806
3255	Revue encyclopédique, de 1819 à 1835. 63 vol. in-8° rel., compris 2 vol. de tables décennales.	B.	2807
3256	Revue administrative; recueil semi-périodique, concernant les finances, le commerce, l'industrie, etc. Paris, 1839-1846; 7 vol. in-8° rel.	B.	2808
3257	France administrative, ou Gazette des bureaux; de l'origine (15 août 1840) à 1843. Paris; 2 vol. in-8° rel.	B.	2809
3258	Revue française, commencée en janvier 1828 et continuée jusqu'en septembre 1830, reprise en juin 1837, et continuée jusqu'en juin 1839. 28 tomes en 13 vol. in-8° rel.	B.	2810

3259	Revue britannique, ou Choix d'articles traduits des meilleurs écrits périodiques de la Grande-Bretagne, à partir de 1825, et suite. In-8° rel.	B.	2811
3260	Revue des Deux-Mondes, recueil périodique, littéraire et scientifique, à partir de 1831, et suite. In-8° rel.	B.	2812
3261	Revue de l'Orient, bulletin de la société orientale, de 1843 à 1846 inclus. Paris, 1843-1846; 11 vol. in-8° rel.	B.	2813
3262	Revue africaine, recueil périodique, commençant au 15 décembre 1837 et discontinué en mai 1838; 1 vol. in-8° rel.	B.	2814
3263	The Quaterly Review, du n° 88 (février 1831) au n° 167 (mars 1849). London; 78 vol. in-8°. (Manquent 159 et 160.)	B.	2815
3264	The Edinburgh Review or critical journal, du n° 104 (janvier 1831) au n° 179 (janvier 1849). 76 vol. in-8°.	B.	2816
3265	The Westminster Review, du n° 27 (janvier 1831) au n° 68 (janvier 1841). London; 38 vol. in-8°.	B.	2817
3266	Bibliothèque universelle de Genève (revue mensuelle); de 1830 à 1847 inclus. Genève; 55 vol. in-8° rel.	B.	2818
3267	Annuaire du bureau des longitudes, à partir de l'origine (1797), et suite, avec les notices de M. Arago. Paris, 1796 et suiv.; in-18 rel.	B.	2819
3268	Gréhan (Amédée). — La France maritime, publiée sous le patronage du ministre de la marine. Paris, 1837; 4 vol. in-8° rel.; fig.	B.	2820

TRADUCTION

DES TITRES DES OUVRAGES

ÉCRITS EN LANGUES ÉTRANGÈRES,

DANS LEUR ORDRE D'INSCRIPTION AU CATALOGUE.

JURISPRUDENCE.

68	Des Délits et des peines, par Beccaria, avec les annotations, commentaires et observations de Filangieri, Montesquieu, Voltaire, Diderot, Mirabeau, Bentham et autres célèbres auteurs. Paris, 1829.....	Ital.
451	De l'Usure, par Mastrofini. Rome, 1831.....................	Ital.
585	Commentaires sur les lois de l'Angleterre, par Blackstone; continuation par Burn. 9e édit. Londres, 1783.....................	Angl.
586	Le même ouvrage annoté par Taylor-Coleridge. 16e édit. Londres, 1825.....................................	Angl.
588	Le Légiste de cabinet, ou Recueil populaire des lois de l'Angleterre. 6e édit. Londres, 1830.................................	Angl.
589	Recueil abrégé des lois, usages et coutumes concernant les rapports commerciaux et civils des sujets de la Grande-Bretagne et de la France, par Okey. 3e édit. Paris, 1831....................	Angl.
600	Nouveau recueil des lois espagnoles, divisé en 12 livres, comprenant les pragmatiques, cédules et ordonnances, etc., jusqu'en 1804, avec un supplément publié en 1806. Nouvelle édit. Paris, 1831.....	Esp.
601	Répertoire de lois et décrets rendus par le roi Joseph depuis 1808. Madrid, 1810..	Esp.

603	Des Mouvements de fonds occasionnés à Rome par le service ecclésiastique, par Marchetti. 1800	Ital.
604	Constitutions des différents états indépendants de l'Amérique du Nord, publiées par ordre du Congrès. Londres et Dublin, 1783	Angl.
605	Manuel à l'usage de la législature de l'état de New-York pour 1841. Albany	Angl.
606	Recueil des traités et des statuts des États-Unis relatifs au commerce, à la navigation et au revenu, par Gordon. Philadelphie, 1830	Angl.

SCIENCES ET ARTS.

907	Lectures servant d'introduction à l'Économie politique, par Whately. Londres, 1832	Angl.
923	Suite aux traités sur l'économie, la technologie, la politique et la science des finances, par Beckmann. Gottingue, 1779	All.
924	Système économique militaire de l'armée impériale et royale d'Autriche, par Hubler. Vienne, 1842	All.
926	Essai sur l'histoire de la société civile, par Fergusson. Paris, 1789	Angl.
945	Le Progrès de la société, par Hamilton. Londres, 1830	Angl.
948	Essai sur la distribution de la richesse et sur les sources de l'impôt, par Jones. Londres, 1831	Angl.
951	Principes d'économie politique, avec un tableau de l'origine et des progrès de cette science, par Mac-Culloch. Édimbourg et Londres, 1825	Angl.
955	Des Définitions en économie politique, par Malthus. Londres, 1827	Angl.
956	Principes d'économie politique, considérés sous le rapport de leur application pratique, par Malthus. Londres, 1820	Angl.
981	Recherches sur la nature et les causes de la richesse des nations, par Adam Smith. Londres, 1822	Angl.

992	Conversations sur l'économie politique, dans lesquelles les éléments de cette science sont mis à la portée de tout le monde. Londres, 1821.	Angl.
993	Théorie des sentiments moraux, par Adam Smith, ou Analyse des principes qui portent les hommes à juger leur conduite et leur caractère après ceux de leurs voisins. Édimbourg, 1808	Angl.
994	Principes d'économie politique déduits des lois naturelles du bien-être social et appliqués à l'état présent de la Grande-Bretagne, par Poulett Scrope. Londres, 1833..........................	Angl.
995	Principes d'économie politique, par Carey. Philadelphie, 1837-1840.	Angl.
996	Notions d'économie politique, par Hopkins. Londres, 1838.........	Angl.
997	De l'Économie politique du moyen âge; sa condition politique, morale et économique, par Cibrario. Turin, 1839...................	Ital.
998	La Logique de l'économie politique, par Quincey. Londres, 1844....	Angl.
999	Archives de l'économie politique et des sciences administratives, par Raü. Heidelberg. 1835..............................	All.
1002	Nouvel aperçu sur les sciences économiques, par Gioja. Milan, 1815..	Ital.
1003	Compendium d'économie politique, rédigé d'après l'invitation des cortès, par Manoël de Almeida. Lisbonne, 1822..................	Port.
1004	Discours économiques écrits en 1737, par Bandini. Ouvrage posthume. Florence, 1775.................................	Ital.
1005	Études sur l'économie politique, ou Science des lois naturelles et civiles qui ont pour objet de diriger l'industrie et de développer la richesse nationale et la prospérité de l'État, par Silva Lisboa. Rio de Janeiro, 1820..................................	Port.
1043	Leçons de commerce et d'économie civile en 1768, par Genovesi. Milan.....................................	Ital.
1044	Éléments d'économie politique appliqués particulièrement à l'Espagne, par Valle Santoro, baron de Claret. Madrid, 1829.............	Esp.

1064	Des Progrès de la nation sous le rapport social et économique. Sections 1 et 2. Population et production, par Porter. Londres, 1836.	Angl.
1070	Essai sur les probabilités et sur leur application aux chances de la vie et aux compagnies d'assurance, par Morgan. Londres, 1838......	Angl.
1093	Histoire des classes moyennes et ouvrières, avec un exposé des principes économiques et politiques qui ont influencé leur condition passée et présente, par Wade. Londres, 1833......................	Angl.
1099	Le Principe des lois anglaises sur les pauvres mis en lumière et défendu par un aperçu historique sur l'indigence dans la société civile, par Page. Londres, 1822..............................	Angl.
1113	Lettres de Jeremy Bentham à lord Pelham sur le système de colonisation pénale dans la Nouvelle-Galles du Sud et sur le système pénitentiaire suivi en Angleterre. Londres, 1801..................	Angl.
1114	Recherches sur la question de savoir si le crime et la misère sont produits ou prévenus par notre système de reclusion disciplinaire, par Fowell Buxton. Londres, 1818.........................	Angl.
1135	Trois lectures sur le prix de l'argent et sur quelques effets de papier-monnaie privé et public, par Nasseau. Londres, 1830.........	Angl.
1138	Des Causes de la détresse du pays et des moyens d'y remédier, par Laing. Londres, 1844...........................	Angl.
1144	Progrès de la nation dans ses différentes relations sociales et politiques, depuis le commencement du XIXe siècle, par Porter. Londres, 1847..................................	Angl.
1150	Littérature de l'économie politique, ou catalogue raisonné d'un choix d'ouvrages sur les différentes branches de cette science, avec notes historiques, critiques et biographiques, par Mac-Culloch. Londres, 1845..................................	Angl.
1163	Durée probable de la vie humaine dans les relations civiles et sociales, par Casper. Berlin, 1835........................	All.
1172	Statistique de la France, par Goldsmith. Londres, 1832...........	Angl.

1225	Documents statistiques sur l'étendue territoriale, la population, etc., de l'empire Britannique. Londres, 1825.	Angl.
1227	Tableaux du revenu, de la population, du commerce, etc., du Royaume-Uni et de ses dépendances, de 1820 à 1834. Londres.	Angl.
1228	Acte relatif au recensement de la population de la Grande-Bretagne et aux causes de son accroissement ou de sa diminution. 1821	Angl.
1229	Exposé descriptif et statistique de l'empire britannique, indiquant son étendue, ses mœurs, sa population, son industrie et ses institutions civiles et religieuses, par Mac-Culloch. Londres, 1847.	Angl.
1230	Rapport annuel sur les naissances, décès et mariages en Angleterre. Londres, 1839.	Angl.
1231	Premier rapport annuel sur le même objet. Londres, 1839.	Angl.
1232	Mortalité de la métropole, de 1629 à 1831, par Marshall. Londres, 1832.	Angl.
1242	Description statistique de l'île de Cuba, extraite de l'ouvrage publié en français, par Huber. Paris, 1827.	Esp.
1245	Annales statistiques des États-Unis, de 1789 à 1818. Population, commerce, navigation, finances, par Seybert. Philadelphie, 1818.	Angl.
1246	Statistique des États-Unis, d'après les documents recueillis et transmis par les officiers des districts judiciaires pour le sixième recensement. Washington, 1841.	Angl.
1247	Sixième recensement des États-Unis, arrêté par le ministère d'état en 1840. Washington, 1841.	Angl.
1248	Compendium de la population des États-Unis par comtés et villes principales, d'après le sixième recensement. Washington, 1841.	Angl.
1249	Tableau statistique présentant la situation et les produits de certaines branches d'industrie pour 1837 dans l'état de Massachussets, par Bigelow. Boston, 1838.	Angl.
1253	Histoire de l'île de Cuba économico-politique et statistique, ou Tableau	

	des progrès de sa population, de son agriculture, de son commerce et de ses revenus, par Ramon de la Sagra. La Havane, 1831. — Idée succincte de l'administration, du commerce, des revenus et dépenses de l'île de Cuba, de 1826 à 1834. Paris.	Esp.
1254	Instructions statistiques, par Franzini. Lisbonne, 1815............	Port.
1256	Exposé de l'organisation, de l'administration et de l'état actuel des colonies militaires nouvellement établies en Russie, par Lyall. Londres, 1824..................................	Angl.
1257	Aperçu statistique de toutes les puissances européennes d'après leur nouvel état, par Liechtenstern. Vienne, 1819.................	All.
1467	De la vraie théorie de la rente, avec un exposé des erreurs sur les titres de rentes, pour réfuter Ricardo et d'autres économistes, par Perron et Thompson. Londres, 1829..........................	Angl.
1512	L'Art d'agioter dévoilé comme cause de la hausse et de la baisse des fonds. Londres................................	Angl.
1524	Recueil complet des traités sur les banques et les monnaies, par Büsch. Hambourg, 1802................................	All.
1525	Traité des banques et de la circulation, par Condy-Raguet. Londres, 1839..................................	Angl.
1527	Considérations sur l'état de la circulation, par Tooke. Londres, 1826.	Angl.
1528	De la Monnaie comme représentation de la valeur, avec des considérations sur les banques, les chemins de fer, les caisses d'épargne et la dette publique. Londres, 1837.	Angl.
1529	Recherches sur le principe de la circulation. Rapport entre la circulation et les prix, et expédient proposé pour faire des émissions un service distinct de la banque............................	Angl.
1530	Loi concernant les sociétés par actions, par Wordworth. Londres, 1842..................................	Angl.
1531	Question de la circulation, par Gemini. Londres, 1844...........	Angl.

1532	De la Circulation. Londres, 1840	Angl.
1533	Remarques sur des erreurs accréditées relativement aux banques et à la circulation, et Conseils aux Chambres et au public sur les moyens d'améliorer le système monétaire, par Warde-Norman. Londres, 1838	Angl.
1534	Réponse aux questions suivantes : Qu'est-ce que la circulation ? Quelles sont les causes de son instabilité, et quel en est le remède, par Carey. Philadelphie, 1840	Angl.
1536	Des Banques et de la circulation des effets commerciaux, par Hildreth. Boston, 1840	Angl.
1537	Histoire et principes des banques, par Gilbart. Londres, 1837	Angl.
1538	Traité pratique sur les banques, par Gilbart. Londres, 1836	Angl.
1539	Second rapport du comité secret sur l'utilité d'une banque opérant les payements en espèces. 1819	Angl.
1540	Explication du pouvoir de la Banque d'Angleterre et de l'usage qu'elle en a fait. Londres, 1833	Angl.
1606	Recherches historiques sur la production et la consommation des métaux précieux, par Jacob. Londres, 1831	Angl.
1616	Lectures sur la nature et l'usage de la monnaie, par Gray. Édimbourg, 1848	Angl.
1617	Lettre de Warde-Norman à Ch. Wood sur la monnaie et sur les moyens d'en régler l'usage. Londres, 1841	Angl.
1624	Histoire du revenu public de l'empire Britannique, par Sinclair. Londres, 1804	Angl.
1625	Histoire financière, monétaire et statistique de l'Angleterre, depuis la révolution de 1688 jusqu'à ce jour, par Doubleday. Londres, 1847.	Angl.
1630	De la Réforme financière en Angleterre, par Parnell. Paris, 1831	Angl.
1632	Observations sur le papier-monnaie, les banques et le commerce, par Parnell. Londres, 1828	Angl.

1633	Histoire des prix et des mouvements de la circulation, de 1793 à 1837, par Tooke.	Angl.
1634	Considérations sur la hausse et la baisse des prix depuis trente ans, de 1793 à 1822, par Tooke. Londres, 1824.	Angl.
1635	Traité sur les lois du timbre, ou Recueil analytique des statuts et des questions qui se rattachent aux droits de timbre, avec remarques pratiques, par Tilsley. Londres, 1840.	Angl.
1636	Nouveau traité sur le timbre, avec notes explicatives et le tarif des droits de timbre depuis le 10 octobre 1850, par Tilsley. Londres, 1851.	Angl.
1637	Proposition au sujet de la dette nationale, ou Voies et moyens d'être délivrés des taxes oppressives, par Hansard. Londres, 1845.	Angl.
1638	Compendium de finances, contenant un exposé de l'origine, des progrès et de l'état actuel des dettes publiques, recettes, dépenses, banques nationales et de commerce en Europe et en Amérique, par Cohen. Londres, 1822.	Angl.
1640	Tableau des fonds publics transférables à la Banque d'Angleterre et des actions des principales compagnies, par Fairman. Londres, 1824.	Angl.
1641	Collection complète des traités, conventions et règlements entre la Grande-Bretagne et les puissances étrangères; lois, décrets et ordonnances royales sur le même objet, par Hertslet. Londres, 1827-1835.	Angl.
1642	Collection de tous les statuts en vigueur sur les droits de l'excise en Angleterre, depuis le règne de Jacques Ier jusqu'à 1842, suivie d'un recueil de circulaires aux inspecteurs et officiers de l'excise. Londres.	Angl.
1643	Esprit des instructions et règlements publiés par la commission de l'excise, de 1828 à 1836 inclusivement, par Taylor. Londres, 1837.	Angl.
1644	Commission d'enquête sur l'excise. 1er rapport. — Thé; licences et surveillance. Londres, 1833.	Angl.
1645	Commission d'enquête sur l'excise. 2e rapport. — Vins; licences et surveillance. Londres, 1833.	Angl.

1646	Commission d'enquête sur l'excise. 3e rapport. — Juridiction sommaire. Londres, 1833	Angl.
1647	Commission d'enquête sur l'excise. — Surveillance des brasseries. Londres, 1833	Angl.
1648	Commission d'enquête sur l'excise. 5e rapport. — Cruchons et liqueurs. Londres, 1833	Angl.
1649	Commission d'enquête sur l'excise. 6e rapport. — Tabac et esprits étrangers. Londres, 1833	Angl.
1650	Commission d'enquête sur l'excise. 8e rapport. — Amidon. Londres, 1834	Angl.
1651	Commission d'enquête sur l'excise. 11e rapport. — Comptes de l'excise. Londres, 1834	Angl.
1652	Rapport du comité secret sur la charte de la banque d'Angleterre. 1833	Angl.
1653	Premier rapport des commissaires des comptes publics. — Rapport sur l'échiquier. 10 octobre 1831	Angl.
1654	Troisième et quatrième rapport du comité des finances. 1817	Angl.
1655	Second rapport du comité sur les banques d'émission. 1841	Angl.
1656	Rapport du comité secret sur les banques de sociétés par actions, suivi d'un index. 1838	Angl.
1657	Comptes de finance du royaume uni de la Grande-Bretagne et d'Irlande pendant les années 1828, 1834 et suivantes, publiés par la Chambre des communes	Angl.
1658	Histoire de la banque d'Angleterre; ses époques et ses traditions, par John Francis. Londres	Angl.
1659	Histoire des banques en Irlande, par Gilbart. Londres, 1836	Angl.
1660	D'une banque nationale comme remède aux maux qui menacent notre système actuel de papier de commerce, par Ricardo. Londres, 1838.	Angl.

1661	Système de virement des banquiers de Londres; ses effets sur la circulation expliqués par les documents du comptoir général des virements, par Tate. Londres, 1841	Angl.
1662	Traité sur les monnaies du royaume, ou Précis de tous les faits qui ont pour objet les échanges de l'Europe, par le comte de Liverpool. Londres, 1846	Angl.
1663	Lettre de Torrens à Thomas Tooke, en réponse à ses objections contre la séparation des attributions de la banque en un département d'émission et un département de dépôt et d'escompte, suivi d'un projet de réforme de la banque. Londres, 1840	Angl.
1664	Des Moyens de régulariser la circulation, ou Examen des principes qui doivent servir à restreindre dans de certaines limites les émissions futures de la banque d'Angleterre et des autres banques du royaume, par Fullarton. Londres, 1845	Angl.
1666	Exposé complet des sociétés par actions fondées en 1824 et 1825, par English. Londres, 1827	Angl.
1667	Compendium des fonds français et étrangers et des principales compagnies par actions, par Fenn. Londres, 1840	Angl.
1668	Discours au sujet de la nomination d'un comité d'enquête sur la création des banques en participation, par Clay. Londres, 1837	Angl.
1669	Système actuel du revenu de l'Inde. Exploitation du coton par la compagnie des Indes, par Harvey-Tuckett. Londres, 1840	Angl.
1671	Mélanges sur la compagnie des Indes. Considérations sur les effets du système protecteur. Dublin, 1783. Discours prononcé par Burke, le 1er décembre 1783, sur la motion de Fox relative à la compagnie des Indes. Aperçu sur la compagnie des Indes; histoire de son origine, de ses progrès et de sa constitution. Dublin, 1784. Extraits des chartes ou lettres patentes octroyées à la compagnie des Indes, de 1601 à 1758. Énumération de plusieurs chartes octroyées à la compagnie des Indes depuis son premier établissement en 1601.	Angl.
1672	Colonisation et commerce des Indes, et moyens d'échange	Angl.

1673	Rapport sur les comptes publics de France en 1831 et 1832, par Bowring.	
1674	Réflexions sur l'efficacité du tarif actuel des droits pour régler l'importation des blés étrangers, par Salomons. Londres, 1839.	Angl.
1675	Rapport du comité sur les dépenses et revenus divers de l'Irlande, avec les procès-verbaux d'enquête et un appendice. 1829.	Angl.
1684	De la Science de l'argent, ou Instruction sur le jugement des monnaies, spécialement en ce qui concerne les états prussiens, par Hoffmann. Berlin, 1838.	All.
1685	Exposé historique de la situation financière du royaume des Pays-Bas depuis le rétablissement de l'indépendance de ce royaume en 1813. Amsterdam et Leipzig, 1829.	All.
1686	Manuel de la science des finances et de leur administration, par Malchus. Stuttgart et Tubingen, 1830.	All.
1687	Commentaire sur les lois du timbre dans le royaume de Prusse, contenant la loi du 7 mars 1822 et les tarifs de 1838-1840-1844.	All.
1693	Histoire des finances du royaume de Naples, par Bianchini. Naples, 1834.	Ital.
1694	Message du président des États-Unis transmettant un rapport du secrétaire d'état sur le commerce du tabac avec les puissances étrangères. 1840.	Angl.
1695	Message transmettant des documents relatifs à la production, à la culture et au commerce du tabac, en 1843, dans les États-Unis. Washington, 1844.	Angl.
1696	Message transmettant un rapport sur le résultat d'un essai des coins étrangers, de 1827 à 1846. Washington.	Angl.
1697	Lettre de Cooper au général Lafayette sur les dépenses des États-Unis. Paris, 1831.	Angl.
1698	Compte des recettes et dépenses des États-Unis depuis 1831, et suite. Washington.	Angl.

1699	Même ouvrage pour l'année 1836. Washington, 1837	Angl.
1700	Lettre du trésorier des États-Unis transmettant les comptes des banques américaines, depuis 1835, et suite	Angl.
1701	Lettre du trésorier des États-Unis transmettant les comptes de l'office, à partir de 1823, et suite. Washington	Angl.
1702	Rapport du secrétaire de la trésorerie, suivi de la situation annuelle du commerce et de la navigation dans les États-Unis. Washington, 1824 et suiv.	Angl.
1703	Documents officiels publiés par ordre du congrès des États-Unis, de 1789 à 1822. Finances. Washington, 1832-1834	Angl.
1704	Difficultés monétaires de l'Amérique et leurs conséquences sur le commerce anglais, par Salomons. Londres, 1837	Angl.
1705	De la Perturbation de la circulation aux États-Unis; conseils sur sa régularisation. Londres, 1839	Angl.
1707	Histoire des Banques en Amérique, par Gilbart. Londres, 1837	Angl.
1708	Considérations sur la circulation et le système des banques aux États-Unis, par Gallatin. Philadelphie, 1831	Angl.
1709	Observations sur la banque et le crédit aux États-Unis, en ce qui concerne la suspension des payements en espèces, par Gallatin. New-York, 1841	Angl.
1710	Documents présentant la situation des banques dans l'état de Massachussetts pour chaque année, de 1803 à 1837 inclusivement	Angl.
1711	Situation des banques des États-Unis, d'après les documents transmis à la chambre des représentants par le secrétaire de la trésorerie. 1840.	Angl.
1713	Rapports des banques de la Caroline du Sud et de Charleston au sujet des statuts relatifs à la suspension des payements en espèces. Charleston, 1844	Angl.
1714	Documents publiés par le congrès sur la vente des terres. Washington. 1838	Angl.

1715	Tableau des pertes subies par la caisse d'escompte et de dépôt de Baltimore. Baltimore, 1823	Angl.
1716	Du Système de crédit en France, dans la Grande-Bretagne et dans les États-Unis, par Carey. Philadelphie, 1838	Angl.
1780	Remarques sur le système actuel de construction des routes, par Mac-Adam. Londres, 1824	Angl.
1781	Observations sur l'organisation de la police des grandes routes, par Mac-Adam. Londres, 1825	Angl.
1806	Histoire générale de la navigation intérieure en Angleterre et à l'étranger, par Phillips. Londres, 1792	Angl.
1807	Première partie d'une lettre aux Français et aux Parisiens sur la navigation intérieure, par Égerton. 1818	Angl.
1853	Manuel de l'actionnaire des chemins de fer, ou Guide pratique pour tous les chemins construits, en construction et projetés, par Tuck. Londres, 1847	Angl.
1865	Idées sur la politique, les relations et le commerce des principaux peuples de l'antiquité, par Heeren. Gottingue, 1803	All.
1881	Guide du marchand, ou Comparaison exacte, en anglais, de tous les poids, mesures et monnaies étrangères d'après l'étalon légal. Londres, 1845.	Angl.
1882	Manuel universel des négociants contenant les renseignements les plus nouveaux sur les objets de commerce de l'Europe et des autres parties du monde, par Hermann. Leipzig, 1788	All.
1889	Dictionnaire pratique, théorique et historique de commerce et de navigation commerciale, par Mac-Culloch. Londres, 1835	Angl.
1890	Le même ouvrage. Londres, 1847	Angl.
1891	Dictionnaire général de commerce, par Mortimer. 4e édit. Londres, 1827	Angl.
1892	Dictionnaire de poche pour l'exécution de la loi sur les lettres de	

	change, billets, bank-notes, etc., par Irwing Maxwell. Londres, 1802	Angl.
1894	Instruction complète et systématique sur toutes les parties de la science du commerce. Hambourg et Mayence, 1801	All.
1907	Traité sur la circulation du numéraire et sur son influence sur l'économie politique et le commerce, par Büsch. Hambourg et Kiel. 1800.	All.
1955	Exposé historique et chronologique de l'origine du commerce, contenant une histoire des grands intérêts commerciaux de l'empire britannique, par Anderson. Londres, 1787	Angl.
1956	De l'État de l'Angleterre sous le rapport de l'agriculture, du commerce et des finances, par Lowe. Londres, 1823	Angl.
1958	Progrès de la nation dans ses différentes relations sociales et politiques. Libre échange, recettes et dépenses, par Porter. Londres, 1838...	Angl.
1959	Rapport des directeurs à une assemblée générale de la chambre de commerce des manufactures de Manchester sur les effets de l'administration de la banque d'Angleterre. Londres, 1840	Angl.
1960	De la Cause de nos embarras commerciaux et des moyens d'y remédier, par Joplin. Londres, 1841	Angl.
1961	Recherches sur le système des taxes et la politique commerciale de la Grande-Bretagne, par Buchanan. Édimbourg, 1844	Angl.
1966	Examen impartial de l'importante question : Qu'est-ce que l'Allemagne doit attendre pour son commerce de mer et de terre des prochaines négociations de paix? par Büsch. Hambourg, 1795	All.
1967	Aperçu sur l'histoire du commerce des temps modernes, par Büsch. Hambourg, 1796	All.
1968	Critique historique de la grande perturbation commerciale survenue à la fin du XVIIIe siècle, par Büsch. Hambourg et Mayence, 1800....	All.
1970	Manuel des ordonnances et règlements du grand-duché de Hesse, depuis 1803, par Eigenbrodt. Darmstadt, 1816-1818	All.

1971	Rapport sur la statistique de la Toscane, de Lucques, des États-Pontificaux et Lombardo-Vénitiens, relativement aux relations commerciales de ces divers pays, par Bowring. Londres, 1837.	Angl.
1973	Sur les efforts réciproques des peuples modernes tendant à nuire à leur commerce maritime, par Büsch. Hambourg, 1800	All.
1979	Rapport du secrétaire de la trésorerie sur le commerce et la navigation des États-Unis pour l'année 1839. Washington, 1839.	Angl.
1980	Rapport annuel du commissaire des patentes, avec une liste des patentes pour inventions et dessins délivrées dans les États-Unis, de 1790 à 1847. Washington	Angl.
1981	Lettre du secrétaire d'état de la trésorerie transmettant le tableau du commerce et de la navigation entre les États-Unis et les puissances étrangères pour l'année 1841	Angl.
1982	Résumé du système commercial et financier des États-Unis, résultant des instructions et arrêts du trésorier chargé d'administrer les revenus publics, par Mayo. Washington, 1847	Angl.
1983	Rapport présenté à la société d'agriculture et de commerce de la Havane sur les moyens de transformer l'École navale en un établissement scientifique. La Havane, 1834.	Esp.
2000	Manuel du capitaine et du propriétaire de navires, etc., contenant les lois et usages commerciaux et maritimes, par Steel. Londres, 1826.	Angl.
2001	Guide du marchand, de l'armateur et du capitaine, pour l'importation et l'exportation, par Pope. Londres, 1831	Angl.
2013	Rapport d'un comité d'enquête de la Chambre des lords sur le prix de transport des grains étrangers. 1827.	Angl.
2014	Manuel contenant de nombreux extraits de la législation commerciale, avec les tarifs des droits d'importation et d'exportation, par Clements. Londres, 1845-1846.	Angl.
2015	Guide des commerçants qui importent et exportent des vins. Londres, 1845-1846.	Angl.

2032	Système général des douanes espagnoles dans les deux hémisphères, en 1820. Madrid	Esp.
2113	Tables d'intérêts, d'escompte, d'annuités, suivies d'un appendice, par Smart. Londres, 1780	Angl.
2114	Traité des annuités viagères et des assurances sur la vie, suivi de tables, par Baily. Londres, 1813	Angl.
2116	Tables des annuités viagères	Angl.
2117	Observations sur les tontines; système pour régler les annuités des veuves et des vieillards; méthode pour calculer la valeur des assurances sur la vie, par Price. Londres, 1812	Angl.
2129	Extraits des documents soumis à la commission chargée d'examiner les mesures à prendre pour le rétablissement des étalons des poids et mesures, recueillis et coordonnés par Airy. Londres, 1840	Angl.
2130	Guide universel des négociants, ou Système actuel de poids et mesures et des monnaies dans tous les pays de commerce, par Gerhardt. Berlin, 1791	All.
2131	Tables de comparaison pour les nouvelles et anciennes mesures, ainsi que pour les nouveaux et anciens poids de la République italienne. Milan, 1803	Ital.
2133	Comparaison des poids et mesures de longueur et de capacité des États-Unis, par Hassler. Washington, 1832	Angl.
2171	Traité élémentaire de minéralogie et de géologie, par Parker Cleaveland. Boston, 1822	Angl.
2203	Rapport du comité sur le salaire des ouvriers. Londres, 1824	Angl.
2207	Rapport du comité sur la culture et la production du tabac. Londres, 1830	Angl.
2296	Traité sur l'économie des machines et des manufactures, par Babbage. Londres, 1832	Angl.
2298	Lectures populaires sur les machines à vapeur, par Lardner. Londres.	Angl.

BELLES-LETTRES.

2331	Dictionnaire de la langue anglaise, par Johnson. Londres, 1827.....	Angl.
2332	Dictionnaire de la langue anglaise, précédé d'une histoire de la langue et d'une grammaire anglaise, avec la racine des mots et des exemples de leurs différentes significations tirées des meilleurs auteurs, par Johnson. Londres, 1831..............................	Angl.
2333	Dictionnaire étymologique de la langue écossaise, par Jamieson. Édimbourg, 1818..	Angl.
2377	OEuvres de Machiavel. Florence, 1818-1821..................	Ital.
2390	OEuvres de Samuel Johnson, précédées d'un essai sur sa vie et son génie, par Murphy. Londres, 1796.......................	Angl.

HISTOIRE.

2590	Tableau de l'Angleterre, avec les cartes des comtés, par Green. Londres, 1804..	Angl.
2672	Histoire de la décadence et de la chute de l'empire romain, par Gibbon. Londres, 1825.......................................	Angl.
2987	Histoire de la Corse, par Cirneo, divisée en quatre livres, et racontée pour la première fois en italien, par Charles Grégoire. Paris, 1834..	Ital.
2999	Esquisses de l'état d'Alger, considéré sous les rapports politique, historique et civil, avec des détails sur sa géographie, sa population, son gouvernement, sa richesse, ses tribus, ses mœurs, sa langue et son histoire, par Shaler. Londres et Boston, 1826...............	Angl.
3112	Histoire d'Angleterre, depuis l'invasion de Jules-César jusqu'à la révolution de 1688, par David Hume, avec les suites jusqu'à la mort de Georges III, par Smolett et Jones. Londres, 1825.............	Angl.

3119	Essais et traités sur divers sujets, par Hume. Basil, 1793.	Angl.
3120	Lois et coutumes de l'Angleterre, avec notes et suppléments, par Hume. Londres, 1827.	Angl.
3131	Aperçu sur la constitution des colonies anglaises dans l'Amérique du Nord et les Indes occidentales, par Stokes. Londres, 1783.	Angl.
3133	Le Miroir du parlement. Débats et procès-verbaux du parlement anglais. Londres, 1836.	Angl.
3135	Constitution de l'Angleterre et mécanisme du gouvernement anglais, par de Lolme. Londres, 1784.	Angl.
3141	Émigration et colonisation; résultats d'une mission en Grande-Bretagne et en Irlande, de 1839 à 1842, par Rolph. Londres, 1844.	Angl.
3142	Histoire de la Nouvelle-Angleterre, de 1630 à 1640, par Winthrop, avec notes, par Savage. Boston, 1825.	Angl.
3143	Histoire des colonies anglaises, par Montgomery. Londres, 1834.	Angl.
3152	Histoire d'Italie, de 1789 à 1814, par Batta. 1826.	Ital.
3185	Aperçu général sur les États-Unis d'Amérique, avec un appendice comprenant la constitution, le tarif des droits, les lois sur les patentes et les droits de propriété. Londres, 1833.	Angl.
3186	Des Progrès de l'Amérique, depuis sa découverte jusqu'en 1846, par Mac-Gregor. Londres, 1847.	Angl.
3253	Le Registre annuel (Annual register), ou Précis de l'histoire politique depuis 1758 et suite, avec tables de 1758 à 1792. Londres.	Angl.
3263	Revue trimestrielle, de 1831 à 1849. Londres.	Angl.
3264	Revue d'Édimbourg, ou Recueil critique, de 1831 à 1849.	Angl.
3265	Revue de Westminster, de 1831 à 1841. Londres.	Angl.

TABLE ALPHABÉTIQUE

DES NOMS DES AUTEURS,

AVEC

L'INDICATION DE LEURS OUVRAGES.

Les chiffres arabes indiquent les numéros de la série générale. — ANN. signifie annotateur; — COLL., collaborateur; — COMM., commentateur; — CONT., continuateur; — DIR., directeur; — DOC. IN., documents inédits; — PUBL., publicateur; — TRAD., traducteur; — V., voyez. — La lettre M. signifie mélanges. — Le chiffre romain qui la suit indique le volume, et le chiffre entre parenthèses, le numéro de la pièce.

A

ABEILLE. — Sur l'uniformité des poids et mesures. M., 2142.

ABÉLARD. — Ouvrages inédits. Doc. in., 2741.

ABOT DE BAZINGHEN. — Traité des monnaies. 1572.

ACCARIAS DE SÉRIONNE. — Commerce de la Hollande. 1965.

ACCUM. — Traité de l'éclairage par le gaz. 2152.

ACHARD. — Traité sur le sucre de betterave. 2284.

ADDISSON. — Le Spectateur, ou le Socrate moderne. 2402.

AGAR (D'). — Manuel des contributions indirectes. 804. — Contentieux des contributions indirectes. 810.

AGNEL (E.). — La Charte des propriétaires. 445.

AGUESSEAU (Le chancelier D'). Ses Œuvres complètes. 275. — Avis sur les contestations de la chambre des comptes. 150.

AIMÉ-MARTIN. — Lettres à Sophie sur la physique. 2146. — Ann. V. art. 2352 et 2355. — Pub. V. art. 2387.

ALAUSET (Isidore). — Traité général des assurances. 533.

ALBAN D'HAUTHUILLE. — Révision du régime hypothécaire. 474.

ALBERT-MONTÉMONT. — Londres. Tableau moral et politique. 2593.

ALBERTI DE VILLENEUVE. — Dictionnaire français-italien et italien-français. 2335.

ALBITTE (G.). — Législation gouvernementale. 26.

ALEMBERT (D'), ann. — V. art. 3.

ALEXANDRE (de Morlaix). — Réforme de la législation des boissons. M., IV, 1452.

ALIBERT. — Physiologie des passions. 2398.

ALLARD. — Lois et règlements des écoles normales primaires. 885.

ALLARDE (D'). — Sur la vente des matières d'or et d'argent. M., I, 1619.

ALLETZ. — Dictionnaire de police moderne. 862.

ALLIER. — Manuel de l'émigré. 55.

ALLOUARD (J. B.). — Manuel des employés de l'octroi. 806. — Traité des droits d'entrée de Paris. 811.

ALMEIDA (M. DE). — Compendio de economica politica. 1003.

ALQUIER. — Rapport sur l'affaire de Nîmes. M., II (24). 2876.

ALVIMAR (Le général D'). — Mentor des rois. 3084.

AMAR, ann. — V. art. 2358.

AMEILHON. — Du commerce des Égyptiens sous les Ptolémées. 1863.

AMIEL (L.). — Archives de la ville de Reims. Doc. in., 2721.

AMPHOUX DE BELLEVAL (Stanislas). — De l'Agriculture en France. M., 2209.

AMYOT (A.). — Leçons de géométrie. 2090. — Géométrie descriptive. 2092.

ANCILLON (Frédéric). — Tableau des révolutions de l'Europe. 2679.

Andelarre (Vicomte d'). — Lois sur les mines. M., 396.
Andelle. — Sur la construction des chemins de fer. M., I, 1860.
Anderson. — On the origin of commerce. 1955.
Andoin (X.). — Du commerce maritime. 1993.
Andréossy (Comte). — Des Subsistances militaires. 1728. — Histoire du canal du Midi. 1812.
Andrezel (L'abbé d'). — Trad. V. art. 3139.
Andrieu (Paul). — Réseau de viabilité par les cours d'eau. M., I, 1835.
Andriveau-Goujon. — Carte routière de la France. 2468. — Carte des Pays-Bas. 2492. — Carte de l'Italie. 2496. — Carte des fortifications de Paris. 2560.
Angar, trad. — V. art. 2284.
Anglada (Joseph). — Traité des eaux minérales des Pyrénées. 2161.
Anquetil. — Précis de l'histoire universelle. 2658. — Histoire de France. 2698. — L'Esprit de la ligue. 2806. — L'Intrigue du cabinet sous Henri IV et Louis XIII. 2807. — Louis XIV, sa cour et le régent. 2829.
Anthoine de Saint-Joseph. — Concordance des codes de commerce. 542.
Anthonie. — Essai sur le commerce de la mer Noire. 1975.
Antillon (Don Isidore). — Géographie de l'Espagne. 2439.
Antonin (B.), comm. — V. art. 198.
Anville (D'). — Géographie ancienne abrégée. 2403. Traité des mesures itinéraires. 2407. — Notice de l'ancienne Gaule. 2416.
Arago. — Notices publiées dans l'Annuaire des longitudes. 3267. — Notice sur le filtrage des eaux. M., II, 2062.
Arbanère. — Tableau des Pyrénées. 2584.
Arbigny (D'), coll. — V. art. 2121.
Arbogast. Sur l'uniformité des poids et mesures. M., 2142.
Arbuthnot (Ch.). — Tabulæ nummorum antiquorum. 1560.
Arcet (D'). — Régime alimentaire des hôpitaux. M., II, 1292. — Sur l'emploi des silos. M., IV, 2208.
Ardant. — Projet de code rural. 663.
Argenson (Marquis de Paulmy d'). — Loisirs d'un ministre. 3083.
Argent (Marquis d'). — Mémoire sur le sucre indigène. M., 2064.
Argentré (B. d'), ann. — V. art. 212.
Argentré (C. d'). — Commentarii in Britonum leges. 209.
Argou. — Institution au droit français. 266.
Argout (Comte d'). — Sur la proposition de M. Daru relative aux chemins de fer. M., II, 1861. — Situation du commerce. 1917. — Commission d'enquête sur le sucre. M., 2286.
Argout (Maurice d'). — Java, Singapore et Manille. 2621.
Armengaud (Ch.). — Guide de l'inventeur (1840). 874. — Le même ouvrage (1844). 875.
Arnaud d'Andilly, trad. — V. art. 2660.
Arnould. — Histoire des finances de la France. 1344. — Balance du commerce. 1914.
Arnoult (A. R.). — Rapport sur les domaines congéables. M., 396.
Artaud. — Des canaux exécutés par le Gouvernement. M., 1790.
Artaud, trad. — V. art. 2668.
Artigues (D'). — Sur l'art de fabriquer du flint-glass. M., 2307.
Asda (D'). — Sur les voitures à vapeur. M., I, 1860.
Asse (Pierre). — Traité des aydes. 782.
Aubé (L.). — Province de Sainte-Catherine (Brésil). M., 2449.
Aubel. — De l'importance de la question d'Afrique. M. II, 3034.
Aubernon (Joseph). — De la démocratie dans la monarchie constitutionnelle. M., III, 3107.
Aubry. — Instruction élémentaire sur le nouveau système des mesures. M., 2307.
Audiffret (Marquis d'). — Système financier de la France (1840). 1312. — *Idem* (1854). 1313. — Examen des revenus publics. 1314. — Le Budget. 1315. — De la libération de la propriété. M. II, 1292. — La Crise financière de 1848. M. III, 1338. — Discours sur la conversion des rentes. M., III, 1472. — Sur l'exécution des grandes lignes de chemins de fer. M., I, 1861.
Audiger (G.). — Souvenirs et anecdotes sur la Révolution. 2875.
Audoin de Géronval. — Manuel de l'imprimeur. 2267.
Augeard (M.). — Arrêts des tribunaux du royaume. 262.
Auger. — Du droit public en matière d'impôts. 1363.
Auger, trad. — V. art. 2347.
Augier (M.). — Du crédit public et de son histoire. 1493.
Augoyat. — Nouveau passage des Alpes. M., 2307.
Aulanier (A.). — Traité des actions possessoires. 504. — Traité du domaine congéable. 761.
Aulanier (F.). — Sur la navigation de la France. 1827.
Aulnois (Augustin d'). — Éloge de Richer Serizy. M., 3213.
Aumétayer (A.). — Introduction aux Nouvelles corses. V. art. 2995.
Aurévilie (D'). — Annales du Corps législatif. 31.
Auroux (M.). — Coutume du Bourbonnais. 217.
Auvilliers (D'), coll. — V. art. 399.
Auvray. — Statistique de la Sarthe. 1203.
Avannes (D'). — Des droits d'usage. 835.
Avenel. — Lettres et papiers d'état du cardinal de Richelieu. Doc. in., 2752.
Avril. — Conservation des propriétés foncières. M., I, 1439.
Aylies, coll. — V. art. 394.
Azuni (D. A.). — Système de droit maritime. 559. Essai sur la Sardaigne. 2443.

B

BAADER (Joseph DE). — Substitution des chemins de fer aux canaux. 1847.
BABBAGE (Ch.). — On the economy of machinery. 2296. — De l'Économie des machines. 2297.
BABINET. — Rapport sur un saccharimètre. M., 2064.
BACH. — Discours sur la consolidation de la République. (66) 2876.
BACHELIER. — Mémoire sur les écoles primaires. M., III (118), 2846.
BACQUA (N.). — Les Codes Napoléon, 1852. 323. — *Idem*, 1854. 324.
BACQUET (Jean). — Ses Œuvres. 278.
BAERT. — Tableau de la Grande-Bretagne. 2588.
BAILLET. — Sur la situation de la compagnie rouennaise algérienne. M., IV, 3034.
BAILLEUL (J. C.). — Rapport sur les journalistes. M., III (53), 2876. — Déclaration à mes commettants. M., III (60), 2876. — Hérédité de la pairie. M., I, 3071.
BAILLY (A.). — Histoire financière de la France. 1346. — Administration des finances de l'Angleterre. 1622.
BAILLY. — Histoire de l'astronomie. 2099.
BAILLY (C.). — Maison rustique. 2197.
BAILY (F.). — Life annuities and assurances. 2114. — Traité des annuités viagères. 2115.
BAJOT. — Lettre sur la marine. M., 1749. — Abrégé historique des voyages. 2574. — Annales maritimes et coloniales. 2576. — Chronologie ministérielle. 3069.
BALBI (A.). — Essai statistique sur le Portugal. 1252. — Abrégé de géographie. 2405.
BALGUÉRIE. — Statistique du Gers. 1201.
BALLIN (A.-G.). — Traité d'arithmétique décimale. 2085.
BALLOIS. — Annales de statistique française. 1208.
BANDINI (S.). — Discorso economico. 1004.
BANFIELD (T.-C.). — Organisation de l'industrie. 2041.
BANKS, publ. — V. art. 2613.
BARANTE (Baron DE). — Histoire de la Convention. 2870. — Histoire des ducs de Bourgogne. 2966. — De la Littérature française au XVIIIe siècle. 3086.
BARATIER. — Esprit de la loi de l'indemnité. 60.
BARBÉ-MARBOIS. — Sur l'administration de Saint-Domingue. M., 1760. — Histoire de la Louisiane. 2634. — Journal d'un déporté. 2874.
BARBET. — Suppression de la mendicité à Rouen. M., 1153.
BARBEYRAC (J.), trad. — V. art. 13.
BARBICHON. — Dictionnaire de tous les lieux de la France. 2420.
BARBIÉ DU BOCAGE, trad. — V. art. 2611.
BARBIER (T.), trad. — V. art. 1627.
BARBIER (Ant. Alex.). — Dictionnaire des ouvrages anonymes et pseudonymes. 3220. — Nouvelle bibliothèque d'un homme de goût. 3225. — Catalogue du Conseil d'État. 3230.
BARDET. — Recueil d'arrêts du parlement de Paris. 260.
BARGINET. — Histoire du gouvernement féodal. 247.
BARONNAT (L'abbé). — Histoire du prêt de commerce. 536. — Légitimité du prêt à intérêt. 1026.
BARRACHIN. — Note des habitants d'Alger. M., I, 3034.
BARRAL (L. M. DE). — Défense des libertés de l'église gallicane. 898.
BARRAL (L'abbé DE), ann. — V. art. 898.
BARRAU. — Sur la conservation du cadastre. — Contre le projet de conservation du cadastre arrêté en 1837. M., II, 1439.
BARRÈME. — Traité des parties doubles. 1902.
BARRÈRE. — Rapport sur la mendicité. M., III (46), 2876.
BARRÈRE DE VIEUZZAC. — Le Point du jour. 2850.
BARREYRE aîné. — Des Impôts en général. — Des Octrois en général. M., 1453.
BARRIER. — Code des mines. 868.
BARRIÈRE, coll. — V. art. 2847.
BARRILLON. — Sur la question des chemins de fer. M., II, 1861. — Puissance maritime de la France et de l'Angleterre. M., VII, 3107.
BARRUEL DE BEAUVERT (DE). — Sur l'Agriculture. M., I, 2208.
BARTHÉLEMY (J. J.). — Voyage d'Anacharsis. 2608.
BARTHOLONY (F.). — Du meilleur système d'exécution des travaux publics. 1851. — Sur l'exécution des travaux publics. 1852. — Sur les encouragements aux compagnies de chemins de fer. M., 1860. — Sur la construction des grandes lignes de chemins de fer. — Résultats économiques des chemins de fer. M., II, 1861.
BASIL-HALL. — Voyage dans les États-Unis. 2636. — Voyage au Chili. 2646.
BASNAGE (Henri). — Commentaires sur la coutume de Normandie. 214.
BASTIAT (F.). — Œuvres complètes. 953.
BATAILLARD (Ch.). — Du Droit de propriété des offices. 306.
BATTA. — Storia d'Italia. 3152.
BATTUR (G.-B.). — Traité de droit politique. 39. — Priviléges et hypothèques. 464.
BAUDE (J.-J.). — De la Loire au-dessus de Briare. M., 1824. — *Idem*, M., II, 1835. — De l'Enquête sur les fers. 1934. — L'Algérie. 3015.
BAUDEAU. — Lettres sur les impôts. V. art. 1445.
BAUDIER (M.). — Histoire de l'administration de Suger. 2798.
BAUDIN (des Ardennes). — Rapport sur la conspiration. M., III (54), 2876.
BAUDOIN DE MAISON-BLANCHE. — Institutions convenantières. 153.
BAUDOT (J. F.). — Traité des formalités hypothécaires, 1835. 467. — *Idem*, 1845. 468.
BAUDRILLART (H.). — Jean Bodin et son temps. 916. — Code de la pêche fluviale. 838. — Traité général des eaux et forêts. 823. — Code forestier annoté. 817.

BAUERKELLER (Georges). — Carte routière de l'Allemagne. 2489.
BAUMÉ (A.). — Éléments de pharmacie. 2156.
BAUMIER (J.). — Sur les droits d'entrée des laines étrangères. — Observations sur le projet de la loi des douanes. M., III, 2035.
BAVOUX (Évariste). — Notes historiques sur Da Costa Cabral. 3212.
BAVOUX (F. N.). — Des Conflits. 648.
BAYLE-MOUILLARD (J. B.). — De l'Emprisonnement pour dettes. 292.
BAYVET. — De l'Exercice des raffineries. M., 2287.
BAZAINE. — Cours de stéréométrie appliquée au jaugeage. 2134.
BÉATRIX. — Sur la sous-répartition de l'impôt foncier. M. IV, 1439.
BEAUDEMOULIN (A.). — Sur les ponts et chaussées. M., 1776.
BEAUJOUR (Baron L. F.). — Du Commerce de la Grèce. 1972. — Théorie des gouvernements. 3050.
BEAULAC (G.). — Lois de 1789 à l'an XI. 339.
BEAUMONT (Baron DE). — Sur les arriérés de la Légion d'honneur. M., I, 1292. — Observations sur la Corse. 2994.
BEAUMONT (G. DE). — L'Irlande sociale et politique. 3140. — Du Système pénitentiaire aux États-Unis. 1109.
BEAUMONT DE BRIVAZAC (Comte *DE*). — L'Europe et ses colonies. 2415.
BEAUNE (C. DE). — Traité de la chambre des comptes. 1351.
BEAUNIER. — Fermeté du soldat. M., IV (70). 2876.
BEAUSSET (DE). — Mémoires sur l'intérieur du palais. 2894.
BEAUTEMS-BEAUPRÉ. — Reconnaissance des côtes de France. 2426.
BEAUVAIS, coll. — V. art. 1556.
BEAUZÉE, ann. — V. art. 2323 et 2324.
BÉCANE (V.). — Ann. V. art. 514. — Coll., V. art. 560.
BECCARIA. — Des Délits et des peines. 67. — Dei Delitti et delle pene. 68.
BÉCHADERGUE-LAGRÈZE. — Impôts sur les boissons. M., III, 1452.
BECKMANN (J.). — Beyträge zur Œkonomie. 923.
BECQUEREL. — Rapport sur un saccharimètre. M., 2064. — Des Climats et de l'influence des sols. 2255.
BECQUEY. — Discours sur les budgets des ponts et chaussées de 1827 et 1828. — Discours dans la discussion de la loi des comptes. M., 1790.
BEDIGIS, coll. — V. art. 2483.
BÉGÉ (Ach.). — Statistique de l'Eure. 1183.
BÉGUIN, coll. — V. art. 57.
BELLAGUET. — Chronique du religieux de Saint-Denis. Doc. in., 2728.
BELLAING (L. DE). — Notice sur la loi des élections. M., 3105.
BELMONDI. — Code des contributions directes. 726.
BELOUINO (P.). — Histoire du coup d'État en décembre 1851. 2964.
BENAT DE SAINT-MARSY, coll. — V. art. 62.
BENNIGSEN-FORDER (Rudolf DE). — Carte de Prusse. 2490.
BENOISTON DE CHÂTEAUNEUF. — Considérations sur les enfants trouvés. 1086. — Sur la mortalité des femmes. 1160. — Recherches sur les diverses consommations de Paris. 1209. — *Idem*, M., III, 2208.
BENOÎT, coll. — V. art. 2528.
BENOÎT. — Chronique des ducs de Normandie. Doc. in., 2727.
BENTHAM (J.). — Esquisse en faveur des pauvres. 1084. — Défense de l'usure. 1149. — Letters on the penal colonization. 1113. — Législation civile et pénale. 64. — Théorie des peines et des récompenses. 70. — Sur les Chambres des pairs et les Sénats. M., I, 3071.
BÉRARD (A.). — Description des côtes de l'Algérie. 2997.
BÉRARD (S.). — Observations sur le budget de 1832. M., II, 1337, et M., 1475. — Souvenirs de la Révolution de 1830. 2935.
BÉRAULT (J.), comm. — V. art. 213.
BÈRES (E.). — Moyens d'accroître la richesse territoriale. 1076. — Nouvelle législation des routes. 1785. — Coll. V. art. 2025.
BERGASSE. — Essai sur la propriété. 990.
BERGER DE XIVREY. — Lettres missives de Henri IV. Doc. in., 2758.
BERGIER (N.). — Histoire des routes de l'empire romain. 1779.
BERGUES (C. DE). — Sur le projet de loi de douane. M., 1775.
BÉRIGNY (Ch.). — Navigation maritime du Havre à Paris. — Réponse à la réfutation du mémoire précédent. M., 1819.
BERLIER (T.). — Précis sur l'ancienne Gaule. 2687.
BERNARD (Général). — Sur les finances américaines. M., 1718. — Situation agricole de la Guyane. 2204.
BERNARD (A.). — Cartulaire de l'abbaye de Savigny. Doc. in., 2726. — États généraux de 1593. Doc. in., 2744.
BERNARDI. — De l'Origine de la législation française. 286.
BERNARDIN DE SAINT-PIERRE. — Œuvres complètes. 2387. — Voyage à l'Ile-de-France. 2629.
BERNÈDE (Ch.). — Des postes en France. 1543.
BERNIER (A.). — Études sur l'économie politique. 934. — États généraux de Tours. Doc. in., 2734. — Conseil de régence de Charles VIII. Doc. in., 2743.
BERNOUILLI. — L'Art de conjecturer. 2081.
BÉRO (D.), coll. — V. art. 2563.
BERRIAT SAINT PRIX. — Histoire du droit romain. 76. — De la tenue des actes de l'état civil. 417. — Cours de procédure civile. 496. — Cours de droit criminel. 547. — Manuel de police judiciaire. 553. — Législation de la chasse. 849. — Sur le remboursement des rentes. 1469.
BERROYER, ann. — V. art. 179, 260 et 280.
BERRYER père. — Aperçu de la situation de la France (1818). M., 1478.
BERTHAULT-DUCREUX. — Éléments de l'art d'entretenir les routes. — Notes sur le roulage. 1788. — Comparaison des routes, des canaux et chemins de fer. 1846.

Berthelot du Ferrier. — Traité de la connaissance des droits du roy. 157.
Berthier. — Projet d'une pompe publique à Paris. M., 1839.
Bertolacci. — Projet d'assurances sur la vie. M., I, 1292. — Projet de remplacement de l'octroi. M., 1462.
Berton (M.). — Question des sucres en 1843. M., IV, 2063.
Bertrand (J.). — Traité d'algèbre. 2088.
Bertrand (Général). — Manuscrit venu de Sainte-Hélène. 2902.
Berville. — Collection des mémoires sur la Révolution française. 2847.
Besset de la Chapelle, trad. — V. art. 3137.
Bettoni. — Pièces du procès sur les loteries. M., I, 1292.
Beuchot, dir. — V. art. 3222.
Beugnot (A.). — Les Juifs d'Occident. 2684.
Beugnot (Comte). — Rapport sur les documents inédits. 2720. — Les Olim. Doc. in. 2736.
Beyerlé. — Notice sur les nouvelles mesures. 2121.
Bianchi. — Arrivée du vaisseau *la Provence* à Alger. 3002. — Trad. V. art. 3000.
Bianchini (L.). — Delle finanze di Napoli. 1693.
Bielfeld (Baron de). — Institutions politiques. 3051.
Bienaymé (J.). — Opuscules sur la durée de la vie. 1069. — Son petit livre. M., VI, 1439.
Bigelow (J. P.). — Statistical tables. 1249.
Bigeon. — Sur la durée de la vie. M., 1153.
Bignon (Baron). — Exposé de l'état de la France en 1814. 1395. — Discours sur la créance américaine. M., 1717. — Histoire de France depuis le 18 brumaire jusqu'en 1812. 2878.
Billecart, ann. — V. art. 196.
Bineau. — Chemins de fer d'Angleterre. 1854.
Binel (H.), coll. — V. art. 3026.
Bioche. — Dictionnaire des juges de paix. 369. — Dictionnaire de procédure civile et commerciale, 1834. 487. — *Idem*, 1850. 488.
Bissette. — Sur les projets de lois coloniales. M., 1130.
Bixio (A.), coll. — V. art. 2197.
Bizet de Frayne (L. C.). — Précis des diverses manières de spéculer. M., 1509 et 1515.
Bizot. — Histoire métallique de la Hollande. 1614.
Blachette. — Manuel du fabricant de sucre. 2280. —
Blackstone (W.). — Commentaries on the laws of England, 1783. 585. — *Idem*, 1825. 586. — Commentaires sur les lois anglaises, 1823. 587. — Lois de police et criminelles de l'Angleterre. 590. — Commentaire sur le code criminel d'Angleterre. 591.
Blanc (Ét.). — L'Inventeur breveté. 876.
Blanc (Edm.). — Affaires de la Plata. M., 3189.
Blanc (L.). — Organisation du travail. 1098. — Histoire de la Révolution française. 2860.
Blanc de Volx (J.). — Du commerce de l'Inde. 1029. — État commercial de la France. 1915.
Blancard (P.). — Manuel du commerce des Indes. 1996.
Blanchard. — Compilation chronologique des ordonnances des rois de France. 87.
Blanchard. — Répertoire des lois sur la marine. 565. — Pub. V. art. 1291.
Blanchard. — De l'impôt sur les boissons. M., II, 1452. — Des cautionnements et de leur conversion en rentes. M., II, 1472.
Blanche, dir. — V. art. 1263.
Blanchet (S. A.). — Code administratif. 607.
Blanchet, coll. V. art. 2089.
Blanqui (A.). — Histoire de l'économie politique, 1837. 919. — *Idem*, 1838. 920. — Dir. V. art. 1050. — Cours d'économie industrielle. 2043. — Leçons sur le capital, l'impôt, etc. 2044. — Lettres sur l'exposition de Londres. 2052. — Voyage à Madrid. 2602. — Rapport sur la Corse en 1838. 2989.
Blein (Baron). — Examen de la loi électorale. M., 45.
Blondeau (C.). — Journal du Palais. 256.
Blondeau de Charnage. — Dictionnaire de titres originaux pour les fiefs. 243.
Blondel. — Introduction à un ouvrage de Necker sur les finances. 1367.
Blondel (Colonel). — Notice sur la carte d'état-major. 2427.
Blondel (Léon). — Aperçu sur l'Algérie. 3010. — Situation des possessions d'Afrique en 1836. M. II, 3034. — État de l'Algérie en 1844. M. III, 3034.
Blondet (H.). — De la constitution de la chambre des pairs. M., VI, 3107.
Blosseville (E. de). — Des colonies pénales de l'Angleterre. 1111.
Blouet (A.). — Projet de prison cellulaire. 1105. — Coll. V. art. 1116.
Blunt. — Carte de la côte orientale de l'Amérique. 2526.
Bocerus (H.). — De jure monetarum Tractatus. 1569.
Bocher. — Rapport sur les boissons. 1451.
Bodin (J.). — Discours sur l'or et l'argent. 1586.
Bodreau (J.). — Les Coutumes du païs du Maine. 206.
Boe (A.), comp. — V. art. 198.
Boehler. — Examen du projet de loi sur le recrutement. M., I, 1729.
Boëssière (Marquis de la). — Sur la réduction des rentes. M., I, 1472.
Bohm (Le comte Léopold de), trad. V. art. 15.
Boichoz. — Sur les conservations cadastrales. M., II, 1439. — Du recensement en matière de contributions. M., VI, 1439. — Histoire de la contribution foncière. 1444.
Boieldieu. — Sur les élections générales de 1849. M., VII, 3107.
Boileau. — Ses Œuvres. 2358.
Boilleau (A. G.). — Sur le tarif uniforme des lettres. 1544.
Boilleau (E.). — Livre des métiers. Doc. in., 2745.
Boilleux (J. M.), coll. — V. art. 621.
Boisguilbert (P. Le Pesant de). — Le Détail de la France, 1707. 1022.
Boislandry (L. de). — Des impôts en France. 1323.
Boissier des Sauvages. — L'Art d'élever les vers à soie. 2215.

Boiste. — Dictionnaire de la langue française. 2314.
Boizard (J.). — Traité des monnaies. 1580.
Bonald (De). — Pensées sur divers sujets et discours politiques. 3099. — Sur les élections de 1817. M., 45. — *Idem*, M., I, 46.
Bonaparte (N. L.). — V. Napoléon III.
Bondy (Vicomte de). — Recrutement de l'armée. M., I, 1729.
Bonis (E.). — Sur l'entretien du cadastre. M., 1438.
Bonnafoux (J.). — Livre du calculateur. 2102.
Bonnaire. — Statistique des Hautes-Alpes. 1202.
Bonnard. — Banque d'échange de Marseille. M., I, 1501.
Bonnay (De). — Rapport sur l'uniformité des poids et mesures. M., 2142.
Bonneau (P. D.). — Puissance du crédit. 1496. — Sur la culture des prairies artificielles. M., 2209.
Bonnet (A.). — Manuel monétaire. 1589.
Bonneval (Comte A. de). — Mélanges d'agriculture. 2191.
Bonneville (P. F.). — Traité des monnaies. 1565.
Bonneville (A.). — Système de réforme monétaire. 1592. — *Idem*, M. II, 1619.
Bonnier (E.). — Traité des preuves. 490.
Bonnières (De), coll. — V. M., art. 1670.
Bonnin. — Principes d'administration. 1265.
Bordier-Marcet. — Nouvelle méthode d'amortissement. M., I, 1477.
Borgarelli d'Ison (Comte). — Sur l'industrie chevaline. M., II, 2208.
Borghers. — Histoire de la constitution d'Angleterre. 3128. — Trad. V. art. 2678.
Bories. — Pétition sur l'impôt sur l'alcool. M., 1453.
Bornier (P.). — Conférence de nouvelles ordonnances de Louis XIV. 123 et 124.
Borrego (A.). — De la dette publique espagnole. 1689.
Borrille. — Statistique d'Ille-et-Vilaine. 1200.
Borucki. — Raisons de la décadence de l'industrie française. M., II, 2061.
Bory de Saint-Vincent. — Guide du voyageur en Espagne. 2599.
Bosch (A.). — Question de l'impôt sur les sucres, 1843. M., II, 2063.
Bosquet. — Dictionnaire raisonné des domaines. 364.
Bossi. — Statistique du département de l'Ain. 1178.
Bossuet. — Discours sur l'histoire universelle. 2657.
Bouchaud. — De l'impôt du vingtième. 1347.
Bouchené-Lefer. — Droit public et administratif. 624.
Boucher (P. B.). — Traité des papiers de commerce. 541. — Institution au droit maritime. 557. — Trad. V. art. 558.
Boucher d'Argis (A. G.). — Traité des gains nuptiaux et de survie. 136. — Dictionnaire raisonné de la taxe. 493. — Coll. V. art. 266. — Ann. V. art. 892.
Boucher de Courson. — Les Libertés de l'église gallicane. 897.
Boucheul (J.). — Coutume du Poitou. 190.
Bouchevret (De), ann. — V. art. 179.
Bouchon-Dubournial, trad. — V. art. 2371.
Boudet (A. G. G.). — Traité sur les domaines engagés. 160.
Boudet de Bardon (C.). — Avis sur le canal latéral à l'Allier. M., I, 1835.
Boudot de Richebourg (C. A.). — Nouveau coutumier général. 193.
Bouët-Willaumez (E.). — Commerce et traite des noirs. 1754.
Bouhier. — Coutumes du duché de Bourgogne. 208.
Bouhours (Le père). — La Manière de bien penser dans les ouvrages d'esprit. 2393.
Bouillé (Marquis de). — Commentaire sur le prince de Machiavel. 1041.
Boulainvilliers (Comte de). — Mémoires présentés au duc d'Orléans. 949. — État de la France. 2835. — Lettres sur les anciens parlements de France. 3061.
Boulatignier (J.), coll. — V. art. 620.
Boulay (de la Meurthe). — Rapport sur la conspiration royaliste. M., III (51), 2876. — Opinion sur le 18 fructidor an v. M., III (61), 2876.
Boulay-Paty (P. S.). — Des faillites et banqueroutes. 525. — Cours de droit commercial maritime. 567.
Boulet, coll. — V. art. 363.
Bouniceau. — Sur les rivières à marées. 1830.
Bouquet. — Tableau des trois cours souveraines de France. 3064.
Bouquet (C.), coll. — V. art. 2091 et 2093.
Bourbon (E.). — Loi de la garde nationale annotée. 49.
Bourdeille (P. de), seigneur de Brantôme. — V. Brantôme.
Bourgat. — Code des douanes, 1842. 770. — *Idem*, 1848. 771.
Bourgeois. — Nouvelle manière d'éclairer Paris. — Sur l'éclairage d'une ville pendant la nuit. V. art. 1839.
Bourgeois (D. A.), trad. — V. art. 2633 et 3087.
Bourgeois-Jessaint. — Statistique de la marine. 1204.
Bourgnon de Layre (Baron). — Des voies de communication en France. M., 1776.
Bourgoing (Baron P. de). — État actuel des chemins de fer allemands. 1857.
Bourgoing (J. F. de). — Tableau de l'Espagne. 2441.
Bourguignat (A.). — Traité de droit rural. 676.
Bourguignon (C.). — Les Codes français. 326.
Bourjon (F.). — Le Droit commun de la France. 186.
Bourrienne (De). — Ses Mémoires. 2905.
Boursaint (P. L.). — Écrits divers. 1291. — Sur les pensions, M., 1481.
Bourseul (Ch.). — Traits de la vie du duc d'Orléans. 2953.
Bousquet (J.). — Dictionnaire des contrats et obligations. 434. — Dictionnaire des prescriptions. 480.
Boussey. — Lettre sur le crédit foncier. M., 1502.
Boussiron (B.). — Action du tabac sur la santé. M., 1459.
Boutard. — Dictionnaire des arts du dessin. 2263.
Bouvet de Cressé (A. J. B.). — Histoire de la marine de tous les peuples. 1730.
Bowring (John). — Report on the accounts of France. 1673. — Report on the statistics of Tuscany. 1971.
Boyard. — Nouveau manuel municipal. 672.
Boyer. — Dictionnaire anglais-français et français-anglais. 2329.
Boyer-Peyreleau. — Les Antilles françaises. 3046.

Boyer de Prédaudière, — trad. V. art. 3178.
Brager. — De l'impôt des boissons et des modifications à y apporter. M., IV, 1452.
Bragevich (A. de). — Raison et patriotisme. M., VI, 3107.
Brantôme. — Ses Œuvres. 3194 et 3195.
Brard. — Éléments pratiques d'exploitation. 1767.
Braud (M.), réd. — V. art. 192.
Bravard-Veyrières (P.). — Manuel de droit commercial. 516. — Leçon sur l'amortissement. M., 1475. — *Idem*, M., II, 1477.
Bréard de Néuville, trad. — V. art. 79.
Brécy (Le vicomte Gauthier de). — Mémoires d'un homme de bien. 3208.
Brégeant. — Manuel du lithographe. 2269.
Bresson (J.). — Histoire financière de la France. 1345. Des fonds publics français et étrangers. 1503. — Liquidation des marchés à terme. 1508. — Annuaire des sociétés par actions. 1928.
Breton. — Sur l'industrie du sucre indigène en 1849. M., 2064.
Breton aîné. — Nouveau guide forestier. 2231.
Breyé. — Sur le titre X de la coutume de Lorraine. 142.
Briavoinne (N.). — De l'industrie en Belgique. 2049.
Bricogne aîné. — Situation au vrai des finances. Sur un rapport du comte Beugnot. Observations sur les budgets de 1814 et 1815. Consolations aux créanciers de l'État. Sur le projet de loi relatif à la cour des comptes. Examen du budget. Réponse aux objections contre l'examen du budget. 1301. — Situation des finances au vrai. 1300 et 1301. — *Idem*, M., I, 1338. — La Caisse usuraire dite hypothécaire. 1329. — *Idem*, 1502.
Bridel. — Avis à ceux qui passent en Amérique. 2635.
Brillon (P. J.). — Dictionnaire des arrêtés de France. 258.
Briot (C.). — Leçons d'arithmétique. 2083. — Géométrie analytique. 2091. — Leçons de trigonométrie. 2093.
Brisson (B.). — Le Code du roi Henri III. 97.
Brisson, coll. — V. art. 1826.
Brissot (A.). — Voyage au Guazacolcos. 2641.
Brissot de Warville. — Le Roi peut-il être jugé? M., II (27), 2876. — Coll. V. art. 3187.
Broët (A.), réd. — V. art. 1038.
Broglie (Duc de). — Discours sur la créance américaine. M., 1717.
Brongniart (A.). — Introduction à la minéralogie. 2167. — Classification des roches. 2168. — Traité des arts céramiques. 2278. — Coll. V. art. 2175.
Brossard. — D'Alger et de la sécurité de la colonie. M., III, 3033.
Brossard (Alfred de). — Études sur le droit de visite. M., VI, 3107.
Brossard-Vidal (L'abbé). — Sur la fraude des vins. Alcoomètre Vidal. M., IV, 1452.
Brosset, ann. — V. art. 2673.
Brué (A. H.). — Atlas universel. 2451. — Carte de l'Europe. 2452. — Carte de l'Afrique. 2505.
Bruguière. — Discussion sur l'usure et le prêt sur gages. M., 396.
Brunet. — Chronologie des grands fiefs. 242.
Brunet (J. C.). — Manuel du libraire. 3218.
Bruny (De). — Examen du ministère de Colbert. 1354.
Bruslé. — Statistique de l'Aube. 1201.
Brussel. — De l'usage des fiefs en France. 237.
Bruzen de la Martinière. — Dictionnaire géographique. 2408. — Pub. V. art. 2824.
Bry (J. de). — Statistique du Doubs. 1181.
Bryon. — L'Agonie de la loterie. M., 1293.
Buchanan (D.). — Inquiry into the taxation. 1961.
Buchon (J. A.). — Chroniques françaises. 2714. — Recherches sur la Morée. 2800. — Trad. V. art. 921.
Budelius. — De monetis et re nummaria. 1557.
Buffon. — Histoire naturelle. 2164.
Bugeaud (Maréchal). — Lettre sur la loi du recrutement. De l'organisation unitaire de l'armée. M., I, 1729. — De l'établissement des troupes à cheval dans de grandes fermes. M., III, 1729. — L'Algérie. 3013. — De l'établissement de colons militaires. 3022. — Sur la colonisation de la province d'Oran. M., III, 3034.
Buret (E.). — De la misère des classes laborieuses. 1096.
Buret de Longchamp. — Les Fastes universels. 2651.
Buridan, ann. — V. art. 196.
Burigny (De). — Vie de Bossuet. 3199.
Burke (E.). — Speech on Fox's East India bill. M., 1671. — Réflexions sur la Révolution de France. 2852.
Burlamaqui (J. J.). — Droit de la nature et des gens. 8.
Burn (R.), comm. — V. art. 585.
Büsch (J. G.). — Traité des banques. 1523. — Ueber Banken und Münzwesen. 1524. — Abhandlung vom dem Geldumlauf. 1907. — Was hat Deustchland zu erwarten. 1966. — Grundrisseiner Geschichte des Hændel. 1967. — Geschichte der Handelsverwirrung. 1968. — Ueber das Bestreben der Volker. 1973.
Busset (F. C.). — Traité de la partie d'art du cadastre. 1436.
Butte (Wilhem). — Arithmétique de la vie humaine 1067.
Buzenet. — Guide du commerce. 1897.
Byron (Lord). — Voyage en Sicile, etc. 2586.
Byron, coll. — V. art. 2613.

C

Cabanillas (N.). — Sur la substitution du papier-monnaie au numéraire. M., I, 1620.
Cabanis. — Ses Œuvres. 2396.
Cabanon. — Encore l'amortissement. M., II, 1477. — Sur la révision du tarif des douanes. M., I, 2035.
Cabans (Loys de). — Sur l'édict nouveau sur les monnoyes. M., 1575.
Cabrol (M. F.). — Du tarif d'entrée des fers. M., II, 2035.
Caix de Saint-Amour (De). — Sur le commerce de la Péninsule. M., I, 2061.
Callet. — Sur le canal maritime. M., II, 1835.
Callet (F.). — Tables de logarithmes. 2106.
Calmet (Dom). — Histoire de Lorraine. 2676.
Calomès de Juillan. — Sur les grandes voies de communication. M., 1776.
Calonne (De). — Réponse à l'écrit de Necker. 1374. — État de la France. 2844. — Discours, 1787. M., 2845.
Cambon. — Loi sur les rentes viagères. 710. — Démonétisation des monnaies d'or et d'argent. M., I, 1619.
Camus. — État de la trésorerie nationale. 1383.
Cancrin (L.). — Jurisprudence des mines en Allemagne. 869.
Canel (Général). — Organisation militaire de la France. M. II, 1729.
Canino (Princesse). — Réfutation de M. Thiers. M., 3106.
Canning (G.). — Ses Discours au parlement. 3098.
Canolle (L. F.). — Manuel du propriétaire d'abeilles. 2214.
Cantillon (De). — Essai sur la nature du commerce. 1868.
Capefigue (B.). — Opérations de l'armée française en Espagne. 2920.
Capmas. — Théorie de l'intérêt de l'argent. 449.
Caraccioli. — Lettre à d'Alembert. M., III, 1371 et 1379.
Cardon (J. B. H.). — Formulaire de procédure civile. 491.
Carette (A. A.). — Les lois annotées. 327. — Coll. V. art. 376 et 377.
Carette (E.). — Du commerce de l'Algérie. M., III, 3034.
Carey (H. C.). — Principles of political economy. 995. — What constitutes currency? 1534. — The credit system in France. 1716.
Cargill (W.). — Ligue commerciale prussienne. 2027.
Carles. — Colonisation de l'Algérie. M., III, 3034.
Carlier (L'abbé). — Dissertation sur le commerce de France. 1911.
Carnerero (J. M.), coll. — V. art. 2889.
Carnot. — De l'instruction criminelle. 549.
Carnot. — De l'esclavage colonial. 1120.
Carnot (Général). — Mémoire au Roi en 1814. 2913.
Carondas le Caron (L.). — Édits et ordonnances du Roi sur les domaines. 95. — Cont. V. art. 97. — Comm. V. art. 151.
Carpentier (L. J. M.), coll. — V. art. 2069.
Carpentier (P.). — Augmentation des revenus de l'État. M., III, 1439. — Essai politique sur Alger. M., II, 3033.
Carpmael (W.). — Législation des patentes de la Grande-Bretagne. 592.
Carré (N. E.). — Loi de l'indemnité expliquée. 59.
Carré (G. L. J.). — Lois de la procédure civile, 1829. 484. — *Idem*, 1853. 485. — De l'organisation judiciaire. 295. — Lois relatives au domaine congéable. 762. — Du gouvernement des paroisses. 901.
Carré (M. N.). — La taxe en matière civile, 1839. 494. — *Idem*, 1851. 495.
Carrey (E.). — Actes du Gouvernement provisoire. 2961.
Carrion-Nisas. — Essai sur l'art militaire. 2303.
Carteret, coll. — V. art. 2613.
Cartéron (De). — Notice sur la chaîne métrique. M., 2307.
Casper (J. L.). — Die wahrscheinliche Lebensdauer. 1163.
Cassan (A.). — Statistique de l'arrondissement de Mantes. 1199.
Cassan (J. de). — Des droits du roi et de la couronne. 182.
Cassas (V.). — Réponse à Casimir Périer sur le projet d'emprunt. M., 1478.
Castel, abbé de Saint-Pierre. — Annales politiques. 3053. — V. l'art. 2831.
Castelli. — De l'esclavage et de l'émancipation. 1119.
Castéra. — Des dépôts confiés aux postes. M. II, 1292. — Trad. V. art. 2623 et 2631.
Catteau-Calleville (J. P.). — Tableau de la Baltique. 2438.
Cattrau. — Inauguration de l'arbre de la liberté. M., IV (77), 2876.
Catuclan (Comte), trad. — V. art. 2354.
Cauchy (E.). — Les Précédents de la Cour des pairs. 2950.
Caudaveine. — Traité de l'expropriation publique. 651.
Cavaignac (E.). — De la régence d'Alger. 3012.
Cavenne. — Statistique de la Meuse-Inférieure. 1204.
Cavoleau — Œnologie française. 2218.
Cazaux (L. F. G.). — La Science économique. 918. — Bases de l'économie politique. 932. — Éléments d'économie politique. 933. — Liberté du commerce avec l'extérieur. Sur la balance du commerce. M., I, 2061. — Intérêts de l'agriculture et du commerce. M., II, 2061.
Caze (F.). — Notice sur Alger. M. I, 3033.
Cellier. — Sur l'organisation de cours publics de notariat. M., 396.

Cépian (Don de). — Éloge de P. P. Riquet. V. art. 1813.
Cerclet (A.). — Code des chemins de fer. 865. — Coll. V. art. 36 et 55.
Cerfberr (A. E.). — Rapports sur les hôpitaux d'Italie. 1097. — Du gouvernement d'Alger. M., I, 3034. — Coll. V. art. 1117.
Cérutti. — Vues sur la Constitution française. M., I (2), 2876.
Cervantes (M.). — Don Quichotte de la Manche. 2371.
César (J.). — Ses Commentaires. 2668.
Chabaille. — Glossaire du livre de Jostice et de plet. Doc. in., 2738.
Chabot (de l'Allier). — Commentaire sur la loi des successions. 430.
Chabrol de Volvic (Comte de). — Statistique du département de Montenotte. 1194. — Recherches statistiques sur Paris. 1212.
Chabrol de Crousol (Comte de). — Rapport sur les finances. 1429.
Chabrol-Chaméane (E. de). — Dictionnaire de législation usuelle. 367. — Dictionnaire des lois pénales. 543. — Déplacement de la population à Paris. 1062. — *Idem*. M., 1153.
Chailland. — Dictionnaire des eaux et forêts. 824.
Chalmel (J. L.). — Histoire de Touraine. 2974.
Chambaud, coll. — V. art. 2329.
Chambellan. — Vie de Louis-Joseph de Bourbon-Condé. 3200.
Chambray (Marquis de). — Sur les encouragements à accorder à l'agriculture. M., I, 2208. — Traité des arbres résineux. 2256.
Chamfort (De). — Épître d'un père à son fils. V. art. 3196.
Champagne (J. F.). — La mer libre, la mer fermée. M., 2060.
Champagne (G. de la). — Traitez de la légitime. 137.
Champagny (Comte F. de). — Les Césars. 2669.
Champagny (J. de). — Sur les haras impériaux d'Autriche. M., II, 2208.
Champion de Villeneuve, coll. — V. art. 579.
Championnière. — Traité des droits d'enregistrement. 754. — De la propriété des eaux courantes. 845.
Champollion-Figeac. — Captivité de François Ier. Doc. in., 2722. — Documents historiques inédits. Doc. in., 2749. — Lettres des rois et reines. Doc. in., 2751. — Fourier et Napoléon. 2896.
Chandler (R.). — Voyage dans l'Asie Mineure. 2611.
Chanlaire, coll. — V. art. 1166.
Chantal (J. B. J. de). — Manuel des dates. 2652.
Chaperon (L.). — Essai sur la loi des boissons. M., II, 1452.
Chappe aîné. — Histoire de la télégraphie. 2271.
Chaptal (Comte J. A. de). — Sur l'instruction publique en France. M., 1029. — De l'industrie française. 2042.
Chardin. — Voyages en Perse. 2619.
Chardon (C. E. B.). — Le Droit de chasse français. 850. — Traité du droit d'alluvion. 884.
Charle. — Atlas national de la France. 2458.
Charpentier (N. J.). — Tarif de la rente. 1465.
Charpillet. — Des octrois municipaux. M., 1462.
Charrier (L. L.). — Coll. V. art. 60.
Charrière (E.). — Chronique de Du Guesclin. Doc. in., 2729. — Négociations de la France dans le Levant. Doc. in., 2755.
Chasles (P.), trad. — V. art. 2636.
Chassériau (F.). — Précis historique de la marine française. 1731 — Colonies de la France. M., 1749.
Chassinat (R.). — De la mortalité dans les bagnes. 1101.
Chassipol (De). — Des finances des Romains. 1556.
Châteaubriand (De). — De la monarchie selon la Charte. 32. — Congrès de Vérone. 2919. — Œuvres complètes. 2383. — Lettre au rédacteur des Débats, 1827. M., 3091. — Sur le bannissement de Charles X. Aux lecteurs, 1831. Sur la captivité de la duchesse de Berry. M., IV, 3107.
Châtelain. — Mémoire sur la colonisation d'Alger. M., I, 3033.
Chaubry de Laroche. — Assiette de la contribution foncière. M., 1145.
Chauchepbat, trad. — V. art. 2640.
Chaudron-Junot. — Sur les primes à l'exportation des sucres. M., III, 2063.
Chaussard. — Éloge des morts du 10 août. M., III (49), 2876.
Chauvassaignes. — Manuel des préposés des douanes. 777.
Chauveau (A.). — Formulaire général de procédure civile. 492. — Du tarif en matière civile. 498. — Théorie du Code pénal. 546. — Principes de compétence administrative. 638. — Coll. V. art. 485.
Chemin-Dupontès, trad. — V. art. 1063.
Chennechot, coll. — V. art. 3165.
Chevalier (M.). — Politique industrielle. 960. — Cours d'économie politique. 1038. — Cours d'économie politique (la monnaie). 1039. — Des voies de communication aux États-Unis. 1799. — Inauguration du chemin de fer de Strasbourg à Bâle. 1859. — Essai de politique industrielle. 2047. — L'isthme de Panama. 2448. — Lettres sur l'Amérique du Nord. 2630. — Ann. V. art. 1063.
Chevalier (T.). — Jurisprudence administrative. 612. — Livre des entrepreneurs de travaux publics. 870.
Chevallier, ann. — V. art. 179.
Chevallier (A). — Sur les falsifications du sel marin. M., I, 1455.
Child (J.). — Traités sur le commerce. 1876.
Choisy (L'abbé de). — Histoire de Charles V. 2801. — Histoire de Charles VI. 2802.
Chompré, trad. — V. art. 587.
Choppin (R.). — Ses Œuvres. 274. — Traité du domaine de la couronne de France. 147.
Choquet. — Traité d'algèbre. 2087.
Chotard. — Sur le mariage des prêtres. M., IV (79), 2876.
Christian (E.). — Dissertation sur l'origine du parlement anglais. V. art. 1627. — Ann. V. art. 587.
Christofle. — Sur les lois relatives au commerce de la bijouterie. M., III, 2061.
Christofle (C.). — Question de la Plata. M., 3189.

CIBRARIO (L.). — Économie politique du moyen âge. 915. — Economia politica. 997.
CIESZKOWSKI (Comte A.). — Du crédit et de la circulation. 1491.
CIMBER (L.). — Archives curieuses de l'histoire de France. 2718.
CIRNEO (P.). — Istoria di Corsica. 2897.
CIRODDE (P. L.). — Leçons d'arithmétique. 2084.
CLAIR. — Barreau français. 394. — Trad. V. art. 595.
CLAMENT-ZUNTZ (P.). — Mémoire sur les tabacs. M., 1459.
CLAPIER, coll. — V. art. 394. — Trad. V. art. 595.
CLAPPERTON. — Second voyage dans l'intérieur de l'Afrique. 2626.
CLARKSON. — Sur les désavantages de la traite des nègres. M., 1129.
CLAUSEL (Maréchal). — Ses Explications. 3009. — Observations sur la colonisation d'Alger. M., III, 3033.
CLAUSEL DE COUSSERGUES. — Accusation contre le duc Decazes. 2912.
CLAUSSE. — Aménagement des forêts. 833.
CLAVEAU (L.). — De la situation du Gouvernement de Juillet. 2952.
CLAVELIN, coll. — V. art. 2853.
CLAVIER. — Histoire des premiers temps de la Grèce. 2662.
CLAVIÈRE (E.). — Compte rendu sur les contributions publiques, 1793. M., 1380. — Opinion d'un créancier de l'État. Lettres sur les finances. Sur l'échange des biens nationaux. M., II, 1393. — Réponse à Necker sur les assignats. M., I, 1620. — De la France et des États-Unis. 3187.
CLAY (W.). — On the joint stock banks. 1668.
CLÉMENT (P.). — Histoire du système protecteur. 1920. — Jacques Cœur et Charles VII. 2804. — Le Gouvernement de Louis XIV. 2819. — Histoire de la vie de Colbert. 2821.
CLEMENTS (G.). — Customs guide. 2014.
CLERC (J.). — Sur le traité de commerce entre la France et la Hollande. M., III, 2061.
CLERGET. — Analyse des substances saccharifères. M., 2287.
CLOT-BEY (A. B.). — Aperçu sur l'Égypte. 3180.
COBBETT (W.). — Le Maître d'anglais. 2334.
COCHARD. — Guide du voyageur à Lyon. 2581.
COCHIN (H.). — Œuvres complètes. 276.
COCHON. — Statistique de la Vienne. 1203.
COËDÈS. — Sur le service des dépenses. M., VI, 1439.
COËTLOSQUET (Baron DU). — Réflexions sur le rétablissement du divorce. M., 396.
COFFINIÈRES (A. G.). — De la Bourse. 1504.
COHEN, cont. — V. art. 842.
COHEN (B.). — Compendium of finance. 1638.
COIN-DELISLE. — Commentaire sur le Code forestier. 821. — Loi sur la pêche fluviale. 837.
COINZE. — Bases de la bonne culture. 1141. — Sur la polémique du jour. M., VI, 3107.
COLCHEN. — Statistique de la Moselle. 1195.
COLERIDGE, ann. — V. art. 586.
COLIN. — Statistique de la Drôme. 1202.
COLLIGNON (C.). — Du concours des canaux et des chemins de fer. M., I, 1835. — Sur le chemin de fer de Paris à Strasbourg. M., III, 1861.
COLLIN DE PLANCY, trad. — V. art. 67.
COMNÈNE (S. DE). — Lettres sur la Corse. M., 3105.
COMTE (C.). — Traité de législation. 2. — Traité de la propriété. 61. — De l'influence d'un canal du Havre à Paris. M., 1819.
CONDILLAC (L'abbé DE). — Le commerce et le Gouvernement. 1869. — Cours d'études. 2366.
CONDORCET (Marquis DE). — Application de l'analyse à la probabilité des décisions. 1065. — Vie de M. Turgot. 3203. — Réflexions sur l'usufruit des bénéficiers. M., 396. — Mémoires sur les monnaies. Sur le payement de la dette en papier. M., I, 1619.
CONDY-RAGUET. — On currency and banking. 1525. — Traité des banques. 1526.
CONNY (Vicomte DE). — La France sous la Convention. 2868.
CONSIDÉRANT (V.). — De la politique et du rôle de la France. 2955.
CONSTANCIO, trad. — V. art. 957, 970, 1056.
CONSTANS (G.). — Traité de la cour des monnaies. 1571.
CONSTANT (B.). — Mémoires sur les Cent-Jours. 2898. Discours à la Chambre des députés. 3095. — Comm. V. art. 7.
CONSTANTIN. — Bibliothéconomie. 3228.
CONTRAMONT (DE). — Tarif du contrôle des actes. 168.
COOK (J.). — Voyage dans l'hémisphère méridional. 2613. — Voyage dans l'hémisphère austral. 2614. — Troisième voyage. 2615.
COOLS (Baron DE). — Sur la question des sucres. M., 2064.
COOPER (F.). — Letter on the expenditure of United States. 1697. — Lettres sur les finances américaines (texte anglais et français). 1718.
COQUEREAU. — Mémoire sur l'administration de l'abbé Terrai. 1357.
CORBAUX (F.). — Dictionnaire des arbitrages. 1909.
CORBET. — Lettre sur des projets de monuments. M., IV (81), 2876.
CORCELLE (DE). — De l'impôt progressif. M., IV, 1439.
CORDIER (J.). — Mémoire sur les travaux publics. 1756. — Sur la jonction de la Marne à la Seine. 1817. — La France et l'Angleterre. 2956. — Discours sur les élections. M., 45. — Sur la navigation de la Saône. M., I, 1834. — Mémoire sur le canal de la Saône à la Moselle. M., II, 1835. — D'un chemin de fer de Lons-le-Saunier à Châlon-sur-Saône. M., V, 1860.
CORMENIN (DE). — Questions de droit administratif, 1826. 629. — *Idem*, 1837. 630. — Droit administratif, 1840. 631. — Tableaux-lois. 664. — Très-humbles remontrances de Timon. 1332. — Lettres sur la liste civile. 1333. — Études sur les orateurs parlementaires. 3094.
CORMÉRÉ. — Mémoire sur les finances. 1487 et M., 1393.
CORNEILLE (P.). — Théâtre. 2351.
CORNET-DINCOURT. — Des contributions directes. M., V, 1439.
CORRÉARD (M. A.). — Sur l'exécution des chemins de fer. M. I, 1861. — Rapport sur le chemin de fer de Strasbourg. M., III, 1861.

CORVAJA (Le baron). — Le Monde nouveau. 1403.
COSSERON-VILLENOISY. — De l'impôt suivant la Charte. M., III, 1439.
COSSIGNY-CHARPENTIER. — Sur le manuel du commerce des Indes. 1998.
COSTAZ (C. A.). — De l'administration en France, de l'agriculture, etc. 2192. — De l'état de la Banque de France. M., 1541.
COSTAZ (L.). — Des tables statistiques. 1221.
COSTE fils. — Sur la réduction des droits sur le sucre indigène. M., 2286.
COTELLE. — Cours de droit administratif appliqué aux travaux publics. 625. — *Idem*, 2e édition. 626. — Des contraventions en matière administrative. 880.
COTTA (H.). — Principes de la science forestière. 2224. — Traité de culture forestière. 2236.
COTTA fils, pub. — V. art. 2224 et 2236.
COTTEREL. — Esquisse des événements de Saint-Domingue (63). M., 2876.
COTTU. — De la justice criminelle en Angleterre. 594.
COUBÉ. — De l'agiotage et de l'amortissement; 1re lettre. 2e et 3e lettre sur l'emprunt de 150 millions. M., 1475. — De l'amortissement. M., II, 1477. — Les Mystères de l'agiotage dévoilés. M., 1478 et 1515.
COUCHOT. — Le Praticien universel. 248.
COULIER (P. J.). — Tables des positions géographiques. 2406. — Description générale des phares. 2412.
COULIER. — Question de la céruse et du blanc de zinc. M., III, 2061.
COURCELLES (DE). — Dictionnaire de la noblesse de France. 3066.
COURCELLE-SENEUIL (J. G.). — Le Crédit et la banque. 1488. — *Idem*, M., II, 1501. — Traité des opérations de banque. 1522. — Traité des entreprises industrielles. 2045. — Trad. V. art. 962.
COURCY (A. DE), trad. — V. art. 2115.
COURDEMANCHE (A. DE). — Code général progressif. 71. — Mobilisation des propriétés foncières. 422. — Danger de prêter sur hypothèque. 473. — Proposition relative aux rentes sur l'État. M., III, 1472.
COURNOT (A.). — Recherches sur la théorie des richesses. 936.
COURTET DE LISLE (V.). — Du crédit en France. 1492.
COURTIN. — Encyclopédie moderne. 2066.
COURTIVRON (Marquis *DE*), trad. — V. art. 1006.
COURTOIS. — Jugement des boëtes des monnoies. 1583.
COURTOIS. — Sur une nouvelle voie de communication. M., 1776.
COUSIN (V.). — Cours de l'histoire de la philosophie. 2401. — Ouvrages inédits d'Abélard. Doc. in., 2741.
COUVERCHEL. — De l'assainissement des fosses d'aisances. M., II, 1292. — Sur les marchés aux fleurs. M., IV, 2061.
CRAPEZ (S.). — Assurance contre les risques des chemins de fer. M., I, 1860.
CRASSOUS (P.). — Du rétablissement de l'ordre dans les finances. M., I, 1338.
CRÉBILLON. — Ses Œuvres. 2353.
CREN. — D'une tontine d'amortissement. M., I. 1477. Projet d'établissement de banques. M., I, 1501.
CRÉQUY (Marquise DE). — Souvenirs de 1710 à 1802. 3079.
CRESPEL-DELLISSE. — Sur les droits des sucres étrangers. M., 2064.
CREUZÉ DE LESSER (A.). — De la liberté. 2685.
CREVEL (A.). — Système d'emprunt contributif. M., 1476. — Pétition sur la question américaine. M., 1717. — Le Cri des peuples. M., II, 3107.
CREVIER. — Histoire des empereurs romains. 2671.
CRIVELLI, coll. — V. art. 457. — Ann. V. art. 497.
CRONIER. — Sur des questions d'incompatibilité. M., 45.
CRUCHLEY. — Plan de Londres. 2567. — Environs de Londres. 2568.
CRUD (Baron DE), trad. — V. art. 2188.
CUÉNOT, coll. — V. art. 746.
CUJACIUS (J.). — Opera omnia. 270.
CULPEPER (T.). — Traité contre l'usure. 1876.
CUNIN. — Projet de répartition. M., II, 1338.
CUNY, trad. — V. art. 2624.
CURASSON. — Traité des actions possessoires. 502. — Le Code forestier conféré. 820.
CUSON. — Répartition de l'impôt du recrutement. M., I, 1729.
CUSSY (DE), coll. — V. art. 21.
CUSTINE (Marquis DE). — La Russie en 1839. 3167.
CUVELIER. — Chronique de Du Guesclin. Doc. in., 2729.
CUVIER (G.). — Géographie minéralogique des environs de Paris. 2175.

D

DACIER, trad. — V. art. 3192.
DAGEVILLE (G. J.). — De la propriété politique et civile. 989.
DAGNEAU. — Vues nouvelles d'économie commerciale. M., III, 2061.
DAILLY. — Traité des impositions. 1321.
DALLOZ aîné. — Journal des audiences de la Cour de cassation. 383. — Recueil chronologique de la jurisprudence générale. 375. — Répertoire alphabétique de la jurisprudence générale. 373. — Répertoire alphabétique de jurisprudence. 374. — Traité sur les lois. 379. — Traité du mariage. 436. — Traité de la tutelle. 420. — Traité de la filiation. 419. — Précis et jurisprudence de l'usufruit. 425. — Traité des successions. 431. — Traité des substitutions. 433. — Traité des obligations. 435. — Traité des hypothèques et privilèges. 466. — Traité de l'organisation judiciaire. 296. — Traité des faillites. 522. —

Traité des effets de commerce. 523. — Traité de la voirie et des voitures publiques. 688. — Note sommaire pour les courtiers maritimes. M., I, 2061. — Coll. V. art. 365.
Dalloz (A.). — Dictionnaire général et raisonné de jurisprudence. 365. — Coll. V. art. 374 et 375.
Dalloz (E.), coll. — V. art. 375.
Dally (N.). — Régénération physique de l'homme. 2305.
Dalmas (A. de). — Des frais de justice. 555.
Dalphonse. — Statistique de l'Indre. 1186.
Dancourt. — Ses Œuvres. 2357.
Dandolo (Comte). — L'Art d'élever les vers à soie. 2216.
Daniel (Le père). — Histoire de France. 2696.
Danis, coll. — V. art. 2484.
Danjou. — V. art. 2718.
Danré (C.). — De la répartition de l'impôt. 966. — *Idem*, M., IV, 1439.
Danton. — Rapport sur les documents inédits. 2720.
Daprès de Mannevillette. — Neptune oriental. 2541.
Dard. — Traité des offices. 304. — Du droit des officiers ministériels. 305. — Du déficit du fonds commun. M., II, 1338. — Des saisies-arrêts ou oppositions. M., 396.
Dareste (R.). — Code des pensions civiles. 719.
Dareste de la Chavanne (C.). — Histoire de l'administration en France. 2820.
Darmès. — Sur la dérivation des eaux pour la ville de Lyon. M., I, 1834.
Darmet. — Plan de Lyon. 2564. — Coll. V. art. 2458.
Darrieux. — Mémoires pour les propriétaires d'un canal. M. I, 1834.
Dartey (C. J. G.). — Statistique administrative de Savenay. 1189.
Daru (Comte). — Notions statistiques sur la librairie. 1214. — Histoire de Bretagne. 2970. — Histoire de la république de Venise. 3154.
Daru (Comte). — Des chemins de fer. 1843. — Rapport sur les tracés des chemins de fer. M., II, 1860.
Dasseville. — Organisation du travail. M., 1153.
Dathy. — Des plantations en France. 2259.
Daubanton (L. J. M.). — Code de la voirie des villes. 684. — Déplacement de la population. 1062.
Daubanton (A. G.). — Dictionnaire du Code de commerce. 510.
Daubrée (P.). — Question coloniale industrielle. 2048. — *Idem*, M., 2004.
Dauchy. — Statistique de l'Aisne. 1201.
Daumas. — Le Sahara algérien. 3028.
Daumont. — Voyage en Suède. 2610.
Daunou. — Discours aux Cinq-Cents. M., III (59). 2876.
Daurier (Baron J. B. A.). — Sur le sel ordinaire en agriculture. M., 1456.
Daussy. — Carte du canal de Mozambique. 2507. — Carte des îles à l'est de Madagascar. 2508. — Carte de l'océan Atlantique septentrional. 2534. — Carte de la mer des Indes. 2537. — Océan Atlantique septentrional. 2546.
Davenne (H. J. B.). — Régime administratif des communes. 680. — Recueil des lois sur la voirie. 685.
David. — De la statistique. M., 1153.
David. — De l'impôt sur les boissons. M., IV, 1452.
David. — Statue du général Foy. 3110.
Daviel (A.). — Législation des cours d'eau. 839.
Debeaumont. — Jurisprudence des rentes. 711.
Debonnaire de Gif. — Rapport sur une fabrique de sucre. M., 2287.
Debry (J.). — Rapport et projets de résolution et d'adresse. M., III (55), 2876.
Deby (D. L. H.). — De l'agriculture en Europe et en Amérique. 2206.
Déchalotte (J. F.). — Sur les intrigues de la Bourse. M., 1515. — Réflexions au sujet de la Banque. M., 1541. — Traité sur les subsistances. M., IV, 2208.
De Clercq (A.). — Guide pratique des consulats. 574. — Formulaire des chancelleries diplomatiques, et consulaires. 575.
Decrusy. — Recueil des anciennes lois françaises. 98.
Dégenétais. — Sur les travaux de l'agriculture, du commerce et de la navigation. M., III, 1835.
Degrange (E.). — La Tenue des livres. 1901 et 1903.
Degrange fils aîné, coll. — V. art. 1903.
Dehay (T.). — Le Sucre exotique et le sucre indigène. 1946. — Situation de la question des sucres. 2064.
Dekker (G. J.). — Dictionnaire hollandais-français et français-hollandais. 2337.
Delabarre de Nanteuil. — Législation de l'île Bourbon. 581.
Delaborde (A.). — Opinion sur l'emprunt de cent millions, 1823; et Réponse à M. de Martignac. M., 1479.
Delacour (L. S. X.). — Sur la question des chemins de fer. M., I, 1861.
Delacroix. — Statistique de la Drôme. 1182.
Delacroix (J. V.). — Sur la suppression de la peine de mort en matière criminelle. M., 396.
Delacroix (F. A.). — De la distribution de l'eau dans Paris. 1836.
Deladerière. — Caisse royale d'économie politique. M., I, 1292.
Delafond (O.). — Sur la maladie de sang des bêtes à laine. 2217.
Delafontaine. — Idées sur l'administration des finances. M., I, 1338.
Delaguerre (H.). — Traité des monoyes. 1585.
Delahante. — Sur les impôts relatifs aux boissons. M., II, 1452.
Delaistre. — Statistique de la Charente. 1201.
Delalande. — Commentaire sur la coutume d'Orléans. 200.
Delalleau (C.). — Traité de l'expropriation publique. 1828. 652. — *Idem*, 1836. 653. — *Idem*, 1842. 654. *Idem*, 1845. 655. — Sur les routes et canaux. Sur les travaux publics. M., 1777.
Delamarre. — Traité du contrat de commission. 530.
Delamarre (L. G.). — Traité des pins à grandes dimensions. 2257.
Delamarre. — Traité de police. 3073.
Delamathe. — Sur les élections. M., I, 46.
Delandine de Saint-Esprit. — Panache de Henri IV. 3088.
Delangle. — Des sociétés commerciales. 521.
Delapalud (S.). — De l'application du cadastre. 1442.

De la Thaumassière (G. T.). — Commentaire sur les coutumes de Berry. 216.
Delaunay. — Lettre au ministre du commerce. M., II, 2061. — Question des sucres, 1837. M., IV, 2063.
Delaunay (C.). — Cours de mécanique. 2097.
Delaveleye (A.). — Essai sur les chemins de fer. Articles de journaux belges sur les chemins de fer. M., I, 1861.
Delaville. — Dictionnaire des maximes du Palais. 257.
Delcros (J. B.). — Barême de la Bourse. 1513.
Delegorgue. — Coutumes de Ponthieu et d'Abbeville. 220.
Delhorme. — Sur la répartition de la contribution mobilière. M., 1438.
Delisle. — Principes de l'interprétation des lois. 415.
Delombardy. — Catalogue des monnaies françaises. 1595.
Delon (M. N.). — Système de crédit public en France. M., 1339. — Sur le projet de loi relatif aux deux tiers de la dette. M., 1471. — Sur la consolidation de l'arriéré. Sur le système de crédit public de la France. M., I, 1472. — Système de Pitt. M., 1717.
Deloncle (J. A.). — Manuel des contributions directes. 741.
Delorme (du Cher). — Des impôts selon la Charte. M., III, 1439. — Sur la réduction des rentes. M., I, 1472. — Réfutation du discours de M. Roy sur la réduction des rentes. M., 1476.
Delort (Général). — Sur le cens d'éligibilité. M., 45.
Delvincourt. — Cours de Code civil. 411.
Demesmay (A.). — Opuscules sur la réduction de l'impôt du sel. M., II, 1455.
Demetz. — Rapports sur les pénitenciers des États-Unis. 1116. — Sur le système pénitentiaire. M., 1107.
Demilly (A.). — Analyse de la loi sur l'expropriation. 660.
Demolombe (C.). — Cours de Code Napoléon. 414.
Demonchanin. — Vie de Dupont de Nemours. M., 3213.
Démosthènes. — Œuvres complètes. 2347.
Denain (A.). — Sur l'isthme de Panama. 3184.
Denaix. — Géographie prototype de la France. 2417.
Denevers (G. T.). — Journal des audiences de la Cour de cassation. 383.
Denisart (J. B.). — Décisions relatives à la jurisprudence; 1771. 252. — *Idem*, 1783. 253.
Denis-Lagarde. — Annuaire parlementaire. 36.
Denizet. — Règlements sur le papier timbré. 755.
Déou de Beaumont. — Mémoires historiques sur les finances. 1360.
Deparcieux. — Durée de la vie humaine. 1066. — Moyen d'amener de l'eau à Paris. 1839. — Traité des annuités. 2108.
Depillon. — Sur la répartition de la contribution foncière. M., III, 1439.
Deplanque (L.). — Dangers financiers des caisses d'épargnes. 1483.
Depping (G. B.). — Commerce du Levant avec l'Europe. 1866. — Règlements des arts et métiers de Paris. Doc. in., 2745. — Correspondance administrative sous Louis XIV. Doc. in., 2748.
Dermoncourt (Général). — La Vendée et Madame. 2941.
Derosne (C.), ann. — V. art. 2284.
Deschamps (F.). — Manuel monétaire. 1588.
Deschamps (J. M.), trad. — V. art. 1590.
Desaubiez. — Système d'économie politique. 1042.
Deserin. — Lettre sur le projet de loi électorale. M., 45. — Nouvelle organisation de l'impôt des boissons. M., III, 1452. — Au sujet de l'article 23 de la Charte. M., I, 3071.
Desessarts (N. L. M.), coll. — V. art. 3225.
Desgraz, coll. — V. art. 3049.
Desjardins (C.). — Superficie et population des divers États. 1060.
Desjobert (A.). — L'Algérie en 1838. 3017. — L'Algérie en 1844. 3018. — L'Algérie en 1846. 3019. — La Question d'Alger, 1837. 3020.
Des Maisons (F.). — Traité des aydes. 778.
Desmarest (P.). — Plan de Marseille. 2565.
Desmeunières. — Dictionnaire d'économie politique. 1030.
Desmousseaux. — Statistique du département de l'Ourthe. 1200.
Desorgues. — Payement de la contribution foncière. M., 1438.
Désormeaux. — Histoire de la maison de Bourbon. 2812.
Désormes (C.). — Influence du bas prix du sel. M., I, 1455.
Desperrières. — Tontine commerciale. M., 1029.
Despréaux. — Dictionnaire des hypothèques. 459.
Dessauret. — Institution du crédit foncier. Suite de la brochure précédente. M., 1502.
Destutt de Tracy. — Commentaire sur l'Esprit des lois. 5. — Traité d'économie politique. 935.
Desvaux. — Plan statistique de Maine-et-Loire. 1191.
Devaulx et Fœlix. — Code forestier annoté. 818.
Devaux. — Code raisonné de navigation. 814.
Devaux (du Cher). — Résumé des arguments sur les élections. M., I, 46.
Devérité. — Histoire du comté de Ponthieu. 2979.
Deverneilh. — Observations sur le projet de Code rural. 662.
Deville (A.). — Histoire du château d'Arques. 2980.
Devilleneuve (L. M.). — Recueil général des lois et arrêts. 1re série; nouvelle édition. 377. — Table générale du Recueil des lois et arrêts (1791 à 1850). 378. — Dictionnaire du contentieux commercial. 511. — Coll. V. art. 327 et 376.
Devillez. — Observations sur les droits d'entrée de la fonte. M., 2036.
Dezobry (C.). — Histoire du siècle d'Auguste. 2670.
Diannyère (A.). — Essai d'arithmétique politique. M., 1145. — Nécessité d'encourager l'agriculture. M., 1218.
Diderici. — Réformes faites en Prusse depuis 1806. V. art. 1255.
Diderot. — De l'éducation publique. 1016.
Didron. — Iconographie chrétienne. Doc. in., 2733.

DIGAN. — Abolition complète des droits d'octrois. M., 1462.

DILLON (P.). — Voyage dans la mer du Sud. 2620.

DOIN (A.). — Sur le canal latéral à la Garonne. 1811.

DOMAT (J.). — Œuvres. 272. — Les Lois civiles. 180. — *Idem*, 179.

DONNANT (D. F.), trad. — V. art. 1155.

DONNET. — Carte du chemin de fer d'Orléans. 2472.

DONOSO-CORTÈS (Marquis DE VALDEGAMAS). — Essai sur le catholicisme. 1139.

DORAT (A.). — Constitution de la Légion d'honneur. 882.

DOUBLEDAY (T.). — A financial and monetary history. 1625.

DOULCET. — Mémoire sur la destruction des forêts. M., 2247.

DOURSTHER (H.). — Dictionnaire des poids et mesures. 2119.

DOUVILLE (J. B.). — Voyage au Congo. 2628.

DRALET. — Des délits en matière forestière. 851. — Plan détaillé de topographie. 1200. — Traité du hêtre. 2258.

DRÉE (Marquis DE). — Sur l'impôt du sucre indigène. M., I, 2063.

DREYER (F. J.). — Essai sur les cours d'eau. 1829.

DROMAS (P.). — Tarifs pour le toisé des bois. 2104.

DROZ (J.). — Économie politique. 937. — Discours sur le droit public. M., 2060. — Histoire du règne de Louis XVI. 2837.

DUBOCHET. — Sur l'éducation populaire. M., 1275.

DUBOIS (L'abbé). — Mœurs, institutions des peuples de l'Inde. 3175.

DU BOIS-AYMÉ. — Examen de questions économiques. 963.

DUBOIS DE CRANCÉ. — Discours sur la force publique. M., I (21), 2876.

DUBOIS (de la Loire-Inférieure). — Discours sur la pairie. M., I, 3071.

DUBOS (L'abbé). — Histoire de l'établissement de la monarchie française. 2691.

DUBOST. — Jurisprudence du conseil. 230.

DU BOULAY. — Droit ecclésiastique français. 891.

DUBOURS. — Commentaire sur la coutume de Picardie. 197.

DUBRÉNA (V.). — Carte hydrographique de la France. 2461.

DUBREUIL. — La Législation sur les eaux. 842.

DUBRUNFAUT. — Art de fabriquer le sucre. 2283.

DUCANCEL. — Questions sur les élections de 1817. M., I, 46.

DU CANGE (C. DUFRESNE). — Glossarium ad scriptores mediæ et infimæ latinitatis. 2308. — Nouvelle édit. 2309.

DU CASSE (A.), publ. — V. art. 2887.

DU CAURROY (A. M.). — Institutes de Justinien traduites, 1837. 81. — Institutes de Justinien expliquées, 1841. 82.

DUCHÂTEL (T.). — De la charité. 1089.

DUCHEMIN (M.). — Mémorial alphabétique. 181. — Ann. V. art. 143.

DUCHEMIN DE SCÉPEAUX. — Lettres sur la chouannerie. 2867.

DUCHESNE, ann. — V. art. 220.

DUCHESNE (L. H.). — Essai sur les finances. 1299. — Les bienfaits de la Révolution. M., I, 1393.

DUCHÊNE (J. B.). — Guide de la culture des bois. 2249.

DUCHON-DORIS (J. P.). — De l'industrie française de Pondichéry et de la métropole. M., II, 2035. — Sur la question des sucres 1843. M., II. 2063.

DUCLOS. — Histoire de Louis XI. 2805.

DUDOUIT, trad. — V. art. 2678.

DUESBERG (J.). — Histoire du commerce. 1864.

DUFAU. — Collection générale des constitutions et chartes. 582. — Tableau de la pairie. M, I, 3071.

DUFAU (P. A.). — Traité de statistique. 1157.

DUFAURE. — Rapport sur le chemin de fer de Paris à Lyon. M., V, 1860.

DUFEY (P. J. S.). — Histoire des parlements de France. 3062. — Ann. V. art. 269.

DUFIÉ. — V. LEROUX-DUFIÉ, art. 2281.

DUFIEFF. — Dictionnaire des langues française et anglaise. 2330.

DUFLOT DE MOFRAS. — Exploration de l'Orégon. 2638.

DUFOUR (G.). — Traité de droit administratif. 634.

DUFOUR (A. H.). — Carte d'Europe. 2453. — Carte de la régence d'Alger. 2514. — Carte du massif d'Alger. 2518. — Algérie. 3014.

DUFOUR (J. M.). — Répertoire raisonné administratif.

DUFOURNEL (A.). — Des concessions de chemins de fer. 1850.

DUFRÉNOY. — Explication de la carte géologique. 2166.

DUFRESNE (J.). — Journal des audiences du parlement. 261. — Comm. V. art. 197.

DUFRESNE SAINT-LÉON (L. C. A.). — Étude du crédit public. 1485.

DUFRICHE-FOULAINES (F. N.). — Code des prises. 571.

DUGALD-STEWART. — Histoire des sciences morales. 921.

DUGAS DE BOIS-SAINT-JUST. — Paris, Versailles et la province. 3102.

DUGAS-MONTBEL. — Observations sur l'Iliade d'Homère. 2346. — Trad. V. art. 2345.

DU GUEZ. — Grammaire de la langue française. Doc. in., 2735.

DUHAMEL DU MONCEAU. — Du transport et de la conservation des bois. 2226. — De l'exploitation des bois. 2248. — Traité des arbres et arbustes. 2250. — La Physique des arbres. 2251. — Des semis et plantations. 2252. — De l'architecture navale. 2300.

DUJARDIN (L. H. V.). — Guide des maires. 667.

DUJARDIN-SAILLY. — Code des douanes. 769. — Tarif chronologique des douanes de l'Empire français, 1813. 2005.

DUJAY (J.). — Mémoires sur les contributions et le cadastre. M., V, 1439.

DULAURE. — Esquisses historiques. 2857.

DULAURENS (J. G.). — Manuel des contribuables. 740. — Sur la direction des contributions directes. M., III, 1439.

DULAURIER (Éd.). — Mémoire sur les langue malaise et javanaise. 2344.

DU LEYRIS. — Notes sur la fabrication des bières. M., IV, 1452.

Dumas (Général M.). — Sur les fortifications de Paris. M., 1776.
Dumas. — Opinion sur la loi contre les émigrations. M., II (32), 2876.
Dumas. — Rapport sur le crédit foncier. M., 1502. — — Rapport sur le procédé de Ruolz. M., II, 2062.
Dumay (V.). — Commentaire de la loi sur les chemins vicinaux. 691.
Dumesnil. — De l'organisation des conseils généraux. 639. — Traité de la législation du Trésor. 706. — Lois de la caisse des consignations. 707. — Manuel des pensionnaires de l'État. 714.
Du Mesnil (A. B. M.). — Dictionnaire de la législation des douanes. 773.
Dumolard-Orcel. — De l'intérêt des contribuables et des rentiers de l'État. M., III, 1472.
Dumons. — Banque foncière de France. M., I, 1501.
Dumont. — De l'administration des terres chez les Romains. 912.
Dumont (E.), trad. — V. art. 70.
Dumont. — Carte des travaux publics en France. 2462.
Dumorisson. — Rapport sur les marais de la Seugne. M., II, 1835.
Dumortier. — La Belgique et les vingt-quatre articles, M., 3189.
Dumoulin. — Sur le budget de 1832. M., 1475.
Dumoulin. — Traité des fiefs. 240. — Ann. V. art. 190, 212, 217.
Dumoulinet des Thuilleries (L'abbé C.). — Sur la mouvance de Bretagne. 2973.
Dunod (M. F.). — Sur la coutume de Bourgogne. 132. — Traité des prescriptions des biens d'église. 145.
Duparc-Poullain, coll. — V. art. 2971.
Dupaty. — Mémoires et plaidoyers. 282.
Dupin (L. Ellies-). — Histoire des révolutions d'Espagne. 3145.
Dupin (P.), ann. — V. art. 198.
Dupin (Le baron C. F.). — Administration des revenus communaux. 679. — Administration des secours publics. 1085. — Statistique des Deux-Sèvres. 1180. — *Idem*, 1202. — Histoire de l'administration locale. 1262.
Dupin aîné. — Profession d'avocat. 6. — Constitution de la République française. 37. — Traité des apanages. 41. — Glossaire de l'ancien droit français. 268. — Lois sur l'organisation judiciaire. 294. — Lois sur la compétence des fonctionnaires. 301. — Lois des communes. 356. — Harangue du chancelier l'Hospital. 717. — Code forestier. 819. — Droit public ecclésiastique français. 895. — Sur la colonisation d'Alger. M., III, 3033. — Réponse au duc de Choiseul. Défense du Constitutionnel. M., 3091. — Publ. V. art. 8 et 224.
Dupin (Baron C.). — Système de l'administration britannique. 1290. — Appel au bon sens. 1449. — *Idem*, M., 2064. — Organisation progressive de la marine, 1743. — Forces productives de la France. 1916. — Sur le commerce maritime. 1995. — Crise commerciale de 1839. 1995. — Voyage dans la Grande-Bretagne. 2591. — Sur les priviléges et hypothèques dans les colonies d'Amérique. M., 396. — Contre la canalisation de l'Yonne. M., I, 1834. — Inspection du chemin de fer de la Loire. M., 1858. — Défense du système protecteur. M., I, 2035. — *Idem*, M., II, 2061. — Sur le commerce et la navigation française. M., II, 2061. — Sur les sucres de canne et de betterave, 1836. Observations exposées au conseil général d'agriculture, 1842. M., I, 2063.
Duplessis. — Traités sur la coutume de Paris. 280.
Dupont (P.). — Deux mots sur l'assistance. M., 1153.
Dupont-Boisjouvin. — Observations sur Paris port de mer. M., 1819.
Dupouy. — Sur le chemin de fer de Lille à Dunkerque. M., III, 1860.
Duprat (F. A.). — Précis sur l'Imprimerie nationale. 2264.
Dupré (A.). — De l'importation et de l'exportation des laines. M, III, 2035.
Dupré de Saint-Maur. — Essai sur les monnaies. 1598.
Dupuis de Torcy. — Essai sur la navigation intérieure de la France. 1826.
Dupuy. — Traitez touchant les droits du Roi. 103.
Dupuy. — Sur la fabrication du sucre. M., IV. 2063.
Dupuy de la Serra. — Traité du contrat de change. V. art. 514.
Du Puynode (G.). — Étude économique sur la propriété. 938. — Monnaie, crédit, impôt. 1494
Durand. — Amélioration des départements du Golo et de Liamone. 2435.
Durand. — Sur l'abaissement du droit d'importation des salpêtres. M., 2036. — Sur un moulin fournissant l'eau aux fontaines. M., 2307.
Duranton. — Cours de droit français. 412.
Dureau de la Malle. — Économie politique des Romains. 914. — Renseignements pour l'expédition de Constantine. 3008. — Recherches historiques sur Alger. 3007.
Duredent, trad. — V. art. 3118.
Durieu (E.). — Formulaire de la comptabilité des perceptions. 738. — Poursuites en matière de contributions, 739. — Comptabilité des établissements de bienfaisance. 878.
Durieu (H.). — Code des perceptions municipales. 888.
Durieu (J. M.). — Législation des conseils municipaux. 673. — Mémorial des percepteurs. 742. — Manuel des percepteurs, 2ᵉ édit. 736. — *Idem*, 3ᵉ édit. 737.
Durival (J.). trad. — V. art. 3147.
Durival. — Mémoires sur la Lorraine et le Barrois. 204.
Durosoir. — Description routière de l'Espagne. 2440.
Durville. — Carte de l'océan Pacifique. 2536.
Dusevel (H.). — Histoire d'Amiens. 2978.
Dussart (H.), trad. — V. art. 962.
Duteil (V. H.). — Nécessité de la colonisation d'Alger. M., I, 3034.
Du Teil. — Sur le changement de l'impôt de consommation. M., 1453.
Dutens (J.). — Analyse de l'économie politique. 931. — De la distribution du revenu. 1079. — Sur la formation du revenu en France. 1305. — Travaux publics d'Angleterre. 1768. — Navigation intérieure de la France. 1809.

Dutertre. — Mémoires sur le tabac. 2772.
Dutilh (L.). — Situation politique de 1848. M., VII, 3107.
Dutroca. — Revue des assurances. 535.
Duvergier (J. B.). — Collection des lois, décrets, etc. 389. — Cont. V. art. 410. — Coll. V. art. 397 et 582.
Duvergier de Hauranne. — De l'ordre légal en France. 649.
Duvern (T.), trad. — V. art. 1845.
Duverrier. — Lettres politiques. 2954.
Duvey de Noinville. — Dissertation sur les bibliothèques. 3217.
Du Villard (E. E.). — De l'influence de la petite vérole. 1215.
Duvivier (Le général). — Solution de la question de l'Algérie. 3016.
Duvotenay (T.). — Carte physique de la Suisse. 2488.

E

Egerton (F. H.). — Letter upon inland navigation. 1807.
Ehrmann (L. F.). — Lettre sur les laines et les draperies. M., III, 2035.
Eichhoff. — Mémoire sur les départements de la rive gauche du Rhin. M., I, 2062.
Eigenbrodt (K. C.). — Handbuch der hessischen Verordnungen. 1970.
Éléouet (J. M.). — Sur la médecine vétérinaire. M., II, 2208.
Élie de Beaumont. — Sur le mariage des mineurs en Angleterre. M., 1029. — Coll. V. art. 2166.
Enfantin. — Colonisation de l'Algérie. 3025.
English (H.). — A view of the joint stock companies. 1666.
Ennemond-Gonon. — Nouveau système télégraphique. 2272.
Erpénius. — Rudiments de langue arabe. 2342.
Eschassériaux aîné. — L'Homme d'État. M., IV (80), 2876.
Eschine. — Œuvres complètes. 2347.
Escoiquiz (Don Juan). — Sur le voyage de Ferdinand VII. 2889.
Esménard-du Mazet (C.). — Principes d'économie politique. 939.
Esnault (J.). — Traité des faillites et banqueroutes. 528.
Esneaux (J.). — Histoire de la Russie. 3165.
Espaignol-Lafagette (D'). — Sur les chemins de fer. M., I, 1861.
Espeisses (A. d'). — Ses Œuvres. 279.
Estancelin. — De l'importation des fils de lin. 2017 et M., III, 2061.
Estrangen, ann. — V. art. 842.
Estrangin. — Sur l'importation des graines oléagineuses. M., III, 2035.
Étoc-Demazy (G. F.). — Recherches sur le suicide. 1161.
Évereth (A.). — Nouvelles idées sur la population. 1057.
Eyriès (J. B.). — Sur la population du globe. 1061. — Nouvelles annales des voyages. 2572. — Trad. V. art. 2626.

F

Fabert (A.). — Remarques sur les coutumes de Lorraine. 201.
Fabre (J. A.). — État de la culture du tabac dans le Lot-et-Garonne. M., 1459.
Fabre. — Théorie des torrents. 1758.
Fabre (L'abbé), coll. — V. art. 2675.
Fabre d'Olivet, coll. V. art. 2977.
Fabrotius (A.), publ. — V. art. 270.
Faget de Baure. — Sur la liberté de la presse. M., 3091.
Fain (Baron). — Manuscrit de l'an iii. 2907. — Manuscrit de 1812. 2908. — Manuscrit de 1813. 2909.
Fairman. — An account of the public funds. 1640.
Faiseau-Lavanne. — Recherches sur les forêts de la France. 2238.
Falloux (Comte de). — Louis XVI. 2838.
Farcot. — Questions sur le commerce. M., 2060.
Farcy (C.). — Études politiques. 3085. — Du Gouvernement parlementaire et constitutionnel. M., V, 3107.
Farelle (M. F. de la). — Sur le régime répressif et pénitentiaire. 1106.
Faribault (G. B.). — Catalogue d'ouvrages sur l'Amérique. 3250.
Fasquel. — Code manuel des payeurs. 705. — Résumé des lois de douane. 776.
Faubert (J. A.). — Théorie du jaugeage des bâtiments. 2136.
Fauchat. — Rapport sur les fers étrangers. M., I, 2062.
Faucher (L.). — Recherches sur l'or et sur l'argent. 1025. — L'Union douanière du Midi. 2029.
Fauchet (C.). — Opinion sur le jugement du Roi. M., III (40), 2876.
Fauchet. — Statistique du Var. 1203.
Fauré (J.). — Analyse des vins de la Gironde. 2162.
Fauriel. — Croisade contre les Albigeois. Doc. in., 2732.
Faustin-Hélie. — V. Hélie-Faustin.

FAVARD. — De la production du sucre indigène et colonial. M., II, 2063.
FAVARD DE LANGLADE (Baron). — Législation électorale. 44. — Opinion sur les élections. M., 45. — Répertoire de législation civile. 372. — Conférence du Code civil avec la discussion. 408. — Traité des hypothèques. 465. — Code de commerce expliqué. 507.
FAVREAU. — Résumé d'une enquête sur le sel. 1454.
FAVYN (A.). — Histoire de Navarre. 2976.
FAWTIER (C. J.). — La Question du sel. M., II, 1455.
FAYE, trad. — V. art. 2145.
FAZY. — De l'état périlleux des finances. M., II, 1338.
FÉLIBIEN (M.). — Histoire de la ville de Paris. 3101.
FÉLICE (DE), rev. — V. art. 8.
FÉLINE (A.). — De l'action de la caisse d'amortissement. M., I, 1477.
FÉNELON. — Aventures de Télémaque. 2367. — De l'éducation des filles. 2400.
FENET (P. A.). — Travaux préparatoires du Code civil. 405.
FENN (C.). — A compendium of the funds. 1067.
FERGUSSON (A.). — On the civil society. 926.
FERRAND (Humbert), trad. — V. art. 915.
FERRAND-DUPUY. — Essai sur l'île de Corse. 2985.
FERRIER (F. L. A.). — Des rapports du Gouvernement avec le commerce. 1870. — De l'impôt du sel. M., I, 1455. — De la rémunération des services publics. M., I, 1482. — Mémoire sur le crédit. 1490. — De l'impôt. M., V, 1439. — De la responsabilité ministérielle. M., I, 1338. — *Idem*. M., 1475. — De l'entrepôt de Paris (2e mémoire). M., IV. 2061.
FERRIÈRE (A. DE). — Analyse de la statistique de la France. 1168. — Archives statistiques de la France. 1177.
FERRIÈRE (C. J. DE). — Compilation de tous les commentateurs sur la coutume de Paris. 187. — Commentaire sur la coutume de Paris. 195. — Dictionnaire de droit et de pratique. 362. — Ann. V. art. 278.
FERRY, trad. — V. art. 1057 et 3168.
FÉRUSSAC (Baron DE). — Proposition d'une enquête sur les routes. 1784. — Bulletin universel des sciences. 2074. — Mémoire sur la colonisation d'Alger. M., I, 3034. — De l'état actuel de la France, 1834. M., V, 3107.
FESSART (H.). — Dictionnaire de l'enregistrement. 749. — Cont. V. art. 746.
FEYDEL (G.). — Mœurs des Corses. 2993.
FEYTAUD. — Caisse générale de retraites. M., I, 1292.
FIGUET. — D'une nouvelle loi sur l'impôt des boissons. M., IV, 1452.
FILANGIERI (G.). — Ses Œuvres. 7.
FILLEAU, ann. — V. art. 192.
FILLIOUX. — Nouveau système d'impôt sur les boissons. M., I, 1452.
FINOT. — Avis aux spéculateurs de la Bourse. M., 1541.
FIX (T.). — Revue d'économie politique. 1047.
FLACHAT (E.). — Rapport sur le canal du Rhône au Rhin, 1821 et M., III, 1834. — Docks de Londres et entrepôts de Paris. 2040.
FLACHAT (S.). — Canal maritime de Paris à Rouen. 1818. — Histoire du canal Calédonien. M (165), 1825.
FLANDIN (J. B.). — Peut-on coloniser Alger? M., III, 3033.
FLANDRE D'ESPINAY. — De l'influence du grand propriétaire sur l'agriculture. 2213.
FLASSAN (DE). — Histoire de la diplomatie française. 3056.
FLEURIGEON. — Code administratif alphabétique. 609. — Manuel administratif. 614.
FLEURY (L'abbé). — Institution au droit ecclésiastique. 892. — Catéchisme historique. 2656. — Histoire ecclésiastique. 2675.
FLEURY (F. P.). — Sur une administration forestière spéciale. M., 2247.
FLEURY DE CHABOULON (Baron). — Mémoires sur les Cent-Jours. 2897.
FLOQUET (A.). — Histoire du parlement de Normandie. 3063.
FLOREZ ESTRADA (Alvaro). — Cours d'économie politique. 1035.
FLOUR DE SAINT-GENIS. — Manuel du surnuméraire de l'enregistrement. 759. — Essai sur les pensions de retraite. M., I, 1482.
FLURY (N.). — De la richesse. 940.
FODÉRÉ (F. E.). — Essai sur la pauvreté. 1052.
FŒLIX. — Revue de droit français et étranger. 397. — Traité des rentes foncières. 448. — *Idem*. 478. — Commentaire sur la loi de la contrainte par corps. 457. — Coll. V. art. 818.
FOIGNET. — Société pour l'abolition de l'esclavage. M., 1130.
FOLARD, comm. — V. art. 2663.
FOLEY. — Manuel d'hygiène et d'agriculture algérienne. M., IV, 3034. — Coll. V. art. 3027.
FONFRÈDE (H.). — Réponse à M. de Châteaubriand. M., IV, 3107.
FONMARTIN DE L'ESPINASSE (DE). — Sur notre marine marchande. M., 2004.
FONTANON (A.). — Édits et ordonnances des rois de France. 88.
FONTENELLE. — Ses Œuvres. 2365.
FONVIELLE (Chevalier DE). — Du droit d'élection. M., II, 46. — Sur l'amortissement. M., II, 1477. — État de la France en 1834. 2944.
FORBONNAIS (DE). — Recherches sur les finances de France. 1361. — Éléments de commerce, 1754. 1877. — *Idem*, an IV. 1878.
FORSTER (G.). — Voyage du Bengale à Pétersbourg. 2618.
FORTIA D'URBAN (Marquis DE), cont. — V. art. 3149.
FORTIN D'IVRY. — L'Algérie et son importance. M., III, 3034. — Question d'Irlande. O'Connell. M., 3189.
FOSSARD (A. J.). — De la réforme administrative. 1287.
FOUCART. — Éléments de droit public et administratif. 1835. 627. — *Idem*, 1850. 628.
FOUCAUD (E.). — Les Artisans illustres. 3209.
FOUCHER. — De l'industrie immobilière. M., II, 2062.
FOUCHER (V.), ann. — V. art. 295.

Foucqueron. — Essai topographique et médical sur Alger. M., I, 3034.
Foulaines. — La France et la Belgique en 1833. M., V, 3107.
Fould (A.). — Sur la situation financière en mai 1848. M., III, 1338. — Proposition sur l'amortissement. M., II, 1477.
Fould (B.). — Observations sur l'amortissement. M., 1476. — *Idem*, M., II, 1477.
Foulques (L.). — Essai sur l'art monétaire. 1554.
Fouque. — Histoire du commerce de Marseille. 1990.
Fouquier d'Hérouel. Sur l'impôt du sucre indigène. M., I, 2063. — *Idem*, 2064.
Fourcroy (Comte A. F. de). — Rapport sur le travail de la commission des poids et mesures. M., 2142. — Système des connaissances chimiques. 2151.
Fourcroy de Guillerville. — Les Enfants élevés dans l'ordre de la nature. 1018.
Fournel (J. F.). — Traité du voisinage. 429. — Recueil des lois rurales, 1820. 665. — *Idem*, 1822. 666.
Fournel (H.). — Mémoire des fabricants et marchands d'or et d'argent. 1613. — Chemin de fer du Havre à Marseille. M., IV, 1861. — Richesse minérale de l'Algérie. 2177.
Fournel (J.). — L'Art du fumiste. 2289.
Fournier (L.). — Le Sucre colonial et le sucre indigène. 1948. — *Idem*. M., IV, 2063.
Fournier de Saint-Martin (D.). — Tableaux des distances des villes. 2414.
Fournival (S.). — Sur les titres et les fonctions des trésoriers de France. 1358.
Fowel Buxton (T.). — An inquiry on the present system of prison discipline. 1114. — Sur la traite des esclaves. 1122.
Fox (J. C.). — Discours au parlement d'Angleterre. 3097. — Histoire des deux derniers Stuarts. 3139.
Foy (Le général). — Histoire de la guerre de la Péninsule sous Napoléon. 2888.
Francis (J.). — La Bourse de Londres, 1514. — History of the bank of England. 1658.
Franclieu (De). — Rapport sur la question vinicole. M., III, 1452.
François de Neufchâteau. — Statistique du Bas-Rhin. 1197.
Franque. — Lettre à M. Desjobert sur la question d'Alger. M., II, 3034. — Les Princes en Afrique. M., III, 3034.
Frantz. — Organisation militaire de la Prusse. M., 3189.
Franzini. — Instrucções statisticas. 1254.
Frasans (Chevalier de). — Sur l'état de la France en 1830. M., III, 3107.
Frayssinous (D. de). — Les Principes de l'Église gallicane. 899.
Frédéric II. — Œuvres complètes. 2380.
Frédérich, coll. — V. art. 821 et 837.
Frégier (H. A.). — Des classes dangereuses de la population. 1094.
Freman. — Ferme-régie des jeux. M., I, 1292.
Frémery (A.). — Études du droit commercial. 520. — Des opérations de bourse. 1506. — *Idem*. M., 1541.
Frémin. — Atlas de géographie moderne. V. art. 2411.
Frèrejean. — Sur les chemins de fer du Midi. M., V, 1860.
Fresne (De). — Traité d'agriculture. 2190.
Fresne de Francheville (Du). — Histoire des finances. 1342.
Fréville (Baron de). — Sur l'instruction secondaire. 1275. — Rapport sur le budget de 1831. M., II, 1337.
Frichot (A. P.). — Sur la refonte des monnaies. De la nécessité de refondre les monnaies. M., II, 1619.
Frick, coll. — V. art. 2573.
Frimot. — Sur le chemin de fer de Paris à Orléans. M., IV, 1860.
Frissard. — Histoire du port du Havre. 2434.
Fritot (A.). — Esprit du droit. 25. — Ann. V. art. 1001.
Froidour (De). — Instruction pour la vente des bois du Roi. 107.
Fromage (J. B.), cont. — V. art. 805 et 809.
Fromental (A.). — Sur l'exploitation des bois. M., II, 2208. — *Idem*. M., II, 2247.
Fullarton (J.). — On the regulation of currency. 1664.
Fumeron d'Ardeuil. — Sur la situation et l'avenir de l'Algérie. M., II, 3034.
Furgole (J. B.). — Ordonnance de Louis XV sur les donations. 127. — Commentaire de l'ordonnance de Louis XV sur les substitutions. 128.

G

Gabriac (A. de), trad. — V. art. 2024.
Gaëte (Duc de). — Notice sur les finances de France. 1400. — Ses Mémoires. 1401. — Supplément à ses mémoires. 1402. — Sur l'examen impartial du budget. M., II, 1301. — Mémoire sur le cadastre. Opinion additionnelle sur le cadastre. M., I, 1439. — Considérations sur la dette. M., II, 1472. — Sur le budget de 1832. M., 1475. — Sur l'amortissement. M., II, 1477.
Gagneraux (L.). — Commentaire sur la loi du notariat. 307.
Gagneur (A.). — De la comptabilité des receveurs de l'enregistrement. 758.
Gaillard (G. H.). — Rivalité de la France et de l'Angleterre. 2708. — Histoire de Charlemagne. 2797. — Histoire de François Ier. 2815. — Éloge de Descartes. V. art. 3196.
Galabert (L.). — Sur le canal des Pyrénées, 1820.

1835. — Comparaison du canal des Pyrénées au canal de la Garonne. M., I, 1834-1835.
GALAIS. — Du répartement de l'impôt foncier. M., III, 1439.
GALIANI. — Sur le commerce des blés. 1010. — Trad. V. art. 566.
GALIBERT, trad. — V. art. 1035.
GALLAND. — Les Mille et une nuits. 2372.
GALLATIN (A.). — Considerations on the currency. 1708. — Suggestions of the bank. 1709.
GALLAUD. — Du franc-aleu. 231.
GALLEZ (E.). — Du Brésil, de son commerce, etc. 1985.
GALLOIS, trad. — V. art. 927.
GALLOIS-MAILLY. — Des administrations financières. M., II, 1338.
GALON. — Conférence de l'ordonnance de 1669 sur les eaux et forêts. 122.
GALUSKY (C.), trad. — V. art. 2145.
GALY-CAZALAT. — Voitures à vapeur sur routes ordinaires. M., 1775.
GAND. — Traité de l'expropriation publique. 658.
GAND (G.), trad. — V. art. 2236.
GANDAIS. — Rapport sur les plaqués de Birmingham. M., III, 2061.
GANDILLOT (R.). — Essai sur la science des finances. 1296. — Manuel de droit administratif. 621.
GANILH (C.). — Essai sur le revenu public. 909. — Des systèmes d'économie politique. 941. — Théorie de l'économie politique. 942. — Dictionnaire d'économie politique. 1031. — Législation et comptabilité des finances. 1298. Sur le budget de 1814. M., I, 1337.
GARDEN (Comte DE). — Histoire des traités de paix. 17.
GARDÈRE. — Des paquebots à vapeur. M., 1293.
GARNIER (F. X. P.). — Traité des chemins de toute espèce. 693 et 694. — Régime des eaux. 840. — Commentaire sur la loi des irrigations. 841.
GARNIER. — Statistique de Seine-et-Oise. 1203.
GARNIER (Marquis). — Histoire de la monnaie. 1552. — Trad. et ann. V. art. 980.
GARNIER (Comte G.). — Mémoires sur la valeur des monnaies. 1561 et 1562.
GARNIER (L.). — Tenue des livres. 1904.
GARNIER (J.). — Études sur les profits et les salaires. M., II, 2061.
GARNIER (F.). — Traité sur les puits artésiens. 2148.
GARNIER (J.). — Falsification des substances alimentaires. 2154.
GARNIER (J. J.), cont. — V. art. 2697.
GARNIER-DESCHÈNES (E. H.). — Traité du notariat. 309.
GARRAULT (F.). — Les Recherches des monnoyes. M., 1575.
GASPARIN (A. DE). — Esclavage et traite. 1121. — L'Amortissement. M., 1475. — Du plan incliné comme machine agricole. Considérations sur les machines. M., 2307. — Rapport sur les documents inédits. 2720.
GAUCHET. — Danger de l'aliénation des forêts de l'État. M., 2247.
GAUDIN (L'abbé). — Voyage en Corse. 2585.
GAUGUIER. — Lettres sur les douanes. M., I, 2035.
GAULTIER. — Carte de la Méditerranée. 2528.
GAUTIER. — Cérès française. 1014. — Sur le commerce des grains. M., IV, 2208.
GAUTIER (A. G. J.). — Études de jurisprudence commerciale. 539.
GAUTIER. — Des banques et institutions de crédit. M., 1471.
GAUTIER. — De l'établissement d'un entrepôt à Paris. M., IV, 2061.
GAUTIER. — Sur la prime à l'exportation des sucres raffinés. 2286.
GAUTIER (du Var). — Sur les sessions de 1815 et 1816. M., I, 46. — La Vérité aux électeurs. M., II, 46. — Coll. V. art. 31.
GAUTRIER (F.). — L'Homme des champs. M., 1153.
GAY-LUSSAC. — Sur l'essai des matières d'argent. 1607. — *Idem*. M., II, 1620.
GELB (W.). — Itinéraire de Morée. 2609.
GEMINI. — The currency question. 1531.
GÉNIN (F.). — Rapport sur les documents inédits. 2720. — Éclaircissements de la langue française. Doc. in., 2735.
GENOUDE (DE). — Sainte-Bible. 2655.
GENOVESI. — Lezioni di commercio. 1043.
GENTY DE BUSSY. — De l'établissement des Français à Alger. 3011.
GENTZ (F.). — Des finances et de la richesse de l'Angleterre. 1623.
GEORGEL (L'abbé). — Réponse à l'écrit : Mémoire sur les rangs. 3067.
GÉRANDO (Le baron DE). Institutes du droit administratif. 622. — *Idem*. 623. — De la bienfaisance publique. 1092. — Du perfectionnement moral. 2399. — Des progrès de l'industrie. M., II, 2061.
GÉRARD (Maréchal). — Lettre sur le maréchal Grouchy. M., 3106.
GÉRARDIN. — Sur l'exportation des grains. M., 977.
GÉRAUD. — Paris sous Philippe le Bel. Doc. in., 2742.
GERBIER, coll. — V. art. 1670, M.
GERHARDT (M. R. B.). — Algemeiner Contorist. 2130.
GERMAIN, coll. — V. art. 515.
GERSTNER (F. DE). — Mémoire sur les grandes routes. 1787.
GERVAISAIS (DE LA). — V. LA GERVAISAIS (DE).
GERVAISE (P. C.). — Recueil administratif des contributions. 732. — Traité des contributions directes. 733. — De l'administration des contributions directes, 1836. 1433. — *Idem*, 1847. 1434. — Des attributions départementales en matière de contributions directes. M., III, 1439.
GHÉERBRANT. — Projet de loi sur l'impôt des boissons. M., 1453.
GIBBON (E.). — History of the Roman Empire. 2672.
GIBERT. — Mémoire sur les honneurs de la cour. 3067.
GILBART (J. W.). — The principles of banking. 1357. — A treatise on banking. 1538. — History of banking in Ireland. 1659. — The history of banking in America. 1707.
GILBERT (P.), coll. — V. art. 378.

Gilbert des Voisins. — Sur l'état civil des protestants en France. 267.
Gilles de la Roque. — Traité de la noblesse. 172.
Gillon (J. H.). — Loi de la garde nationale. 50. — Loi sur l'expropriation. 657.
Gillon (J. L.). — Code des chasses. 847.
Gillon. — Rapport sur l'institution des courtiers de commerce. M., I, 2061.
Gimet. — Navigation de l'Isle et du Drot. M., I, 1835.
Gin. — Principes du Gouvernement français. 2710.
Gioja (M.). — Nuovo prospetto delle scienze economiche. 1002.
Girard (P. S.). — État des eaux publiques de Paris. 1837. — Distribution des eaux de l'Ourcq dans Paris. 1838. — Considérations sur les canaux. M., 1790. — Rapport à l'Académie des sciences. M., 1819. — Mémoire sur les canaux de navigation. M., I, 1835. — Trad. V. art. 1787 et 2147.
Girard (X.). — Plan de Paris, 1834. 2557. — *Idem*, 1841. 2558. — *Idem*, 1847. 2559.
Girard (E.), coll. — V. art. 92.
Girard (L'abbé). — Synonymes français. 2323.
Girard. — Manuel des contributions indirectes. 805. — Contravention en matière de contributions indirectes. 809.
Girardin (E. de). — De l'instruction publique. 1019.
Girardin (L. de). — Projet sur le 5 p. o/o. M., III, 1472.
Girardin (J.). — Rapport sur un pétrisseur mécanique. M., III, 2061.
Giraud. — Pétition sur l'organisation du travail. M., I, 1292.
Giraud (C.), ann. — V. art. 842.
Girault de Saint-Fargeau. — Histoire des communes de France. 2424. — Départements d'Ille-et-Vilaine et de la Loire Inférieure. 2431.
Girault-Duvivier. — Grammaire des grammaires. 2322.
Girod (de l'Ain). — Opinion sur les douanes. M., I, 2035.
Girou. — Sur la division des propriétés. M., II, 1292.
Glandaz, ann. — V. art. 492.
Gleizes. — L'État des bagnes en France. M., 1107.
Godard (P.). — Sur la comptabilité des finances. 1302. — Sur le projet de remboursement de la dette. M., I, 1472.
Godde de Liancourt (Comte A.). — Des moyens de sauvetage. 2306.
Godefroy (T.). — Le Cérémonial français. 3068.
Godet, ann. — V. art. 196.
Godwin (W.). — Recherches sur la population. 1056.
Gœtsmann. — Droit commun des fiefs. 239.
Goldenberg (G.) — Libre échange et protection. 1027.
Goldsmith (L.). — Statistique de la France. 1165. — Statistics of France. 1172.
Golovine (Y.). — Esprit de l'économie politique. 922.
Gomot. — Guide du voyageur en Algérie. 3031.
Goodrich (S. G.). — Les États-Unis d'Amérique. 1243.
Gordon (T.). — A digest of the treaties of commerce. 606.
Gorneau. — Projet de Code de commerce. 506.
Gosset, comm. — V. art. 197.
Gothofredus, comm. V. art. 84.
Goudchaux (M.). — Lettre sur la conversion de la rente. M. II, 1472. — *Idem.* M., 1475. — Lettre sur les monnaies. M., 1541. — *Idem.* M., II, 1619.
Gouges (Mme de). — Sera-t-il roi? Ne le sera-t-il pas? M., II (26), 2876.
Gouin (A.). — Sur les pensions de retraite. M., I et II, 1482.
Goujet. — Dictionnaire du droit commercial. 509. — Coll. V. art. 487 et 2675.
Goujon (L. J. M.). — Mémorial forestier. 826.
Goulard-Henrionnet. — Guide du géomètre-arpenteur. 2140.
Goulart (S.). — Mémoire de l'état de France sous Charles IX. 2816.
Goupy. — Sur notre constitution et nos finances. M., III, 1338.
Gouraud (C.). — Sur la liberté du commerce. 1994.
Gourbeyre. — Un mot sur la marine. Un mot sur la question des sucres. 1940. — *Idem.* 2004.
Gouré. — Considération sur Alger. M., I, 3033.
Gourgaud (Général). — Napoléon et la grande armée. 2890. — Coll. V. art. 2901.
Gourlier. — Sur le service des bâtiments civils. 1757.
Goyer (L'abbé), trad. — V. art. 591.
Graffenauert (J. P.). — Minéralogie du Haut et du Bas-Rhin. 2172.
Gramont (S. de), sieur de Saint-Germain. — Le Denier royal. 1575.
Grandin (V.). — Sur le chemin de fer d'Orléans à Bordeaux. M., III, 1861.
Grandmaison (Brunet de). — Table des règlements des aydes. 791.
Grangez (E.). — Perception des droits de navigation. 843. — Précis des voies navigables. 1823. — Carte des voies de communication de la France. 2474. — Carte de la navigation de la France. 2475 et 2476. — Sur le chemin de fer de Saint-Étienne à la Loire. M., 1858.
Granier de Cassagnac (A.). — Voyage aux Antilles. 2642. — De l'esclavage et de l'émancipation. M., 1130.
Granier (de Sainte-Cécile). — Projets de finance, de politique et d'administration. M., I, 1338.
Granvelle (Cardinal de). — Papiers d'État. Doc. in., 2756.
Grappin (Dom). — De l'origine de la mainmorte en Bourgogne. 244. — Sur les monnaies de Bourgogne. 1602.
Gravina (J. V.). — Esprit des lois romaines. 73.
Gray (J.). — Lectures on the nature of money. 1616.
Green (W.). — The picture of England. 2590.
Grégoire (L'abbé). — Sur les libertés de l'Église gallicane. 900. — Lettre aux électeurs de l'Isère. M., I, 46.
Gregori (G. C.), trad. — V. art. 2987.
Gréhan (A.). — La France maritime. 3068
Grelier. — Rapport sur un monument commémoratif. M., III (56), 2876.

GRÉMILLIET (J. J.). — Théorie du calcul des intérêts. 2109.
GRENIER. — Traité des donations. 432. — Traité des hypothèques. 469.
GRENVILLE. — Speech on the revival of the slave trade. M., 1129.
GRESSET. — Ses Œuvres. 2362.
GRESSIER (C. L.). — Carte de l'océan Atlantique. 2535. — Carte des parties connues de la terre. 2555.
GRIGNON. — Moyens de rendre la Marne navigable. 1816.
GRILLE (F.). — Description du département du Nord. 1196.
GRIMAUD. — Cours de physiologie. 2155.
GRIMAUDET (F.). — Des monnoyes. 1587.
GRIMBERT. — De la loi sur l'usure. M., 396.
GRIMOARD. — Œuvres de Louis XIV. 2822.
GRIVEL (Amiral). — Considérations navales. M., 1749.
GROSSET. — Des établissements monétaires de Catalogne. 1692.
GROTIUS (H.). — Le Droit de la guerre et de la paix. 13.
GROULIN. — Essai sur la richesse et sur l'impôt. 944.
GROUVEL. — Répertoire de lois sur le commerce. 265.
GROUVELLE, coll. — V. art. 2822.
GROVESTINS (SIRTEMA DE). — La Conférence de Londres. 1682.
GUADET (J.). — Sur les impositions publiques dans la Gaule. 1340. — Coll. V. art. 582.
GUÉNÉE (L'abbé). — Lettres de juifs portugais, allemands, polonais. 3076.
GUENYVEAU (A.). — Principes de métallurgie. 2178.
GUÉRARD (A.). — Essai sur le droit privé des Romains. 75.
GUÉRARD (B.). — Système monétaire des Francs. 1570.
GUÉRARD. — Cartulaire de Saint-Père de Chartres. Doc. in., 2723. — Cartulaire de l'abbaye de Saint-Bertin. Doc. in., 2724. — Cartulaire de Notre-Dame de Paris. Doc. in., 2725.
GUÉRIN (L.). — Les Aydes de Normandie. 790.
GUÉRIN (de Thionville). — Nouveau traité des monnaies. 1566.
GUÉROULT (A.). — Question coloniale en 1842. 1954. — *Idem*. M., III, 2063.
GUETTARD. — Minéralogie du Dauphiné. 2173.
GUI BARÔZAÏ. — Noei Borguignon. 2364.
GUIBOURT. — Le Culte des arbres. M., IV (76), 2876.
GUICHARD (A. C.). — Dictionnaire de l'indemnité. 56. — Législation hypothécaire. 461. — Questions possessoires. 503. — Code des prises maritimes. 570. — Jurisprudence communale. 669. — Cours de droit rural. 670. — Considérations sur les successions et substitutions. M., 396.
GUICHARD père. — De la propriété des arbres des grandes routes. 695.
GUIGARD. — De l'impôt sur le revenu, 1849 et 1850. M., VI, 1439.
GUILBERT (A.). — Colonisation du nord de l'Afrique. 3023.
GUILLAUME. — Un mot contre la proposition de M. Laffitte. M., 1479.
GUILLERMIN DE MONTPINAY. — Colonie de Saint-Domingue. M., 3106.
GUILLIÉ. — Histoire du cabinet des Tuileries, 1815. M., I, 3107.
GUILLIEZ. — De la possibilité d'une conversion de la rente. M., III, 1472.
GUILLON (M. S.). — Discours sur l'attentat du 28 juillet 1835. M., V, 3107.
GUIRODET (T.). — Doctrine sur l'impôt. 965.
GUIZARD (DE). — Des progrès administratifs. 1288.
GUIZOT (F.). — Dictionnaire des synonymes français. 2326. — Cours d'histoire moderne. 2680. — Civilisation en Europe. 2681. — Civilisation en France. 2688. — Essais sur l'histoire de France. 2702. — Collection des mémoires sur l'histoire de France. 2713. — Collection des mémoires sur la révolution d'Angleterre. 3117. — Rapports sur les documents inédits de l'histoire de France. 2719.
GURRET (G.), coll. — V. art. 256.
GUY (de Nissan). — De l'abolition de la contribution foncière. M., 1438. — Réforme des systèmes financiers. M., V, 1439.
GUY DUROUSSEAUD DE LA COMBE. — Recueil de jurisprudence civile. 250. — Ann. V. art. 259 et 279.
GUY-MARTIN. — Plan des forêts et bois de la couronne. 2478.
GUYOT (G. A.). — Traité des fiefs. 226.
GUYOT (P. J. J. G.) — Répertoire de jurisprudence. 251.

H

HAGEAU (H.). — De l'état des routes en France. M., 1790.
HAIN (V. A.). — A la nation, sur Alger. M., II, 3033.
HALÉVY (L.), coll. — V. art. 928.
HALLAM (H.). — L'Europe au moyen âge. 2678.
HALLEZ-CLAPARÈDE (Baron). — Sur les prisons de la Prusse. 1118. — Réunion de l'Alsace à la France. 2967.
HAMELIN. — Notice sur Alger. M., I, 3034.
HAMILTON (R.). — The progress of society. 945. — Sur l'origine de la dette de l'Angleterre. 1639.
HAMON (A.). — Des colonies et de la législation sur les sucres. 1945.
HAMMER (J. DE). — Histoire de l'empire ottoman. 3170.
HAMONT (P. N.). — L'Égypte sous Méhémet-Ali. 3179.
HANSARD (L. J.). — On the national debt. 1637.
HANTUTE. — Du libre échange. 1136.

HARBAVILLE. — Mémorial du Pas-de-Calais. 1198. — Réduction des droits sur les sucres étrangers. M., 2286.
HARCHER. — Traité des fiefs. 228.
HARCOURT (Vicomte D'). — Réflexions sur la richesse de la France. 1074.
HARDOIN. — Consultation pour la compagnie des Indes. M., 1670.
HARDY (*S.*). — Le Guidon des finances. 1355.
HARDY (H.). — Sur la caisse territoriale. M., 1502.
HAREL (C.). — Ménage sociétaire. 1140. — Coll. V. art. 2154.
HAREL-LAVERTU. — Sur la caisse d'amortissement. M., I, 1477.
HARGENVILLIERS. — Sur l'impôt en hommes. M., II, 1292.
HARLÉ fils. — Sur la négociation des effets publics. M., 1515.
HARVEY TUCKETT. — The indian revenue system. 1669.
HASSENFRATZ (J. H.). — La Sidérotechnie. 2179.
HASSLER (F. R.). — Comparison of weights and measures. 2133.
HASSOUNA DE GHYS, trad. — V. art. 2998.
HATCHETT. — Expériences sur les alliages de l'or. 1610.
HAUCHAMP (*DU*). — Histoire du système des finances en 1720. 1348.
HAUSSEZ (Baron D'). — Études morales. 946. — Souvenirs du département de l'Isère. 1188. — Études sur les Landes. 2432.
HAUTEFEUILLE (L. B.). — Code de la pêche maritime. 573.
HAUTERIVE (Comte *D'*). — Éléments d'économie politique. 947. — Conseils à des surnuméraires. 1289. — Considérations sur la théorie de l'impôt. 1324. — Conseils à un jeune voyageur. 2577. — Traités de commerce et de navigation. 21.
HAUTIER. — Des travaux du cadastre. M., II, 1439.
HAWKESWORTH, publ. — V. art. 2613.
HÉBERT. — Modification du régime hypothécaire. 476. — Système général d'immatriculation. 1437. — Sur la réforme hypothécaire. M., 396. — Sur la moralisation du remplacement. M., I, 1729.
HÉBERT (A. E.), trad. — V. art. 2342.
HECK (J. G.). — Place militaire de Paris. 2561.
HEEREN (A. H. L.). — Uber den Handel der Völker der Altenwelt. 1865.
HEGEWISCH. — De la moralisation des pauvres. M., 1153.
HÉGUERTY (D'). — Des intérêts du commerce maritime. 1992.
HÉLIE (Faustin). — Traité de l'instruction criminelle. 550. — Coll. V. art. 546, 552 et 554.
HELLERT (J.), trad. — V. art. 3170.
HÉNAULT (Le président). — Abrégé chronologique de l'histoire de France. 2695.
HENISCHIUS (G.). — De asse et partibus ejus. 1559.
HENNEQUIN (A.). — Des caisses d'épargne. M., I, 1292.
HENNET. — Rapport sur le cadastre. 1440. — Théorie du crédit public. 1486. — Du cadastre. M., I, 1439.
HENRICHS (P.). — Carte des grandes lignes d'outre-mer. 2503. — Sur la Révolution de 1830. 2983.
HENRION (M. R. A.). — Code ecclésiastique français. 894. — Coll. V. art. 448 et 478.
HENRION (E.). — Coll. V. art. 1165.
HENRION DE PANSEY (Baron). — Des assemblées nationales. 24. — De l'autorité judiciaire en France. 298. — Du pouvoir municipal. 302. — Compétence des juges de paix. 303. — Des biens communaux. 681. — Ann. V. art. 240.
HENRIQUEZ (J.). — Code des seigneurs féodaux. 245.
HENRY (C.). — Ses Œuvres. 277.
HENRY. — Sur le chemin de fer de la Loire. Rapport sur le tracé du chemin de la Loire. M., 1858.
HERBIN DE HALLE (P. E.). — Manuel forestier. 830. — Mémorial administratif des forêts. 832. — Statistique de la France. 1170.
HERBOUVILLE (D'). — Statistique du département des Deux-Nèthes. 1204.
HÉRICART DE THURY (Vicomte). — Des fossiles des environs de Paris. 2176. — Rapport sur les marbres de France. 2186. — Deux rapports sur le canal de Saint-Maur. Rapport sur les canaux de Saint-Quentin et du Crozat. M., II, 1835. — Rapport sur l'urate employé comme engrais. M., III, 2208.
HÉRICOURT (D'), ann. — V. art. 179 et 196.
HERMAND (A.). — Histoire monétaire d'Artois. 1601.
HERMANN (J. C.). — Algemeiner Contorist. 1882.
HÉRON DE VILLEFOSSE (A. M.). — Des métaux en France. 2185. — Rapport sur les produits métallurgiques. 2184. — Rapport sur l'industrie métallurgique. M., 1824.
HERRENSCHWAND. — Économie politique moderne. 1053.
HERSCHEL fils (J.). — Traité d'astronomie. 2100.
HERSON (M. A.). — De l'expropriation publique. 656.
HERTSLET (L.). — Collection of the treatises between Great-Britain and foreign Powers. 1641.
HERVIER (Ch.). — Discours sur la Révolution française. M., II (28), 2876.
HEU. — Commentaire sur le coutumier de Picardie. 197.
HEULHARD DE MONTIGNY (E.). — Du régime militaire appliqué aux routes. M., 1777.
HÉVIN (P.). — Observations sur les matières féodales. 238. — Ann. V. art. 212.
HILDRETH (R.) — Banks, banking. 1536.
HILLIARD D'AUBERTEUIL. — De l'administration de lord North. 1629.
HOCQUART DE COUBRON. — Vues sur l'administration des finances. 1364.
HOFFMAN. — Institution de prévoyance. M., I, 1292.
HOFFMANN (A.). — Les Vices de l'éducation publique. 1017.
HOFFMANN (J. G.). — Die Lehre vom Gelde. 1684.
HOGENDORP (C. S. W. DE). — Coup d'œil sur l'île de Java. 2622.
HOMBERG (T.) — Guide des expropriations d'utilité publique. 659.
HOMÈRE. — Iliade. 2345.
HOPKINS (J.). — On political economy. 996.

HOTOMANUS (F.). — De re numaria populi Romani. 1555.
HOTTON. — De la culture du colza. M., IV, 2208.
HOUARD (D.). — Anciennes lois des Français. 102. — Traité sur les coutumes anglo-normandes. 223.
HOURY. — Commerce entre la France et la Belgique. 1963. — Moyens de conserver le cadastre. M., I, 1439.
HUARD (E.). — Sur le raffinage des sucres. M., 2287.
HUARD DE LAMARRE, coll. — V. art. 610.
HUBER (B.). — Exposicion estadistica de Cuba. 1242.
HUBER (V. A.). — Esquisses sur l'Espagne. 2600.
HÜBLER (F.). — System der österreichischen Armee. 924.
HUC. — Sur le commerce des colonies françaises. M., 2004.
HUERNE DE POMMEUSE (L. F.). — Des colonies agricoles. 1091. — Considérations sur l'agriculture. M., 2209.
HUET. — Histoire du commerce des anciens. 1862.
HUET (J. B.). — Statistique de la Loire-Inférieure. 1201.
HUGO (G.). — Histoire du droit romain. 77.
HUGUES. — Nouveau système d'extraction de résines. M., 2247.
HULLIN (L.). — Rapport des poix et monnoyes. M., 1575.
HULLIN DE BOIS-CHEVALIER. — Répertoire de la Révolution française. 2854.
HUMBOLDT (A. DE). — Cosmos. Description du monde. 2145. — Essai sur la Nouvelle-Espagne. 2649.
HUME (D.). — The history of England. 3112. — Essays on several subjects. 3119.
HUME (J. D.). — The laws of the customs. 3120.
HUMMEL (J.). — Sur les formalités du transit. M., I, 2035.
HUSKISSON. — De la navigation de l'Angleterre. 1957. — Discours sur les assignats. M., I, 1619.
HUSSON (A.). — Législation des travaux publics. 687.
HUTTEAU D'ORIGNY. — De l'état civil. 418.
HUZARD (J. B.). — De la garantie et des vices rédhibitoires. 441.
HYDE DE NEUVILLE. — Sur l'abolition du serment politique. M., VII, 3107.

I

IMBERT (V.). — Sur l'amortissement de la dette. M., I, 1477.
IRMINON (L'abbé). — Dénombrement des manses de l'abbaye de Saint-Germain-des-Prés. 249.
IRWING MAXWELL (J.). — Dictionary of laws of exchange. 1892.
ISAMBERT (F. A.). — Code électoral et municipal. 43.
ISAMBERT (M.) — Traité de la voirie. 686. — Anciennes lois françaises. 98.
ISNARD. — Traité des richesses. 1071.
ISOARD. — Du sucre indigène en 1833. Nouveau dire du sucre indigène. M., I, 2063.
ITIER (J.). — Notice sur la Guyane française. 3042.
IVERNOIS (F. D'). — Sur les pertes causées par la Révolution. 2872.

J

JACCAZ (J. L.). — Manuel-guide des contributions indirectes. 807.
JACOB (W.). — An inquiry into the precious metals. 1606.
JACOBI, trad. — V. art. 1621.
JACQUEMIN (E.). — L'Allemagne agricole et industrielle. 1969.
JACQUEMONT (V.). — Sa Correspondance. 2617.
JACQUIN (J.). — Conférence de l'ordonnance de Louis XIV sur le fait des aydes. 125.
JAILLIOT. — Atlas de l'Italie. 2495. — Publ. V. art. 2491.
JAMIESON (J.). — An etymological dictionary of the scottish language. 2333.
JANIN (A.). — Dictionnaire des communes. 2421.
JANNIN. — Édits sur les économats. 129.
JANVIER. — Manuel des machines à vapeur. 2299. — Manuel du capitaine et du constructeur de bâtiments à vapeur. 2301.
JARDINET. — Statistique de Sambre-et-Meuse. 1203.
JAUME SAINT-HILAIRE. — Sur la culture en France d'arbres exotiques. M., I, 2208.
JANNAUX (DES), coll. — V. art. 221.
JAUSSIN. — Mémoires historiques sur la Corse. 2996.
JEAN-LE-ROND (Pseud.). — Comparaison des budgets de 1830 et de 1843. 1320.
JEANNIN (M.). — Sur les pensions de retraite. M., I, 1482.
JERPHANION. — Statistique de la Lozère. 1204.
JOBART (J. B. A. M.). — Rapport sur l'exposition de 1839. 2053.
JOBERT. — Sur le recouvrement des contributions directes. M., 1438.
JOHNSON (S.). — A dictionary of the english language, 1827. 2331. — *Idem,* 1831. 2322. — His Works. 2390.
JOINVILLE (Sire DE). — Histoire de saint Loys. V. art. 2798.
JOLLIVET (J. B. M.). — Sur l'impôt progressif. 1145.
JOLLIVET (A.). — Du système électoral anglais. 3132.

Enquête sur les colonies anglaises. 3144. — De l'expropriation forcée dans la Martinique, la Guadeloupe et la Guyane. M., 396. — De la philanthropie anglaise. M., 1130. — Question des sucres en 1841 et 1843. M., III, 2063.
Jomard. — Rapport sur l'enseignement primaire. M., 1275.
Joncourt, trad. — V. art. 1219.
Jones (R.). — An essay on the distribution of wealth. 948.
Jones (W.), cont. — V. art. 3112.
Joplin (T.). — Commercial embarrassments. 1960.
Joseph (F.). — Histoire des Juifs. 2660.
Joseph (Le Roi). — Mémoires et correspondance. 2887.
Josseau (J. B.). — Sur les institutions de crédit foncier. M., 1502.
Josserand. — Sur le régime hypothécaire. M., 396.
Joubert (A.). — Sur la culture du Médoc. M., I, 2208.
Jouffroy (A. de). — Fastes de l'anarchie. 2862.
Jouffroy (H.), trad. — V. art. 1001.
Jouhaud. — Sur les embarras ministériels à l'occasion des postes. 1549. — Des postes en France et à l'étranger. Système métrique appliqué aux relais de poste. Les chemins de fer et les postes comparés. 1550. — Les chemins de fer et les postes. M., I, 1861.
Jourdain (Y. C.). — Codes de la compétence des autorités de l'Empire. 30.
Jourdain. — Mémoires sur la Grèce. 2929.
Jourdan. — Code des chemins vicinaux. 689. — Coll. V. art. 98.
Jourdan, trad. — V. art. 77.
Journu-Auber. — Rapport des censeurs de banque. M., 1029.
Jousse (D.). — Commentaire sur l'ordonnance du commerce de 1673. 514. — Commentaire sur l'ordonnance civile de 1667. 104. — Commentaire sur l'ordonnance des eaux et forêts de 1669. 105. — Commentaire sur l'ordonnance criminelle de 1670. 106. — Jurisdiction des trésoriers de France. 178.
Jousselin (J.). — Servitudes d'utilité publique. 881.
Jousselin. — Sur le budget de 1829. Sur le budget des ponts et chaussées de 1830. M., 1790.
Joye. — Annuaire de la magistrature, 1834. 395.
Judicis de Mirandol. — Manuel de la directrice des postes. 1548.
Judicis de Mirandol. — Études sur la Suisse en 1845. M., 3189.
Julia de Fontenelle, publ. — V. art. 2280.
Julliany (J.). — Du commerce de Marseille. 1991.
Jullien (A.). — Topographie des vignobles connus. 2219.
Jullien (A.). — Prix des transports par chemins de fer. Notes diverses sur les chemins de fer. M., II, 1861.
Jullien (J. J.). — Memorandum : commission du sel. M., I, 1455. — Le Sel : impôt, réduction, régie. M., II, 1455.
Jussieu (De), trad. — V. art. 3097.
Justinien. — Pandectes. 79.
Juvigny (J. B.). — Principes des emprunts publics. 1474. — Traité sur les monnaies. 1597. — Nécessité de maintenir l'amortissement. M., II, 1477.

K

Kater. — Traité de mécanique. 2095.
Keïdel. — Mémoire sur la prise des navires. M., 1029.
Kelly. — Le Cambiste universel. 1910.
Kemmeter (F. de), trad. — V. art. 1000.
Kentish. — A plan for the redemption of the public debt. — Plano para o estabelecimento de un banco nacional no Brazil. M., 1718.
Kersaint (De). — Le Bon sens. M., 2877.
Kerverseau. — Histoire de la Révolution de 1789. 2853.
King (C.). — Le Négotiant anglois. 1879.
Kirwan. — On the late change of ministry in England, 1830. M., 3189.
Kleinrath (H.). — Essai sur l'étude historique du droit. 288.
Koch (De). — Histoire des traités de paix. 20.
Kœchlin (N.). — Sur l'enquête commerciale à Mulhouse. M., 2036.
Kœnigswarter (J.). — Sources du droit français. 101.
Kupffer (A. T.). — Poids et mesures russes. 2132.

L

Labat (Le père). — Nouveau voyage aux îles de l'Amérique. 2643.
Labaume (E.). — Relation de la campagne de Russie. 2892. — Histoire de la chute de l'Empire. 2899. — Sur la noblesse et la pairie. M., V, 3107.
Labbé (G.). — V. art. 215.
La Bigotière (R. de). — Institution au droit français. 211.
Laborde (Le comte A. de). — De l'esprit d'association. 1143. — Paris municipe. 1268.

LABORIA. — De la Guyane française. 3040.
LABOULAYE (E.). — Lois criminelles des Romains. 74. — De l'enseignement du droit. 290. — V. art. 224 et 268.
LABOULINIÈRE (P.). — De la disette et de la surabondance en France. 1007.
LA BRUYÈRE. — Les Caractères. 2394.
LACAVE-LAPLAGNE. — De l'administration des finances sous Louis-Philippe. M., III, 1338.
LACÉPÈDE. — Histoire physique et civile de l'Europe. 2677.
LACHAISE (G.). — De la vente des immeubles. 479.
LACHARIÈRE (A. C. DE). — Du système de colonisation pour Alger. M., II, 3033.
LA CIPIÈRE (S. DE). — De la police et de son organisation. M., V, 3107.
LA CLIDE (DE). — Histoire de Portugal. 3149.
LA COMBE. — Tableau de Londres et de ses environs. 2592.
LACOUDRAIS. — Du budget de la marine. 1317. — De la Cour des comptes dans ses rapports avec la marine. 1328. — De la Cour des comptes. M., 1749.
LA COUDRAYE (DE). — Établissement des invalides de la marine. 1747.
LACRETELLE (C. DE). — Histoire de France pendant le XVIIIe siècle. 2855. — Histoire de l'Assemblée constituante. 2863.
LACROIX (S. F.). — Du calcul des probabilités. 2080.
LACUÉE (Baron DE). — Sur les postes et les voitures publiques. M., II, 1292. — Opinion sur la colonisation d'Alger. M., I, 3033.
LADIXMERIE. — Lettres sur l'Espagne. 2601.
LA FARELLE (F. DE). — Réorganisation des classes industrielles. 2059.
LAFAULOTTE. — Observations sur l'octroi de Paris. M., 1462.
LAFAYETTE (DE). — Discours au corps municipal de Paris. M., I (16), 2876.
LAFERRIÈRE (M. F.). — Histoire du droit français, 1838. 283. — *Idem*, 1852-1853. 284. — Cours de droit administratif, 1841. 632. — *Idem*, 1850. 633.
LAFFAURIS. — Outre-mer, ou les intérêts coloniaux. 1942.
LAFFITTE (J.). — Sur la réduction de la rente. 1466. — Opinion sur le projet de loi relatif aux finances pour 1817. M., 1478.
LAFFON-LADEBAT (E.). — Sur le prêt de 30 millions fait au commerce. M., 1541, et M., II, 2061.
LAFONS, ann. — V. art. 196.
LAFONTAINE (DE). — Lettres sur les dépenses publiques. 1307.
LAFONTAINE (DE). — Fables. 2359.
LA GARDE (F. de Paule DE). — Traité des droits du souverain en France. 148 et 152.
LA GERVAISAIS (DE). — La Vérité économique. 943. — Collection de ses opuscules politiques. 1294.
LAGRANGE. — Richesse territoriale de la France. M., 1145. — Essai d'arithmétique politique. M., 1218.
LA GRANGE (Marquis DE). — Considérations sur les octrois en général. Paris et son octroi. 1446 et M., 1462.
LA HARPE. — Des malheurs de la guerre et des avantages de la paix. V. art. 3196.
LAIGNEL (G.). — Sur les pensions de retraite de l'armée. Sur la fixation des pensions. M., II, 1482. — Système de courbes pour chemins de fer. M., I, 1860. — M. Thiers et l'alliance anglaise. M., V, 3107.
LAINÉ. — Sur le sucre de betterave. M., II, 1847. — Sur les spéculations relatives aux chemins de fer. M., I, 1860. — Du dégrèvement des sucres coloniaux, 1839. M., IV, 2063.
LAING (S.). — National distress. 1138.
LAINNÉ. — Sur les faillites et banqueroutes. M., 396. — Commentaire de la loi des faillites. 527. — Manuel des patentés. 730.
LAIR (P. A.). — Sur l'ouverture de l'avant-port de Cherbourg. M., 1791.
LAJONKAIRE (P. DE). — Tarif des douanes d'Angleterre. 2016.
LAKE (J. W.). — Guide de l'étranger à Londres. 2594.
LALANDE (DE). — Art de faire le papier. 2274.
LALLEMENT (F.). — Manuel géographique de la France. 2423. — Trad. V. art. 2627.
LALOUETTE. — Classification des lois administratives, de 1789 à 1814. 352.
LAMAGDELEINE. — Statistique de l'Orne. 1202.
LAMARCHE (H.). — Projet de constitution, 1848. M., VII, 3107.
LA MARMORA (A. DE). — Voyage en Sardaigne. 2605.
LAMARQUE (F.). — Statistique du Tarn. 1202.
LAMARQUE (Général). — Mémoire sur un canal parallèle à l'Adour. M., I, 1835.
LAMARTINE (A. DE). — Histoire des Girondins. 2871. — Histoire de la Restauration. 2910. — Histoire de la Révolution de 1848. 2958. — Discours sur la cause des rentiers. M., II, 1472. — Sur la lutte du Gouvernement contre les partis. Divers discours prononcés en 1834. M., 3096.
LAMBERT (Baron). — Lettres sur la refonte des monnaies. M., II, 1619.
LAMBESC (Prince DE). — Précis justificatif. M., I (3), 2876.
LAMBLARDIE (J. E.). — Sur les côtes de la haute Normandie. 1770 — Sur un projet de barrage maritime. M., I, 1834.
LAMEAU (P. J.). — Carte de la Turquie d'Europe et de la Grèce. 2498.
LAMERVILLE (Comte DE). — De l'impôt territorial. 917.
LAMOIGNON (DE). — V. art. 1350.
LA MONNOYE (B. DE). — Noei Borguignon. 2364.
LA MORICIÈRE (Général DE). — Rapport sur les haras. 1721.
LAMOTHE (A.). — De l'abolition des droits de douane sur les houilles étrangères. M., II, 2035.
LA MOTHE, dit LA HODE. — Vie de Philippe d'Orléans. 3201.
LAMPREDI. — Du commerce des neutres en temps de guerre. 568.
LAMST. — Manuel de la Bourse. 1510.
LANÇON. — Sur le chemin de fer de Marseille à Avignon. M., V, 1860.

LANDAIS (N.). — Dictionnaire des dictionnaires. 2316. — Grammaire française. 2320.
LANDER (R.). — Voyage. V. art. 2626.
LANDMANN (L'abbé). — Les Fermes du petit Atlas. 3024. — Appel à la France pour la colonisation de l'Algérie. M., IV, 3034.
LANGLÈS (L.), trad. — V. art. 2618.
LANGLOIS. — Nouveau dictionnaire de géographie. 2411.
LANGLOIX. — Principes de la coutume de Paris. 189.
LANJUINAIS (Comte DE). — Constitution de la nation française. 33.
LANOË (A.). — Nouveau code des maîtres de poste. 696.
LA NOURAIS (P. A. DE). — Association douanière entre la France et la Belgique. 2022. — Association des douanes allemandes. 2025.
LANQUETIN. — Sur la réclamation des comités vinicoles. M., IV, 1452. — De l'octroi de Paris. M., 1462.
LANTHOIS, publ. — V. art. 2155.
LA PÉROUSE. — Voyage autour du monde. 2612.
LAPERRIÈRE (J. G. M. DE). — Barême métrique pour le cubage des bois. 2103.
LAPIE (P.). — Mémoire sur le cadastre. M., 1438. — Coll. V. art. 2494. — Carte de l'empire ottoman. 2499.
LAPLACE (Marquis DE). — Œuvres complètes. 2078. — Essai sur les probabilités. 2079.
LA POIX DE FRÉMINVILLE (E. DE). — Traité des dixmes. 162. — Traité du gouvernement des communautés. 183. — La Pratique universelle des terriers. 241.
LAPORTE (M. J. B. DE). — Le Nouveau Dunod. 483.
LARDNER. — Lectures on the steam engine. 2298. — Coll. V. art. 2095.
LA RENAUDIÈRE (DE), coll. — V. art. 2572.
LAROCHE (B.), trad. — V. art. 1631.
LA ROCHE (C. DE). — Carte de l'Algérie. 2524.
LA ROCHEFOUCAULD (Duc F. DE). — Maximes morales. 2395.
LA ROCHEFOUCAULD (Marquis DE). — La Vérité sur la réforme électorale. Pensées d'un électeur. M., II, 46. — Discours sur le Conseil d'État. M., 645.
LA ROCHEFOUCAULT-LIANCOURT (Marquis DE). — Examen du système pénitentiaire. 1100. — Des prisons de Philadelphie. 1200. — Notice sur William Wilberforce. 3211.
LA ROCHEJAQUELEIN (Marquis DE). — Sur l'impôt du sel. M., II, 1455.
LA ROQUE (L. DE). — Code des pensions civiles. 718.
LA ROQUETTE (DE), ann. — V. art. 3181.
LARREGUY. — De la constitution de l'armée. M., II, 1729.
LARRIEU (E.). — De la question du tabac. M., 1457.
LARTIGUE. — Instruction sur les côtes de la Guyane. 3038.
LA RUE (A. DE). — Entomologie forestière. 2242.
LA SALLE (J. H.), trad. — V. art. 1639.
LA SAUSSAYE (L. DE). — Numismatique de la Gaule. 1604.
LAS CASES (Comte DE). — Mémorial de Sainte-Hélène. 2900.
LASSAULX (A.). — Essai sur la commune de Lutzel-Coblentz. M., 1791.
LASTOURS (DE). — Contre la disette des grains. M., III, 2208.
LATERRADE (A.). — Code pratique des propriétaires. 444. — Sur la grêle. M., I, 2208.
LATRUFFE-MONTMEYLIAN. — Des droits des communes sur les biens communaux. 678.
LA TYNA (DE). — Commerce du bois de chauffage. 1929.
LAUBESPIN (DE). — Mémorial portatif de chronologie. 2654.
LAUDERDALE (Comte DE). — Origine de la richesse publique. 1072.
LAUDOUX (A.). — De la mobilisation de la propriété. 1024.
LAUMOND. — Statistique du Bas-Rhin. 1197.
LAURENCE. — Rapport sur le projet de loi sur le sel. M., I, 1455.
LAURENT (P.). — Leçons de travail graphique. 2243. — Du produit du sol forestier. M., 2247.
LAURENTIE. — De la Révolution en Europe. 2946. — Éloquence politique. 3093.
LAURIÈRE (E. DE), coll. — V. art. 224. — Ann. V. art. 280.
LAVAISSE (DE), trad. — V. art. 1072.
LAVAL, duc de Luynes. — Des devoirs des seigneurs dans leurs terres. 234.
LAVALETTE (Comte DE). — Mémoires et souvenirs, de 1789 à 1829. 2930.
LAVALLÉE (J.). — Observations sur le musée des arts. M., IV (82), 2876.
LAVAURE. — Sur le commerce et ses lois. M., 1029.
LAVEAUX (C.). — Nouveau dictionnaire français. 2315.
LAVERGNE (L DE). — De l'établissement d'une banque nationale. M., I, 1501.
LAVILLETTE. — Commentaire sur la coutume de Picardie. 197.
LAVOISIER. — Richesse territoriale de la France. M., 1145.
LAVOLLÉE (P.). — De l'impôt des boissons. M., IV, 1452. — Questions de douanes. M., I, 2035. — La protection et prohibition. M., I, 2061. — Culture de la Martinique et de la Guadeloupe. 2205.
LAW (J.). — Ses Œuvres. 1356.
LAYA (A.). — Le Droit anglais. 583.
LAZARE (L.). — V. art. 1269.
LE BARBIER (A. J. J.). — Sur les pensions des employés. M., I, 1482.
LE BASTIER (J.). — De la propriété. 987. — Société de crédit mutuel. M., 1541.
LEBEAU (S.). — Nouveau Code des prises. 569. — Code des bris et naufrages. 572.
LEBEAU (C.). — Histoire du Bas-Empire. 2673.
LEBER (C.). — Histoire du pouvoir municipal. 661. — Collection de pièces relatives à l'histoire de France. 2717. — De l'état de la presse, de François Ier à Louis XIV. 3081. — Catalogue de livres. 3234.
LEBLANC (G.). — Introduction à l'économie politique. 905.

Le Blanc. — Traité historique des monnaies de France. 1553.
Leblond. — Description de la Guyane. 3037.
Lebobe. — Hérédité de la pairie. M., I, 3071.
Lebon (F.), coll. — V. art. 390.
Le Bossu. — L'Architecte régulateur. 2290.
Le Boullenger (J. J.). — Dictionnaire des domaines et droits domaniaux. 146.
Le Bret (C.). — Ses Œuvres. 281.
Le Breton. — Pièces originales du procès de Damiens. 2836.
Le Brun (D.). — Traité de la communauté. 135.
Le Caron (C.). — Commentaire sur la coutume de Picardie. 197. — Commentaire sur les coustumes de Péronne, Montdidier et Roye. 219.
Lechanteur (L.). — Dissertation sur la chambre des comptes. 1352.
Le Chevalier (J.). — Rapport sur les questions coloniales. 1745.
Le Cler du Brillet. — Continuation du Traité de police de Delamare. 3073.
Leconte (C.). — Étude économique de la Grèce. 925.
Leconte (C.). — Sur le chemin de fer d'Orléans à Vierzon. M., III, 1861.
Lecouteulx de Canteleu (Comte). — Essai sur les contributions. 1389.
Ledru-Rollin. — Répertoire général de jurisprudence. 387. — Journal du Palais. 388.
Ledyard. — Voyages en Afrique. 2627.
Lefebvre (A. C.). — Concordance des calendriers. 2139.
Lefebvre-Duruflé, trad. — V. art. 1514.
Lefebvre de la Bellande. — Traité général des droits d'aides. 783.
Lefèvre de la Planche. — Mémoires sur les matières domaniales. 155.
Lefèvre (A.). — Guide pratique de l'arpenteur. 2141.
Lefèvre (C.), trad. — V. art. 3071, M., I.
Le Fran. — De la réforme des prisons. M., 1107.
Legat (B. J.). — Code des étrangers. 293. — Nécessité d'une réforme financière. M., II, 1338.
Legendre. — Éléments de géométrie. 2089.
Legendre (G. C.). — Antiquités de la maison de France. 2711.
Le Glay (A. J. G.). — Programme d'études historiques sur le département du Nord. 2428. — Négociations entre la France et l'Autriche. Doc. in., 2740.
Legoyt (A.). — Le Livre des chemins de fer. 1844.
Le Grand d'Aussy. — Histoire de la vie privée des Français. 2706.
Legras, coll. — V. art. 506.
Le Graverend (J. M. E.). — Des lacunes de la législation. 287. — Traité de législation criminelle. 545.
Legret. — Guide du garde forestier. 831.
Le Guern (H.). — Sur le danger des inhumations précipitées. M., II, 1292.
Le Laboureur. — Histoire de la pairie et du parlement. 3070.
Lelet (J.). — Observations sur la coutume de Poitou. 192.
Le Long (P.). — Plan du couvent du Temple. 2562.
Lemaire (C.). — Suppression des ponts à bascule. 1800.
Lemaire (N. E.). — Bibliotheca classica latina. 2348.
Lemaître (L.). — Sur les pensions de retraite. M., II, 1482. — Trad. V. art. 1526.
Lemarquière (C. A.). — Droit et jurisprudence administrative. 613.
Lemercier. Répertoire administratif. 1264.
Lemercier. Traité sur l'impôt des boissons. M., IV, 1452.
Le Mest (N.). — De l'impôt des boissons. M., III, 1452. — Question du sucre indigène. M., IV, 2063.
Lemoine (R. J.). — Répertoire commercial. 1900.
Lemonnier (C.). — Commentaire sur les polices d'assurance maritime. 534. — *Idem*, 577.
Lemontey (P. E.). — Histoire de la Régence. 2834. — Éloge de Morellet. V. art. 2856.
Lemoyne. — Système d'association. M., I, 1292.
L'Enfant (F.). — Questions sur divers points de l'art militaire. M., III, 1729.
Lenfant (Le R. P.). — Ses Mémoires. 2843.
Lenglet du Fresnoy, ann. — V. art. 2833.
Le Nief de Laignes. — L'Art de parler et d'écrire la langue française. 2321.
Lenoir (D.). — Contre la conversion du cinq pour cent. M., II, 1472. — De l'amortissement. M., II, 1475. — *Idem*, 1477. — Note sur la banque de France. M., 1541. — Sur les moyens de secourir le commerce. M., II, 2061. — Entrepôt au clos Saint-Lazare. M., II, 2062.
Lenoir (A.). — Architecture monastique. Doc. in., 2747.
Le Normand (L. S.). — Manuel du relieur. 2270. — Manuel du fabricant de papiers. 2273. — Manuel du fabricant de papiers peints. 2276.
Léopold. — Dictionnaire général de police. 863.
Léouzon-Leduc. — La Russie. 3166.
Lepage (P.). — Lois des bâtiments. 428.
Lepasquier (A.). — Des travaux publics. M., 1777.
Le Peletier d'Aunay. — Discours sur les crédits de 1839. M., II, 1337.
Lepeletier Saint-Fargeau (Comte F.). — Sur le serment des fonctionnaires. M., VII, 3107.
Le Picquier. — Du commerce du Havre en 1825. M., II, 2062.
Le Play (F.). — Sur la fabrication de l'acier. 2183. — Vues générales sur la statistique. M., 1153. — Sur la production de la soie. M., II, 2208.
Le Poitvin, coll. — V. art. 530.
Le Pomellec. — Nécessité de réformer l'inscription maritime. M., 1749.
Leprieur. — Épître à un commerçant. V. art. 3196.
Lequien. — De la peréquation de l'impôt foncier. — Sur la transformation de l'impôt des portes et fenêtres. M., V, 1439.
Le Rat de Magnitot (A.). — Dictionnaire de droit administratif. 610.
Lerminier (E.). — Introduction à l'histoire du droit. 1.
Leroux. — Avis aux spéculateurs de la Bourse de Paris. M., 1541.
Leroux de Lincy. — Les Quatre livres des Rois. Doc. in., 2737.
Leroux-Dufié. — Du raffinage des sucres. 2281.

LEROY DE LOZEMBRUN. — Commentaire sur la coutume de Picardie. 197.
LE ROY DE NEUFVILLETTE. — Lettre sur la liberté du commerce et de l'industrie. M., I, 2061.
LESAGE. — Histoire de Gil Blas de Santillane. 2370.
LESAULNIER. — Biographie des neuf cents représentants, 1848. 3214.
LE SAULX (P.). — Modifications aux lois d'enregistrement. M., 1293.
LESBROS. — Sur les lois de l'écoulement de l'eau. 2098.
LESCHENAULT DE LA TOUR. — Voyage à Surinam. 2644.
LE SELLYER (A. F.). — Traité de droit criminel. 551.
LESTIBOUDOIS. — Des colonies sucrières. 1947.
LESUR (C. L.). — Annuaire historique. 3251.
LETELLIER (V.). — Vocabulaire polyglotte. 2341.
LETELLIER. — Carte du chemin de fer du Nord. 2473.
LETONDAL. — Vérités politiques. M., V, 3107.
LETOURNEUR, trad. — V. art. 2354, 2368 et 2369.
LE TRÔNE (G. F.). — De l'administration provinciale. 950.
LETRONNE (J. A.). — Sur l'évaluation des monnaies. 1563. — Ann. V. art. 2667.
LEUTNER (P.). — Sur l'admission des cotons filés anglais. M., II, 2035. — *Idem*, M., III, 2061.
LEUVEN (A. DE), coll. — V. art. 2573.
LEVAILLANT. — Voyages en Afrique. 2625.
LEVAVASSEUR (C.). — Question coloniale. 1944.
LÉVIS (Duc DE). — Considérations sur les finances. 1295. — Commission du budget en 1816. Observations sur le budget de 1818. M., I, 1337. — De l'état du crédit public. 1489.
LEVRAULT (L.). — Essai sur l'ancienne monnaie de Strasbourg. 1603.
LEWAL (C.). — Mode de système électoral. M., 45.
LEYNADIER (C.). — Histoire de la famille. 908.
LHERBETTE (A. J.). — De la réforme de nos lois de douane. M., I, 2035. — Coll. V. art. 308.
L'HOSPITAL (Le chancelier M. DE). — Œuvres complètes. 269.
L'HUILLIER DE L'ÉTANG, trad. — V. art. 2294.
LIECHTENSTERN (J. M. VON). — Statistische Übersicht. 1257.
LIGNEAU-GRANDCOUR. — Plus de droits réunis. M., 1462. — Les Gouvernementales. 3055.
LINGARD (J.). — Histoire d'Angleterre. 3113.
LINGEN (H. DE). — De origine pecuniæ. 1567.
LINGUET (S. N. H.). — Du commerce des grains. L'impôt territorial. Observations sur un arrêté du parlement. Requête au sujet du refus des subsides. La France plus qu'anglaise. Onguent pour la brûlure. 1009. — Histoire des Jésuites, 3075.
LIOUVILLE. — Plaidoyer dans une affaire de houillères. M., 2036.
LIQUIER. — De l'influence du commerce. 1871.
LIVERPOOL (Comte DE). — A treatise on the coins of the realm. 1662.
LIVOY (T. DE). — Dictionnaire des synonymes français. 2324.
LOBINEAU, coll. — V. art. 3101.
LOCKE. — Traité du gouvernement civil. 38. — Éducation des enfants. 1020.
LOCKE. — Carte du chemin de fer de Rouen. 2471.
LOCRÉ (Baron). — Législation de la France. 384. — Esprit du Code Napoléon. 404. — Esprit du Code de commerce. 505. — Quelques vues sur le Conseil d'État. 646. — Législation sur les mines. 650.
LOHRMANN. — Des principaux observatoires d'Allemagne. M., 2307.
LOISEL. — Sur la question des entrepôts. 2039.
LOLME (J. L. DE.). — The constitution of England. 3135.
LOMBARD (A.). — Notice sur les finances des États-Unis. 1706.
LOMBARD DE LANGRES. — Mémoires sur la Révolution française. 2861.
LONCHAMPT (E.). — Dictionnaire des justices de paix. 368. — Explication du Code de commerce. 518.
LOREAU (J. L.). — Du crédit foncier. 1498.
LORENTZ. — Cours de culture des bois. 2253.
LORRY. — Souveraineté du roi sur la Bretagne. 2971.
LOTTIN, coll. — V. art. 2536.
LOUANDRE (C.), trad. — V. art. 2664.
LOUET (G.). — Recueil d'arrêts du parlement de Paris. 259.
LOWE (J.). — The present state of England. 1956.
LOWEL EDGEWORTH. — Sur la construction des routes. 1782.
LOYNES (DE). — Sur les crédits demandés pour l'Algérie. M., II. 3034.
LOYSEAU (C.). — Ses Œuvres. 273.
LOYSEL (A.). — Institutes coutumières. 224.
LUBBERT. — Sur la contrainte par corps à l'égard des étrangers. M., 396.
LUCAS (C.). — Du système pénitentiaire en Europe. 1108. — De l'extinction de la mendicité. M.; 1153.
LUCAS, coll. — V. art. 2627.
LUCAS (J. A. H.). — Tableau des espèces minérales. 2170.
LUCAS (Aimé). — Mémoire sur la prostitution. 1083.
LUCAY. — Statistique du Cher. 1201.
LUCCHESI PALLI (F.). — Principes du droit maritime. 566.
LUCET (J. C.). — Principes de droit canonique. 893.
LUDOT, trad. — V. art. 590.
LUNIER. — Dictionnaire des sciences et des arts. 2068.
LUZAC (E.), coll. — V. art. 12.
LYALL (R.). — An account of the military colonies in Russia. 1256. — Essai sur les colonies militaires russes. 3168.
LYELL (C.). — Éléments de géologie. 2165.

M

MAAS. — Théorie de la caisse hypothécaire. M., 1502.
MABLY (L'abbé DE). — Œuvres. 2382.
MAC-ADAM (J. L.). — System of road making. 1780. — Observations on the roads. 1781.
MACAREL (L. A.). — Éléments de droit politique. 27. — Recueil des arrêts du Conseil d'État. 390. — Éléments de jurisprudence administrative. 617. — Cours de droit administratif. 618. — Des tribunaux administratifs. 619. — De la fortune publique en France. 620. — Législation des ateliers dangereux. 887.
MAC-CARTHY. — Dictionnaire de géographie. 2410.
MACCAULAY (T. B.). — Histoire d'Angleterre. 3114.
MACCHIAVELLI (N.). — Opere. 2377.
MAC-CULLOCH (J. R.). — The principles of political economy. 951. — Économie politique. 952. — The literature of political economy. 1150. — An account of the British empire. 1229. — A dictionary of commerce, 1835. 1889. — *Idem*, 1847. 1890.
MACÉ DE RICHEBOURG. — Essai sur les monnaies étrangères. 1615.
MAC-GREGOR (J.). — The progress of America. 3186.
MACKAU (Baron DE). — Compte présenté au roi sur la marine. 1735.
MACKENZIE (A.). — Voyage dans l'Amérique septentrionale. 2631.
MADIER DE MONTJAU (P.). — Sur la situation en juin 1832. M., V, 3107.
MAGNIER-GRANDPREZ. — Code des douanes de l'Empire. 768.
MAHUL (A.). — Constitution politique de la France. 35.
MAILHER DE CHASSAT (A.). — De l'interprétation des lois. 63.
MAINOT. — Essai sur la pairie. M., I, 3071.
MAINTENON (Mme DE). — Mémoires et lettres. 2826.
MAIRE. — Carte itinéraire de France. 2466.
MAISEAU (R. B.). — Répertoire de commerce. 1887.
MAISTRE (Le comte J. DE). — Principes des constitutions. 954.
MALCHUS (C. A. DE). — Handbuch der Finanzwissenschaft. 1686.
MALEPEYRE. — Sur les appareils de chauffage. M., 2307.
MALFILÂTRE. — Ses Œuvres. 2363.
MALHERBE (F.), trad. — V. art. 2354.
MALLET. — Comptes rendus des finances. 1406.
MALLET DE MAISONPRÉ. — Sur les demandes de la colonie de Pondichéry. M., 1380.
MALLET DE TRUMILLY. — Projet d'indemnité des émigrés. M., I, 1292.
MALOUET (V. P.). — Mémoire sur les colonies. 3036.
MALPEYRE, coll. — 2197.
MALTE-BRUN. — Précis de la géographie. 2404. — Coll. V. art. 2572.
MALTHUS (T. R.). — Definitions in political economy. 955. — Principles of political economy. 956. — Principes d'économie politique. 957. — Essai sur la population. 1058.
MANDET. — Sur l'impôt des boissons. M., IV, 1452. — — Mémoire en faveur des débitants rédimés. M., 1462.
MANGIN. — Traité de l'action publique. 548. — De l'instruction écrite. 552. — Traité des procès-verbaux en matière de délits. 554.
MANGIN. — Discours sur les finances. M., I, 1338.
MANSTON (H.). — Essai sur l'extinction de la mendicité. 1090.
MANTELLIER (P.). — Sur la monnaie de Trévoux. 1600.
MARBAULT. — Sur le commerce de Russie. 1977.
MARBEAU (J. B. F.). — Sur l'économie sociale. 958.
MARCA (P. DE). — Histoire de Béarn. 2975.
MARCADÉ (V.). — Explication du Code Napoléon. 413.
MARCEL (P. L.). — Du régime dotal. 439.
MARCELLUS (Comte DE). — Politique de la Restauration. 2915.
MARCESCHEAU. — La Conversion des rentes. M., III, 1472.
MARCHANGY (DE). — La Gaule poétique. 2701. — Tristan le Voyageur. 2803. — Réquisitoire dans la conspiration de la Rochelle. 2916.
MARCHETTI (G.). — Del danaro straniero. 603.
MAREC. — De la répression de l'indiscipline dans la marine. 1999.
MAREC. — Sur la pêche de la morue. M., 2036.
MARESCHAL (J.). — Sur l'emploi du sel en agriculture M., I, 1455.
MARESTIER. — Bateaux à vapeur des États-Unis. 1833.
MARIE DE L'ISLE (E. B.). — Manuel du commerce des bois. 2292.
MARIVAULT (DE). — Des chemins de fer. M., I, 1861. — Des intérêts matériels de la France. M., I, 2035. — *Idem*, M., III, 2061.
MARIVAUX. — Œuvres complètes. 2386.
MARIVETS (*DE*). — Des navigations naturelles et artificielles de la France. 1808.
MARLÈS (LACROIX DE). — Histoire de la domination des Arabes et des Maures. 2682.
MARNIÈRE. — Essai sur le crédit commercial. 1908.
MARQUIS. — Statistique de la Meurthe. 1192.
MARQUISET (A.). — Notice sur M. Courvoisier. M., 3213.
MARRA (C. DEL LA). — Manuel politique pour les Français. 28.
MARSHALL. — Mortality of the metropolis. 1232.
MARTENS (G. F. DE). — Précis du droit des gens moderne. 14. — Recueil des traités d'alliance. 18.
MARTIGNAC (DE). — Essai sur la révolution d'Espagne. 2918.
MARTIN (C. F.). — Ses Tables de calculs. 2105.
MARTIN (H.). — Histoire de France. 2699.

MARTIN (V.) — De la colonisation algérienne. 3027. — Coll. M., IV, 3034.
MARTIN DE SAINT-LÉON (F. L.). — Recettes et dépenses de Paris, 1833, 1210. — *Idem*, 1843. 1211.
MARTIN (de Roclincourt). — Sur la fabrication du sucre de betterave. M., 2287.
MARTIN (de Mâcon). — De la création d'une banque ouvrière. M., I, 1501. — Sur les canaux. M., I, 1835. — Sur la mesure des longitudes. M., 2307.
MARTINEAU (Harriet). — Contes sur l'économie politique. 985.
MASQUELIER (H.). — Le Guide du commerçant. 1896.
MASSAS (C. DE). — Histoire des projets d'agrandissement du Havre. M., III, 1835.
MASSÉ (J.). — Dictionnaire des eaux et forêts. 825.
MASSÉ (G.), coll. — V. art. 511.
MASSÉ (A. J.). — Le Parfait notaire. 313. — Jurisprudence et style du notaire. 308.
MASSELIN (J.). — Journal des États généraux de Tours. Doc. in., 2734.
MASSIAS (Baron). — Questions sur le rachat de la rente. Supplément à cette brochure. M., III, 1472. — Moyen unique de conserver l'Algérie. M., II, 3034. — Sur le droit d'hérédité dans la monarchie. Sur l'organisation de la pairie. M., V, 3107.
MASSON (A.). — Coutume de Paris. 188.
MASSON. — De la comptabilité des dépenses publiques. 1306.
MASSUET (P.), trad. — V. art. 2143.
MASTROFINI (M.). — Le Usure, libri tre. 451.
MATHIEU (C. L.). — Code des mines. 867.
MATHIEU. — Atlas du département des Vosges. 2484.
MATHIEU DE DOMBASLE (C. J. A.). — Œuvres diverses. Économie politique, etc., 1147. — Question des sucres. 1951. — *Idem*, M., I, 2063. — Des intérêts du midi et du nord de la France. 2028. — *Idem*, M., II, 2061. — Calendrier du bon cultivateur. 2199. — Annales agricoles de Roville. 2200. — Le Procédé de macération du sucre. M., 2282. — *Idem*, M., 2287. — Droit d'entrée sur les laines et les bestiaux. M., III, 2035. — De l'avenir industriel de la France. M., II. 2061. — Trad. V. art. 2189.
MATHON DE FOGÈRE. — Essai d'économie sociale. 959.
MATHURIN (L.). — Remarques sur la coutume du Maine. 205.
MAUDUIT. — Leçons d'arithmétique. 2086.
MAUGERET (A.). — Traité de la contrainte par corps. 455.
MAURY (Comte DE). — Appel à l'honneur national sur les colonies. 1941. — Livre du fabricant de sucre et du raffineur. 2279.
MAURICE (B.), trad. — V. art. 985.
MAURIZE (A.). — Dangers de la situation actuelle de la France. 2943.
MAURY (L'abbé). — Opinion sur les finances. M., II, 1393.
MAUVILLON (DE). — Histoire de Frédéric Guillaume Ier. 3161.
MAYER, coll. — V. art. 2087.
MAYO (R.). — A synopsis of the commercial system. 1982.
MAZURE (F. A. J.). — Histoire de la révolution de 1688. 3116.
MEAUME (E.). — Commentaire du Code forestier. 822. — Manuel de l'adjudicataire et du garde-vente. 834. — Des droits d'usage. 836.
MÉLIER (F.). — De la santé des ouvriers employés aux tabacs. M., II, 1292. — *Idem*, M., 1459.
MELLET. — Sur le chemin de fer de la Loire. Rapport sur le tracé du chemin de la Loire. M., 1858. — Coll. V. art. 1832.
MELON. — Essai sur le commerce. 1867.
MELSENS. — Nouveau procédé pour l'extraction du sucre. M., 2287.
MÉNAINVILLE (DE). — Des finances publiques en France. M., III, 1338.
MÉNERVILLE (P. DE). — Dictionnaire de la législation algérienne. 386.
MENIN. — Sacre des rois et reines de France. 2712.
MENJAUD (C.). — Voitures à vapeur sur routes ordinaires. M., 1775.
MENNEVAL (Baron DE). — Napoléon et Marie-Louise. 2903.
MERGER, coll. — V. art. 509.
MÉRIMÉE (P.). — Notes d'un voyage en Corse. 2587.
MERLE (L. M. C.). — Traité d'arithmétique et de change. 1898.
MERLIN — Répertoire de jurisprudence. 370. — Recueil des questions de droit. 371. — Sur les droits seigneuriaux déclarés rachetables. M., 396.
MERMOZ. — Projet de répartition de la contribution foncière. M., 1438.
MERTENS. — Sur l'éducation des enfants. 2968.
MESLÉ (J.). — Traité des minoritez, des tutelles et curatelles. 140.
MESNARD (C.), ann. — V. art. 2798.
MESNARD (J. B.). — Réponse à M. de Châteaubriand. M., IV, 3107.
METZ-NOBLAT (DE). — Du projet de loi sur les défrichements. M., 2247.
MEULIEN (T.), trad. — V. art. 2165.
MEY. — Maximes du droit français. 133.
MEYER. (J. D.). — Esprit des institutions judiciaires. 65.
MÉZERAY. — Histoire de France. 2693.
MICHAUD (J.). — Histoire des croisades. 2799. — Cont. V. art. 2695.
MICHAUD (L. G.). — Biographie universelle. 3190.
MICHAUX (A.). — Histoire des arbres forestiers de l'Amérique septentrionale. 2261. — Ann. V. art. 2257.
MICHEL (F.). — Rapport sur les documents inédits. 2720. — Chronique des ducs de Normandie. Doc. in., 2727.
Michel CHEVALIER. — V. CHEVALIER (M.)
MICHELET. — Origine du droit français. 289. — Histoire de France. 2700. — Procès des Templiers. Doc. in., 2757.
MICOUD. — Sur les finances et le commerce. 1297.
MIELLE, cont. — V. art. 3149.
MIGNERET. — Traité de l'affouage. 682.
MIGNET (F. A.). — Négociations relatives à la succession d'Espagne. Doc. in., 2754. — Histoire de la

Révolution française. 2859. — Histoire de Marie Stuart. 3138. — Antonio Perez et Philippe II. 3148. — Notices historiques. 3205. — Notice sur le comte Siméon. M., 3213.
MIGNOT (E.). — Droits de l'État sur les biens d'église. 902.
MILL (J.). — Éléments d'économie politique. 961.
MILL (J. S.). — Économie politique. 962.
MILLERET (J.). — Sur l'établissement des chemins de fer. 1848. — *Idem*, M., I, 1861. — Réduction du droit sur le sel. M., I, 1455. — Du remboursement de la dette publique. M., III, 1472.
MILLET. — Traité du bornage. 501.
MILLET-MUREAU, publ. — V. art. 2612.
MILLIÈRE (DE LA). — Sur les ponts et chaussées. M., 1760.
MILLIN (A. L.). — Voyage dans le midi de la France. 2583. — Voyage dans le Milanais. 2606.
MILLON. — Nouveau plan de finances. M., II, 1338.
MILLOT. — Question des sucres. 1950. — Échelle de consommation des sucres. M., 2286.
MILTITZ (A. DE). — Manuel des consuls. 576.
MINARD (C.). — Carte figurative des combustibles. 2487. — Projet de canal pour le transport des pavés. M., I, 1860. — Du parcours partiel sur les chemins de fer. Des pentes sur les chemins de fer. M., II, 1861.
MIOT (J.). — Mémoires sur l'expédition d'Égypte. 2881.
MIRABEAU (Marquis DE). — Théorie de l'impôt. 964. — Lettre sur le commerce des grains. 1008. — L'Ami des hommes. Mémoire sur les États provinciaux. 1054. — Philosophie rurale. 2187.
MIRABEAU (Comte DE). — De la caisse d'escompte. 1535. — Trad. V. art. 3147.
MIRABEL-CHAMBEAU. — Code des établissements industriels. 886.
MITOUFLET. — Note pour les pensionnaires de la caisse de vétérance. M., 1481.
MITTRE (H. C.). — De l'influence de Paris sur la France. 1266. — *Idem*, M. II, 1292.
MOFRAS (DE). — V. DUFLOT DE MOFRAS.
MOITHEY. — Dictionnaire hydrographique de la France. 1802.
MOIZEN. — Questions sur les élections. M., I, 46.
MOLARD. — Notice historique sur les bateaux à vapeur. M., 2307.
MOLÉON (DE). — Recueil industriel. 2057. — Documents sur la liste civile du roi d'Angleterre. M., 1718. — Sur la question de l'entrepôt de Paris. M., IV, 2061.
MOLIÈRE (J. B. POQUELIN DE). — Œuvres complètes. 2355.
MOLLIEN. — Mémoires d'un ministre du Trésor. 1398.
MOLLIÈRE. — Sur l'assistance judiciaire. M., 1153.
MOLLOT. — Bourses de commerce. 540.
MOLROGUIER. — Histoire critique de l'impôt des boissons. 1450. — Examen de la question des sucres. 1952.
MONACO (Prince DE). — Du paupérisme en France. 1081.
MONBRION. — Dictionnaire de commerce. 1893.
MONCHANIN (DE). — Sur la nouvelle émission de papier-monnaie. M., I, 1619.
MONGALVI (S. C. T.) — Analyse du Code de commerce. 515.
MONGINOT (A.). — Études sur la comptabilité commerciale. 1905.
MONGLAVE (E. DE). — Sur les colonies de bienfaisance. M., 1153.
MONIN. — Atlas de géographie moderne. V. art. 2411.
MONMERQUÉ (L. J. N.). — Carrosses à cinq sols. 3082. — Notice sur Coligny. 3197. — *Idem*, 3198. — — Coll. V. art. 2716.
MONNARD (C.), trad. — V. art. 3135.
MONNIER (P.). — Atlas de la Martinique. 2525. — Description des côtes de la Martinique. 2531.
MONTAGNE (D. J.). — Avantages de coloniser Alger. M., I, 3033.
MONTAIGNAC (DE). — Rapport sur la pêche du hareng. M., 2004.
MONTAIGNE (M. DE). — Ses Essais. 2391.
MONTALIVET (Comte DE). — Exposé de la situation de l'Empire. 2893. — Exposé des motifs sur les élections. M., 45. — Lettre sur les canaux. M., 1824.
MONTCLOUX (DE). — De la comptabilité publique. 1308.
MONTÈGRE (DE). — Examen du gouvernement des Bourbons. M., I, 3107.
MONTEIL (A. A.). — Matériaux historiques. 2686. — Histoire des Français. 2704. — Les Français dans l'histoire de France. 2705. — Assiette des impôts, de 1378 à 1653. 2759. — Rôle des fouages et monéages. 2760. — Pièces relatives aux tailles. 2761 à 2765. — Pièces concernant les aides. 2766 et 2768. — Pièces relatives aux élections. 2767. — Pièces concernant les gabelles. 2769 et 2770. — Carte du grenier à sel d'Auxonne. 2771. — États et mémoires concernant les fermiers généraux. 2773. — Pièces concernant les décimes. 2774. — Projets relatifs aux loteries. 2775. — Instructions sur la comptabilité. 2776 et 2788. — Pièces relatives aux monnaies et aux changes, de 1300 à 1700. 2777. — Pièces concernant le domaine. 2778 et 2779. — Pièces relatives aux trésoriers de France. 2780. — Recette des finances de la généralité de Lyon. 2781. — Dette publique de France, de 1370 à 1780. 2782. — Pièces relatives aux chambres des comptes. 2783 à 2785. — Instruction pour vérifier les comptes. 2786. — Mémoire des conseillers auditeurs sur la comptabilité. 2787. — Fonds secrets, de 1659 à 1793. 2789. — Histoire des monnaies depuis 1740. 2790. — Mémoire sur les finances. 2791. — Observations sur les finances d'Angleterre. 2792. — Ordonnances sur les salines de la Franche-Comté. 2793. — Histoire des raffineries. 2794. — Pièces concernant les douanes, de 1360 à 1787. 2795. — Mémoire sur le commerce de l'Europe. 2796.
MONTESQUIEU. — De l'Esprit des lois. 3. — Grandeur des Romains. 2665.
MONTESQUIOU. — Du gouvernement des finances de France. M., 1391. — *Idem*, M., I, 1393. — Situation du royaume en 1814. M., 3105.

MONTFERRIER (A. S. DE). — Dictionnaire de marine. 1733. — Dictionnaire de mathématiques. 2077.
MONTGÉRY (P. M. DE). — Mémoire sur les navires en fer. M., 1723. — Moyens de rendre Paris port de mer. M., 1819.
MONTGOMERY (M.). — History of the british colonies. 3143.
MONTHION (*DE*). — Sur les ministres des finances. 1366.
MONTHOLON (Général). — Histoire de France sous Napoléon. 2901.
MONTHYON (DE). — De l'influence morale des impôts. 1148.
MONTIGNY (C. C. DE). — Histoire générale d'Allemagne. 3157.
MONTIGNY (C. DE). — Manuel du négociant en Chine. 1997.
MONTIGNY (DE). — D'une banque à Toulouse. M., I, 1501.
MONTLIVAULT (Comte DE). — De la septennalité. M., 45.
MONTLOSIER (Comte DE). — De la monarchie française. 23. — De la monarchie française en 1821. 2914. — Mémoire sur un système religieux et politique. 2926. — Sur l'organisation départementale. M., 1275. — Le Mont-Dore. M., 2449. — Sur la liberté de la presse. M., 3091. — Sur l'état de la France. M., V, 3107.
MONTROL (DE). — Colonies anglaises depuis l'émancipation des esclaves. M., 1130.
MONTVÉRAN (DE). — Statistique des colonies des tropiques. 1258. — Histoire de la situation de l'Angleterre. 3123.
MONZIE-LASSERRE (J. B.). — D'une institution nationale d'agriculture. M., I, 2208.
MORALÈS (J. J.). — Du calcul de l'opinion dans les élections. 3087. — Sobre la libertad politica de la imprenta. M., 3091.
MORAND (Comte). — De l'armée selon la Charte. 2928.
MOREAU (C.). — Tableau du commerce de la France et de l'Angleterre. 1923.
MOREAU (C.). — Choix de mazarinades. 2832.
MOREAU. — Description du chemin de fer de Liverpool à Manchester. M., III (166), 1825.
MOREAU-CHRISTOPHE (L. M.). — Du problème de la misère. 1082. — De la mortalité dans le régime pénitentiaire. 1102. — Rapport sur les prisons de l'étranger. 1110. — Rapports sur les prisons d'Angleterre. 1112. — Documents sur les pénitenciers. 1115.
MOREAU DE BEAUMONT. — Mémoires sur les impositions. 1322.
MOREAU DE JONNÈS (A). — Rapport sur le choléra-morbus. 1216. — Sur l'esclavage colonial. 1220. — Statistique de la Grande-Bretagne. 1224. — Statistique de l'Espagne. 1241. — Le Commerce au XIXe siècle. 1873. — Tableau du commerce de la France en 1824. M., I, 2061.
MOREAU DE JONNÈS fils. — La Prusse, son progrès, etc. 1255.
MOREAU DE SAINT-MÉRY. — Lois et constitutions des colonies françaises. 578. — Description de Saint-Domingue. 3044.
MOREL-VINDÉ (DE). — Sur la théorie de la population. M., 1153. — Sur la théorie des assolements. M., 2287.
MORELLET (L'abbé). — Réfutation du dialogue sur le commerce des blés. 1011. — Nouveau dictionnaire de commerce. 1884. — Mémoires sur le XVIIIe siècle et la Révolution. 2856. — Trad. V. art. 3137 et 3181.
MORGAN (A. DE). — An essay on probabilities. 1070.
MORIN (A.). — Répertoire de droit criminel. 544.
MORIN (A.). — Expériences sur le tirage des voitures. 1789. — Aide-mémoire de mécanique. 2304.
MORIN (C. M.). — Essai sur l'administration militaire. 857.
MORIN (P. E.). — Sur l'ouverture et l'entretien des routes. M., 1790.
MORIN. — Manuel de l'amidonnier. 2291.
MORIN. — Le Commerce affranchi. M., II, 2061.
MORLENT. — Précis sur Guérande. M., 2449.
MORNAND. — Lyon en 1830. M., 3106.
MORNY (A. DE). — Question des sucres. 1949.
MOROGUES (Baron DE). — Du prix de revient du blé en France. 1015. — De la richesse et de la misère des peuples civilisés. 1078. — Sur les moyens de prévenir la misère. M., 1153.
MORTIMER (T.). — Commercial dictionary. 1891.
MOSBOURG (Comte DE). — Lettres et observations sur la conversion et la réduction des rentes. M., I, 1472. — *Idem*, M., 1476.
MOTTIN (A.). — Société d'agriculture de Mâcon. 2221.
MOUNIER. — Observations sur les États généraux. 2841.
MOUNIER (L.). — De l'agriculture en France. 2193. — Ann. V. art. 2202.
MOURGUE. — Sur le traité de commerce de 1786. M., 2060.
MURAT (Prince A.). — Lettres sur les États-Unis. 2632.
MURET DE BORT (L.). — Du privilége de la Banque de France. De la Banque de France. M., I, 1501. — De la question des sucres en 1843. M., IV, 2063.
MURPHY. — Essay on the life of Johnson.
MUSSEMBROCK (P.). — Essai de physique. 2143.

N

NADAULT DE BUFFON. — Des usines sur les cours d'eau. 846.

NANSOT (L. P.). — Caisse de crédit foncier. 1499.

NAPOLÉON III. — Ses Œuvres. 2385. — Études sur l'artillerie. 2302. — Discours et proclamations. M., VII, 3107.

NASSEAU. — Lectures on the money. 1135.

NAU DE SAINTE-MARIE. — Recherches sur les droits d'usage. M., 1247.

NAVIER. — De l'exécution des travaux publics. M., 1777. — Sur la tontine perpétuelle d'amortissement. M., I, 1477.

NAYLIÈS. — Nouveau code des émigrés. 52. — Jurisprudence sur la loi de l'indemnité. 58.

NEBOUX. — Organisation de l'assistance publique. M., 1153.

NECKER. — Comptes rendus au Roi. 1370. — *Idem.* 1375. — *Idem.* M. (2), 1371. — *Idem.* M. (1), 1377. — *Idem.* M., 1379. — Sur le commerce des grains. 1012. — De l'administration des finances de la France. 1368. — Sur son administration. 1369. — Sur l'établissement des administrations provinciales. 1372. — Nouveaux éclaircissements. 1376. — Mémoire sur les administrations provinciales. M. (2), 1379. — Réponse à l'abbé Moullet sur la Compagnie des Indes. M., 1670. — Justifications. M., I, (5), 2876. — Mémoire à l'Assemblée. M., I, (11), 2876. — Aperçu de l'État des finances. M., I, (12), 2876.

NELKENBRECHER. — Nouveau manuel des monnaies. 1590.

NÉRON (P.). — Édits et Ordonnances sur le fait de la justice. 92.

NEUFCHÂTEAU (F. DE). — Dictionnaire d'agriculture. 2198. — Voyages agronomiques à Dijon. 2220. — Statistique. 1197. — Ann. V. art. 2370.

NEVEU-DEROTRIE (E. J. A.). Commentaires sur les lois rurales. 675.

NIBELLE. — Aux membres de la Chambre des députés. M., I, 3071.

NICHOLSON. — Le Mécanicien anglais. 2295.

NICODÈME (P. J.). — Exercice des commerçants. 1986.

NIEGOLEWSKI (Colonel). — Les Polonais à Somo-Sierra. en Espagne. M., 3106.

NODIER (C.). — Essai sur le gaz hydrogène. 2153.

NOËL (F.). — Philologie française. 2317. — Dictionnaire des inventions et découvertes. 2069.

NOËL, trad. — V. art. 1286.

NOËL-AGNÈS. — Sur le chemin de fer de Paris à Cherbourg. M., IV, 1860.

NOIRON (L DE). — Des banques en France. 1517.

NOIROT-BONNET. — Traité de la culture des forêts. 2227. — De l'aménagement des forêts. 2233. — Manuel de l'estimateur des forêts, 2239.

NORVINS (DE). — Histoire de Napoléon. 2885.

NOSBAN. — Manuel du menuisier. 2288.

NOTRÉ, Coll. — V. art. 1825, M., III, (166).

NOUGUIER père. — Sur le Comptoir d'escompte de Paris. M., 1541.

NOUGUIER (J.), trad. — V. art. 2224.

NOYER. — Mémoire sur la Guyane. 3039. — Forêts vierges de la Guyane. 3043.

NUNEZ DE TABOADA. — Dictionnaire français-espagnol et espagnol-français. 2336.

O

OBERT. — Sur la colonisation de l'Algérie. M., III. 3034.

OCHOA (E DE). — Dona Isabelle II, reine d'Espagne. M., 3213.

ODIER (P. A.). — Études sur l'administration militaire. 853.

ODIER (P.). — Systèmes hypothécaires. 477.

ODILON-BARROT. — Sur l'entrepôt de Paris. M., IV. 2061.

ODOLANT-DESNOS (J.). — Possibilité de coloniser Alger. M., I, 3033.

O'DONNELL (Le Comte). — Code vicinal. 690. — Du projet de loi sur les pensions. M., II. 1482. — Chemins communaux en France. M., 1776.

OGER (L.). — Question de vie ou de mort pour la République. M., VII, 3107.

OKEY (C. H.). — The law, affecting the commercial intercourse. 589. — Droits et obligations des étrangers en Angleterre. 596. — Acte de réforme du Parlement. 3129.

OLDECOP (A.). — Dictionnaire français-russe et russe-français. 2340.

OLIBO, coll. — V. art. 798, 799, 815.

OLIVIERY (C.). — Tableau des routes de l'Europe. 2413.

OLLIVAULT-DUPLESSIS. — Adresse sur les loteries. M., II, (35) 2876.

OLLIVIER. — Sur la distillation des eaux-de-vie. M., I, 1452.

OMALIUS D'HALLOY (J. J.). — Notions de statistique. 1156.

ORDINAIRE. — Observations sur le cadastre. M., I, 1439.

ORTOLAN (E.). — Législation pénale comparée. 66. — Explication des Instituts de Justinien. 80.
OUDINOT DE REGGIO (Marquis DE). — Des remontes de l'armée. 1722.
OURCHES (C. D'). — Aperçu général des forêts. 2225.
OUVRARD (G.-J.). — Ses mémoires. 1399. — Sur l'Administration. M., 1471. — Mémoire sur les finances de 1815. M., 1339.
OUVRARD fils. — De la conversion de la rente. M., III, 1472. — Sur les routes et canaux. M., 1775.
OVIEDO (DE). — Sur l'état des finances de l'Espagne. M., 1717. — *Idem*. 1718.

P

PABLO-PEBRER. — V. PEBRER.
PACAUD (J. J.), trad. — V. art. 1122.
PAGANEL (C.). — Sur l'établissement de Napoléon. 2883.
PAGART. — Des systèmes hypothécaires en France. 763.
PAGE (F.). — Traité d'économie politique. 967. — The principle of the poor Laws. 1099.
PAIGNON (E.). — Théorie légale des opérations de banque. 1521.
PAILLIET (J. B. J.). — Droit public français. 1822. 22. — *Idem*, 1832, 400. — *Idem*, 1852, 401. — Manuel complémentaire des codes. 402.
PALAISEAU (J. F. G.). — Métrologie universelle. 2124.
PALASSOU (L'abbé). — Minéralogie des monts Pyrénées. 2174.
PALLAS (E.). — Recherches sur le maïs. 2211.
PALSGRAVE. — L'esclaircissement de la langue françoyse. Doc. in. 2735.
PANNIER. — Traité des hypothèques. 470.
PAPION. — Sur la liquidation de la dette. M., 1471.
PAPON. — Histoire de Provence. 2981.
PARADE (A.), publ. — Voy. art. 2253.
PARAVEY (P. F.). — Sur la navigation du Rhin. M., 1791.
PARDESSUS (J. M.) — La Loi salique. 99. — Essai historique sur l'organisation judiciaire. 297. — Traité des servitudes, 1829, 426. — *Idem*, 1838, 427. — Cours de droit commercial. 517. — Traité du contrat et des lettres de change. 524. — Introduction à la collection des lois maritimes. 563. — Les lois maritimes. 564. — Pub. V. art. 275.
PARENT-DUCHÂTELET. — Sur la rivière de Bièvre. M., 1824.
PARIS (L.). — Négociations sous François II. Doc. in. 2739.
PARISOT (J. T.), trad. V. art. 961 et 3136.
PARKER-CLEAVELAND. — Treatise on mineralogy. 2171.
PARNELL (H.). — On the financial reform. 1630. — Réforme financière en Angleterre. 1631. — Observations on paper money. 1632.
PASCAL (B.). — Œuvres complètes. 2376. — Pensées. 2392.
PASCAL. — Sur la ligne du chemin de fer d'Amiens et de Saint-Quentin. M., III, 1860.
PASCALLET. — Biographie universel. 3191.
PASQUIER (Baron). — Ses discours dans les Chambres législatives. 3100.
PASQUIER (E.). — Ses Œuvres. 2381.
PASQUIER (N.). — Lettres. 2381.
PASSY (F.). — De l'instruction secondaire en France. 1275.
PASSY (H.). — Abolition de l'esclavage. M., 1130.
PASTEUR. — Cam. Jordan aux fils de la monarchie et de l'Église. M., IV, 2876.
PATAS DE BOURGNEUF (L.). — Sur les fonctions des trésoriers de France. 1359.
PATORNI (F. M.). — Du jury en Corse. M., 1293.
PATRIN (E. M. L.). — Histoire naturelle des minéraux, 2169. — Ann. V. art. 2146.
PATRON. — Questions relatives aux colonies. M., 2004.
PAUCTON. — Métrologie. 2122.
PAUW (DE). — Recherches sur les Égyptiens et les Chinois. 2661.
PAVET DE COURTEILLE. — Sur la rivière de Bièvre. M., 1824.
PAYEN (A.). — Mémoire sur la canne à sucre. M., 2064. — Traité de la distillation des betteraves. 2285. — Instruction sur l'extraction du sucre. M., 2287.
PEBRER (P.). — Situation financière de l'Espagne. 1690. — Histoire financière de l'Empire britannique. 1621.
PECCHIO (J.). — De l'économie politique en Italie. 927.
PÉCHART (P.). — Répertoire de l'administration des communes. 671.
PÉCHART (A. P. P.). — V. art. 491.
PECQUET (A.). — Lois forestières de France. 816. — Comptabilité du matériel de la marine. 1740.
PECQUEUR (C.). — Théorie d'économie sociale et politique. 968.
PEIGNÉ. — Dictionnaire des communes. 2418.
PEIGNOT (E. G.). — Documents sur les dépenses de Louis XIV. 2830. — Traité du choix des livres. 3223. — Manuel du bibliophile. 3224.
PELET DE LA LOZÈRE. — Opinions de Napoléon sur la politique. 1267.
PÉLIGOT (E.). — Rapport sur la fabrication du sucre. M., IV, 2063.
PELLAT (A.). — Traduction du livre VII des Pandectes. 83.
PELLETAN. — Instruction sur l'emploi du Konidomètre. M., 2287.
PELOUZE. — Manuel du manufacturier. 2293.
PÉPIN (A.). Deux ans de règne. 2939. — De l'opposition en 1832. — De la prérogative royale. M., V, 3107.
PÉRAC. — Robespierre aux Frères et amis. M., IV (73), 2876.

PÉRÉFIXE (A. DE). — Histoire de Henry le Grand, 2808.
PÉREIRE (E.). — Examen du budget de 1832. M., II, 1337 et 1475. — De l'assiette de l'impôt. M., IV, 1439. — Sur les finances de la France et des États-Unis. M., 1475. — Lettre sur le projet de loi des chemins de fer. M., IV, 1860.
PÉRIER (A.). — Discours sur les élections. M., 45.
PÉRIER (C.). — Réflexions sur le projet d'emprunt, 1817. — Dernières réflexions sur le même objet. M., 1478 et 1479.
PÉRIGNON. — Sur la neutralité des navires danois. M., 1029.
PERPIGNA (A.). — Manuel des inventeurs. 873.
PERREAUX (P. A.). — V. art. 200.
PERRÈVE. — Des délits de chasse. 852.
PERRIN (J. B.). — Essai sur le travail des greffes. 499.
PERRIN. — Sur les compagnies et pelotons hors rangs. M., II, 1729.
PERRIN DU LAC. — Description du département de l'Isère. 1187.
PERRONET THOMPSON (T.). — The true theory of rent. 1467.
PERROT (A. P.). — Dictionnaire de voirie. 683.
PERROT (A. M.). — Tableau statistique de la France. 1173.
PERROTET. — Rapport sur l'industrie sérigène. M., II, 2208.
PERSIL (J. C.). — Régime hypothécaire. 471. — Questions sur les priviléges. 472.
PERTHUIS (DE). — Aménagement des bois. 2234.
PERTHUIS fils (DE), pub. — V. art. 2234.
PETETIN (A.). — De la pairie. M., I, 3071.
PETIET (J.). — Travaux du canal du Rhône au Rhin. M., III, 1834. — Coll. V. art. 1821.
PETIT. — Histoire de la Révolution de 1830. 2931.
PETIT. — Traité du droit de chasse. 848.
PETIT. — Sur la conversion du 5 o/o. M., 1471.
PETIT DE COUPRAY. — Annuaire des chemins de fer. 1842.
PETIT-DESROCHETTES (E.). — Esprit de la jurisprudence du Conseil d'État. 642.
PETITJEAN. — Question des sucres, 1843. M., II, 2063.
PETIT-JEAN (J.). — Principe d'association pour l'industrie houillère. M., IV, 2061.
PETIT-RADEL (L.). — Note sur les aqueducs des anciens. 1840. — Notice sur la bibliothèque Mazarine. 3229.
PETITOT aîné. — Mémoires relatifs à l'Histoire de France. 2715.
PETITOT (A.). — Mémoires relatifs à l'histoire de France, 2e série. 2716. — Coll. V. art. 2715.
PEUCHET (J.). — Description statistique de la France. 1166 et 1169. — Statistique des départements situés le long du Rhin. 1167. — Essai d'une statistique de la France. 1171 et 1202, — Dictionnaire de la géographie commerçante. 1883. — Trad. V. l'art. 568.
PEYRÉ (A.). — Civilisation de l'Afrique. M., II, 3033.
PEYRÉ (J. F. A.). — Lois des Francs. 100.
PEYRET (A.). — Situation du chemin de fer de Saint-Étienne à Lyon. M., 8158.
PEYRONNET (Baron J. DE), trad. — V. art. 3124.
PEYROT (J.). — Encyclopédie mathématique. 2082. — Trad. V. art. 2095 et 2100.
PEYSSONEL (DE). — Commerce de la mer Noire. 1974.
PFEFFEL. — Abrégé de l'Histoire et du droit public de l'Allemagne. 3158.
PFEIL. — Résumé des affaires de la Plata. M., 3189.
PFLUGUER (L. D.). — La maison des champs. 2196.
PHILIPPAR (F. H.). — Études forestières. 2232.
PHILIPPI (A), trad. — V. art. 2995.
PHILLIPS (J.). — History of inland navigation. 1806.
PICHAULT DE LA MARTINIÈRE (A.). — Théorie de canalisation. M., II, 1834. — Du tarif des bestiaux étrangers à l'entrée en France. M., II, 2035.
PICHON. — De la constitution de la dette. M., I, 1472.
PICHONNIÈRE. — Sur l'agriculture d'Alger. M., I, 3033.
PICHOT (A.). — Voyage en Angleterre et en Écosse. 2589. — Coll. V. art. 2153. — Trad. V. art. 3113.
PICQUET (C.) — Carte des routes de poste d'Espagne. 2494. — Navigation à vapeur dans la Manche. 2504.
PIENUD (J.). — Nummorum veterum comparatio. 1558.
PIERRE. — Réflexions sur le cadastre. M., I, 1439.
PIERROT (N.). — Des finances de la France. 1382.
PIERRUGUES. — Plan de la ville de Bordeaux. 2563
PIET. — Législation sur les domaines engagés. 744.
PIETRY. — Statistique du département du Golo. 1201.
PIETTE (L.). — Traité de la fabrication du papier. 2275.
PIEYRE fils. — Statistique de Lot-et-Garonne. 1204.
PIGEAU (E. N.). — La procédure civile des tribunaux. 497.
PILLET, dir. — V. art. 3222.
PILLET-WILL. — Observations sur l'emprunt de 24 millions, 1818. M., 1478. — Dépense et produit des canaux et des chemins de fer. 1828.
PINAULT. — Coutumes de la ville et du duché de Cambray. 221.
PINHEIRO-FERREIRA. — Cours d'économie politique. 1040.
PINTEUX (P. H.). — Sur la production des bestiaux en France. M., II, 2208.
PIOSSENS (Chevalier DE). — Mémoires de la Régence. 2833.
PIRON. — Du service des postes. 1545.
PIRON. — Ses Œuvres. 2360.
PISON DU GALLAND. Sur les droits supprimés sans indemnité. M., 396.
PISTOYE (DE). — Examen des recensements. M., VI, 1439.
PITHOU (P.). — Observations sur les coutumes de Paris. 185.
PITOU (L. A.). — Toute la vérité au Roi. 2813.
PITT. — Discours politiques. 3097.
PLANAT DE LA FAYE. — De la nécessité d'abandonner Alger. M., 3035.
PLANCHE (A.), trad. — V. art. 952.

Plinguet. — Sur l'aliénation de 300,000 hectares des forêts. M., 2247.
Plougoulm (P. A.). — De l'hérédité de la pairie. M., I, 3071. — Réponse à M. de Châteaubriand. M., IV, 3107.
Pluche (L'abbé). — Spectacle de la nature. 2076. — Histoire du ciel. 2101.
Pluquet (L'abbé). — Traité sur le luxe. 1151.
Plutarque. — Vies des hommes illustres. 3192.
Poinsot (L.). — Éléments de statique. 2094.
Poirée. coll. — V. art. 2576.
Poirel. — Lois organiques de la France. 42.
Poirel. — De l'emploi de moyens de colonisation à Alger. — De l'occupation et de la colonisation d'Alger. M., II, 3034.
Poirié-Saint-Aurèle. — De la loi transitoire sur les sucres, 1833. M., III, 2063.
Poivre (P.). — Œuvres complètes. 1394.
Poli (J. de). — Sur la culture de la Corse. M., I. 2208.
Polonceau (A. R.). — Sur les ravages produits par les rivières. 1759. — Observations sur les routes. 1796.
Polybe. — Histoire. 2663.
Pommereul (*De*). — Histoire de l'île de Corse. 2986.
Pompéi (P. P.). — État actuel de la Corse. 2992.
Ponce. — Atlas de Saint-Domingue. V. art. 3044.
Poncelet (F. F.). — Précis de l'histoire du droit. 403. — Ann. V. art. 77.
Pont (P.), coll. — V. art. 437 et 754.
Pope (C.). — The merchant's guide. 2001.
Poquet de Livonière (C.). — Traité des fiefs. 227.
Poriquet. — Nécessité d'annuler les rentes rachetées. M., II, 1477.
Portalis (J. E. M.). — Travaux inédits sur le Code civil. 409.
Portalis (J. M.), coll. — V. art. 409. — Discours sur le comte Siméon. M., 3213.
Porter (G. R.). — Progrès de la Grande-Bretagne, 1837. 1063 — The progress of the nation, 1836. 1064. — *Idem*, 1838. 1958. — *Idem*, 1847. 1144.
Portiez. (L.). — Cours de législation administrative. 615. — Code diplomatique. 3057.
Posson (De). — De la navigation transatlantique par la vapeur. M., 2004.
Poterlet. — Code des desséchements. 883.
Potherat de Thou. — Sur l'origine de l'impôt en France. 1343.
Pothier (R. J.). — Œuvres complètes. 271. — Pandectes. 79. — Coutumes d'Orléans. 199.
Pougeard (F.). — Amélioration du régime hypothécaire. 475.
Pouillet. — Éléments de physique. 2144.
Poujoulat (B.). — Histoire de Constantinople. 3172.
Poulett-Scrope. — Principles of political economy. 994.
Poullain de Belair. — V. art. 212.
Poullain du Parc (A. M.). — Principes du droit français. 149. — Coutumes générales du pays de Bretagne. 212.
Poussielgue (J. B. E.). — Des finances de la France en 1817. 1441.
Pradier-Fodéré (P.). — Précis du droit administratif. 636.
Pradt (D. D. de). — Les quatre concordats. 896. — Du refus général de l'impôt. M., IV, 1439 et 3107. — Sur la marine militaire. V. art. 1749. M. — De la presse et du journalisme. M., V, 3107.
Préval (Général). — Un mot sur les remontes. M., III, 1729.
Prévost (L'abbé). — Histoire des voyages. 2575.
Prévost père et fils, trad. — V. art 1058.
Price (R.). — On reversionary payments. 2117.
Prieur (C. A.). — Sur l'exécution des lois relatives aux poids et mesures. — Nouvelle instruction sur les poids et mesures. — Rapport sur l'uniformité des poids et mesures. M., 2142.
Proudhon (J. M.). — Traité sur l'état des personnes. 416. — Traité des droits d'usufruit, d'usage, etc. 424. — Traité du domaine public. 637. — Traité des servitudes. 677.
Proudhon (P. J.). — Les chemins de fer et les voies navigables. 1849.
Proyart (L'abbé). — Histoire de Stanislas Ier. 3164. — Vie du Dauphin père de Louis XVI. 3202.
Prugnon. — Projet de décret sur les hypothèques. M., 396.
Prus. — Rapport sur la peste. 2158.
Pseaume. — Dictionnaire bibliographique. 3221.
Puget Barbantane. — Discours. M., IV, (69), 2876.
Putod. — Sur un second entrepôt des sucres indigènes. M., II, 2063.
Puvis. (A.). — D'un nouveau système d'impôt sur les boissons. M., II, 1452. — Des étangs et de leur construction. 1831.

Q

Quatremère-Disjonval. — Sur l'encaissement du Rhône. M., 1791.
Quérard (J. M.). — La France littéraire. 3219.
Quesnault (H. A.). — Traité des assurances terrestres. 532.
Quesnay, coll. — V. art. 2187.
Quétant, trad. — V. art. 72.
Quételet (A.). — Théorie des probabilités. 1068. — Sur l'homme. 1158. — De l'influence des saisons sur la mortalité. 1159. — Sur la reproduction et la mortalité. 1162. — Recherches sur le penchant aux crimes. 1222. — Recherches sur la population.

1250. — Statistique. Lettre à M. Villermé. Du nombre des crimes en Belgique. M., 1153. — Nouvelles tables de mortalité. M., 1293. — Description de plusieurs observatoires d'Angleterre. Observatoires d'Allemagne. M., 2307. — Voyage scientifique en Allemagne. M., 2449.

Quillet (P. N.). — État de l'administration des troupes. 858.

Quinault. — Œuvres choisies. 2356.

Quincey (T.). — The logic of political economy. 998.

Quiney. — Méthode pratique de tenue des livres. 1899.

R

Rabaut de Saint-Étienne. — Motion à l'Assemblée nationale. M., I (8), 2876.

Rabusson. — Réduction de l'intérêt de la dette. M., III, 1472.

Racine (J.). — Ses Œuvres. 2352.

Racle. — Sur la délimitation des forêts de la Corse. M., 2209.

Radu (De). — Sur l'extinction de la mendicité. M., 1153.

Raffron de Val (L.). — Sur les chemins vicinaux. M., 1776.

Raginel. — Histoire des votes des représentants. 2963.

Ragon (F.). — Histoire de Flandre et d'Artois. 2977.

Raibaud (B. L.). — Traité de la garantie et des matières d'or et d'argent. 1609.

Rameau (E.). — Aperçu sur la colonisation de l'Algérie. 3026.

Ramel. — Bilan de la République française. 1387. — Finances de la République, 1388. — *Idem.* M., 1391. — *Idem.* M., I, 1393.

Ramon de la Sagra (Don). — Historia de la isla de Cuba. 1253.

Raoul-Rochette. — Histoire de la Révolution helvétique. 3156.

Rapetti. — Li livres de jostice et de plet. Doc. in., 2738.

Rastoul (A.). — Nécessité d'augmenter les retraites de l'armée. M., II, 1484.

Rathery (E. J. B.). — Histoire des États généraux. 3058.

Rau (K. H.). — Archiv der politischen Œkonomie. 999. — Traité d'économie nationale. 1000.

Raudot. — Sur le chemin de fer de Paris à Lyon. M., IV, 1861.

Rauch (F. A.). — Harmonie hydro-végétale. 2260.

Raumer. — Système des contributions en Angleterre. 1627.

Raup-Baptestin. — Mémoire sur la navigation. Sur les communications par eau. M., 1791.

Ravinet (T.). — Code des ponts et chaussées et des mines. 864. — Dictionnaire hydrographique. 2419.

Ray (A.). — Table de la réimpression du Moniteur. 2849.

Raynal. — Simples notions d'administration militaire. M., II, 1729.

Raynal (L'abbé G. T. F.). — Histoire philosophique des Indes. 3176.

Rayneval (Gérard de). — Institutions du droit des gens. 11. — De la liberté des mers. 16.

Raynouard (F. J. M.). — Histoire du droit municipal en France. 285.

Réalier-Dumas. — Mémoire sur la Corse. 2990.

Reboul (J.). — L'amortissement. M., 1475.

Regnault. — Des dépenses de l'armée d'Espagne en 1823. 2923.

Regnault (É.). — Histoire du Gouvernement provisoire. 2959.

Regnault (T.). — Tableaux analytiques de l'Esprit des lois. 4.

Regnault (V.). — Cours de chimie. 2150.

Régnier. — Rapport sur le remboursement des offices d'avocats aux conseils. M., 396.

Regny. — Sur l'industrie lyonnaise. M., I, 2061.

Reichard. — Guide du voyageur en Europe. 2578.

Religieux de Saint-Maur (Les). — Art de vérifier les dates. 2560.

Remacle. — Rapport sur les infanticides. 1088. — *Idem.* 1223. — Sur les prisons du midi de l'Allemagne. 1117.

Rémond. — Sur le droit qu'ont les Suisses de disposer de leurs biens en France. M., 1029.

Renaudière (De la), trad. — V. art. 2626.

Renault (E.). — Lettre à M. Passy sur la colonie d'Alger. M., II, 3034.

Rendu (A.). — De l'association en général. 1142. — De l'instruction secondaire. 1272.

Renou (E.). — Carte de l'empire du Maroc. 2506.

Renouard (A. C.). — Traité des faillites et banqueroutes. 526. — Traité des droits d'auteur. 531. — Traité des brevets d'invention, 1825. 871. — *Idem,* 1844. 872.

Renouard de Sainte-Croix. — Voyage aux Indes. 2646.

Renucci (F. O.). — Nouvelles corses historiques. 2995.

Renusson (P. de.). — Traité de la communauté des biens. 134. — Traités du douaire et de la garde noble et bourgeoise. 138.

Retz (Cardinal de). — Ses Mémoires. 2818.

Reverchon (E.). — Des autorisations de plaider nécessaires aux communes. 668. — Projet de code ecclésiastique. 904.

Rey (J.). — Institutions judiciaires de l'Angleterre. 584.

Rey (C.). — Biographie de quelques futurs grands hommes. 3207.

Rey de Marande. — De la culture du coton et du café en France. 2212.

Reybaud (L.). — Les Réformateurs contemporains.

929. — La Polynésie et les îles Marquises. 3048.
Reynier. — Économie publique des anciens peuples. 910.
Reynier (Général). — De l'Égypte après la bataille d'Héliopolis. 2880.
Rhéville (A. de). — Plus de banqueroute. M., 1476.
Ricard (J. M.). — Traité du don mutuel et de diverses dispositions. 141. — Traité des donations entre-vifs et testamentaires. 143.
Ricard (S.). — Traité général du commerce. 1875.
Ricardo. — Des principes de l'économie politique. 970. — A national bank. 1660.
Richard. — Commentaire sur la coutume de Picardie. 197.
Richardot. — Sur l'emploi de la houille. 2180.
Richardson. — Clarisse Harlowe. 2368.
Richelieu (Cardinal de). — Maximes d'État. 2817.
Richelot (H.). — Sur la réforme commerciale en Angleterre. 1962. — Association douanière allemande. 2026.
Richemond (Général baron de). — Paris fortifié. M., 1775.
Richer (F.). — Traité de la mort civile. 139.
Richer (A.). — Vies des surintendants des finances. 3193.
Richerand (Baron). — Nouveaux éléments de physiologie. 1021. — De la population. 1059.
Riffault, ann. — V. art. 192.
Riffé (G.). — Une Banque en remplacement de la Banque de France. M., I, 1501.
Rigau (colonel). — Souvenirs des guerres de l'Empire. 2904.
Rigaud, coll. — V. art. 754.
Riouffe (H.). — Discours devant le cercle constitutionnel. M., IV (65), 2876.
Ripert de Montclar. — Conditions du développement du crédit. M., I, 1501. — Des banques de France. M., II, 1501. — Finances de l'Espagne. M., 1718.
Rives (D. B.). — De la propriété des cours d'eau. 844. Publ. V. art. 275.
Rives (H.). — Sur les chemins de fer. M., I, 1861.
Rivière (Baron). — Rapport sur les laines. M., III, 2035.
Rivoire (H.). — Statistique du Gard. 1184.
Robernier (F. de). — De la preuve de la propriété. 421. — Du cadastre et de sa conservation. M., II, 1439.
Robert (J. A.). — Essais de ploutonomie. 1080.
Robert. — Atlas universel. 2450. — Voyage dans les cantons suisses. 2595.
Robert. — Seconde édition du républicanisme. M., II (37), 2876.
Robert. — Sur les anciens ministres. 2917.
Robert de Vaugondy, coll. — V. art. 2450.
Robertson (W.). — Histoire d'Écosse sous Marie Stuart et Jacques VI. 3137. — Histoire du règne de Charles-Quint. 3146. — Histoire de l'Amérique. 3181.
Robespierre (M.). — Rapport sur les idées religieuses et morales. M., III (43), 2876.
Robineau de Bougon. — Considérations sur la propagation des chevaux. M., III, 1729. — Quelques idées sur Alger. Opinion sur la question d'Alger. M., I, 3034.
Robiquet (F.). — Recherches sur la Corse. 2988.
Robison. — Remarques sur le pont suspendu de Paris. M., 2307.
Roch. — Dictionnaire du budget. 1316.
Roche (A.). — Sur la contribution personnelle et mobilière. M., V, 1439. — Des besoins du commerce. M., II, 2061.
Roche (G.), coll. — V. art. 878.
Rochelle (J. H. F. de). — Annales judiciaires de l'émigration. 57.
Rochemaillet (G. M. de), ann. — V. art. 97.
Rochet-Atys. — Alliages d'or et d'argent. 1611.
Rochon. — Essai sur les monnaies. 1596.
Rodde. — Un mot sur le déficit Kessner. M., V, 1439. — Examen de l'impôt de consommation. M., 1453.
Rodet (D. L.). — Questions commerciales. 1943. — Du commerce extérieur. 2037. — Études sur l'entrepôt de douanes à Paris. M., 2038. — Le Commerce décennal comparé, 1827-1836. M., I, 2061. — Les colonies à sucre, 1836. Des colonies françaises et de la métropole, 1837. M., III, 2063.
Rodière (A.). — Traité du contrat de mariage. 437.
Rodrigues (O.). — Théorie de la caisse hypothécaire. M., 1502.
Rœderer. — Mémoires d'économie publique. 969. — Journal d'économie publique. 1048.
Rœderer (Baron A. M.). — Études sur le libre échange. 1137. — Des droits d'entrée sur les produits étrangers. Les douanes et l'industrie en 1848. M., I, 2035.
Rogniat (Général). — Opinion sur la question d'Alger. M., II, 3034.
Rogron (J. A.). — Les Codes français expliqués. 398. Code de commerce expliqué. 508. — Coll. V. art. 744.
Roland. — Recueil des lois, etc., sur l'enregistrement. 746. — Dictionnaire des droits d'enregistrement. 748.
Roland de la Platière. — Dictionnaire des manufactures. 2262.
Rollin. — Ses Œuvres. 2666. — *Idem.* 2667.
Rolph (T.). — Emigration and colonisation. 3141.
Romantzoff (Comte). — Commerce de la Russie. 1978.
Romé de l'Isle. — Métrologie. 2123.
Romme (C.). — Dictionnaire de la marine anglaise. 1734.
Rondonneau. — Répertoire des sénatus-consultes, lois et décrets, de l'an XI à 1810. 345. — Répertoire général de législation. 346. — Table des lois, décrets, etc., de 1814 à 1819. 349. — Concordance des calendriers. 2137.
Rongier de la Bergerie. — Mémoire sur la destruction des bois. M., 2247.
Ronmy. — De l'émancipation des esclaves. M., 1130.
Roquefort (J. B. B. de). — Glossaire de la langue romane. 2310. — Dictionnaire étymologique de la langue française. 2318. — Ann. V. art. 2706.
Roquemont (De). — Les Aydes de France. 781.
Rossi (Comte). — Cours d'économie politique. 1037.

Roujoux, trad. — V. art. 3113.
Roullier. — Discours aux Suisses sur leur révolution. M., IV (75), 2876.
Rousseau (J. J.). — Ses Œuvres. 2379.
Rousseau, coll. — V. art. 1929.
Roussel (J. B.). — Traité élémentaire à l'usage des débitants de boissons. 1448. — Connaissance des marchandises. 1922. — De la stéréométrie appliquée au jaugeage. 2135.
Roussel. — Tableau historique du militaire. 3074.
Rouvellet de Cussac. — Situation des esclaves dans les colonies. 1123.
Rouzet. — Opinion sur le jugement de Louis XVI. M., III (39), 2876.
Roy (C.). — Dictionnaire des contraventions sur le notariat. 311.
Royer. — Des institutions de crédit foncier en Allemagne. 1683.
Royer-Collard (P.), coll. — V. art. 326.
Royère (Marquis de). — Sur la production des chevaux. M., 2209.
Rozet. — Voyage dans la régence d'Alger. 3006.
Rubichon. — De l'Angleterre. 3122. — Ann. Voy. art. 2193 et 2202.
Ruelle (A.). — Sur la législation des grains. M., III, 2208.
Rulhière. — Œuvres complètes. 2384.
Rumford (B.). — Essais politiques et économiques. 1006.
Rumpf. — Droits et devoirs des employés prussiens. 1286.
Rupied. — Sur les mines de sel gemme. M., 1456.

S

Sabatault. — Colonie algérienne. — Culture des grains. M., IV, 3034.
Sabatier (A.). — Sur les recettes et dépenses de 1815. M., I, 1337. — Considérations sur les contributions et les taxes indirectes. M., 1453. — Des banques et de leur influence sur la circulation. M., II, 1501, 1516.
Sade (X. de). — Sur la colonisation d'Alger. M., III, 3033.
Sagansan (A.). — Chemins de fer de l'Europe. 2454. — Carte de la télégraphie électrique. 2456. — Carte des postes de l'Empire français. 2470.
Saglio. — Discours sur la question du sel. M., I, 1455.
Sagot de Nantilly. — Nécessité d'un gouvernement civil en Algérie. M., II, 3034.
Sakakini (A.). — De l'Égypte et de l'intervention européenne. M., 3189.
Saillet (A. de). — Les écoles royales de France. 1274.
Saillet. — Loi sur les contributions indirectes. 798. — Codes des contributions indirectes. 799. — Code des droits sur les voitures publiques. 815.
Sainct-Yon (De). — Édicts et ordonnances des roys. 94.
Saint-Albin (M. de). — Opinion contre le projet de loi sur les boissons. M., I, 1452.
Saint-Aubin. — Sur les comptes de 1815 à 1818. M., I, 1337.
Saint-Chamans (Vicomte de). — Essai sur la richesse des nations. 982.
Saint-Clair-Duport. — De la production des métaux précieux. 2182.
Saint-Cricq (Comte de). — Éloge du baron Louis. M., 3213.
Saint-Cyran (De). — Calcul des rentes viagères. 2112.
Saint-Just. — Rapport sur les factions de l'étranger. M., III (41). 2876. — Rapport contre Fabre d'Églantine, Danton, Camille Desmoulins, etc. M., III, (42), 2876.
Saint-Laurent (C.). — Dictionnaire encyclopédique usuel. 1032.
Saint-Marc-Girardin. — Souvenirs de voyages et d'études. 2375.
Saint-Martin (De), ann. — V, art. 2673.
Saint-Paul. — Situation des finances au commencement de 1848. M., III, 1338.
Saint-Pierre (L'abbé de). — Testament politique de Richelieu. 2831.
Saint-Réal (L'abbé de). — Ses Œuvres. 2389.
Saint-Simon (Comte C. H.). — Opinions littéraires et philosophiques. 928.
Saint-Simon (Duc de). — Mémoires complets et authentiques. 2828.
Saint-Ymbert. — Recherches sur l'amortissement. M., 1476.
Sainte-Croix (Marquis de). — Émancipation des esclaves. M., 1130.
Saisseval (Marquis de). — Sur la négociation de 30 millions de rentes. 1817 — De la publication des emprunts du Gouvernement. M., 1478.
Salaberry. — Histoire de l'empire ottoman. 2683.
Saladin (C.). — Coup d'œil politique sur le continent. 3054.
Salfi. — V. art. 7.
Salgues. — Des erreurs et des préjugés. 2397.
Sallé (J. A.). — Esprit des ordonnances de Louis XIV. 116 et 120. — Esprit des ordonnances de Louis XV sur les donations. 119.
Salmasius (C.). — De modo usurarum liber. 450.
Salomon (De). — Aménagement des forêts. 2235.
Salomons (D.). — On the scale of corn-duty. 1674. — The monetary difficulties of America. 1704.
Salvaing (D. de). — Traité du plait seigneurial. 233. — De l'usage des fiefs. 235 et 236.
Salvandy. — Sur le comte Mollien. M., 3213.
Salviat (De). — Traité de l'usufruit et de l'usage. 423.

SALZADE (DE). — Recueil de monnaies anciennes et modernes. 1564.
SAMSON, trad. — V. art. 3052.
SANDRAS DE COURTILZ. — Testaments politiques de Colbert et de Louvois. 2831.
SANEGON (T. DE). — Opinion sur la réforme électorale. M., II, 46.
SANSON. — Les provinces des Pays-Bas. 2491.
SANTO-DOMINGO. — Tablettes romaines. 2674.
SAPET (A.). — La Napoléonade. 2374.
SARRANS (B.), jeune. — Lafayette et la Révolution de 1830. 2934. — De la décadence de l'Angleterre. 3127.
SARTORIS. — Sur le canal des Ardennes. M., II, 1834.
SAUGRAIN. — Dénombrement du Royaume. 1164.
SAULNIER (S. L.). — Observations sur les finances des États-Unis. M., 1718.
SAULNIER (A.). — Recherches sur le droit de douane. 3080.
SAURIMONT (A.). — Code des contributions directes, 1837. 727. — *Idem*, 1847. 728.
SAUSSAX. — Statistique du département du Mont-Blanc. 1202.
SAUVAGE (DE). — Sur un canal dans les Landes. M., II, 1834.
SAUVAGEAU (M.). — Coutumes de Bretagne. 210.
SAUVAN D'ARAMON, ann. — V. art. 195.
SAVAGNIER (A.). — Histoire de la Maison de Bourbon. 2811.
SAVARY (J.). — Le parfait négociant. 1880.
SAVARY-DESBRULONS (J.). — Dictionnaire de commerce. 2075.
SAY (J. B.). — Petit volume ou aperçu des hommes. 971. — Traité d'économie politique, 1819. 972. — *Idem*, 1826, 973. — Lettres à Malthus sur l'économie politique. 974. — De l'Angleterre et des Anglais. 975. — Cours d'économie politique. 1036. — Des canaux de navigation. M., 1791. — Ann. V. art. 970. — Trad. V. art. 1034.
SAY (L.). — Considérations sur l'industrie. 976. — Traité de la richesse. 1073.
SAY (H.). — De l'administration de Paris. 1213. — Réforme des droits de garantie. M., II, 1619. — Du commerce entre la France et le Brésil. 1984. — Du commerce entre la France et l'Angleterre. M., I, 2061.
SAZERAC. — Détails sur la mort du duc d'Orléans. 2953.
SCHATTENMANN (C. H.). — Pétition sur la conversion des rentes. M., III, 1472. — Mémoire sur le rouleau compresseur pour les routes. M., 1776. — Pétition sur les chemins de fer. M., I, 1861.
SCHEFFER, trad. — V. art. 1244.
SCHELLING (J.). — Leçons sur les études. 1273.
SCHERER (J. B.). — Histoire du commerce de la Russie. 1976.
SCHERTZ. — Sur la navigation française du Rhin. M., I, 2062. — Sur la situation du commerce de Strasbourg. M., II, 2062.
SCHLATZER. — Introduction à la science de la statistique. 1155.
SCHMALZ (Comte DE). — Le droit des gens européen. 15. — Économie politique. 1001.
SCHMIDT (O. K. F. G.). — Kommentar zu den Preussischen Stempel gesetzen. 1687.
SCHNITZLER (J. H.). — Statistique générale de la France. 1175.
SCHŒLL. — V. art. 20.
SCHWEICH aîné. — État de l'industrie de la France. M., I, 2061.
SCROFANI (X.). — Essai sur le commerce. M., 2060.
SECONDAT. — Histoire naturelle du chêne. 2241.
SEGAULD. — V. art. 122.
SÉGUIN (A.). — Des finances de la France, de 1818 à 1835. 1304. — Nouveau plan de finances. 1404. — Moyens d'obtenir le bien. 1405. — De la réduction de l'intérêt de la dette. 1468. — Sur le cens électoral. M., 45. — Observations sur la situation des finances au vrai. M., I, 1338. — Rêve d'améliorations administratives. M., II, 1338. — Du bilan financier de la France. M., II, 1338. — Sur un plan de finances. M., 1339. — Suppression de l'impôt sur les boissons. M., I, 1452. — Plan de suppression de l'impôt sur le sel. M., I, 1455. — Sur la vente de rentes appartenant au Trésor royal. M., 1471. — Le *fiat lux* du ministère français. Nouvelles combinaisons administratives. M., II, 1472. — De l'avenir financier des contribuables. M., II, 1472 et M., 1475. — Régulateur de la puissance amortissante. M., 1475 et M., I., 1477. — Sur la réduction des rentes. Régulateur des rentiers. M., 1476. — Sur la dette et l'amortissement. M., II, 1477. — Direction de la puissance amortissante. M., 1475 et M., II, 1477. — Nouvelles observations sur les emprunts, 1817. Dernières observations sur le même objet. M., 1478. — Sur l'emprunt de 1828. Observations sur les emprunts. M., 1479. — Éléments de l'emprunt de 1832. Coup d'œil sur l'emprunt de 1832. M., 1475 et M., 1479.
SÉGUIN (A.). — Nécessité de modifier les contributions indirectes. M., I, 1452.
SÉGUR (Comte P. DE). — Histoire de Napoléon en 1812. 2891.
SÉGUR-DUPEYRON (DE). — Service sanitaire en Orient. 2159.
SENAC DE MEILHAND. — Considérations sur les richesses. 1152.
SENARD. — Halles centrales de Paris. M., 1775.
SENEFELDER (A.). — L'art de la lithographie. 2266.
SEPTLIVRES (A.). — Sur les moyens d'étendre la culture du tabac. M., 1457.
SERGENT (F.). Manuel des engagistes et échangistes. 757.
SERIEYS (J. J. P.). — Jurisprudence du notariat. 314.
SERRES (C.). — Institutions de droit français. 254.
SERRES (M. DE). — Voyage dans le Tyrol. 2607.
SERRES (O. DE). — Théâtre d'agriculture. 2195.
SERRIGNY. — De la compétence en matière administrative. 640.
SERRURIER. — Correspondance relative à la créance américaine. 1717.
SERVATIUS. — Coup d'œil sur le recrutement. M., I, 1729.

SERVIEZ. — Statistique des Basses-Pyrénées. 1197.
SERVOU, trad. — V. art. 2611.
SÉVIGNÉ (Mme DE). — Ses lettres. 2373.
SEYBERT (A.). — Annales statistiques des États-Unis. 1244. — Statistical annals of the United States. 1245.
SHAKESPEARE. — Ses Œuvres. 2354.
SHALER (W.). — Sketches of Algiers. 2999. — Esquisses de l'État d'Alger. 3000.
SIBERT. — Variations de la monarchie française. 2709.
SICARD. — Sur les marques des objets d'or et d'argent. M., II, 1619.
SIDNEY (A.). — Discours sur le gouvernement. 3052.
SIDNY-HAMDAN-BEN-OTHMAN-KHOJA. — Aperçu sur la régence d'Alger. 2998.
SILVA-LISBOA. (J. DE). — Estudos do economia politica. 1005.
SILVESTRE DE SACY. — Du jugement des boëtes des monnoies. 1584.
SIMON aîné. — Du cadastre général perpétuel. M., II, 1439. — D'un canal maritime de Paris à l'Océan. M., 1819.
SIMON. — V. art. 122.
SIMON (M.). — Manuel des conseils de préfecture. 879.
SIMOND (L.). — Voyage en Suisse. 2597. — Voyage en Italie. 2603.
SIMONDE DE SISMONDI (J. C. L.). — Principes d'économie politique. 979. — De la littérature du midi de l'Europe. 2350. — Histoire des Français. 2703. — Histoire des républiques italiennes du moyen âge. 3153. — De la traite des nègres. M., 1129.
SIMONOT (J. F.). — Lettres sur la Corse. 2991.
SINCLAIR (J.). — Essai sur la longévité. 1201. — History of the public revenue. 1624. — L'agriculture pratique. 2189.
SINÉ. — De l'impôt des boissons. M., IV, 1452.
SINGER. — De l'industrie cotonnière en France. M., II, 2035.
SIRAND (L.). — De l'impôt foncier. M., V, 1439.
SIREY (A.). — Jurisprudence du Conseil d'État. 392.
SIREY (J. B.). — Recueil général des lois et arrêts. 376. — Du Conseil d'État selon la Charte. 643.
SISMONDI (J. C. L. SIMONDE DE). — V. SIMONDE DE SISMONDI (J. C. L.).
SKARBEK (F.). — Théorie des richesses sociales. 1075.
SMART (J.). — Tables of interest. 2113.
SMEATON. — Sur les forces motrices de l'eau et du vent. 2147.
SMITH (A.). — Recherches sur les richesses. 980. — An inquiry on the wealth. 981. — The theory of moral sentiments. 993.
SMITH. — Carte de la Grèce. 2497.
SMITS. — V. art. 1162.
SMOLLETT, cont. — V. art. 3112.
SOLAR (F.). — Des événements de Toulouse. M., VI, 3107.
SOLIGNAC (DE). — Histoire de Pologne. 3163.
SOLON (V. H.). — De la nullité des actes. 500. — Code administratif annoté. 608.
SOMMIER. — Mémoire sur les canaux de l'Ourcq et de Saint-Denis. M., II, 1835.
SONGUENET. — Manuel économique des brasseries. M., IV, 1452.
SONNET (H.). — Notions de mécanique. 2096.
SOUCHET (E.). — Coutume d'Angoumois commentée. 191.
SOUFFLOT DE MÉREY. — Sur le rétablissement des jurandes et maîtrises. 538. — Des contributions et des finances. M., 1438.
SOULANGE-BODIN. — Introduction des arbres exotiques. M., 2247.
SOUQUET (J. B.) — Dictionnaire des temps légaux. 489. — Métrologie française. 2125.
SPIERS (A.). — Manuel des termes de commerce anglais et français. 1895. — Dictionnaire anglais-français et français-anglais. 2328.
SPINEUX aîné. — Sur le sucre de betterave. M., 2286.
STAËL (A. DE). — Lettres sur l'Angleterre. 3121.
STAËL (Mme DE). — Œuvres complètes. 2388.
STEEL (D.). — The ship-master's assistant. 2000.
STÉPHANOPOLI (N.). — Histoire de la colonie grecque établie en Corse. 2983.
STEVENSON (W. B.). — Voyage en Araucanie. 2647.
STEWART (J.). — Principes de l'économie politique. 978.
STIRLING. — De la découverte des mines d'or. 1605.
STOKES (A.). — On the constitution of the British colonies. 3131.
STOLLÉ. — L'industrie sucrière en 1838. M., I, 2063.
STORCH (H.). — Cours d'économie politique. 1034.
STOURM, coll. — V. art. 50 et 657.
STRAATMAN (DE). — Testament politique du duc de Lorraine. 2831.
SUARD, trad. — V. art. 3146 et 3181.
SUCKAU (W.). — Dictionnaire français-allemand et allemand-français. 2338.
SUE (E.). — Correspondance de Henri d'Escoubleau de Sourdis. Doc. in., 2730.
SULEAU (Vicomte DE). — Des finances de la France. M., II, 1338.
SULLY. — Ses Mémoires. 2809.
SULLY-BRUNET. — Sur la tarification des sucres, 1832. M., III, 2063. — Observations sur le projet de loi sur les sucres. M., 2286.
SULPICY. — V. art. 399.
SURELL (A.). — Les Torrents des Hautes-Alpes. 2429.
SURIRAY DE LA RUE (A. G.). — Analyse de ses rapports sur les tabacs. Un dilemme contre la régie des tabacs. M., 1457.
SURVILLE. — Parallèle entre le canal de la Basse-Loire et le chemin de fer d'Orléans. M., II, 1835.
SWAN (Le colonel), de Boston. — Sur l'état des manufactures en France. M., III, 2061.

T

Tacite. — Œuvres complètes. 2644.
Taillandier (A. H.). — Commentaire sur l'ordonnance des conflits. 647.
Taillandier. — Lettres sur la Révolution française. 2873.
Taisaud, ann. — V. art. 207.
Talabot (L.). — Rapport sur le tarif des fers. Note sur la consommation de la houille. Rapport sur le tarif des bestiaux. M., II, 2035.
Talabot (P.). — Rapport sur l'isthme de Suez. 2446.
Talleyrand-Périgord (De). — Rapport sur l'instruction publique. 2842. — Sur les poids et mesures. M., 2142. — Réponse au chapitre d'Autun. M., I (13), 2876.
Tallon (C.). — Géographie administrative de la France. 1174. — Notice sur les monastères de la Trappe. 3077.
Taral. — Projet d'établissement d'un crédit public. 1505.
Tarbé (A. P.). — Lois et règlements de la Cour de cassation. 300.
Tarbé (T.). — Recherches sur la ville de Sens. 2982.
Tarbé des Sablons. — Manuel des poids et mesures. 2126.
Tarbé. — Manuel des poids et mesures. 2127. — Petit manuel des poids et mesures. 2128.
Tardif. — Lois du timbre et de l'enregistrement. 355. — Coll. V. art. 429 et 842.
Tardy de Montravel. — La Plata au point de vue des intérêts commerciaux. M., 2004.
Tarente (Duc de). — Opinion sur les colléges électoraux. M., 45.
Taschereau (J.). — Revue rétrospective. 3254.
Tassy (L.). — Sur le défrichement des bois. M., II, 2208.
Tate (W.). — The London bankers' clearances. 1661.
Taylor (G.). — Letters and orders of board of excise. 1643.
Tegoborski (De). — Des finances et du crédit de l'Autriche. 1688.
Teissèdre. — Que faire? Refaire la loi électorale. M., II, 46.
Teisserenc (E.). — Sur les voies de communication. 1798. — Sur les tracés de chemins de fer. M., II, 1861.
Téofilino. — Chronique du Paradis. M., IV (71), 2876.
Terrasson (A.). — Histoire de la jurisprudence romaine. 78.
Terray (L'abbé). — Compte rendu au Roi en 1775. M., II, 1371.
Tessan (De). ann. — V. art. 2997.
Tessier. — Observations sur les contributions. M., 1145.
Tessières-Boisbertrand. — De la conversion des rentes. M., I, 1472.
Teste (J. B.). — Lettre sur le chemin de fer de Saint-Germain. M., IV, 1860.
Teste-Lebeau (J.). — Code des émigrés. 53. — Dictionnaire des arrêts de cassation en matière d'enregistrement, domaines. 385.
Testevuide. — Carte de l'île de Corse. 2483.
Teulet (A. F.). — Codes de l'Empire français. 325. Les Codes français annotés. 399.
Texier-Olivier (L.). — Statistique de la Haute-Vienne. 1185.
Thérémin, trad. — V. art. 1627.
Thaër. — Principes d'agriculture. 2188.
Theil. — Dictionnaire latin-français. 2327.
Thenard (Baron). — Traité de chimie élémentaire. — 2149. — Rapport sur les documents inédits. 2720.
Thérouenne-Delarbre. — Sur la réduction des rentes. M., II, 1472.
Théry, coll. — V. art. 651.
Thévenin, ann. — V. art. 3129.
Thévenot, ann. — V. art. 192.
Thibaudeau (A. C.). — Histoire de Napoléon Bonaparte. 2886.
Thibault. — Rapport sur la marque d'or et d'argent. M., I, 1619.
Thibaut. — Dictionnaire français-allemand et allemand-français. 2339.
Thieriot. — Douanes allemandes et leur influence. 2024.
Thierry (A.). — Histoire des Gaulois. 2689. — Histoire de la Gaule. 2690.
Thierry (Aug.). — Lettres sur l'histoire de France. 2692. — Récits mérovingiens. 2694. — Essai sur l'histoire du tiers-état. 2707. — Rapport sur les documents inédits. 2720. — Histoire du tiers-état. Doc. in., 2750. — Conquête de l'Angleterre par les Normands. 3115.
Thiers (A.). — De la propriété. 988. — Discours sur le droit au travail. 1023. — Histoire de la Révolution française. 2858. — Histoire du Consulat et de l'Empire. 2884. — La Monarchie de 1830. 2932. — Discours sur les députés fonctionnaires. M., VI, 3107.
Thillaye (L. G. S.). — Manuel du fabricant d'indiennes. 2277.
Thomas père et fils. — Coutumes du bailliage du Bassigny. 203.
Thomas (P. P.). — Statistique de l'île Bourbon. 1205.
Thomas (J. B.). — Traité de culture des bois. 2254.
Thomas (A. F. V.). — Sur les faux Louis XVII. 3092.
Thomas. — Éloges de Duguay-Trouin et de Sully. 3196.
Thomassin (F.). — Sur les routes et chemins de fer. M., 1776.
Thomassy (R.). — Du monopole des sels. M., II, 1455.
Thomassy (R.). — Relations politiques de la France avec le Maroc. 3177.

THORILLON (A. J.). — Idées sur les lois criminelles. 69.
THORNTON (H.). — Recherches sur le crédit du papier. 1665.
THOU (DE). — Histoire universelle. 2659.
THOYER (J.). — Les calculs d'intérêts par l'addition. 2107.
THUILLIER (V.), trad. — V. art. 2663.
THURIN-BRIEY. — Sur la révolution de 1830. M., 3105.
TILLET. — Sur l'uniformité des poids et mesures. M., 2142.
TILLET DU VILLARS (DU). — De l'établissement du cadastre. 1443.
TILSLEY (H.). — On the stamp laws. 1635. — The new stamp act. 1636.
TIMURVAL (DE). — Les Inconvénients du luxe. M., 1392.
TIRLET. — Sur une surtaxe à l'entrée du froment. M., II, 2035. — Sur la proposition de supprimer la fabrication du salpêtre indigène. M., III, 2035.
TISSOT. — Du morcellement du sol. 991.
TITE-ANTONIN LE PIEUX. — Fragments sur l'économie politique. 913.
TOCQUEVILLE (A. DE). — De la démocratie en Amérique. 3182. — Coll. V. art. 1109.
TOLLENARE (DE). — Sur les entrepôts de commerce. M., III, 2061.
TOLLUIRE. — Ferrière moderne. 363.
TOMMASEO. — Relations des ambassadeurs vénitiens. Doc. in. 2746.
TOOKE (T.). — Considerations on the currency. 1527. — A history of prices. 1633. — Details on the high and low prices. 1634.
TORCY (DE). — Mémoires politiques. 2825.
TORRENS (R.). — A letter on the bank. 1663.
TOUCAS (J. A.). — Sur le manque de subsistances en France. M., IV, 2208.
TOULLIER (B. M.). — Le Droit civil français. 410.
TOURASSE. — Des chaudières pour bateau à vapeur. M., 2307. — Essai sur les bateaux à vapeur. 1832.
TOURNET (J.), ann. — V. art. 97.
TOURNON (Comte DE). — Études sur Rome. 2444.
TOURVILLE (DE). — Mémoire sur le chemin de fer de Paris à Pontoise. M., IV, 1860.
TOUSTAIN DE RICHEBOURG. — Pro aris et focis. 2972.
TRACY (V. DE). — Discours sur les élections. M., 45. — Sur l'instruction secondaire. M., 1275.
TRÉGOLD (T.). — Traité pratique sur les chemins de fer. 1845.
TREILLE. — Sur les prisons pénitentiaires. M., 1107.
TRENTINIAN. — Sur la navigation du cap de Bonne-Espérance. M., 1029.
TRIPIER (L.). — Les Codes français. 322. — Coll. V. art. 495.
TROLLEY (A.). — Hiérarchie administrative. 635.
TROLLIET. — Nécessité de la colonisation d'Alger. M., 3035.
TROPLONG. — Du pouvoir de l'État sur l'enseignement. 291. — Du contrat de mariage. 438. — De la vente. 440. — De l'échange et du louage. 442. — Des sociétés civile et commerciale. 446. — Du prêt. 447. — Du dépôt et du séquestre. 452. — Du mandat. 453. — Du cautionnement et des transactions. 454. De la contrainte par corps. 456. — Du nantissement, du gage et de l'antichrèse. 458. — Des privilèges et hypothèques. 462. — *Idem*, 2ᵉ édit. 463. — De la prescription. 481.
TROUILLET, coll. — V. art. 746 et 748.
TROUVÉ (Baron.). — Essai sur les états généraux de Languedoc. 2430.
TRUCHY. — Sur le cadastre. M., II, 1439.
TUCK (H.). — The railway's manual. 1853.
TUDOT. — Traité de lithographie. 2268.
TULLA (Le colonel). — Correction du cours du Rhin. M., I, 1835.
TUPINIER (Baron). — Rapport sur le matériel de la marine. 1739. — Considérations sur la marine. 1742.
TURBELLY. — Mémoire sur les défrichements. 2210.
TURGOT. — Sur la formation des richesses. 983. — Mémoire sur les prêts d'argent. 1149. — Ses Œuvres. 1373. — Lettre à M. Necker. M., I, 1371. — Mémoire sur les colonies américaines. M., 3139.
TURNER (S.). — Ambassade au Thibet. 2623.

U

UBICINI. — Lettres sur la Turquie. 3171.
URBAIN (N.). — Introduction à l'économie politique. 906. — Des institutions de prévoyance. M., I, 1292.
URBIN (D'). — Projet d'un droit sur les vins. M., III, 1452.
URE (A.). — Philosophie des manufactures. 2046.

V

VAILLANT (Maréchal). — Rapport sur la situation de l'Algérie en 1853. M., IV, 3034.
VALERY. — Voyage en Italie. 2604.
VALETTE. (J. B. P.). — Traité de la confection des lois. 62. — Coll. V. art. 397. — Coll. V. art. 416.
VALETTE (P.). — Mécanisme des grands pouvoirs de l'État. 2965.
VALIN (R. J.). — Commentaire sur l'ordonnance de la marine de 1681. 560. — Comm. V. art. 194.
VALIN (A.). — La question des sucres. 1953.

VALLAT (C. DE). Coll. — V. art. 574.
VALLÉ. — Des voies de communication. 1797.
VALLE-SANTORO (Baron DE CLARET.). — Elementos de economia politica. 1044.
VALLOT (A.). — Carte des voies de communication. 2463.
VALSERRES (J. DE). — Manuel de droit rural. 674.
VANDECASTEELE. — Sur les embarras de l'industrie linière M., III, 2061.
VANUFEL (C. A.). — Code des colons de Saint-Domingue. 579. — Coll. V. art 59.
VARENNE-FENILLE (P. C.). — Sur l'administration forestière. 2237.
VARIN (P.). — Archives de la ville de Reims. Doc. in. 2721.
VASSE (E.). — Étude d'administration pratique. M., VII, 3107.
VATIMESNIL (DE). — Sur le chemin de fer de Paris à Pontoise. M., IV, 1860.
VATOUT (J.). — Palais de Saint-Cloud. 3089.
VATTEL (E. DE). — Le droit des gens. (1758.) 9 — *Idem.* (1820.) 10.
VAUBAN (Maréchal DE). — Projet d'une dixme royale. 1353.
VAUBLANC (Comte DE). — Essai sur l'instruction d'un prince. 3065.
VAUCEL (L. F. DU). — Essai sur les apanages. 171.
VAUDOYER, coll. — V. art. 3110.
VAUGUYON (Duc DE LA). — De la comptabilité générale de l'impôt direct. M., III, 1439.
VAULABELLE (A. DE). — Histoire des deux restaurations. 2911.
VAULT (DE). — Mémoires militaires sur la succession d'Espagne. Doc. in. 2753.
VAUXONNE (Baron DE). — L'état de souffrance des vignerons. M., III, 1452.
VAYRAC (L'abbé DE), coll. — V. art. 3145.
VAYSSE DE VILLIERS. — Itinéraire descriptif de la France. 2580.
VAZEILLE (F. A.). — Traité des prescriptions. 482.
VÉGELEIN. — Sur l'extinction de la mendicité. M., 1153.
VELLY (L'abbé). — Histoire de France. 2697.
VENDRYES. — De l'indemnité de Saint-Domingue. M., I, 1292.
VERGÉ (C.), réd. — Académie des sciences morales. 1046.
VERNAY. — Des élections royales. M., II, 46.
VERNEILH-PUIRASEAU (DE). — Statistique du département du Mont-Blanc. 1193. — Histoire d'Aquitaine. 2969.
VERNEUR (J. T.), publ. — Annales de l'émigration. 57. Journal des voyages. 2573.
VERNIER. — Éléments de finances. M., I, 1393.
VERNINAC. — Statistique du Rhône. 1197.
VERRI (Comte DE). — Économie politique. 1028.
VERTOT (L'abbé DE). — Histoire des chevaliers de Malte. 3078. — Révolutions de Portugal. 3150. — Histoire des révolutions de Suède. 3162.
VEYRAT. — Sur la situation commerciale en 1830. M., II, 2062.
VIALAR (Baron). — Simples faits exposés à la réunion algérienne. M., II, 3034.
VICOMTERIE (LA). — Les droits du peuple sur l'Assemblée. M., II (22), 2876.
VIDAL (F.). — Des caisses d'épargne. 1146.
VIDAL (L.). — Essai sur les bibliothèques administratives. 3226.
VIEL-CASTEL (H. DE). — De la société et du gouvernement. 2945.
VIENNET. — Notice sur le comte Daru. V. art. 3154.
VIGNETL. — Changes sur le cours des papiers-monnaies. 1384.
VILLARET, cont. — V. art. 2697.
VILLEMAIN. — Rapport sur l'instruction primaire. 1271. — Cours de littérature française. 2349.
VILLENEUVE (Comte DE). — Statistique des Bouches-du-Rhône. 1179.
VILLENEUVE DE BARGEMONT (A.). — Histoire de l'économie politique. 930. — Économie politique chrétienne. 984.
VILLENEUVE (N. DE), coll. — V. art. 2573.
VILLEPIN (G. DE), coll. — V. art. 847.
VILLERMÉ. — De l'état moral des ouvriers. 1095.
VILLERMÉ fils. — Les douanes et la contrebande. 2034.
VILMORIN, ann. — V. art. 2257.
VINCENDON-DUMOULIN. — Iles Marquises. 3049.
VINCENS (E.). — Exposition de la législation commerciale. 519.
VINCENT. — Réponse à M. de Châteaubriand. M., IV, 3107.
VINCKE (Baron DE). — Administration intérieure de la Grande-Bretagne. 1627.
VIOLEINE (A.). — Tables pour les calculs d'intérêts 2110. — Nouvelles tables pour les calculs d'intérêts. 2111.
VIOLLETTE. — Équation triple en partie double. 1906.
VIOT. — Quelques idées sur les finances. M., 1391.
VIRLET. — Sur un nouveau procédé de carbonisation. M., III, 2061.
VIRY. — Statistique du département de la Lys. 1190.
VITAL-ROUX, coll. — V. art. 506.
VITET (L.). — Le Louvre. 3090. — Histoire financière du gouvernement de juillet. M., III, 1338.
VITRY (A. DE). — Recherches sur la population et les subsistances. 1055.
VIVIEN DE SAINT-MARTIN, coll. — V. art. 2572.
VOLTAIRE. — La Henriade. 2361. — Ses Œuvres. 2378.
VIVIEN. — Études administratives, 2e édition. 616.
VREVIN, ann. — V. art. 196.
VUARNIER (T.). — Manutention des employés de l'enregistrement. 767.
VUHRER (A.). — Tables de mortalité. M., 1153.
VUILLEFROY. — Administration du culte catholique. 903.

W

WADE (J.). — History of the middle and working classes. 1093.
WAGRÉ. — Adieux à l'île de Cabrera. 2942.
WAILLY (A. DE). — Vocabulaire français. 2319.
WAILLY (N. DE). — Éléments de paléographie. Doc. in. 2731.
WALLACE (R.). — Essai sur le nombre des hommes. 1219.
WALLEZ. — Négociations entre la France et Saint-Domingue. 3045.
WALLIS, coll. — V. art. 2613.
WALRAS (A.). — De la nature de la richesse. 1077.
WARDE-NORMAN (G.). — Remarks upon currency and banking. 1533. — Letter on money. 1617.
WARDEN. — Description des États-Unis. 3183.
WARÉE aîné. — Sur le prêt fait à la librairie en 1830. M., 1479.
WATSON. — Histoire du règne de Philippe II. 3147.
WATTEN. — Ligne de chemins de fer français-anglo-belges. M., III, 1860.
WATTEVILLE (A. DE). — Législation charitable. 877. — Statistique des établissements de bienfaisance. 1281. — Sur l'administration des monts-de-piété. 1282.
WESENBECIUS (M.). — De feudis tractatus. 225.
WEUVES. — Réflexions sur le commerce de France. 1919.
WHATELY (R.). — Lectures on political economy. 907.
WILBERFORCE. — Lettre sur la traite des nègres. M., 1129.
WILLAUMEZ. — Dictionnaire de marine. 1732.
WIMPFFEN (Baron DE). — Voyage à Saint-Domingue. 2639.
WINCKELMANNS. — Nouvelles découvertes à Herculanum. M., 2968.
WINDSOR (F. A.), trad. — V. art. 2152.
WINTHROP (J.). — The history of New England. 3142.
WISSOCQ (P. E.), coll. — V. art. 2537.
WOLFF. (C. L. B. DE). — Institutions du droit des gens. 12.
WOLOWSKI (L.). — Mobilisation du crédit foncier. 1500.
WORDSWORTH (C.). — The law of joint stock companies. 1530.
WORMS. — Constitution territoriale des pays musulmans. M., 3189.
WRAXALL. — Mémoires sur le XVIIIe siècle. 3118.

X

XAVIER DE BURGOS (Don). — Observations sur l'emprunt Guebhard, 1834. M., art. 1479 et 1541.
XÉNOPHON. — Les Économiques. 911.

Y

YMBERT. — Question d'administration financière. M., VI, 1439.
YOUNG. — Les Nuits. 2369.
YSABEAU, coll. — Maison rustique. 2197.

Z

ZINDEL (L.). — Carte de l'union douanière allemande. 2023.
ZOÉGA, coll. — V. art. 2280.
ZSCHOKKE (H.). — Histoire de la nation suisse. 3155.

TABLE ALPHABÉTIQUE

DES

OUVRAGES SANS NOMS D'AUTEURS.

Les signes abréviatifs employés dans cette table sont les mêmes que ceux adoptés dans la table des auteurs.

A

Abandon des mines. M. (28, 31, 32), 1778.
Aberrations (Les) de M. Thiers. M., 1338.
Abolition de la question préparatoire. M. (27), 1379.
Abolition de l'esclavage. M., 1130. — *Idem*, 1848. 1132.
Acceptation de la Constitution par le Roi. M., II (30), 2876.
Account (An) of the receipts of the United States. 1698 et 1699.
Accroissement (De l') en succession légitime et testamentaire. 144.
Act (An) for taking an account of the population of Great Britain. 1228.
Acte d'association et statuts de la compagnie des salines de l'Est. M., 1456.
Actes officiels du Gouvernement provisoire. 2960.
Actes officiels et Bulletin de l'Algérie. 361.
Actions (Sur les) de jouissance des canaux. M., I, 1835.
Administration (De l') actuelle. M., IV, 1439.
Administration (Sur l') communale. M., II, 1292.
Administration (L') de la Gaîté et madame veuve Nicolet. M. (155 et 156), 1825.
Administration (De l') de la justice en Angleterre. 593.
Administration de la province de Constantine. M., II, 3034.
Administration de Lyon. M. (74 et 75), 1379.
Administration (Sur l') de Necker. Observations avec suite. M., I, 1371. — *Idem*. M., 1377.
Administration des finances de la République. 1422.
Administration des minières. M. (27), 1778.
Administration (Sur l') des paquebots. M., 1293.
Administration (Sur l') des ponts et chaussées. M., 1777.
Administration des tabacs. Décrets, lois, etc. M., 1459.
Administration du collége de la Flèche. M. (53), 1379.
Administration et conservation des marais. M. (74, 75, 93, 114, 115, 116, 121 et 122), 1825.
Administration (De l') et du refus de l'impôt. M., III, 3107.
Administration et police de l'Alsace. M., 2968.
Administration (Sur l') provinciale de Berry. M., 1377.
Administrations (Sur les) provinciales. M. (50, 51, 142, 157, 163, 164), 1379.
Admission des cotons filés dans le projet de loi sur les douanes. M., 2036.
Admission (Sur l') des sucres bruts étrangers. 2286.
Adoption (Sur l') du chemin de Corbeil comme point de départ au chemin d'Orléans. M., IV, 1860.
Adresse au Roi. M., II (53), 2846.
Adresse au sujet de la confédération italienne. M., VII, 3107.
Adresse de la commission des poids et mesures. M., 2142.
Adresse des députés de l'Orléanais. M., 2877.
Adresse du comité des cultivateurs de betteraves. M., 2064.
Adresse des armées de la République au Directoire. M., III (50), 2876.
Advertissement sur les monnaies. M., 1575.
Affaire Boyer-Fonfrède. M. (33), 1825.
Affaire du canal du Midi. 1815.
Affaire du marquis de Favras. M., 2877.
Affaires sur les marais. M. (9 et 10), 1825.
Agent (L') de change pris en flagrant délit. M., 1541.
Agriculture (De l') en Irlande et en Angleterre. 2201.
Aide-toi, le Ciel t'aidera. M., 3091.
Aides (Sur les) et gabelles. M. (21), 1379.
Alger, ou Considérations sur cette régence. M., I, 3034.
Algérie (De l') et de sa colonisation. M., I, 3034.
Aliénation d'un million au profit du clergé. M. (220), 1379.
Almanach des monnaies. 1618.
Almanach royal et impérial. 3252.
Amélioration des hôpitaux de Paris. M. (78, 92, 104, 130 et 152), 1379.
Amélioration du sort des esclaves. M., 1130.
Aménagement de la réserve des bois de Bourbonne. M., 2247.

Amendement (Sur un) à la loi sur les fers étrangers. M., 2036.
American currency. 1705.
American state papers. 1703.
Amortissement (De l'). M., 1475. — *Idem*. M., I, 1477.
Amortissement. Rapport. M., II, 1477.
Analyse des lois sur les domaines engagés. 745.
Analyse des observations de la Cour de cassation sur l'organisation judiciaire. 299.
Analyse des réponses des directeurs des maisons de correction. 1104.
Analyse des votes des conseils coloniaux. 1751.
Analyse des votes des conseils généraux. 1277.
Anciens et nouveaux règlements du parlement de Guyenne. 255.
Annales agricoles de l'Ariége. M., I, 2208.
Annales de l'agriculture. M., I, 2208.
Annales de la Société séricole. M., II, 2208.
Annales des contributions indirectes. 803.
Annales des mines. 1762.
Annales des ponts et chaussées. 1761.
Annales du commerce extérieur. 1926.
Annales européennes de physique végétale. 2222.
Annales forestières. 2230.
Annexion (Sur l') du Texas à l'Union américaine. M., 3189.
Annuaire de l'École polytechnique, 1834. 2071.
Annuaire de l'économie politique. 1051.
Annuaire de l'état d'Alger. 3030.
Annuaire du bureau des longitudes. 3267.
Annual register of the history and politics. 3253.
Annual report of commissionner of patents. 1980.
Annual report of the registrar of births. 1230.
Antifinancier (L'). M., 977.
Apanages des princes du sang. M. (9), 1379.
Aperçu historique sur l'état d'Alger. 3001.
Aperçu sur les emprunts de l'Espagne. M., 1541. — *Idem*. 1718.
Appel au comte d'Argout par des riverains du bassin de la Villette. M., 2038.
Appels de l'adjudicataire des fermes. M. (185), 1379.
Appel en faveur d'Alger. M., III, 3033.
Archives de la chambre de commerce de Lille. 1930.
Archives du ministère des travaux publics. 1769.
Argus (L') des haras et des remontes. M., II, 2208.
Armée (Sur l'). M., II, 1729.
Arrestation (Sur l') du sieur Lemaître. M., 2877.
Arrêt concernant la ville de Sens. M., I (36), 2846.
Arrêt du conseil supprimant un journal. M., II (86), 2846.
Arrêt sur la convocation des États généraux. M., 2877.
Arrêté réglementaire sur la culture du tabac. M., 1459.
Arrêts cassant des ordonnances relatives à divers bailliages. M., I (37, 38, 39, 40, 41 et 44), 2846.
Arrêts du conseil, de 1673 à 1789. 264.
Arrêts du parlement sur les gabelles. 786.
Arrêts, édits sur les droits et lettres patentes. 170.
Arrêts et édits, de 1488 à 1789. 93.
Arrêts sur les droits des toiles d'Alsace. M., 2968.
Art (The) of stock-jobbing. 1512.
Assemblée des actionnaires des salines de l'Est en 1827. M., 1456.
Assemblée des représentants de Paris. M., II (69), 2846.
Association pour la défense du travail national. M. II, 2062.
Association pour la liberté des échanges. M., I, 2035. — *Idem*. M., I, 2061.
Assurances (Sur les) sur la vie. M., I, 1292.
Assureur (L') des récoltes. M., IV, 2208.
Atlas forestier de France. 2228.
Attaque et prise de Saint-Jean d'Ulloa. 2569.
Attributions de la législature quant aux dépenses. M., I, 1337.
Attroupements avec ports d'armes. M. (24), 1379.
Au sujet de la réfutation d'un écrit de M. Necker par M. de Calonne. M., 2877.
Au sujet des droits sur les charbons étrangers. M., I, 2062.
Augmentation du produit des contributions. M., VI, 1439.
Autorisation d'établir un haut fourneau. M. (22), 1778.
Autriche (De l') et de son avenir. 3159.
Aux artistes constructeurs des mesures de capacité. M., 2142.
Aux membres de la réunion vinicole. M., 1453.
Avancement (Sur l') dans l'armée. M., II, 1729.
Avantages de la fuite de Louis XVI. M., II (36), 2876.
Avant-projet d'un chemin de fer de Strasbourg à Bâle. M., III, 1860.
Avis aux propriétaires de cinq pour cent. M., 1476.
Avis aux rentiers sur le cinq pour cent. M. I, 1472.
Avis des conseils coloniaux sur l'esclavage. 1124. — *Idem*. 1752.
Avis divers du ministère du commerce. 1924.
Avis sur les subsistances. M. IV (68), 2876.

B

Bank case. 1713.
Banque de France. Lois et statuts, 1519.
Banque des crédits réciproques. M., I, 1501.
Banque nationale de prêts. M., 1293.
Banqueroute du gouvernement espagnol. M., 1718.
Banques départementales en France. M., I, 1501.
Barreau anglais. 595.
Bases de quelques impôts. 1325.
Bassin (Sur le) de Saint-Malo. M., III, 1834.
Baux des aides, des domaines, des gabelles et des fermes. 764, 765, 766, 779 et 780.
Besoins (Les) et les droits. M., 3104.
Bibliographie administrative. 3243.
Bibliographie agronomique. 2223.

Bibliographie de la France. 3222.
Bibliotheca classica latina. 2348.
Bibliothèque de Genève. 3266.
Biens (Sur les) ruraux dans les départements du Rhin. M., 1029.
Billets (Sur les) de circulation. M., 1029.
Billets (Sur les) de la loterie. M. (84, 99 et 172), 1379.
Biographe universel. 3191.
Biographie des neuf cents députés en 1848. 3214.
Biographie universelle. 3190.
Blaye (Sur) et la duchesse de Berry. M., IV, 3107.
Bordereau de documents sur les vins. M., 1453.
Boucherie. Droits des inspecteurs. M. (23), 1379.
Bourbons (Des) et des puissances étrangères en 1815. M., I, 3107.
Bourrienne et ses erreurs. 2906.
Brochure (Sur une) relative à l'Algérie. M., II, 3033.
Budget de la Belgique. 1678.
Budget (Sur le) des travaux publics en 1829. M., 1790.
Budgets. 1414.
Budgets (Des) de 1832 et 1833. M., II, 1337.
Budgets de la préfecture de police. 1425.
Budgets de la ville de Paris. 1428.
Budgets du département de la Seine. 1427.
Budgets (Sur les) et comptes de finances de 1815 à 1818. M., 1339.
Bulletin de la commission de statistique de Belgique. 1235.
Bulletin de la société d'agriculture du Var. M., I, 2208.
Bulletin de la société agricole de l'Algérie. M., IV, 3034.
Bulletin des annales forestières. 827.
Bulletin des arrêts de cassation en matière civile. 381.
Bulletin des arrêts de cassation en matière criminelle. 382.
Bulletin des contributions directes. 743.
Bulletin des lois. 318.
Bulletin des lois français et italien. 319.
Bulletin du Conseil d'État et de la Cour de cassation, depuis 1840. 391.
Bulletin du ministère de l'agriculture et du commerce. 866.
Bulletin du ministère de l'intérieur. 860.
Bulletin officiel de la marine. 561.
Bulletins officiels des colonies françaises. 562.
Bureau de correspondance nationale et étrangère. M. (158), 1379.

C

Cahier (Le) de la Cour des comptes; observations pour la marine. M., 1749.
Caisse d'assurances sur la vie, en Belgique. M., 1293.
Caisse d'escompte. M. (135), 1379.
Caisse de vétérance. M., I, 1292 et M., 1293.
Caisse des épargnes du peuple. M., 1392.
Caisse hypothécaire. M., 1502.
Caisse hypothécaire; liste des souscripteurs. M., I, 1301.
Caisse sur la territoriale. M., 1502.
Calendrier de la République. M., 2142.
Camps agricoles de l'Algérie. M., III, 3034.
Canal de dérivation du Couesnon. M. (4, 41, 42, 43, 49, 50, 51, 52, 54, 80, 87, 88, 102, 157, 158), 1825.
Canal de Givors. M. (17, 18, 48), 1825.
Canal de l'Aisne à la Marne. M., I, 1834.
Canal (Sur le) de la Vesle, de l'Aisne, etc. M., II, 1835.
Canal du Midi. Rapport, réclamations, vente. M. (1, 2, 3, 57, 59), 1825.
Canal entre Asnières et Argenteuil. M., II, 1835.
Canal (Sur un) latéral à l'Allier. M., II, 1834.
Canal (Sur le) latéral à la Garonne. M., II, 1834 et M., I, 1835.
Canal (Sur le) maritime de Paris au Havre. M., II, 1835.
Canaux divers. M. (26, 38, 40), 1825.
Canaux, lois, etc. 1793.
Capitation (De la) saline. M., I, 1455.
Captive (La). M., 3104.
Caractères de la taxe du sel. M., I, 1455.
Carte d'Espagne. 2493.
Carte de France à l'usage des travaux publics. 2477.
Carte de France dite de l'état-major. 2459.
Carte de l'Algérie. 2510.
Carte de la colonisation de la province d'Alger, 2519.
Carte de la Crimée. 2500.
Carte de la navigation à vapeur dans la Méditerranée. 2501.
Carte de la province d'Alger. 2515 et 2516.
Carte de la province de Constantine. 2522 et 2523.
Carte de la province d'Oran. 2520 et 2521.
Carte de l'embouchure de la Seine. 2485.
Carte de l'état de Massachusetts. 2527.
Carte des chemins de fer. 2455.
Carte des étapes de France. 2479.
Carte des possessions françaises en Afrique. 2509.
Carte des provinces d'Alger, Oran et Constantine. 2512 et 2513.
Carte des routes de poste de France. 2469.
Carte des routes nationales de France. 2464.
Carte des voies de communication de la France. 2465.
Carte des voies de communication du département de la Seine. 2481 et 2482.
Carte du bassin de la Méditerranée. 2502.
Carte du canal du Rhône au Rhin. 2486.
Carte du territoire d'Alger. 2517.
Carte du territoire de la France, de l'Angleterre et de la Russie, de 1740 à 1840. 2457.
Carte générale de l'Algérie. 2511.

Carte hydrographique du département de la Seine. 2480.
Carte réduite de la mer des Antilles. 2529.
Carte réduite des côtes de la Guyane. 2532.
Carte réduite des côtes du Brésil. 2533.
Carte réduite du golfe du Mexique. 2530.
Carte routière de la France. 2467.
Cartes départementales de France. 2460.
Cartes réduites de la côte d'Afrique. 2548.
Casuel des maisons du Roi et de la Reine. M., 1377 et M. (56, 79, 81, 211), 1379.
Catalogue de la bibliothèque de Rosny. 3233. — De J. B. Huzard. 3235. — Du baron Silvestre de Sacy, 3236. — Du ministère de l'intérieur. 3237. — De Aimé Martin. 3238. — De Walkenaer. 3239. — De F. Poncelet. 3241. — D'Augustin Renouard. 3242. — De Van den Zande. 3244. — De Charles Giraud. 3245. — D'Armand Bertin. 3246. — De Raoul-Rochette. 3247. — De J. J. de Bure. 3248.
Catalogue de la Chambre des députés; jurisprudence. 3231.
Catalogue de la marine. 3232.
Catalogue des brevets d'invention. 2056.
Catalogue des coins des médailles. 1593.
Catalogue des poinçons de la commission des monnaies. 1594.
Céréales (Des). M, IV, 2208.
Cérémonies de la fête à l'Être suprême. M., III, (45), 2876.
Chambre de commerce de Bordeaux. 1931.
Chambre des comptes; traités sur sa juridiction. 177.
Chambre (Sur la) des pairs. M., II, 3071.
Chambre inamovible (De la). M., II, 3071.
Chambres de commerce de Lille et de Marseille sur l'Algérie. M., 3035.
Change des matières d'or et d'argent. M., I, 1619.
Charte de 1830. 34.
Charters granted to the East India company. M., 1671.
Chemin de fer de Lyon, 1re section. M., V, 1860. — Statuts. M, IV, 1861.
Chemin de fer de Marseille au Rhône; comparaison des tracés; pétition de la ville d'Arles; mémoire du conseil municipal d'Avignon. M., IV, 1861.
Chemin (Sur le) de fer de Paris à la Belgique. M., III, 1860.
Chemin de fer de Paris à la mer (Cie Riant). M., IV, 1860.
Chemin de fer de Paris à Lyon; gares nouvelles. M., V, 1860.
Chemin de fer de Paris à Marseille. M., V, 1860.
Chemin de fer de Paris à Meaux. M., III, 1861.
Chemin (Du) de fer de Paris à Orléans et à Lyon. M., IV, 1860.
Chemin de fer de Paris à Rouen, par la vallée de la Seine. M., IV, 1860.
Chemin de fer de Paris à Rouen, par les plateaux. M., IV, 1860.
Chemin de fer de Paris à Tours, par Chartres. M., IV, 1860.
Chemin de fer de Paris à Rouen; concession; statuts. M., III, 1861.
Chemin de fer de Saint-Étienne à Lyon. M., V, 1860.
Chemin (Du) de fer de Strasbourg, au point de vue du transit. M., III, 1861.
Chemin de fer de Tours à Nantes. M., IV, 1860.
Chemin de fer du Nord. M., III, 1860.
Chemin de la Loire; assemblées des actionnaires. M., 1858.
Chemins (Des) de fer. M., I, 1861.
Chemins de fer belges; comptes rendus. 1856.
Chemins (Des) de fer et de l'armée. M., I, 1861.
Chemins (Sur les) de halage. M. (60), 1825.
Chiffres (Des) sur la situation. M., II, 1337.
Circulaire sur les affaires d'Orient, en 1839. M., 3105.
Circulaires de la caisse des dépôts et consignations. 709.
Circulaires de la comptabilité générale. 701.
Circulaires de la régie de 1790 à l'an X. 756.
Circulaires des contributions indirectes. 797.
Circulaires des divers services du ministère des finances. 700.
Circulaires des forêts. 828.
Circulaires des postes. 722.
Circulaires du ministère de l'intérieur. 859.
Circulaires du président de la commission des monnaies. M., IV, 1620.
Circulation (Sur la) des espèces. M., 1712.
Classement de la ligne de Limoges. M., III, 1861.
Code de commerce espagnol. 602.
Code de l'administration des biens nationaux. 716.
Code de l'enregistrement et des domaines. 750.
Code des commensaux. 126.
Code des émigrés et supplément. 51 et 54.
Code féodal, 1791. 246.
Code forestier. 354.
Code (Le) noir, concernant les colonies. 580.
Code universitaire, 1835. 357.
Collection de divers catalogues. 3240.
Collection générale des lois de Baudoin. 320.
Collection (A) of all the statutes relating to the duties of excise. 1642.
Colonisation de l'ex-régence d'Alger; documents. 3021.
Colonization of British India. 1672.
Comité (Le) des fabricants de sucre; le commerce du Havre sur la loi des sucres. M., 2286.
Comité du commerce des boissons. M., 1453.
Commentaire sur les tarifs du contrôle des actes. 165.
Commentaire sur les ventes de marchandises neuves. 529.
Comments (Les). M., II, 1371.
Commerce (Sur le). M., 1029.
Commerce (Sur le) dans l'Orient. M., 977.
Commerce des bestiaux. M. (46 et 179), 1379.
Commerce (Sur le) des effets publics. M., 1515 et 1541.
Commerce (Sur le) des grains. 1013 et 2845.
Commerce (Du) des vins. M., III, 1452.
Commerce (Sur le) du Sénégal. M., I, 2062.
Commerce et traite des noirs. 1754.
Commission de la propriété littéraire. 1279.
Commission des invalides de la marine. M., 1749.
Commission des monuments. M., IV, (84), 2876.
Commission of excise inquiry. Eight reports. 1644 à 1651.

Commission pour l'établissement des chemins de fer. M., I, 1860.
Communauté des marais de Blanquefort. M. (8), 1825.
Communautés (Sur les) d'arts et métiers. M. (8, 12, 17, 43, 89, 106, 109, 114, 128, 137 à 139, 155, 181, 189, 190, 196, 203, 204, 218), 1379.
Communication d'une lettre du général Moreau. M., III (57), 2876.
Compagnie (De la) des agents de change. M., 1515.
Compagnie du prévôt de France. M. (197), 1379.
Compagnie pour la plantation de pins en Bretagne. M., II, 2208.
Comparaison entre les mesures anciennes et les nouvelles. M., 2142 et 2307.
Compendium of the enumeration of the United States. 1248.
Compilation de l'ordonnance de Louis XIV sur les gabelles. 110.
Comptabilité de la caisse d'amortissement. M. (26), 1379.
Comptabilité de la principauté de Dombes. M. (48 et 149), 1379.
Comptabilité de l'ordre du Saint-Esprit. M. (14 et 88), 1379.
Comptabilité des matières du département de l'agriculture et du commerce. 1773.
Comptabilité des monnaies. M. (45, 126, 199 et 221), 1379.
Comptabilité des trésoriers et receveurs généraux. M. (18, 20, 32, 33 et 101 *bis*), 1379.
Comptabilité (Sur la) du trésor royal. M., 1377.
Comptabilité (Sur la) en matières. 1309.
Compte de la caisse de l'extraordinaire, 1779. M., 1378.
Compte de l'administration des postes. 1551.
Compte de l'affermage du canal du Centre. M. (44, 64, 82, 83 et 84), 1825.
Compte de la justice civile en Belgique. 1236.
Compte de la justice criminelle en Belgique. 1237.
Compte de l'opération du Havre et de Cherbourg. 1748.
Compte des dépenses des ministères, de l'an IX à 1807. 1409.
Compte (Sur le) des postes de l'an VIII. M., 1293.
Compte des revenus et des dépenses, en 1789. M., 1378.
Compte du matériel de la guerre. 1724.
Compte du matériel de la marine. 1738.
Compte du mouvement des pensions. M., 1481.
Compte général de la justice dans les colonies. 1261.
Compte rendu aux habitants de la Guyane sur l'esclavage. M., 1130.
Compte rendu de l'Assemblée constituante. 359.
Compte rendu de l'exécution des lois sur les esclaves. 1128.
Compte rendu de la Cie des Quatre-Canaux. M. (153), 1825.
Compte rendu de M. Bertrand de Moleville. M., III (90), 2846.
Compte rendu des fonds alloués pour l'enseignement des noirs. 1127.
Compte rendu des travaux de l'Assemblée. M., I (17), 2876.
Compte rendu sur les établissements religieux. M., I (9), 2876.
Compte rendu sur les monuments. M., IV (85), 2876.
Comptes définitifs des dépenses des ministres. 1417.
Comptes de la Légion d'honneur. 1424.
Comptes de la régie des poudres. 1461.
Comptes des finances (an VIII à 1814). 1413.
Comptes des invalides de la guerre. 1726.
Comptes des invalides de la marine. 1746.
Comptes des recettes et dépenses de Belgique. 1677.
Comptes des recettes et des dépenses du Trésor public. 1411.
Comptes des travaux du Conseil d'État. 1276.
Comptes du produit des tabacs. 1460.
Comptes généraux de la justice civile et commerciale. 1259.
Comptes généraux de la justice criminelle. 1261.
Comptes généraux des finances. 1410 et 1415.
Comptes généraux du Trésor public. 1412.
Comptes rendus de l'administration du département de la Seine. 1426.
Comptes rendus des finances, de 1600 à l'an VII. 1408.
Comptes rendus des opérations de la Banque. 1520.
Comptes rendus des séances de l'Académie des sciences. 2073.
Comptes rendus des travaux des ingénieurs des mines. 1766.
Comptes rendus sur le régime des esclaves. 1750.
Comptes rendus sur les travaux publics extraordinaires. 1763.
Concession de mines. M. (7, 14, 15, 17, 19 et 21 *bis*), 1778.
Concession de terrains avoisinant des canaux. M. (32), 1825.
Concession des grèves du Mont-Saint-Michel. M. (144), 1825.
Concessions (Des) perpétuelles de travaux publics. M., II, 2062.
Conclusions (Sur les) d'un rapport sur les pensions. M., 1481.
Concours des compagnies financières pour les chemins de fer. M., IV, 1861.
Condamnations d'imprimés. M., 2877.
Condition of the United States Banks. 1711.
Conférence des observations des tribunaux d'appel sur le projet de code civil. 406.
Conseils aux propriétaires. M., I, 1472.
Conseil d'État (Du). M., 645.
Conseil général des mines; procès-verbaux. M., 1456.
Conseils généraux de l'agriculture et des manufactures. 1936 et 2194.
Conservation de la culture du tabac. M., 1459.
Conservatoire (Le) du Muséum national. M., IV (83), 2876.
Constitution de la République. M., III (48), 2876.
Constitution française. M., II (29), 2876.
Constitution pour la Chambre des députés. M., I, 3071.
Constitutions de l'Empire. 29.
Constitutions of States of North America. 604.

Construction ou restauration des ponts de Bordeaux, de Meulan, et du pont Serin. M. (132, 136 et 137), 1825.
Constructions maritimes de guerre. M., 1723.
Consulat de la mer. 558.
Contestation entre les riverains de l'étang de Moret. M. (124), 1825.
Contestation sur le bornage de l'étang de Repac. M. (112), 1825.
Contestation sur un cours d'eau. M. (99), 1825.
Contre l'abaissement des droits d'entrée sur les bestiaux. M., 2036.
Contre l'admission des navires étrangers dans les colonies. M., 1670.
Contre le système démagogique. M., 1145.
Contre l'établissement d'une fabrique à Grenelle. M., II, 2062.
Contre les particuliers exploitant les minières de fer de la Haute-Saône. M., I, 2062.
Contre l'impôt sur les huiles. M., I, 2062.
Contribution (La) foncière en 1836. M., II, 1439.
Contribution (De la) mobilière de 1791. M., 1438.
Contrôle et droits de contrôle. M. (35), 1379.
Contrôle, insinuation, centième denier et petit scel. 169.
Contrôleur de l'enregistrement. 751.
Contrôleur (Le) des finances de la République. M., IV (67), 2876.
Conversation de la princesse de P*** et de madame Necker. M., III, 1371.
Conversations on political economy. 992
Conversations sur l'économie politique. 986.
Conversion de la rente cinq pour cent. M., II et III, 1472.
Conversion (La) et le système financier. M., III, 1472.
Conversion (De la) sans emprunt. M., III, 1472.
Convocation des habitants de Paris pour les États généraux. M., I (34), 2846.
Copie d'une lettre du ministre de la justice aux tribunaux. M., III (87), 2846.
Corps d'observations de la société de commerce. 1912.
Correspondances (Sur les) transatlantiques. M., 1293.
Corvée (De la). M., 1777.
Costume des députés. M. II (48), 2846.
Coup d'œil sur le commerce du Havre. 1989.
Coup d'œil sur les colonies. M., III, 3033.
Courtage des rouliers. M. (97), 1379.
Coustume réformée du pays de Normandie. 213.
Coustumes des pays de Berry. 215.
Coutume d'Orléans. 200.
Coutume générale du duché de Bourgogne. 207.
Coutumes de la prévôté de Paris. 184.
Coutumes de la ville de Metz et pays Messin. 202.
Coutumes générales d'Artois. 218.
Coutumier (Le) de Picardie. 197.
Coutumier (Le) de Vermandois. 196.
Créance américaine. M., 1717.
Création d'assignats. M., 1380. — *Idem.* M., I, 1619.
Création d'une loterie de douze millions. M., 2877.
Création de divers offices. M. (193), 1379.
Création de rentes viagères. M., 1377. — *Idem.* M. (188, 201, 209, 213, 222 et 223), 1379.
Crédit (Du) et des opérations de bourse. M., 1515.
Crédit (Sur le) public. M., 1541.
Crédits supplémentaires. 1418.
Cumul (Sur le) de la dîme avec le champart. M., 396.
Curage de canaux et rivières. M. (37, 61, 78, 81, 89, 100, 110 et 128), 1825.
Curatelle (De la) de l'interdit. M., 1029.
Currency (On). 1532.

D

Décisions royales sur demandes de pensions. 2839.
Déclaration en faveur de l'Académie de peinture. M. (6), 1379.
Déclaration sur les vacations du parlement. M., 2877.
Décret de la Convention sur l'administration des monnaies. 723.
Décret sur l'abolition des droits seigneuriaux. M., 396.
Décret sur les poids et mesures. M., 2142.
Décrets (Collection des) de la Convention. 342.
Décret de la Convention, du 19 octobre 1792. M., III (115, 116 et 117), 2846.
Décrets (Collection des) de l'Assemblée législative. 341.
Décrets (Collection des) de l'Assemblée nationale. 340.
Décrets (Collection des) de l'Assemblée nationale, de 1789 à l'an VI. 321.
Décrets sur la fabrication des tabacs. 813.
Défense de livrer en sacs des pièces de six liards et de deux sous. M. 1377. — *Idem.* M. (178), 1379.
Délais accordés au clergé pour la foi et hommage. M. (168), 1379.
Délibération du conseil municipal de Chaumont sur les chemins de fer. M., III, 1861.
Délibérations des fermiers généraux sur la vente des tabacs et sels. 788.
Délibérations sur l'essai des matières d'or et d'argent. M., IV, 1620.
Délimitation du territoire houiller d'Alais. M. (47), 1825.
Demande d'une prise d'eau sur la rive droite du Drac. M. (105), 1825.
Demande en réduction des droits sur le sucre. M., 2286.
Demande en réduction des droits sur les sels. M., 1456.
Dépenses (Sur les) de 1818. M., 1478.
Dérivation (Sur la) des rivières. M. (91), 1825.
Dernier cri d'un rentier. M., II, 1472.
Description bibliographique des livres composant la librairie de J. Techener. 3249.

Description de la Corse. 2984.
Description de l'Égypte. 2445.
Description des machines spécifiées dans les brevets d'invention expirés. 2054.
Description des machines spécifiées dans les brevets d'invention régis par la loi de 1844. 2055.
Description du chemin de fer de Liverpool à Manchester. 1855.
Desséchements de marais. M. (6, 7, 11, 19, 20, 65, 69, 70, 71, 72, 73, 85, 86, 103, 113, 119, 120 et 123), 1825.
Deux années à Constantinople en 1828. 3173.
Deux leçons aux Débats sur le sel. M., I, 1455.
Développements sur les produits de l'enregistrement. 1336.
Dictionnaire de l'Académie. 2312 et 2313.
Dictionnaire de l'Administration française. 1269.
Dictionnaire de l'économie politique. 1033.
Dictionnaire de législation, de 1789 à l'an VI. 366.
Dictionnaire des communes de France. 2422.
Dictionnaire des contributions directes. 1435.
Dictionnaire des dictionnaires de médecine. 2157.
Dictionnaire des droits d'enregistrement. 747.
Dictionnaire des postes aux lettres. 1547.
Dictionnaire des sciences naturelles. 2163.
Dictionnaire des synonymes français. 2325.
Dictionnaire de Trévoux. 2311.
Dictionnaire du commerce. 1885.
Dictionnaire du notariat. 310.
Dictionnaire français-berbère. 2343.
Dictionnaire général d'administration. 1263.
Dictionnaire géographique de la Belgique. 2437.
Dictionnaire géographique de la Suisse. 2442.
Dictionnaire géographique universel. 2409.
Dictionnaire technologique. 2067.
Dictionnaire universel de commerce. 1888.
Difficulté (Sur la) de coloniser Alger. M., I, 3033.
Digues et travaux contre les eaux. M. (25, 66, 94, 95, 96, 97, 98, 108, 111, 126), 1825.
Dilapidation des deniers de l'État. M., III, 1338.
Direction (Sur la) des chemins de fer du Nord de la France. M., III, 1860.
Discours de M. Necker à l'Hôtel-de-Ville. M., II (62), 2846.
Discours des députés de Saint-Pierre (Martinique). M., II (34), 2876.
Discours divers à l'Assemblée des notables. M., 2845.
Discours du garde des sceaux à l'Assemblée. M., II (63), 2846.
Discours du ministre de la marine. M., III (89), 2846.
Discours du Roi à la garde nationale. M., III (93), 2846.
Discours du Roi aux États généraux. M. II (61), 2846.
Discours du Roi aux notables, en 1787. M., 2845.
Discours du Roi aux notables et réponse. M., 2845.
Discours et mémoire du garde des sceaux à l'Assemblée. M., II (78 et 84), 2846.
Discours et rapport de M. Necker à l'Assemblée. M., II (64, 67, 70 et 72), 2846.
Discours, notes, hospice de charité. M., 1377.
Discours sur la réduction de l'intérêt de l'argent. 1495.
Discours sur les pensions. M., 1481.
Discussion de la loi des droits différentiels. 1681.
Discussion du conseil général des Vosges sur les chemins de fer. M., III, 1861.
Discussion du conseil municipal de Strasbourg sur le chemin de fer. M., III, 1861.
Discussion relative à la Chambre des pairs. M., I, 3071.
Discussion sur le papier-monnaie. M., I, 1620.
Discussion sur les affaires de Pologne en 1846. M., 3189.
Discussions sur les canaux. 1805.
Distilleries (Sur les) de pommes de terre. M., I, 1452.
Distribution de Paris en vingt départements. M., I (43), 2846.
Distribution des eaux de l'Ourcq dans Paris. M., 2307.
Distribution des soixante districts de Paris. M., I (35), 2846.
Divorce (Du). M., 396.
Documents diplomatiques sur la question d'Orient en 1840. 3174.
Documents inédits sur l'histoire de France. 2719 à 2758.
Documents officiels sur le pénitencier de Philadelphie. 1115.
Documents (Sur les) relatifs au canal maritime. M., II, 1835.
Documents relatifs au régime hypothécaire. 460.
Documents relatifs aux canaux. 1803.
Documents sur Alger, de 427 à 1838. M., II, 3034.
Documents sur la comptabilité et les banques aux États-Unis. M., 1712.
Documents sur la refonte des pièces d'argent. M., III, 1620.
Documents sur le commerce de la viande. 1284.
Documents sur le commerce extérieur. 1925.
Documents sur l'essai des matières d'or et d'argent. 1608. — *Idem*. M., 1620.
Documents sur les dépenses de la campagne d'Espagne. 2924.
Documents sur les événements de la Grèce jusqu'en 1831. 3169.
Documents sur les tarifs étrangers. 2012.
Domaine (Sur le) de Vincennes. M. (119), 1379.
Domaines aliénés. 154.
Domaines (Sur les) engagés. 1377. — *Idem*. M. (176), 1379.
Domaines (Des) nationaux. M., 1380.
Domination (De la) française en Afrique. 3004. — *Idem*. M., II, 3033.
Don de trente millions au Roi. M. (70), 1379.
Douanes (Des) sous le rapport fiscal. M., I, 2035.
Double (De la) session. M., 3104.
Douze mille francs (Sur les) de la duchesse de Berry. M., IV, 3107.
Droit d'aubaine et de réciprocité. M., 1029.
Droit (Sur le) de garantie des ouvrages d'or et d'argent. M., 2142.
Droit (Sur le) d'entrée de la fonte à Sedan. M., 2036.
Droit (Du) de visite. M., VI, 3107.
Droit des secrétaires du conseil pour les baux. M. (30), 1379.

Droits (Sur les) de navigation du canal de Givors. M., I, 1834.
Droits de navigation et de péage. M. (36, 53, 55, 56, 79, 104, 107, 125, 133, 134, 135 et 151), 1825.
Droits sur les grains. M. (90), 1379.
Droits sur les marchandises coloniales. M., 2845.

E

Échelle pour la comparaison de l'aune avec le mètre. M., 2142.
Échelles de comparaison entre les anciennes et les nouvelles mesures itinéraires. M., 2142.
Échelles pour la comparaison de la toise au mètre. M., 2142.
Éclaircissements publiés par les ministres. 1421.
École (Sur l') de travail de Strasbourg. M., 1791.
École spéciale de commerce. 1927.
Économie publique. Liberté et prohibition. M., II, 2061.
Économistes (Collection des principaux). 1045.
Édict sur la fabrication des monnoies. 1577.
Édict sur le cours des monnoies, 1636. 1576 et 1581.
Edinburgh Review (The). 3264.
Édits, déclarations sur les monnaies, de 1211 à 1788. 91.
Édits (Collection des) du XIIe au XVIIIe siècle. 89.
Édits et arrêts sur les mines et minières. 113.
Édits et ordonnances de François II. 96.
Effects (On the) of protecting duties. M., 1671.
Effet des assignats sur le prix du pain. M., I, 1619.
Effets (Sur les) du choléra à Paris. 1217.
Élections de la sénéchaussée de Castelmoron. M., II (54), 2846.
Élection des députés du commerce. M. (148), 1379.
Élections (Sur les) des deux-Sèvres. M., II, 46.
Embranchement de Lyon sur Grenoble. M., V, 1860. — *Idem.* M., IV, 1861.
Émission (Sur l') de l'État dans la Louisiane. M., 1712.
Emplacement pour le débarcadère du chemin de fer de Strasbourg. M., III, 1860.
Employés (Sur les) des fermes générales. M. (41, 132 et 136), 1379.
Empoisonneurs (Sur les). M. (25), 1379.
Emprunt (Sur l') de seize millions. M., 1479.
Emprunt de la ville de Paris. M., 1377.
Emprunt des marchands et échevins de Paris. 195.
Emprunts faits en 1818. M., 1479.
Emprunts remboursables par voie de loterie. M., 1377. — *Idem.* M. (76, 110 et 171), 1379.
Encyclopédie du commerçant. 1886.
Encyclopédie méthodique. 2065.
Encyclopédie méthodique, dictionnaire des finances. 1365.
Engrais nommé urate. M., III, 2208.
Enlèvement (Sur l') des feuilles dans les forêts. M., II, 2208.
Enquête commerciale. 1937.
Enquête commerciale à Mulhouse. M., 2036. — *Idem.* M., II, 2062.
Enquête devant le Conseil d'État sur le crédit foncier. 1497.
Enquête sur la cherté de la navigation française. 1744.
Enquête sur la garantie des monnaies. M., III, 1620.
Enquête sur la viande de boucherie. 1285.
Enquête sur l'endiguement de la Seine maritime. M., III, 1835.
Enquête sur l'entrée des produits étrangers. 1932.
Enquête sur les boissons. 1451.
Enquête sur les entrepôts intérieurs. M., 2038.
Enquête sur les fers. 1935.
Enquête sur les houilles. 1933.
Enquêtes sur les routes. 1783.
Enquête sur les sels. 1454.
Enquête sur les services de la marine. 1736.
Enquête sur les sucres. 1938.
Enquête sur les vins. M., I, 1452.
Entrée dans Paris des lignes du Nord et de l'Est. M., III, 1860.
Entrée (Sur l') du chemin de fer à Strasbourg. M., III, 1861.
Entrepôt à Grenelle. M., II, 2062.
Entrepôt du commerce à l'île des Cygnes. M., 2038.
Entrepôt sur le quai d'Orsay. Considérations nouvelles sur cet entrepôt. M., II, 2062.
Entrepôt (De l') sur les terrains de Tivoli. M., IV, 2061.
Entreprise de canaux. M. (23, 29, 30 et 35), 1825.
Entretien (Sur l') des routes. M. (1, 2, 5, 6, 14, 20, 21, 26, 29, 32, 37, 38 et 44), 1801.
Entretien d'un électeur avec lui-même. M., I, 46.
Envahissement (De l') des vignobles par les droits réunis. 1452.
Éphémérides universelles. 2653.
Errata de brochures sur les finances. M., I, 1338.
Escompte (Sur l') du papier. M., I, 1501.
Essai sur la politique des Romains. 72.
Essai sur le crédit hypothécaire. M., 1502.
Essai sur les pensions. M., II, 1482.
Établissement de gares et magasins de sauvetage. M. (138, 139 et 145), 1825.
Établissement de nouvelles prisons. M., 1377. — *Idem.* M. (28), 1379.
Établissement des assemblées provinciales. M., 2845.
Établissement (De l') des invalides de la guerre. 1727.
Établissement d'un bureau de nourrices à Lyon. M. (58). 1379.
Établissements de bienfaisance à Madrid. M., 1153.
Établissements français de Madagascar. 3047.
État d'Alger en 1836. M., II, 3034.
État de l'Angleterre en 1822. 3124 et 3125.

État des arrondissements de l'inscription maritime. 2433.
État des bailliages de la Franche-Comté. M., I (8), 2846.
État des bailliages et des sénéchaussées. M., I (2), 2846.
État des dépenses de la guerre. M. (129 et 150), 1379.
État des dépenses de la guerre en 1789. M., 1378.
État des finances en 1789. M., 1380.
État des finances en 1792. M., I, 1393.
État des revenus et des dépenses fixes. M., II (50), 2846.
État général des forêts de France. 2229.
État-major (Sur l') de la marine. M., 1749.
État militaire des Parisiens. M., I (6), 2876.
États des dépenses des États-Unis, de 1824 à 1839. M., 1712.
États des indemnités aux émigrés. 2865.
États des liquidations d'indemnités. 1327.
Étendue (Sur l') de la contribution foncière. M., 1218.
Étoffes (Marque des) de laine. M. (59, 60, 62 à 69, 182, 183 et 184), 1379.
Étrennes aux agioteurs. M., 1515.
Études critiques et biographiques. 3216.
Études sur la rente. 1464. — *Idem.* M., III, 1472.
Événements de Colmar en 1791. M., 2968.
Examen à l'École polytechnique. M., 1275.
Examen de la question du droit de visite. M., VI, 3107.
Examen des modes de liquidation de la dette. M., I, 1619.
Examen d'un écrit sur le matériel de la marine. 1737.
Exécution de l'ordonnance de 1840 sur le patronage des esclaves. 1126.
Exécution des chemins de fer par l'État. M., I, 1861.
Exécution (Sur l') des lois sur les prisons. M., 1029.
Exhibit (An) of the losses sustined at the office of discount. 1715.
Expérience pour la refonte des pièces de trente sous. M., III, 1620.
Explications de la compagnie des Quatre-Canaux. M., I, 1834.
Exploitation des mines. M. (30 et 35), 1778.
Exportation des grains à l'étranger. M., 2877.
Exportation (Sur l') des métiers de fabrication. M. (116 et 154), 1379.
Exportation (De l') des savons. M., II, 2035.
Exposé de la conduite du duc d'Orléans. M., I (20), 2876.
Exposé des droits de dona Maria II. 3151.
Exposé des motifs des lois sur le régime des esclaves. 1755.
Exposé des motifs et débats des Chambres sur les lois relatives à l'esclavage, 1845. 1131.
Exposé des questions relatives aux pensions. M., 1481.
Exposition d'Abbeville. M., III, 2061.
Expropriation des bains du Mont-d'Or. M. (45, 143, 146 et 147), 1825.
Expropriation (Sur l') des voies de communication. M., II, 1835.
Extracts of papers for the weights and measures. 2129.
Extrait des lois concernant le vote des budgets. 1423.
Extrait des rapports du comité des finances. M., 1378.
Extraits de documents publiés en Angleterre sur l'agriculture. 2202.
Extraits de la richesse territoriale de Lavoisier. M., 1218.
Extraits de tous les édits sur les monnaies. 1578 et 1582.

F

Fabrication (Sur la) des mesures de longueur. M., 2142.
Fabrication (Sur la) des monnaies. M., II, 1619.
Fabrication (Sur la) du sucre de raisin. M., 2287.
Fac-simile de lettres autographes. 2925.
Fermes générales et régisseurs généraux. M. (4, 5, 11, 36, 61, 71, 72, 94, 103, 105, 112, 122, 123, 140, 141, 153, 162, 166, 167, 169, 180 et 186), 1379.
Feuilleton des décrets de la Convention. 343.
Finance (The) accounts of the United Kingdom. 1657.
Finances (Sur les) du Roi. M., 977.
Fixation des droits sur les salpêtres. M., III, 2035.
Fixation du nombre de députés à nommer par divers bailliages et sénéchaussées. M., I (22, 23 et 26), 2846.
Fondation d'une caisse de retraites. M., 1481.
Fonderies de Vaucluse. M. (1 et 2), 1778.
Fors (Los) et Costumas de Béarn. 222.
Fouille (Sur la) du salpêtre. M. (101, 115 et 146), 1379.
Fragments extraits du portefeuille de M. Cicogne. M., I, 1301.
Frais (Sur les) de douane. M., II, 2035.
Frais de fabrication des monnaies. M., IV, 1620.
Franc-aleu (Le) de la province de Languedoc. 232.
France administrative. 3257.
France (La) doit-elle conserver Alger? M., II, 3034.
France (La) et les colonies. Sucre indigène. M., I, 2063.
Franchise des lettres. M. (113), 1379.
Fusion des intérêts territoriaux et commerciaux, 1918.

G

Gabelle (Sur la). M., 2845.
Gazette (La) anglaise. M., II, 1371.
Gazette des tribunaux. 380.
General public acts respecting the sale of public lands. 1714.
Geschichtliche darstellung der Niederländischen finanzen. 1685.
Grand archipel d'Asie, Nouvelle-Hollande. 2539.
Grand Océan, îles éparses. 2538.
Guerre (Sur la) avec la régence d'Alger. M., I, 3034.
Guide des employés de l'enregistrement. 760.
Guide du voyageur en France. 2579.
Guide sur le canal du Midi. M., I, 1835.
Guide (A) to importers of wines. 2015.

H

Histoire de la Bible. 3109.
Histoire de la Prusse. 3160.
Histoire des États Barbaresques. 3178.
Histoire du canal de Languedoc. 1813.
Histoire du règne de Louis XIV. 2824.
Hôpitaux (Sur les) de Paris. M., 1377.
Hôtel-Dieu de Lyon. M. (131), 1379.
Hôtel-Dieu de Paris. Pièces diverses. M., 1377.

I

Idée d'un citoyen sur la gestion de Necker. M., III, 1371.
Importance du commerce des sucres. M., I, 2063.
Importation (Sur l') des fers étrangers. M., II, 2035. — *Idem*. M., 2036.
Imposition territoriale. M., 2845.
Impositions (Des) indirectes. M., I, 1452.
Impositions pour la navigation. M. (100 et 151), 1379.
Impositions pour l'entretien des routes. M. (8, 9, 10, 11, 12, 13, 15, 16, 18, 19, 22, 24, 25, 27, 28, 30, 31, 33, 35, 36, 40, 41, 42, 43), 1801.
Impôt des boissons. Procès-verbal. M., II, 1452. — *Idem*. Améliorations. M., III, 1452.
Impôt (Sur l') du sel. M. (19 et 29), 1379. — *Idem*. M., I, 1455. — *Idem*. M., 1456.
Impôt (Sur l') du tabac. M., 1459. — *Idem*. M., 2845.
Impôt (De l') sur les vins. M., I, 1452.
Impôt (Sur l') territorial de l'Angleterre. M., 1145.
Indemnités aux riverains de la route de Hambourg. M. (23), 1801.
Influence (De l') de l'impôt sur la culture de la vigne. M., I, 1452.
Informe presentado a la junta de agricultura y comercio. 1983.
Ingénieurs (Des) des mines. M. (33 et 34), 1778.
Inquiétudes (Les) révolutionnaires. M., III, 3107.
Inquiry (An) in to the currency principle. 1529.
Instruction arrêtée par le Directoire. M., III (91), 2846.
Instruction de la commission des monnaies. M., IV, 1620.
Instruction et tarif de la caisse de la vieillesse. 1480.
Instruction pour les baillis ou sénéchaux d'épée. M., (3), 2846.
Instructions sur la comptabilité des receveurs généraux et particuliers, etc. 699.
Instruction sur la fête à l'Être suprême. M., III (44), 2876.
Instructions sur la refonte des monnaies. M., III, 1620.
Instruction sur le cadastre. M., 1438.
Instruction sur le service des ports. 720 et 1546.
Instruction sur le sucre indigène. M., 2287.
Instruction sur le timbre des actes. M., 1380.
Instruction sur les chemins vicinaux. 692.
Instruction sur les contributions indirectes par les inspecteurs. 808.
Instruction sur les frais de justice en matière criminelle. 486.
Instruction sur les gabelles. 785.
Instruction sur les mesures déduites de la grandeur de la terre. 2120.
Instruction sur les nouveaux poids. M., 2142.
Instruction sur les routes. M., 1777.
Instructions aux habitants des districts ruraux. M., III (94), 2846.
Instructions décadaires au journal de l'enregistrement. 752.
Instructions sur le tabac avant 1789. 812.
Intendance (Sur l') militaire. M., II, 1729.
Intérêts (Des) matériels en France. 1772.

J

Jeux de cartes tarots. 3108.
Jeux (Sur les) de hasard. M., 2877.
Jeux (Sur les) défendus. M. (31), 1379.
Jonction (Sur la) de la Gironde à la Loire. M., I, 1835.
Journal d'économie politique, de morale, etc. M., 1145.
Journal de l'école polytechnique, t. XVI. 2070.
Journal de l'industriel et du capitaliste. 2058.
Journal des chemins de fer. 1841.
Journal des connaissances utiles. 2072.
Journal des économistes. 1049.
Journal des mines, 3 numéros. M., 1791.
Journal des notaires et des avocats. 312.
Journal des opérations de l'artillerie à Anvers. 2940.
Journal d'un officier de l'armée d'Afrique. 3003.
Journal militaire officiel. 1719.
Journalisme (Le) devant les élections. M., 3104.
Journaux du conseil de la province du bas Canada. 3188.
Juridiction (De la) de la Chambre des comptes de Paris. 176.

L

Landes (Des) de Gascogne. M., II, 2208.
Leçon (La) de justice, de prudence. M., 3104.
Légion (Sur la) d'honneur. M., I. 1292.
Législation des grains. M., 1145.
Législation des mines. M. (41), 1778
Législation relative au Conseil d'État. 641.
Législation sur l'instruction primaire. M., 1293.
Le Havre ancien et moderne. 2582.
Les vrais barbares. M., 3104.
Letter on the accounts of american banks. 1700.
Letter on the accounts of the office, 1701.
Letter on the commerce of the United States. 1981.
Lettre à la commission du budget. M., 1476.
Lettre à M. Necker. M., I, 1371.
Lettre à M. Thiers sur la crise financière. M., III, 1338.
Lettre à un rentier. M., II, 1472.
Lettre au marquis de Villette. M., III, 1371.
Lettre au président du comité des finances. M., I, 1619.
Lettre de fabricants de porcelaines sur des taxes illégales. M., I, 2035.
Lettre de M. de la Luzerne au garde des sceaux. M., II (83), 2846.
Lettre de M. de Saint-Priest au comité des recherches. M., II (76), 2846.
Lettre du ministre de la justice au commissaire du Roi. M., III (103), 2846.
Lettre d'un ami à M. Necker. M., II, 1371.
Lettre d'un bon Français. M., III, 1371.
Lettre d'un vieux commis du Trésor. M., I, 1301. — *Idem*. M., II, 1338.
Lettres du Roi. M. II (51 et 71), 2846.
Lettre du Roi à la municipalité de Paris. M., III (96), 2846.
Lettre du Roi aux archevêques et évêques. M., II (68), 2846.
Lettre du Roi aux armées françaises. M., III (97), 2846.
Lettre du Roi pour la convocation des états généraux. M., I (1), 2846.
Lettre du Roi sur la déclaration du duc de Brunswick. M., III (104), 2846.
Lettre et observations sur les finances du comte d'Artois. M., 1760.
Lettre sur la censure en 1827. M., 3091.
Lettre sur la crise de la Bourse. M., 1478.
Lettre sur le projet de réduction des rentes. M., 1476.
Lettre sur le remboursement des rentes. M., I, 1472.
Lettre sur les assignats. M., I, 1620.
Lettre sur les dépenses des États-Unis. M., 1712.
Lettre sur les élections de la Charente. M., II, 46.
Lettres de Lay. M., 1476.
Lettres des fermiers généraux des gabelles, tabacs et sels. 789.
Lettre du Roi au président de l'Assemblée et à M. Necker. M., I (14 et 15), 2876.
Lettres sur de grandes questions. M., I, 3071.
Lettres sur des cantons de la Suisse. 2596.
Lettres sur l'administration civile en Algérie. M., III, 3034.
Lettres sur la Suisse. 2598.
Liberté du vin. M., 1462.
Ligne du Nord. Lettre de la chambre de commerce de Boulogne. M., IV, 1861.
Limite (De la) de l'impôt. M., IV, 1439.
Liquidation de la dette publique. M., 1471.
Liquidation (Sur la) des effets publics. M., II, 1472.
Liste (La) civile dévoilée. 1334.
Liste de bailliages et sénéchaussées. M., I (46), 2846.
Liste des émigrés. 2864 et 2866.
Liste des notables en 1787. M., 2845.
Liste des pensionnaires de la liste civile. 1331.
Loi de 1791 sur l'administration forestière. M., 1380.
Loi de 1791 sur les monnaies. M., 1380.
Loi (La) des circonstances. M., 3104.
Loi (Sur la) pour l'exploitation des forêts de la Corse. M., 2247.

Loi (Sur la) qui supprime le cours forcé des billets de banque. M., I, 1501.
Loi sur les boissons. M., III, 1452.
Loi sur les comices agricoles. M., I, 2208.
Lois de finances, depuis 1814. 353.
Lois de l'Algérie, de 1830 à 1843. 360.
Lois des 26, 28 août et 3 septembre 1792. M., III (107 et 108), 2846.
Lois et actes de l'autorité, de 1788 à 1792. 316.
Lois et actes du Gouvernement, de 1789 à l'an II. 315.
Lois et règlements des douanes françaises, depuis 1789. 775.
Lois sur les comptabilités publiques, de 1790 à 1807, 697.
Lois sur les contributions indirectes, depuis 1790. 796.

M

Machines (Des) et de leurs résultats. 2294.
Maintien (Sur le) de l'extraction du salpêtre indigène. M., III, 2035.
Maintien (Sur le) des payeurs. M., VI, 1439.
Maîtres (Sur les) de poste et messageries. M. (83, 85, 96, 108 et 170). 1379.
Mandat (Sur le) et le serment. M., 3104.
Manières (Sur les) de spéculer. M., 1478.
Manœuvres (Des) employées à la Bourse. M., 1541.
Manual for the use of the legislature. 605.
Manuel des pensions militaires. 713.
Manuel du recrutement. 855.
Manuel financier. 1303.
Manuel financier pour le département de la marine. 1741.
Manuel pour la concordance des calendriers. 2138.
Manufactures (Sur les). M., (49), 1379.
Manuscrit de 1814. 2895.
Marais de Saint-Gilles. M., (149 et 150), 1825.
Marque des moutons et brebis. M., (143), 1379.
Massachussetts : États de situation des banques d'épargne, des assurances, etc. M., 1712.
Mauvaise organisation de la police. M., V, 3107.
Méditerranée; côtes de France. 2554.
Mémoire à consulter pour Philippe d'Orléans. M., I, (19), 2876.
Mémoire à la Chambre des députés. M., III, 2208.
Mémoire concernant la forêt de Chambaran de Roybon. 2246.
Mémoire de la Chambre des agents de change. 1511.
Mémoire de la Société constitutionnelle de Paris. M., 45.
Mémoire de M. de la Luzerne. M., B. 1760.
Mémoire de M. Duchosal contre le Mercure de France. M., 2877.
Mémoire de Rivage sur la refonte d'or. M., 2968.
Mémoire des commissaires de la trésorerie nationale. M., 1380 et 1386.
Mémoire des fabricants de sucre du Loiret et de Loir-et-Cher. M., 2286.
Mémoire des habitants de Montpellier sur les chemins de fer. M., IV, 1861.
Mémoire des propriétaires de terrains entre Nantes et Paimbœuf. M., (58), 1825.
Mémoire des tanneurs sur la marque des cuirs. M., I, 1301.
Mémoire du clergé et de la noblesse du Dauphiné. M., 2877.
Mémoire du conseil municipal de Reims sur les canaux. M., II, 1835.
Mémoire du comte de Rioms sur sa détention. M., II, (82), 2846.
Mémoire du ministre des finances à l'Assemblée. M., II, (81 et 85), 2846.
Mémoire et interrogatoires du marquis de Favras. M., 2968.
Mémoire et lettres adressés d'une chaumière des Vosges. M. IV, 3107.
Mémoire pour la compagnie des Indes. M., 1029.
Mémoire pour le ministre de la marine, 1760.
Mémoire pour les distillateurs. M., I, 1452.
Mémoire pour les employés sans pension. M., 1293.
Mémoire remis au comité des subsistances. M., II, (60), 2846.
Mémoire sur la concession de la plaine de Bièvres. 2244.
Mémoire sur la corvée. 2845.
Mémoire sur l'administration des finances de l'Angleterre. 1626.
Mémoire sur la fabrication du sucre. M., 2287.
Mémoire sur la question des sucres. M., IV, 2063.
Mémoire sur l'association des mines de la Loire. M., IV, 2061.
Mémoire sur la taille, 1787. M., 2845.
Mémoire sur le canal de la Sambre à l'Escaut. M., II, 1834.
Mémoire sur le commerce maritime. M., 2004.
Mémoire sur le testament de L. F. Darbonnier de Dizy. M., 1029.
Mémoire sur les actes de la censure. M., 3091.
Mémoire sur les eaux minérales. 2160.
Mémoire sur les eaux minérales des Pyrénées. 1200.
Mémoire sur les finances. M., II, 1393.
Mémoire sur les sels. M., I, 1455 et M., 1456.
Mémoire sur les tabacs. M., 1457.
Mémoire sur l'impôt indirect. 1445.
Mémoires adressés aux gouvernants. M., II, 1338.
Mémoires-anecdotes sur les règnes de Henri IV et de Louis XIII. 2810.
Mémoires-anecdotes sur les règnes de Louis XIV et de Louis XV. 2827.
Mémoires de Bordereau, dite Langevin. M., 3213.
Mémoires de Coligny-Saligny et du marquis de Villette. 3197.
Mémoires de la maison de Condé. 2814.

Mémoires des délégués des colonies sur le sucre. M., 2004.
Mémoires des flotteurs du canal du Coitron. M. (152), 1825.
Mémoires des ministres à l'Assemblée. M. II, (77, 79 et 80), 2846.
Mémoires relatifs au commerce. 1913.
Mémoires (Collection des) sur l'administration des provinces de France. 2823.
Mémoires sur le Consulat. 2882.
Mémoires sur les droits de la France et de l'Angleterre en Amérique. 3126.
Mémoires sur les priviléges des trésoriers généraux. 175.
Mémoires sur Turgot. 3204.
Mémorandum pour la session de 1830. M., III, 3107.
Mémorial des choses concernant la justice et les finances. 1362.
Mémorial du dépôt de la guerre. 1720.
Merchants guide (The). 1881.
Message du Directoire sur un emprunt. M., III (62), 2876.
Message du Roi aux États-Généraux. M., II (47 et 65), 2846.
Message on the result of an essay of foreign coins. 1696.
Message transmitting documents on the production of tobacco. 1695.
Message upon the tobacco trade. 1694.
Messages et arrêtés du Directoire. 333.
Mesure (Nouvelle) du bois de chauffage. M., 2142.
Mesures concernant la tranquilité de Paris. M., 2877.
Mille (Les) et une nuits. 2372.
Milliard (Le) perdu et retrouvé. M., I, 1472 et M., 1476.
Mine de sel de Vic. M. (42 et 43), 1778.
Mines de Condé. M., (11 et 12), 1778.
Mines (Sur les) de houille. M., II, 2035.
Mines de houille de la Sarre. M. (5, 6 et 13), 1778.
Mines de houille de Trets et d'Alais. M. (25 et 26), 1778.
Mines de Roche-Molière et de Firminy. M. (18, 20, 21 et 44.), 1778.
Mines : Réclamation de la société Hardy. (4), 1778.
Ministère de la réforme en 1833. 3130.
Mirror of parliament. 3133.
Mise en ferme de la pêche des canaux; affermage. M. (15), 1825.
Mission du général Becker auprès de Napoléon. M., II, 3107.
Modèles d'assignations et de procurations pour les possesseurs de fiefs. M. (5), 2846.
Modification de la législation sur les grains. M., 2209.
Modification (Sur la) du tarif des douanes. M., I, 2062.
Modifications de tarif réclamées par les fabricants de toiles. M., 2036.
Modifications du régime du pénitencier de la Seine. M., 1293.
Money the representation of value. 1528.
Moniteur algérien. 3032.
Moniteur universel. 2848.
Monopole (Le) comme solution de la question du sucre. M., 2287.
Monopole (Sur le) de la compagnie des salines de l'Est. M., I, 1455.
Monopole (Sur le) des mines de la Loire. Pétition contre ce monopole. M., IV. 2061.
Monsieur Manuel. M., III, 3107.
Monts-de-piété (Sur les). M. (37, 40 et 47), 1379.
Monts-de-piété; bureaux auxiliaires. M., I, 1292.
Motifs de la convocation d'une Convention. M., III (114), 2846, et M., III (38), 2876.
Motion pour la tranquilité publique. M., I, (4), 2876.
Moyen de créer un revenu de 8 millions à l'État. M., II, 1338.
Moyen de secourir l'agriculture. M., III, 2208.
Moyens d'améliorer les terres incultes en France. M., I, 2208.
Moyens de conserver l'industrie des salpêtriers français. M., III, 2035.
Moyens d'éviter les explosions dans les houillères. 2181.
Moyens (Sur les) de pourvoir au déficit de 1790. M., I, 1620.

N

Nature (Sur la) des impôts. M., V, 1439.
Navigation de la Haisne et de l'Escaut. M. (21, 90, 92 et 109), 1825.
Navigation (De la) du Rhin. M., 1791.
Navigation, police et conservation des canaux et rivières. M. (22, 27, 28, 39, 63, 68, 127 et 142), 1825.
Nécessité d'augmenter les droits sur les fers étrangers. M., 2036.
Nécessité (De la) de créer des bibliothèques scientifiques industrielles. 3227.
Nécessité de la colonisation d'Alger. M., II, 3033.
Nécessité (Sur la) de modifier la législation. M., 2036.
Nécessité de placer à Grenelle l'entrepôt de Paris. M., 2038.
Nécessité de rétablir le crédit. M., 2060.
Nécessité (De la) d'une loi sur le Conseil d'État. 644 et M., VI, 3107.
Neptune de la Méditerranée. 2551. — De l'Amérique méridionale. 2543 et 2544. — De l'Amérique septentrionale. 2547. — Des côtes occidentales d'Amérique. 2545. — Des côtes occidentales d'Espagne, de Portugal et d'Afrique. 2549. — Des côtes occi-

dentales de France. 2553. — Des côtes orientales et du Grand-Archipel de l'Asie. 2540. — Des côtes septentrionales de l'Europe. 2556. — Des Iles Britanniques. 2550. — Neptune oriental. 2542.
Nomination de receveurs généraux des finances. M. (159), 1379.
Nomination du caissier général des impositions. M. (160), 1379.
Note de la compagnie Riant sur le tracé du chemin de fer de Rouen. M., IV, 1860.
Note de l'agence des poids et mesures. M., 2142.
Note sur la question du plombage. M., II, 2035.
Note sur la situation des employés des contributions indirectes. M., 1481.
Note sur le cadastre. M., II, 1439.
Note sur le chemin de fer de Saint-Quentin. M., III, 1860.
Note sur les caisses de retenue de la marine. M., 1481.
Note sur les canaux. M., I, 1834.
Note sur les contributions indirectes. M., II, 1452.
Note sur les étalons. M., III, 1729.
Note sur les hôtels des monnaies. M., II, 1619.
Note sur les poursuites en matière d'impôts. M., 1438.
Note sur l'impôt du sel. M., I, 1455.
Notes analytiques sur les douanes. 774.
Notes sur Alger, pour 1836. M., 3035.
Notice sur d'Arcet. M., 3213.
Notice sur la compagnie de boisement. M., 2247.
Notice sur l'Angleterre, l'Écosse et l'Irlande. 2436.
Notice sur le chancelier Dambray. M., 3213.
Notice sur le Chili. 2648.
Notice sur le commerce de l'Angleterre. M., I, 2061.
Notice sur le comte Siméon. M., 3213.
Notice sur le général Le Marois. M., 3213.
Notice sur le monument élevé à Paul Riquet. M., 1813.
Notice sur M. Poivre. M., 1392.
Notices statistiques sur les colonies. 1206.
Notification du Roi aux puissances de l'Europe. M., III (101), 2846.
Notions sur les nouvelles mesures. M., 2142.
Nouveau code des patentes. 729.
Nouveau manuel des agents de change. 1507.
Nouveau plan sur les finances. M., 977.
Nouveau tarif des douanes des États-Unis. 2033.
Nouveau tarif des douanes françaises. 2007.
Nouveaux et anciens principes de commerce comparés. M., 2060.
Nouvel ordre pour les dépenses et pensions. M. (124) 1379. — *Idem.* M., 1377.
Nouvelles économies royales. V. art. 3072.
Nouvelles institutions en faveur du commerce. M., III, 2061.
Nouvelles sources de richesses. M., I, 2063.

O

Obéissance (De l') militaire. M., II, 1729.
Obligations des propriétaires des îles du Rhin. M. (76), 1825.
Observation de la chambre de commerce du Havre sur le chemin de fer de Strasbourg. M., III, 1861.
Observations de la compagnie des salines de l'Est. M., I, 1455.
Observations de propriétaires de salines. M., 1456.
Observations des bureaux de l'Assemblée sur divers mémoires. M., 2845.
Observations des capitaines au long cours sur leur pétition. M., 2004.
Observations des compagnies de chemins de fer sur le règlement de 1846. M., I, 1860.
Observations des propriétaires des houillères de France. M., 2036.
Observations du commerce maritime. Sucres. M., 2064.
Observations du tribunal de cassation sur le projet de Code civil. 407.
Observations en faveur de Necker. M., III, 1371.
Observations et conclusions du procureur général sur la plaine de Bièvre. 2245.
Observations pour la compagnie des salines. M., I, 1455.
Observations pour les administrateurs des mines de Decize. M., II, 2035.
Observations sur deux projets de douanes. M., I, 2035.
Observations sur la caisse hypothécaire. M., I, 1301.
Observations sur l'affermage des canaux. M., IV, 2061.
Observations sur la légalité du péage. M., 1775.
Observations sur la liquidation de l'indemnité. 1326.
Observations sur la population de la Havane. 2447.
Observations sur la question des sucres. M., 2286.
Observations sur le canal de Languedoc. 1814.
Observations sur le classement des routes. M., 1790.
Observations sur l'impôt du sel. M., 1456.
Observations sur les affaires de bourse. M., 1515.
Observations sur les droits de parcours et de vaine pâture. M., 396.
Observations sur les élections. M., I, 46.
Observations sur les opérations de Necker. M., 1377.
Observations sur les qualités des sels. M., 1456.
Observations sur les routes. M. (7), 1801.
Observations sur les sels. M., I, 1455.
Observations sur un nouveau système hypothécaire, an VI. M., 396.
Offices sur les ports. M. (95, 98 et 102), 1379.
Officiers de la maison du Roi. M. (120), 1379.
Offre par les notaires d'un crédit de six millions au Roi. M., 2877.
Opérations administratives de la campagne de 1823. 2921.
Opérations financières de 1818. M. I, 1338.
Opinion de l'évêque d'Autun sur les monnaies. M., I, 1619.

Opinion des conseils généraux sur la réforme des prisons. 1103.
Opinion d'un créancier de l'État sur le budget. M., 1339.
Opinion sur les budgets de 1814 et 1815. 1318.
Opinion sur l'organisation de la pairie. M., I, 3071.
Opinions sur la fabrication du salpêtre. M., III, 2035.
Oracles (Les) de la sibylle. M., II (23), 2876.
Orateur (L') des états généraux. M., I (1), 2876.
Ordonnance à rendre par les baillis et sénéchaux. M., I (4), 2846.
Ordonnance de gages intermédiaires. M. (7), 1379.
Ordonnance de Louis XIV sur la marine des côtes de Bretagne. 556.
Ordonnance de Louis XIV sur les gabelles et les aides, 1680 et 1681. 108 et 111.
Ordonnance de Louis XIV sur les gabelles. 109.
Ordonnance de Louis XIV sur les prévôts des marchands. 513.
Ordonnance du 31 mai 1838 sur la comptabilité publique. 698.
Ordonnance et tarif sur l'affinage. M., II, 1620.
Ordonnance pour la convocation des états de Paris. M., I (42), 2846.
Ordonnance pour l'administration de la justice. 117.
Ordonnance sur l'organisation de la commission des monnaies. M., IV, 1620.
Ordonnances depuis Hugues Capet jusqu'à Charles VIII. 86.
Ordonnances sur la juridiction de la Chambre des comptes de Paris. 174.
Ordonnances sur le faict des monnoyes, 1578 et 1615. 1573 et 1574.
Ordre et séance des États généraux sous François II et Charles IX. 3059.
Organisation de la trésorerie nationale. M., 1380. — *Idem.* 1390.
Organisation du service des postes. M., II, 1292.
Organisation (De l') monétaire en France. M., II, 1619.
Ouverture aux commissaires des trois ordres. M., II (52), 2846.
Ouverture des États généraux à Versailles. M., II (49), 2846.
Ouverture (Sur l') des États généraux. M., 2877.
Ouverture du canal du Cher. Somme à payer par les propriétaires de mines. M. (8), 1778.
Ouverture d'une route d'Agen à Cahors. M. (17), 1801.

P

Pairie. De l'hérédité. M., I, 3071.
Pairie (La) jugée par les pairs. M., II, 3071.
Pairs (Des) viagers. M., II, 3071.
Panthéon français. 3111.
Papier-monnaie des Américains. M., 1145.
Paquebots (Sur les) à vapeur. M., 1293.
Paquebots (Sur les) pour l'Amérique. M., 1293.
Paris en province et la province à Paris. 3103.
Paris port de mer. M., 1819.
Paroles d'un citoyen à la France. M., V, 3107.
Patria. La France ancienne et moderne. 1154.
Payement (Sur le) des rentes en papiers. M., 2877.
Péages sur les routes et rivières. M. (145 et 147), 1379.
Pêche de la morue. M., 2036.
Pêche (Sur la) du hareng. M., I, 2062.
Pensée (Une) de quarante ans, 1790-1831. M., 3104.
Pensée du 9 août. M., VI, 3107.
Pensions (Sur les). M. (15, 16, 42 et 80), 1379.
Pensions (Sur les) des capitaines au long cours. M., 1481. — *Idem.* M., II, 1482.
Pensions (Sur les) des employés des finances. M., I, 1482.
Perception des droits réservés. M. (10, 34, 214 et 215), 1379.
Perception des octrois municipaux. M., 1377.
Permanence (Sur la) du système de crédit public. M., 1515.
Petits (Sur les) séminaires. M., 1275.
Pétition au sujet de la loi sur le roulage. M., 1776.
Pétition au sujet du canal de la Basse-Somme. M., II, 1834.
Pétition concernant le Roi et la Reine. M., II (25), 2876.
Pétition de la société houillère de Mirecourt. M., 2036.
Pétition des armateurs de Marseille. M., I, 2062.
Pétition des colons d'Alger. M., III, 3033.
Pétition des délégués des colonies. Sucres. M., 2064.
Pétition des fabricants de tulle de Lille et de Calais. M., I, 2062.
Pétition des filateurs de coton de Troyes. M., I, 2062.
Pétition des filateurs de coton et de lin de Lille. M., I, 2062.
Pétition des habitants de Paris. M., 2877.
Pétition des maîtres de poste sur les chemins de fer. M., I, 1860.
Pétition des marchands de vin de Mâcon. M., 1453.
Pétition des messageries au sujet du chemin de fer d'Orléans. M., IV, 1860.
Pétition d'officiers de la Chambre des comptes sur leurs offices. M., II (33), 2876.
Pétition sur la répartition de l'impôt. M., 1438.
Pétition sur l'impôt. M., I, 1452.
Pétitions des propriétaires des salines de Peccais, 1820 et 1822. M., 1456.
Philippe d'Orléans traité comme il le mérite. M., I (18), 2876.
Pièces concernant l'expédition d'Égypte. 2879.
Pièces concernant l'Hôtel-Dieu de Paris. M. (77), 1379

Pièces diverses sur les événements du 20 juin. M., III (99 et 100), 2846.
Pièces fondamentales de l'arrêt sur les marchés Ouvrard à Bayonne. 2927.
Pièces du portefeuille de d'Antraigues. M., III (58), 2876.
Pièces relatives aux États du Dauphiné, M., 2877.
Pièces sur les finances, 1758 à 1787. 1407.
Pilote français. 2552.
Plain (A) statement of the power of the bank. 1540.
Plan d'Alger et des environs. 2566.
Plan de finances. M., II, 1338.
Plan de la ville d'Anvers. 2570 et 2571.
Plans et détails de contenance de tous les bois de France. 2240.
Plantation du canal du Midi. M. (9), 1778.
Plantations des routes. M. (3, 4 et 34), 1801.
Poids (Du) des impôts. M., III, 1439.
Police du lestage dans les ports de la Loire. M. (141), 1825.
Politique (La) perturbatrice de M. de Châteaubriand. M., 3104.
Pont des Invalides. M., 2307.
Ponts (Des) en fil de fer. M., 2307.
Pouvoir (Le) et le droit. M., 3104.
Praticien (Le) des juges et consuls. 512.
Précis de l'abolition de l'esclavage. 1134.
Précis du canal du Languedoc. M., 1813.
Précis sur la colonisation des bords de la Mana. 3041.
Précis sur la franchise du port de Dunkerque. 1988.
Préférence (Sur la) de la ligne d'Amiens à celle de Saint-Quentin. M., III, 1860.
Présentation de la constitution au Roi. M., II (31), 2876.
Prêt (Sur un) fait à l'armée. M. (12), 1825.
Prêtres (Des) et des cultes. M., IV (78), 2876.
Princes (Les) régnants devant l'opinion. M., I, 3107.
Principes (Sur les) de crédit public. M., I, 1472. — *Idem.* M., 1476.
Principes des banques commerciales. M., 1712.
Principes des rentes constituées. 712.
Prise d'actions de chemins de fer par l'État. M., I, 1861.
Prisons (Des) de Philadelphie. M., 1107.
Privilége (Sur le) colonial. Sucres. M., 2064.
Privilége (Sur le) de la Compagnie des Indes. M., 1670.
Prix en faveur des maisons de commerce. M. (82), 1379.
Procédés du parlement anglais sur la législation des grains. M., IV, 2208.
Procédure de l'affaire Fieschi. 2948.
Procédure de l'affaire Lecomte. 2951.
Procédure des affaires Barbès et Quénisset. 2949.
Procès des ex-ministres, en 1830. 2936.
Procès-verbal de la section de Brutus sur les subsistances. M. III (47), 2876.
Procès-verbal sur l'exploitation de la saline de Gouhenans. 1771.
Procès-verbaux de l'Assemblée constituante. 328.
Procès-verbaux de l'Assemblée législative. 329.
Procès-verbaux (Collection des) de l'assemblée provinciale de Haute-Guyenne. 263.
Procès-verbaux de la Chambre des députés. 351.
Procès-verbaux de la Chambre des pairs. 350.
Procès-verbaux de la commission d'Afrique. 1753. — *Idem.* 3005.
Procès-verbaux de la commission d'enquête électorale. 47.
Procès-verbaux de la commission des boissons. 1447.
Procès-verbaux de la commission des caisses d'épargne. 1484.
Procès-verbaux de la Convention. 330.
Procès-verbaux des conseils généraux de l'agriculture. 1278.
Procès-verbaux du Conseil d'État sur le Code civil. 336.
Procès-verbaux du Conseil des Anciens. 331.
Procès-verbaux du Conseil des Cinq-Cents. 332.
Procès-verbaux du Corps législatif. 335.
Procès-verbaux du Tribunat. 334.
Procès-verbaux sur la question de la traite des gommes. 2003.
Proclamation du Conseil exécutif de la nation française. M., III (106), 2846.
Proclamation du Roi. M. (74 et 105), 2846. — *Idem.* M. (10), 2876.
Proclamation sur la tranquillité publique. M., III (102), 2846.
Proclamation sur le mont-de-piété. M., II (75), 2846.
Proclamation sur les poids et mesures. M., III (98), 2846.
Produit des canaux d'Orléans et du Loing. M. (31), 1825.
Profils des neuf cents représentants, 1848. 3215.
Projet d'assurances mutuelles militaires. M., I, 1729.
Projet de caisse de secours. M., 1293.
Projet de Code de la juridiction militaire. 854.
Projet de construction de six chemins de fer. M., I, 1860.
Projet de création d'un fonds de retraite. M., 1481.
Projet de crédit et d'emprunt. M., 1502.
Projet de décret sur les conflits. M. (101), 1825.
Projet de décret sur les digues du Pô, et nomination du magistrat du Pô. M. (67 et 77), 1825.
Projet de décret sur les postes aux lettres. M., 396.
Projet (Sur le) de loi de douanes. M., I, 2035. — *Idem.* M., 2036.
Projet (Sur le) de loi de l'impôt du sel. M., II, 1455. *Idem.* M., 1456.
Projet (Sur le) de loi pour la tarification des sucres. M., 2286
Projet (Sur le) de loi pour l'entrée des fers étrangers. M., 2036.
Projet de loi sur l'amortissement. M., II, 1477.
Projet de loi sur la Banque de France. M., I, 1301.
Projet de loi sur la création d'entrepôts. M., 2038.
Projet (Sur le) de loi sur l'enseignement. M., 1293.
Projet de loi sur l'établissement des chemins de fer. M., I, 1860.
Projet de loi sur les chemins vicinaux. M. (130), 1825.
Projet (Du) de loi sur les élections. M., 45.
Projet de loi sur les lais et relais de mer. M., 396.

Projets (Sur les) de nouveaux droits d'enregistrement. M., 1380.
Projet de percement de la rue des Écoles. M., 1776.
Projet (Sur un) d'impôt progressif. M., VI, 1439.
Projet d'ordonnance sur les machines à vapeur. M., 1775.
Projet d'un emprunt. M., 1339.
Projet d'un établissement thermal. M., II, 1834.
Projet pour compléter le service des postes. M., 1293.
Projet sur la constitution de la pairie. M., I, 3071.
Projet sur les hypothèques. M., 396.
Projet sur les rengagements. M., I, 1729.
Projet sur l'impôt foncier. M., III, 1439.
Projets d'amélioration de la Seine maritime. M., I, 1834.
Prolongement du canal de Roubaix à l'Escaut. M., II, 1834.
Prontuario de las leyes de España. 601.
Propagateur (Le) agricole. M., I, 2208.
Propriétaires (Sur les) de carrosses. M. (133 et 134), 1379.
Propriétaires (Sur les) de mines. M. (3), 1778.
Propriété des forêts. M. (16 et 24), 1778.
Propriété des terrains apppelés Mollières de Mollenelles. M. (34), 1825.
Protestation des colons français. M., 2004.
Protestations des cours et autres corps. M., 2877.

Q

Quelques mots sur les pensions. M., I, 1482.
Question (Sur la) d'Italie. M., VII, 3107.
Question des sucres et des cafés. M., IV, 2063.
Question des tissus de lin et de chanvre. M., I, 2062.
Question d'un impôt sur le sucre de betteraves. M., 2064.
Question du paupérisme. M., 1153.
Question préparatoire. Son abolition. M., 1377.
Questions électorales. M., I, 46.
Questions pour la refonte des monnaies. M., III, 1620.

R

Rapport à la caisse d'épargne. M., I, 1292.
Rapport de la Chambre de commerce de Marseille. M., 2036.
Rapport de la commission des blessés de juin 1832. M., 1481.
Rapport (Sur un) de la commission des invalides de la marine. M., 1481.
Rapport de l'administration des douanes. M., 2036.
Rapport de M. de Narbonne sur les frontières et l'armée. M., III, (88), 2846.
Rapport du préfet du Bas-Rhin sur le chemin de fer de Paris à Strasbourg. M., III, 1861.
Rapport présenté par l'administration des douanes. 2006.
Rapport sur des moulins adossés au pont de Charenton. M., (131), 1825.
Rapport sur l'achèvement des routes. M., 1776.
Rapport sur l'administration de la guerre, an IV et an V. 2869.
Rapport sur la navigation intérieure. 1810 et M. (160), 1825.
Rapport sur la refonte des monnaies. 1591 et M., III, 1620.
Rapport sur la situation des travaux de la Cour des comptes, 1819. 1430. — *Idem*, 1820. 1431. — *Idem*, 1824. 1432.
Rapport sur le budget de 1829. M., II, 1337.
Rapport sur le chemin de fer de Mulhouse à Dijon. M., III, 1860.
Rapport sur le chemin de fer de Paris à Rouen. M., IV, 1860.
Rapport sur le chemin de fer d'Orléans. M., IV, 1860.
Rapport sur le choix d'une unité de mesure. M., 2142.
Rapport sur le débit des tabacs en Belgique. 1676.
Rapport sur l'entrée du chemin de fer de Versailles. M., IV, 1860.
Rapport sur le remboursement des offices supprimés. M., 396.
Rapport sur les archives départementales. 1280.
Rapport sur les chemins de fer du Nord. M., III, 1860.
Rapport sur les communes d'Arbigny et d'Ucchisy. M. (129), 1825.
Rapport sur les dépenses des États-Unis. M., 1712.
Rapport sur les eaux d'Aix-la-Chapelle. M. (5), 1825.
Rapport sur les établissements pénitentiaires. 1133.
Rapport sur les jurandes et maîtrises. 537.
Rapport sur les marchés publics à l'étranger. 1283.
Rapport sur les octrois en Belgique. 1679.
Rapport sur les ponts et chaussées. M. (39), 1801.
Rapport sur les questions relatives à l'esclavage. 1125.
Rapport sur l'impôt du tabac. M., 1457.
Rapport sur l'instruction primaire en Belgique. 1680.
Rapport sur l'insurrection de juin 1848. 2962.

Rapports de fabricants de sucre du Nord et du Pas-de-Calais. M., 2286.
Rapports de la commission du Rhin. 1822.
Rapports des commissions de surveillance de la caisse d'amortissement. 1473.
Rapports des commissions de vérification sur les comptes des ministres. 1419.
Rapports et déclarations de la Cour des comptes. 1420.
Rapports et projet de loi sur les mines. M. (23, 29, 37, 38, 39 et 40), 1778.
Rapports sur la situation des canaux. 1794. — *Idem*. M. (159, 161, 162, 163 et 164), 1825.
Rapports sur les budgets de 1832. 1319.
Rapports (Collection des) sur les expositions de l'an VI à 1849. 2050.
Rapports sur l'instruction primaire. 1270.
Rapports sur l'organisation du Trésor. 1397.
Recherches sur la valeur des monnaies. 1599.
Recherches sur le commerce. 1872.
Recherches sur les municipalités. 3072.
Récit d'une mission à l'armée de la Vendée. M., IV (72), 2876.
Réclamations de la compagnie des salines. M., I, 1455.
Réclamations des ex-fermiers des canaux d'Orléans et du Loing. M. (154), 1825.
Réclamations des salpétriers. M., III, 2035.
Réclamations (Sur les) des propriétaires de vignobles. M., I, 1452.
Réclamations sur l'étang de Marseillette. M., (118), 1825.
Reconnaissances du Trésor. M. (93, 121 et 187), 1379.
Recopilacion de las leyes de España. 600.
Recueil agronomique de Tarn-et-Garonne. M., I, 2208.
Recueil de circulaires sur la navigation. 802.
Recueil de décrets sur la Légion d'honneur. 48.
Recueil de dispositions législatives sur les budgets et dépenses publiques. 703.
Recueil de documents publiés par le ministère des travaux publics. 1792.
Recueil d'édits sur le domaine, de 1510 à 1781. 158.
Recueil d'édits sur l'épargne, le trésor royal et les parties casuelles. 161.
Recueil d'édits sur les droits de petit scel des actes judiciaires. 164.
Recueil d'édits sur les greffes et droits réservés, de 1574 à 1781. 163.
Recueil d'édits sur les monnaies, de 1700 à 1754. 1579.
Recueil d'édits sur les priviléges des officiers de la Chambre des comptes de Paris. 173.
Recueil des actes publics sur les douanes de Luxembourg. 2031.
Recueil des circulaires du ministère de l'intérieur, de 1831 à 1837. 861.
Recueil des décrets et actes financiers du Gouvernement provisoire. 704.
Recueil des édits de Léopold Ier, duc de Lorraine. 130.
Recueil des édits et arrêts pour le renfermement des mendiants. 112.
Recueil des édits sur la justice, police, finances, de 1722 à 1740. 118.
Recueil (Suite du) des édits sur les domaines du roi et droits domaniaux. 121.
Recueil des édits sur les domaines et droits de la couronne. 151.
Recueil des lois et arrêtés sur les droits réunis. 800.
Recueil des lois et arrêtés sur les monnaies. 724.
Recueil de lois et instructions sur la garantie. 725.
Recueil des lois et instructions sur le cadastre. 734.
Recueil des lois et instructions sur les contributions directes. 735.
Recueil des lois et règlements sur les forêts. 829.
Recueil des lois et règlements sur les octrois. 801.
Recueil des lois sur les contributions de la Belgique. 598 et 599.
Recueil des lois sur les contributions des Pays-Bas. 597.
Recueil des lois sur les droits d'entrée à Paris. 890.
Recueil des lois sur les perceptions municipales à Paris. 889.
Recueil des lois sur l'instruction publique, de 1598 à 1814. 358.
Recueil des ordonnances concernant les commis des aides. 114.
Recueil des ordonnances sur les aides de Normandie. 115.
Recueil des ordonnances sur les poids et mesures. 2118.
Recueil des pièces relatives au régime de la Banque. 1518.
Recueil des poids, mesures, etc. M., 1575.
Recueil des privilèges de la province de Bretagne. 150.
Recueil des proclamations de l'administration supérieure de la Belgique. 337.
Recueil des règlements du commissaire du Gouvernement dans les quatre départements de la rive gauche du Rhin. 338.
Recueil des règlements et tarifs sur les droits réservés. 159.
Recueil des règlements pour les droits sur les cuirs. 793.
Recueil des règlements sur la caisse d'amortissement. 708.
Recueil des règlements sur les droits d'amortissement, francs-fiefs, etc. 229.
Recueil des règlements sur les droits du contrôle des actes des notaires. 166 et 167.
Recueil des tarifs des droits d'aide. 792.
Recueil d'ordonnances sur les troupes. 1725.
Recueil général des États-Généraux sous Charles VI, Charles VIII, Charles IX, Henri III et Louis XIII. 3060.
Redevances sur les mines. M., (36), 1778.
Réduction de la dette. M., I, 1472.
Réduction de la dette ou des taxes. M., II, 1472.
Réduction (De la) de la rente. M., I et II, 1472.
Réduction (Sur la) de l'entrée des charbons belges. M., 2036.

Réduction (Sur la) de l'intérêt de la dette. M., 1471 et M., II, 1472.
Réduction (Sur la) des droits sur les charbons étrangers. M., 2036.
Réduction (De la) du prix du sel. M., I, 1455.
Réflexions et observations sur les forêts de la maîtrise de Sézanne. 156.
Réflexions soumises au duc de Gaëte sur la Banque. M., I, 1501.
Réflexions sur les finances. 1349.
Réflexions sur M. Guizot et l'opposition. M., VI, 3107.
Réformation des droits de traite, etc; plan d'uniformité dans leur perception. M., 2845.
Régies diverses, vingtièmes, etc. M., 1377 et M. (87, 118 et 125), 1379.
Registre des employés de la douane à New-York. M., 1712.
Règlement des agents de change. M., 1541.
Règlement des budgets. 1416.
Règlement des dépenses des assemblées des bailliages et sénéchaussées. M., I (45), 2846.
Règlement du Roi pour l'exécution des lettres de convocation aux États-Généraux dans divers provinces et pays. M., I (6, 7, 9, 10 à 21, 24, 25, 27, 28 à 31 et 32), 2846.
Règlement du Roi pour ses conseils. M., II (66), 2846.
Règlement du Roi sur les mandats des députés. M., II (59), 2846.
Règlement pour accorder un député aux Quatre-Vallées. M., I (33), 2846.
Règlement pour le flottage des canaux de Neustadt. M. (106), 1825.
Règlement pour les compulsoires. M. (52), 1379.
Règlement sur les aides et gabelles. 784.
Règlement sur les hôpitaux militaires. 856.
Règlement sur les taxes de lettres. 721.
Règlement sur l'exploitation des tabacs. 787.
Règlements de la Bourse de Lille. M., 1515.
Règlements de la Chambre des pairs. 2937.
Règlements (Sur les) des entrepôts. M., II, 2062.
Règlements sur la comptabilité de tous les ministères. 702.
Règlements sur les comptabilités des matières du département de l'agriculture et du commerce. 1774.
Règlements sur les consulats, le commerce, etc., des Français en Orient. 1987.
Règlements sur les contrôles des deniers publics. 715.
Réimpression de l'ancien *Moniteur*. 2849.
Relation de la fête du Roi en 1831. 2938.
Relation d'un voyage de deux religieux de la Trappe. 2645.
Relation du voyage des déportés du 18 fructidor. M., IV (64), 2876.
Remaniement (Du) de l'impôt. M., IV, 1439.
Remarques sur la noblesse. 2840.
Remboursement de la dette. M., II, 1477.
Remboursement de la dette publique. M., I, 1472 et M., 1476.
Remboursement des dettes du clergé. M., 2845.
Remboursement des rentes. M., II, 1472.
Remboursement (Sur le) du 5 o/o. M., III, 1472.
Renseignements statistiques sur les départements. 1207.
Renseignements sur l'affermage des canaux. 1795.
Renseignements sur le canal de l'Ourcq. M., 1824.
Rente (De la) actuelle. M., II, 1472.
Rentes constituées par les États de Bretagne. M. (39), 1379.
Répartition (Sur la) de la contribution foncière. M., 1438.
Repentir (Le) de Lyon. M., 3104.
Répertoire des actes de la Révolution. 2851.
Répertoire national des actes relatifs à la Révolution, de 1787 à 1791. 347.
Répertoire national des actes relatifs à la Révolution, de 1788 à l'an IV. 348.
Réponse à la lettre de Turgot à Necker. M., I, 1371.
Réponse à la lettre d'un vieux commis du Trésor. M., I, 1301.
Réponse à M. Bartholony sur le fermage des chemins de fer. M., II, 1861.
Réponse à M. de Châteaubriand. M., V, 3107.
Réponse à M. de Girardin sur le budget. M., II, 1337.
Réponse à un essai sur les pensions. M., I, 1482.
Réponse à un mémoire en faveur des houillères belges. M., II, 2035.
Réponse à un mémoire sur les vins. M., I, 1452.
Réponse à une lettre de M. de Châteaubriand. M., V, 3107.
Réponse au discours de E. Salverte sur les sucres. M., 2286.
Réponse aux observations sur l'examen du budget. M., II, 1301.
Réponse de la Chambre de commerce de Rouen à la lettre du directeur. M., 2036.
Réponse de la compagnie d'Anzin sur le droit d'entrée des charbons. M., 2036.
Réponse du Roi à l'Assemblée. M., II (73), 2846.
Réponse du Roi à une invitation. M., III (92), 2846.
Réponse du Roi aux députés de Bretagne. M., 2877.
Réponses des receveurs généraux sur la circulation des monnaies. M., III, 1620.
Réponses du Roi à la députation des États-Généraux. M., II (56 et 58), 2846.
Report from the committee on labourers wages. 2203.
Report from the committee on the growth of tobacco. 2207.
Report (First annual) of the registrar of births. 1231.
Report (Second) on bank of issue. 1655.
Report on joint stock bank. 1656.
Report on the administration of the bank of England. 1959.
Report on the bank of England. 1652.
Report on the commerce of the United States. 1979.
Report (First) on the exchequer. 1653.
Report on the expediency of the bank. 1539.
Report on the irish miscellaneous estimates. 1675.
Report on the price of the foreign grain. 2013.
Report with the statement of the commerce. 1702.
Reports (Third and fourth) on the finances. 1654.

Requête au Roi sur la retraite de Necker. M., III, 1371.
Requête aux magistrats du royaume. M., 977.
Requête des actionnaires de la gare de Grenelle. M., 2038.
Réquisitoire dans l'affaire des droits de l'homme. 2947.
Rescription des recettes générales. M. (161 et 175), 1379.
Résolution du Conseil des Cinq-Cents. M., III (52), 2876.
Résumé de la question d'un impôt sur le sucre. 1463.
Résurrection (La) des bons français. M., I (7), 2876.
Réussite de la culture de la canne à sucre en France. M., 2287.
Révélations sur l'Algérie. M., II, 3034.
Review (The quarterly). 3263.
Révision (Sur la) de la législation des pensions. M., I, 1482.
Revue administrative. 3256.
Revue africaine. 3262.
Revue britannique. 3259.
Revue de l'Orient. 3261.
Revue des Deux-Mondes. 3260.
Revue encyclopédique. 3255.
Revue française. 3258.
Revue judiciaire, civile et criminelle, 1831. 393.
Revue nationale. 1050.
Richesse (De la) de l'État. M., 977.
Roland aux corps administratifs. M., III (95, 109, 110, 111, 112 et 113), 2846.
Routier des Antilles. 2640.
Ruine de l'industrie sucrière. M., I, 2063.

S

Saint-Domingue. Indemnité. Pétition des colons. Proposition faite aux colons. M., I, 1292.
Sainte-Bible. 2655.
Schedule on the condition of the banks in Massachussets. 1710.
Schneider au régiment de Clairfait. M., III (119), 2846.
Schneider der Entlehner. 1330.
Séance tenue par le Roi aux États généraux. M., II (55 et 57), 2846.
Section (Sur la) du chemin de fer de Corbeil à Châlons. M., IV, 1860.
Semoir Hugues. M., IV, 2208.
Sens (Du) de la loi représentative. M., II, 46.
Septennalité du parlement d'Angleterre. 3134.
Serment (Du) en matière politique et religieuse. M., VII, 3107.
Service (Sur le) des dépenses. M., I, 1337.
Service des facteurs. M., II, 1292.
Service (Sur le) des finances aux armées. M., II, 1729.
Service (Sur le) du canal latéral à la Loire. M., I, 1834.
Simple document sur l'Afrique. M., II, 3034.
Sistema general de las aduanas españolas. 2032.
Situation (De la). M., VI, 3107.
Situation de la comptabilité publique. M., 1378.
Situation (Sur la) de la France en 1815. M., I, 3107.
Situation de l'Espagne en 1834. M., 3189.
Situation des canaux. 1804.
Situation des établissements d'eaux minérales. M. (13, 14 et 148), 1825.
Situation (Sur la) des finances du royaume, 1814. M., 1339.
Situation des manufactures d'Elbeuf. M., I, 2062.
Situation des travaux des monuments publics. 1765.
Situation des travaux des ponts et chaussées. 1764.
Situation financière de la Belgique. M., 1718.
Sixth census or enumeration of the inhabitants of the United States. 1247.
Société d'agriculture de Loir-et-Cher. M., I, 2208.
Société pour l'amélioration des prisons. M., 1107.
Société pour le patronage des jeunes libérés. M., 1107.
Solitude de Nazareth. M., 1107.
Soumission des travaux du port de Brest. M. (140), 1825.
Souvenirs de l'armée d'Espagne, 1823. 2922.
Spécimen de l'Imprimerie royale. 2265.
Statistical illustrations of the British empire. 1225.
Statistics of the United States of America. 1246.
Statistique de la Belgique. Mines, usines, etc. 1240.
Statistique de la Belgique. Population, 1238.
Statistique de la Belgique. Tableau du commerce, de 1841 à 1846. 1239.
Statistique de la Belgique. Territoire. 1233.
Statistique de la France. Ministère du commerce. 1176.
Statistique des ports maritimes de commerce. 2002.
Statistique des routes de France. 1786.
Statistique générale. V. art. 1197, 1200, 1201, 1202, 1203 et 1204.
Statuts, décrets impériaux pour les titres héréditaires. 40.
Statuts de la Banque de Grèce. M., I, 1501.
Statuts de la compagnie du canal des Pyrénées. M., II, 1834.
Statuts du chemin de fer d'Andrezieux à Roanne. M., 1858.
Statuts du chemin de fer de Saint-Étienne à Lyon. M., 1858.
Subsistances militaires. M., III, 1729.
Substitution du poids à la mesure dans les marchés. M., II, 2062.
Succession (De la) en Portugal après Dona Maria II. M., 3189.
Succession Sellonf. M., 1029.

Sucre indigène. Adresse des cultivateurs. 1939.
Suppression (De la) de l'impôt du vin. M., I, 1452.
Suppression de plusieurs droits d'aides. M., 2845.
Suppression des droits sur l'ancrage et sur les huiles et savons. M., 2845.
Suppression d'offices et charges. M., 1377. — *Idem.* M. (173, 191, 192, 194, 198, 200, 202, 205, 206, 208, 212, 216, 217 et 219), 1379.
Suppression du droit de mainmorte dans les domaines du Roi. M., 1377. — *Idem.* M. (207), 1379.
Suppression du droit de marque des fers. M., 2845.
Surhaussement (Sur le) des monnaies. M., 1575.
Suspension des États de Bretagne. M., 2877.
Système de communications par chemins de fer et canaux. M., I, 1834.
Système (Sur le) de la contribution foncière. M., V, 1439.
Système (Sur un), de navigation sous-marine. M., 2307.
Système (Sur le) des contributions. M. V, 1439.
Système (Du) des contributions indirectes. M., III, 1452.
Système des douanes espagnoles. 1691.
Système des traitements. 1335. — *Idem.* M., II, 1482.
Système (Du) d'impôts. M., IV, 1439.
Système financier et colonial. 1311.
Système général des finances. M., II, 1338.
Systèmes de finances. Observations. 1396.
Systèmes de Law et de Necker. Tableau comparatif. M., I, 1371.

T

Table alphabétique des lois et ordonnances depuis 1789. 344.
Table analytique des ordonnances du Louvre. 317.
Table des ordonnances sur les monnaies. 1568.
Table des édits du XIIe au XVIIIe siècle. 90.
Table manuscrite des ordonnances depuis le IXe siècle jusqu'à 1823. 85.
Tableau de la consommation des sucres. M., 2286.
Tableau de l'administration de la Grande-Bretagne. 1628. — *Idem*, M., 3124.
Tableau de la dette publique. 1470.
Tableau des départements et pays non organisés ni divisés en départements. 2425.
Tableau des droits d'entrée et de sortie. 2008.
Tableau des établissements des Européens en Afrique. 2624.
Tableau des établissements français en Algérie. 3029.
Tableau des marchandises d'après les tarifs des douanes belges et françaises. 2018.
Tableau des marchandises dénommées au tarif des douanes. 2009.
Tableau des patentables de la Belgique. 1234.
Tableau des propriétés de l'État. 1310.
Tableau des traitements payés par l'État. M., II, 1338.
Tableau des variations des signes monétaires. M., I, 1619.
Tableau du commerce de la Belgique. 1964.
Tableau du maximum. 1381.
Tableau du prix des grains. M., 1218.
Tableau du revenu du Royaume-Uni. 1226.
Tableaux de dépréciation du papier-monnaie. 1385.
Tableaux statistiques des Pays-Bas. 1251.
Tables of life annuities. 2116.
Tables of the revenue of the united Kingdom. 1227.
Tailles (Sur les). M. (13 et 22), 1379.
Tailles (Sur les) et leur répartition. M., 2877.
Tarif belge des droits d'entrée, etc. 2020.
Tarif des douanes belges. 2019.
Tarif des droits d'enregistrement. 753.
Tarif des droits d'entrée et de sortie pour l'Algérie. 2011.
Tarif des droits de quatrième sur les boissons en Normandie. 795.
Tarif des octrois de la ville de Honfleur. 794.
Tarif du prix des médailles. M., IV, 1620.
Tarif général des droits d'entrée et de sortie en Sardaigne. 2030.
Tarif général des droits de patentes. 731.
Tarif officiel des douanes belges. 2021.
Tarif officiel des douanes de France. 2010.
Tarification (Sur la) du canal de Berry. M., I, 1834.
Tarifs des espèces d'or et d'argent. 1612.
Tarifs des matières d'or et d'argent. M., III, 1620.
Tavole fra le nuove et le antiche misure. 2131.
Taxation (Sur la) des sels. M., I., 1455.
Taxes et droits des offices. M. (54, 55, 73, 127, 165, 174 et 177), 1379.
Testament de Fortuné Ricard, avec tables. M., 1392.
Testaments (Recueil de) politiques. 2831.
Theodosianus Codex. 84.
Théorie du luxe. M., 977.
Thittres de la ferme de la Miraudérie. 131.
Touage par la vapeur sur la Seine. M., 2307.
Tournée dans les États-Unis. 2633.
Tracés de routes exécutés par les élèves de l'école forestière. M., 2247.
Traite (De la) des noirs et des blancs. M., 1129.
Traité d'Amérique. Réclamations des Français. M., 1717.
Traité (Sur un) de commerce avec la Belgique. M., I, 2062.
Traité (Sur le) de commerce avec la Hollande. M., III, 2061.
Traité de la culture du tabac. 1458.
Traité de la jurisprudence des douanes. 772.
Traité des devis et marchés. 443.
Traité des productions indigènes et exotiques. 1921.
Traitement du receveur des revenus casuels. M. (156), 1379.

Traités de navigation et de commerce. 1874.
Traités de commerce entre la France et l'Espagne. M. II, 2062.
Traités de paix antérieurs à 1789. 19.
Transaction entre deux communes. M., 1825.
Travaux de la commission des enfants trouvés. 1087.
Travaux de la commission sur l'industrie des nations. 2051.
Travaux des cours d'eau non navigables. M. (24), 1825.
Travaux des ponts et chaussées à Naples. M., 2307.
Travaux du comité des intérêts métallurgiques. M., IV, 2061.
Travaux (Sur les) du port de Bastia. M., I, 1835.
Travaux (Sur les) nécessités par l'uniformité des mesures. M., 2142.
Travaux pour améliorer la navigation du Tarn. M. (62), 1825.
Très-humble requête aux ministres. M., 2064.
Trois lettres de Junius. M., II, 3107.
Trois pour cent espagnol. M., 1541.
Trois procès dans un, au sujet des Jésuites. M., II, 3107.

U

Union des houillères françaises. M., IV, 2061.
Un mot sur la taxe du sel. M., I, 1455.
Un mot sur les élections. M., I, 46.
Un sergent de la garde nationale à ses camarades. M., V, 3107.
Usage commun d'une gare pour les chemins de fer de Lyon et d'Orléans. M., IV, 1860.
Usage des postes chez les anciens et les modernes. 1542.
Usurpation des fonctions des agents de change. M., 1515.
Utilité (Sur l') du papier-monnaie. M., I, 1619.
Utopie au sujet d'une réforme électorale. M., II, 46.

V

Valeur (Sur la) des monnaies. M., 1575.
Vente de salines. M. (10), 1778.
Vente des canaux. M. (16 et 46), 1825.
Vente des immeubles des hôpitaux. M., 1377. — *Idem.* M. (210), 1379.
Vente (Sur la) des landes du royaume. M., II, 2208.
Vente des objets saisis par les chefs de garnison. M. (57), 1379.
Vente et revente des domaines. M. (91), 1379.
Vérification (Sur la) du mètre. M., 2142.
Véritable exposé des motifs sur les élections. M., I, 46.
Vérité (La) diplomatique. M., 3104.
Vérité (La) économique. M., II, 1338.
Vérité (Sur la) et sur le départ, en 1815. M, I, 3107.
Vérité pour sauver la France de la ruine. M., VII, 3107.
Vérités sur la créance américaine. M., 1717.
Viabilité (Sur la) à grande vitesse. M., I, 1860.
Vie de Charles X. 3206.
Vie de Clément XIV. 3210.
View (A) of the East India company. M., 1671.
View (A) of the United States. 3185.
Vingt millions d'économie. M., III, 1452.
Voitures des environs de Paris. M. (44, 86, 117 et 144), 1379.
Vollstandiges systematisches Lehrbuch. 1894.
Voyage autour de la Chambre des députés. 2957.
Voyage de New-York à la Nouvelle-Orléans. 2637.
Vues sur une législation électorale. M., II, 46.

W

Westminster (The) Review. 3265.

SUPPLÉMENT

COMPRENANT LES OUVRAGES OMIS

OU

ACQUIS DEPUIS L'IMPRESSION DU CATALOGUE.

JURISPRUDENCE.

3269	Sirey. — Les Codes annotés; édition revue par P. Gilbert, Faustin Hélie et Cuzon. Paris, 1851-1854; 3 vol. in-4° rel.	B.	2821
3270	Mourlon (Fr.). — Répétitions écrites sur le premier, le deuxième et le troisième examen du Code Napoléon, contenant l'exposé des principes généraux, leurs motifs et la solution des questions théoriques. Paris, 1854; 3 vol. in-8° rel.	B.	2822
3271	Rivière (H. F.) et François (A.). — Explication de la loi du 23 mars 1855 sur la transcription en matière hypothécaire. Paris, 1855; 1 vol. in-8° rel.	B.	2823
3272	Lafond de Lurcy (G.). — Guide général des assurances maritimes et fluviales. Paris, Guillaumin, 1 vol. in-8° rel. . . .	B.	2824
3273	Inconvénients, dangers et injustices du nouveau projet de code forestier. Paris, 1825; 1 vol. in-8° rel.	B.	2825

68.

SCIENCES ET ARTS.

3274	Leber (C.). — Essai sur l'appréciation de la fortune privée au moyen âge. Paris, 1847; 1 vol. in-8° rel.	C.	398
3275	Seventh census (The) of the United States; 1850, embracing a statistical view of each of the United States. Washington, 1853. — Septième recensement des États-Unis, 1850, embrassant une vue statistique sur chacun des états. Washington, 1853.	B.	2826
3276	De Bow. — Statistical view of the United States being a compendium of the seventh census. Washington, 1854. — Vue statistique des États-Unis, compendium du septième recensement. Washington, 1854.	B.	2827
3277	Rapport du 15 août 1793 sur la dette publique, par Cambon. Dans le même volume : Rapport du 19 août 1793 sur l'emprunt forcé d'un milliard, par Ramel. Paris, 1793; 1 vol. in-8° rel.	B.	2828
3278	Sabatier. — Des recettes et des dépenses publiques de la France. 1826. Dans le même volume : Réflexions sur l'aperçu des recettes et des dépenses de l'an 1815 et sur le rapport du ministre des finances; Observations sur les dépenses et les recettes à venir de la France, et sur les finances. 1 vol. in-8° rel.	B.	2829
3279	Tarifs des emprunts faits en 1854 et 1855; publié par le ministère des finances. 1 vol. in-4° rel.	B.	2830
3280	Coffinières (A. F. G.). — Études sur le budget et spécialement sur l'impôt foncier. Paris, 1848; 1 vol. in-8° rel.	C.	399

3281	Girardin (É. de). — L'impôt. Paris, 1853; 1 vol in-8° rel.	B.	2831
3282	Bères (Ém). — Manuel de l'emprunteur et du prêteur aux caisses du Crédit foncier, etc. Paris, 1853; 1 vol. in-16 rel.	C.	391
3283	Du crédit public et particulier, par Sabatier. Paris, an vi. Dans le même volume : Analyse critique et raisonnée de la magie du crédit dévoilée, de Joseph de Welz, ou base fondamentale d'utilité publique, par Melchior Gioja. Paris, 1837; 1 vol. in-4° rel.	B.	2832
3284	Coquelin (Ch.). — Du crédit et des banques. Paris, 1848; 1 vol. in-12 rel.	C.	393
3285	Esterno (D'). — Des banques départementales en France. Paris, 1838; 1 vol. in-8° rel.	C.	396
3286	Courtois fils (A.). — Des opérations de bourse, ou Manuel des fonds publics et étrangers. Paris, 1855; 1 vol. in-12 rel.	C.	394
3287	*Proudhon*. — Manuel du spéculateur à la Bourse. Paris, 1855; 1 vol. in-12 rel.	B.	2833
3288	Rau (K. H.). — Grundsätze der Finanzwissenschaft. Heidelberg, 1850; 2 vol. in-8°. — Principes de la science des finances.	15	700
3289	Mélanges sur les finances. Dette publique de la France. 1820-1842; 1 vol. in-8° rel.	B.	2834
	Tableau de la dette publique et des misères du Trésor, suivi d'un exposé détaillé des budgets. Paris, 1842. De la dette publique et de la nécessité de réduire les fonds d'amortissement, etc., par Sabatier. Paris, 1820. De la constitution de la dette publique de France, par Pichon. Paris, 1824. Du crédit public et de son histoire, depuis les temps anciens jusqu'à nos jours, par Marie Augier. 1842.		

3200 Recueil de pièces relatives aux finances. 1816 à 1824; 5 vol. in-8° rel. . . . . B. 2835

Tome I.

Exposé des travaux de la commission consultative du budget, rédigé par le duc de Lévis. Paris, 1816.

Nouveau système de finance et projet de liquidation générale fondés sur la Charte, par Gabiou. Paris, 1816.

Rapport du comte Garnier à la Chambre des pairs sur le projet de loi relatif aux finances. 27 avril 1816.

Opinion du comte Alex. d'Estourmel sur le budget de 1816. Séance du 19 mars 1816. (Chambre des députés.)

Opinion de M. Royer-Collard sur le rapport fait au nom de la commission du budget. (Chambre des députés.) 15 mars 1816.

Considérations morales sur les finances, par le duc de Lévis. Introduction. Paris, 1816.

Examen impartial du budget et projets d'amendements, par Bricogne. Paris, 1816.

Opinion du duc de Fitz-James sur la loi de finances. (Chambre des pairs.) Paris, 1817.

Opinion de M. Laffitte sur le projet de loi relatif aux finances pour 1817. (Chambre des députés.) Paris, 1817.

Tome II.

Observations sommaires sur le budget de 1818, par le duc de Lévis. Paris, 1818.

Des emprunts en 1818, par le duc de Lévis. Paris, 1818.

Finances. Extraits d'ouvrages de M. Armand Séguin, publiés en 1818.

Notes à joindre à l'opinion de M. Delessert sur la loi des finances de 1818.

Discours sur la loi générale des finances pour 1818, dans son rapport avec la situation politique et administrative de la France, par Bignon. (Chambre des députés.) 4 avril 1818.

Opinion de M. Casimir Périer sur le projet de loi de finances de 1818. (Chambre des députés.)

Observations sur le changement de l'année financière, par le duc de Gaëte.

Extrait du Spectateur politique et littéraire. Finances. Réflexions d'Armand Séguin.

Extrait du même journal. Revue de brochures sur les finances.

Réflexions sur le projet d'emprunt, par Casimir Périer.

Dernières réflexions sur le projet d'emprunt, par Casimir Périer, suivies d'une note anonyme sur la brochure de M. Périer.

Situation des finances au vrai, par Bricogne. Paris, 1819.

Opinion de M. Casimir Périer sur le projet de loi relatif à la création de livres auxiliaires du Grand-Livre de la dette publique. (Chambre des députés.) 26 mars 1819.

Opinion de M. Casimir Périer sur le projet de loi relatif à la fixation définitive des budgets des années 1815, 1816, 1817, 1818. (Chambre des députés.) 11 mai 1819.

Observations sur les comptes par exercice et sur les comptes de gestion, par Armand Séguin. Paris, 1819.

Observations sur un moyen donné par la loi de réduire les impositions, par Armand Séguin. Paris, 1819.

Aperçus sur la situation financière de la France, en 1819 et années suivantes, par Armand Séguin. Paris, 1818.

Observations sur la situation des finances au vrai, de Bricogne, par Armand Séguin. Paris, 1819.

Tome III.

Des attributions de la législature relativement aux dépenses publiques, par Masson. 1820.

Du système d'impôt fondé sur les principes de l'économie politique, par le vicomte de Saint-Chamans. Paris, 1820.

Tome IV.

Opinion du comte Roy sur le projet de loi relatif au remboursement ou à la réduction de l'intérêt des rentes 5 o/o. (Chambre pairs.) 24 mai 1824.

Opinion du baron Pasquier sur le même objet. (Chambre des des pairs.) 26 mai 824.

Opinion du vicomte de Saint-Chamans sur l'allocation de 40 millions demandée par la caisse d'amortissement. (Chambre des députés.) 9 juillet 1824.

Opinion de M. Casimir Périer sur le projet de réduction du 5 o/o. (Chambre des députés.) 28 avril 1824.

Opinion du général Sébastiani sur l'emprunt de 100 millions. (Chambre des députés.) Paris, 1823.

Opinion du duc de Fitz-James sur le crédit éventuel de 100 millions, pour 1823. (Chambre des pairs.)

Opinion de M. de Cayrol sur les articles 1 et 2 du chapitre II du budget du ministère de la guerre. (Chambre des députés.) 20 juin 1821.

Opinion sur le chapitre Ier du budget du ministère de la guerre, par le même. (Chambre des députés.) 19 juin 1821.

Opinion sur le chapitre IV du budget du ministère de la guerre, par le même. (Chambre des députés.) 22 juin 1821.

Opinion sur l'article 2 du chapitre II du budget du ministère de la guerre, par le même. (Chambre des députés.) 1822.
Opinion sur la proposition du général Donnadieu, par le même. (Chambre des députés.)
Un mot sur quelques questions à l'ordre du jour. Paris, 1824.
De M. de Villèle. Paris, 1822.
Observations sur le dernier budget par un pair, par le comte Molé. Paris, 1822.
Barême des contribuables, ou de l'égale répartition de la contribution foncière entre les 86 départements, par Armand Séguin. Paris, 1824.
Encore un mot sur la réduction de l'intérêt de la dette publique, par le comte D***. Paris, 1824.
Aperçu de la situation financière de l'Espagne, par le comte A. de Laborde. Paris, 1823.
Opinion de M. Stanislas Girardin contre le projet de loi relatif au remboursement et à la réduction du 5 o/o. (Chambre des députés.) 27 avril 1824.
Seconde lettre à Son Excellence le comte de Villèle sur le projet de remboursement ou de réduction des rentes, par le comte de Mosbourg. Paris, 1824.
Opinion de M. Stanislas Girardin dans la discussion de la loi de finances de 1823. (Chambre des députés.) 8 août 1822.
Opinion du même dans la discussion du chapitre III de la loi de finances de 1823. (Chambre des députés.) 22 juillet 1822.

Tome V.

Du projet de remboursement ou de réduction des rentes, par Armand Séguin. Paris, 1824.
Observations sur la nouvelle conception financière présentée à la Chambre des députés par le président du conseil, par Armand Séguin. Paris, 1825.

3291 Recueil de pièces sur les finances. 1828 à 1838; 2 vol. in-8° rel. . . . . B. 2836

Tome I.

Considérations sur la nature et sur les effets des impôts en France, par un ancien administrateur. Paris, 1831.
Du système actuel de la dette publique et de l'amortissement, et des obstacles que ce système oppose au crédit, par Alph. Jarry. Paris, 1828.
Dernières considérations sur le remboursement ou sur la réduction des arrérages d'une partie de la dette publique, par le duc de Gaëte. Paris, 1829.

Appel aux hommes loyaux et sensés. Dette et rachat, par de la Gervaisais. Paris, 1838.

Deuxième appel. Remboursement, amortissement, par le même. Paris, 1838.

Troisième appel. Impôt de l'homme, impôt de la chose, par le même. Paris, 1838.

Quatrième appel. Réseau de chemins de fer, par le même. Paris, 1838.

Opinion de M. J. Laffitte sur le projet de loi relatif à l'emprunt de 80 millions. (Chambre des députés.) Mai 1828.

Lettre à MM. les députés de l'Isère, et observations sur le budget de 1832, par Dumoulin. Paris, 1832.

La Vérité économique. Une pensée de quarante ans, par de la Gervaisais. Paris, 1831.

La Raison des temps, par de la Gervaisais. Paris, 1836.

Premières ombres de la barbarie, par le même. Paris, 1836.

De l'impôt, du crédit, par le même. Paris, 1831.

Du Prince et de la Chambre, au sujet de la réduction des rentes, par le même.

Plan de finances, de bon sens et de bonne foi, par le même. Paris, 1836.

Du tribut de la terre, par le même. Paris, 1834.

Du règlement de la dette, par le même. Paris, 1837.

De la rente actuelle et des emprunts publics. Extrait du Résumé des vues économiques de M. de la Gervaisais.

Discours inofficiel du ministre des finances alors en charge, avec la réponse en date de 1824 et 1825, suivi de l'opinion du général Foy, par M. de la Gervaisais.

Discours inofficieux du ministre des finances hors de charge, avec la réponse en date du lendemain, suivis de l'opinion de M. Humann sur le crédit, par le même.

A la Chambre. Du projet de réduction des rentes, faisant suite aux réponses de M. Humann, par le même.

Au Prince. Du projet de réduction des rentes, par le même.

Tome II.

Développements de la proposition de M. Alexandre Gouin sur la conversion des rentes. (Chambre des députés.) 4 février 1836.

Rapport du comte Roy sur le projet de loi pour la conversion des rentes cinq pour cent. (Chambre des pairs.) 8 juin 1838.

Discours du marquis d'Audiffret dans la discussion sur la conversion des rentes. (Chambre des pairs.) 19 juin 1838.

Conséquences de la proposition Gouin, par le comte L. de Girardin.

Sur la proposition de M. Gouin relative à la conversion des rentes cinq pour cent, par le comte Alex. de Girardin. Paris, 1838.

Sur le remboursement des rentes cinq, quatre et demi et quatre pour cent, par le comte Alex. de Girardin. Paris, 1837.

De la conversion sans emprunt et sans banquiers. Paris, 1838.

Du crédit public et du remboursement de la rente cinq pour cent.

Observations contre le remboursement du cinq pour cent, par Dominique Lenoir. Paris, 1836.

Lettre d'un électeur de département à un électeur de Paris, concernant l'origine et les bases de l'amortissement en France.

Réduction de la rente, par de la Gervaisais. 1829.

Des conséquences du rejet du projet de loi concernant le remboursement et la conversion de la rente de cinq francs, par le duc de Gaëte. Paris, 1838.

Considérations additionnelles sur le remboursement ou la réduction de la rente, par le duc de Gaëte.

Observations à l'occasion du budget de 1837 et de l'indication de la conversion des rentes cinq pour cent, présentés à la Chambre des députés par M. Humann, par le comte Alex. de Girardin.

Un dernier mot sur l'amortissement, par le duc de Gaëte. Paris, 1833.

Considérations sur la dette publique de France, et observations sur un nouveau système de finances, par le duc de Gaëte.

Sur la réduction de la dette cinq pour cent, par M. P. D. 1836.

Réflexions sur la proposition de M. Gouin relative à la conversion de la rente cinq pour cent, par Jules Ouvrard fils. Paris, 1837.

Aux rentiers. Treize ans de sécurité à l'État. Économie de 24 millions de rentes, par le comte d'Ailly. Paris, 1838.

Du remboursement et de la conversion de la rente cinq pour cent. Examen de l'ouvrage de M. Ouvrard fils, par le comte d'Ailly.

D'une combinaison financière pour réduire l'intérêt de la dette, par M. A. Rabusson. Paris, 1838.

Qu'est-ce que le remboursement ou la conversion des rentes cinq pour cent consolidés? Un mensonge ou une banqueroute. Paris, 1837.

Adresse à mes pairs sur notre système financier et spécialement sur la conversion des rentes, par Charles Rey. Paris, 1837.

Analyse raisonnée des trois écrits du duc de Gaëte sur le remboursement ou la réduction de la rente, et réponses à quelques objections. Paris, 1830.

Du remboursement et de la conversion de la rente cinq pour cent, par Jules Ouvrard fils. Paris, 1838.

Opinion d'un pauvre diable sur le remboursement des rentes. Paris, 1838.

Un mot sur les développements de la proposition de M. Gouin, par le duc de Gaëte. Paris, 1838.

Note additionnelle aux considérations sur le remboursement et la conversion de la rente, par le duc de Gaëte. Paris, 1832.

Du remboursement, ou nouveau moyen d'avoir un crédit illimité. Paris, 1838.

3292 Mélanges sur les finances. Réduction, conversion et remboursement des rentes. 1 vol. in-8° rel. .... B. 2837

Moyens faciles d'opérer la réduction et la conversion des rentes, par Déchalotte fils. Paris, 1840.

Mémoire sur le remboursement des rentes et sur l'indemnité due aux rentiers du XVIe siècle, par Berriat-Saint-Prix. 1837.

Du projet de réduction des rentes françaises, par Pélegrin. 1824.

De la réduction de l'intérêt de nos fonds publics, et d'un changement à apporter dans notre système d'amortissement, par L. F. de Tollenare. 1824.

De la conversion des rentes considérée sous le rapport des intérêts particuliers, de l'amortissement et du crédit public, par de Tessières-Boisbertrand. 1826.

Plans d'amortissement, ou remboursement de la dette française sans aucune conversion, par D. Wiesecke.

3293 First and second reports from the select committee on the income and property tax; together with the minutes of evidence, and index. Mai and june 1852.—Premier et second rapports du comité spécial sur l'impôt sur le revenu et la propriété, avec les pièces à l'appui et une table. Mai et juin 1852.................................. B. 2838

3294 Mélanges militaires. Paris, 1817-1820; 1 vol. in-8° rel...... B. 2839

Observations sur divers objets d'utilité publique, par le général baron Blein. 1818.

Observations sur les moyens d'utiliser une race de chevaux pour la cavalerie légère, par Bureaux de Puzy. 1819.

Observations sur la cavalerie légère, et projet d'organisation d'un nouveau corps d'éclaireurs. 1819.

Réflexions sur le corps d'état-major et sur l'école d'application, par le colonel Lecouturier. 1819.

Mon dernier mot sur le corps d'état-major, par le même. 1820.

Idées d'un jeune officier sur l'état militaire, par A. F. Benit. 1820.

Lettre au marquis de Latour-Maubourg sur le budget et l'administration de la guerre, par le colonel Martins Veter. 1820.

	Deuxième lettre du même au même. 1820. Dénonciation au ministère public du libelle révolutionnaire de Martins Veter, par Aug. d'A..... 1820. Examen de diverses questions sur l'administration des subsistances militaires, par un ancien directeur des vivres. 1817. Propositions d'administration militaire, par Sainte-Chapelle, sous-intendant. 1819.		
3295	COLMONT (Ach. DE). — Histoire des expositions des produits de l'industrie française. Paris, 1855...............	B.	2840
3296	Rapport sur les poids et mesures métriques envoyés au gouvernement des États-Unis d'Amérique, par Silbermann. Dans le même volume : Rapport sur la fabrication des monnaies françaises, par Durand. Paris, 1852-1853; 1 vol. in-4° rel................................	B.	2841
3297	Description historique et populaire du système métrique et décimal en France, par Mann, précédée d'une lettre de M. Vattemare sur les poids et mesures et monnaies, et suivie d'un rapport sur la fabrication des monnaies françaises, par M. Durand. Paris, 1855; 1 vol. in-16 rel.........	B.	2842

BELLES-LETTRES.

3298	SCHWAN (Chrétien-Frédéric). — Nouveau dictionnaire de la langue allemande et française, composé sur les dictionnaires de M. Adelung et de l'Académie française, revu pour le français par M. Uriot, avec un supplément. Manheim, 1783; 8 vol. in-4° rel..............................	B.	2843
3299	LEMONTEY. — Ses Œuvres. Paris, 1829; 5 vol. in-8° rel. ..	B.	2844

HISTOIRE.

3300	BRETON (Ernest). — Pompéia, suivie d'une notice sur Herculanum. Paris, 1855 ; 1 vol. in-8° rel.	C.	409
3301	Atlas des départements de l'Empire français, réunis en 28 conservations forestières, représentant les forêts nationales et les résidences des conservateurs, dressé au dépôt général de la guerre pour l'usage de Son Excellence Alex. Berthier, Grand-Veneur. 1 vol. in-fol. rel.	16	504
3302	LAZARE (Félix) et LAZARE (Louis). — Dictionnaire administratif et historique des rues de Paris et de ses monuments. Paris, 1844; 1 vol. in-8° rel.	B.	2845
3303	Paris nouveau. Paris, Furne, 1855; 1 feuille sur toile avec étui	B.	2846
3304	BENJAMIN DE TUDELLE. — Voyage autour du Monde, commencé en 1173, suivi de ceux de Jean Du Plan Carpin, du frère Ascelin et de ses compagnons, et de Guillaume de Rubruquis, en Tartarie et en Chine, en 1253, avec des additions de Vincent de Beauvais et l'histoire de Guillaume de Nangis, pour l'éclaircissement de ces voyages. Paris, 1830. Imprimé aux frais du Gouvernement. 1 vol. in-8° rel.	B.	2847
3305	LEMPRIÈRE (G.). — Voyage dans l'empire de Maroc et le royaume de Fez, fait pendant les années 1790 et 1791, traduit de l'anglais, par M. de Sainte-Suzanne. Paris, an IX, 1801; 1 vol. in-8° rel.	B.	2848
3306	LA ROQUE (Jean DE). — Voyage de l'Arabie-Heureuse fait en 1708-10, avec la relation d'un voyage fait du port de Moka à la cour du roi d'Yemen, de 1711 à 1713. Paris, 1716; 1 vol. in-12 rel.	B.	2849

3307	Priviléges accordés à la couronne de France par le Saint-Siége, d'après les originaux conservés aux archives de l'Empire, publiés par Adolphe Tardif. Documents inédits. Paris, Imprimerie impériale, 1855	B.	2850
3308	Procès-verbal de l'assemblée de notables, tenue à Versailles, en l'année 1788. Paris, 1789; 1 vol. in-4° rel.	B.	2851
3309	Salvandy (N. A. de). — Opuscules politiques : Le Ministère et la France. Paris, 1824. — De l'émancipation de Saint-Domingue. Paris, 1825. — Trois lettres au rédacteur du journal des Débats sur l'état des affaires publiques. Paris, 1827. — Lettre à un provincial sur le voyage de Saint-Omer. Paris, 1827	B.	2852
3310	Du déclin de la France et de l'égarement de sa politique. Paris, 1842. Dans le même volume : Le bilan de la France ou la misère et le travail, par Perreymond. Paris, 1849. De la décadence de la France, par Raudot, député de l'Yonne. 2e édition, Paris, 1850; 1 vol. in-8° rel.	B.	2853
3311	Mélanges politiques, 1814 à 1825. Paris; 7 vol. in-8° rel.	B.	2854
	Tome I.		
	Réflexions sur le suicide, suivies de la Défense de la reine, publiées en août 1793, et de lettres sur les écrits et le caractère de J. J. Rousseau, par la baronne de Staël-Holstein. Paris. 1814.		
	Projet de la proposition d'accusation contre le duc Decazes, pair de France, à soumettre à la Chambre de 1820, par Clausel de Coussergues. Paris, 1820.		
	Réponse au Mémoire de M. Berryer pour M. le général Donnadieu, par le comte de Sainte-Aulaire. Paris, 1820.		
	Tome II.		
	De Buonaparte, des Bourbons, et de la nécessité de se rallier à nos princes légitimes pour le bonheur de la France et celui de l'Europe, par F. A. de Châteaubriand. Paris, 1814.		
	Dissertation sur la féodalité et les rentes foncières, par S. L. Johanet. Paris, 1814.		
	De la restitution des biens des émigrés, considérée sous le triple rapport du droit public, du droit civil et de la politique, par H. Dard. Paris, 1814.		

Réflexions sur les constitutions, la distribution des pouvoirs et les garanties, dans une monarchie constitutionnelle, par Benjamin de Constant. Paris, 1814.

De la responsabilité des ministres, par le même. Paris, 1815.

Marseille, Nîmes et ses environs, en 1815, par un témoin oculaire. Paris, 1818.

Tableau politique de l'Allemagne, par C. A. Scheffer. Paris, 1816.

De l'état présent de l'Europe et de l'accord entre la légitimité et le système représentatif, par Charles Theremin. Paris et Bruxelles. 1816.

Tome III.

Des aristocraties représentatives ou du retour à la propriété dans le Gouvernement, par Alexandre de Laborde. Paris, 1814.

Constitution politique de la monarchie espagnole, promulguée à Cadix, le 19 mars 1812, traduite de l'espagnol, par E. Nunez de Taboada. Paris, 1814.

Constitution politique de la monarchie espagnole, promulguée à Cadix, le 19 mars 1812, traduite de l'espagnol, par P. de Lasteyrie. Paris, 1814.

De la constitution de l'Angleterre et des changements qu'elle a éprouvés depuis son origine jusqu'à nos jours, par *Frisel*. Paris, 1820.

De l'organisation de la puissance civile dans l'intérêt monarchique, ou de la nécessité d'instituer les administrations départementales et municipales en agences collectives, par M. *Huet de Coëtlisan*. Paris, 1820.

Du congrès de Troppau, ou Examen des prétentions des monarchies absolues à l'égard de la monarchie constitutionnelle de Naples, par M. Bignon. Paris, 1821.

Les gouvernements représentatifs au congrés de Troppau.

Naples et Leybach. Paris, 1821.

Tome IV.

Précis historique de la session de la Chambre des députés, de 1816. Paris, 18 7

De la doctrine politique qui peut réunir les partis en France, par Benjamin de Constant. Paris, 1816.

Appréciation du projet de loi relatif aux trois concordats, par J. D. Lanjuinais. Paris, 1817.

Du système politique suivi par le ministère, par le vicomte de Châteaubriand. Paris, 1817.

De la justice et de la police, ou Examen de quelques parties de l'instruction criminelle, par M. Aignan. Paris, 1817.

Le cri des peuples, par Alexandre Crevel. Paris, 1817.

Sur les événements de Lyon, au mois de juin 1817, par le comte de Chabrol. Paris, 1818.

Réponse de M. le lieutenant général Canuel à l'écrit intitulé : Lyon en 1817, par le colonel Fabvier. Paris, 1818.

De la France au 5 septembre 1816. De la France au 5 novembre 1817. Paris, 1817.

Encore un concordat. Notes rapides sur la loi d'enregistrement d'un nouveau concordat, par le général Auguste Jubé. Paris, 1817.

Tome V.

La France et les Français en 1817; tableau moral et politique, précédé d'un coup d'œil sur la Révolution, par C. L. Le Sur. Paris, 1817.

De l'état de la France et des bruits qui circulent, par Benjamin Constant. Paris, 1819.

Du renouvellement intégral de la Chambre des députés, par A. de Staël-Holstein. Paris, 1819.

Du nombre et de l'âge des députés, par A. de Staël-Holstein. Paris, 1819.

Dangers de la situation présente, par N. A. de Salvandy. Paris, 1819.

De la responsabilité des ministres et du projet de loi sur le mode de procéder en cas d'accusation d'un ministre. Paris, 1819.

Correspondance inédite de Carnot avec Napoléon pendant les Cent-Jours. Paris, 1819.

Tome VI.

Lettres de Saint-James, par *Lullin de Chateauvieux*. Genève et Paris, 1820.

De la dissolution de la Chambre des députés et des résultats que cette dissolution peut avoir pour la nation, le gouvernement et le ministère, par Benjamin Constant. Paris, 1820.

Observations sur les dangers de la conduite du ministère relativement aux fonctionnaires députés, par M***. Paris, 1820.

Quelques réflexions sur les trois premiers mois de l'année 1820, par J. Fiévée. Paris, 1820.

Considérations politiques sur l'état actuel de l'Allemagne, traduites de l'allemand. Paris, 1821.

Pièces relatives à la saisie de lettres et de papiers, chez MM. Goyet et Pasquier, au Mans, suivies de réflexions sur la direction de la police, par Benjamin Constant. Paris, 1820.

La bombe royaliste lancée, par A. Martainville. Paris, 1820.

Tome VII.

Le ministère et la France, par N. A. de Salvandy. Paris, 1824.

Système de l'administration britannique en 1822, d'après un exposé ministériel, par Charles Dupin. Paris, 1823.

De l'Espagne et des conséquences de l'intervention armée, par M. J. Fiévée. Paris, 1823.

Coup d'œil sur l'Espagne, par M. Duvergier de Hauranne. Paris, 1824.

Note sur la situation de l'Espagne. Paris, 1824.

L'Oriflamme, journal de littérature, de sciences et arts, d'histoire et de doctrines religieuses et monarchiques, par J. B. Salgues. (Programme.) Paris, 1824.

La vérité sur l'Espagne, par F. Caze. Paris, 1825.

3312 Mélanges parlementaires. Recueil de discours prononcés à la Chambre des pairs. 1816-1822. 1 vol. in-8° rel......... B. 2855

Opinion du duc de Dalberg sur le projet de loi relatif à la répression des délits commis par la voie de la presse. 1821.

Opinion du duc de Broglie sur le même objet. 1822.

Opinion du duc de Fitz-James sur le même objet 1819.

Opinion du comte de Boissy d'Anglas sur le projet de loi relatif aux journaux. 1817.

Opinion du comte Molé sur le même objet. 1817.

Opinion du marquis de Boisgelin sur la liberté de la presse. 1818.

Opinion du duc de Talleyrand sur la répression des délits commis par la voie de la presse. 1822.

Discours du Roi pour l'ouverture de la session. 10 décembre 1818.

Opinion du duc de Broglie sur le projet de loi relatif aux élections. 1820.

Opinion du comte Germain sur le même objet. 1820.

Opinion du comte Daru sur le même objet.

Opinion du duc de Fitz-James sur l'organisation des colléges électoraux. 1817.

Rapport du comte Molé sur la formation de la Chambre des pairs en cour de justice. 1816.

Opinion du duc de Talleyrand sur la compétence de la Chambre des pairs comme cour de justice. 1820.

Développements d'une proposition relative aux majorats, par le comte Molé. 1820.

Développements d'une proposition tendant à l'entière abolition du droit d'aubaine. 1818.

Addition aux développements qui précèdent. 1818.

Opinion du comte Germain sur le remboursement du premier cinquième des reconnaissances de liquidation. 1821.

Discours du comte Molé sur le règlement judiciaire de la Chambre des pairs, 1816.

	Discours du duc de Broglie sur la traite des nègres. 1822. Discours du comte Molé sur le recrutement de l'armée. 1818.		
3313	Mélanges parlementaires. Recueil de discours prononcés au Corps législatif et à la Chambre des députés, 1809-1822. 1 vol. in-8° rel.	B.	2856
	Opinion du général Sébastiani, député de la Corse, sur la liberté des journaux et écrits périodiques. 1820. Rapport de M. Stanislas de Girardin sur le projet de loi concernant la vente des canaux. 1809. Rapport du même sur le projet de loi relatif aux mines. 1810. Opinion de M. Basterèche, député des Basses-Pyrénées, sur les amendements qu'il a proposés au projet de loi concernant les douanes. 1820. Opinion du général Donnadieu, député des Bouches-du-Rhône, sur la discussion de l'adresse au Roi. 1821. Opinion du baron de Brigode, député du Nord, sur le projet de loi d'amnistie. 1816. Même objet. Opinion du général comte Dupont, député de la Charente, sur le mode de recrutement de l'armée. Divers discours du comte Stanislas-Xavier de Girardin, député de la Seine-Inférieure, sur le projet de loi relatif à la publication des journaux et écrits périodiques. 1820. Sur un amendement relatif à la publication des journaux. 1820. Sur le projet de loi du 15 avril 1820 relatif aux élections. Sur les six premiers douzièmes des contributions, pour 1821. Sur l'acquisition du domaine de Chambord. 1821. Sur les articles additionnels au règlement. 1821. Sur la proposition de M. Sirieys de Mayrinhac relative au même objet 1821. Sur le projet de la commission chargée d'examiner une proposition relative au règlement. 1821. Sur le retranchement d'une somme de 50,000 francs destinés à encourager l'instruction primaire. 1821. Sur l'article 3 du projet de loi relatif aux élections. 1819. Sur l'article 4 du même projet. 1819. Sur l'amendement proposé par M. Boin au projet de loi relatif aux élections. 1820. Opinion du général Sébastiani, député de la Corse, sur le projet de loi relatif à la répression des délits de la presse. 1822.		
3314	Mélanges divers. Paris, 1817-1822; 1 vol. in-8°	B.	2857
	Les Aventures de la fille d'un roi racontées par elle-même, par Vatout. Paris, 1820.		

	Second et troisième chapitre des Aventures, par le même. 1821. Du développement à donner à quelques parties principales et essentielles de notre industrie intérieure, par de Moléon. 1819. Mémoire sur le cadastre de la France, par Lapic, 2ᵉ édition. 1816. Plus de droits réunis, par Simian et Demielle. 1822. Réponse à un électeur de l'Oise, par Tronchon. Observations sur le payement du premier cinquième des reconnaissances de liquidation, par Armand Séguin. 1821. Réponses du duc de Lévis, directeur de l'Académie française, à MM. Laya et Roger. 1817.		
3315	Véron (L.). — Mémoires d'un bourgeois de Paris. Paris, 1854-1855; 6 vol. in-8° rel.	C.	387
3316	Histoire d'Alger et du bombardement de cette ville en 1816, avec une carte du royaume. Paris, 1830; 1 vol. in-8° rel.	B.	2858
3317	Denniée (Baron). — Précis historique et administratif de la campagne d'Afrique. Paris, 1830; 1 vol. in-8° rel.	B.	2859
3318	Pichon (Baron). — Alger sous la domination française; son état présent et son avenir. Paris, 1833; 1 vol. in-8° rel.	B.	2860
3319	Duval (Jules). — Catalogue explicatif et raisonné de l'exposition permanente des produits de l'Algérie. Paris, 1855.	B.	2861
3320	Abdurrahman-Gabarti. — Son Journal pendant l'occupation française en Égypte; suivi d'un précis de la même campagne, par Mou'Allem Nicolas el Turki, traduits de l'arabe par Alexandre Cardin. Paris, 1838; 1 vol. in-8° rel.	B.	2862
3321	Nakoula el Turk. — Histoire de l'expédition des Français en Égypte, traduite par Desgranges aîné. Paris, Imp. roy.; 1839; 1 vol. in-8° rel.	B.	2863

TABLES ALPHABÉTIQUES DU SUPPLÉMENT.

NOMS D'AUTEURS.

A

Abdurrahman-Gabarti. — Journal de l'expédition d'Égypte. 3320.
Aignan. — De la justice et de la police. M., IV, 3311.
Ailly (Comte d'). — Aux rentiers. Examen de l'ouvrage de M. Ouvrard fils sur la conversion. M., II, 3291.
Ascelin frère. — Voyage vers la Tartarie. 3304.
Audiffret (Marquis d'). — Sur la conversion des rentes. M., II, 3291.
Augier (M.). — Du crédit public et de son histoire. M., 3289.

B

Basterèche. — Opinion sur un projet de loi concernant les douanes. M., 3313.
Benit (A. F.). — Idées d'un jeune officier sur l'état militaire. M., 3294.
Benjamin de Tudelle. — Voyage autour du monde. 3304.
Béres (Ém.). — Manuel de l'emprunteur aux caisses du crédit foncier. 3282.
Berriat Saint-Prix. — Mémoire sur le remboursement des rentes. M., 3292.
Bignon. — Discours sur la loi des finances. M., II, 3290. — Du congrès de Troppau. M., III, 3311.
Blein (Général baron). — Observations sur divers objets d'utilité publique. M., 3294.
Boisgelin (Marquis de). — Opinion sur la liberté de la presse. M., 3312.
Boissy d'Anglas (Comte de). — Opinion sur le projet de loi pour les journaux. M., 3312.
Breton (Ernest). — Pompéia, suivie d'une notice sur Herculanum. 3300.
Bricogne. — Situation des finances au vrai. M., II, 3290. — Examen impartial du budget. M., I, 3291.
Brigode (Baron de). — Opinion sur le projet de loi d'amnistie. M., 3313.
Broglie (Duc de). — Opinion sur la répression des délits commis par la presse. — Sur le projet de loi pour les élections, 1820. — Sur la traite des nègres. M., 3312.
Bureaux de Pusy. — Des moyens d'utiliser une race de chevaux pour la cavalerie légère. M., 3294.

C

Cambon. — Rapport sur la dette publique. 3277.
Canuel (Général). — Réponse à l'écrit intitulé : Lyon en 1817. M., IV, 3311.
Carnot. — Sa correspondance avec Napoléon pendant les Cent-Jours. M., V, 3311.
Cayrol (De). — Sur le budget de la guerre pour 1821. — Sur le budget de la guerre pour 1822. — Sur la proposition du général Donnadieu. M., IV, 3290.
Caze (F.). La vérité sur l'Espagne. M., VII, 3311.
Chabrol (Comte de). — Sur les événements de Lyon en 1817. M., IV, 3311.
Chateaubriand (Vicomte de). — De Buonaparte et des Bourbons. M., II, 3311. — Du système de politique suivi par le ministère. M., IV, 3311.
Clausel de Coussergues. — Proposition d'accusation contre le duc Decazes. Paris, 1820. M., I, 3311.
Coffinières (A. F. G.). — Études sur le budget. 3280.
Colmont (Achille de). — Histoire des expositions. 3295.
Constant (Benjamin). — Réflexions sur les constitutions. M., II, 3311. — De l'état de la France. M., V, 3311. — Sur la saisie de lettres chez MM. Goyet et Pasquier. M., VI, 3311. — De la dissolution de la Chambre des députés. M., VI, 3311. — De la responsabilité des ministres. M., II, 3311. — De la doctrine politique qui peut réunir les partis en France. M., IV, 3311.
Coquelin (Ch.). — Du crédit et des banques. 3284.
Courtois fils (A.). — Des opérations de bourse. 3286.
Crevel (Alexandre). — Le cri des peuples. M., IV, 3311.
Cuzon. — V. art. 3269.

D

Dalberg (Duc de). — Opinion sur la répression des délits commis par la presse. M., 3312.
Dard (H.). — De la restitution des biens des émigrés. M., II, 3311.
Daru (Comte). — Opinion sur le projet de loi pour les élections. M., 3312.
De Bow. — Statistical view of the United States. 3276.
Déchalotte fils. — Moyens d'opérer la réduction et la conversion des rentes. M., 3292.
Dennié (Baron). — Précis de la campagne d'Afrique, en 1830. 3317.
Denuelle, coll. — V. art. M., 3314.
Donnadieu (Général). — Opinion sur la discussion de l'adresse au Roi. M., 3313.
Dumoulin. — Lettre sur le budget de 1832. M., II, 3291.
Dupin (Charles). — De l'administration britannique en 1822. M., VII, 3311.
Dupont (Général comte). — Opinion sur le recrutement de l'armée. M., 3313.
Durand. — Rapport sur la fabrication des monnaies françaises. 3296.
Duval (J. — Catalogue de l'exposition des produits de l'Algérie. 3319.
Duvergier de Hauranne. — Coup d'œil sur l'Espagne. M., VII, 3311.

E

Esterno (D'). — Des banques départementales. 3285.
Estourmel (Comte Alex. d'). — Opinion sur le budget. M., I, 3290.

F

Fiévée (J.). — De l'Espagne et de l'intervention armée. M., VII, 3311. — Réflexions sur les trois premiers mois de l'année 1820. M., VI, 3311.
Fitz-James (Duc de). — Sur la loi de finances. M., I. — Sur le crédit de 100 millions pour 1823. M., IV, 3290. — Opinion sur la répression des délits commis par la presse. — Sur l'organisation des colléges électoraux. M., 3312.
François (Aug.), coll. — V. art. 3271.
Frisel. — De la constitution de l'Angleterre. M., III, 3311.

G

Gabiou. — Nouveau système de finances. M., I, 3290.
Gaëte (Duc de). — Sur le changement de l'année financière. M., II, 3290. — Sur la proposition de M. Gouin. M., II, 3291. — Note additionnelle aux considérations sur la rente. M., II, 3291. — Dernières considérations et considérations additionnelles sur le remboursement des rentes. M., I, 3291. — *Idem*, M., II, 3291. — Conséquences du rejet du projet de loi sur la conversion du 5 p. o/o. M., II, 3291. — Un dernier mot sur l'amortissement. M., II, 3291. — Considérations sur la dette publique. M., II, 3291.
Garnier (Comte). — Rapport sur les finances. M., I, 3290.
Germain (Comte). — Opinion sur le projet de loi pour les élections. Sur le remboursement des reconnaissances de liquidation. M., 3312.
Gilbert. — V. art. 3269.
Gioja (M.). — La magie du crédit dévoilée. 3283.
Girardin (É. de). — L'impôt. 3281.
Girardin (Alex. de). — Sur la proposition Gouin pour la réduction des rentes. M., II, 3291. — Sur le remboursement des rentes. M., II, 3291. — Observations à l'occasion du budget de 1837. M., II, 3291.
Girardin (Comte L. de). — Conséquences de la proposition Gouin. M., II, 3291.
Girardin (Comte C. St. X. de). — Rapport sur la vente des canaux. Rapport sur les mines. Discours sur la publication des journaux. Sur les élections. Sur les douzièmes des contributions. Sur l'acquisition du domaine de Chambord. Sur les articles additionnels au règlement de la Chambre des députés. Sur le secours de 50,000 francs destinés à l'instruction primaire. M., 3313. — Sur le remboursement du 5 o/o. Sur la loi de finances de 1823. M., IV, 3290.
Gouin (Alex.). — Sur la conversion des rentes. M., II, 3291.

H

Hélie (Faustin). — V. art. 3269.
Huet de Coëtlisan. — De l'organisation de la puissance civile. M., III, 3311.

J

Jarry (Alphonse). — Système actuel de la dette publique et de l'amortissement, et des obstacles que ce système oppose au crédit. M., I., 3291.

Johanet (S. L.). — Sur la féodalité et les rentes foncières. M., II, 3311.

Jubé (Génal A.).— Encore un concordat. M., IV, 3311.

L

Laborde (Comte Alex. de). — Situation financière de l'Espagne. M., IV, 3290. — Des aristocraties représentatives. M., III, 3311.

Laffitte. — Sur le projet de loi de finances. M., I, 3290. — Sur l'emprunt de 80 millions en 1828. M., I, 3291.

Lafond de Lurcy (G.). — Guide des assurances maritimes et fluviales. 3272.

La Gervaisais (De). — Dette et rachat. Remboursement, amortissement. Impôt de l'homme, impôt de la chose. Réseau de chemins de fer. Appels aux hommes loyaux et sensés. La vérité économique. La raison des temps. Premières ombres de la barbarie. De l'impôt du crédit. Du Prince et de la Chambre. Plan de finances. Du tribut de la terre. De la rente et des emprunts publics. Du règlement de la dette. Discours inofficiel du ministre des finances. Discours inofficieux du ministre des finances. Du projet de réduction des rentes. M., I, 3291. — Réduction de la rente. M., II, 3291.

Lanjuinais (J. D.). — Du projet de loi sur les trois concordats. M., IV, 3311.

Lapie. — Mémoire sur le cadastre de la France. M., 3314.

La Roque (Jean de). — Voyage de l'Arabie-Heureuse. 3306.

Lasteyrie (P. de), trad. — V. M., III, 3311.

Lazare (Félix). — Dictionnaire des rues de Paris. 3302.

Lazare (L.), coll. — V. art. 3302.

Leber (C.). — De la fortune privée au moyen âge. 3274.

Lecouturier (Colonel). — Réflexions sur le corps d'état-major. Mon dernier mot sur ce corps. M., 3294.

Lemontey. — Ses Œuvres. 3299.

Lemprière (G.). — Voyage dans l'empire de Maroc. 3305.

Lenoir (D.). — Contre le remboursement du 5 o/o. M., II, 3291.

Le Sur (C. L.). — La France et les Français en 1817. M., V, 3311.

Lévis (Duc de). — Réponses à MM. Laya et Roger. M., 3314. — Exposé des travaux de la commission du budget. Considérations sur les finances. M., I, 3290. Sur le budget de 1818. Des emprunts en 1818. M., II, 3290.

Lullin de Chateauvieux. — Lettres de Saint-James. M., VI, 3311.

M

Mann. — Description du système métrique en France. 3297.

Martainville (A.). — La bombe royaliste. M., VI, 3311.

Masson. — Des attributions de la législature, quant aux dépenses. M., III. 3290.

Molé (Comte). — Opinion sur le projet de loi pour les journaux. Rapport sur la formation de la Chambre des pairs en cour de justice. Développements d'une proposition relative aux majorats. Discours sur le règlement judiciaire de la Chambre des pairs. Discours sur le recrutement de l'armée en 1818. M., 3312. — Observations sur le dernier budget. M., IV, 3290.

Moléon (De). — Du développement à donner à notre industrie intérieure. M., 3314.

Mosbourg (Comte de). — Sur le projet de remboursement des rentes. M., IV, 3290.

Mourlon (F.). — Répétitions écrites sur le Code Napoléon. 3270.

N

Nakoula el Turk. — Histoire de l'expédition d'Égypte. 3321.

Nangis (G. de). — V. art. 3304.

Nunez de Taboada, trad. V. M., III, 3311.

O

Ouvrard (J.) fils. — Sur la conversion du cinq pour cent. Du remboursement du cinq pour cent. M., II, 3291.

P

PASQUIER (Baron).— Sur le remboursement des rentes. M., IV, 3290.

PÉLEGRIN.— Réduction des rentes françaises. M., 3292.

PÉRIER (C.). — Sur la loi de finances de 1818. Sur le projet d'emprunt. Sur la création de livres auxiliaires du grand-livre. Sur la fixation des budgets. M., II, 3290. — Sur la réduction du cinq pour cent. M., IV, 3290.

PERREYMOND. — Le Bilan de la France. 3300.

PICHON (Baron). — De la constitution de la dette publique. M., 3289. — Alger sous la domination des Français. 3318.

PLAN CARPIN (J. DU). — Voyage en Tartarie. 3304.

PROUDHON. — Manuel du spéculateur à la Bourse. 3287.

R

RABUSSON (A.).— Combinaison financière. M., II, 3291.

RAMEL. — Rapport sur l'emprunt forcé d'un milliard. 3277.

RAU (K. H.).—Principes de la science des finances. 3288.

RAUDOT. — De la décadence de la France. 3310.

REY (C.). — Sur notre système financier. M., II, 3291.

RIVIÈRE (H. F.). — Explications de la loi du 23 mars 1855 sur la transcription. 3271.

ROY (Comte). — Sur le remboursement des rentes. M., IV, 3290. — Rapport sur la conversion du cinq pour cent, 1838. M., II, 3291.

ROYER-COLLARD. — Opinion sur le rapport de la commission du budget. M., I, 3290.

RUBRUQUIS (G. DE). — Voyage en Tartarie et en Chine. 3304.

S

SABATIER. — De la dette publique. M., 3289. — Des recettes et dépenses publiques. 3278. — Du crédit public et particulier. 3283.

SAINT-CHAMANS (Vicomte DE). — Système d'impôt. M., III, 3290. — Sur l'allocation de la caisse d'amortissement. M., IV, 3290.

SAINTE-AULAIRE (Comte DE). — Réponse au mémoire pour le général Donnadieu. M., I, 3311.

SAINTE-CHAPELLE. — Proposition d'administration militaire. M., 3294.

SALGUES (J. B.). — L'Oriflamme. M., VII, 3311.

SALVANDY (N. A. DE). — Opuscules politiques. 3309. — Dangers de la situation présente. M., V, 3311. — Le ministère et la France. M., VII, 3311.

SCHEFFER (C. A.). — Tableau politique de l'Allemagne. M., II, 3311.

SCHWAN (C. F.). — Nouveau dictionnaire allemand et français. 3298.

SÉBASTIANI (Général). — Opinion sur la liberté des journaux. Opinion sur la répression des délits de la presse. M., 3313. — Sur l'emprunt de 100 millions. M., IV, 3290.

SÉGUIN (A.). — Observations sur les reconnaissances de liquidation. M., 3314. — Sur les comptes par exercices et les comptes de gestion. Sur un moyen de réduire les impositions. Sur la situation financière. Sur la situation des finances au vrai. M., II, 3290. — Barême des contribuables. M., IV, 3290. — Du projet de remboursement des rentes. Une nouvellee conception financière. M., V, 3290.

SILBERMANN. — Rapport sur les poids et mesures métriques. 3296.

SIMIAN. — Plus de droits réunis. M., 3314.

SIREY. — Codes annotés. 3269.

STAËL-HOLSTEIN (A. DE). — Du nombre et de l'âge des députés. M., V, 3311. — Du renouvellement de la Chambre des députés. M., V, 3311.

STAËL-HOLSTEIN (Baronne DE). — Réflexions sur le suicide. Défense de la reine. Lettres sur J. J. Rousseau. M., I, 3311.

T

TALLEYRAND (Duc DE). — Opinion sur la répression des délits commis par la presse. Sur la compétence de la Chambre des pairs comme Cour de justice. M., 3312.

TARDIF (A.). — Priviléges accordés à la couronne de France par le Saint-Siége. Doc. in. 3307.

TESSIÈRES-BOISBERTRAND. — De la conversion des rentes. M., 3292.

THEREMIN (C.). — De l'état présent de l'Europe. M., II, 3311.

TOLLENARE (L. F. DE). — De la réduction de l'intérêt de nos fonds publics. M., 3293.

TRONCHON. — Réponse à un électeur de l'Oise. M., 3314.

V

VATOUT. — Les aventures de la fille d'un roi. M., 3314.
VATTEMARE (A.). — Lettres sur les poids et mesures et monnaies. 3297.
VÉRON (L.).— Mémoires d'un bourgeois de Paris. 3315.
VETER (Martins), pseud. — Lettre sur le budget et l'administration de la guerre. Deuxième lettre sur le même objet. M., 3294.
VINCENT DE BEAUVAIS. — V. 3304.

W

WIESECKE (D.). — Plans d'amortissement. M., 3292.

OUVRAGES SANS NOMS D'AUTEURS.

A

Analyse des écrits du duc de Gaëte sur la réduction du cinq pour cent. M., II, 3291.
Atlas des départements de l'Empire français réunis en conservations forestières. 3301.

C

Considérations sur la nature des impôts en France. M., I, 3291.
Constitution politique de l'Espagne. M., III, 3311.
Conversion (De la) sans emprunt. M., II, 3291.
Crédit (Du) public. M., II, 3291.

D

De M. de Villèle. M., IV, 3290.
Déclin (Du) de la France. 3310.
Dénonciation du libelle de Martins Veter. M., 3294.
Description du système métrique. 3297.
Développements d'une proposition concernant l'abolition du droit d'aubaine. M., 3312.
Discours du Roi pour l'ouverture de la session, 10 décembre 1818. M., 3312.

E

Encore un mot sur la réduction de l'intérêt de la dette. M., IV, 3290.
État (Sur l') actuel de l'Allemagne. (Considérations politiques.) M., VI, 3311.
Examen de questions sur l'administration des subsistances militaires. M., 3294.
Extrait du Spectateur. Revue de brochures sur les finances. M., II, 3290.

F

Finances. Extraits d'ouvrages d'Armand Séguin. M., II, 3290.
First and second reports on the income tax. 3293.
France (La) au 5 septembre 1816 et au 5 novembre 1817. M., IV, 3311.

G

Gouvernements (Les) représentatifs au congrès de Troppau. M., III, 3311.

H

Histoire d'Alger en 1816. 3316.

I

Inconvénients et dangers du nouveau Code forestier. 3273.

L

Lettre d'un électeur sur l'amortissement. M., II, 3291.

M

Marseille, Nîmes et ses environs en 1815. M., II, 3311.

N

Naples et Leybach. M., III, 3311.
Note sur la situation de l'Espagne. M., VII, 3311.
Notes sur une opinion de M. Delessert sur les finances. M., II, 3290.

O

Observations sur la cavalerie légère. M., 3294.
Observations sur la conduite du ministère. M., VI, 3311.
Opinion d'un pauvre diable sur le remboursement des rentes. M., II, 3291.

P

Paris nouveau. 3303.
Précis de la session de 1816. M., IV, 3311.
Procès-verbal de l'assemblée des notables en 1788. 3308.

Q

Qu'est-ce que le remboursement des rentes cinq pour cent. M., II, 329 .

R

Rapport sur les poids et mesures. 3296.
Rapports sur la dette publique. 3277.
Réduction (Sur la) de la dette. M., II, 3291.
Remboursement (Du). M., II, 3291.
Responsabilité (De la) des ministres. M., V, 3311.

S

Seventh census of the United States. 3275.
Statistical view of the United States. 3276.

T

U

L'IMPRESSION A ÉTÉ TERMINÉE LE 10 DÉCEMBRE 1855.

CORRECTIONS.

Page	Article	Au lieu de :	Lisez :
11	77	Jourdain,	Jourdan.
24	193	Boudot,	Bourdot.
36	304	officiers,	offices.
120	1067	généraie,	générale.
121	1075	Skarbesk,	Skarbek.
136	1204	Zerphanion,	Jerphanion.
192	1467	Perron et Thompson,	Perronet-Thompson.
213	1567	Linguet,	Lingen.
264	1838	1538,	1838.
271	1861	Schattemann,	Schattenmann.
287	2001	Shipo-wner,	Ship-owner.
307	2074	Férusac,	Férussac.
309	2099	Hstoire,	Histoire.
326	2224	Nongier,	Nouguier.
330	2261	Michaud,	Michaux.
338	2316	A. 899,	6. 899.
Ibid.	2324	Livry,	Livoy.
366	2609	Gell,	Gelb.
414	2979	Devérité (De),	De-Vérité.

Page 473, Table des auteurs. BAUDRILLART (H.). — C'est par erreur qu'on lui a attribué tous les ouvrages qui suivent son nom. Les trois derniers sont de M. BAUDRILLART, chef de division à l'administration des forêts.

www.ingramcontent.com/pod-product-compliance
Lightning Source LLC
Chambersburg PA
CBHW060508230426
43665CB00013B/1432
* 9 7 8 2 0 1 2 6 3 9 8 4 3 *